普通高等教育“十三五”住建部规划教材
“十二五”普通高等教育本科国家级规划教材
普通高等教育“十二五”住建部规划教材
普通高等教育“十一五”国家级规划教材
普通高等学校土木工程专业新编系列教材
中国土木工程学会教育工作委员会　审订

结构力学教程

包世华　熊　峰　范小春　主　编

本书特点介绍

武汉理工大学出版社
·武　汉·

图书在版编目(CIP)数据

结构力学教程/包世华,熊峰,范小春主编.—武汉:武汉理工大学出版社,2017.1(2021.5 重印)
ISBN 978-7-5629-5169-8

Ⅰ.①结… Ⅱ.①包… ②熊… ③范… Ⅲ.①结构力学-高等学校-教材 Ⅳ.①O342

中国版本图书馆 CIP 数据核字(2016)第 230860 号

项目负责人:高 英 汪浪涛
责任编辑:高 英
责任校对:王一维
装帧设计:橙子工作室
出版发行:武汉理工大学出版社
社 址:武汉市洪山区珞狮路 122 号
邮 编:430070
网 址:http://www.wutp.com.cn
经 销:各地新华书店
印 刷:武汉远浩彩色包装印务有限公司
开 本:889×1194 1/16
印 张:23.5
字 数:703 千字
版 次:2017 年 1 月第 1 版
印 次:2021 年 5 月第 4 次印刷
印 数:9001—12000 册
定 价:46.00 元

凡购本书,如有缺页、倒页、脱页等印装质量问题,请向出版社发行部调换。
本社购书热线电话:027-87785758 87384729 87165708(传真)

前　言

本书是依据教育部颁布实施的《普通高等学校本科专业目录》中所规定的土木工程专业的业务培养目标，教育部高等学校非力学专业力学基础课教学指导分委员会制定的《结构力学课程教学基本要求（A类）》（以下简称《基本要求》），住房和城乡建设部高等学校土木工程专业指导委员会制定的《结构力学课程教学大纲》和《高等学校土木工程本科指导性专业规范》等文件的要求编写的。本书的适用对象主要为普通高等学校土木工程专业（即“大土木”）各类专门化方向的本科学生，也可供相应专业专门化的大专学生使用。

本书有两大特点：一为“**少而精**”，二为**创新**。

一、少而精

贯彻少而精的原则，基本上只收入了《基本要求》中要求的内容。根据调查及一些学校的反映，近年来结构力学课程的教学课时逐渐减少，通行的普通本《结构力学》内容均超出《基本要求》过多，成为学生学习上和经济上的负担。

本书中我们采用了分流和“保底”的做法。即基本上只收入《基本要求》中要求的内容，即通常的“必修”内容。它们传承于古典力学，其中的基本原理是前人积累下来的，已成为经典，自应传承。教育部、住建部颁布的《基本要求》，是学生学习结构力学的“底”线，应当满足，所以要“保底”。此外，增加了例题。本书是普通本的一个精缩本，它主要供大学本科生使用，大专生也可使用。

原普通本《结构力学》（第4版），包世华、辛克贵主编，武汉理工大学出版社出版，是普通高等教育“十一五”国家级和“十二五”住建部规划教材，是经过多年锤炼、反复修订过的教材，仍照常出版发行，供大学本科生使用，并作为对结构力学有较高要求的高年级学生、考研生、参加注册结构工程师考试人员和有关工程技术人员阅读参考。

通过内容多的普通本和内容少的精缩本的分流，使有不同要求的读者可以各取所需。

二、创新

第14章超静定结构总论和结构力学定性分析中的主体部分是全新的，是由编者（清华大学）在结构力学教材中首创的内容，它们在以前的结构力学教材中是没有的。这里指的主要是两项内容：结构力学计算简图的深入讨论；结构力学的定性（概念）分析。

结构力学计算简图讨论的是结构力学的建模理论。过去的结构力学教材只讲抽象的计算简图（线条图）的计算，很少从实际结构选取计算简图的原则、简化的方法等方面进行系统的论述。我们在建模理论上进行了详细、深入的讨论，加强了力学与工程实际的联系，得到同行普遍的认可与赞誉。

对结构力学定性（或概念）分析的重要性，工程界和广大教师已经有充分的认识。结构设计大师林同炎早就在《结构概念与体系》的专著中论述了概念设计的重要性。因此，结构力学应该涵盖经典结构力学、程序（或计算）结构力学和定性（或概念）结构力学三个方面。经典结构力学已经成熟，程序（计算）结构力学正在日趋完善，定性（或概念）结构力学刚刚起步。

从结构力学对能力的培养来说也有三个方面：经典方法的分析能力、计算机分析能力和定性分析能力。在结构的概念设计、结构的合理形式、结构计算模型的建立、结构受力和变形性能的估计和判断，以及计算结果正误的分析等方面都需要结构力学定性分析能力的培养。从这个角度看，定性分析能力的培养可能是上述三个能力培养中要求最高，也是最难的一个方面。应该指出，定性分析能力的培养并不只是结构力学一门课程的任务，也不能要求结构力学一门课程来完成，但是结构力学课程应该承担此任务。高层次的能力培养需要从简单的训练开始，需要一个入门的向导。编者认为，在讲授经典结构力学分析方法的同时或稍后，就应该教学生做简单结构内力和变形的大致形状的估计、判断等的训练，以之作为结构力学定性分析的入门。20 世纪 80 年代，编者在清华大学上结构力学习题课时就曾进行过这方面的尝试，收到了一定的效果。

《基本要求》的最后一版中，在能力培养的要求一栏增加了“判断能力：具有对计算结果进行校核、对内力分布的合理性作出定性判断的能力。”并在说明中说：“这就突出了近几年来引起普遍重视的这一方面的能力”。这里提出了定性分析能力的重要性，有待于教材、教学中去充实、完善。

总之，定性分析是一个新的内容，在教材中怎么写好这个入门的材料，尚无一定之规。这次只是在传统的经典分析方法的基础上，增加了一些仅靠脑和手对结构内力和变形进行定性分析的入门方法，希望能起到抛砖引玉的作用。这里要指出，计算机在定性分析中也是大有可为的，在计算机和各种应用软件高速发展的今天，期待着有更好的结构力学定性分析教材问世。

结构力学定性分析的内容首次在结构力学教材中系统讨论是在编者主编的、武汉理工大学出版的《结构力学》(第 4 版)，即前述的普通本中。在收入本书时，又经过了补充与修订。

把这些创新的内容收入本书的第 14 章，是因为编者认为它们重要，各学校及读者可自行选用。另外，把这些内容都集中在一章中是因为写书的方便，教学中可以分散在合适的相关章节，或在不同的教学环节中运用。

本书编写和制作工作由包世华、熊峰、范小春共同完成。具体分工是：包世华提出编写方案和大纲并负责第 1、2、7、11、14、15 等章，以及全书习题及习题答案的编写；熊峰负责第 4、5、6、8、9、10、13 等章的编写；第 3 章由熊峰、范小春共同编写，第 12 章由包世华、范小春共同编写；书中重要知识点视频讲解及全书 PPT 的制作由范小春完成；全书由包世华修改定稿。

本书难免存在不足之处，欢迎读者批评指正。

包世华

2016 年 1 月于清华园

目　　录

数字资源目录

1 绪　论

1.1　结构和结构的分类

在土木工程中，由建筑材料构成，能承受荷载而起骨架作用的构筑物称为工程结构，简称结构。图 1.1 是一些工程结构的例子[①]。图 1.1(a)为目前北京最高的建筑——北京国际贸易中心大厦，图 1.1(b)为一水利枢纽工程，图 1.1(c)为一桥梁结构。再细一些，单层厂房结构中的屋面板、屋架、梁、柱、基础及其组成的体系，也都是结构。

【扫码演示1】

(a)

(b)

(c)

图 1.1　工程结构示例

(a) 北京国际贸易中心大厦；(b) 长江三峡水利工程；(c) 九江长江大桥

结构按其几何特征通常分为三类：

(1) 杆件结构

杆件结构是由杆件或若干根杆件相互连接组成。杆件的几何特征是：三个方向尺寸中，长度 l 比截面宽度 b 和厚度 h 大得多，如图 1.2 所示。各种结构中，杆件结构最多，本书讨论的也主要是杆件结构。

(2) 板壳结构(又称薄壁结构)

它的几何特征是：三个方向尺寸中，厚度 h 比长度 l 和宽度 b 小得多，如图 1.3 所示的平板。由几块平板组合，可得折板，如图 1.4(a)所示。图 1.4(b)为折板屋面结构。当薄壁结构为曲面时，则为壳体，如图 1.5(a)所示；图 1.5(b)为一壳体屋面结构。

---

① 严格地说，照片中看到的是这些结构的外形，只有图 1.1(c)的桥梁结构，其受力骨架是展现在外的。

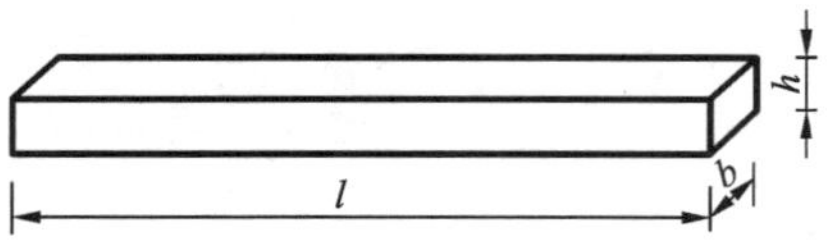

图 1.2　杆件

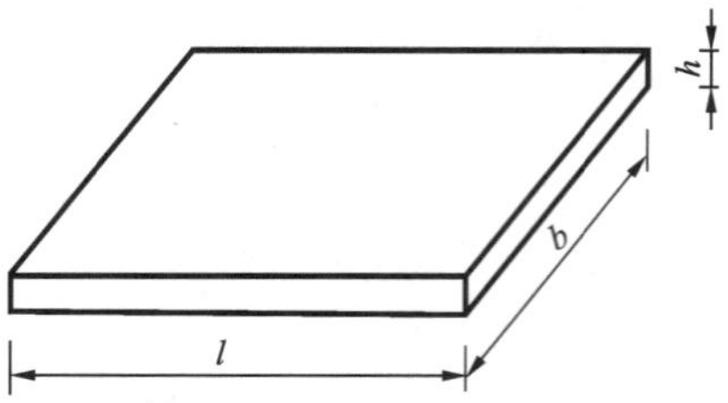

图 1.3　平板

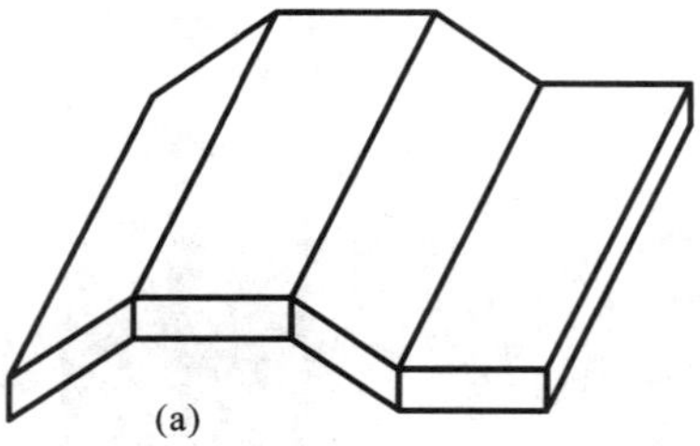

(a)

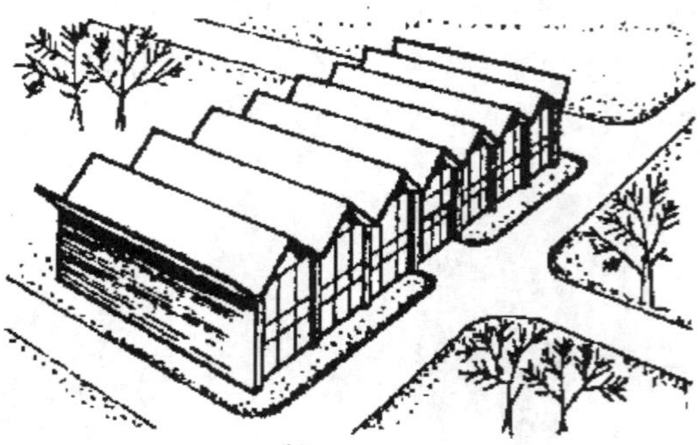

(b)

图 1.4　折板结构

(a) 折板;(b) 折板屋面

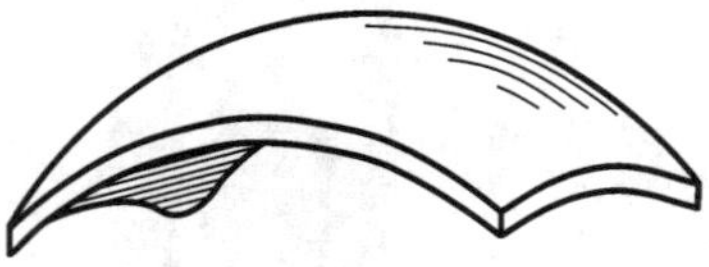

(a)

(b)

图 1.5　壳体结构

(a) 壳体;(b) 壳体屋面结构

(3) 实体结构

实体结构的几何特征是:三个方向尺寸中,长度 l、宽度 b 和厚度 h 大致相当,如挡土墙(图 1.6)、堤坝和块体基础(图 1.7)等。

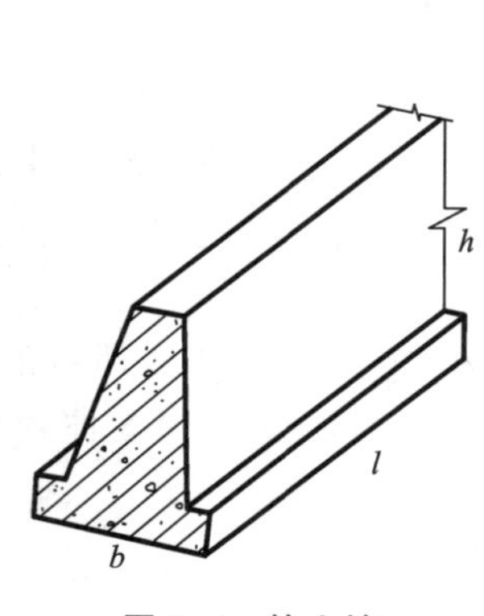

图 1.6　挡土墙

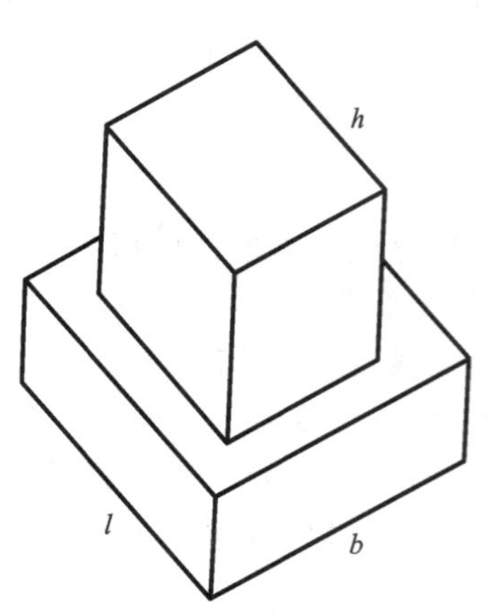

图 1.7　块体基础

1.2 结构力学的任务与方法

1. 结构力学课程与其他课程的关系

本课程讨论的范围是杆件结构,因此,也可称为杆件结构力学,简称为结构力学。

结构力学是土木工程各专业的一门重要的技术基础课,在各门课程的学习中起着承上启下的作用。

结构力学是理论力学和材料力学的后续课程。理论力学研究的是刚体的机械运动(包括静止和平衡)的基本规律和刚体的力学分析。材料力学研究的是单根杆件的强度、刚度和稳定性问题。而结构力学则是研究杆件体系的强度、刚度和稳定性问题。因此,理论力学和材料力学是学习结构力学的重要的基础课程,为结构力学提供力学分析的基本原理和基础。

同时,结构力学又为后续的弹性力学(研究板壳结构和实体结构的强度、刚度和稳定性问题)以及混凝土结构、砌体结构和钢结构等专业课程提供了进一步的力学知识基础。因此,结构力学课程的学习在土木工程的房建、结构、道路、桥梁、水利及地下工程各专业的学习中均占有重要地位。

2. 结构力学的任务和学习方法

结构力学的任务包括以下几个方面:

(1) 研究结构的组成规律、合理形式,对结构计算简图进行合理的选择;

(2) 研究结构内力和变形的计算方法,以便进行结构强度和刚度的验算;

(3) 研究结构的稳定性以及在动力荷载作用下结构的反应。

结构力学的计算问题分为两类:一类为静定性的问题,只需根据下面三个基本条件的第一个条件——平衡条件,即可求解;另一类为超静定性的问题,必须满足以下三个基本条件,方能求解。

三个基本条件是:

(1) 力系的平衡条件　在一组力系作用下,结构的整体及其中任何一部分都应满足力系的平衡条件。

(2) 变形的连续条件(即几何条件)　连续的结构发生变形后,仍是连续的,材料没有重叠或缝隙;同时结构的变形和位移应满足支座和结点的约束条件。

(3) 物理条件　把结构的应力和变形联系起来的物性条件,即物理方程或本构方程。

以上三个基本条件贯穿在本课程的全部计算方法中,只是满足的次序和方式不同而已。

学习时要注意结构力学与其他课程的联系。对理论力学和材料力学等先修课程的知识,应当根据情况进行必要的复习,并在运用中得到巩固和提高。

学习时要注意分析方法与解题思路。在本课程中讲述的各种具体的计算方法,均是前述三个基本条件的具体体现,要注意各种方法在其计算过程中是怎样实现三个基本条件的要求的。学习时要着重掌握各种方法的解题思路,特别是要从这些具体的算法中学习分析问题的一般方法,例如:如何由已知领域逐步过渡到未知新领域的方法,如何将整体分解成局部再由局部综合成整体的方法,如何把有关几个问题加以对比的方法,等等。

学习时要注意多练。做题练习是学习结构力学的重要环节。不做一定数量的习题,是很难掌握其中的概念、原理和方法的。但是做题也要避免各种盲目性:不看书,不复习,只埋头做题,这是第一种;贪多求快,不求甚解,这是第二种;只会对答案,不会自己校核,这是第三种;错题不改正,不会从中吸取教训得以提高,这是第四种。

1.3 结构的计算简图

1. 计算简图及其选择原则

实际结构是很复杂的,完全按照结构的实际工作状态进行力学分析是不可能的,也是不必要的。因此,对实际结构进行力学计算以前,必须加以简化,略去不重要的细节,用一个能反映其基本受力和变形性能的简化的计算图形来代替实际结构。这种代替实际结构的简化计算图形称为结构的计算简图。结构的受力分析都是在计算简图中进行的。因此,计算简图的选择是结构受力分析的基础。选择不当,则计算结果不能反映结构的实际工作状态,严重的将会引起工程事故。所以,对计算简图的选择应该十分重视。

计算简图的选择原则是:

(1) 计算简图应能反映实际结构的主要受力和变形性能;

(2) 保留主要因素,略去次要因素,使计算简图便于计算。

应当指出,计算简图的选择在上述原则指导下,要根据当时当地的具体要求和条件来选用,并不是一成不变的。如对重要的结构应采用比较精确的计算简图;对不重要的结构可以使用较为简单的计算简图。如在初步设计的方案阶段,可使用较为粗糙的计算简图,而在技术设计阶段再使用比较精确的计算简图。如用手算,可采用较为简单的计算简图,而用电算,则可以采用较为复杂的计算简图。

2. 计算简图的简化要点

(1) 结构体系的简化

一般结构实际上都是空间结构,各部分相互连接成为一个空间整体,以承受各个方向可能出现的荷载。但在多数情况下,常可以忽略一些次要的空间约束而将实际结构分解为平面结构,使计算得以简化。本书主要讨论平面结构的计算问题。当然也有一些结构具有明显的空间特征而不宜简化成平面结构,本书也将涉及这方面的内容。

(2) 杆件的简化

杆件的截面尺寸(宽度、厚度)通常比杆件长度小得多,截面变形符合平截面假设,截面上的应力可根据截面的内力(弯矩、剪力、轴力)来确定,截面上的变形也可根据轴线上的应变分量来确定。因此,在计算简图中,杆件可用其轴线表示,杆件之间的连接区用结点表示,杆长用结点间的距离表示,荷载的作用点也转移到轴线上。当截面尺寸增大时(例如超过杆长的1/4),杆件用其轴线表示简化,将引起较大的误差。

(3) 杆件间连接的简化

结构中杆件与杆件之间的相互连接处,简化为结点。木结构、钢结构和混凝土结构中杆件与杆件之间相互连接的构造方式虽然很多,但其结点通常简化为铰结点、刚结点两种理想情形:

① 铰结点

理想铰结点的特点是:被连接的杆件在结点处不能相对移动,但可绕铰自由转动;在铰结点处可以承受和传递力,但不能承受和传递力矩。这种理想情况,实际结构中是很难遇到的。图1.8(a)所示的木屋架端结点,由于连接的作用,各杆之间不能相对移动,但有相互间微小转动,计算时简化为一铰结点,其计算简图如图1.8(b)所示。木屋架的结点也只是比较接近铰结点。图1.9(a)所示一钢桁架的结点,是通过节点板把各杆件焊接在一起的,实际上各杆端是不能相对转动的,但在桁架中各杆主要是承受轴力,因此计算时仍将这种结点简化为铰结点[图1.9(b)]。

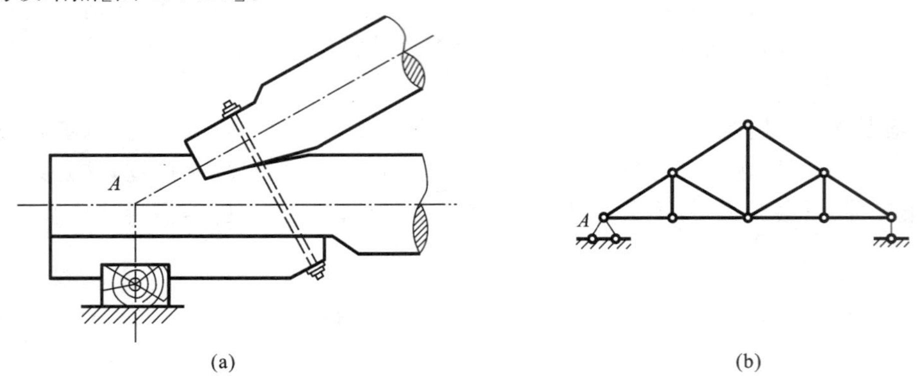

图1.8 木屋架结点——铰结点

(a) 木屋架端结点构造;(b) 铰结点计算简图

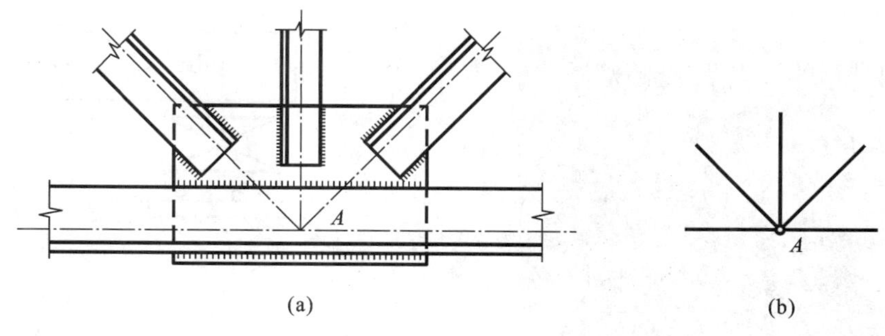

图 1.9 钢桁架结点——铰结点

(a) 钢桁架结点做法；(b) 铰结点计算简图

② 刚结点

刚结点的特点是：被连接的杆件在结点处不能相对移动，也不能相对转动；在刚结点处不但能承受和传递力，而且能承受和传递力矩。图 1.10(a)所示是一钢筋混凝土框架边柱和梁的结点，由于梁和柱之间的钢筋布置以及混凝土将它们浇筑成整体，使梁和柱不能产生相对移动和转动，计算时简化为一刚结点，其计算简图如图 1.10(b)所示。

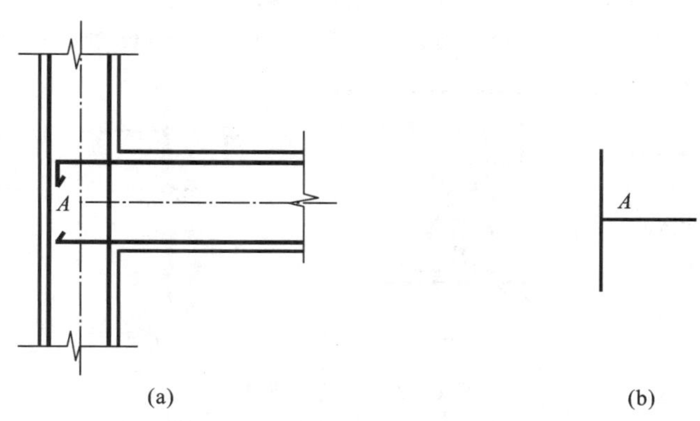

图 1.10 钢筋混凝土梁柱结点——刚结点

(a) 钢筋混凝土梁柱结点做法；(b) 刚结点计算简图

(4) 结构与基础间连接的简化

结构与基础的连接装置称为支座。支座的作用是把结构固定于基础上，同时，结构所受的荷载通过支座传到基础和地基。支座对结构的反作用力称为支座反力。平面结构的支座一般简化为下面四种情形：

① 活动铰支座

图 1.11(a)为一桥梁结构活动铰支座的照片；图 1.11(b)、图 1.11(c)所示为桥梁结构中所用辊轴支座和摇轴支座的简化图形。它容许结构在支承处绕圆柱铰 A 转动和沿平行于支承平面 m—n 的方向移动，但 A 点不能沿垂直于支承面的方向移动。当不考虑摩擦力时，这种支座的反力 R_A 将通过铰 A 的中心并与支承平面 m—n 垂直，即反力的作用点和方向都是确定的，只有它的大小是一个未知量。根据活动铰支座的位移和受力特点，在计算简图中可以用一根垂直于支承面的链杆 AB 来表示，如图 1.11(d)所示。此时结构可绕铰 A 转动；链杆又可绕 B 转动，当转动很微小时，A 点的移动方向可看成是平行于支承面的。

② 固定铰支座

这种支座的构造如图 1.12(a)、图 1.12(b)所示，常简称为铰支座，它容许结构在支承处绕圆柱铰 A 转动，但 A 点不能做水平和竖向移动。支座反力 R_A 将通过铰 A 中心，但大小和方向都是未知的，通常可用沿两个确定方向的分反力，如水平反力 X_A 和竖向反力 Y_A 来表示。这种支座的计算简图可用交于 A 点的两根支承链杆来表示，如图 1.12(c)或图 1.12(d)所示。

图 1.13(a)所示的预制混凝土柱插入杯形基础，杯口的空隙用沥青麻丝填充，柱子可以有微小的转动，但在水平方向和竖直方向的移动受限制，可以简化为一个固定铰支座。图 1.13(b)中 A 处所示为一水工结构弧形闸门铰支座。闸门开启时，可绕固定圆轴 A 旋转。

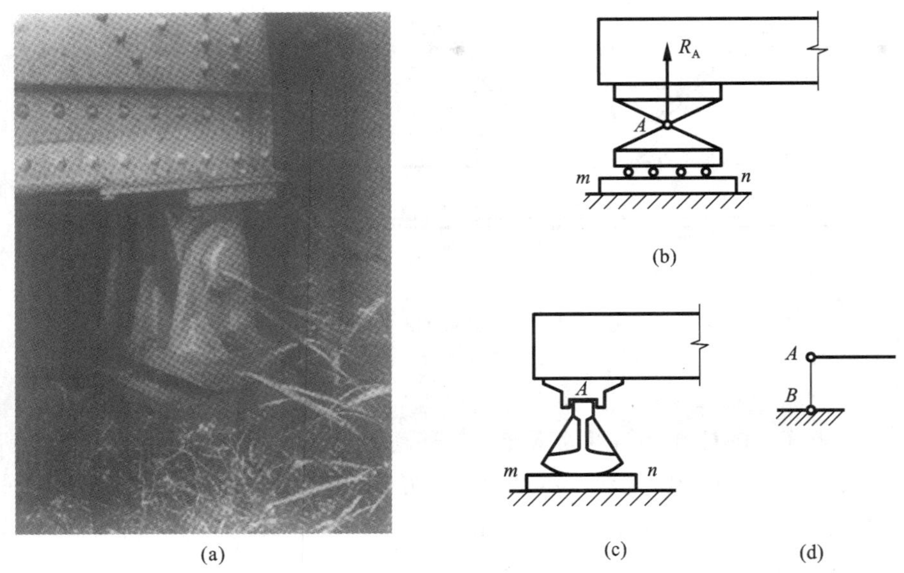

图 1.11　活动铰支座

(a) 桥梁活动铰支座；(b) 辊轴支座；(c) 摇轴支座；(d) 活动铰支座计算简图

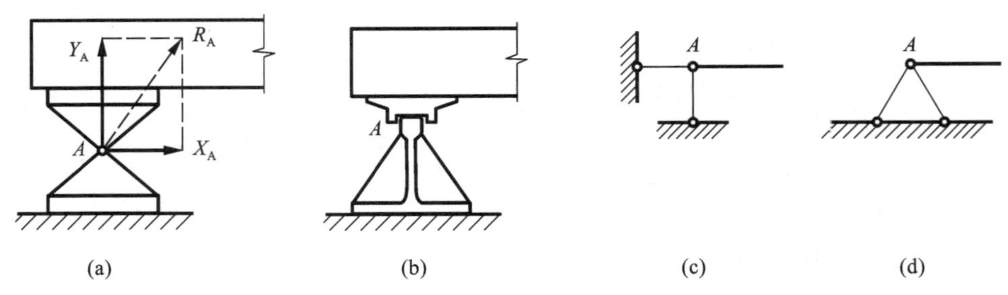

图 1.12　固定铰支座

(a),(b) 固定铰构造；(c),(d) 固定铰支座计算简图

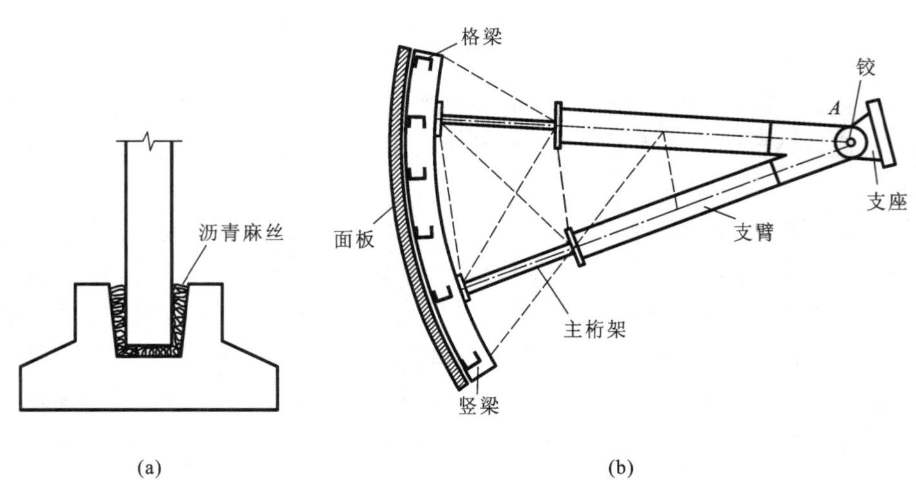

图 1.13　工程中的固定铰支座

(a) 预制混凝土柱插入杯形基础；(b) 弧形闸门铰支座

③ 固定支座

这种支座不容许结构在支承处发生任何移动和转动[图 1.14(a)]，它的反力大小、方向和作用点位置都是未知的，通常用水平反力 X_A、竖向反力 Y_A 和反力矩 M_A 来表示，计算简图如图 1.14(b)所示。

图 1.14(a)所示悬臂梁，当梁端插入墙身有相当深度，且与四周有相当好的密实性时，梁端被完全固定，

可以视为固定支座。

图 1.14(c)所示为一预制钢筋混凝土柱插入杯形基础，杯口的空隙用细石混凝土填实。当预制柱插入基础有一定深度时，柱在基础内的移动和转动均被限制，可以简化为固定支座。

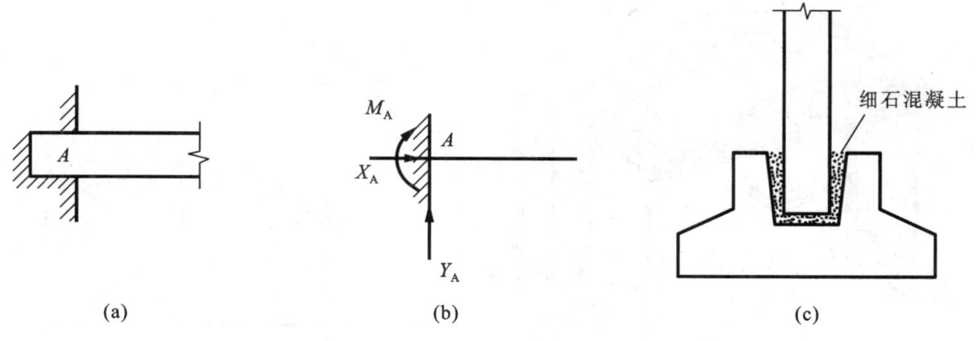

图 1.14 固定支座

(a) 悬臂梁；(b) 固定支座计算简图；(c) 预制柱杯口基础

④ 定向支座

结构在支承处不能转动，不能沿垂直于支承面的方向移动，但可以沿支承面方向滑动，其反力为一个垂直于支承面的力 Y_A 和一个反力矩 M_A，计算简图可用垂直于支承面的两根平行链杆表示(图 1.15)。

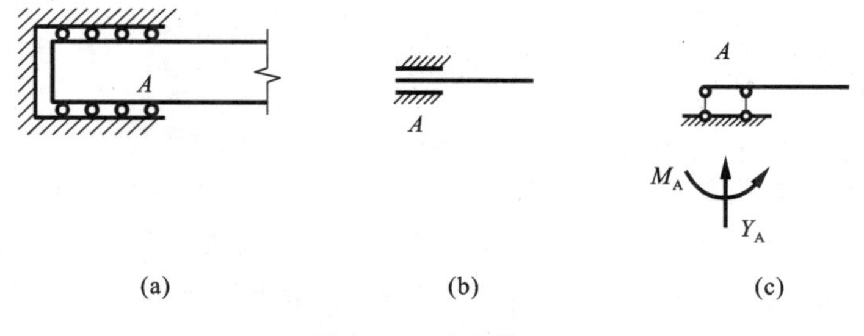

图 1.15 定向支座

(a) 定向支座做法；(b) 定向支座示意图；(c) 定向支座计算简图

(5) 材料性质的简化

在土木工程中结构所用的建筑材料通常为钢、混凝土、砖、石、木料等。在结构计算中，为了简化，对组成各构件的材料一般都假设为连续的、均匀的、各向同性的、完全弹性或弹塑性的。

上述假设对于金属材料在一定受力范围内是符合实际情况的。对于混凝土、钢筋混凝土、砖、石等材料则带有一定程度的近似性。至于木材，因其顺纹与横纹方向的物理性质不同，故应用这些假设时应予以注意。

(6) 荷载的简化

结构承受的荷载可分为体积力和表面力两大类。体积力指的是结构的重力或惯性力等；表面力则是由其他物体通过接触面传给结构的作用力，如土压力、车辆的轮压力等。在杆件结构中把杆件简化为轴线，因此，不管是体积力还是表面力都可以简化为作用在杆件轴线上的力。荷载按其分布情况可简化为集中荷载和分布荷载。荷载的简化与确定比较复杂，下面还要讨论。

结构计算简图的选择十分重要，又很复杂；需要选择者有较多的实际经验，并善于判断各种不同因素的相对重要性。对一些新型结构，往往要通过多次的试验和实践，才能获得比较合理的计算简图，但对常用的结构形式，已有前人积累的经验，可以直接取其常用的计算简图。所以，选择结构计算简图的能力是在本课程、后续相关课程的学习以及长期工程实践中逐步形成的。

【例 1.1】 图 1.16(a)为一工业厂房结构示意图,讨论其计算简图。

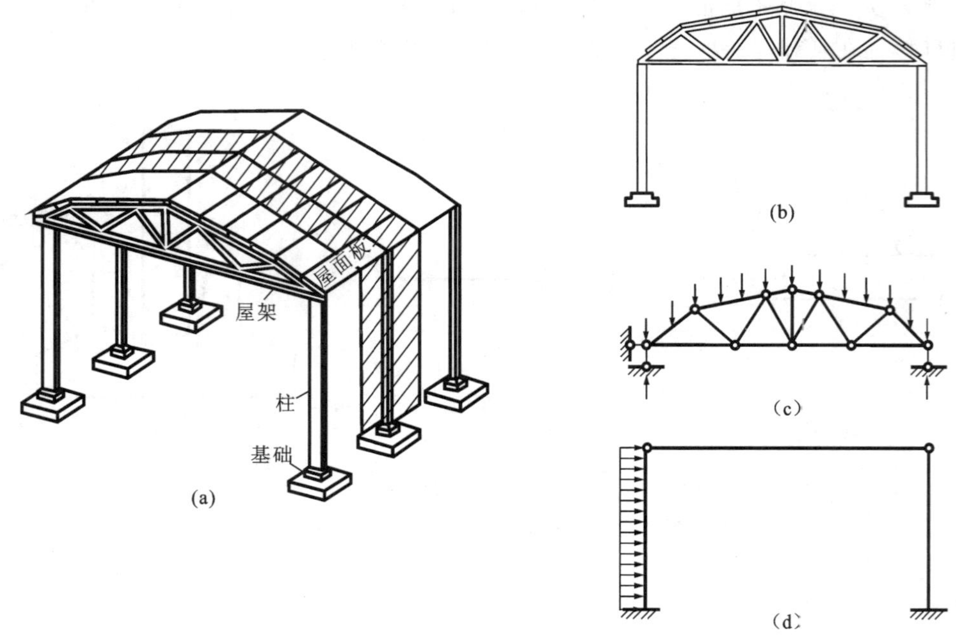

图 1.16 例 1.1 单层厂房结构的计算简图

(a) 单层厂房结构;(b) 平面结构;(c) 竖向荷载下屋架计算简图;(d) 横向水平荷载下排架计算简图

【解】

(1) 厂房体系的简化

该厂房结构是一系列由屋架、柱和基础组成的结构[图 1.16(a)中的阴影部分或图 1.16(b)]沿厂房的纵向有规律地排列起来,再由屋面板等纵向构件连接组成的空间结构。作用在厂房上的荷载,通常沿纵向是均匀分布的。因此,可以从这个空间结构中,取出柱间距中线之间的部分作为计算单元;作用在结构上的荷载,则通过纵向构件分配到各计算单元平面内。在计算单元中,荷载和杆件都在同一平面内,这样,就把一个空间结构分解成为平面结构[图 1.16(b)]了。

下面对图 1.16(b)所示平面结构,分别讨论其屋架和厂房柱的计算简图。

(2) 竖向荷载作用下屋架的计算简图

在竖向荷载作用下,屋架的计算简图如图 1.16(c)所示。这里,采用了以下简化:

① 屋架的杆件用其轴线表示;

② 屋架杆件之间的连接简化为铰结点;

③ 屋架的两端通过钢板焊接在柱顶,可将其端点分别简化为固定铰支座和活动铰支座;

④ 屋面荷载通过屋面板的四个角点以集中力的形式作用在屋架的上弦上。

(3) 横向水平荷载作用下厂房柱的计算简图

在横向水平荷载(如侧向风荷载)作用下,厂房柱的计算简图如图 1.16(d)所示。这里,采用了以下简化:

① 柱用其轴线表示;

② 屋架在两端均以铰与柱顶连接,计算柱时,屋架的作用如同一个两端为铰的链杆,将两柱的顶部连在一起;

③ 柱插入基础后,用细石混凝土填实,柱基础较大,地基条件较好,视为固定支座。

图 1.16(b)和图 1.16(d)所示的结构,称为铰结排架,是单层工业厂房常用的一种结构形式。

【例 1.2】 图 1.17(a)所示为一水电站的高压水管,讨论其计算简图。

【解】

水管支承在一系列支托上，从整体来看是一连续梁，固定台很重、很牢固，可看作梁的固定端，而支托可看作支杆。在水管自重和管内水重作用下，水管可按均布荷载作用下的连续梁来计算（在温度伸缩接头处受力构件已断开），计算简图如图1.17(b)所示。

以上是计算水管纵向应力所取的计算简图，当计算环向应力时，由于水管很长，且每一截面所受水压力也是一样的，可以截取一单位宽度的圆环进行计算，计算简图见图1.17(c)。当水管突然放空而形成真空时，由于外压的存在，有丧失稳定的可能，故还须验算圆环在均匀外压下的稳定性[图1.17(d)]。

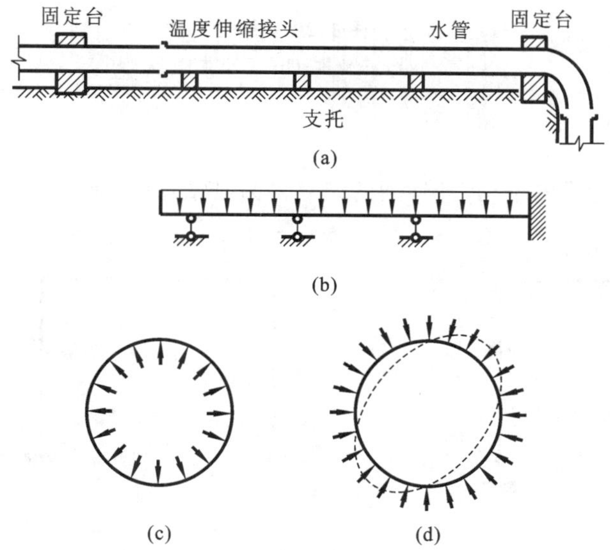

图1.17　例1.2高压水管计算简图

(a)整体构造图；(b)整体纵向应力计算简图；(c)环向应力计算简图；(d)环向稳定计算简图

1.4　杆件结构的分类

杆件结构的分类，实际就是计算简图的分类。

(1) 常用的结构按其组成和受力特点，可分为以下几类：

① 梁

梁的轴线通常为直线，水平梁在竖向荷载作用下无水平支座反力，内力有弯矩和剪力。梁有单跨梁[图1.18(a)、图1.18(b)]和多跨梁[图1.19(a)、图1.19(b)]。

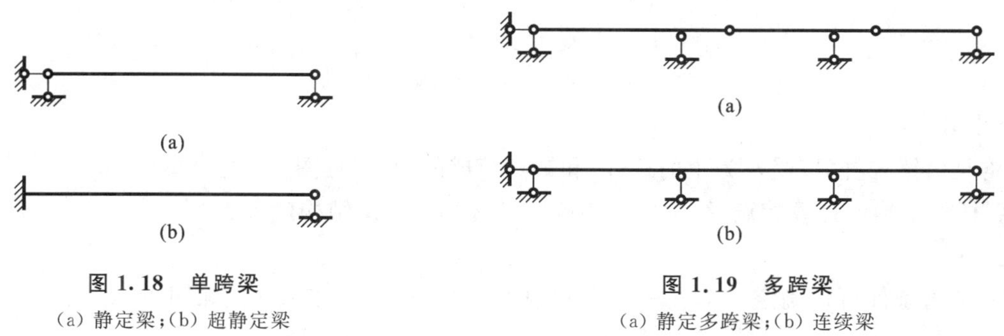

图1.18　单跨梁

(a) 静定梁；(b) 超静定梁

图1.19　多跨梁

(a) 静定多跨梁；(b) 连续梁

② 拱

拱的轴线为曲线，在竖向荷载作用下有水平推力 H[图1.20(a)、图1.20(b)]。水平推力大大改变了拱的受力特性。

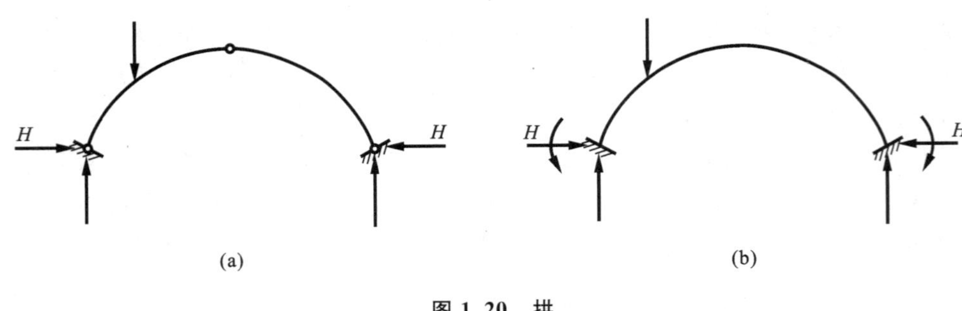

图 1.20　拱

(a) 三铰拱;(b) 无铰拱

③ 刚架

刚架是由梁和柱等直杆组成的结构,杆件间的结点多为刚结点(图 1.21);杆件内力一般有弯矩、剪力和轴力,其中弯矩为主要内力。

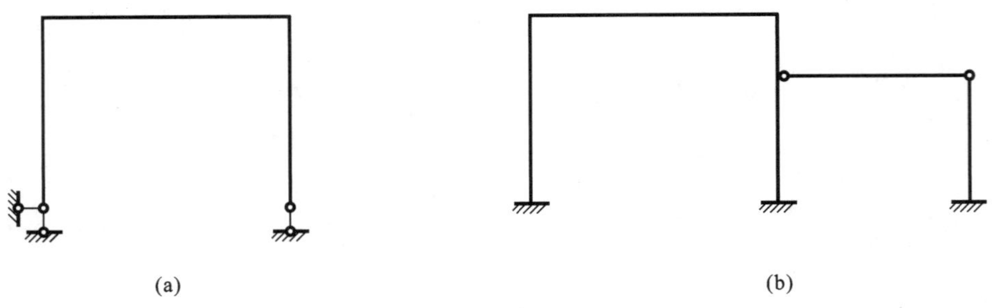

图 1.21　刚架

(a) 静定刚架;(b) 超静定刚架

④ 桁架

桁架由两端为铰的直杆(链杆)组成;当荷载作用于结点时,各杆只受轴力(图 1.22)。

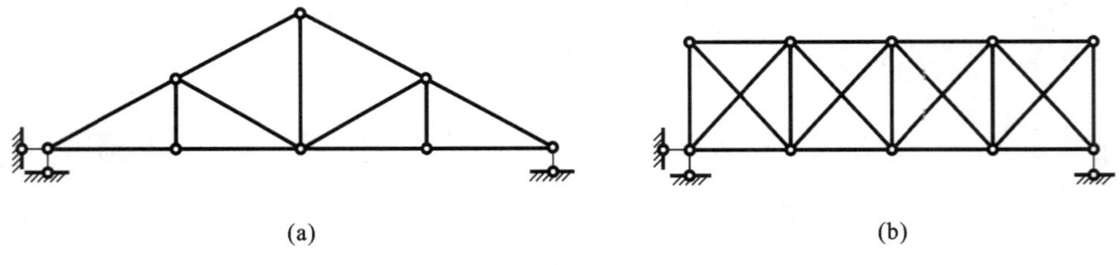

图 1.22　桁架

(a) 静定桁架;(b) 超静定桁架

⑤ 组合结构

组合结构是由梁式杆(以受弯为主的杆件)和链杆组成的结构,见图 1.23。

(2) 根据杆件结构的计算特点,结构可分为静定结构和超静定结构两大类。

① 静定结构

凡用静力平衡条件可以确定全部支座反力和内力的结构称为静定结构,如图 1.18～图 1.23 中所有的(a)图所示。

② 超静定结构

凡不能用静力平衡条件确定全部支座反力和内力的结构称为超静定结构,如图 1.18～图 1.23 中所有的(b)图所示。

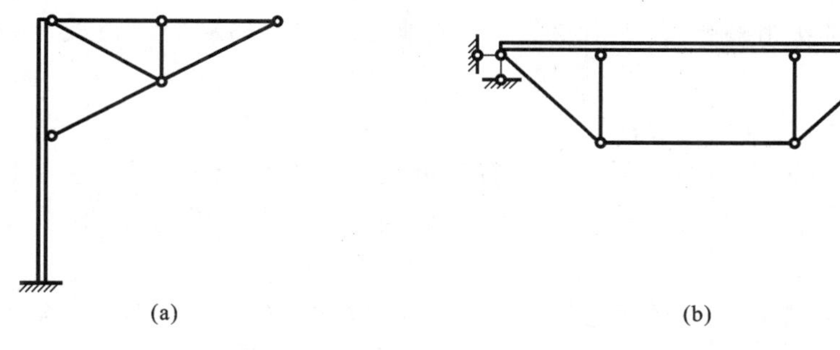

图 1.23 组合结构

(a) 静定组合结构；(b) 超静定组合结构

(3) 根据杆件和荷载在空间的位置，结构可分为平面结构和空间结构。

① 平面结构

各杆件的轴线和荷载都在同一平面内，称为平面结构。前面所示均为平面结构，是本书讨论的重点。

② 空间结构

各杆件的轴线和荷载不在同一平面，或各杆件轴线在同一平面内，但荷载不在该平面内时，称为空间结构。图 1.24(a)为一空间刚架，各杆的轴线不在同一平面内；图 1.24(b)中各杆轴线虽在同一平面内，但荷载不在该平面内，亦为空间结构。

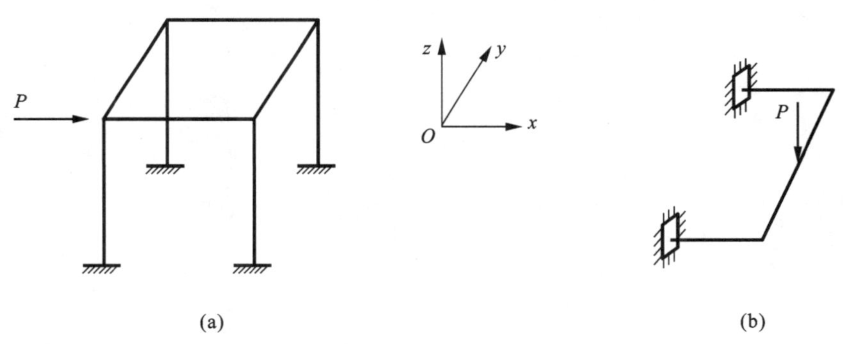

图 1.24 空间结构

(a) 空间刚架；(b) 平面刚架受非平面内荷载

1.5 荷　　载

荷载是主动作用于结构的外力。例如，结构的自重(重力)，工业厂房结构上的吊车荷载，行驶在桥梁上的车辆荷载以及作用于水工结构的水压力和土压力等。

根据其作用时间的长短和作用性质，荷载可作以下分类。

(1) 根据其作用时间的长短，荷载可分为：

① 永久荷载　永久作用在结构上的不变荷载，如结构的自重，固定于结构上的设备的重量等。

② 可变荷载　暂时作用在结构上的可变荷载，如楼面上的人群、吊车荷载、列车荷载，以及风荷载和雪荷载等。

③ 偶然荷载　在结构设计使用年限内不一定出现，而一旦出现其量值很大，且持续时间很短的荷载，如地震作用。

可变荷载按其作用位置的变化情况，还可分为：

a. 可动荷载　能作用于结构上的任意位置的荷载，如风荷载和雪荷载等。

b. 移动荷载　一系列互相平行、间距保持不变，但能在结构上移动的活荷载，如列车荷载和吊车荷载等。

（2）根据其作用的性质，荷载可分为：

① 静力荷载　静力荷载的大小、方向和位置不随时间变化或变化极为缓慢，不会使结构产生显著的振动，因而可略去惯性力的影响。结构的恒荷载都是静力荷载。只考虑位置改变，不考虑动力效应的移动荷载，也是静力荷载。

② 动力荷载　动力荷载是随时间迅速变化的荷载，能使结构产生显著的振动，因而惯性力的影响不能忽略。如机械运转时产生的荷载，地震时由于地面运动对结构的动力作用以及爆炸引起的冲击波等。

除荷载外，还有其他一些因素也可以使结构产生内力或位移，例如，温度变化、支座沉陷、制造误差、材料收缩以及松弛、徐变等。从广义上来说，这些因素也可视为广义荷载。

本章小结

本章讨论了四个问题：结构力学的任务与方法，结构的计算简图，结构和杆件结构的分类，荷载的分类。它们都是贯穿全书的重要问题，但在学习绪论时，只要有一个基本的了解即可，以后逐步加深认识。

要强调一下的是，结构的计算简图是本章的重点，也是以后计算的出发点。学习时应对其选择原则、简化要点（特别是其中的结点和支座简化要点）等给予特别的注意，为今后进行结构的受力和变形分析打下基础。

2 体系的几何组成分析

2.1 几何不变体系和几何可变体系

为了能够承受荷载，结构的几何形状必须是不能改变的。如果一个体系的几何形状是可以改变的，就不能用作结构。

在荷载作用下，结构中的杆件由于材料应变产生弹性变形，使结构的几何形状产生微小的变化。但在分析杆件体系的形状时，不考虑这种微小弹性应变产生的形状变化，即将杆件看成是没有弹性变形的刚体（平面刚体，称为刚片）。讨论几何组成分析时，杆件都看作刚片。

根据杆件体系的形状和位置，杆件体系可以分为两类：

(1) 几何不变体系　如图 2.1(a)与图 2.1(b)所示，在不考虑材料应变的条件下，体系的几何形状和位置是不能改变的。

(2) 几何可变体系　如图 2.2(a)与图 2.2(b)所示，在不考虑材料应变的条件下，体系的几何形状和位置是可以改变的。

与几何不变体系和几何可变体系相应的还有内部几何不变体系和内部几何可变体系两种情况。

图 2.1(c)所示铰结三角形，虽然其位置在平面内是可以改变的（可以整体移动和转动），但铰结三角形的形状是不能改变的，称为内部几何不变体系，简称内部不变。图 2.2(c)所示铰结四边形，不仅其位置在平面内是可以改变的，四边形的形状也是可以改变的，称为内部几何可变体系，简称内部可变。

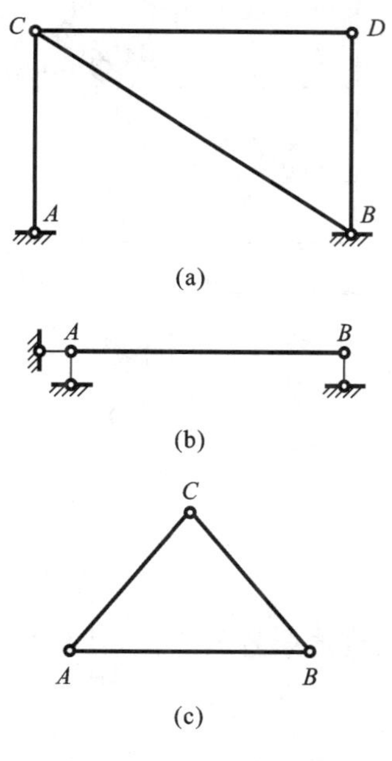

图 2.1　几何不变体系

(a)，(b) 几何不变体系；(c) 内部不变

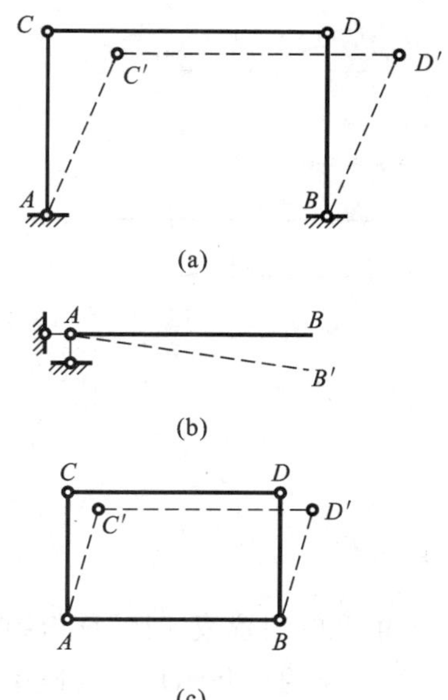

图 2.2　几何可变体系

(a)，(b) 几何可变体系；(c) 内部可变

杆件体系几何组成分析的目的为：

(1) 判定体系是否几何不变，从而决定该体系是否可以用作结构；

(2) 研究几何不变体系的组成规则。

此外，结构的几何组成分析是与结构的受力分析密切相关的，研究结构的几何组成，有助于结构静力分析。

2.2 自由度和约束

在分析杆件体系的几何组成时，把杆件体系中的一部分杆件(即刚片)或结点看成是具有自由度的运动对象，而将另一部分杆件或连接看成是对这些刚片或结点的运动起限制作用的约束，然后分析这两者之间的关系，研究体系是否几何可变。因此，首先讨论自由度和约束的概念。

1. 自由度

一个体系的自由度表示该体系独立运动的数目，或体系运动时可以独立改变的坐标数目。

(1) 一个点的自由度

平面内一个点的运动可以分解为两个方向的移动，即一个点有两种独立的运动方式，或一个点的位置需由两个独立的坐标来确定。例如图 2.3(a)中位于 A 的一个点，坐标为 x 和 y，当移动到一个新的位置 A' 时，点的坐标为 $x+\Delta x$ 和 $y+\Delta y$，因此，平面内一个点的位置可以用平面内两个独立坐标来描述。所以，一个点在平面内具有两个自由度。

(2) 一个刚片的自由度

平面内一个刚片的运动可以分解为两个方向的移动和绕某点的一个转动，即一个刚片可以有三种独立的运动方式。例如图 2.3(b)中刚片 AB 位置的坐标为 x_A、y_A 和 θ，当运动到一个新的位置 $A'B'$ 时，刚片位置的坐标为 $x_A+\Delta x_A$、$y_A+\Delta y_A$ 和 $\theta+\Delta\theta$。因此，平面内一个刚片的运动可以用平面内三个独立的坐标来描述。所以，一个刚片在平面内有三个自由度。

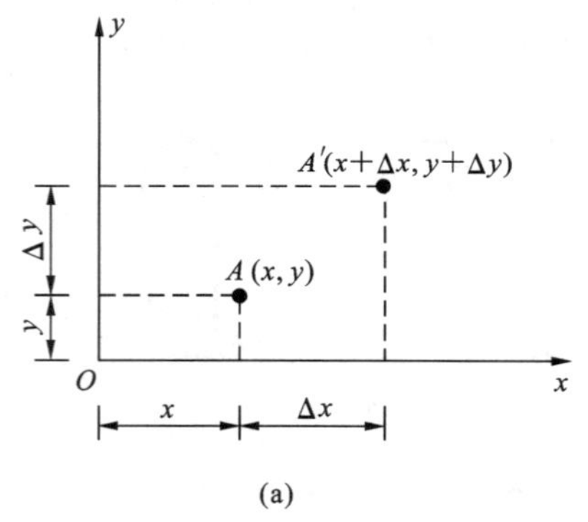

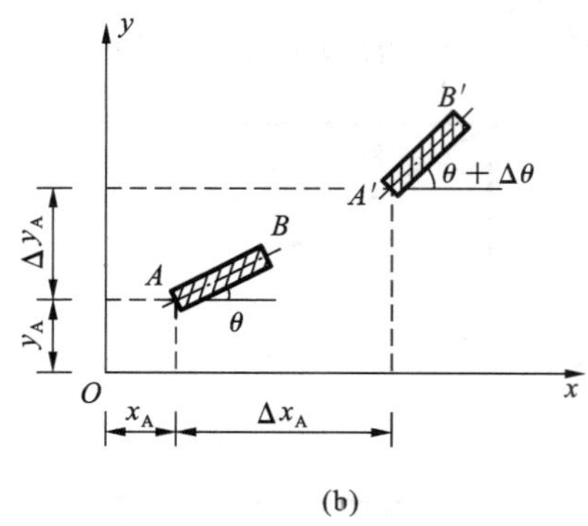

图 2.3 点和刚片在平面内的运动

(a) 点的运动；(b) 刚片的运动

2. 约束

使体系减少自由度的装置或连接，称作约束。能减少几个自由度的装置或连接，就相当于几个约束。

约束有两大类：支座约束和刚片间的连接约束。

(1) 支座约束

① 滚轴支座[图 2.4(a)] 限制刚片 A 点在垂直方向移动，但不能限制其水平方向移动和绕 A 点的转动，减少了一个自由度，相当于一个约束。

② 铰支座[图 2.4(b)] 限制刚片 A 点在水平方向和竖直方向的移动，但不能限制其绕 A 点的转动，减少了两个自由度，相当于两个约束。

③ 固定支座[图 2.4(c)] 限制刚片在水平方向、竖直方向的移动和转动，使刚片的自由度减少为零，相当于三个约束。

【扫码演示2】

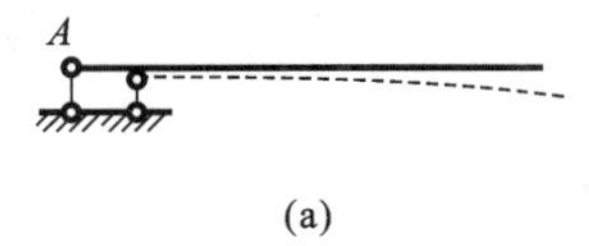

(a)

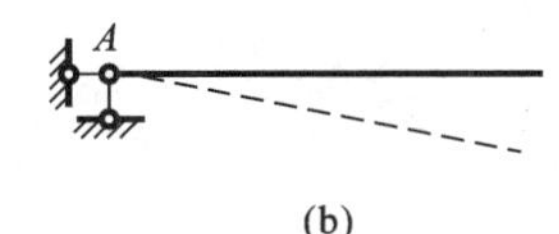

(b)

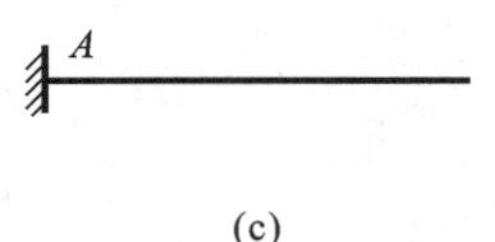

(c)

图 2.4 支座约束

(a) 滚轴支座;(b) 铰支座;(c) 固定支座

(2) 刚片间的连接约束

重点讨论两个刚片之间的连接约束。在平面内一个刚片有三个自由度,两个独立的刚片有六个自由度,彼此之间有连接后,自由度将减少。现分别讨论几种基本的连接所相当的约束。

① 链杆[图 2.5(a)] AB 和 CD 两个刚片,互相之间有三个自由度。用链杆连接后,则两刚片间沿链杆 EF 方向的移动受到约束,互相之间的自由度减少了一个。因此,一个链杆连接相当于一个约束。

② 简单铰[连接两个刚片的铰,图 2.5(b)] AB 和 AC 两个刚片,互相之间有三个自由度,用铰 A 连接后,互相之间只有一个自由度,即绕铰 A 的相对转动,互相之间自由度减少了两个。因此,一个简单铰相当于两个约束。

③ 简单刚结[连接两个刚片的刚结,图 2.5(c)] AB 和 AC 两个刚片,用刚结点连接后,两刚片间没有相对运动,使互相之间自由度减少了三个。因此,一个简单刚结相当于三个约束。

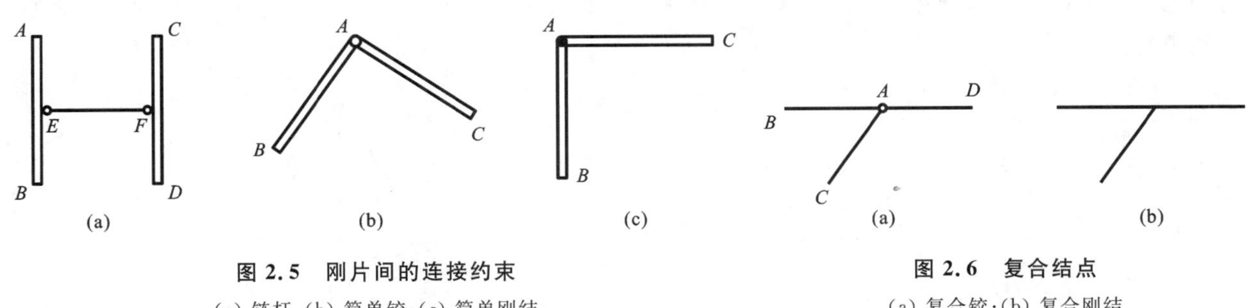

图 2.5 刚片间的连接约束

(a) 链杆;(b) 简单铰;(c) 简单刚结

图 2.6 复合结点

(a) 复合铰;(b) 复合刚结

根据同理分析,连接三个刚片的铰结[图 2.6(a)],使体系互相之间的自由度减少了四个,因此,可折算成两个简单铰(AB 与 AC 间用简单铰 A 相连,然后再与 AD 用简单铰相连),相当于四个约束。连接 n 个刚片的铰,可以折算成 $(n-1)$ 个简单铰,因此,相当于 $2(n-1)$ 个约束。对连接三个刚片的刚结[图 2.6(b)],以及连接 n 个刚片的刚结,亦可同理分析。

3. 约束代换和瞬铰

一个简单铰相当于两个约束,两根不共线的链杆也相当于两个约束,而约束是可以代换的。为了将约束代换的概念扩大,引入瞬铰的概念。

连接两个刚片且不在同一直线上的两个链杆,相当于一个铰。如果不在同一直线上的两个链杆 AB、AC 交于刚片上的 A 处[图 2.7(a)],则 A 为具有确定位置的实际的简单铰。如果连接两个刚片的两个链杆不在刚片上相交,则两链杆的交点处,形成一虚铰,虚铰的位置是变化的,因此,又称瞬铰。

图 2.7(b)中连接两个刚片Ⅰ和Ⅱ的两个链杆 AB 和 CD 交于刚片外 E 点。刚片Ⅰ和Ⅱ之间用两个链杆相连,减少了互相之间的两个相对移动自由度,但还有一个相对转动自由度。现在来确定两者间的转动中心。如果刚片Ⅰ相对固定,则刚片Ⅱ上的 A 点沿以 B 为圆心、AB 为半径的圆弧方向运动,而 C 点则绕以 D 为圆心、CD 为半径的圆弧方向运动;而 AB 和 CD 的交点为 E,所以,可以看成刚片Ⅱ以两个链杆的交点 E 为圆心,沿两链杆的垂直方向运动,即绕铰 E 转动,因此,可以看成两个刚片用两个链杆在其交点处形成瞬铰相连。瞬铰 E 即两者间的相对转动中心。随刚片Ⅱ的位置的微小变化,瞬铰 E 的相应位置也由 E 变化到 E'。可见,瞬铰的位置是瞬时变化的。

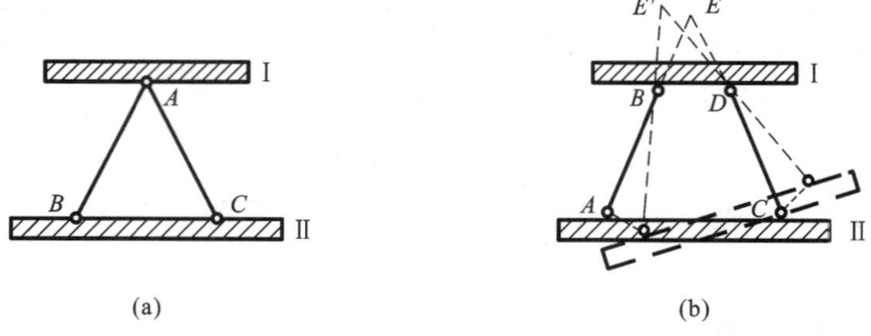

图 2.7　实铰和虚铰

(a) 实铰;(b) 虚铰

4. 必要约束和多余约束

在杆件体系中能限制体系自由度的约束,称为必要约束。而对限制体系自由度不起作用的约束,称为多余约束。

图 2.8(a)中的自由点 A 有两个自由度。如果用两根不共线的链杆 1 和 2 把 A 点与基础相连[图 2.8(b)],则 A 点被固定,两个自由度受到了约束。因此,链杆 1 和 2 都是必要约束。如果在图 2.8(b)中的 A 点再增加一个链杆 3 与基础相连[图 2.8(c)],则链杆 3 即为多余约束(可将三根链杆中的任何一根看成是多余约束)。

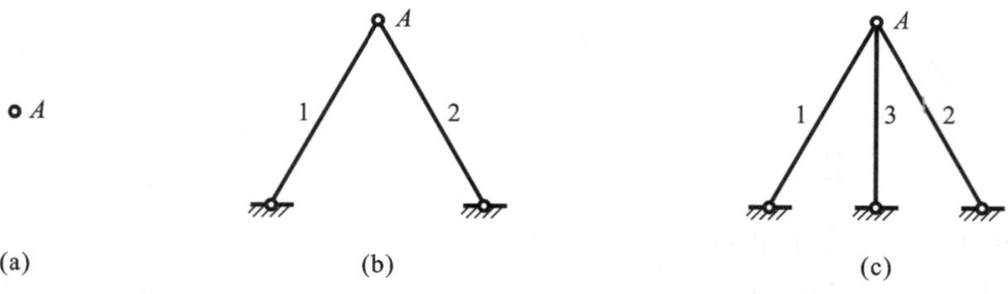

图 2.8　必要约束和多余约束

(a) 自由点 A;(b) 必要约束;(c) 有多余约束

图 2.9(a)中自由杆 AB 有三个自由度,如果用三根不交于一点的链杆 1、2、3 把 AB 与基础相连[图 2.9(b)],则 AB 被固定,三个自由度受到了约束,成为几何不变的简支梁。因此,链杆 1、2、3 都是必要约束。如果在图 2.9(b)的梁中间再增加一链杆 4 与基础相连[图 2.9(c)],则链杆 4 即为多余约束(可将三根竖直链杆 2、3、4 中的任何一根看成是多余约束),而水平链杆 1 则是必要约束。

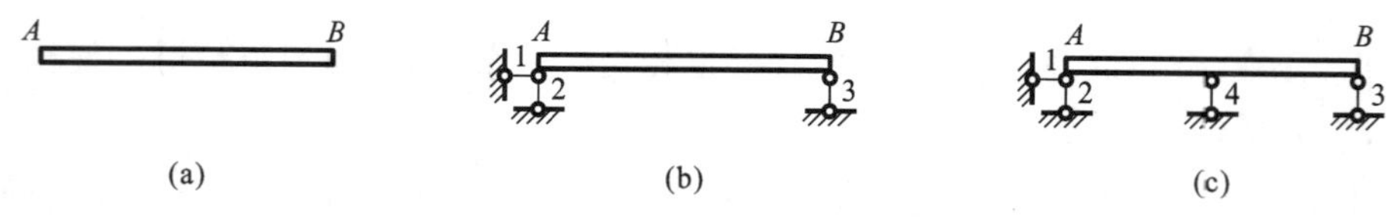

图 2.9　必要约束和多余约束

(a) 自由杆;(b) 必要约束;(c) 有多余约束

2.3　几何不变无多余约束的平面杆件体系的几何组成规则

几何不变无多余约束的平面杆件体系的几何组成规则有三个,现分别讨论和举例说明。

1. 一个点和一个刚片的连接

平面内一个点有两个自由度,因此,平面内一个刚片与一个点 A 只用一根链杆 AB 相连[图 2.10(a)],

则 A 点还能沿以 B 为圆心、AB 为半径的圆弧运动，是内部可变的；如再加一个与 AB 不在同一直线上的链杆 AC 与 A 点相连[图 2.10(b)]，则 A 点相对于刚片的两个自由度完全被约束，则构成内部不变、无多余约束的体系。

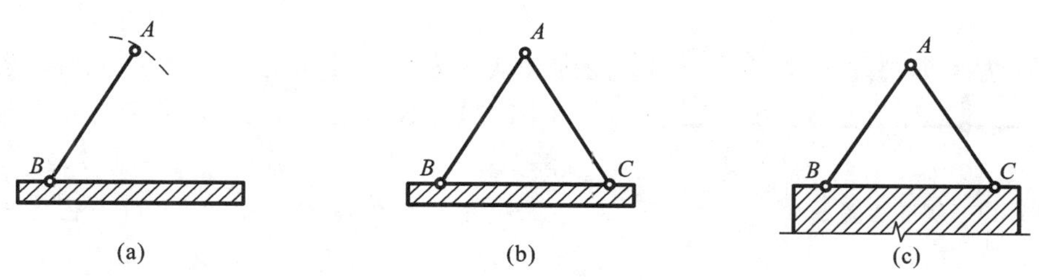

图 2.10　一点和一个刚片的连接

(a) 一链杆连接一点和一刚片；(b) 两链杆连接一点和一刚片；(c) 两链杆固定一点

由此可得下述规则：

规则Ⅰ：一个点与一个刚片用两根不在同一直线上的链杆相连，构成内部几何不变无多余约束的体系。

规则Ⅰ也可用二元体的组成叙述：

在一个刚片上，增加一个二元体仍为几何不变无多余约束的体系。

二元体是指用两根不在同一直线的链杆连接一个新结点的构造。二元体的构造不改变原体系的自由度。

最后指出，在以上组成中，基础也可视为一个刚片[图 2.10(c)]，则规则Ⅰ就成为从基础固定一个点的标准模式。

【例 2.1】　分析图 2.11 所示链杆体系的几何组成。

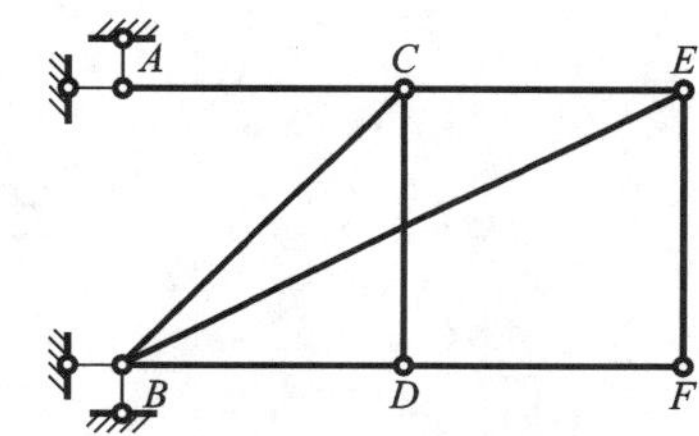

图 2.11　例 2.1 图

【解】

(1) 根据规则Ⅰ，由不动点 A、B 出发，用不在同一直线的两链杆 AC 和 BC 固定点 C。

(2) 从固定点 B、C 出发，增加一个二元体，固定点 D；再增加一个二元体，固定点 E；从固定点 D、E 出发，再增加一个二元体，固定点 F。

因此，整个体系是几何不变无多余约束的体系。

2. 平面内两个刚片的连接

平面内 AB 和 BC 两个刚片如果只用一个铰 B 相连，则 AB 仍然可以绕铰 B 转动[图 2.12(a)]；如果在不通过 B 铰处加一链杆 AC[图 2.12(b)]，则该体系的自由度被约束，构成内部几何不变无多余约束的体系。

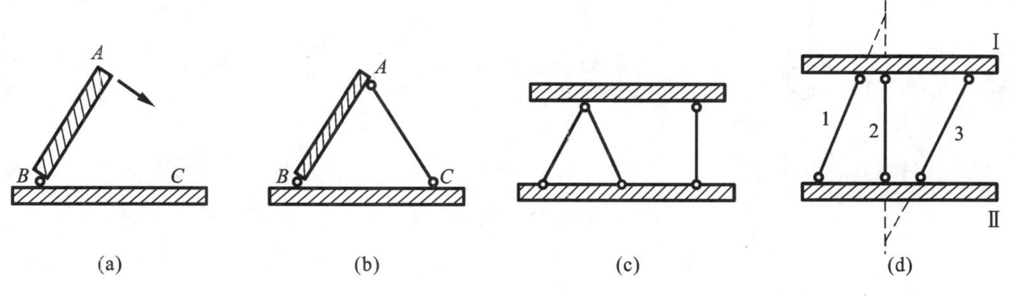

图 2.12　两个刚片的连接

(a) 一铰连接两刚片；(b) 一铰一链杆连接两刚片；(c)，(d) 三链杆连接两刚片

由此可得下述规则：

规则Ⅱ：两个刚片用一铰和一链杆相连，且链杆及其延长线不通过铰，构成内部几何不变无多余约束的

体系。

根据两链杆和一铰的约束等效性及瞬铰的概念，可得规则Ⅱ的另一叙述：

规则Ⅱ′：两个刚片用三个链杆相连，三链杆不平行也不交于一点，则组成内部几何不变无多余约束的体系[图 2.12(d)]。

当将基础也视为一个刚片时[图 2.12(c)]，规则Ⅱ就成为从基础固定一个刚片的标准模式。

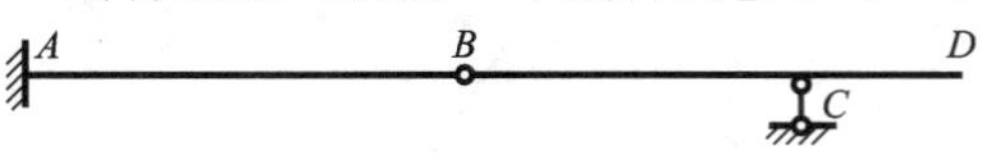

图 2.13　例 2.2 图

【例 2.2】 分析图 2.13 所示体系的几何组成。

【解】

(1) 把刚片 AB 看作运动对象，用一固定支座 A 与基础相连，因此，AB 被固定，无多余约束。

(2) 把 BD 看作运动对象，根据规则Ⅱ，用铰 B 和支杆 C 与基础相连。支杆 C 不通过铰 B，因此，几何不变，无多余约束。

整个体系几何不变无多余约束。

3. 平面内三个刚片的连接

根据一个铰结三角形是最简单、最基本、内部不变且无多余约束体系的分析[图 2.12(b)]，可得规则Ⅲ[图 2.14(a)]。

规则Ⅲ：三个刚片Ⅰ、Ⅱ和Ⅲ用三个铰 A(Ⅰ，Ⅱ)、B(Ⅰ，Ⅲ)和 C(Ⅱ，Ⅲ)两两相连，且三铰不在同一直线上，则组成内部几何不变无多余约束的体系。

当将基础也视为一个刚片时[图 2.14(b)]，规则Ⅲ就成为从基础固定两个刚片的标准模式。

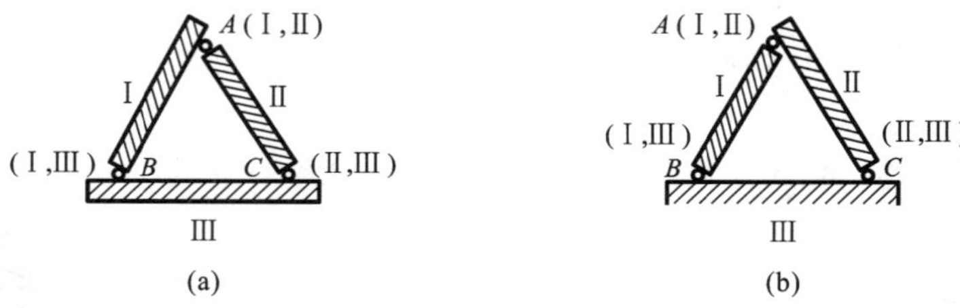

图 2.14　三刚片的连接

(a) 三刚片用三铰连接；(b) 两刚片用三铰固定于基础

【例 2.3】 分析图 2.15(a)、图 2.15(b)、图 2.15(c)所示体系的几何组成。

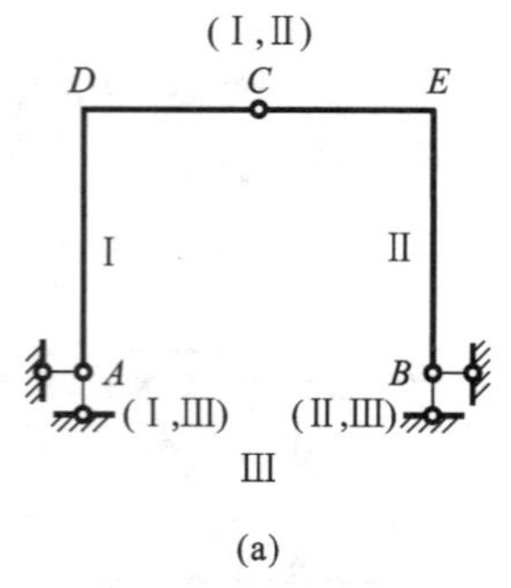

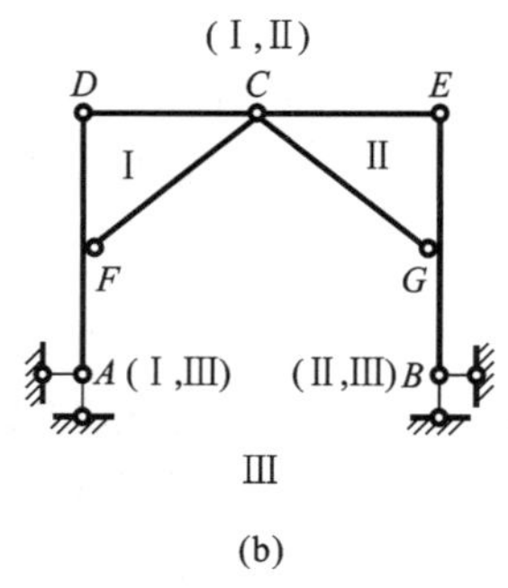

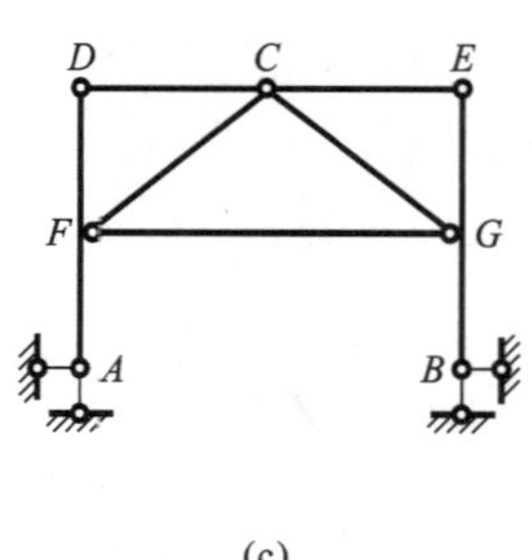

图 2.15　例 2.3 图

【解】

(1) 图 2.15(a)：ADC 是刚片Ⅰ，BEC 是刚片Ⅱ，基础是刚片Ⅲ。刚片Ⅰ、Ⅱ、Ⅲ用三个铰两两相连(刚片Ⅰ和Ⅱ用铰 C 相连，刚片Ⅰ和Ⅲ用铰 A 相连，刚片Ⅱ和Ⅲ用铰 B 相连)，三个铰 A、B、C 不在同一直线；根据规则Ⅲ，组成几何不变无多余约束的体系。

(2) 图 2.15(b)：AFD 是一个刚片，在刚片 AFD 上加一个二元体，C 点被固定，$AFDC$ 组成一个大刚片

Ⅰ。同理，$BGEC$ 组成一个大刚片Ⅱ。基础为刚片Ⅲ。刚片Ⅰ、Ⅱ、Ⅲ分别用不在同一直线上的三个铰 A（Ⅰ，Ⅲ）、B（Ⅱ，Ⅲ）、C（Ⅰ，Ⅱ）两两相连，根据规则Ⅲ，组成几何不变无多余约束的体系。

所以，整个体系几何不变无多余约束。

(3) 图 2.15(c)：在图 2.15(b)的几何不变、无多余约束的体系上，又增加了一根链杆 FG；因此，图 2.15(c)所示体系几何不变，有一个多余约束。

4. 瞬变体系

在杆件体系的组成中，如果有足够的约束数目，但布置不当，不符合几何不变体系组成规则中对约束布置的要求，则不能保持几何不变。

图 2.16(a)中，在基础上用两根在同一条直线上的链杆连接一个结点 A。作为 BA 杆上的 A 点可以沿以 B 为圆心、BA 为半径的圆弧运动；而作为 CA 杆上的 A 点可以沿以 C 为圆心、CA 为半径的圆弧运动；因 BA 和 CA 在一直线上，两圆弧在 A 点有一公切线。因此，A 点有一微小的竖向位移。但当 A 发生位移到 A' 时，$A'B$ 和 $A'C$ 不再在一直线上，A' 点的位置不再继续发生改变。

图 2.16(b)中所示三个链杆交于刚片外 O 点，刚片Ⅱ可以绕刚片Ⅰ有微小的相对转动，但因杆长不同，微小转动发生后，三杆不再交于一点，因此，刚片Ⅱ不能再继续发生位移。

这种瞬时发生微小位移，经微小位移后不再运动的可变体系称为瞬变体系。瞬变体系的位移虽然很小，但若有一定荷载作用时，杆件内力非常大，对结构受力极为不利，故不允许用作结构。

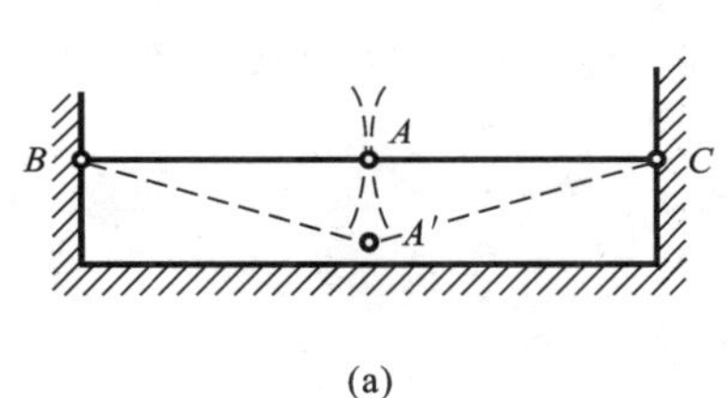

(a)

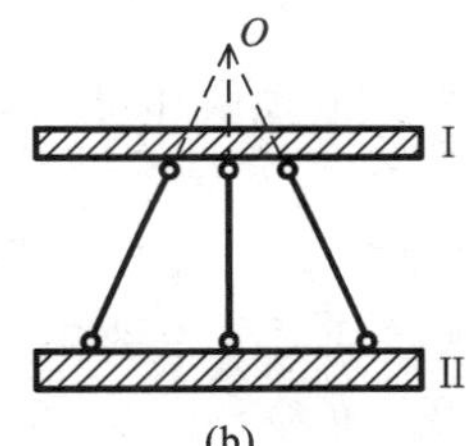

(b)

图 2.16 瞬变体系

(a) 三铰共线；(b) 三链杆共点

【例 2.4】 分析图 2.17(a)和图 2.17(b)所示体系的几何组成。

A B C D E

(a)

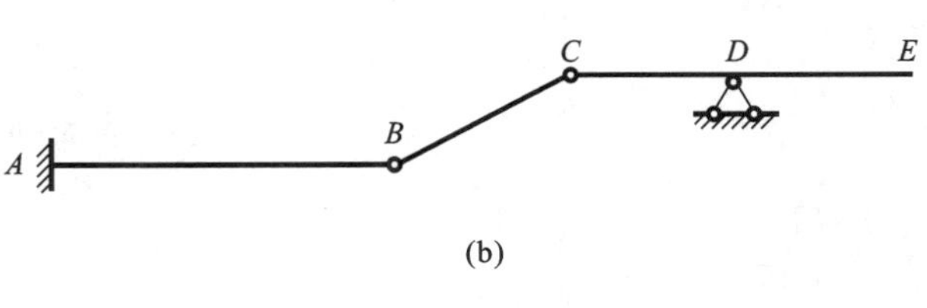

(b)

图 2.17 例 2.4 图

【解】

(1) 图 2.17(a)

① AB 是一刚片，与基础用一固定支座 A 相连，B 看成是固定于基础上的点。

② CDE 是一刚片，与基础用链杆 BC 和铰 D 相连，但链杆 BC 的延长线通过铰 D，不满足规则Ⅱ对约束的要求，为瞬变体系。

(2) 图 2.17(b)

① 同图 2.17(a)分析，AB 已被固定于基础。

② 刚片 CDE 用链杆 BC 与铰 D 和基础相连，BC 不通过铰 D，因此，几何不变，无多余约束。

图 2.17(b)整个体系几何不变，且无多余约束。

2.4 几何组成分析

【扫码演示3】

【例 2.5】 分析图 2.18(a)、图 2.18(b)所示体系的几何组成。

【解】

(1) 图 2.18(a)

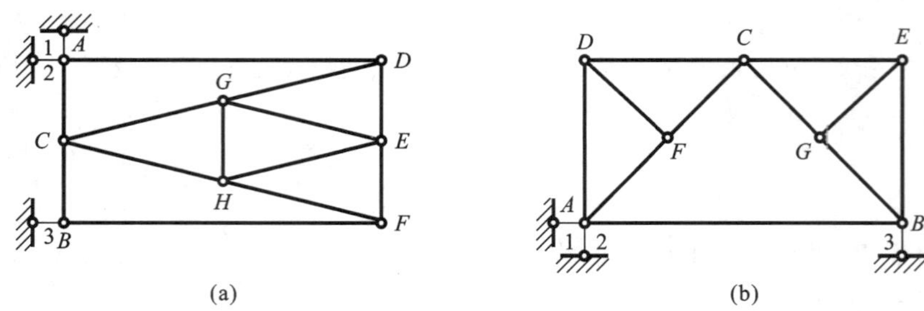

图 2.18　例 2.5 图

① 将铰结三角形 CGH 看成一个刚片(也可将三角形 GDE,或 GHE、HEF 看成刚片),在 CGH 刚片的基础上,用增加二元体的构造,依次固定 E、D、F,得到 $CGDEFH$ 大刚片;再继续用增加二元体的构造,固定点 A 和 B,组成一个无多余约束的大刚片。

② 整个大刚片与基础用不交于一点的三根支杆 1、2、3 相连,组成几何不变且无多余约束的体系。

因此,整个体系几何不变无多余约束。

(2) 图 2.18(b)

① 铰结三角形 AFD 是一刚片,在 AFD 基础上,增加一个二元体,固定点 C,得 $AFCD$ 大刚片;同理,可得 $BGCE$ 大刚片。

② $AFCD$ 和 $BGCE$ 两个大刚片用铰 C 和链杆 AB 相连,链杆 AB 不通过铰 C,组成一个无多余约束的更大的刚片。

③ 整个刚片用不共点的三个支杆 1、2、3 与基础相连,组成几何不变且无多余约束的体系。

因此,整个体系几何不变无多余约束。

【例 2.6】　分析图 2.19(a)和图 2.19(b)所示体系的几何组成。

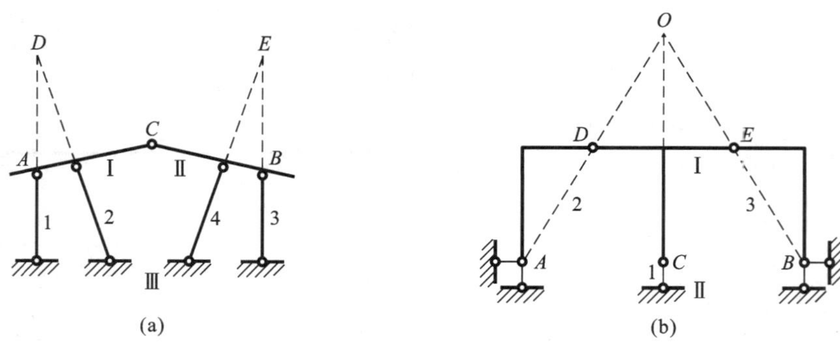

图 2.19　例 2.6 图

【解】

(1) 图 2.19(a)

① 将 AC、BC 和基础分别看成刚片Ⅰ、Ⅱ和Ⅲ。刚片Ⅰ与基础Ⅲ之间用链杆 1 和 2 相连,链杆 1 和 2 在其交点处为瞬铰 D;同理,连接刚片Ⅱ和基础Ⅲ之间的链杆 3 和 4 在其交点处为瞬铰 E。刚片Ⅰ和Ⅱ用铰 C 相连。

② 如果 C、D 和 E 三铰不在同一直线上,则体系几何不变,且无多余约束;如果 C、D 和 E 三铰在同一直线上,则体系几何可变,属瞬变体系。

(2) 图 2.19(b)

CDE 和基础分别看成刚片Ⅰ和Ⅱ。AD 和 BE 是两端为铰的折杆,A 端和 B 端为固定铰支座,因此,AD 和 BE 可分别看成两端铰之间的链杆 2 和 3,连接刚片Ⅰ和基础Ⅱ。

刚片Ⅰ和基础Ⅱ之间用链杆 1、2 和 3 相连;1、2 和 3 三根链杆交于一点,因此,体系几何可变,属瞬变体系。

【例 2.7】 分析图 2.20(a)所示体系的几何组成。

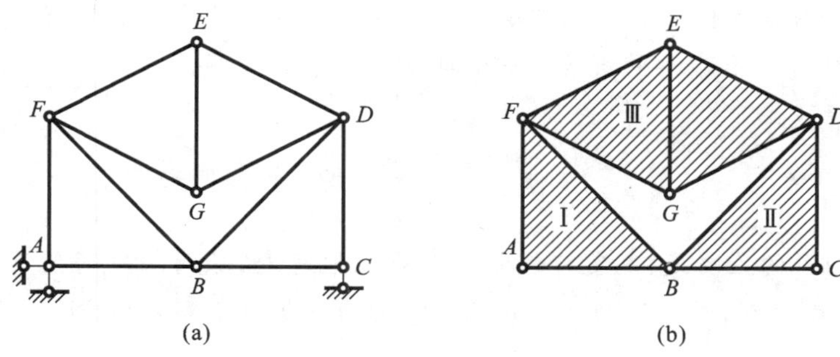

图 2.20 例 2.7 图

(a) 原体系;(b) 三支杆排除后的体系

【解】

先排除三支杆,得到图 2.20(b)所示体系。

根据二元体(或三刚片)规则,先分成几何不变部分 ABF、BCD 及 $EFDG$,分别看成大刚片Ⅰ、Ⅱ、Ⅲ。

刚片Ⅰ、Ⅱ、Ⅲ之间分别由铰 B、D、F 两两相连,且三铰不在一直线上,故体系内部不变。加上三支杆后仍几何不变。

所以图 2.20 所示体系几何不变,且无多余约束。

通过以上解题过程,可以看出,进行几何组成分析时应灵活和综合应用三个几何组成规则;应用每一个组成规则时,应分清哪些是点、刚片,哪些是约束,约束的数目和布置是否满足要求;分析时应充分运用最基本的刚片,如基础和铰结三角形等,并注意运用约束代换和瞬铰。

分析的步骤有两种:一种是先从基础出发,逐次应用组成规则固定点或其他刚片,如例 2.1、例 2.2。另一种是先从杆件体系内部局部刚片(如一铰结三角形或一刚性杆件)出发,应用组成规则逐渐扩大为大刚片,最后与基础固定,如例 2.5、例 2.7。

2.5 结构的几何组成和静定性的关系

几何组成分析还有一个重要作用是通过判定几何不变体系是否有多余约束,来判定结构是静定结构或超静定结构。

静定结构,几何组成上是几何不变、无多余约束的体系。如图 2.21(a)所示体系,有三个支杆、三个未知支座反力。这三个不交于同一点的支座反力,可以由平面一般力系的三个平衡方程 $\sum X=0$、$\sum Y=0$ 和 $\sum M=0$ 求出。从而全部内力都能用平衡条件求解。

超静定结构,几何组成上是几何不变、有多余约束的体系。如图 2.21(b)所示体系,有四个未知支座反力。ABC 梁可以建立三个独立的平衡方程。显然,未知支座反力数大于平衡方程数,不能用三个方程求解四个未知支座反力。因而不能用平衡条件求解全部内力。

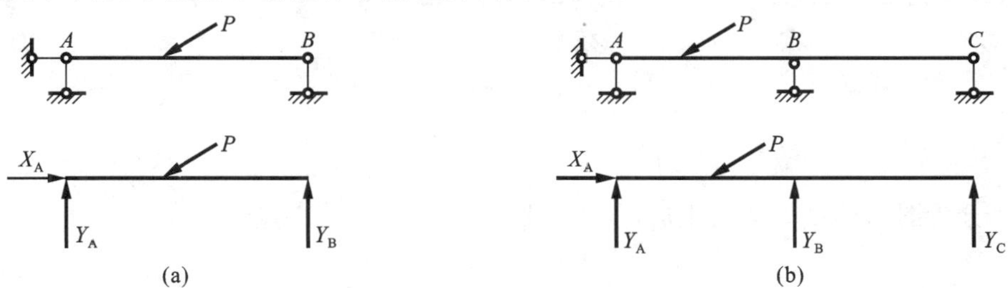

图 2.21 几何组成与静定性

(a) 静定结构;(b) 超静定结构

因此,静定结构在几何组成上是几何不变、无多余约束的体系,它的力学特点是全部支座反力和内力都可以由平衡条件求得唯一和确定的解答。超静定结构在几何组成上是几何不变、有多余约束的体系,它的力学特点是全部支座反力和内力不能由平衡条件求得唯一和确定的解答。

本章小结

(1) 几何组成分析的目的主要是:判定杆件体系是否几何可变,从而决定其能否用作结构;研究几何不变、无多余约束体系的组成规则,以便帮助我们正确选择静力分析方法和程序,这一点以后各章经常要引用。

(2) 几何不变无多余约束体系的组成规则有三个:

① 一刚片和一个点用不共线的两根链杆连接;

② 两刚片用一个铰和一根不通过此铰的链杆或三个全不平行也不交于一点的三根链杆连接;

③ 三刚片用不在同一直线上的三个铰两两相连。

三个规则的实质是三角形规则,即三角形的三个边长一定,其几何图形是唯一确定的。了解这三个规则并不难,重要的是要能够熟练地运用它来依次分析各种复杂的杆件体系。这是本章的重点,但初学者往往难于下手,为此,进行一定量的练习是必要的。

应用三个规则分析体系时,一方面要注意它的严格性:分清被约束的对象和起限制自由度作用的约束,它们的数目和布置是否满足组成规则的要求。另一方面又要注意灵活性:被约束对象或约束的代换关系、瞬铰的概念等,不被形式的变化所迷惑。

(3) 掌握结构的几何组成和静力特征之间的关系:

几何不变,无多余约束　静定结构;

几何不变,有多余约束　超静定结构;

几何可变(包括瞬变)　不能用作结构。

习　题

2.1　分析题 2.1 图所示链杆体系的几何组成。要求简要说明分析规则,并给出体系属于几何不变、无多余约束,几何不变、有多余约束(有几个,在何处),或几何可变(常变体系或瞬变体系)的结论。

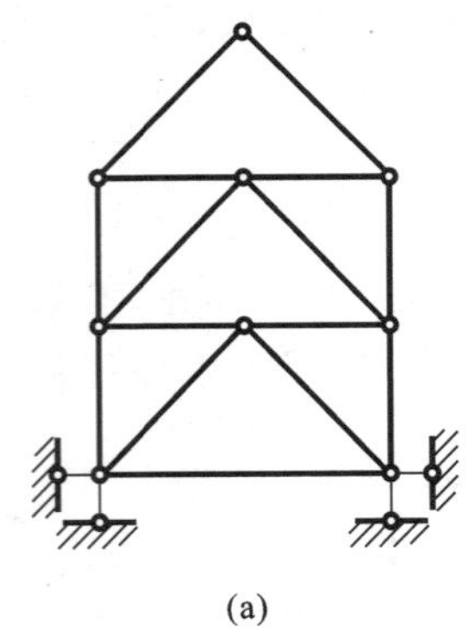

(a)

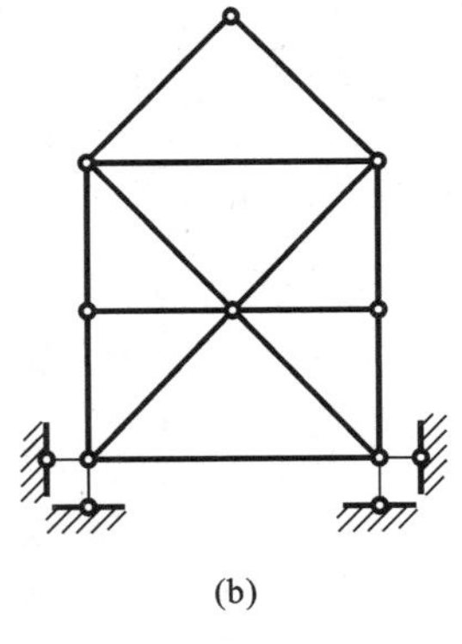

(b)

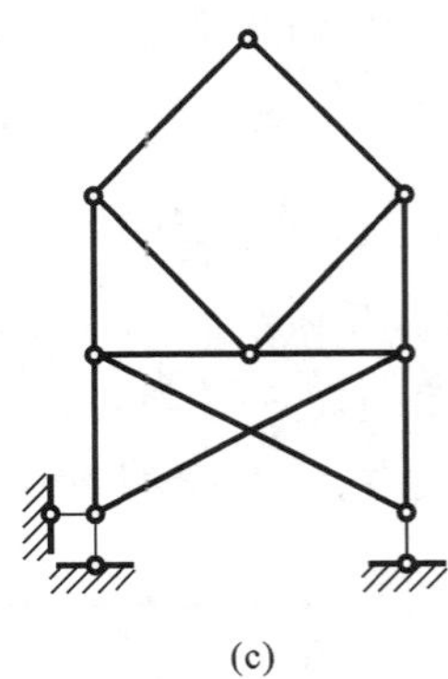

(c)

题 2.1 图

2.2～2.19　分析图示体系的几何组成,要求同题 2.1。

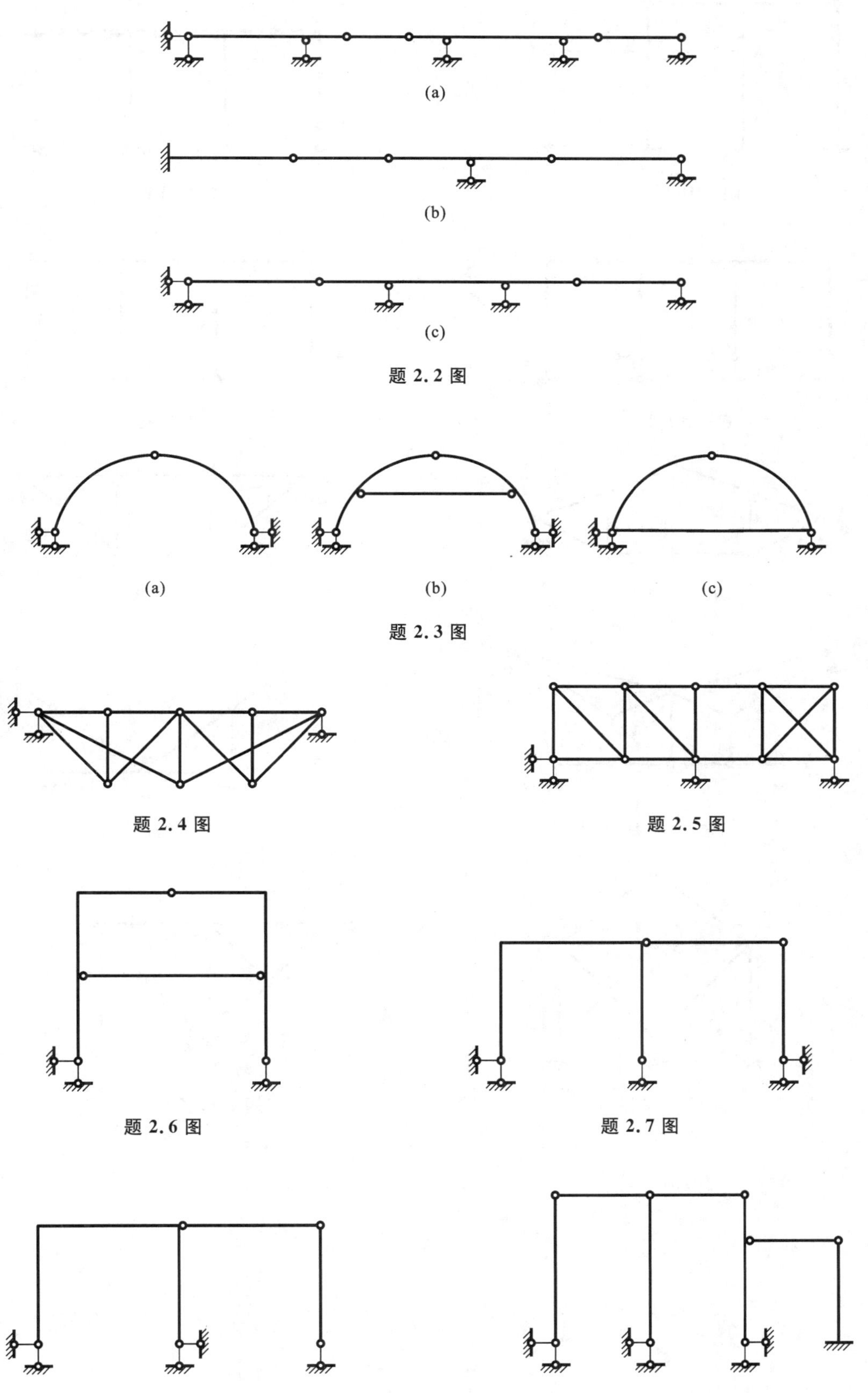

题 2.2 图

题 2.3 图

题 2.4 图

题 2.5 图

题 2.6 图

题 2.7 图

题 2.8 图

题 2.9 图

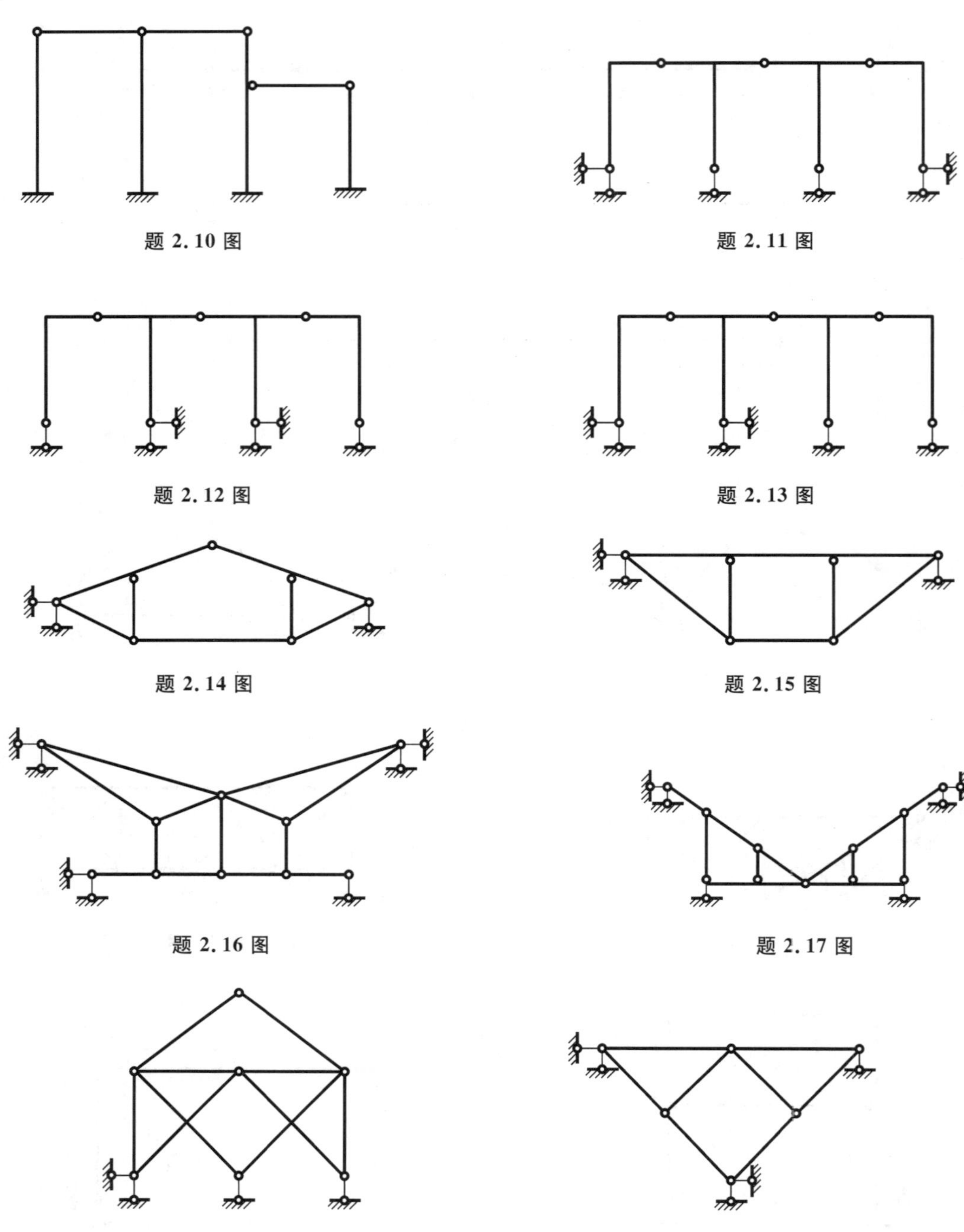

题 2.10 图

题 2.11 图

题 2.12 图

题 2.13 图

题 2.14 图

题 2.15 图

题 2.16 图

题 2.17 图

题 2.18 图

题 2.19 图

3 静 定 梁

静定梁是最简单的工程结构，尽管我们已经在“材料力学”课程中接触过，但作为结构最基本的形式，本书仍然将此独立成章，以作为学习后续结构分析方法的基础。

3.1 静定单跨梁

常见的静定单跨梁有：简支梁[图 3.1(a)]、悬臂梁[图 3.1(b)]、伸臂梁[图 3.1(c)]，其内力都可以利用平衡方程求出。本节将重点讨论单跨静定梁的内力计算与内力图的绘制。

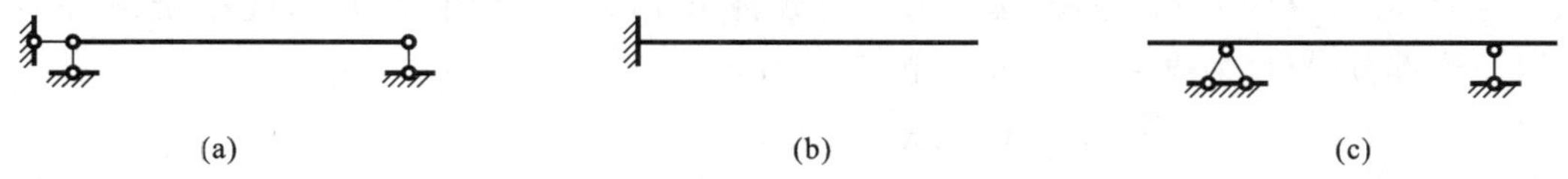

图 3.1 静定单跨梁

(a) 简支梁；(b) 悬臂梁；(c) 伸臂梁

1. 内力符号

在确定内力之前，首先需要对内力符号进行规定。对于平面杆件，截面上内力一般有三个分量：轴力 N、剪力 Q 及弯矩 M。

截面内力沿杆轴切线方向的分力称为轴力。轴力以拉力为正，压力为负[图 3.2(a)]。

截面内力沿杆轴法线方向的分力称为剪力。剪力对截取的隔离体邻近截面顺时针旋转者为正，反之为负[图 3.2(b)]。

截面内力对截面形心的力矩称为弯矩。在水平杆中，当弯矩使杆件下部纤维受拉时，弯矩为正，反之为负[图 3.2(c)]。

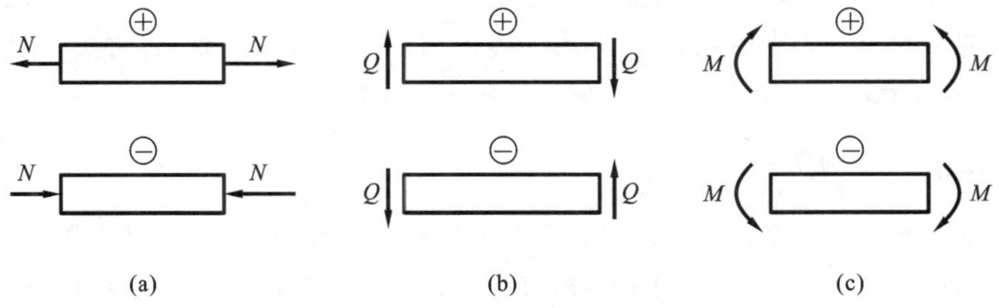

图 3.2 内力的正负号规定

(a) 轴力的正负；(b) 剪力的正负；(c) 弯矩的正负

2. 静定梁内力计算方法——截面法

对于静定结构，可以利用平衡方程求解内力。所谓截面法就是沿指定截面将杆件截开，取截面的一边为隔离体，列出三个平衡方程，确定该截面的三个内力分量的方法。

用截面法计算指定截面内力的步骤如下：

(1) 沿指定截面截开，取截面一边，通常取受力简单的部分，为隔离体。

(2) 画出隔离体受力图。

(3)建立隔离体的平衡条件,确定该截面的三个内力分量。

(a)

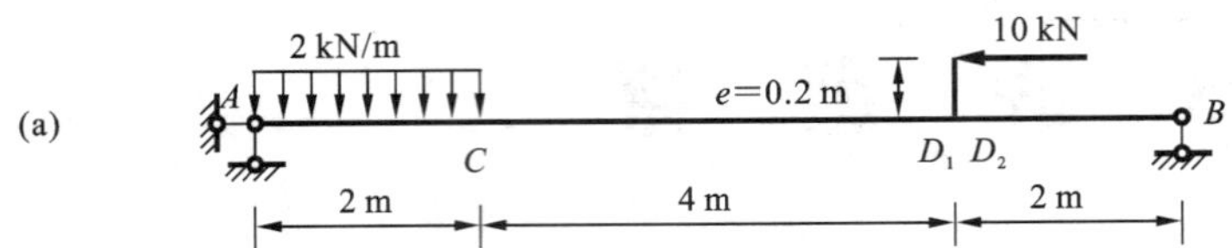

(b)

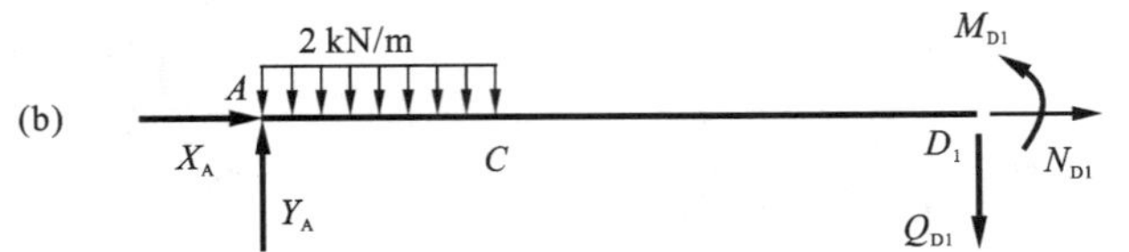

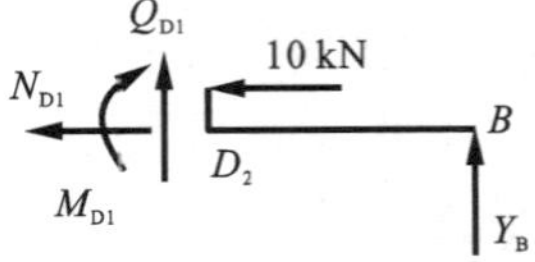

图 3.3　截面法计算简支梁内力

(a) 简支梁;(b) 沿 D_1 截面截开

例如要确定图 3.3(a)梁中 D_1 截面(集中力左边截面)的内力,首先沿 D_1 截面截开,形成左右两部分,如图 3.3(b),取左边部分 AD_1 为隔离体,建立平衡方程如下:

$$\sum X = 0,\quad X_A + N_{D1} = 0$$

$$\sum Y = 0,\quad Y_A - 2\times 2 - Q_{D1} = 0$$

$$\sum M_{D1} = 0,\quad Y_A \times 6 - 2\times 2\times 5 - M_{D1} = 0$$

通过求解,可确定 D_1 截面的三个内力:N_{D1}、Q_{D1} 和 M_{D1}。

这里最关键的是要正确画出隔离体受力图,画隔离体受力图时,应注意以下几点:

(1) 隔离体与其周围的约束要全部截断,以相应的约束力代替。

(2) 约束力要符合约束的性质。截断滚轴支座、铰支座和固定支座时,应相应地加上一个、两个和三个支座反力(固定支座的三个反力中,有一个是反力偶)。截断链杆(两端为铰的直杆,且杆上无荷载作用)时,在截面上加轴力;截断一个简单铰时,在截面上加轴力和剪力;截断受弯杆件时,在截面上加轴力、剪力和弯矩[图 3.3(b)中 D_1 截面]。

(3) 如实画出隔离体上的全部力,不要遗漏,也不可增加。隔离体受力图上的力包括两类:一类是外荷载(分布荷载、集中力和集中力偶等),另一类是截断面上的约束力[图 3.3(b)中的 N_{D1}、Q_{D1} 和 M_{D1}]。

(4) 隔离体受力图的表示必须清楚、明确。一般已知力按实际作用方向、实际数值表示;未知力一般按正号方向画。求得的未知力若为正值,表示未知力的方向与假设的方向一致;若为负值,则与假设的方向相反。这样,根据未知力计算结果的正负号,即可确定实际力的方向。

3. 荷载与内力之间的微分关系

截面法可以很方便地求出指定截面的内力,但如要绘制内力图,还需要应用荷载与内力之间的微分关系,掌握内力图的特点,才能迅速绘制内力图或者校核内力图的正确性。荷载与内力之间的微分关系在“材料力学”课程中已有介绍,本节仅仅结合常见的静定梁加以复习。

(1) 分布荷载作用

图 3.4 为一简支梁,受有分布荷载、集中荷载、集中力偶作用。设竖向荷载向下为正,横坐标轴 x 向右为正,纵坐标 y 轴向下为正;截面内力正负号规定同前。

在荷载连续分布区段 CD 内,任意取微段 dx 为隔离体[图 3.4(b)],由平衡方程得:

$$\begin{cases} \sum Y = 0,\quad \dfrac{dQ}{dx} = -q \quad (a) \\ \sum M_0 = 0,\quad \dfrac{dM}{dx} = Q \quad (b) \end{cases} \tag{3.1}$$

综合式(3.1) 的(a) 和(b),得:

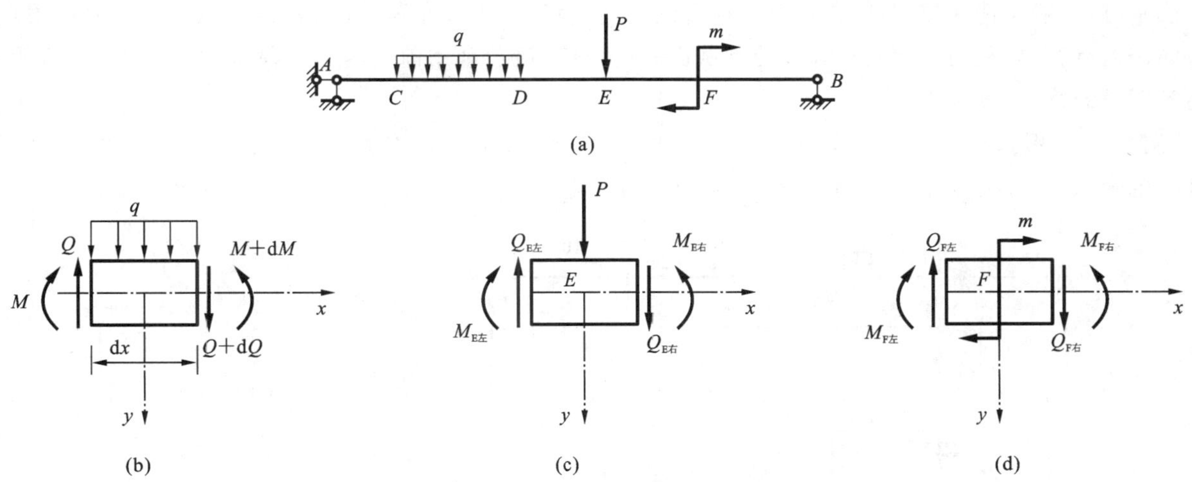

图 3.4　微段内力与荷载之间的关系

$$\frac{d^2M}{dx^2}=-q \tag{3.2}$$

从以上两式可以看出，剪力图在某点的切线斜率等于该点的荷载集度，但符号相反；弯矩图在某点的切线斜率等于该点的剪力；弯矩图在某点的二阶导数等于该点的荷载集度，但符号相反。

由此可以得出内力图形状的一些特点：

在均布荷载区段（q＝常数），剪力 Q 图是 x 的一次式，画出应该是斜直线，若取剪力图纵坐标向上为正，当 q 向下作用时，斜直线将自左向右下方倾斜；弯矩 M 图是 x 的二次式，画出应该是抛物线，当 q 向下作用时，M 图的二阶导数（即一阶导数的变化率）为负，此时曲线应向下凸。

在无荷载区段（$q=0$），Q 等于常数，Q 图是水平线；M 图是 x 的一次式，是斜直线，倾斜方向同剪力的符号。

(2) 集中力作用

在图 3.4(a)的 E 点有集中力作用，取微段[图 3.4(c)]为隔离体，有平衡方程：

$$\begin{cases}\sum Y=0, & Q_{E右}=Q_{E左}-P \quad (3.3a)\\ \sum M_E=0, & M_{E左}=M_{E右} \quad (3.3b)\end{cases}$$

上式(a)说明在集中力作用点的两侧，剪力值是不等的，相差的值为外荷载 P。因此，剪力图在 P 作用点会有突变，突变值为 P；上式(b)则说明在集中力作用点的两侧，弯矩值是相等的，但由于 P 作用点两侧剪力值不等，因此弯矩图在作用点两侧斜率将不同，从而形成一尖点，当 P 作用方向向下时，尖角向下。

(3) 集中力偶作用

在集中力偶作用点 F 附近取微段为隔离体[图 3.4(d)]，有平衡方程：

$$\begin{cases}\sum Y=0, & Q_{F左}=Q_{F右} \quad (3.4a)\\ \sum M_F=0, & M_{F右}=M_{F左}+m \quad (3.4b)\end{cases}$$

说明在集中力偶 m 作用点的两侧剪力值是相等的，因此，剪力图在 m 作用点的两侧无变化；在集中力偶 m 作用点的两侧弯矩值是不等的，两侧弯矩值相差为 m，因此，弯矩图在 m 作用点两侧有突变，突变的值为 m。同时，由于 m 作用点两侧的剪力相等，弯矩图在作用点两侧的斜率将相等，即两侧弯矩图的切线彼此平行。

4. 静定梁内力图的绘制

内力图是表示杆件上各截面内力沿杆长度变化规律的图形。绘制时，以杆轴为横坐标，各截面内力值为纵坐标。符号规定为：弯矩图的纵坐标一律画在杆件受拉纤维一侧，不注明正负号；剪力图和轴力图可画在杆件任一侧，但需注明正负号（对于水平杆件，一般把正号剪力和轴力画在杆件上方）。

绘制时，一般先选择控制截面，也就是荷载的不连续点，常为分布荷载的起点和终点、集中力作用点、集中力偶作用点；然后利用截面法计算各控制截面的内力值；最后利用前述内力与荷载的微分关系，判断内力图在各区段的特点，分段绘制。

【例 3.1】 图 3.5(a)所示简支梁，AC 段有均布荷载 $q=2$ kN/m，在截面 D 处作用有水平力 $P=10$ kN，其偏心距 $e=0.2$ m，用截面法计算截面 C、D_1、D_2 的内力。

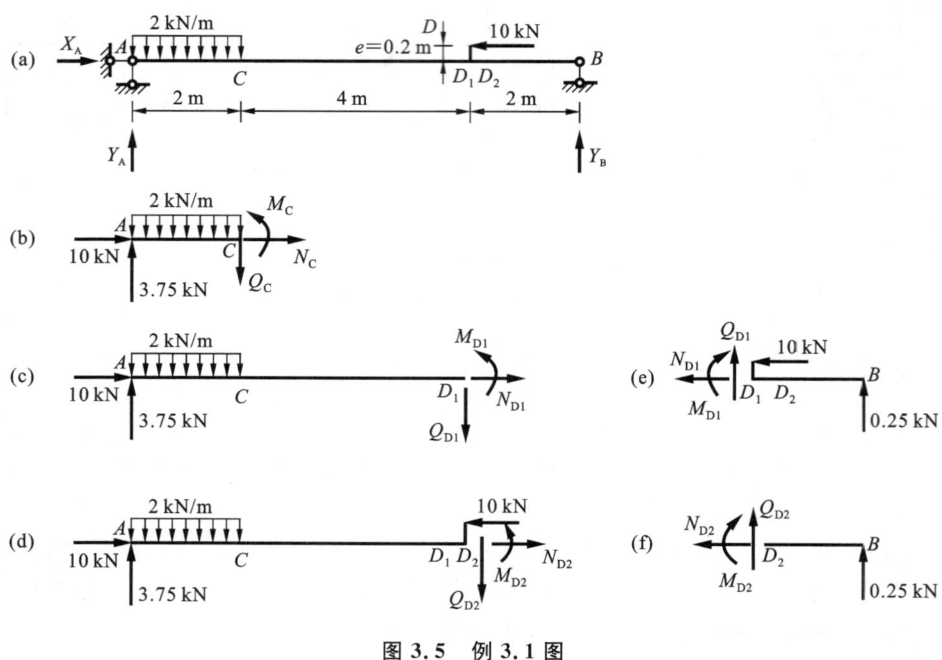

图 3.5　例 3.1 图

【解】

(1) 首先利用整体平衡条件求支座反力

$$\sum X=0,\quad X_A-10=0,\qquad X_A=10\ \text{kN}(\rightarrow)$$

$$\sum M_A=0,\quad 2\times2\times1-10\times0.2-Y_B\times8=0,\qquad Y_B=0.25\ \text{kN}(\uparrow)$$

$$\sum M_B=0,\quad -2\times2\times7-10\times0.2+Y_A\times8=0,\qquad Y_A=3.75\ \text{kN}(\uparrow)$$

(2) 求截面 C 的内力

沿截面 C 截开，取左边段为隔离体，如图 3.5(b)所示。隔离体 AC 上作用的已知力有支座 A 的两个支座反力和梁上的均布荷载，未知力为截面 C 的三个内力 M_C、Q_C、N_C，未知内力按正方向画出。利用三个平衡条件，可求出截面的内力：

$$\sum X=0,\quad 10+N_C=0,\qquad N_C=-10\ \text{kN}$$

$$\sum Y=0,\quad 3.75-2\times2-Q_C=0,\qquad Q_C=-0.25\ \text{kN}$$

$$\sum M_C=0,\quad 3.75\times2-2\times2\times1-M_C=0,\qquad M_C=3.5\ \text{kN}\cdot\text{m}(\text{下部受拉})$$

求得的 N_C、Q_C 为负值，说明截面 C 的轴力和剪力与隔离体上假设的方向相反，即轴力是压力，剪力是负剪力。求得的 M_C 为正值，说明截面 C 的弯矩与隔离体上假设的方向相同，即弯矩使梁下部纤维受拉。

(3) 求截面 D_1 的内力

D 截面因为有集中力作用，剪力、轴力将会有突变，因此需要区分左右截面，即 D_1、D_2 截面。沿截面 D_1 截开，取左边部分 AD_1 段为隔离体[图 3.5(c)]，此段不包括水平集中荷载 10 kN，根据三个平衡条件，可求得 D_1 截面的内力：

$$\sum X = 0, \quad 10 + N_{D_1} = 0, \quad N_{D_1} = -10\ \text{kN}$$

$$\sum Y = 0, \quad -3.75 + 2 \times 2 + Q_{D_1} = 0, \quad Q_{D_1} = -0.25\ \text{kN}$$

$$\sum M_{D_1} = 0, \quad 3.75 \times 6 - 2 \times 2 \times 5 - M_{D_1} = 0, \quad M_{D_1} = 2.5\ \text{kN·m}(\text{下部受拉})$$

(4) 求截面 D_2 的内力

沿截面 D_2 截开，两边隔离体如图 3.5(d)、图 3.5(f)所示，此时左边隔离体 AD_2 段包含水平集中荷载 10 kN，而右边隔离体 D_2B 段不包括。很明显，右边隔离体包含更少的力，计算起来更简单，因此取右边隔离体[图 3.5(f)]，列出平衡方程如下：

$$\sum X = 0, \quad N_{D2} = 0$$

$$\sum Y = 0, \quad Q_{D2} + 0.25 = 0, \quad Q_{D2} = -0.25\ \text{kN}$$

$$\sum M_{D2} = 0, \quad M_{D2} - 0.25 \times 2 = 0, \quad M_{D2} = 0.5\ \text{kN·m}(\text{下部受拉})$$

内力正负号表明的意义同前。

【例 3.2】 作图 3.6(a)所示简支梁的内力图。

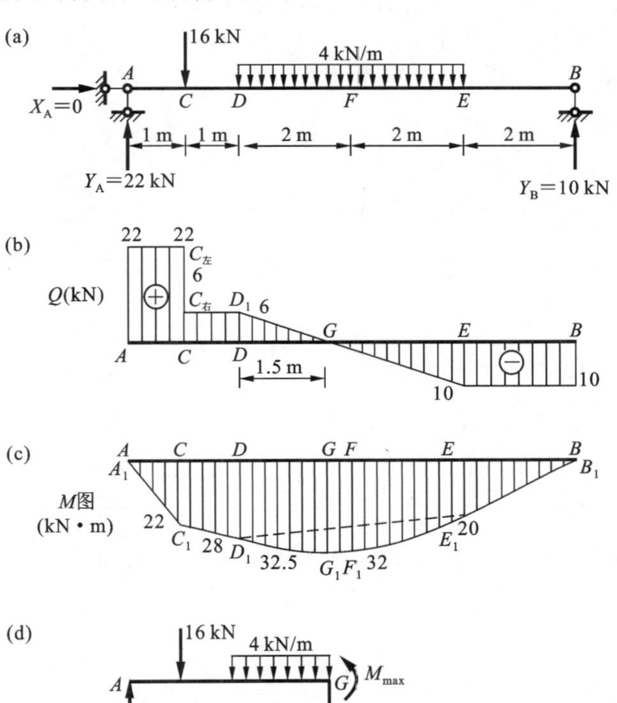

图 3.6 例 3.2 图

【解】

(1) 利用整体平衡条件求支座反力

$$\sum X = 0, \quad X_A = 0$$

$$\sum M_A = 0, \quad 16 \times 1 + 4 \times 4 \times 4 - Y_B \times 8 = 0,$$

$$Y_B = 10\ \text{kN}(\uparrow)$$

$$\sum Y = 0, \quad Y_A - 16 - 4 \times 4 + Y_B = 0$$

$$Y_A = 22\ \text{kN}$$

(2) 作剪力图。本梁控制截面有：A、B、C、D、E 截面，将梁分成四段：AC、CD、DE、EB，利用截面法计算各截面的剪力，由于 C 截面有集中力，需要分为左右两个截面。

$$Q_A = Q_{C左} = Y_A = 22\ \text{kN}$$
$$Q_{C右} = Q_D = Y_A - P = 22 - 16 = 6\ \text{kN}$$
$$Q_E = Q_B = -Y_B = -10\ \text{kN}$$

绘 Q 图时，首先判断各梁段的特点：AC、CD、EB 段无荷载，Q 图将为水平线，DE 段有均布荷载，Q 图将为斜直线。先画横坐标轴 AB，以控制截面的剪力值为纵坐标，分别画出 A、$C_左$、$C_右$、D、E、B 点的剪力大小：22 kN、22 kN、6 kN、6 kN、−10 kN、−10 kN，正号剪力画在横轴上方，负号剪力画在横轴下方，然后依次以直线连接，即得剪力图如图 3.6(b)所示。

(3) 作 M 图。用截面法计算控制截面的弯矩如下：

$$M_A = 0$$
$$M_C = 22\times 1 = 22\ \text{kN}\cdot\text{m}(\text{下边受拉})$$
$$M_D = 22\times 2 - 16\times 1 = 28\ \text{kN}\cdot\text{m}(\text{下边受拉})$$
$$M_E = 10\times 2 = 20\ \text{kN}\cdot\text{m}(\text{下边受拉})$$
$$M_B = 0$$

梁上无荷载段 AC、CD、EB 的弯矩图为直线，而均布荷载 DE 段的弯矩图为抛物线。在横坐标轴上标注各控制截面(A、C、D、E、B)弯矩值的纵坐标(0、22、28、20、0)，注意 C 截面尽管有集中荷载，但弯矩图是连续的，不用分为左右两个截面。

将 AC、CD、EB 段的纵坐标弯矩以直线相连。DE 段由于是抛物线，需要三个纵坐标决定。现已有 D、E 点的纵坐标，还需增加一点，可取 DE 段中点 F 的弯矩值 M_F，也可取 DE 之间的 M_{max}，现分别计算如下：

$$M_F = 22\times 4 - 16\times 3 - 4\times 2\times 1 = 32\ \text{kN}\cdot\text{m}(\text{下边受拉})$$

M_{max} 发生在 $\frac{dM}{dx} = Q = 0$ 的截面，设该截面为 G，先利用 AG 隔离体平衡[图 3.6(d)]，计算 $Q=0$ 截面(即 G 点)的位置。

$$Q_G = 22 - 16 - qx = 0$$
$$x = \frac{22-16}{4} = 1.5\ \text{m}$$
$$M_{max} = 22\times 3.5 - 16\times 2.5 - 4\times\frac{1.5^2}{2} = 32.5\ \text{kN}\cdot\text{m}$$

得到 M_F 和 M_{max} 值后，就可在横坐标轴上 F 点下面取纵坐标为 32 kN·m，得到 F_1 点，或在横坐标上 G 点下面取纵坐标为 32.5 kN·m，得到 G_1 点。将 D_1、F_1、E_1 三点或 D_1、G_1、E_1 三点连成一抛物线，即得 DE 段的弯矩图。

AB 梁的弯矩图见图 3.6(c)。

(4) 内力图形状的校核

由图 3.6(a)、图 3.6(b)、图 3.6(c)给出的荷载图、Q 图和 M 图分析：AC、CD、EB 都是无荷载段，剪力图是水平线，弯矩图是斜直线；在 P 作用点 C 处，剪力值有突变，突变值为 P，弯矩图在 C 两侧斜率不等，形成尖点，尖角指向同 P 的方向；DE 段有均布荷载 q，剪力图是斜直线，斜率值即 q 值；弯矩图是二次抛物线，注意在 D_1 点和 E_1 点，直线和曲线为光滑过渡。另外，弯矩图切线斜率的数值和方向与剪力图的剪力值和符号是一致的，M 图曲线的凸向与 q 的指向相同。

3.2 叠加法绘制直杆弯矩图

叠加原理是力学分析中的一个基本理论，它可叙述为：结构中一组荷载作用所产生的效果(位移和内力等)等于每一荷载单独作用所产生的效果的总和。这意味着这些效果必须是线性的，因此应用叠加原理须满足两个条件：①材料性能是线弹性的；②当荷载作用时结构的几何形状不会发生变化。本节将利用叠加原理绘制弯矩图，即分别绘出各项荷载的弯矩，然后相叠加。

【扫码演示4】

1. 简支梁弯矩图的叠加方法

图 3.7(a)是一简支梁，在端部 A 和 B 受有集中力偶 M_A 和 M_B，除此之外梁上还有均布荷载 q。可以将梁的荷载分为两组：端部的集中力偶 M_A 和 M_B[$M_A < M_B$，图 3.7(b)]，以及梁上的均布荷载 q[图 3.7(c)]。

在梁端部的集中力偶 M_A 和 M_B 作用下，弯矩图 $\overline{M}$ 是一斜直线，只需将 A、B 截面的弯矩纵坐标画出，得点 A' 与 B'，连成即可，如图 3.7(b)；在均布荷载 q 作用下，简支梁的弯矩图为二次抛物线，跨中是弯矩最大值，绘出得 M^0 图，如图 3.7(c)所示。叠加 $\overline{M}$ 与 M^0 即得最后弯矩图[图 3.7(d)]，作图时，可在直线 $\overline{M}$ 图的基础上直接叠加 M^0 图。

应当注意：弯矩图的叠加是指弯矩纵坐标的叠加，而不是指图形的简单拼合。图 3.7(d)所示任意截面的三个纵坐标 $\overline{M}$、M^0 与 M 之间的叠加关系为：

$$M(x)=\overline{M}(x)+M^0(x)$$

其中，M^0 的纵坐标也应垂直于标轴 AB，而不是垂直于图中的虚直线 $A'B'$。

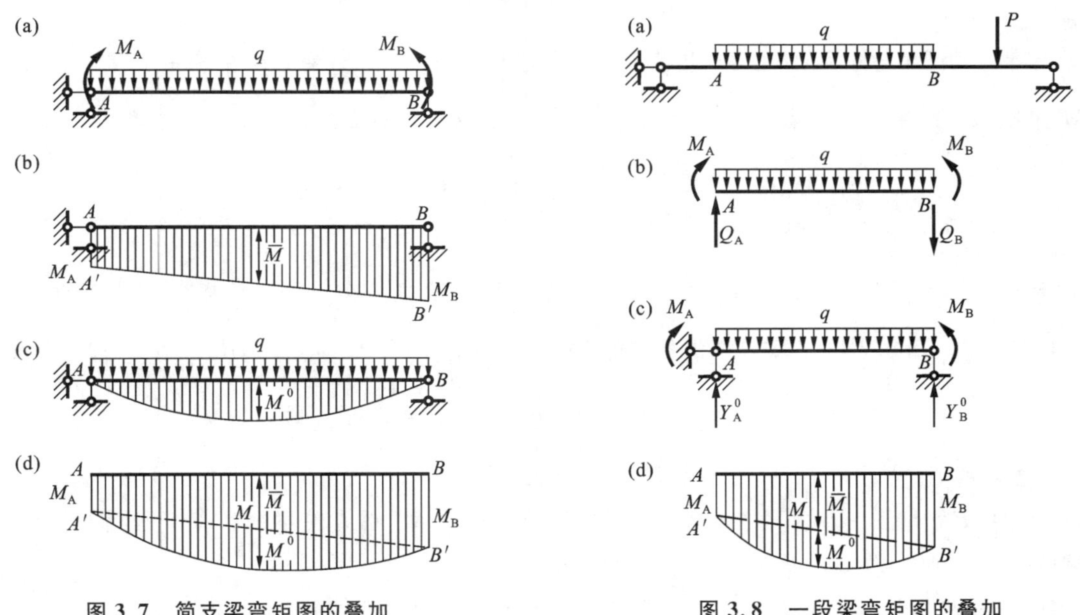

图 3.7 简支梁弯矩图的叠加

图 3.8 一段梁弯矩图的叠加

2. 分段叠加法

可以将上述方法应用于梁的任何区段，例如图 3.8(a)所示简支梁，杆段 AB 受有均布荷载 q，杆端截面 A 和 B 的弯矩已用截面法求得，因此，可对 AB 段应用叠加原理求得最后弯矩图。

首先取 AB 段隔离体如图 3.8(b)所示，端截面上受有内力 M_A、Q_A 和 M_B、Q_B，此时 AB 梁段相当于一跨度相同的简支梁[图 3.8(c)]，支座反力为 $Y_A^0=Q_A$、$Y_B^0=Q_B$。根据前述简支梁弯矩图的叠加方法(假定 $M_A < M_B$)，可得杆段 AB 的弯矩图，如图 3.8(d)所示。

对于直杆的任意段 AB 用叠加法画弯矩图的做法是：先用截面法求得分段两端控制截面的弯矩值 M_A 和 M_B；在弯矩图横坐标轴上以 M_A 和 M_B 值作为纵坐标(画在杆件受拉纤维一侧)，将两纵坐标端点 $A'B'$ 连以虚线；以此虚线为基线，叠加与 AB 段长度相等的简支梁在跨间荷载作用下的弯矩图的纵坐标。

【例 3.3】 作图 3.9(a)所示伸臂梁的弯矩图。

【解】

本题不需先求支座反力。直接利用截面法可求出控制截面 A、B、D 的弯矩值：

$$M_A=-3\ \text{kN}\cdot\text{m}(\text{上边受拉})$$

$$M_D=0$$

$$M_B=-1\times2\times1=-2\ \text{kN}\cdot\text{m}(\text{上边受拉})$$

将 AB 段与 BD 段视为与之同跨度的简支梁，画出纵坐标 M_A、M_B、M_D，得点 A_1、B_1、D_1。

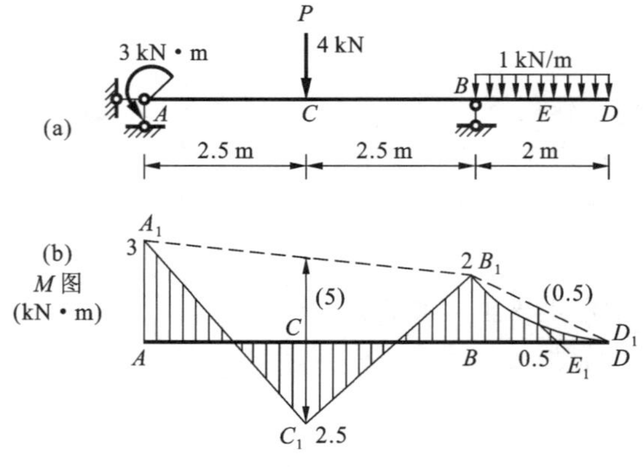

图 3.9　例 3.3 图

AB 段有集中力 P，先将 A_1、B_1 连以虚直线，以此为基线，叠加简支梁 AB 在跨中有集中力作用下的弯矩图，即M^0 图。M^0 图在跨度中点的纵坐标为$\dfrac{Pl}{4}=\dfrac{4\times5}{4}=5\ \text{kN}\cdot\text{m}$，因此 AB 中点 C 的弯矩值为：

$$M_C=-\frac{3+2}{2}+5=2.5\ \text{kN}\cdot\text{m}(\text{下边受拉})$$

也即 M 图中的 C_1 点。

BD 段有均布荷载。先将 B_1D_1 以虚线相连，以此为基线，叠加简支梁 BD 在均布荷载作用下的弯矩图，即抛物线M^0 图。M^0 图在 BD 中点的纵坐标为$\dfrac{ql^2}{8}=\dfrac{1\times2^2}{8}=0.5\ \text{kN}\cdot\text{m}$，因此 BD 中点 E 的弯矩值为：

$$M_E=-\frac{2+0}{2}+0.5=-0.5\ \text{kN}\cdot\text{m}(\text{下边受拉})$$

也即 M 图中的 E_1 点。

注意：AB 段、BD 段图中虚直线在坐标轴上边，而简支梁的 M^0 图是使梁的下部纤维受拉，因此，叠加时纵坐标$\overline{M}$和 M^0 应相减。最后弯矩图见图 3.9(b)。

本题 BD 段弯矩图也可将 BD 看成悬臂梁作用有均布荷载直接画出，而不必用叠加法。

3.3　简支斜梁

在房屋建筑中常有一些斜梁，比如楼梯[图 3.10(a)]，可简化为简支斜梁[图 3.10(b)、图 3.10(c)]。斜梁的轴线是斜直线，它与水平轴的夹角为 θ。斜梁所受的荷载有两种：①沿斜杆轴分布的竖向荷载 q'，如自重[图 3.10(b)]；②沿水平线分布的竖向荷载 q，如楼面活荷载[图 3.10(c)]。由于按水平距离计算时，以 q[图 3.10(c)]表示的荷载比较方便，因此通常将沿斜杆轴分布的竖向荷载 q'转化为沿水平线分布的竖向荷载 q，由于两种荷载方式的总荷载相等，有：

$$ql=q'l'=q'\frac{l}{\cos\theta},\ \text{因此}\ q=\frac{q'}{\cos\theta}$$

说明以斜轴距离 l'、按杆轴线分布荷载 q'和以水平距离 l、按水平线分布的竖向荷载 q 两种方式计算的结果是相同的。因此，常按水平线分布的竖向荷载进行计算。

【例 3.4】　作图 3.11(a)所示的简支斜梁的内力图，其中 q 为沿水平线每单位长度上的荷载。

【解】

(1) 利用整体平衡条件，计算支座反力

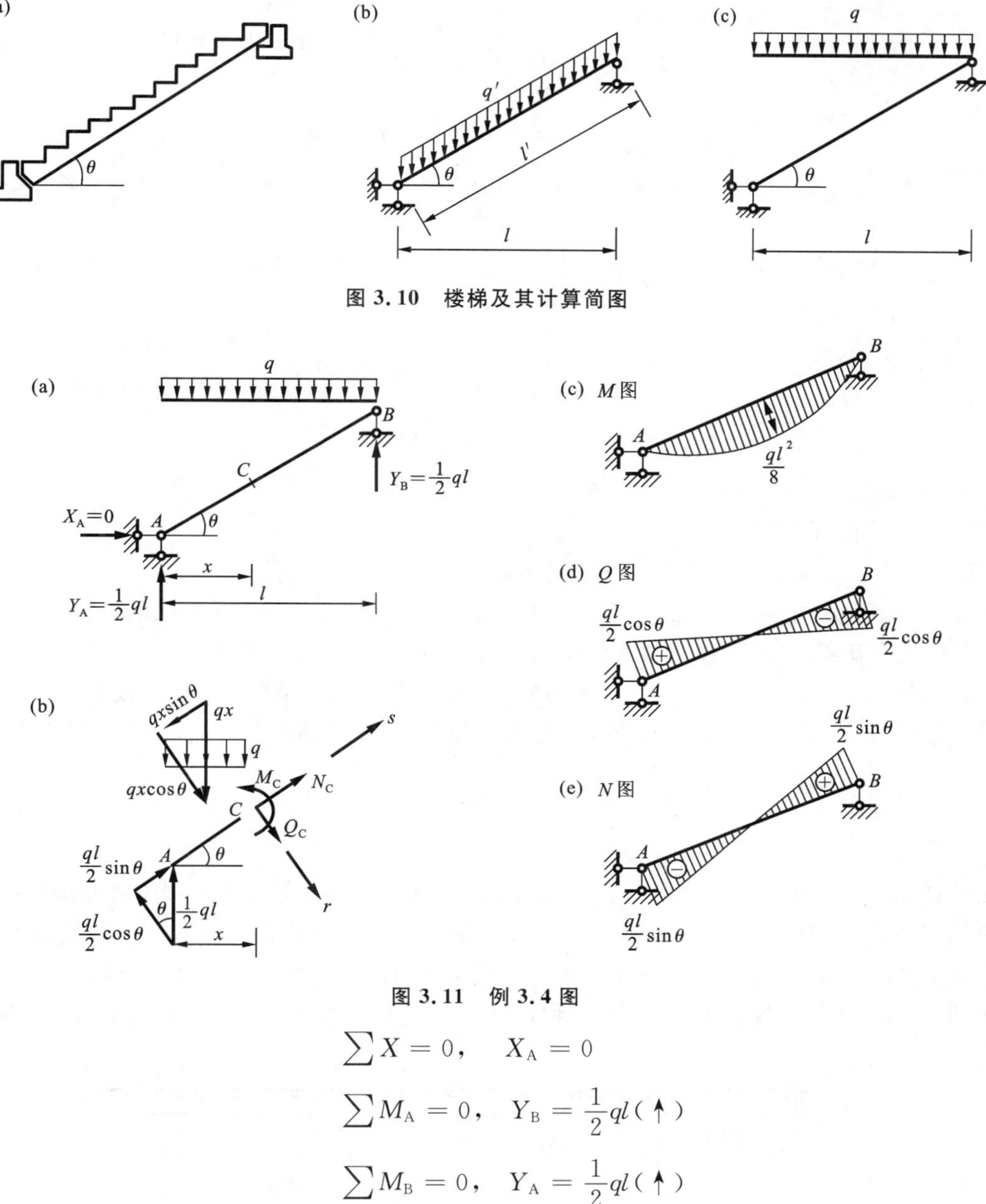

图 3.10 楼梯及其计算简图

图 3.11 例 3.4 图

$$\sum X = 0,\quad X_A = 0$$

$$\sum M_A = 0,\quad Y_B = \frac{1}{2}ql(\uparrow)$$

$$\sum M_B = 0,\quad Y_A = \frac{1}{2}ql(\uparrow)$$

(2) 用截面法计算任一截面 C 的内力,也即斜梁的内力方程

设任一截面 C 距支座 A 的水平距离为 x。沿 C 作截面切开,取 C 左边部分为隔离体,隔离体受力图如图 3.11(b)所示。注意:斜杆轴线是倾斜的,所以斜杆的剪力和轴力都是倾斜的力。在建立隔离体投影平衡方程时,应分别取沿杆轴切线(s)方向和法线(r)方向的投影方程,可直接求得 N_C 和 Q_C,因此,应将支座反力 Y_A 和均布荷载 qx 都沿 s 和 r 方向分解。

$$\sum M_C = 0,\quad \frac{1}{2}qlx - qx\frac{x}{2} - M_C = 0,\qquad M_C = \frac{1}{2}q(lx - x^2) \tag{a}$$

$$\sum r = 0,\quad -\frac{1}{2}ql\cos\theta + qx\cos\theta + Q_C = 0,\quad Q_C = \frac{1}{2}q(l - 2x)\cos\theta \tag{b}$$

$$\sum s = 0,\quad \frac{1}{2}ql\sin\theta - qx\sin\theta + N_C = 0,\quad N_C = -\frac{1}{2}q(l - 2x)\sin\theta \tag{c}$$

(3) 作内力图

M 图:利用上式(a)作弯矩图,与简支水平梁的弯矩图相同,见图 3.11(c);

Q 图：由上式(b)可知，剪力方程是 x 的一次式，为直线，可算出梁两端的剪力值，以此为纵坐标连接而成。

$$x=0,\quad Q_A=\frac{1}{2}ql\cos\theta$$

$$x=l,\quad Q_B=-\frac{1}{2}ql\cos\theta$$

与相应的水平梁(荷载和水平跨度相同)相比，剪力仅多了一常数 $\cos\theta$，即为水平梁剪力的投影。Q 图见图 3.11(d)。

N 图：由式(c)可以看出，轴力方程也是 x 的一次式，为直线，算出梁端轴力后，作为纵坐标，连成直线。梁端轴力为：

$$x=0,\quad N_A=-\frac{1}{2}ql\cos\theta$$

$$x=l,\quad N_B=\frac{1}{2}ql\sin\theta$$

与相应的水平梁的剪力相比，也多了一常数 $\sin\theta$，即为水平梁剪力的另一投影。N 图见图 3.11(e)。

通过例 3.4 的分析可以发现：

(1) 简支斜梁计算支座反力和内力的方法仍然是隔离体平衡和截面法；

(2) 在竖向荷载作用下，简支斜梁的支座反力和相应的平梁的支座反力是相同的；

(3) 在竖向均布荷载作用下，简支斜梁的弯矩图和相应平梁的弯矩图是相同的；

(4) 在竖向荷载作用下，斜梁有轴力，斜梁的剪力和轴力是相应平梁剪力的两个投影。

最后补充说明一点：斜梁也可用分段叠加法绘制弯矩图，只要杆轴线是直线，就可使用分段叠加法。

3.4 静定多跨梁

静定多跨梁是由若干单跨梁用中间铰按照几何不变无多余约束体系组成规则组成的梁结构。这种结构经常用在公路桥梁中，如图 3.12(a)所示，图 3.12(b)是其计算简图。在房屋结构中屋架檩条有时也采用这种形式[图 3.13(a)]，图示檩条为木结构，在接头处一般采用斜搭接的形式，中间用一个螺栓系紧，这种接头不能抵抗弯矩，但能防止所连构件在横向或纵向的相对移动，因此可看作铰连接，相应的计算简图见图 3.13(b)。

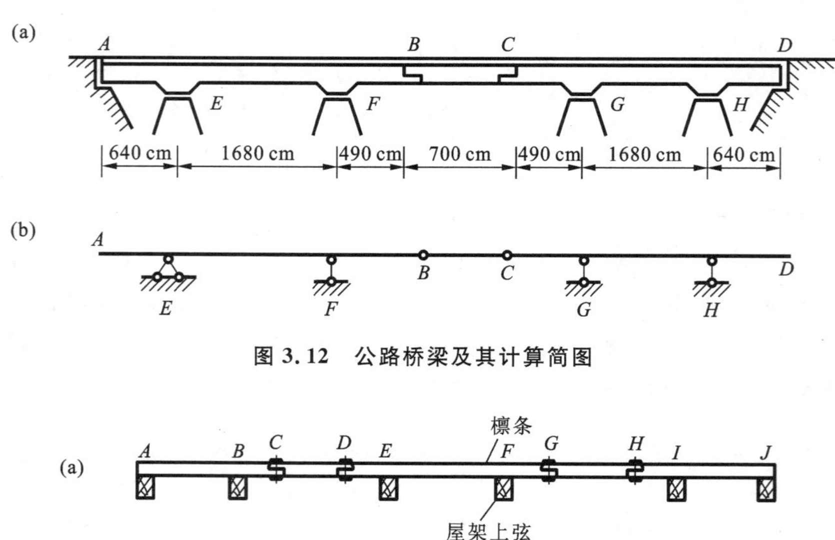

图 3.12 公路桥梁及其计算简图

图 3.13 屋架檩条及其计算简图

从静定多跨梁的几何组成分析可知，多跨梁可分为基本部分与附属部分。例如图 3.14(a)所示的多跨梁，伸臂梁 ABC 为基本部分，它能独立承受荷载并维持平衡；梁 CDE 和梁 EFG 为附属部分，它们必须支承于基本部分上才能承受荷载保持平衡，图 3.14(b)表示了附属部分与基本部分的支承关系。

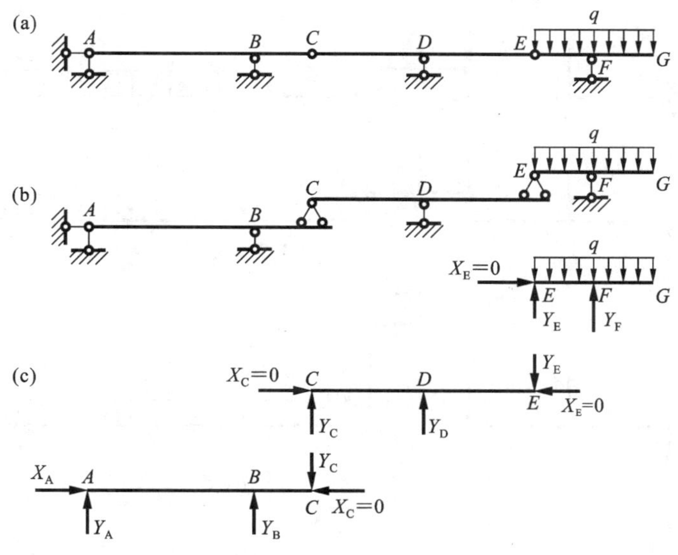

图 3.14　静定多跨梁的基本部分和附属部分

静定多跨梁的支座反力一般多于三个。如图 3.14(a)所示的多跨梁总共有五个支座反力，而整体平衡方程只有三个，不可能计算出五个支座反力，因此需要拆分多跨梁，使之变成多个单跨梁[图 3.14(c)]，然后分别计算。从支承关系图 3.14(b)可以看出，基本部分不影响附属部分；附属部分的支座反力则必须传至基本部分。因此，在计算静定多跨梁时，应先计算附属部分，再计算基础部分。在图 3.14(a)所示的多跨梁中，附属部分 EFG 是一个单跨梁，可以顺利地求出其支座反力。中间部分 CDE 也是一个单跨梁，在铰 E 处承受上部传来的荷载，即将 EFG 中铰 E 处的支座反力 X_E 和 Y_E 反向加于 CDE 的 E 处，便可求出其余支座反力。基本部分 ABC 还是一个单跨梁，在铰 C 处承受中间部分传来的荷载 X_C 和 Y_C，按单跨梁可求出支座 A、B 的反力。

【例 3.5】 作图 3.15(a)所示静定多跨梁的内力图。

【解】

(1) 进行几何组成分析，作关系图

本题几何关系如图 3.15(b)所示。梁 ABC 用固定支座与基础相连，是基本部分。梁 CE 在 E 端原本是一个铰，有水平约束，可以阻止梁 EFG 的水平运动，但在竖向荷载作用下，此水平约束中的力为零；将 E 铰处的水平约束改移到 G 处，并不改变此结构的受力状态，故关系图变为如图 3.15(c)所示。在此关系图中，EFG 也是基本部分，CDE 支承在 ABC 和 EFG 上，是附属部分。

(2) 计算约束力和支座反力

先计算 CDE 梁的支座反力，C 铰上作用的集中力可认为加在梁 CDE 上，也可认为加在梁 ABC 上，但不能两边梁都加。求得 CDE 的 C 和 E 处的约束力后，反向作用于梁 ABC 和 EFG 上，便可计算梁 ABC 和 EFG 的所有支座反力了，结果见图 3.15(d)。

(3) 作内力图

求出所有铰的约束力和梁的支座反力后，用分段叠加法分别作出单跨梁 ABC、CDE 和 EFG 的弯矩图，连在一起，即得静定多跨梁的弯矩图，如图 3.15(e)所示。同样地，分别作出各单跨梁的剪力图，连在一起即得静定多跨梁的剪力图，如图 3.15(f)所示。

(4) 内力图的特征

由图 3.15(e)和图 3.15(f)可见，弯矩图在铰 C、E 处 $M=0$，符合铰的特性，因此，可利用中间铰校核或

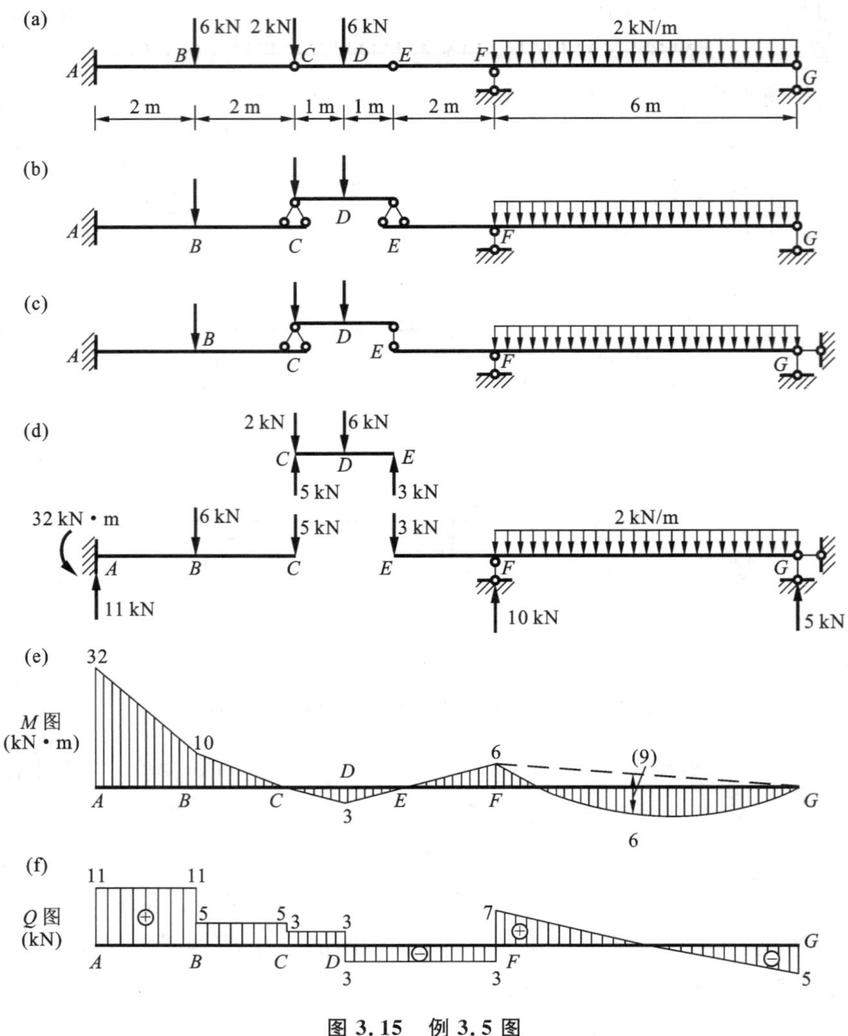

图 3.15 例 3.5 图

快速作弯矩图。同时，在无荷载段，即 AB、BC、CD、DE、EF 段，弯矩图为斜直线，剪力图为水平线，在集中力 B、C、D 处，弯矩图形成尖角，剪力图上出现突变；在均布荷载作用的 FG 段，弯矩图为抛物线，剪力图为斜直线，这些关系均符合直梁的荷载与内力微分关系。

【例 3.6】 作图 3.16(a)所示的多跨静定梁的弯矩图，并与两跨简支梁的弯矩图进行比较。

【解】

(1) 几何组成分析

该多跨静定梁中，BCD 为基本部分，AB 为附属部分，关系图如图 3.16(b)所示。

(2) 计算支座反力

先计算附属部分 AB 的支座反力及约束力。将铰 B 的约束力反向作用于梁 BCD 上，进而求梁 BCD 的反力，见图 3.16(c)。

(3) 作 M 图

分别作梁 AB 和 BCD 的 M 图，连在一起即得静定多跨梁的弯矩图，如图 3.16(d)所示。

(4) 与两跨简支梁 M 图的比较

两跨简支梁的 M 图，见图 3.16(e)。可以看出，静定多跨梁的内力分布更均匀，正弯矩峰值减小了 28%。一般来说，静定多跨梁与一系列简支梁相比，内力分布均匀，材料用量较少，但中间铰的构造要复杂一些。

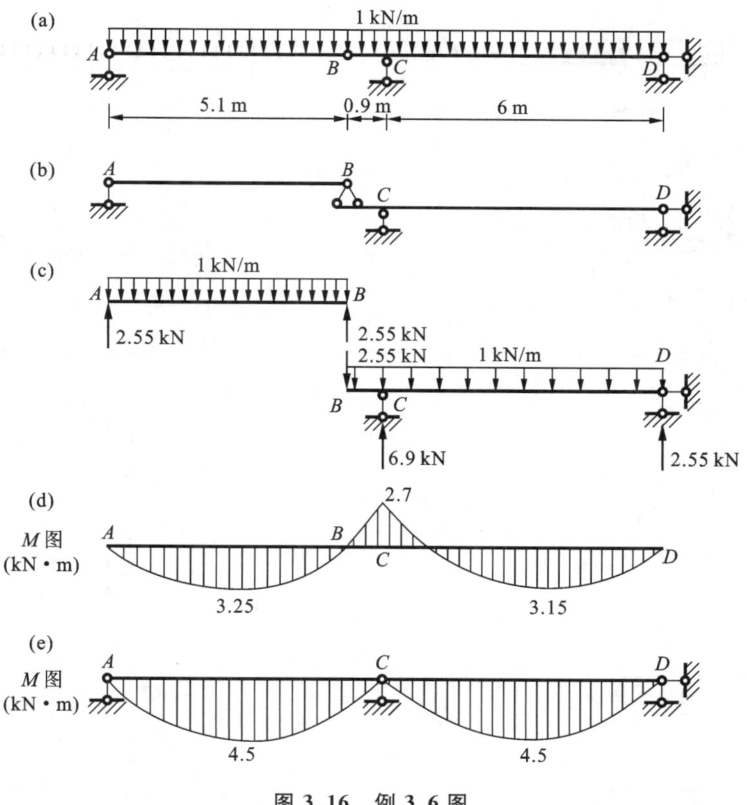

图 3.16 例 3.6 图

本章小结

本章主要讲述静定单跨梁和多跨梁的分析方法，包括支座反力、截面内力的计算及内力图的绘制。尽管基本内容已在"材料力学"中学习过了，但作为后续刚架分析的基础，本章仍然加以详细叙述，并要求读者能熟练掌握，特别是内力图，现在强调要简洁、快速地绘出，特别希望能熟练地应用内力图的特征，为后续复杂结构学习打下基础。本章要点如下：

(1) 截面内力及计算方法：截面内力有弯矩、剪力和轴力，应注意其定义及正负号规定。计算截面内力的基本方法是截面法，重点是能正确地截取隔离体并准确地画出隔离体受力图。受力图上必须画上隔离体所受的全部力，力的方向、数值和符号必须表示清楚。未知力用正方向的符号表示，已知力用实际方向的数值表示。只有正确画出受力图，才能列出明确无误的平衡方程，计算出截面内力。

(2) 梁内力图绘制步骤：通常先计算支座反力（悬臂梁可不求反力），再计算控制截面内力，最后绘制各段内力图。对静定多跨梁，要注意其几何组成特点，求支座反力时一般先从附属部分开始，再求基本部分。绘制内力图时，纵坐标垂直于杆轴线，弯矩图画在杆件受拉纤维一侧，不注明正负号，而剪力图和轴力图则必须注明正负号。

(3) 分段叠加法绘制弯矩图：以控制截面将杆件划分为若干段，无荷载段的弯矩图仅需连接相邻控制截面弯矩纵坐标，形成直线；有荷载段则先以虚线连接相邻控制截面弯矩纵坐标，以此为基线，再叠加以该段长度为跨度的简支梁在跨间荷载作用下的弯矩图，得最后弯矩图。

习　题

3.1～3.6　绘制静定单跨梁或柱的弯矩图和剪力图（画弯矩图时，应根据本课程的规定绘制）。

3.7～3.12　根据荷载与内力的微分关系，判断内力图的正误，并改正其错误。

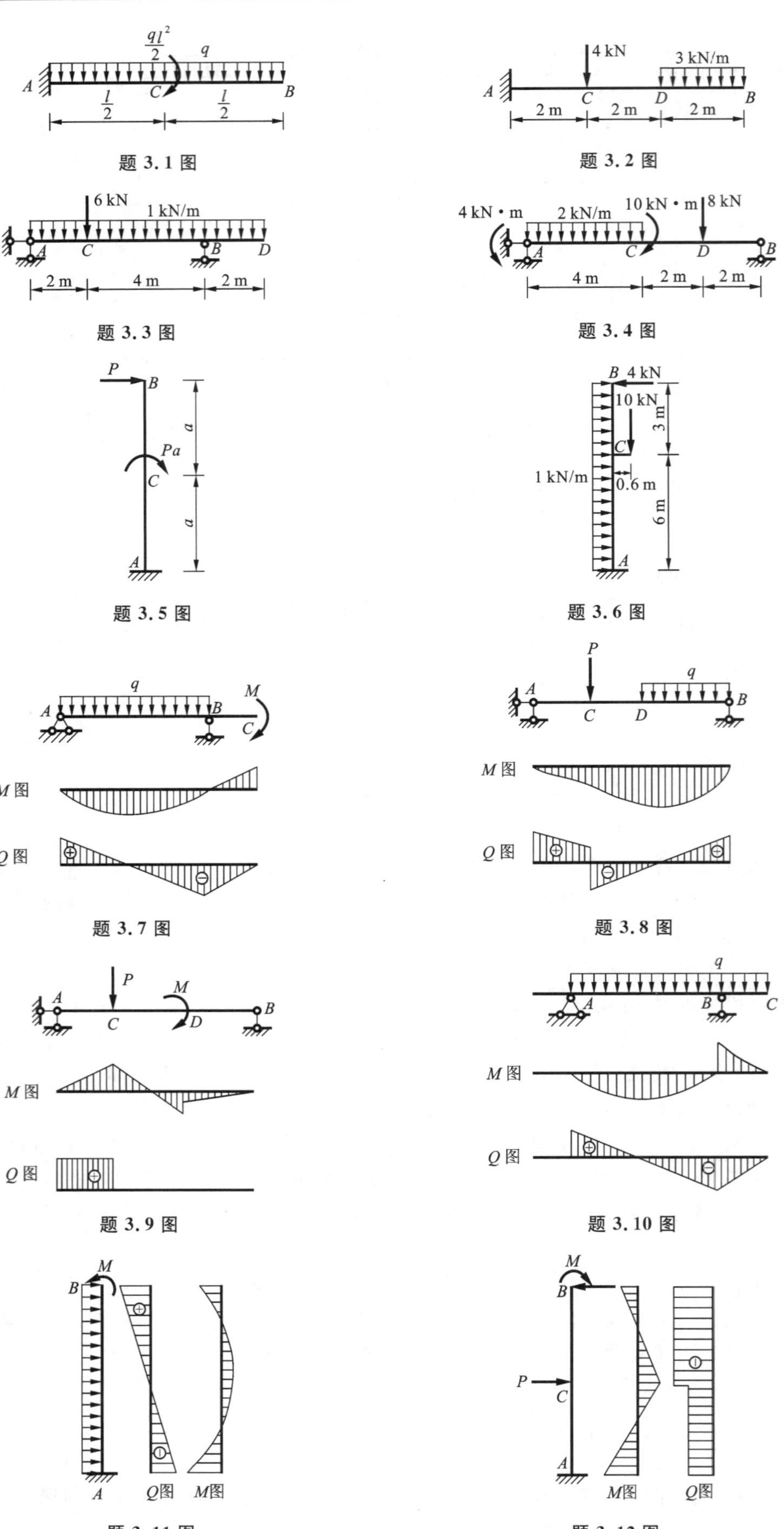

$\frac{ql^2}{2}$
q
A
C
B
$\frac{l}{2}$
$\frac{l}{2}$
题 3.1 图
4 kN
3 kN/m
A
C
D
B
2 m
2 m
2 m
题 3.2 图
6 kN
1 kN/m
A
C
B
D
2 m
4 m
2 m
题 3.3 图
4 kN・m
2 kN/m
10 kN・m
8 kN
A
C
D
B
4 m
2 m
2 m
题 3.4 图
P
B
Pa
C
A
a
a
题 3.5 图
B
4 kN
10 kN
C
1 kN/m
0.6 m
A
3 m
6 m
题 3.6 图
q
M
A
B
C
M 图
Q 图
题 3.7 图
P
q
A
C
D
B
M 图
Q 图
题 3.8 图
P
M
A
C
D
B
M 图
Q 图
题 3.9 图
q
A
B
C
M 图
Q 图
题 3.10 图
M
B
A
Q图
M图
题 3.11 图
M
B
P
C
A
M图
Q图
题 3.12 图

3.13～3.22　用分段叠加法作下列梁的弯矩图，并计算 C 点的弯矩值。

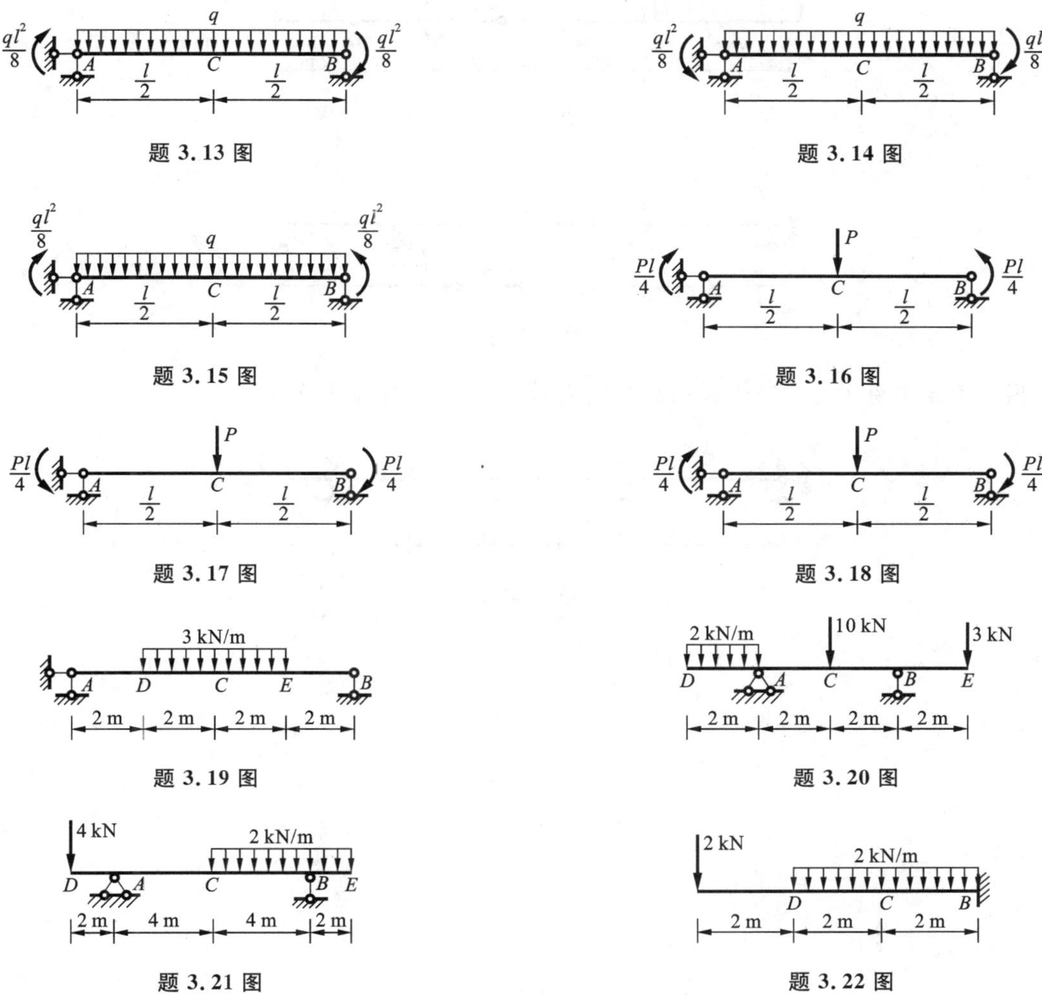

题 3.13 图　题 3.14 图

题 3.15 图　题 3.16 图

题 3.17 图　题 3.18 图

题 3.19 图　题 3.20 图

题 3.21 图　题 3.22 图

3.23～3.24　试作斜梁的内力图，并求 C、D 截面的内力值。

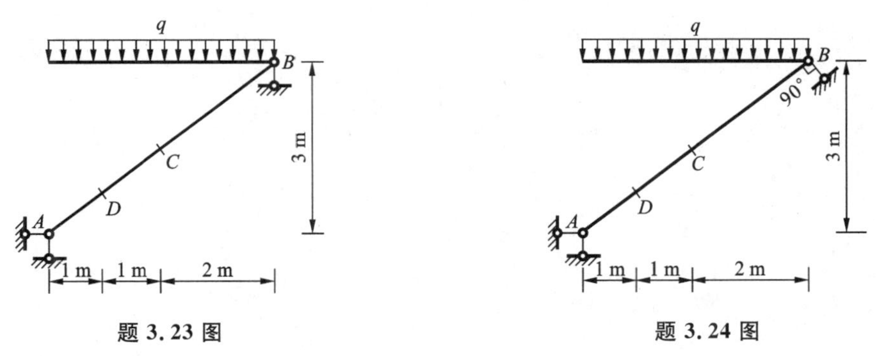

题 3.23 图　题 3.24 图

3.25～3.26　计算静定多跨梁的支座反力，并画出梁的内力图。

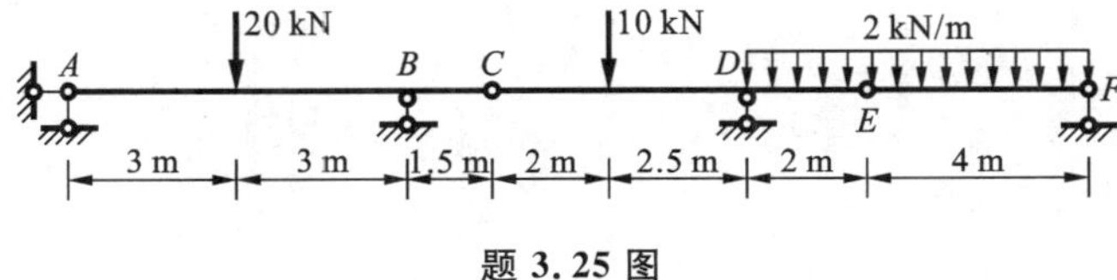

题 3.25 图

3.27　图示静定多跨梁上作用有集中荷载 P，试就下列三种情况分别绘出其弯矩图，并进行比较：(1)当 P 只作用在 CD 的中点时；(2)当 P 只作用在 AB 的中点时；(3)当 P 只作用在 EF 的中点时。

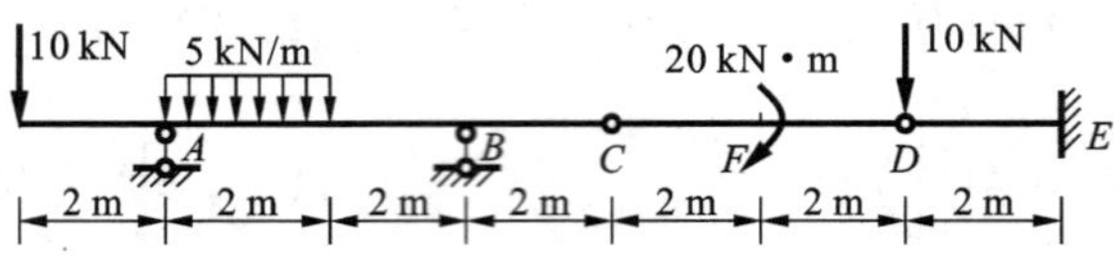

题 3.26 图

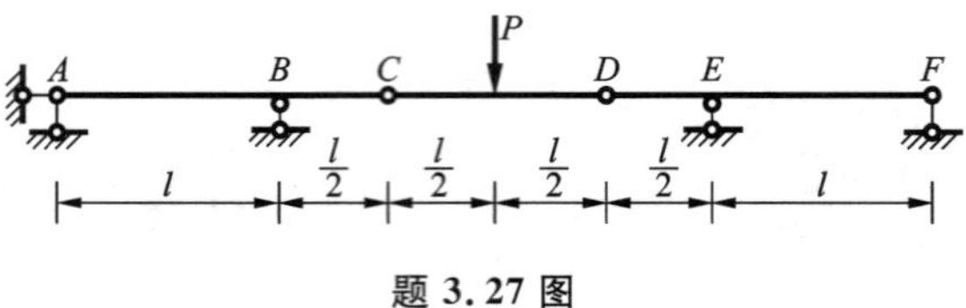

题 3.27 图

3.28 根据静定多跨梁受力特点及荷载与内力微分关系，直接画出 M 图。

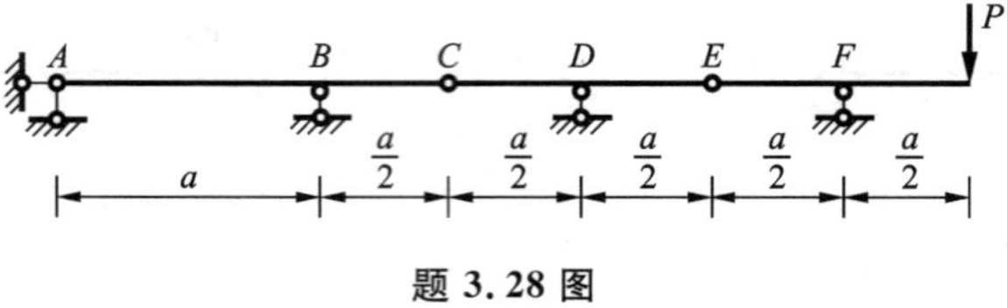

题 3.28 图

4 静定刚架

工程中刚架结构大量存在。所谓刚架是指梁、柱构件由刚结点连接而成的结构。大部分刚架是超静定结构，也有少量的是静定结构，如站台的雨篷、车篷[图 4.1(a)]、单层厂房车间、仓库[图 4.2(a)]等，它们的计算简图如图 4.1(b)、图 4.2(b)所示。本章主要讨论静定刚架的内力分析方法与内力图的绘制，也是学习超静定刚架分析的基础。

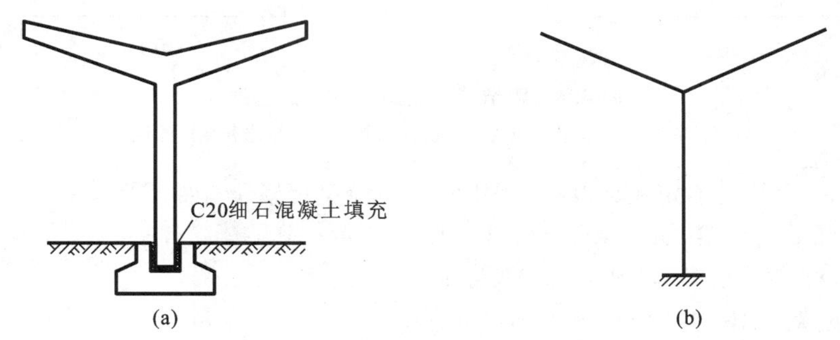

图 4.1　雨篷及其计算简图

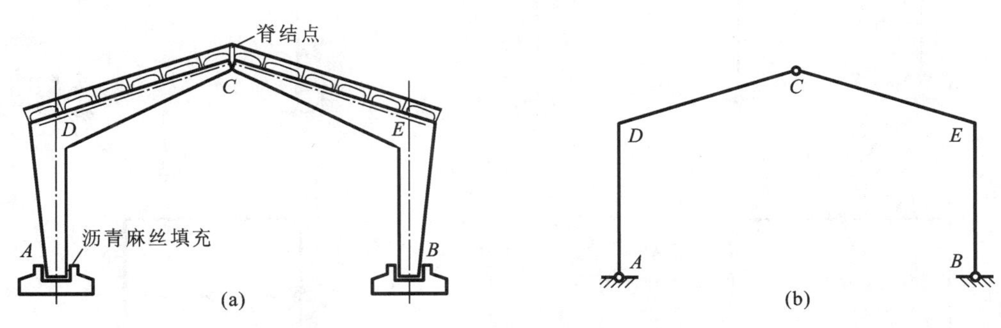

图 4.2　单层三铰刚架及其计算简图

4.1　静定刚架的特征与支座反力

1. 刚架的特征

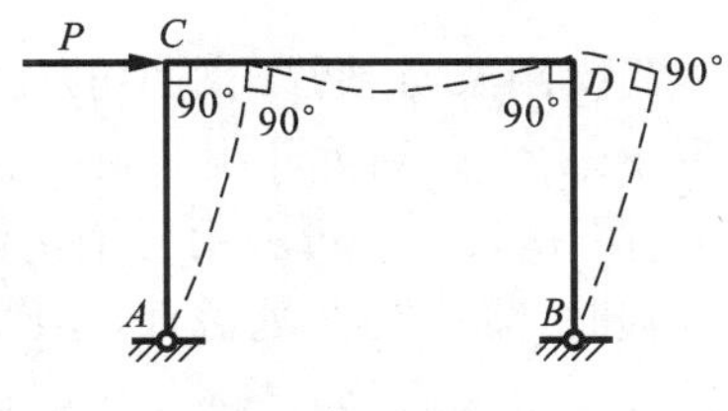

图 4.3　刚架体系

刚架最重要的特征是刚结点，刚架结构中全部或大部分结点是刚结点。图 4.3 所示刚架，结点 C 和 D 是刚结点，支座 A 和 B 则为铰连接。所谓刚结点是一种刚性连接，它保证连接的杆端不会发生相对转动，即受力变形后各杆杆端的夹角不变。图 4.3 刚架受水平力作用，变形为虚线所示，可以看出，刚结点 C、D 所连接的杆端在变形后仍然保持 90°不变；而铰结点所连的杆端则会发生相对转动。

由于刚结点具有约束杆端相对转动的作用，故能承受和传递弯矩，同时也能传递力作用。相比而言，铰结点则仅能传递力，不能传递弯矩。图 4.4 为刚结点刚架与铰结点刚架的受力对比，图 4.4(a)中梁柱结点 C 与 D 为铰结点，在竖向均布荷载作用下，由于铰结点不能传递力矩，仅有梁 CD 产生弯曲变形承担弯矩，柱 AC 与 DB 则不承担弯矩；而图 4.4(b)中，梁和柱的结点均为刚结点，在同样的荷载作用下，不仅梁产生弯曲变形和弯矩，由刚结点传递，两个柱也产生弯曲变形和弯矩。两者对比，图 4.4(b)中的梁的弯曲变形和弯矩峰值都比图 4.4(a)中梁的弯曲变形和弯矩峰值减小了许多(图中虚线为变形曲线)。因此具有刚结点的结构，弯矩分布均匀、峰值较小，便于节省材料。

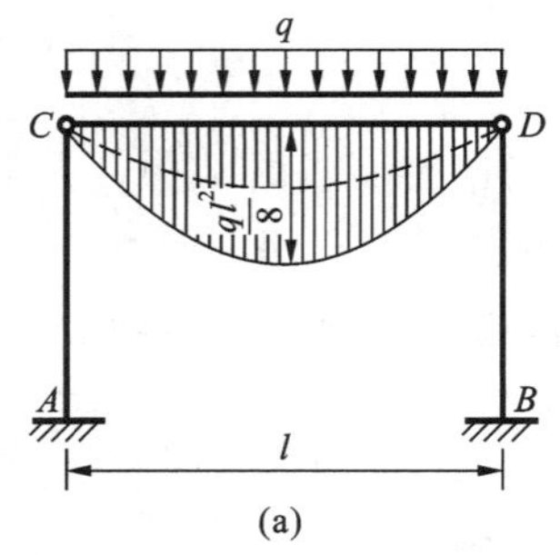

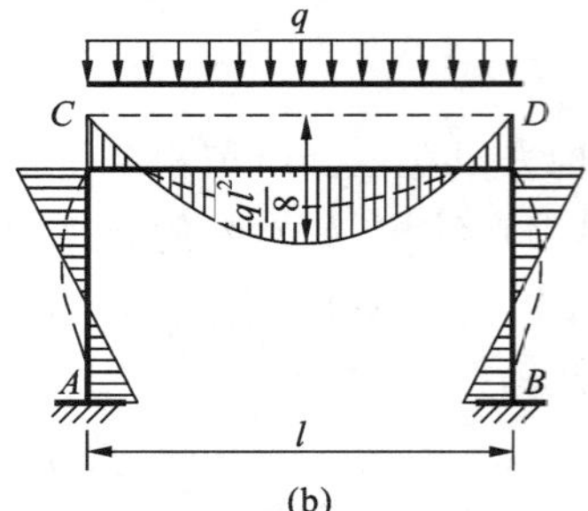

图 4.4　刚结点与铰结点受力的区别

(a)简支梁的弯矩图和变形曲线；(b)刚架的弯矩图和变形曲线

除了图 4.1、图 4.2 介绍的静定刚架外，工程中常见的静定刚架还有如下形式：

(1) 简支梁和悬臂梁式刚架，如图 4.5(a)、图 4.5(b)所示；

(2) 三铰刚架，也称拱式刚架，如图 4.5(c)所示；

(3) 多跨和多层刚架，如图 4.5(d)、图 4.5(e)所示。

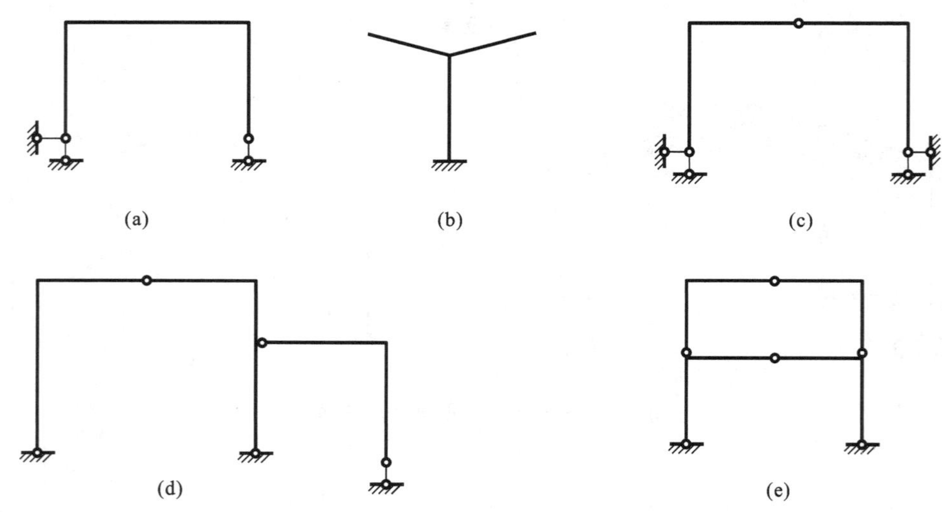

图 4.5　平面刚架的类型

(a)简支刚架；(b)悬臂刚架；(c)三铰刚架；(d)多跨刚架；(e)多层刚架

2. 静定刚架支座反力计算

简支刚架与悬臂式刚架的支座反力计算很简单，不用专门讨论。三铰刚架和多跨刚架，由于支座反力往往多于三个，必须拆开刚架，补充对中间铰弯矩为零的条件。例如图 4.6(a)所示的两跨刚架，共有四个支座反力[图 4.6(b)]，可利用三个整体平衡方程，另加一个对 E 铰弯矩为零的条件求解。建立对 E 铰弯矩为零的方程时，需从铰 E 处截开，绘出隔离图如图 4.6(c)、图 4.6(d)所示，刚架左边 ADE 为附属部分，取它为隔离体计算更方便，然后建立：$\sum M_E = 0$，便可直接解出 X_A。过程如下：

从图 4.6(c) 可知：

$$\sum M_E = 0,\quad 2\times2\times1+X_A\times4=0,\qquad X_A=-1\ \text{kN}(\leftarrow)$$

$$\sum Y = 0,\quad 2\times2-Y_E=0,\qquad Y_E=4\ \text{kN}\ (\uparrow)$$

$$\sum M_A = 0,\quad 2\times2\times1-4\times2+X_E\times4=0,\qquad X_E=1\ \text{kN}(\rightarrow)$$

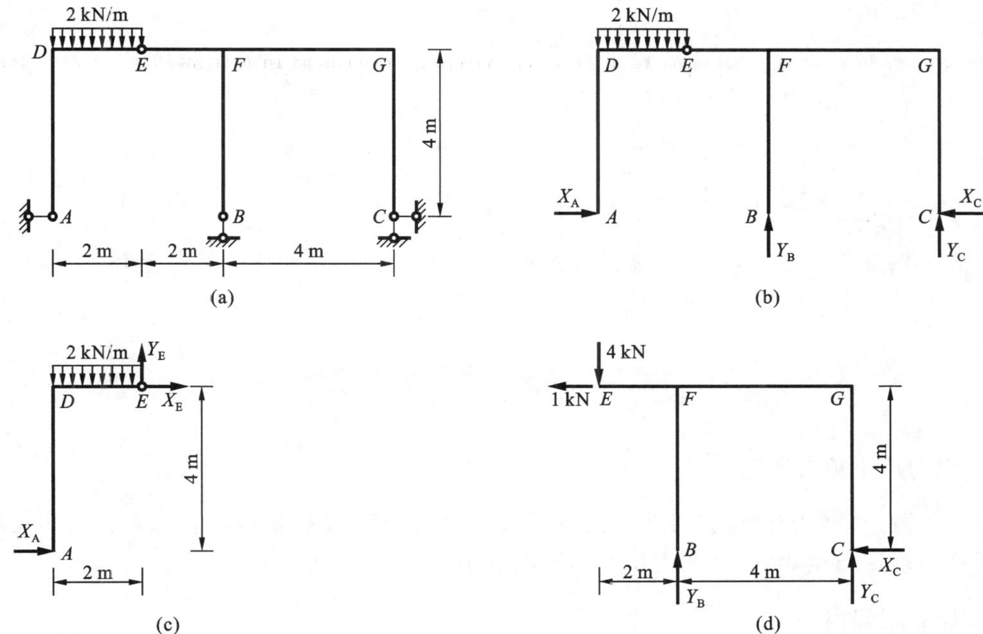

图 4.6 多跨刚架支座反力计算图

从图 4.6(d) 可知：

$$\sum X = 0,\quad X_C + 1 = 0,\quad X_C = -1\ \text{kN}\ (\rightarrow)$$

$$\sum M_B = 0,\quad -4\times 2 - 1\times 4 - Y_C\times 4 = 0,\quad Y_C = -3\ \text{kN}\ (\downarrow)$$

$$\sum M_C = 0,\quad -4\times 6 - 1\times 4 + Y_B\times 4 = 0,\quad Y_B = 7\ \text{kN}\ (\uparrow)$$

校核：$\sum Y = 0, 4 + 3 - 7 = 0$

【例 4.1】 计算图 4.7(a) 所示三铰刚架的反力。

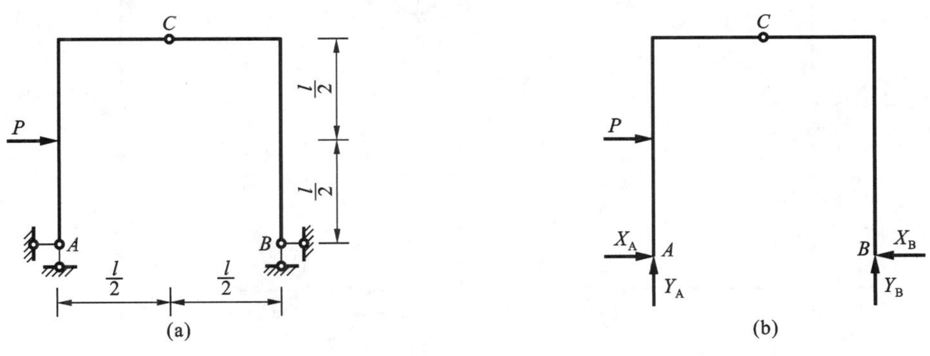

图 4.7 例 4.1 图

【解】

图 4.7(b) 为整体刚架的隔离体图，共有四个支座反力：X_A、Y_A、X_B、Y_B。需要三个整体平衡方程，另加一个铰 C 处弯矩为零的方程，方能求解。

为避免解联立方程，计算步骤如下：

(1) 先利用两个整体平衡方程求 Y_A 和 Y_B。

$$\sum M_A = 0,\quad P\times\frac{l}{2} - Y_B\times l = 0,\quad Y_B = \frac{P}{2}(\uparrow)$$

$$\sum M_B = 0,\quad P\times\frac{l}{2} + Y_A\times l = 0,\quad Y_A = -\frac{P}{2}(\downarrow)$$

(2) 利用铰 C 处弯矩为零的方程，求出一个水平支座反力 X_A 或 X_B。现由截面 C 右半边 BC 所受外力计

算 $\sum M_C$，得：

$$\sum M_C = 0,\quad X_B \times l - Y_B \times \frac{l}{2} = 0,\quad X_B = \frac{Y_B}{2} = \frac{P}{4}(\leftarrow)$$

(3) 再利用第三个整体平衡方程，求另一水平支座反力。

$$\sum X = 0,\quad P + X_A - X_B = 0,\quad X_A = X_B - P = -\frac{3}{4}P(\leftarrow)$$

对铰 C 建立弯矩为零的方程时，一般需从 C 处截开刚架，既可取刚架的右边部分 BC 作为隔离体，也可取左边部分 AC 作为隔离体，建立不同的方程。

4.2 静定刚架内力

1. 刚架的内力及正负号规定

刚架的内力有弯矩、剪力和轴力，弯矩不规定正负号，只规定弯矩图的纵坐标画在杆件受拉纤维一侧。剪力和轴力的正负号规定与梁相同，即剪力绕截面顺时针旋转为正，轴力以拉力为正。

2. 截面法计算刚架内力

利用截面法计算刚架内力时，通常先计算支座反力及各中间铰处的约束力，然后再逐杆计算内力。类似梁中控制截面，我们在刚架中常计算各杆杆端截面内力，作为绘制内力图的基础。

在刚结点处，一般有不同方向的杆件相连，例如图 4.8(a) 所示刚架，刚结点 C 处有 C_1、C_2 两个杆端截面。为了避免内力符号发生混淆，用两个下标表示杆端内力，第一个下标为截面所在端的标号，第二个下标为杆远端的标号，如杆端截面 C_1、C_2 的弯矩分别用 M_{CA}、M_{CB} 表示，剪力和轴力则分别用 Q_{CA}、Q_{CB} 和 N_{CA}、N_{CB} 表示，如图 4.8(b) 所示。

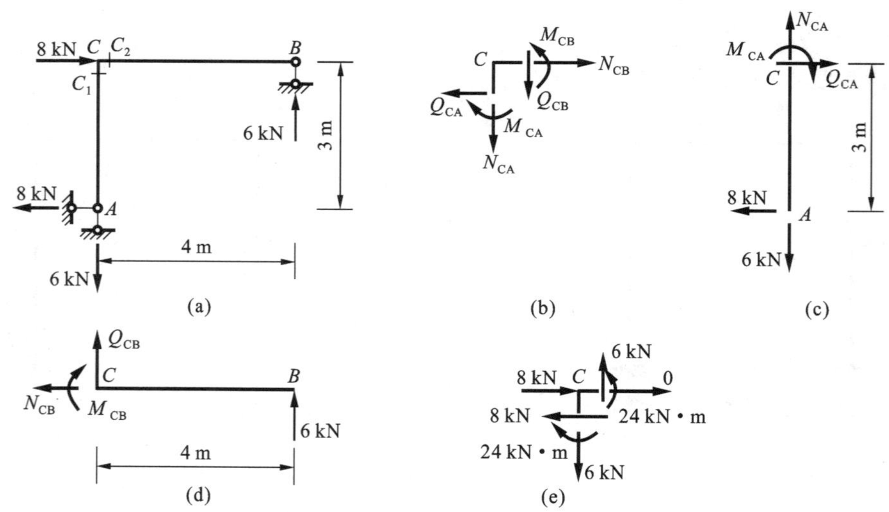

图 4.8 用截面法求刚架杆端截面内力

图 4.8(a) 所示的刚架，求得支座反力后，可将杆件 CA、CB 截开，分别画出隔离体图，如图 4.8(c) 和图 4.8(d) 所示，对于未知的弯矩，可先按顺时针方向假设，如计算结果为正，说明内力方向与图中方向相同；如计算结果为负，则与图中方向相反。对两杆分别建立平衡方程，可求出所有的杆端截面内力：

CA 杆[图 4.8(c)]

$$\sum X = 0,\quad Q_{CA} - 8 = 0,\quad Q_{CA} = 8\ \text{kN}$$

$$\sum Y = 0,\quad N_{CA} - 6 = 0,\quad N_{CA} = 6\ \text{kN}$$

$$\sum M_C = 0,\quad 8 \times 3 + M_{CA} = 0,\quad M_{CA} = -24\ \text{kN} \cdot \text{m}$$

M_{CA} 为负，说明 M_{CA} 的方向与假设方向相反，使杆件右边受拉。

CB 杆[图 4.8(d)]

$$\sum X=0,\quad N_{CB}=0$$

$$\sum Y=0,\quad Q_{CB}+6=0,\quad Q_{CB}=-6\ \text{kN}$$

$$\sum M_C=0,\quad M_{CB}-6\times 4=0,\quad M_{CB}=24\ \text{kN}\cdot\text{m}$$

M_{CB} 为正，说明 M_{CB} 的方向与假设方向相同，使杆件下边受拉。

如对刚结点取隔离体[图 4.8(b)]，内力同样满足平衡条件：$\sum X=0$、$\sum Y=0$、$\sum M=0$。可利用结点处的平衡进行校核，可以看出：计算的结果满足结点 C 的平衡条件，如图 4.8(e) 所示，说明计算结果是正确的。

【例 4.2】 计算图 4.9(a) 所示刚架刚结点处各杆杆端截面的内力。

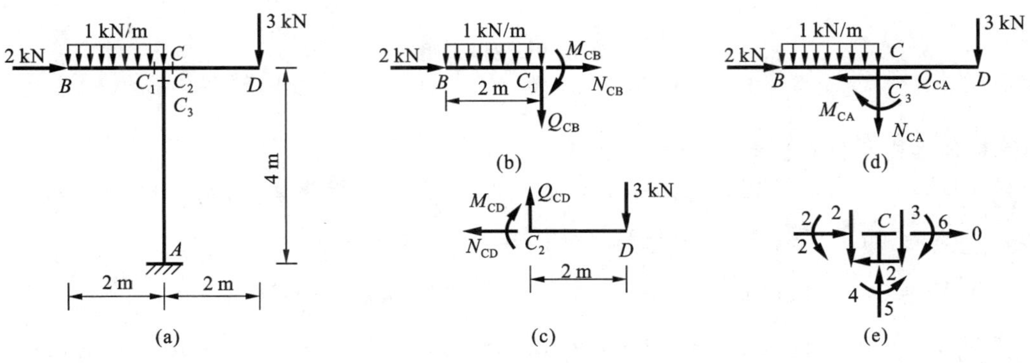

图 4.9 例 4.2 图

【解】

刚结点 C 有 C_1、C_2、C_3 三个截面，沿 C_1、C_2 和 C_3 切开，分别取 C_1 左边、C_2 右边和 C_3 上边 C_1B、C_2D 和 BC_3D 三个隔离体，分别建立平衡方程，确定杆端截面 C_1、C_2 和 C_3 的内力。

C_1B 隔离体[图 4.9(b)]

$$\sum X=0,\quad N_{CB}+2=0,\quad N_{CB}=-2\ \text{kN}$$

$$\sum Y=0,\quad 1\times 2+Q_{CB}=0,\quad Q_{CB}=-2\ \text{kN}$$

$$\sum M_C=0,\quad 1\times 2\times 1-M_{CB}=0,\quad M_{CB}=2\ \text{kN}\cdot\text{m}(\text{上边受拉})$$

C_2D 隔离体[图 4.9(c)]

$$\sum X=0,\quad N_{CD}=0$$

$$\sum Y=0,\quad Q_{CD}-3=0,\quad Q_{CD}=3\ \text{kN}$$

$$\sum M_C=0,\quad M_{CD}+3\times 2=0,\quad M_{CD}=-6\ \text{kN}\cdot\text{m}(\text{上边受拉})$$

BC_3D 隔离体[图 4.9(d)]

$$\sum X=0,\quad 2-Q_{CA}=0,\quad Q_{CA}=2\ \text{kN}$$

$$\sum Y=0,\quad 1\times 2+3+N_{CA}=0,\quad N_{CA}=-5\ \text{kN}$$

$$\sum M_C=0,\quad M_{CA}-1\times 2\times 1+3\times 2=0,\quad M_{CA}=-4\ \text{kN}\cdot\text{m}(\text{左边受拉})$$

校核

取结点 C 为隔离体校核[图 4.9(e)]

$$\sum X=0,\quad 2-2=0$$

$$\sum Y=0,\quad 5-2-3=0$$

$$\sum M_C = 0, \qquad 6-2-4=0$$

【例 4.3】 计算图 4.10(a) 所示刚架刚结点 C、D 处杆端截面的内力。

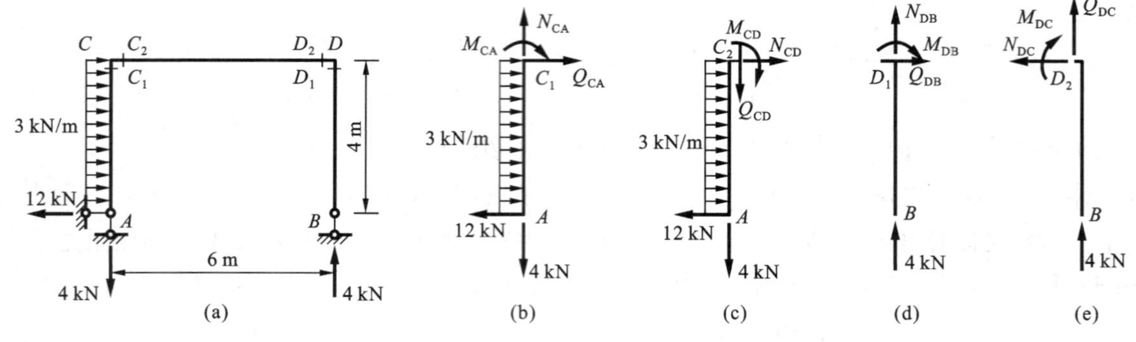

图 4.10　例 4.3 图

【解】

(1) 利用整体平衡条件求出支座反力，如图 4.10(a) 所示。

(2) 计算刚结点 C 处杆端截面内力。沿 C_1 截面截开，取 C_1A 为隔离体[图 4.10(b)]，有平衡条件：

$$\sum X = 0, \quad Q_{CA} + 3\times4 - 12 = 0, \quad Q_{CA} = 0$$

$$\sum Y = 0, \quad 4 - N_{CA} = 0, \quad N_{CA} = 4\ \text{kN}$$

$$\sum M_C = 0, \quad 12\times4 - 3\times4\times2 + M_{CA} = 0, \quad M_{CA} = -24\ \text{kN}\cdot\text{m}(\text{右边受拉})$$

再沿 C_2 截面截开，取 C_2A 为隔离体[图 4.10(c)]，有：

$$\sum X = 0, \quad N_{CD} + 3\times4 - 12 = 0, \quad N_{CD} = 0$$

$$\sum Y = 0, \quad Q_{CD} + 4 = 0, \quad Q_{CD} = -4\ \text{kN}$$

$$\sum M_C = 0, \quad 12\times4 - 3\times4\times2 + M_{CD} = 0, \quad M_{CD} = -24\ \text{kN}\cdot\text{m}(\text{下边受拉})$$

(3) 计算刚结点 D 处杆端截面内力。沿 D_1 截面截开，取 D_1B 为隔离体[图 4.10(d)]，有平衡条件：

$$\sum X = 0, \quad Q_{DB} = 0$$

$$\sum Y = 0, \quad N_{DB} + 4 = 0, \quad N_{DB} = -4\ \text{kN}$$

$$\sum M_D = 0 \quad M_{DB} = 0$$

再沿 D_2 截面截开，取 D_2B 为隔离体[图 4.10(e)]，有：

$$\sum X = 0, \quad N_{DC} = 0$$

$$\sum Y = 0, \quad Q_{DC} + 4 = 0, \quad Q_{DC} = -4\ \text{kN}$$

$$\sum M_D = 0, \quad M_{DC} = 0$$

3. 静定刚架内力图的绘制

【扫码演示5】

静定刚架内力图有弯矩图、剪力图和轴力图，刚架的内力图是由各杆的内力图组合而成的，而各杆的内力图，只需求出杆端截面的内力值后，按照梁的绘制内力图的方法即可画出。基本要点为：

(1) 用截面法计算各杆杆端截面内力，分别绘制各杆的内力图，将各杆的内力图组合在一起，即得到刚架的内力图。

(2) 刚架内力图的绘制规定：刚架内力图的纵坐标垂直于各杆轴线绘制。弯矩图的纵坐标画在杆件受拉纤维一侧，不记正负号；剪力图、轴力图可画在杆件任一边，但应注明正负号，内力图上应标注量纲。

(3) 因刚架杆件都是直杆，每一直杆段均可以利用分段叠加法绘制弯矩图。

【例 4.4】 作图 4.11 所示刚架的内力图。

【解】

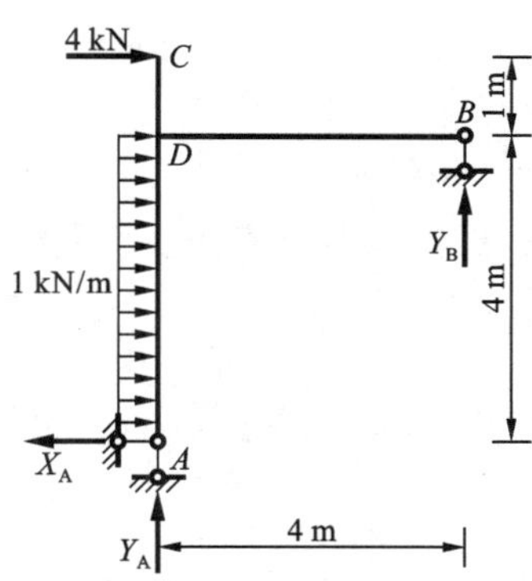

图 4.11 例 4.4 的支座反力

(1) 计算支座反力

$$\sum M_A = 0,\quad 4\times5+1\times4\times2-Y_B\times4=0,\quad Y_B=7\ \text{kN}(\uparrow)$$

$$\sum X = 0,\quad 4+1\times4-X_A=0,\quad X_A=8\ \text{kN}(\leftarrow)$$

$$\sum M_B = 0,\quad 4\times1-1\times4\times2+8\times4+Y_A\times4=0,\quad Y_A=-7\ \text{kN}(\downarrow)$$

(2) 作 M 图

根据截面法，不必画出隔离体，直接按平衡条件求解各杆端截面内力：

CD 杆 $M_{CD}=0$

$M_{DC}=4\times1=4\ \text{kN}\cdot\text{m}$(左边受拉)

DB 杆 $M_{BD}=0$

$M_{DB}=7\times4=28\ \text{kN}\cdot\text{m}$(下边受拉)

AD 杆 $M_{AD}=0$

$M_{DA}=8\times4-1\times4\times2=24\ \text{kN}\cdot\text{m}$(右边受拉)

CD、DB 杆无杆间荷载，将杆端弯矩值以纵坐标画出，以直线相连即成两杆的弯矩图。AD 杆上有均布荷载，将梁端弯矩纵坐标标出，以虚线相连，以此为基线，叠加以 AD 杆长为跨度的简支梁在均布荷载作用下的弯矩图(此均布荷载使 AD 杆弯矩图右侧受拉)，即得 AD 杆的弯矩图[图 4.12(a)]。叠加后 AD 杆中点截面 E 的弯矩值为：

$$M_E=\frac{1}{2}\times(0+24)+\frac{1}{8}\times1\times4^2=14\ \text{kN}\cdot\text{m}\quad(\text{右边受拉})$$

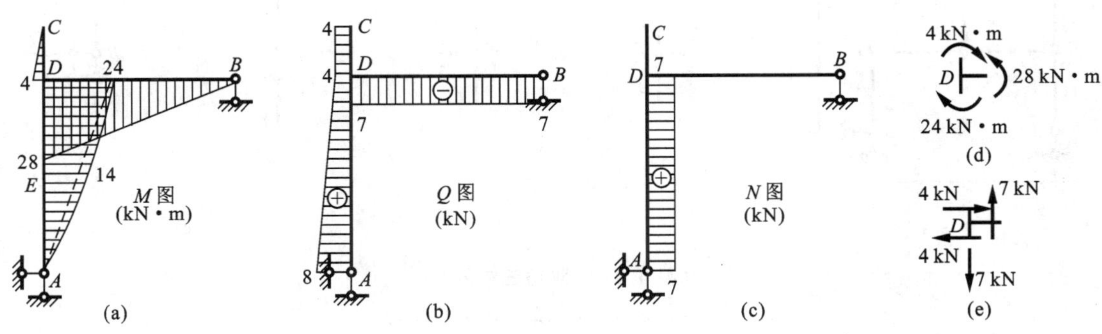

图 4.12 例 4.4 刚架的内力图

(3) 作 Q 图

根据同样的办法,求出各杆杆端剪力:

CD 杆　　$Q_{CD}=Q_{DC}=4\ \mathrm{kN}$

DB 杆　　$Q_{DB}=Q_{BD}=-7\ \mathrm{kN}$

AD 杆　　$Q_{AD}=8\ \mathrm{kN}$

$Q_{DA}=8-1\times 4=4\ \mathrm{kN}$

以各杆杆端剪力值为纵坐标,以直线相连,得各杆剪力图[图 4.12(b)],注意:需标明正负号。

(4) 作 N 图

计算各杆端的轴力值如下:

CD 杆　　$N_{CD}=N_{DC}=0$

DB 杆　　$N_{DB}=N_{BD}=0$

AD 杆　　$N_{AD}=N_{DA}=7\ \mathrm{kN}$

以各杆杆端轴力值为纵坐标,以直线相连,得各杆轴力图[图 4.12(c)],也需标明正负号。

(5) 校核

微分关系的校核:杆 AD 上有均布荷载 q,M 图为抛物线,凸向荷载指向,Q 图为斜直线;杆 CD 和 BD 上无荷载,M 图为斜直线,Q 图是平行于杆轴的平行线。杆 DA 上无轴向荷载,N 图为一平行线。

平衡条件校核:取结点 D 为隔离体[图 4.12(d)],结点 D 上各杆端弯矩须满足力矩平衡条件:

$$\sum M_D=0,\quad 4+24-28=0$$

而各杆端上的剪力、轴力则须满足力平衡条件:

$$\sum X=0,\quad 4-4=0$$

$$\sum Y=0,\quad 7-7=0$$

4.3　带铰刚架的内力

带铰刚架包括三铰刚架、多层多跨刚架,其内力计算步骤与一般刚架相同,只是需要注意:对三铰刚架计算支座反力时,需要补充对中间铰弯矩为零的条件;对多层多跨刚架,一般应按与几何组成相反的顺序,依次求解。

图 4.13(a) 是一双层三铰刚架,组成的次序是先固定下部,再固定上部。求约束力的次序与组成次序相反,因此先求上部结构的约束反力,见图 4.13(b)。然后将求得的结果反其指向加于下部结构上,再求下部结构的支座反力,见图 4.13(c)。有了约束反力和支座反力,就可以容易地求出内力、画出内力图。

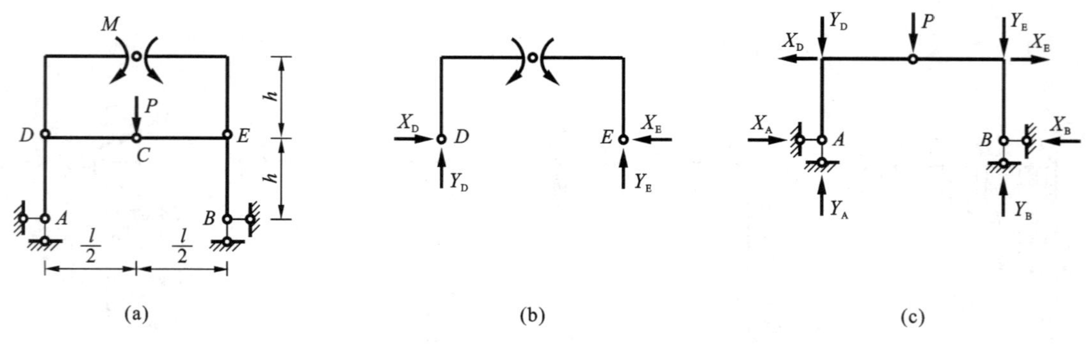

图 4.13　双层三铰刚架

(a) 原结构;(b) 上部附属部分;(c) 下部基本部分

对于更复杂的多层多跨刚架,要特别注意内力图的校核,以避免计算错误。校核时可任取结点、杆件、任一部分刚架或整体刚架，验算内力是否满足平衡条件，一般应选取计算中未用过的平衡条件。对于刚结点，要特别注意弯矩图的特点，当为两杆刚结点时[图 4.14(a)]，如无外力偶作用，两杆的杆端弯矩数值相等，且杆件同侧受拉；当为多杆刚结点时[图 4.14(b)]，杆端弯矩应平衡，顺时针的弯矩应等于逆时针的弯矩。

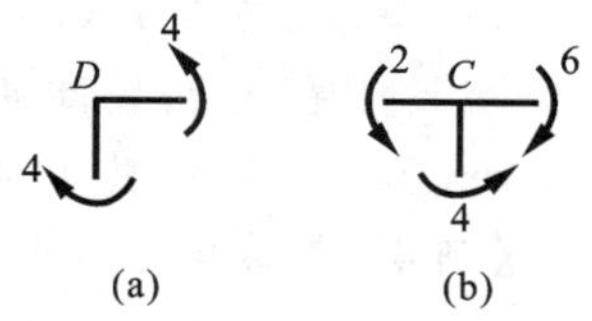

图 4.14　刚结点力矩平衡校核

【例 4.5】　绘制图 4.15(a) 所示带斜杆的三铰门式刚架的弯矩图，并与图 4.15(b) 所示三铰刚架的弯矩图进行比较。

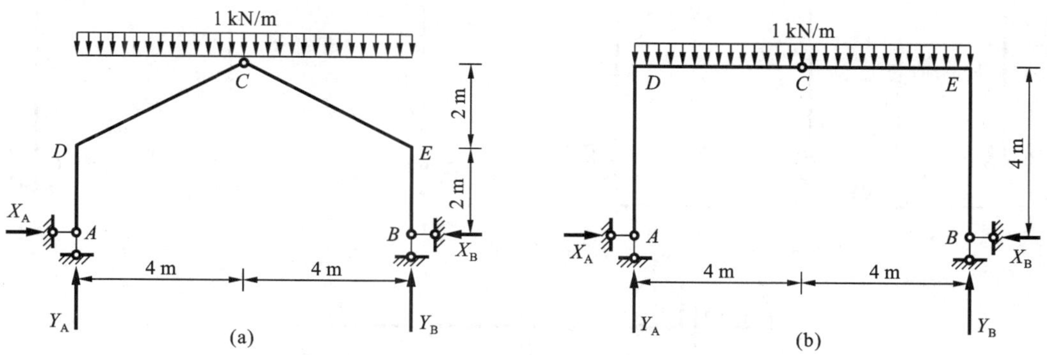

图 4.15　例 4.5 的支座反力

【解】

(1) 求支座反力[图 4.15(a)]。

$$\sum M_A = 0,\quad 1 \times 8 \times 4 - Y_B \times 8 = 0,\quad Y_B = 4\ \text{kN}(\uparrow)$$

$$\sum M_B = 0,\quad Y_A \times 8 - 1 \times 8 \times 4 = 0,\quad Y_A = 4\ \text{kN}(\uparrow)$$

$$\sum X = 0,\quad X_A = X_B$$

利用中间铰 $\sum M_C = 0$，可求 X_A 和 X_B。

$$\sum M_C = 0,\quad 1 \times 4 \times 2 - 4 \times 4 + X_B \times 4 = 0,\quad X_B = 2\ \text{kN}(\leftarrow)，故\ X_A = 2\ \text{kN}(\rightarrow)$$

(2) 作 M 图，首先计算各杆杆端弯矩如下：

AD 杆　　$M_{AD} = 0$，　$M_{DA} = 2 \times 2 = 4\ \text{kN} \cdot \text{m}$(左边受拉)

DC 杆　　$M_{CD} = 0$，　$M_{DC} = 2 \times 2 = 4\ \text{kN} \cdot \text{m}$(上边受拉)

BE 杆　　$M_{BE} = 0$，　$M_{EB} = 2 \times 2 = 4\ \text{kN} \cdot \text{m}$(右边受拉)

CE 杆　　$M_{CE} = 0$，　$M_{EC} = 2 \times 2 = 4\ \text{kN} \cdot \text{m}$(上边受拉)

然后作各杆的弯矩图。两个斜杆 DC、CE 上有均布荷载，因此利用分段叠加法，先标出垂直杆轴的杆端弯矩纵坐标，以虚线相连，再叠加与 CD、CE 杆水平投影长度相同的简支梁在均布荷载作用下的跨中弯矩 M^0：$M^0 = \frac{1}{8} q l^2 = \frac{1}{8} \times 1 \times 4^2 = 2\ \text{kN} \cdot \text{m}$。最后弯矩图见图 4.16(a)。

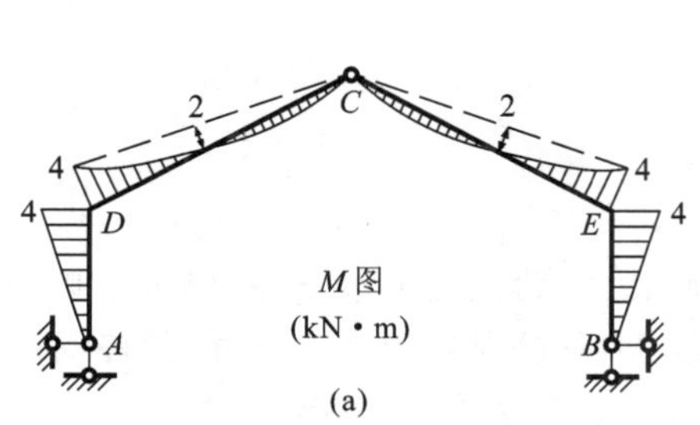

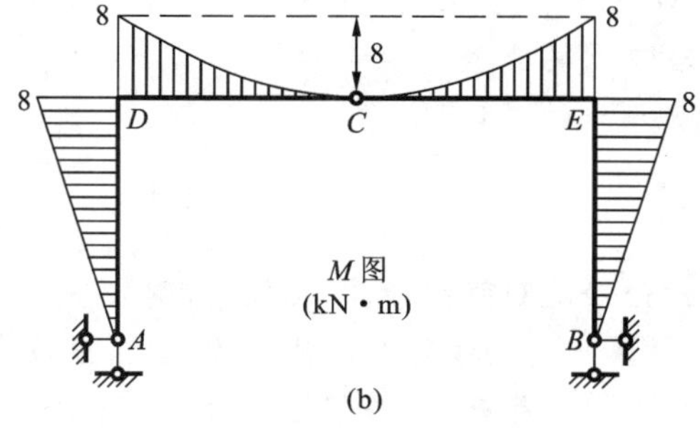

图 4.16　例 4.5 的弯矩图

(3) 讨论:图4.15(b)所示的三铰刚架的弯矩图如图4.16(b)所示。图4.15(a)与图4.15(b)所示的两个三铰刚架跨度、中间铰高度及荷载均相同,因此,支座反力是相同的。但由于图4.15(a)中梁是斜的,柱的高度减小,因此,其梁、柱弯矩值都比图4.15(b)刚架的梁、柱弯矩值要小,使得受力更合理。

【例4.6】 绘制图4.17(a)[同图4.6(a)]所示两跨静定刚架的弯矩图。

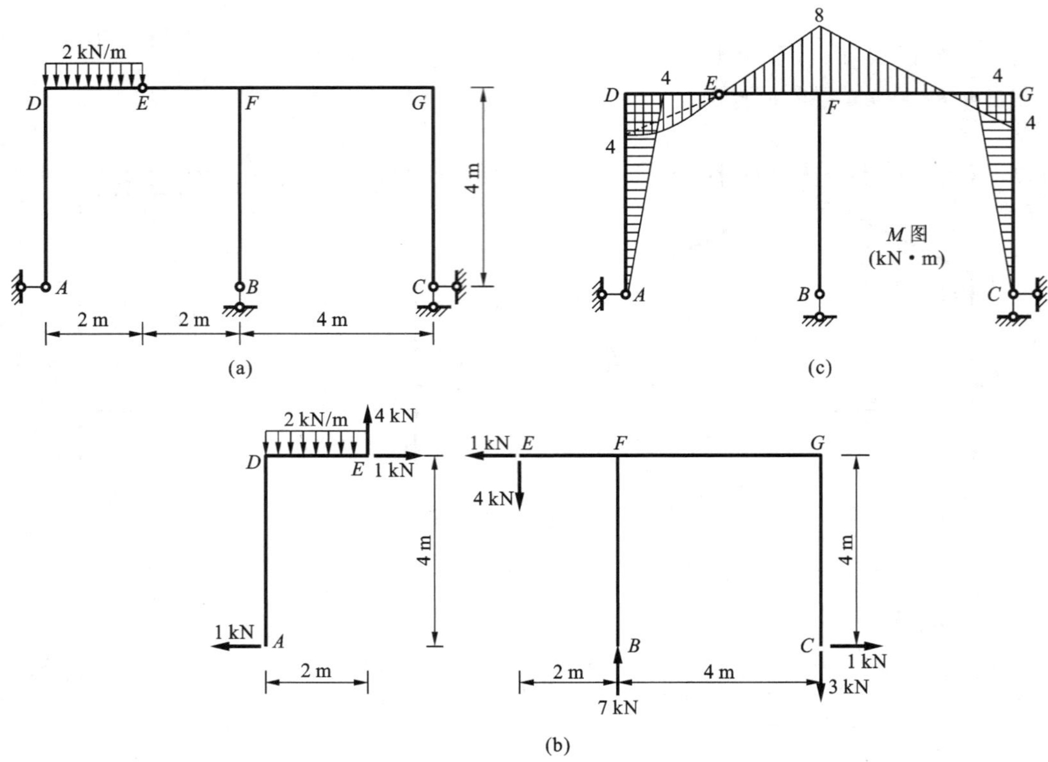

图4.17 例4.8的受力分析及弯矩图

【解】

(1) 计算支座反力及约束力。

已在图4.6中讨论过其分析方法,并算出了结果,重示于图4.17(b)。

(2) 作M图

分别对附属部分ADE及基本部分$CBEFG$的每一杆件计算杆端弯矩值如下:

AD杆 $M_{AD}=0$, $M_{DA}=1\times4=4$ kN·m(右边受拉)

DE杆 $M_{ED}=0$, $M_{DE}=1\times4=4$ kN·m(下边受拉)

EF杆 $M_{EF}=0$, $M_{FE}=4\times2=8$ kN·m(上边受拉)

FG杆 $M_{FG}=4\times2=8$ kN·m(上边受拉), $M_{GF}=1\times4=4$ kN·m(下边受拉)

CG杆 $M_{CG}=0$, $M_{GC}=1\times4=4$ kN·m(左边受拉)

BF杆 $M_{BF}=M_{FB}=0$

根据M图绘制规定,作M图如图4.17(c)所示。M图上铰E处$M_E=0$,且铰E左边DE的曲线在铰E处的切线与铰E右边直线是连续的。

本章小结

本章讨论静定刚架的计算。比较梁,刚架多了竖向或斜向的杆件,构成更复杂一些。但由于仍然是由直杆组成,因此计算内力的步骤和方法与梁相同,分段叠加法仍然适用。与静定梁的计算一样,静定刚架的内力分析也是结构力学的基础,熟练掌握对后续章节的学习非常有帮助。本章主要要点有:

(1) 静定刚架的计算步骤:一般是先计算支座反力或约束力,后计算各杆杆端内力,绘制各杆的内力图,最终得到整体刚架的内力图。

(2) 支座反力的计算：简支刚架及悬臂梁式刚架，一般只有三个支座反力，可利用三个整体平衡方程计算；三铰刚架，通常有四个支座反力，除利用三个整体平衡方程外，必须利用中间铰处 $M=0$ 的补充方程，才能求得全部支座反力；多层多跨静定刚架的支座反力计算，可先截取附属部分作隔离体，建立对中间铰弯矩为零的方程，再联合整体平衡条件求解支座反力或约束力。

(3) 刚架杆件截面内力的计算：仍然利用截面法计算刚架内力，可根据截面一边所有外力对截面形心取矩或分别沿杆轴线的法线和切线方向投影，求得杆端的弯矩、剪力和轴力。在刚架的刚结点处，有交于该刚结点的不同方向的各杆，计算杆端截面的内力时，可利用结点的平衡条件建立方程求解，或者用来校核已算出的内力。

(4) 内力图的绘制：内力图的纵坐标垂直于刚架各杆的轴线画。弯矩图的纵坐标画在杆件受拉纤维一侧，不注明正负号。杆件的无荷载段仍以两杆端截面弯矩纵坐标连以直线求得；有荷载段则以两端弯矩纵坐标所连的虚直线为基线，叠加相应简支梁 M^0 图求得。剪力图和轴力图的纵坐标可画在杆件任一边，但必须注明正负号。内力图的校核除应符合荷载、内力微分关系外，在刚结点处应满足 $\sum M=0$、$\sum X=0$、$\sum Y=0$ 的平衡方程，并注意在刚结点处 $\sum M=0$ 在弯矩图图形上的特点。

习　　题

4.1 ～ 4.8　计算图示刚架的支座反力。

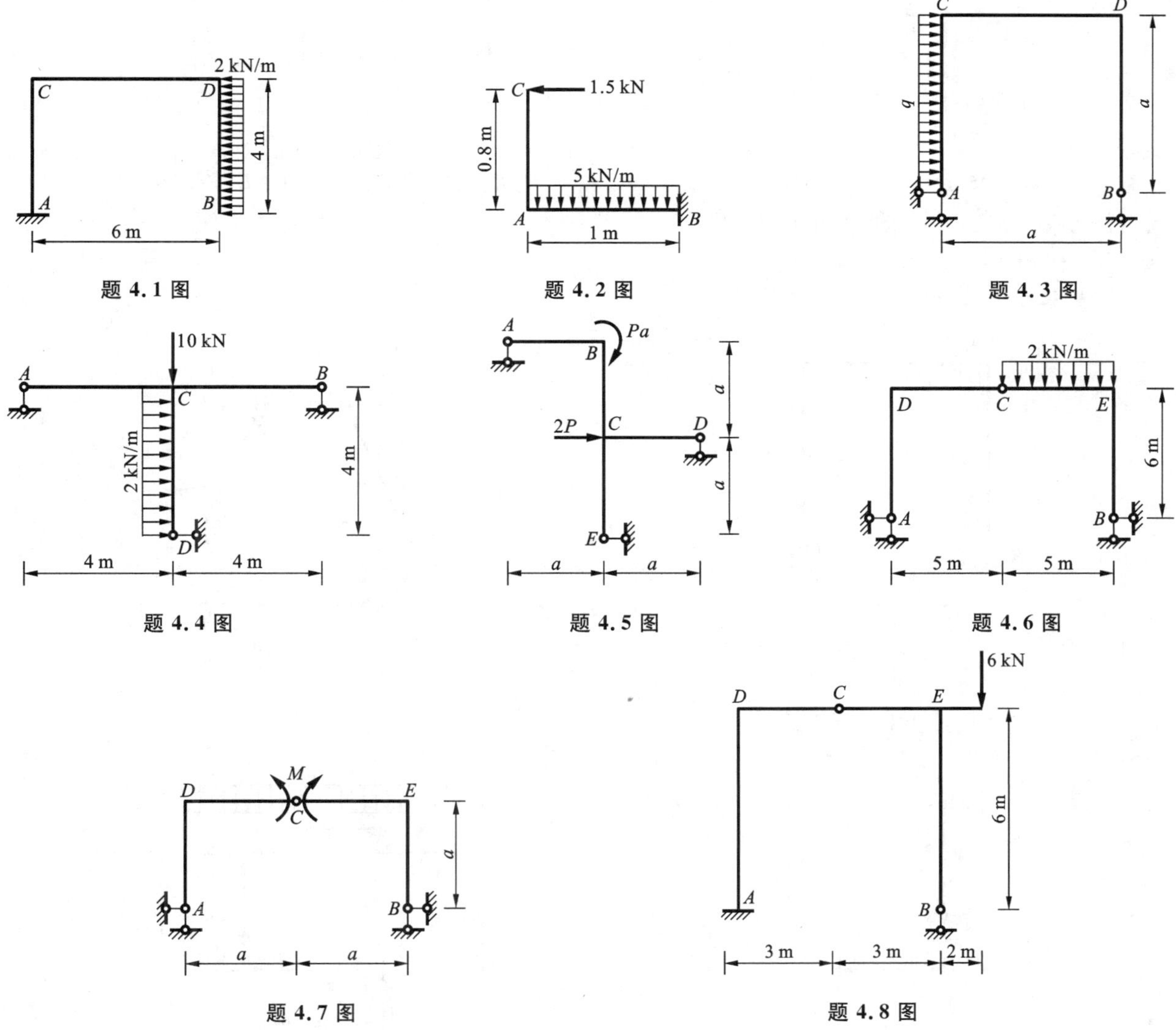

题 4.1 图　题 4.2 图　题 4.3 图

题 4.4 图　题 4.5 图　题 4.6 图

题 4.7 图　题 4.8 图

4.9～4.14　计算刚架指定截面内力。

4.9　计算题 4.1 图刚架结点 C 上各杆端截面内力。

4.10　计算题 4.3 图刚架结点 C 上各杆端截面内力。

4.11　计算题 4.4 图刚架结点 C 上各杆端截面内力。

4.12　计算题 4.5 图刚架结点 B 及 C 上各杆端截面内力。

4.13　计算题 4.13 图所示刚架结点 D 上各杆端截面内力。

4.14　计算题 4.14 图所示刚架结点 E 上各杆端截面内力。

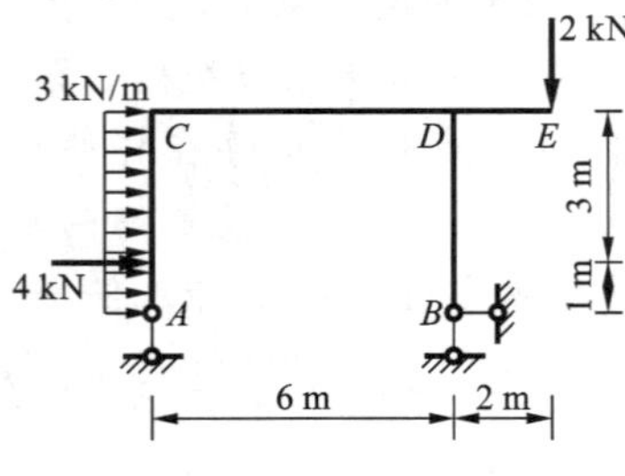

题 4.13 图

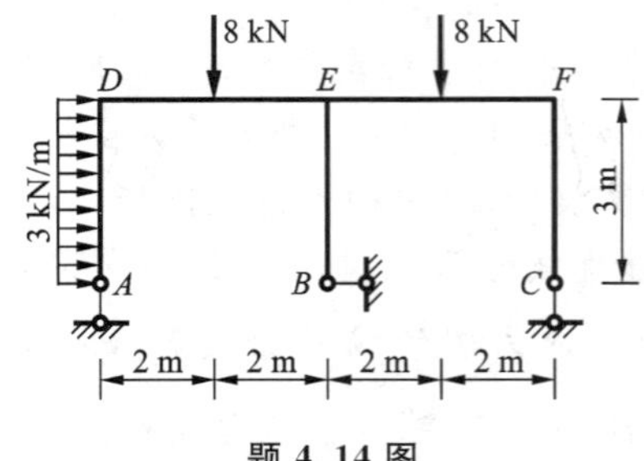

题 4.14 图

4.15～4.16　作图示刚架的内力图。

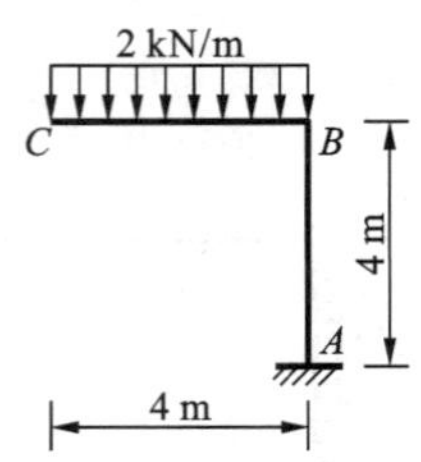

题 4.15 图

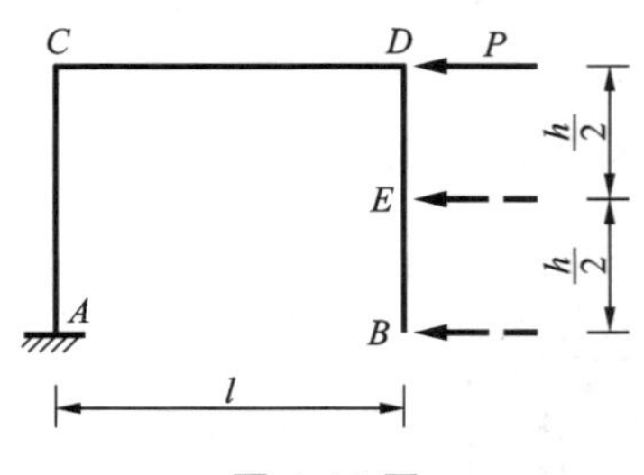

题 4.16 图

（此图表示荷载 P 分别作用在 D、E、B 点）

4.17　作题 4.2 图所示刚架的内力图。

4.18　作题 4.4 图所示刚架的内力图。

4.19～4.22　作图示刚架的弯矩图。

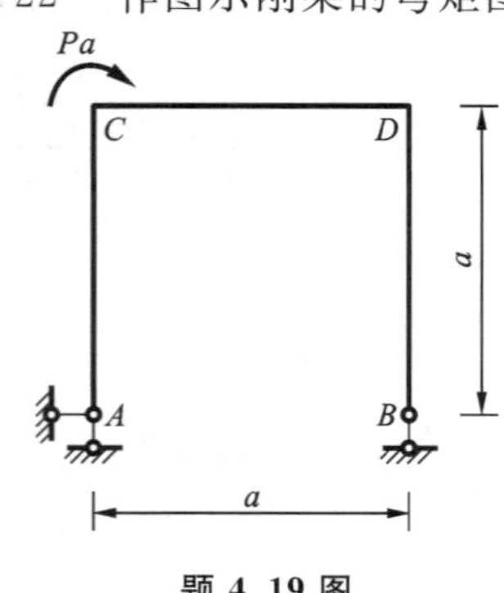

题 4.19 图

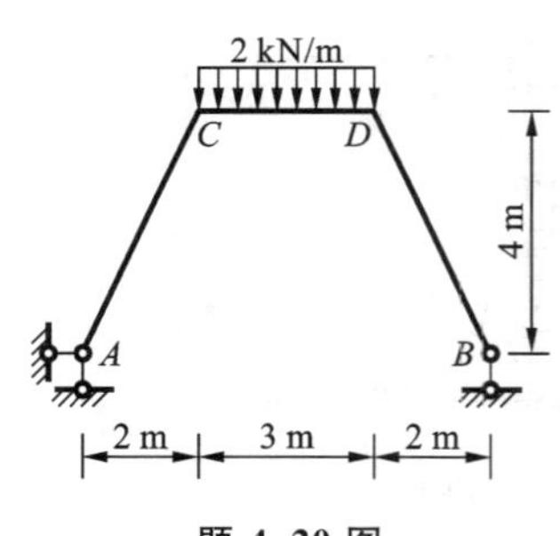

题 4.20 图

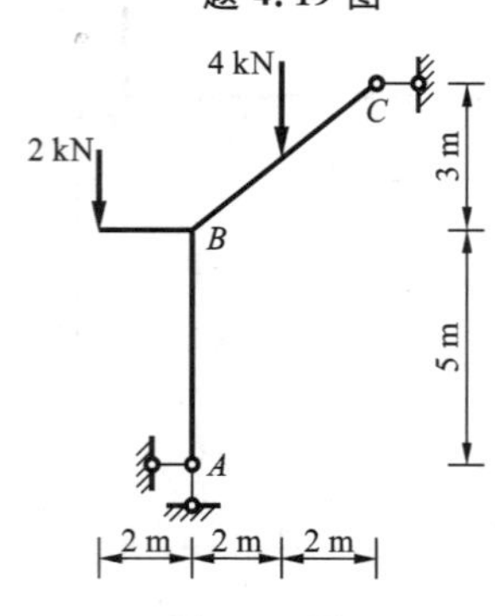

题 4.21 图

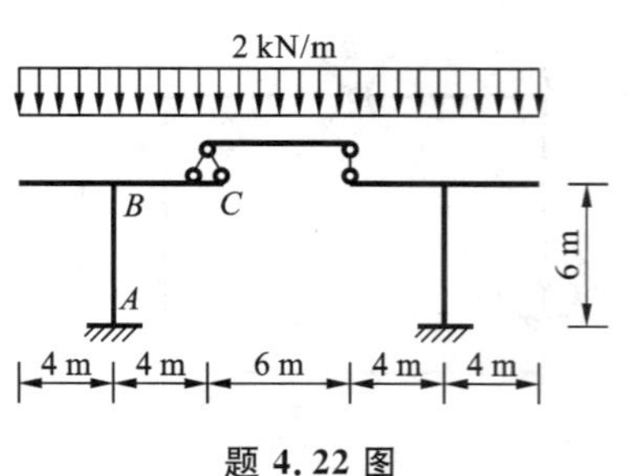

题 4.22 图

4.23　作题 4.6 图所示三铰刚架的内力图。

4.24　作题 4.7 图所示三铰刚架的内力图。

4.25～4.28　作图示三铰刚架及多层、多跨静定刚架的弯矩图。

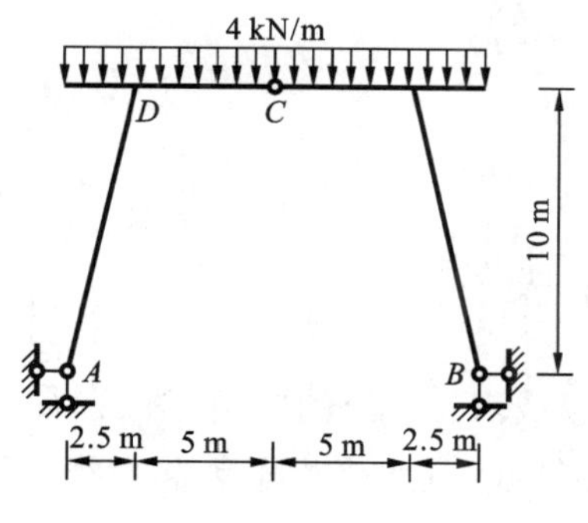

题 4.25 图

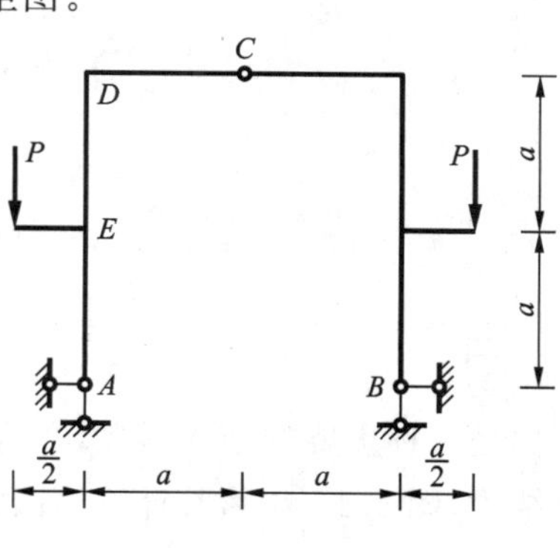

题 4.26 图

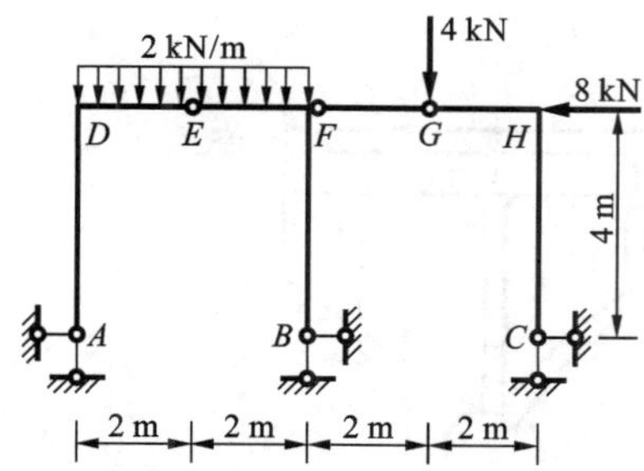

题 4.27 图

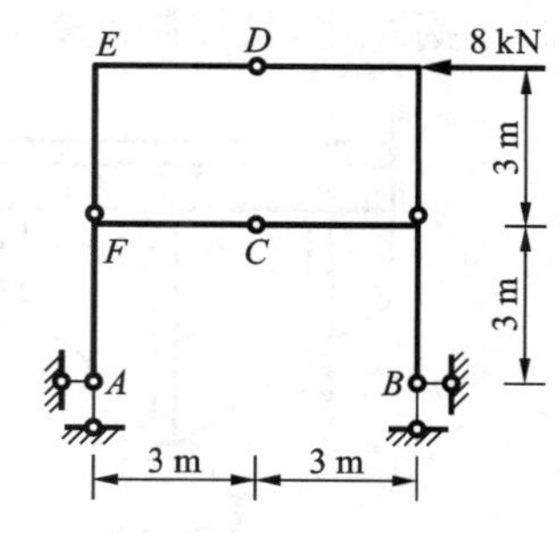

题 4.28 图

4.29～4.32　判断下列 M 图的正误，如有错误，加以改正。

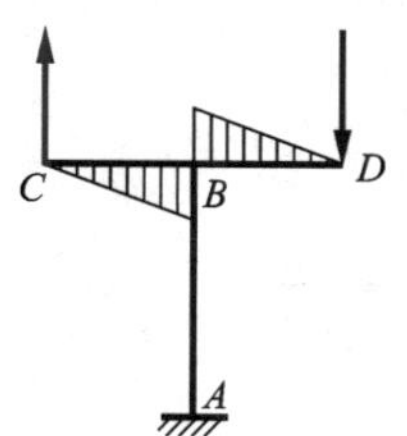

题 4.29 图

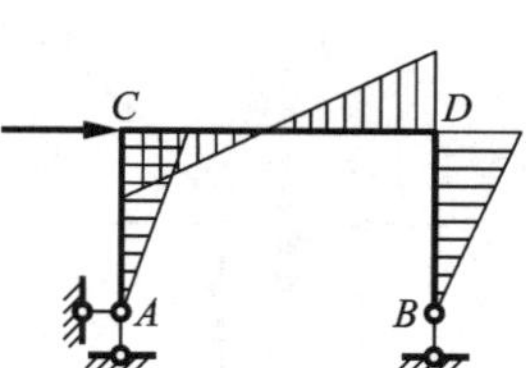

题 4.30 图

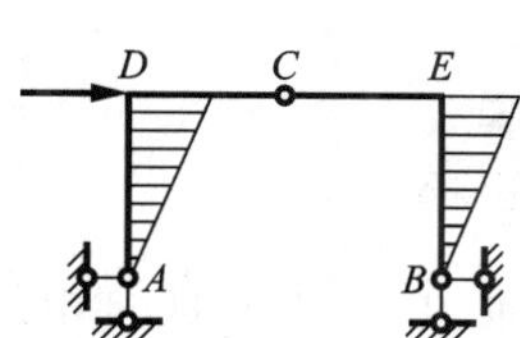

题 4.31 图

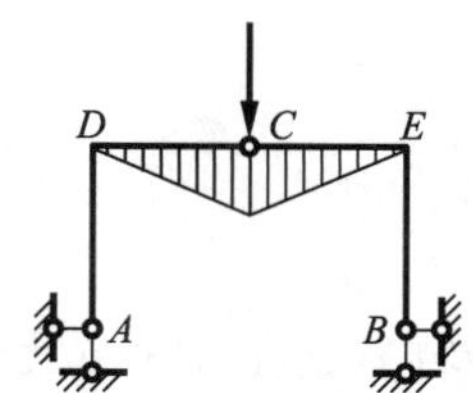

题 4.32 图

5 三 铰 拱

5.1 三铰拱的组成与类型

拱式结构是一种重要的结构形式，在桥梁、房屋、水工、地下等领域都有广泛的应用。图 5.1(a) 所示为一个三铰拱桥结构，图 5.1(b) 为其计算简图。拱式结构的曲线称为拱轴线，其水平投影为起拱线；两端支座称为拱趾，两趾之间的水平距离叫跨度；拱轴上最高的点为拱顶，拱顶至起拱线之间的垂直距离叫拱高；拱高 f 与跨度 l 之比称为高跨比，是控制拱受力的主要参数。

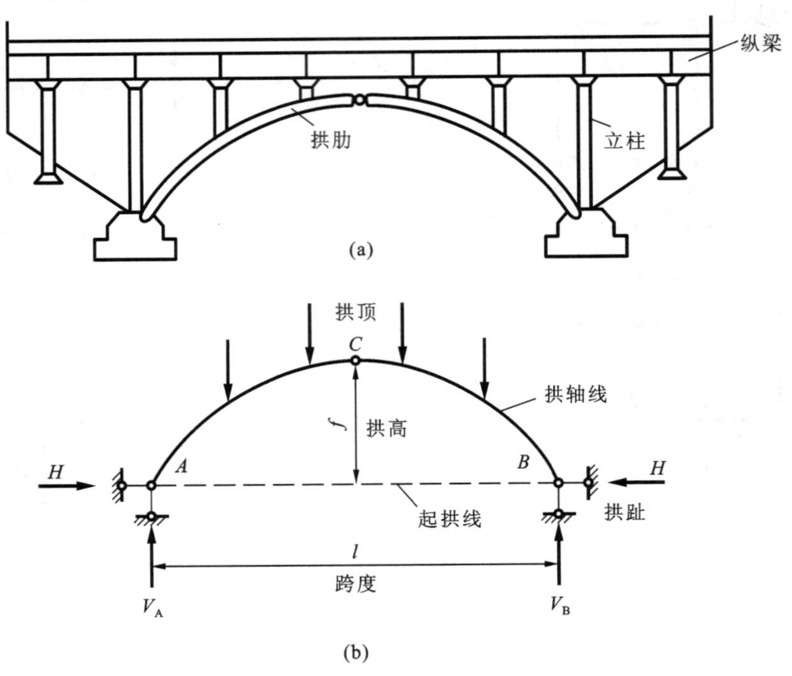

图 5.1　三铰拱桥及其计算简图

(a) 三铰拱桥；(b) 三铰拱计算简图及各部位各称

拱式结构的重要特点是在竖向荷载作用下支座处会产生水平推力，如图 5.1(b) 中的 H 水平推力是区别拱式结构与梁式结构的的主要标志。图 5.2(a) 所示的结构，虽然杆轴也为曲线，但在竖向荷载作用下支座并不产生水平推力，其弯矩与相应的简支梁相同，因此属于曲梁结构；而 5.2(b) 所示的结构，在竖向荷载作用下由于有水平链杆的约束，支座处将会产生推力 H，因此为拱式结构。拱结构中由于水平推力的存在，使拱的弯矩比相应简支梁的弯矩小，因此可节省材料，取得更大的跨度，但对拱趾处基础的抗推力要求较高，否则会沿着起拱线发生剪切破坏。在屋架中，有时为了消除水平推力，减轻对支撑结构墙、柱等的影响，可在两支座之间增加一拉杆，由拉杆承担水平推力，形成带拉杆的拱结构，如图 5.3 所示。

拱的形式很多，有无铰拱、两铰拱[图 5.2(b)]、三铰拱[图 5.1(b)]等，前两种为超静定结构，只有三铰拱为静定结构，本章主要讨论三铰拱的内力分析方法。

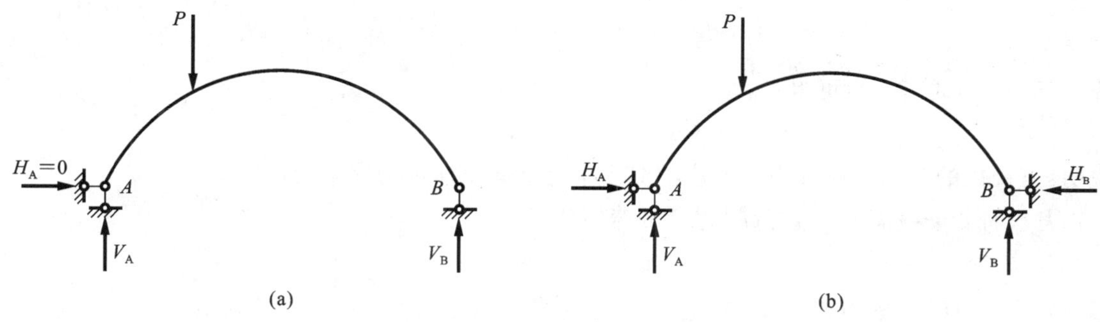

图 5.2 拱式结构与梁式结构

(a) 梁式结构;(b) 拱式结构

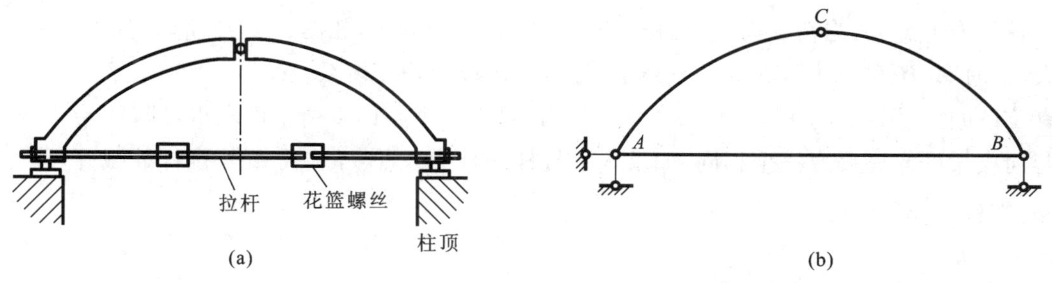

图 5.3 拉杆拱及其计算简图

(a) 拉杆拱各部件示意;(b) 计算简图

5.2 竖向荷载作用下三铰拱的支座反力

三铰拱有四个支座反力,如图 5.4(a) 中的 V_A、H_A 和 V_B、H_B,求解需要四个方程。拱的整体平衡有三个方程,此外,拱顶铰 C 的弯矩为零,可补充一个方程,因此四个方程可求解四个未知反力,也说明三铰拱是静定结构。

为求解拱的竖向支座反力,利用整体弯矩平衡方程 $\sum M_A = 0$ 和 $\sum M_B = 0$,可得出:

$$\begin{cases} V_A = \dfrac{1}{l}(P_1 b_1 + P_2 b_2) \\ V_B = \dfrac{1}{l}(P_1 a_1 + P_2 a_2) \end{cases} \tag{5.1}$$

再由力平衡方程 $\sum X = 0$,可得:$H_A = H_B = H$

为了求出水平推力 H,考虑铰 C 处弯矩为零,取左边隔离体,由 $\sum M_C = 0$ 可得:

$$(V_A l_1 - P_1 d_1) - Hf = 0 \tag{5.2}$$

解之得:$H = \dfrac{V_A l_1 - P_1 d_1}{f}$

为了理解拱与梁受力的不同,在图 5.4(b) 中画出了相应的简支梁,它的跨度和荷载都和三铰拱相同。在竖向荷载作用下,简支梁的水平支座反力 H,竖向支座反力为 V_A^0 和 V_B^0,可分别由整体平衡方程 $\sum M_B = 0$ 和 $\sum M_A = 0$ 求出:

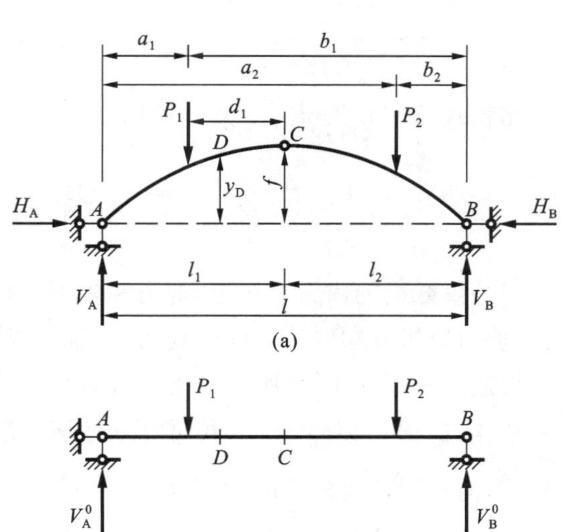

图 5.4 三铰拱与简支梁

$$V_A^0 = \frac{1}{l}(P_1 b_1 + P_2 b_2), \qquad V_B^0 = \frac{1}{l}(P_1 a_1 + P_2 a_2) \tag{5.3}$$

比较式(5.1)与式(5.3),可得:

$$V_A = V_A^0, \qquad V_B = V_B^0 \tag{5.4}$$

这说明:三铰拱的竖向支座反力与相应的简支梁的竖向支座反力完全相同。

以 M_C^0 表示简支梁截面 C 左边荷载对 C 的弯矩值,即:

$$M_C^0 = V_A l_1 - P_1 d_1 \tag{5.5}$$

式(5.5)显示:M_C^0 正好为式(5.2)左边第一项,因此三铰拱的水平推力可表示为:

$$H = \frac{M_C^0}{f} \tag{5.6a}$$

由此可知:在竖向荷载作用下,水平推力与拱轴曲线的形式无关,只与三个铰的位置有关;它与拱高 f 成反比,拱愈扁平,推力愈大。当荷载向下时,推力 H 为正值,方向向内,如图5.4(a)所示。如果 f 趋于0,推力 H 趋于无限大,这时 A、B、C 三个铰在同一直线上,结构蜕变成为瞬变体系。

对于有拉杆的拱[图5.5(a)],只有三个支座反力,可由三个整体平衡条件求得,即 $H_A = 0$,$V_A = V_A^0$ 和 $V_B = V_B^0$,与简支梁的支座反力完全相同。如求水平拉杆的拉力 N_{AB},可从铰 C 与拉杆处截开,取左边为隔离体,利用平衡方程 $\sum M_C = 0$ 得:

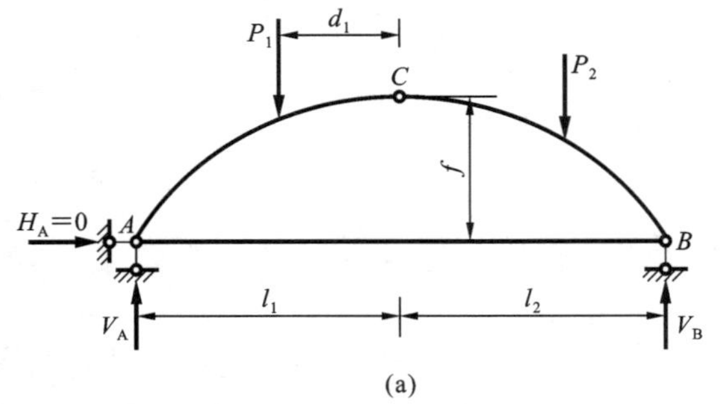

(a)

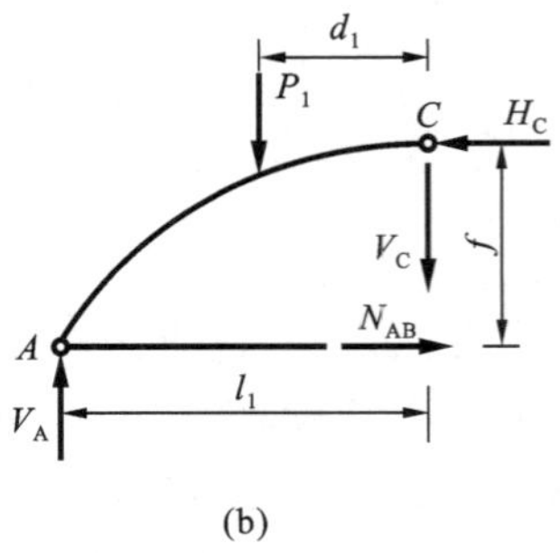

(b)

图5.5　带拉杆的拱

$$(V_A l_1 - P_1 d_1) - N_{AB} f = 0$$

括号内项仍为简支梁截面 C 的弯矩,即 M_C^0,因此:

$$N_{AB} = \frac{M_C^0}{f} \tag{5.6b}$$

比较式(5.6a)与式(5.6b)可以看出:拉杆的拉力等于三铰拱的水平推力。

5.3　竖向荷载作用下三铰拱的截面内力

三铰拱截面的内力有弯矩、剪力和轴力。内力正负号规定仍如梁结构,即:弯矩使拱曲杆内边缘纤维受拉为正,剪力绕拱段顺时针方向转动为正,轴力以拉力为正。对拱求指定截面内力的方法仍然可用截面法。

现通过求图5.4(a)所示三铰拱 D 截面的内力,可得出拱截面内力方程。首先沿 D 截面截开,取左边 AD 为隔离体,如图5.6(a)所示,截面内力有 M_D、Q_D 和 N_D,φ_D 为截面倾角,即拱轴切线与水平线的夹角。它是一个变值,当杆轴曲线确定时[即曲线方程 $y = f(x)$ 已知],任一截面倾角的正切可由 $\tan\varphi = \frac{dy}{dx}$ 确定。

为了便于比较,将 D 截面的剪力和轴力向水平方向和竖直方向分解,得水平分量 X_D 和竖直分量 Y_D,如图5.6(b)所示,同时以 Q_D^0 和 M_D^0 表示简支梁相应截面的剪力和弯矩,绘出简支梁的隔离图如图5.6(c)所示。

比较图5.6(b)和图5.6(c),在 y 方向上取平衡方程有:

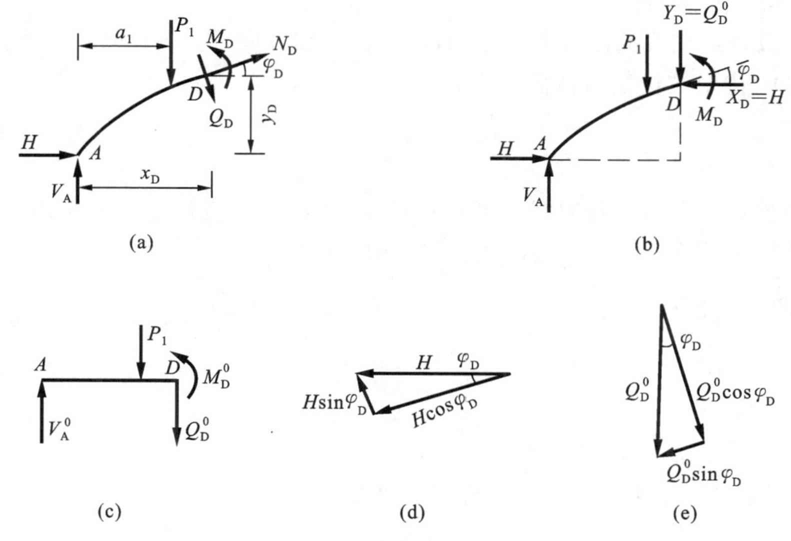

图 5.6　三铰拱内力分析

$$\sum Y = 0,\qquad Y_D = V_A - P_1 = Q_D^0$$

在 x 方向取平衡方程有：

$$\sum X = 0,\qquad X_D = H$$

下面用 M_D^0、Q_D^0 和 H 表示 D 截面的内力计算公式。

1. 弯矩计算公式

以图 5.6(a) 或图 5.6(b) 为隔离体，对 D 截面形心建立力矩平衡方程：

$$\sum M_D = 0,\qquad M_D = [V_A x_D - P_1(x_D - a_1)] - H y_D$$

因为 $V_A = V_A^0$，方程右边方括弧内两项即为简支梁在 D 截面的弯矩，因此，上式可表示为：

$$M_D = M_D^0 - H y_D$$

因此，三铰拱中任一截面的弯矩计算公式为：

$$M = M^0 - Hy \tag{5.7}$$

式中　M^0——简支梁在相应截面的弯矩；

y——拟求截面的形心到 AB 直线的垂直距离。

2. 剪力和轴力计算公式

将图 5.6(b) 中 D 截面的水平力 H 和竖向力 Q_D^0 向切线和法线方向投影，如图 5.6(d) 和图 5.6(e) 所示，可求出图5.6(a) 中的 Q_D 和 N_D：

$$Q_D = Q_D^0 \cos\varphi_D - H\sin\varphi_D$$

$$N_D = -Q_D^0 \sin\varphi_D - H\cos\varphi_D$$

因此，任一截面的剪力和轴力的计算公式为：

$$Q = Q^0 \cos\varphi - H\sin\varphi \tag{5.8}$$

$$N = -Q^0 \sin\varphi - H\cos\varphi \tag{5.9}$$

式中　φ——拟求截面的倾角，设 x 轴向右为正，y 轴向上为正，在左半拱，$\frac{\mathrm{d}y}{\mathrm{d}x} > 0$，$\varphi$ 取正号，右半拱，$\frac{\mathrm{d}y}{\mathrm{d}x} < 0$，$\varphi$ 取负号；

Q^0—— 简支梁相应截面的剪力。

由以上公式可知，只要拱轴线的曲线方程已知，截面位置和方向(即 x、y 和 φ) 确定，便可利用简支梁对应截面的内力 M^0 和 Q^0，确定三铰拱各截面的内力。

3. 内力图绘制

因拱是曲杆，内力分布图形与拱轴曲线 y 和截面倾角 φ 有关，不能用直杆绘制内力图的方法，需逐点求出内力值，将内力图的纵坐标垂直于杆轴线画出，然后连成曲线。

【例 5.1】 三铰拱及其所受荷载如图 5.7 所示。拱的轴线为抛物线，方程为 $y=\frac{4f}{l^2}x(l-x)$，求支座反力，并绘制内力图。

【解】

(1) 求支座反力

根据式(5.4)，拱的竖向支座反力等于相应简支梁的支座反力：

$$V_A = V_A^0 = \frac{10\times 3+3\times 6\times 9}{12} = 16\ \text{kN}(\uparrow)$$

$$V_B = V_B^0 = \frac{3\times 6\times 3+10\times 9}{12} = 12\ \text{kN}(\uparrow)$$

根据式(5.6a)，水平支座反力为：

$$H = \frac{M_C^0}{f} = \frac{16\times 6-3\times 6\times 3}{4} = 10.5\ \text{kN}$$

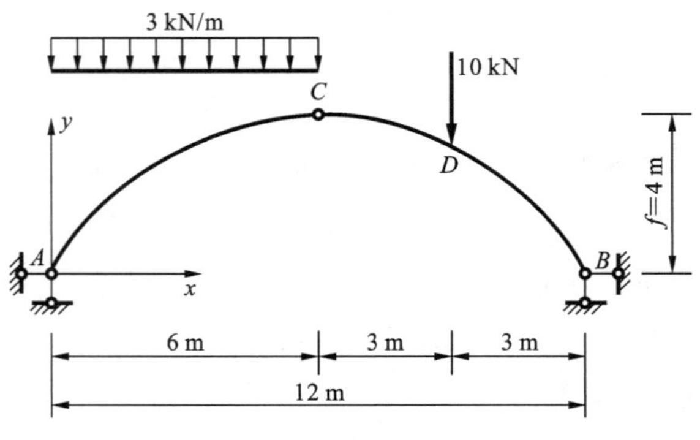

图 5.7 例 5.1 图

(2) 内力计算

求出支座反力后，可根据式(5.7)、式(5.8) 和式(5.9) 求出任意截面的内力。为了绘制拱的内力图，将拱沿跨度方向分成八等份，算出每个截面的弯矩、剪力与轴力值，然后画内力图。现以 $x=9$ m 截面 D 的内力计算为例，说明计算步骤。

首先求截面 D 的倾角。根据拱轴线方程，当 $x=9$ m 时：

$$y=\frac{4f}{l^2}x(l-x)=\frac{4\times 4}{12^2}\times 9\times(12-9)=3\ \text{m}$$

$$\tan\varphi_D=\frac{dy}{dx}=\frac{4f}{l^2}(l-2x)=\frac{4\times 4}{12^2}\times(12-2\times 9)=-0.667$$

因此可求出：$\sin\varphi_D=-0.555$，$\cos\varphi_D=0.832$。

然后求截面 D 的内力。由式(5.7) 可求出弯矩：

$$M_D = M_D^0 - Hy_D = 12\times 3-10.5\times 3 = 4.5\ \text{kN}\cdot\text{m}$$

再根据式(5.8) 和式(5.9) 求截面 D 的剪力和轴力，由于截面 D 有集中荷载，剪力和轴力都将有突变，因此需要求出集中荷载左右两边的剪力和轴力。

$$\begin{cases} Q_{D左} = Q_{D左}^{0}\cos\varphi_{D} - H\sin\varphi_{D} = (-2)\times 0.832 - 10.5\times(-0.555) = 4.16\ \text{kN} \\ N_{D左} = -Q_{D左}^{0}\sin\varphi_{D} - H\cos\varphi_{D} = -(-2)\times(-0.555) - 10.5\times 0.832 = -9.85\ \text{kN} \end{cases}$$

$$\begin{cases} Q_{D右} = Q_{D右}^{0}\cos\varphi_{D} - H\sin\varphi_{D} = (-12)\times 0.832 - 10.5\times(-0.555) = -4.16\ \text{kN} \\ N_{D右} = -Q_{D右}^{0}\sin\varphi_{D} - H\cos\varphi_{D} = -(-12)\times(-0.555) - 10.5\times 0.832 = -15.4\ \text{kN} \end{cases}$$

其余截面的内力计算可列表进行，过程见表 5.1。根据表中的数值，可画出拱的内力图，M 图见图 5.8(a)、Q 图见图 5.8(b)、N 图见图 5.8(c)。

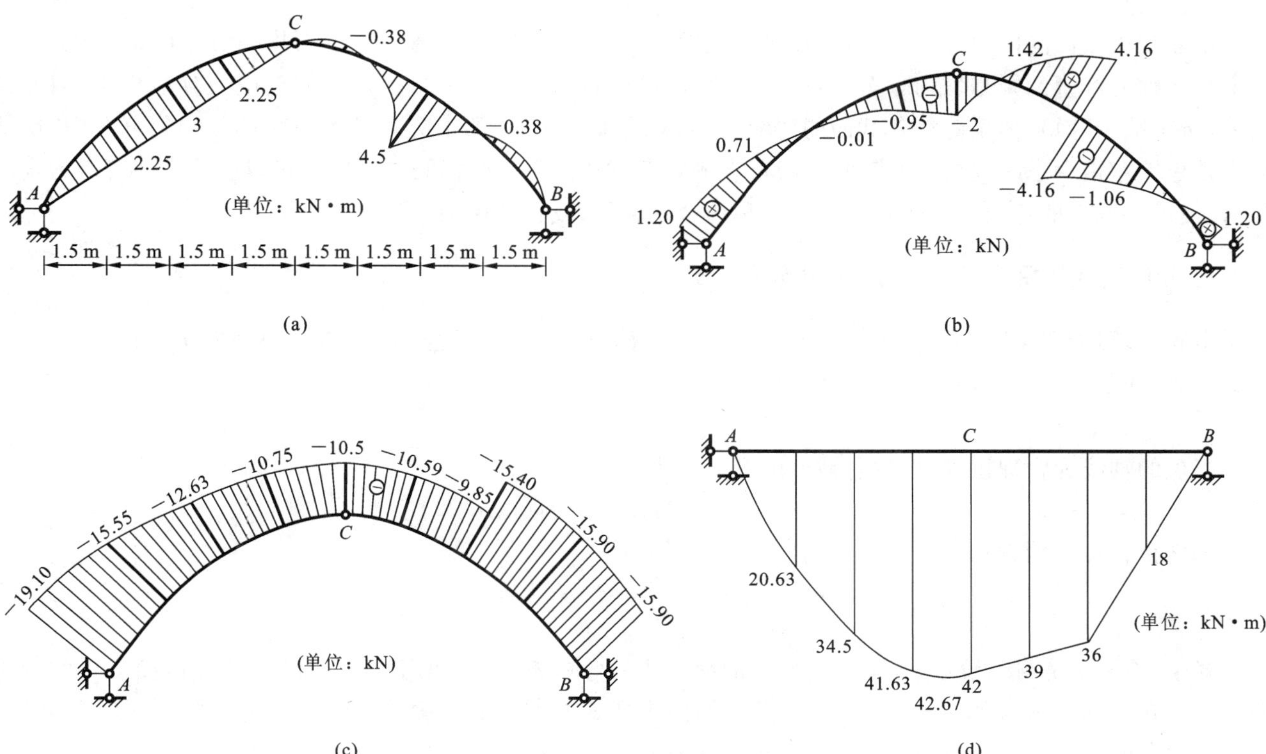

图 5.8 例 5.1 三铰拱的内力图

(a) M 图；(b) Q 图；(c) N 图；(d) M^{0} 图

表 5.1 三铰拱内力计算

截面号	截面几何参数					弯矩计算(kN·m)			Q^{0}	剪力计算(kN)			轴力计算(kN)		
	x	y	$\tan\varphi$	$\sin\varphi$	$\cos\varphi$	M^{0}	$-Hy$	M		$Q^{0}\cos\varphi$	$-H\sin\varphi$	Q	$-Q^{0}\sin\varphi$	$-H\cos\varphi$	N
0	0	0	1.333	0.800	0.600	0.00	0.00	0.00	16.00	9.60	−8.40	1.20	−12.8	−6.30	−19.10
1	1.5	1.75	1.000	0.707	0.707	20.63	18.38	2.25	11.50	8.13	−7.42	0.71	−8.13	−7.42	−15.55
2	3.0	3.0	0.667	0.555	0.832	34.50	31.50	3.00	7.00	5.82	−5.83	−0.01	−3.89	−8.74	−12.63
3	4.5	3.75	0.333	0.316	0.949	41.63	39.38	2.25	2.50	2.37	−3.32	−0.95	−0.79	−9.96	−10.75
4	6.0	4.0	0.000	0.000	1.000	42.00	42.00	0.00	−2.00	−2.00	0	−2.00	0	−10.5	−10.5
5	7.5	3.75	−0.333	−0.316	0.949	39.00	39.38	−0.38	−2.00	−1.90	3.32	1.42	−0.63	−9.96	−10.59
6	9.0	3.0	−0.667	−0.555	0.832	36.00	31.50	4.50	−2.00 −12.00	−1.66 −9.98	5.83 5.83	4.16 −4.16	−1.11 −6.66	−8.74 −8.74	−9.85 −15.40
7	10.5	1.75	−1.000	−0.707	0.707	18.00	18.38	−0.38	−12.00	−8.48	7.42	−1.06	−8.48	−7.42	−15.90
8	12.0	0	−1.333	−0.800	0.600	0.00	0.00	0	−12.00	−7.20	8.40	1.20	−9.60	−6.30	−15.90

为了比较拱与梁的受力特性，在图 5.8(d) 中用实线画出了跨度相同、荷载相同的简支梁的弯矩图。比较图 5.8(a) 和图 5.8(d)，可以看出：三铰拱的弯矩要比相应的简支梁的弯矩小得多。简支梁最大弯矩为 42.67kN·m，而三铰拱的最大弯矩则仅为 4.5 kN·m，三铰拱弯矩的减小完全是由于水平推力存在。在竖向荷载作用下存在推力，是拱式结构的基本特点，因此，拱式结构也称为推力结构。

5.4 三铰拱的合理拱轴线

由三铰拱截面的内力分析可知，三铰拱各截面上存在弯矩与轴力，弯矩产生不均匀分布的法向应力（正应力），而轴力产生的则是均匀分布的正应力。为发挥材料的作用，应尽量使截面的正应力分布均匀，因此在拱中，希望减少弯矩。如果能使各截面的弯矩为零，只受轴力作用，那正应力沿各截面都是均匀分布的。也即当拱处于无弯矩状态时，材料的使用最经济。在固定荷载作用下，通过调整拱轴线，可以达到截面弯矩为零的要求。使拱各截面的弯矩恒等于零的拱轴线称为合理轴线，或合理拱轴。

1. 竖向荷载作用下三铰拱的合理拱轴

由式(5.7)可知，在竖向荷载作用下，三铰拱任一截面的弯矩由相应简支梁的弯矩 $M^0(x)$ 与 $[-Hy(x)]$ 叠加而成，即：

$$M(x) = M^0(x) - Hy(x)$$

当拱的轴线为合理拱轴时，拱各截面的弯矩应为零，即：

$$M(x) = 0,\quad M^0(x) - Hy(x) = 0$$

解之得合理拱轴方程：

$$y(x) = \frac{M^0(x)}{H} \tag{5.10}$$

式中 $M^0(x)$ 是与三铰拱跨度、荷载相等的简支梁的弯矩表达式，如用图形表示，即为相应简支梁的弯矩图。所以，在竖向荷载作用下，三铰拱的合理拱轴的表达式与相应简支梁弯矩的表达式仅差一比例常数 H，即合理拱轴的纵坐标与相应简支梁弯矩图的纵坐标成正比，据此可确定合理拱轴的形状。

2. 沿径向均匀分布荷载作用下三铰拱的合理拱轴

沿径向均匀分布荷载通常在水工建筑、管道、隧道等结构中遇到，例如水压力，这种荷载大小是均匀的，但方向沿拱轴径向，即指向曲率中心，如图 5.9(a) 所示。确定此荷载作用下的合理拱轴，条件仍然是拱的各截面弯矩为零。沿拱轴取一微段 DE，如图 5.9(b) 所示，两端截面夹角为 $\mathrm{d}\varphi$，D 点和 E 点的曲率半径分别为 r 和 $r+\mathrm{d}r$，微段的弧线长度为 $\mathrm{d}s = r\mathrm{d}\varphi$。如果拱处于无弯矩状态，截面 D 和 E 上就仅有轴力，没有弯矩。以曲率中心 O 为矩心，写出力矩平衡方程为：

$$\sum M_O = 0,\qquad N_D r - N_E(r + \mathrm{d}r) = 0$$

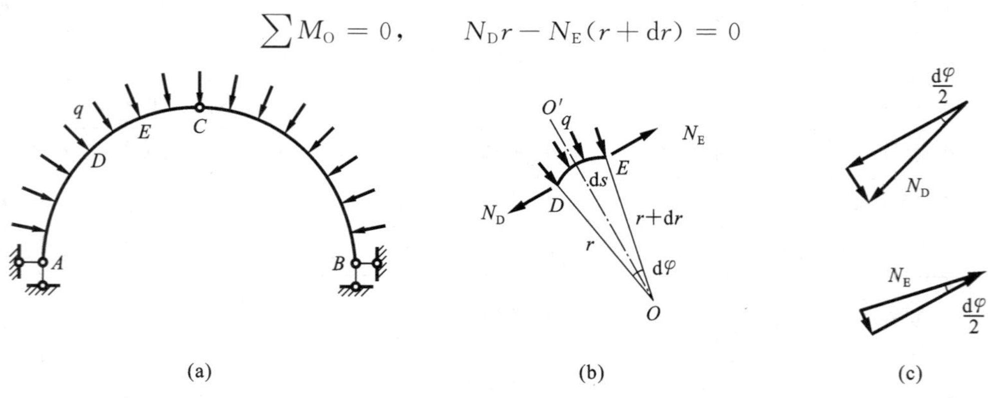

图 5.9 径向荷载作用下的三铰拱

略去上式中的微量 dr，有：

$$N_D = N_E$$

上式说明：当拱在径向分布荷载作用下处于无弯矩状态时，各截面的轴力为一常数，可用 N 表示。

沿微段对称轴 O'-O 方向写投影平衡方程得：

$$N_D \sin\frac{d\varphi}{2} + N_E \sin\frac{d\varphi}{2} + qr d\varphi = 0$$

由于 $N_d = N_E = N$，$d\varphi$ 值很小，$\sin\frac{d\varphi}{2} \approx \frac{d\varphi}{2}$，得：

$$N d\varphi + qr d\varphi = 0$$

因此

$$N = -qr, \qquad r = -\frac{N}{q} = \text{常数}$$

由于各截面轴力和荷载都是常数，所以各截面的曲率半径 r 也是一个常数，而曲率半径为常数的曲线是圆弧线，因此，三铰拱承受径向均布荷载时的合理拱轴是圆弧曲线。

总结起来，在均匀水压力作用下，拱的合理轴线为圆弧，轴力等于常数。因此水管、高压隧洞和拱坝常采用圆形截面，就是这个缘故。

【例 5.2】 设图 5.10(a) 所示三铰拱承受沿水平线均匀分布的竖向荷载 q 的作用，求其合理轴线。

【解】

设坐标原点在 A 点，跨度、荷载相同的简支梁如图 5.10(b) 所示。简支梁的弯矩方程为：

$$M^0(x) = \frac{ql}{2}x - \frac{1}{2}qx^2 = \frac{qx}{2}(l-x)$$

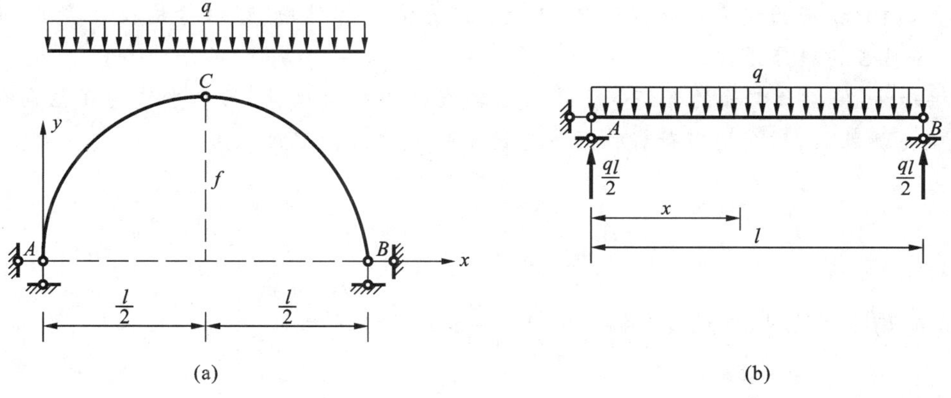

图 5.10 例 5.2 图

根据式(5.6a)，可求出水平推力 H：

$$H = \frac{M_C^0}{f} = \frac{ql^2}{8f}$$

由式(5.10) 可确定拱的合理拱轴线为：

$$y(x) = \frac{\frac{qx}{2}(l-x)}{\frac{ql^2}{8f}} = \frac{4f}{l^2}x(l-x)$$

可以看出，三铰拱在沿水平线均匀分布的竖向荷载作用下，合理轴线为一抛物线。因此，房屋建筑中的拱常取抛物线。

本章小结

本章主要讲述了拱的静定形式——三铰拱结构的内力分析方法。拱也是一种基本结构形式，它与梁受力有较大的不同。但是作为静定结构，其内力分析方法仍然是由平衡方程出发的截面法，因此分析步骤与方法仍然与前面静定梁和静定刚架的相似。本章要点如下：

(1) 拱的基本特点：在竖向荷载作用下，拱在支座处存在水平推力，这是拱区别于梁的最大特点。由此，也产生了三铰拱计算和受力性能方面的诸多特点。

(2) 三铰拱的支座反力与内力：在竖向荷载作用下拱的支座反力和内力计算常以相同跨度、相同荷载对应的简支梁为基础进行计算，可以表明三铰拱与相应简支梁支座反力和内力之间的关系，其公式为：

$$\begin{cases} V_A = V_A^0 \\ V_B = V_B^0 \\ H = \dfrac{M_C^0}{f} \end{cases}$$

$$\begin{cases} M = M^0 - Hy \\ Q = Q^0\cos\varphi - H\sin\varphi \\ N = -Q^0\sin\varphi - H\cos\varphi \end{cases}$$

(3) 三铰拱内力图的绘制：由于三铰拱的曲杆特性，内力图绘制不能利用前两章直杆结构的内力图特性，必须将拱轴分段，逐点计算内力的纵坐标，然后垂直于拱轴线画出，最后连成曲线，这也是所有曲杆结构内力图的绘制方法。

(4) 三铰拱的受力特性：水平推力使拱内各截面的弯矩大大减小(同跨度、荷载都相同的简支梁相比)，但轴向压力较大，因此拱截面应力分布较均匀，能使材料充分发挥作用，可以跨越较大跨度、承受较大荷载，而且可用砖、石等脆性材料建造。

(5) 合理拱轴线：使拱各截面的弯矩等于零的拱轴线称为合理拱轴。沿水平线均布竖向荷载作用下，三铰拱的合理拱轴是抛物线；径向均布荷载作用下三铰拱的合理拱轴是圆弧曲线。

习　题

5.1　图示抛物线三铰拱，拱轴线方程为 $y = \dfrac{4f}{l^2}x(l-x)$，$l = 16\ \text{m}$，$f = 4\ \text{m}$。

(1) 求支座反力。

(2) 求截面 D 及 E 的 M、Q、N 值(截面 D 的 Q 和 N 在 $D_{左}$ 和 $D_{右}$ 值不同)。

5.2　图示圆弧三铰拱，求支座反力及截面 D 的 M、Q、N 值。

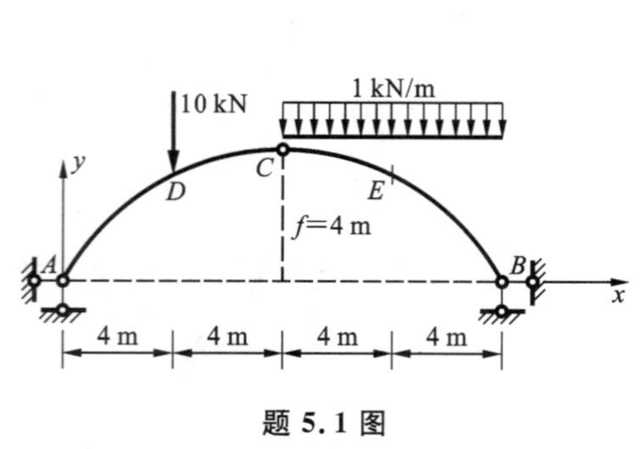

题 5.1 图

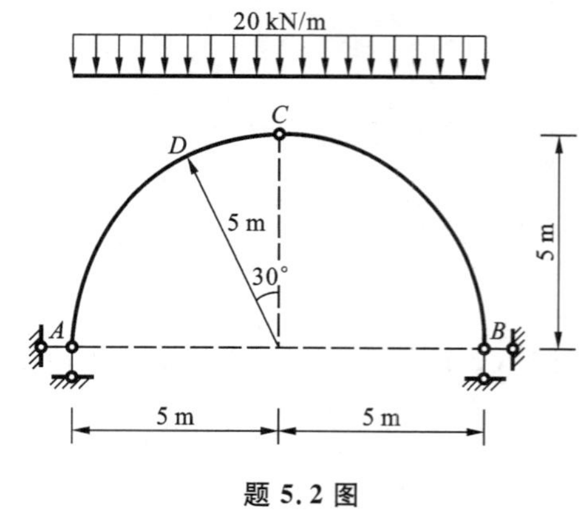

题 5.2 图

5.3　图示抛物线三铰拱，拱轴方程为 $y=\frac{4f}{l^2}x(l-x)$。

(1) 求支座反力和各链杆内力。

(2) 求截面 K 的 M、Q、N 值。

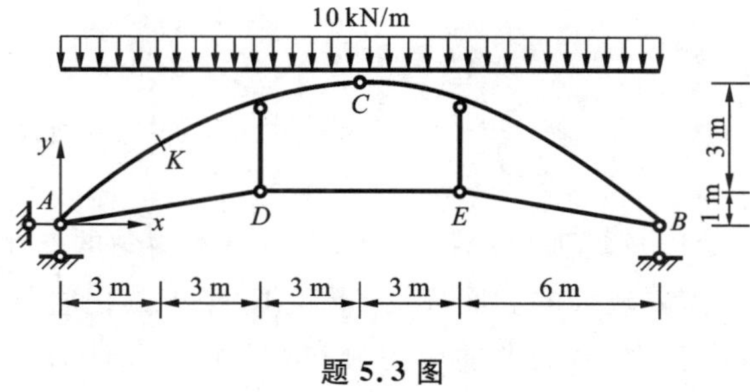

题 5.3 图

5.4　对题 5.1 图所示三铰拱：

(1) 如果改变拱高(设 $f=8$ m)，支座反力和弯矩有何变化？

(2) 如果拱高和跨度同时改变($l=32$ m，$f=8$ m)，但高跨比 $\frac{f}{l}$ 保持不变，支座反力和弯矩有何变化？

6　静定桁架和组合结构

6.1　桁架的特点和组成分类

梁和刚架在荷载作用下，内力以弯矩为主，截面上的应力呈不均匀的三角形分布[图 6.1(a)]，因此，材料不能充分利用，当跨度较大时，需要较大的截面高度，不经济。桁架是由直杆用铰结点连成的链杆体系，当荷载只作用在结点上时，各杆仅有轴力，截面上的应力分布均匀[图 6.1(b)]，材料得到充分发挥，因此特别适合大跨度的场合，例如房屋建筑中的屋架。图 6.2(a) 是一种混凝土和型钢制造的组合屋架，图 6.2(b) 是它的计算简图，它利用混凝土制成受压的杆，钢则制成受拉的杆，非常经济。另外，在桥梁结构中桁架也有广泛的应用，例如图 6.3 是武汉长江大桥所采用的桁架形式。

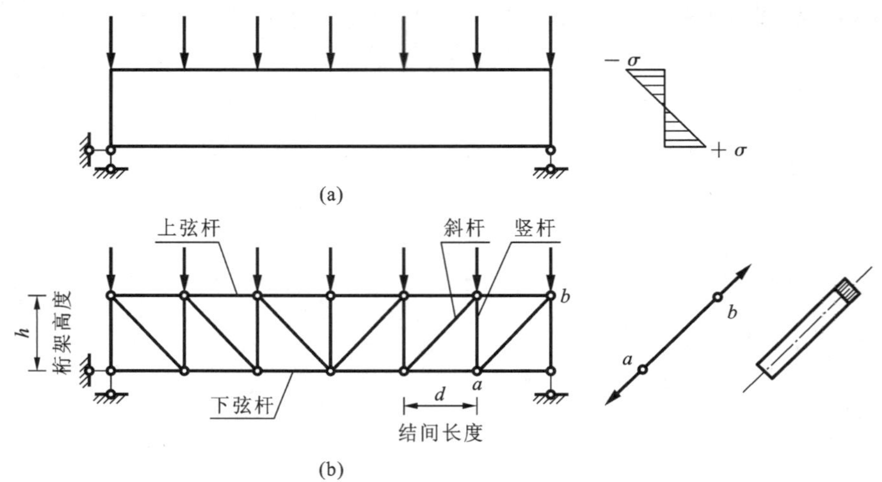

图 6.1　梁和桁架截面上的应力分布

1. 桁架计算简图及受力特点

实际桁架的结点构造并非理想铰结。木桁架和钢桁架如采用螺栓连接时，其结点比较接近于铰结。但钢桁架如采用焊接连接，或者混凝土桁架各杆整浇在一起，其结点都有一定的刚性，各杆之间不能相对转动，因此都不能算铰结点。另外桁架结点上各杆也不是绝对平直，其轴线也不一定全交于一点。如要完全根据实际情形进行内力分析比较困难，在计算中只能忽略细节，反映结构主要受力特性。因此对实际桁架计算可采用以下假设：

(1) 桁架的结点都是铰结点；

(2) 各杆的轴线都是直线，且通过铰的中心；

(3) 荷载和支座反力都作用在结点上。

符合上述假定的桁架称为理想桁架。当桁架各杆轴线和外力都作用在同一平面内时，称为平面桁架。图 6.1(b) 就是根据上述假设画出的一个平面桁架的计算简图。其中各杆均用轴线表示，结点都是铰结点，荷载和支座反力均作用在结点上。图中杆 ab 为任意取出的一根杆件，它只在两端受力，为力学中的二力杆，两端的力沿轴向自成平衡，数值相等、方向相反。因此，桁架中的杆件均为直线的二力杆，内力只有轴力。

桁架的杆件按其所在位置的不同，可分为弦杆和腹杆两大类，见图 6.1(b)。弦杆是指桁架上、下外围的

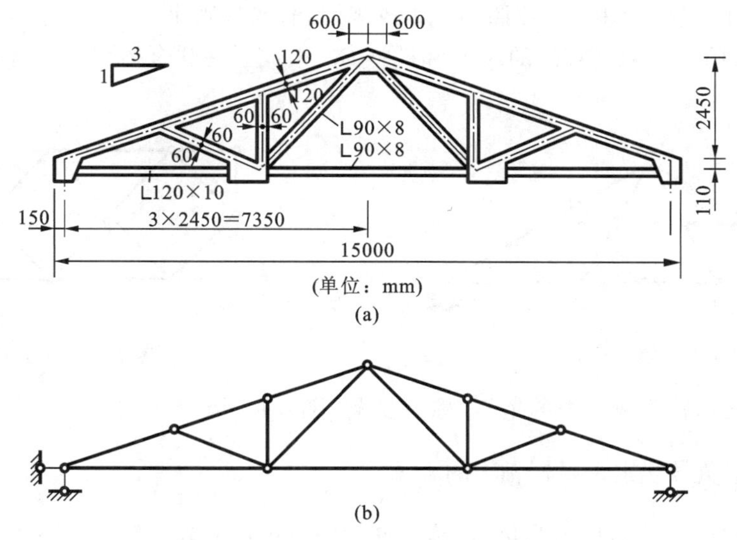

图 6.2 组合屋架及其计算简图

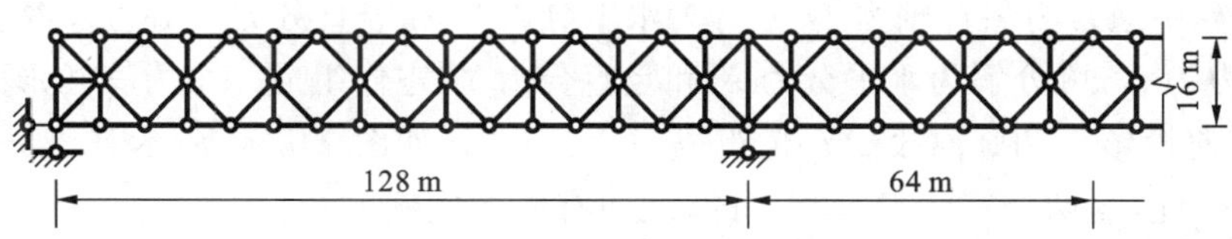

图 6.3 武汉长江大桥的桁架形式

杆件，可分为上弦杆和下弦杆；腹杆是在上下弦杆之间的杆件，可分为竖杆和斜杆。弦杆上两相邻结点之间的区间称为结间，其长度称为结间长度，上下弦杆之间的最大距离称为桁架高度。

2. 桁架按几何组成分类

桁架根据几何组成的特点，可分为以下三类：

(1) 简单桁架 由基本铰结三角形或基础开始，依次增加二元体，或用不在同一直线上的两个链杆连接一个新结点的方式组成的桁架。例如在图 6.4(a) 中，从不动点 O、G 开始，每次用两根杆(1,2)、(3,4)、(5,6)、…、(11,12)，依次连接结点 A、B、C、D、E 和 F，组成了一个简单桁架。在图 6.4(b) 中，则从三角形 ABC 开始，每次增加两根杆(1,2)、(3,4)、…、(15,16)，依次连成结点 D、E、F、G、H、I、J、K，组成一个简单桁架。这两个桁架都是几何不变的，并且没有多余约束。

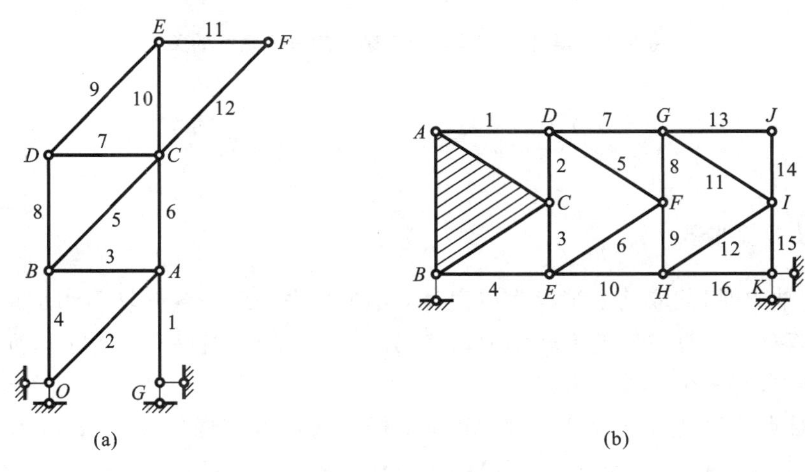

图 6.4 简单桁架

（2）联合桁架　由几个简单桁架，按照几何组成规则 Ⅱ 或规则 Ⅲ 组成的桁架。例如在图 6.5 中，ABE 和 CDE 都是简单桁架，用不在同一直线的铰 E 和链杆 BC 组成了一联合桁架。这个桁架是几何不变的，并且没有多余约束。

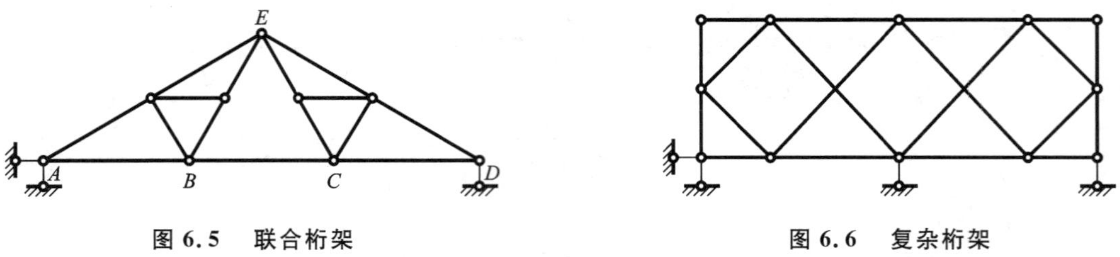

图 6.5　联合桁架　　　图 6.6　复杂桁架

（3）复杂桁架　凡不属于前两类的桁架，称为复杂桁架，如图 6.6 所示。

3. 桁架杆件轴力正负号规定及斜杆轴力的表示

桁架杆件的轴力以拉力为正，压力为负。计算时通常假设杆件的未知轴力为拉力，若计算结果为正，说明杆件受拉；若计算结果为负，说明杆件受压。

当有斜杆时，计算中通常将斜杆轴力 N 分解为水平分力 X 和竖直分力 Y 建立平衡方程。例如图 6.7(a) 中的斜杆 AB，其轴力为 N，可分解为水平分力 X 和竖直分力 Y，它们组成一个力三角形[图 6.7(b)]，而杆件的长度 l 及其水平方向投影 l_x 和竖向投影 l_y 也组成一个三角形，如图 6.7(a) 所示。桁架杆件轴力的方向和杆件的方向是一致的，因此，这两个三角形是相似的，从而有以下比例关系：

$$\frac{N}{l}=\frac{X}{l_x}=\frac{Y}{l_y} \tag{6.1}$$

因 l_x 和 l_y 一般已知，l 可由几何关系求得，利用这个比例关系，如在平衡方程中求出 X 和 Y 中的任一个，就可推算出另一个分力和轴力，这样可避免在平衡方程中用三角函数表示轴力的分力。

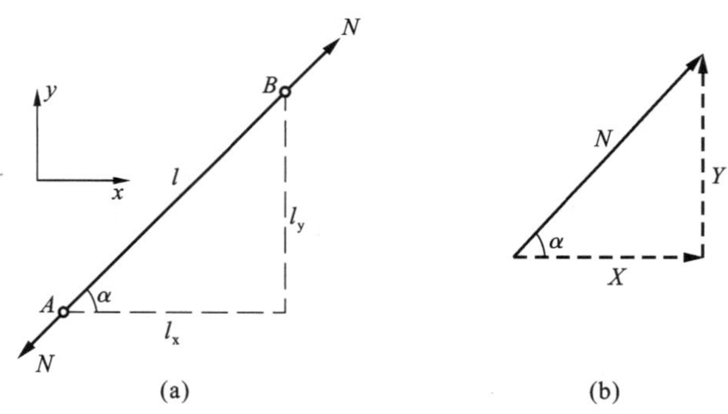

图 6.7　斜杆的杆长投影与轴力的分力之间的关系

6.2　结　点　法

1. 结点法定义及计算步骤

在计算桁架杆件轴力时，截取某个结点为隔离体，结点上的荷载和各杆轴力组成的力系为平面汇交力系，利用汇交力系平衡条件计算各杆的未知轴力，这种方法称为结点法。一个结点可以列出两个力平衡方程，因此，从一个结点可以求解两个杆件的未知轴力。

在实际应用中，结点法最适合于计算简单桁架全部杆件的轴力。例如对图 6.8 所示简单桁架，可从仅有两个未知力的结点 H 开始，根据 $\sum X=0$ 和 $\sum Y=0$，计算杆件(11,12)的未知轴力；然后截取结点 G，此时杆 11 的轴力已知，可计算杆件(9,10)的轴力；继续截取结点 F、E、D、C，计算其余杆件(7、8…2、1)的轴力。每个结点遇到的都是两个未知轴力，通过两个平衡方程便可解出，从而可解出全部杆件轴力。可以看出，用结点法计算简单桁架时，截取结点的顺序正好与桁架组成顺序相反。

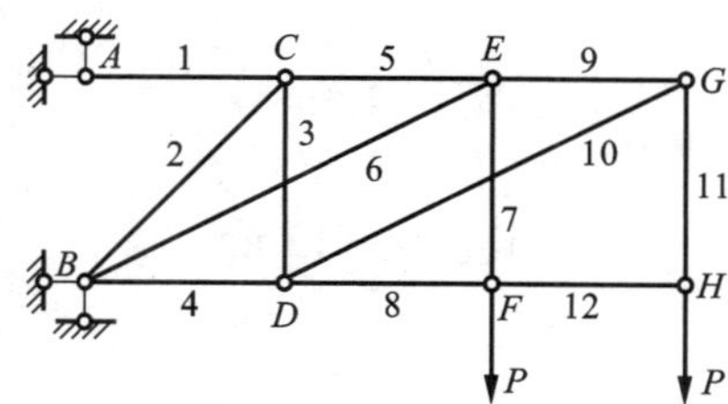

图 6.8　简单桁架

【例 6.1】　用结点法计算图 6.9(a) 所示桁架各杆的轴力。

【解】

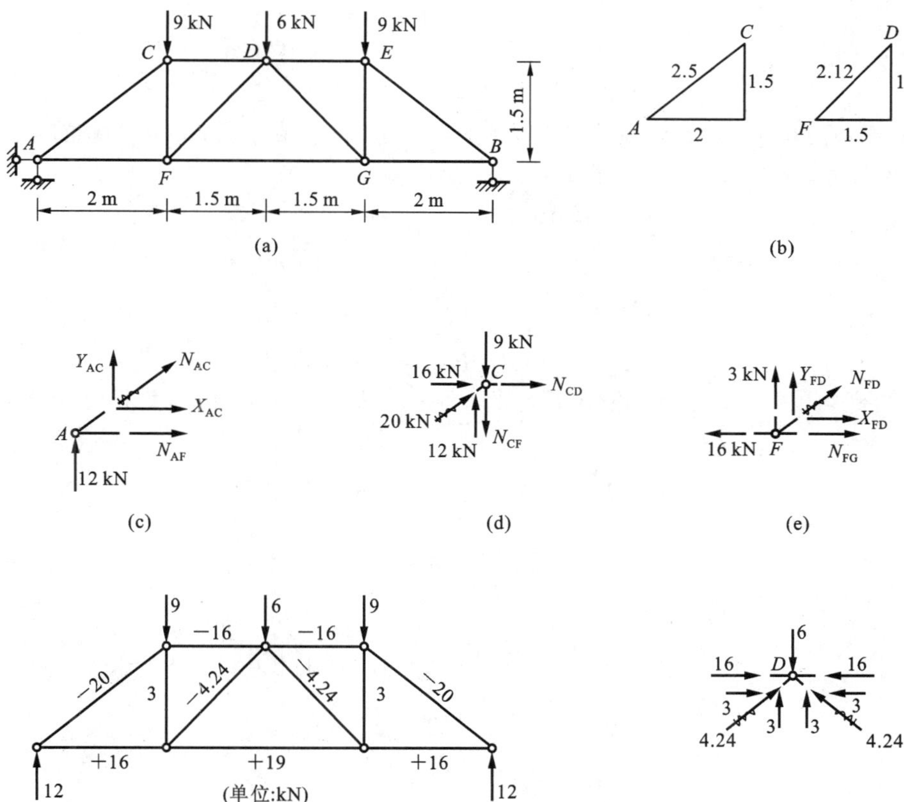

图 6.9　例 6.1 图

(1) 计算支座反力

由整体平衡条件：

$$\sum X = 0, \qquad X_A = 0$$

$$\sum M_A = 0, \qquad Y_B = 12\ \text{kN}(\uparrow)$$

$$\sum M_B = 0, \qquad Y_A = 12\ \text{kN}(\uparrow)$$

(2) 求各杆轴力

图 6.9(a) 所示桁架为简单桁架，可认为是从三角形 ACF 或者 BEG 开始，依次增加二元体构成。当支座反力求出后，结点 A 或 B 均只包含两个未知力，所以可以从结点 A 或者结点 B 开始，按与组成顺序相反的次序依次取结点 C、F、D、E、G，或者 E、G、D、C、F，求解所有的未知轴力。

结点 A 隔离图如图 6.9(c) 所示。支座反力 Y_A 用实际数值和方向画出，未知轴力 N_{AC} 和 N_{AF} 设为拉力，并将斜杆轴力用其水平分力 X_{AC} 和竖直分力 Y_{AC} 代替，斜杆的边长见图 6.9(b)。

由 $\sum Y = 0$ 得：

$$Y_{AC} + 12 = 0$$

所以

$$Y_{AC} = -12\ \text{kN}$$

利用比例关系式式(6.1)，得：

$$X_{AC} = -12 \times \frac{2}{1.5} = -16\ \text{kN}$$

$$N_{AC} = -12 \times \frac{2.5}{1.5} = -20\ \text{kN}(压力)$$

由

$$\sum X = 0, \qquad N_{AF} + X_{AC} = 0$$

得：

$$N_{AF} = -X_{AC} = 16\ \text{kN}(拉力)$$

结点 C 隔离图如图 6.9(d) 所示。其中已知力（荷载和 AC 杆的轴力）都按实际数值和方向画出，未知轴力 N_{CF} 和 N_{CD} 设为拉力。根据结点平衡方程有：

$$\sum X = 0, \qquad N_{CD} + 16 = 0$$

$$N_{CD} = -16\ \text{kN}(压力)$$

$$\sum Y = 0, \qquad 12 - 9 - N_{CF} = 0$$

$$N_{CF} = 3\ \text{kN}(拉力)$$

结点 F 隔离图如图 6.9(e) 所示。斜杆 FD 的轴力用分力 X_{FD}、Y_{FD} 表示，斜杆的边长见图 6.9(b)。由

$$\sum Y = 0, \qquad Y_{FD} + 3 = 0$$

得：

$$Y_{FD} = -3\ \text{kN}$$

根据比例关系式式(6.1)，得：

$$N_{FD} = -3 \times \frac{2.12}{1.5} = -4.24(压力)$$

$$X_{FD} = -3 \times \frac{1.5}{1.5} = -3\ \text{kN}$$

由

$$\sum X = 0, \qquad X_{FD} + N_{FG} - 16 = 0$$

得：

$$N_{FG} = 19\ \text{kN}(拉力)$$

因桁架和荷载都是对称的，桁架杆件轴力的分布也应该是对称的。根据对称性，另半个桁架杆件轴力为相应对称位置杆件的轴力，因此可算出整个桁架的轴力，如图 6.9(f) 所示。

(3) 校核

利用未曾用过的结点 D 的平衡条件可校核计算结果，图 6.9(g) 为结点 D 的隔离体图，由于利用了对称性，$\sum X = 0$ 的平衡条件自然满足，只需校核另一平衡方程：

$$\sum Y = 0, \qquad -6 + 3 + 3 = 0$$

2. 结点法的特殊情景 —— 零杆的判别

桁架中轴力为零的杆件称为零杆。如能直接判定出零杆，可去掉该杆，以简化桁架内力计算。零杆一般通

过计算确定，但在以下三种特殊情形下，零杆可用结点法直接判别。

(1) 无外力作用的不共线的两杆结点，如图 6.10(a) 所示，两杆轴力都是零，即两杆均为零杆。如取 N_1 杆轴线为 X 轴，由 $\sum Y=0$，可推得 $N_2=0$，反之亦然。无论两杆是否垂直，均为零杆。

(2) 不共线的两杆结点，外力沿一杆作用，如图 6.10(b) 所示，则另一杆为零杆。取 P 和 N_1 的作用线为 X 轴，由 $\sum Y=0$，可推得 $N_2=0$。

(3) 无外力作用的三杆结点，有两杆在同一条直线上，如图 6.10(c) 所示，则第三杆轴力为零。如取两杆所在直线为 X 轴，由 $\sum Y=0$，可推得 $N_3=0$。

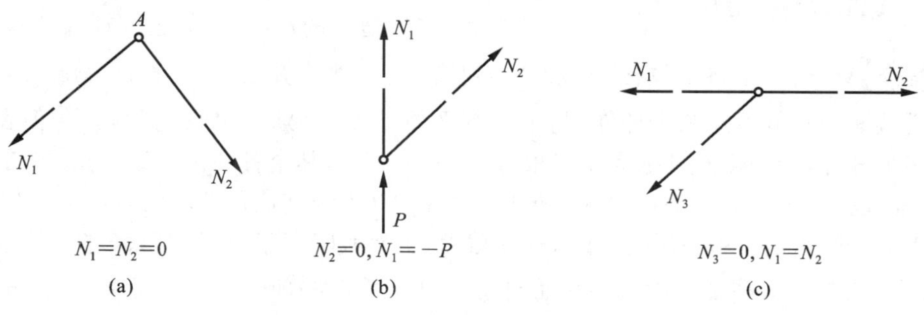

图 6.10 零杆的判别

【例 6.2】 判断图 6.11 所示桁架中的零杆。

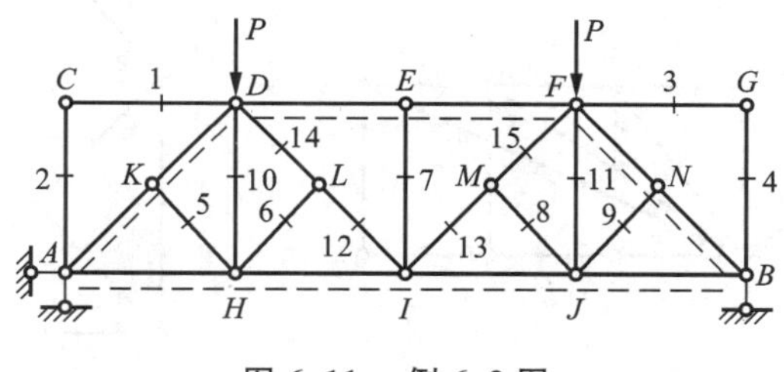

图 6.11 例 6.2 图

【解】

(1) 从结点 C、G 可以判断

$$N_1=N_2=N_3=N_4=0$$

(2) 从结点 K、L、E、M、N 可以判断

$$N_5=N_6=N_7=N_8=N_9=0$$

(3) 从结点 H、J 判断

$$N_{10}=N_{11}=0$$

(4) 从结点 I 分析

结点 I 处于对称轴上，左右杆件的轴力应相等，即 $N_{12}=N_{13}$；又因 $N_7=0$，由 $\sum Y=0$，$Y_{12}+Y_{13}=0$，则 $Y_{12}=-Y_{13}$，与 $N_{12}=N_{13}$ 矛盾，因此 $N_{12}=N_{13}=0$。

(5) 再在结点 L 和 M 上判定，$N_{14}=N_{15}=0$。

最后可见，在外荷载作用下，该桁架只有用附加虚线表示的 AH、HI、IJ、JB、AK、KD、DE、EF、FN、NB 杆的轴力不等于零(图 6.11)，其余均为零杆。

6.3 截 面 法

【扫码演示7】

截面法是用截面切断拟求杆件，取桁架截出的一部分作为隔离体(隔离体应包含两个以上的结点)。隔离体上所作用的荷载和桁架杆件轴力为平面一般力系，利用平面一般力系的三个独立的平衡方程，可计算所切各杆的未知轴力。因此，所切各杆的未知轴力只能包含三个，且它们既不相交于同一点，也不

能彼此平行。

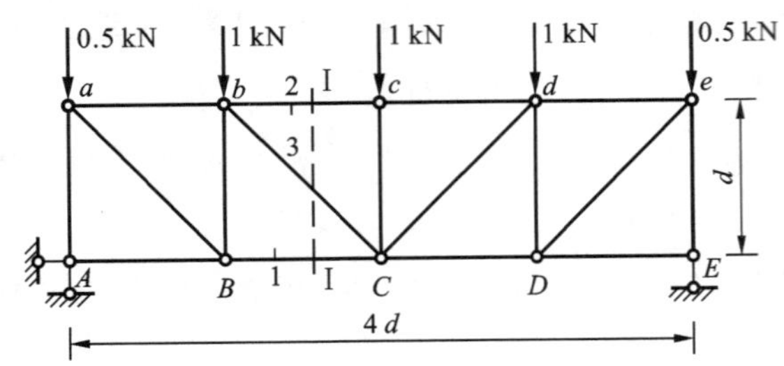

图 6.12　截面法中平衡方程的选取

如图 6.12 所示平行弦桁架，任一结间都只有三根杆件（上、下两根弦杆和一根斜杆），在结间可用一个截面把这三根杆件截断，即可求解这三根杆件的轴力。如在 BC 结间，作截面Ⅰ－Ⅰ，取左边桁架为隔离体，建立平面力系的三个平衡方程式：$\sum M_b = 0$、$\sum M_C = 0$，$\sum Y = 0$，则可解出杆件 1、2、3 的轴力。为了计算方便，在建立平衡方程时，最好使每个方程只包含一个未知力。为此，可应用力矩方程，选取适当的矩心，例如选取杆件 2 和杆件 3 的交点 b 为矩心，此时方程 $\sum M_b = 0$ 中将不包含 N_2 和 N_3，仅有 N_1 一个未知数，可以直接解出。

一般来说，用截面法只能截断三个杆件，利用三个平衡条件，分别求出它们的轴力。但在某些特殊情形下，也可以截断多个杆件，如当截断杆数大于三根，但除一根以外，其余各杆都交于一点，或都互相平行，此时便可利用弯矩方程或另一投影方向平衡方程求出这一根杆件（不与其他杆件相交，或不与其他杆件平行）的轴力。例如图 6.13(a) 所示桁架中，过 1 杆作 m—m 截面，虽然截断了五根杆，但除 1 杆外其他四根杆都交于点 C，利用 $\sum M_C = 0$，可以方便地求得 N_1。又如图 6.13(b) 所示桁架中，作 m—m 截面，截断四根杆件，但除杆 1 外其他三根都互相平行，利用与平行杆正交方向的投影方程，可直接求得 N_1。

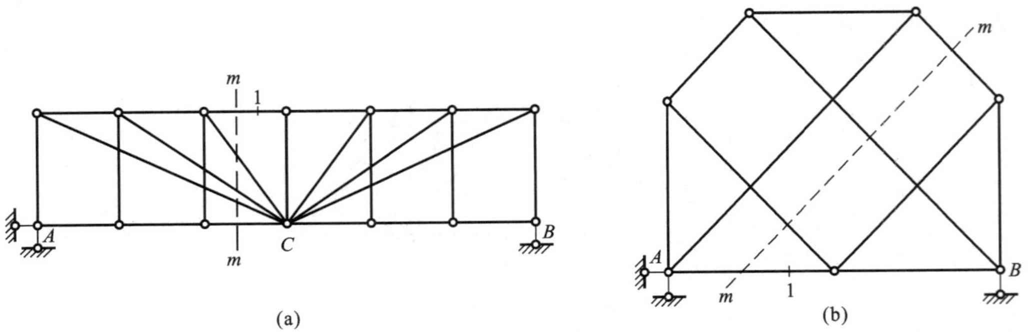

图 6.13　截面法用于某些特殊情况

【例 6.3】　用截面法求图 6.14(a) 所示桁架中 1、2、3 杆的内力。

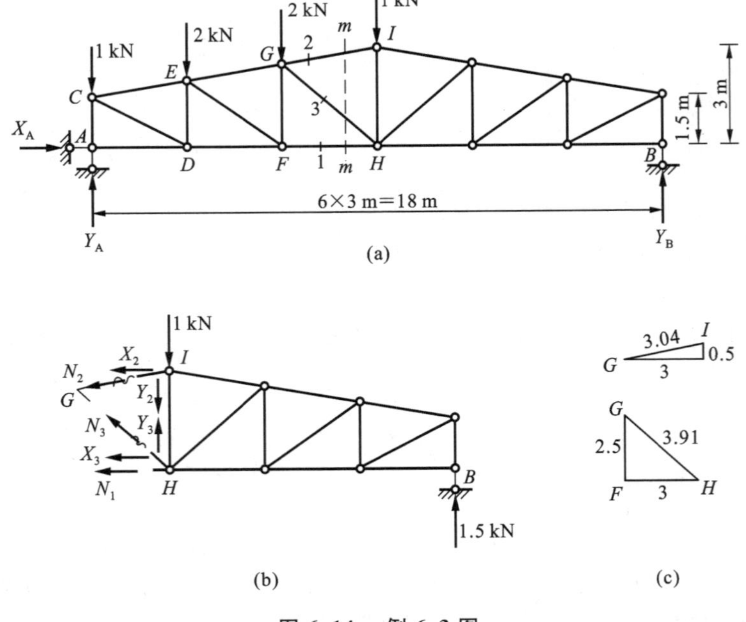

图 6.14　例 6.3 图

【解】

(1) 利用整体平衡条件求支座反力

$$\sum M_A = 0, \quad Y_B = \frac{1}{18} \times (2 \times 3 + 2 \times 6 + 1 \times 9) = 1.5 \text{ kN}(\uparrow)$$

$$\sum M_B = 0, \quad Y_A = \frac{1}{18} \times (1 \times 9 + 2 \times 12 + 2 \times 15 + 1 \times 18) = 4.5 \text{ kN}(\uparrow)$$

(2) 求 1、2、3 杆轴力

作截面 $m—m$，切断 1、2、3 杆，为计算简单，取右边部分为隔离体，如图 6.14(b) 所示，将三个未知轴力 N_1、N_2、N_3 都设为拉力。取 N_2、N_3 的交点 G 为矩心，列力矩平衡方程：

$$\sum M_G = 0, \quad N_1 \times 2.5 + 1 \times 3 - 1.5 \times 12 = 0$$

得 1 杆轴力：

$$N_1 = 6 \text{ kN(拉力)}$$

取 N_1、N_3 的交点 H 为矩心，列力矩平衡方程：

$$\sum M_H = 0, \quad -X_2 \times 3 - 1.5 \times 9 = 0$$

得：

$$X_2 = -4.5 \text{ kN}$$

利用关系式(6.1)，得 2 杆轴力：

$$N_2 = -4.5 \times \frac{3.04}{3} = -4.56 \text{ kN(压力)}$$

$$Y_2 = -4.5 \times \frac{0.5}{3} = -0.75 \text{ kN}$$

因 N_1 和 N_2 的交点在桁架外，不易求出，且 N_1 和 N_2 已经求出，故可利用投影平衡方程计算 N_3。将 N_3 分解为 X_3 和 Y_3，杆边长见图 6.14(c)，有：

$$\sum X = 0, \quad -X_2 - N_1 - X_3 = 0$$

得：

$$X_3 = -N_1 - X_2 = -6 + 4.5 = -1.5 \text{ kN}$$

由比例关系式(6.1) 有：

$$N_3 = -1.5 \times \frac{3.91}{3} = -1.96 \text{ kN(压力)}$$

$$Y_3 = -1.5 \times \frac{2.5}{3} = -1.25 \text{ kN}$$

(3) 校核

用尚未用过的投影方程 $\sum Y = 0$ 校核：

$$\sum Y = 0, \quad 1.5 - 1 + 0.75 - 1.25 = 0, \quad \text{满足}$$

此桁架是简单桁架，虽然可以用结点法计算，但须从端部结点 A 开始，逐步截取结点 A、C、D、E、F 和 G 才能求出 1、2、3 杆的轴力。因此，对于这种简单桁架只求少数杆件轴力的问题，直接采用截面法计算更为方便。

6.4 结点法和截面法的联合应用

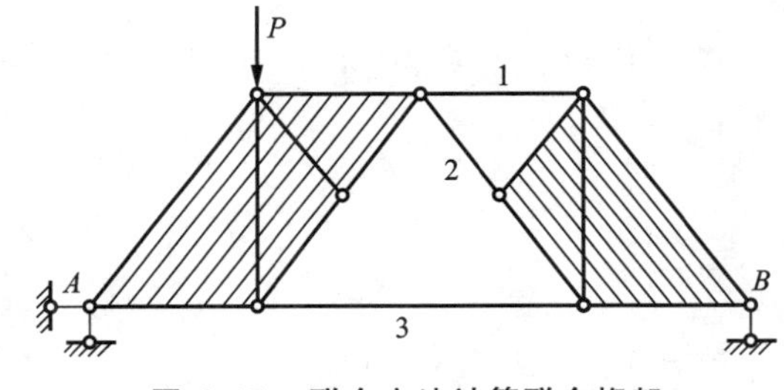

图 6.15 联合方法计算联合桁架

结点法和截面法是计算桁架内力的两种基本方法，对于简单桁架来说，无论用哪种方法计算都很方便。但对联合桁架，有时单一方法计算会遇到困难，需要联合应用结点法和截面法。如图 6.15 所示的联合桁架，由于部分结点包含三个未知杆件，如仅用结点法计算，无法用两个平衡方程解出，需要与其他结点的平衡方程联立求解，比较烦琐。此时可将结点法和截面法联合应用，先用截面法将联结两个简单桁架的连杆(1、2、3 杆) 内力解出，然后再利用结点法求解其他杆件内力。

【例 6.4】 计算图 6.16(a) 所示桁架的 1、2、3 杆内力。

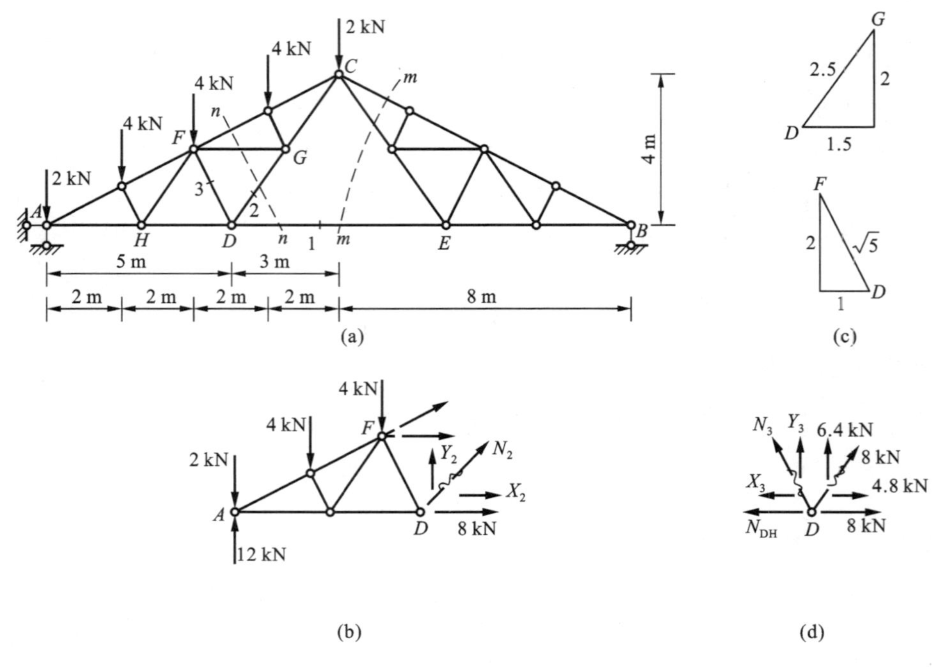

图 6.16　例 6.4 图

【解】

(1) 先求支座反力。结果为：$Y_A = 12\ \text{kN}(\uparrow)$，$Y_B = 4\ \text{kN}(\uparrow)$，$X_A = 0$。

(2) 计算杆 1、2、3 的轴力

首先作截面 $m—m$，截断联合桁架的连接杆，取截面右边部分为隔离体(隔离体图省去)，并以铰 C 为力矩中心，得：

$$\sum M_C = 0, \qquad N_1 \times 4 - 4 \times 8 = 0, \qquad N_1 = 8\ \text{kN}(\text{拉力})$$

再作截面 $n—n$，取截面左边部分为隔离体[图 6.16(b)]，以 F 点为力矩中心，并将 N_2 在 D 点分解为 X_2 和 Y_2，2 杆的边长见图 6.16(c)：

$$\sum M_F = 0, \qquad (12-2)\times 4 - 4\times 2 - Y_2 \times 1 - X_2 \times 2 - 8 \times 2 = 0$$

利用比例关系式(6.1)：

$$X_2 = Y_2 \times \frac{1.5}{2}$$

代入上式，得：　　$Y_2 = 6.4\ \text{kN}$

所以

$$N_2 = Y_2 \times \frac{2.5}{2} = 8\ \text{kN}(\text{拉力})$$

取结点 D 为隔离体[图 6.16(d)]，并将 N_3 在 D 点分解为 X_3 和 Y_3，3 杆的边长见图 6.16(c)，用投影方程：

$$\sum Y = 0, \qquad Y_3 + 6.4 = 0$$

得：

$$Y_3 = -6.4\ \text{kN}$$

所以

$$N_3 = -6.4\frac{\sqrt{5}}{2} = -7.16\ \text{kN}(\text{压力})$$

上例说明，在结点法和截面法的联合应用中，应根据待求杆件所在位置，选择最简捷的方法。

6.5 组合结构

1. 组合结构的组成与形式

桁架是仅由二力杆组成的结构，而组合结构则是由两类受力性质不同的杆件所组成的结构。一类是仅承受轴力的二力杆，另一类是承受弯矩、剪力和轴力的梁式杆。组合结构多应用于荷载较大的场合，如工业与民用建筑中的屋架结构、吊车梁及桥梁中的承重结构等。图 6.17 为几种常见的组合结构，其中：图 6.17(a) 为下撑式五角形屋架的计算简图，上弦为梁式杆，由钢筋混凝土制成，下弦和腹杆为链杆，由型钢制成；图 6.17(b) 为三铰刚架式的组合结构，柱子是梁式杆，屋架则由链杆组成。

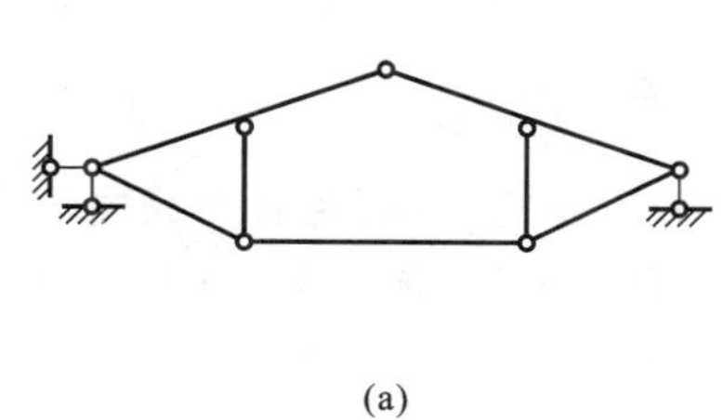

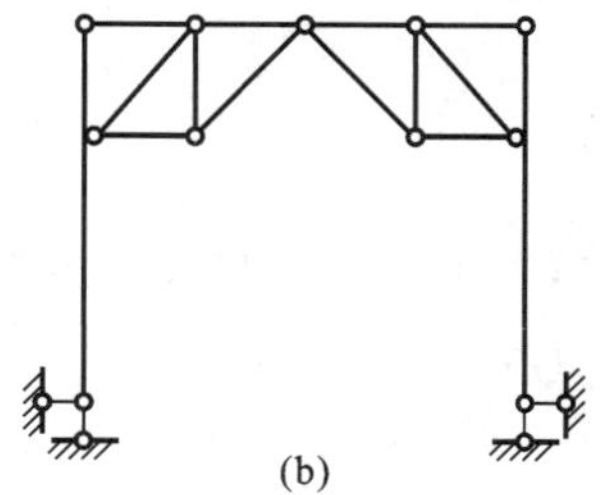

图 6.17 组合结构

2. 组合结构的计算

组合结构的内力计算仍可采用截面法，但作截面时，应注意区分被截杆件是梁式杆还是链杆。链杆截面上只作用有轴力，而梁式杆截面上一般作用有三个内力分量：弯矩、剪力和轴力。因此，作截面时，被截杆件的未知内力分量必须符合杆件受力性质。因梁式杆内力分量较多，用截面法计算内力的步骤，一般是先计算链杆轴力，后根据荷载、支座反力以及链杆轴力计算梁式杆控制截面的弯矩、剪力和轴力，最后绘制梁式杆的 M、Q、N 图。

如用结点法计算组合结构，取结点为隔离体时，应注意区分全是二力杆组成的完全铰结点(图 6.18 中 C 结点)，还是由二力杆和梁式杆组成的非完全铰结点(图 6.18 中 B、D 结点)。组合结构中经常出现这种梁式杆和链杆组成的结点，它并非完全的铰结点，梁式杆中除轴力外，还有剪力和弯矩，因此不能简单地用桁架结点法的结论。如图 6.18(a) 所示，BDA 杆是梁式杆，结点 B[隔离图如图6.18(b) 所示]上 BD 和 BC 杆并非零杆，因为除 N_{BD} 和 N_{BC} 外，还有 Q_{BD} 作用；而结点 D[图 6.18(c)]上 DC 杆也非零杆，结点 D 上除有 N_{DC}、N_{DB}、N_{DA} 外，还有 Q_{DB}、Q_{DA} 以及 M_{DB}、M_{DA} 的作用。

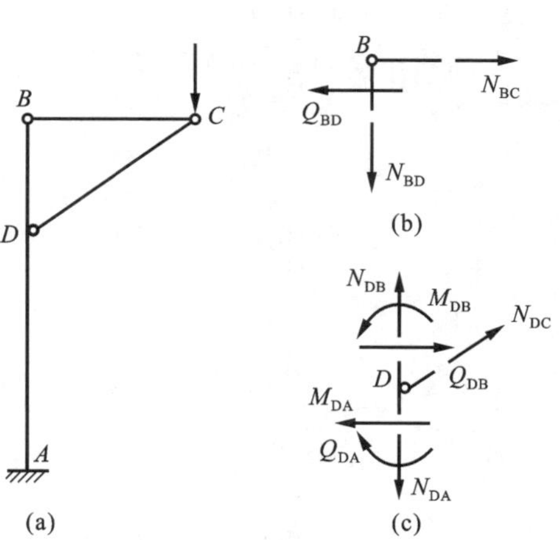

图 6.18 组合结构中梁式杆和链杆的内力

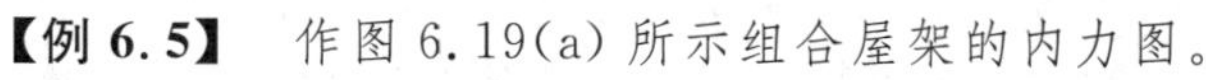

【例 6.5】 作图 6.19(a) 所示组合屋架的内力图。

【解】

(1) 求支座反力

$$\sum X = 0, \qquad X_A = 0$$

利用对称性：

$$Y_A = Y_B = \frac{1}{2}ql = \frac{1}{2} \times 1 \times 12 = 6\ \text{kN}(\uparrow)$$

(2) 计算链杆轴力

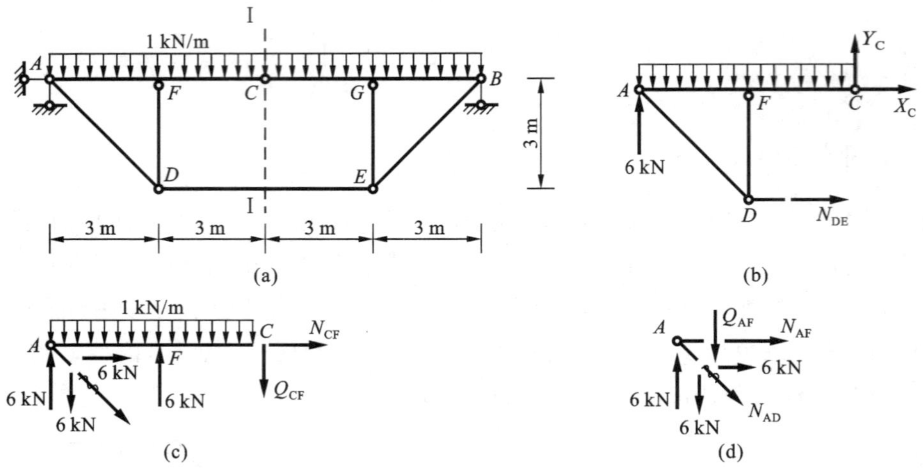

图 6.19　例 6.5 图

几何组成分析：本结构是由和两个刚片 ADC 和 BEC 用铰 C 和链杆 DE 连接而成的几何不变无多余约束的组合结构。计算内力时，可先作截面 Ⅰ—Ⅰ，截断铰 C 和链杆 DE，隔离体见图 6.19(b)，由力矩平衡方程有：

$$\sum M_C = 0, \qquad 6\times 6 - 1\times 6\times 3 - N_{DE}\times 3 = 0$$

得：

$$N_{DE} = 6\ \text{kN}(拉力)$$

再由结点 D 平衡(隔离体图略去)：

$$\sum X = 0, \qquad X_{DA} = 6\ \text{kN}$$

$$Y_{DA} = 6\ \text{kN}$$

$$N_{DA} = 6\times\sqrt{2} = 8.48\ \text{kN}(拉力)$$

$$\sum Y = 0, \qquad N_{DF} = -6\ \text{kN}(压力)$$

(3) 计算梁式杆内力

首先取结点 A 为隔离体，如图 6.19(d) 所示，梁式杆 AFC 在 A 端的内力有剪力 Q_{AF} 和轴力 N_{AF}，根据力平衡方程：

$$\sum X = 0, \qquad N_{AF} + 6 = 0$$

得：

$$N_{AF} = -6\ \text{kN}(压力)$$

由

$$\sum Y = 0, \qquad Q_{AF} + 6 - 6 = 0$$

得：

$$Q_{AF} = 0$$

再取梁式杆 AFC 为隔离体，如图 6.19(c) 所示，C 截面有 Q_{CF}、N_{CF}。要画出内力图，须算出控制截面 A、F、C 的内力：

$$\sum X = 0, \qquad N_{CF} + 6 = 0$$

得：

$$N_{CF} = -6\ \text{kN}(压力)$$

由

$$\sum Y = 0, \qquad 1\times 6 + 6 - 6 - 6 + Q_{CF} = 0$$

得：

$$Q_{CF} = 0$$

由 A 向 F 计算，得：

$$M_{FA} = -1 \times 3 \times 1.5 = -4.5\ \text{kN} \cdot \text{m}(\text{上部受拉})$$

$$Q_{FA} = -6 + 6 - 1 \times 3 = -3\ \text{kN}$$

$$N_{FA} = -6\ \text{kN}(\text{压力})$$

由 C 向 F 计算，得：

$$M_{FC} = -4.5\ \text{kN} \cdot \text{m}(\text{上部受拉})$$

$$Q_{FC} = 1 \times 3 = 3\ \text{kN}$$

$$N_{FC} = -6\ \text{kN}(\text{压力})$$

因结构对称、荷载对称、内力分布对称，计算 AFC 后，右半部分 CGB 可根据对称关系求出。

(4) 作内力图

作 M 图时，因梁式杆上有均布荷载 q，在控制截面处连虚直线后，还应叠加简支梁弯矩图。M、Q、N 图见图 6.20(a)、图 6.20(b)、图 6.20(c)。

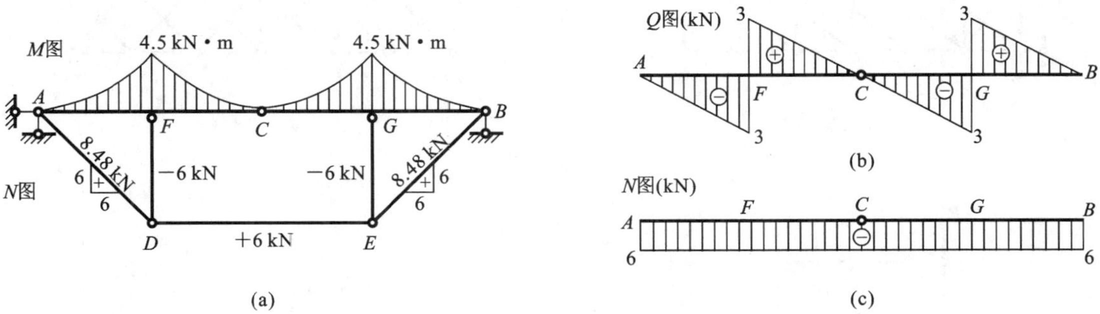

图 6.20　例 6.5 内力图

本章小结

本章主要内容是静定平面桁架的内力计算，主要介绍了结点法和截面法，以及两种方法的联合应用；同时利用上一章静定刚架知识，讲述了组合结构的计算方法。主要要点如下：

(1) 桁架的受力特征：在满足理想桁架的假设下，桁架的每一个杆件均为二力杆，只有轴力。因此，应当了解理想桁架在实际工程中的实现条件。

(2) 桁架几何组成与轴力计算的关系：桁架按几何组成可分为简单桁架、联合桁架和复杂桁架。进行桁架轴力计算时应学会根据桁架的几何组成选择合适的方法。对于简单桁架，如需计算全部杆件轴力，宜用结点法，截取结点的次序和构成次序相反。对于联合桁架，宜先用截面法计算连接杆内力，然后用结点法或截面法计算其他杆件轴力。

(3) 桁架内力计算方法：结点法和截面法是计算桁架轴力的基本方法，应当熟练掌握。当只要求计算桁架某些杆件轴力时，应善于选择最简捷的途径，灵活应用结点法和截面法来进行计算。为简化计算，计算前应先判断零杆。因桁架在设计中，各杆长度 l 及其投影长度 l_x 和 l_y 常先给定，计算轴力时，可利用轴力 N 及其分力 X、Y 的比例关系，比较方便。

(4) 组合结构内力计算：组合结构是由二力杆和梁式杆组成的结构体系，计算时首先应能正确区分两类杆件，分清全由二力杆组成的完全铰结点和两类杆组成的非完全铰结点。计算时，一般先计算二力杆的轴力，再计算梁式杆的弯矩、剪力和轴力。

习　　题

6.1 ～ 6.8　分析桁架的组成规则，判断其类型。

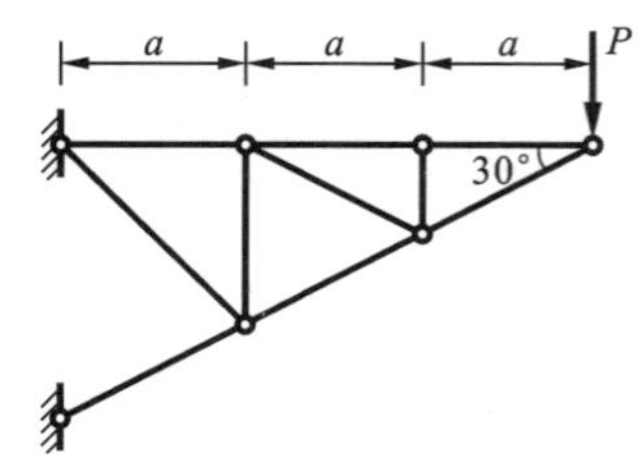

题 6.1 图

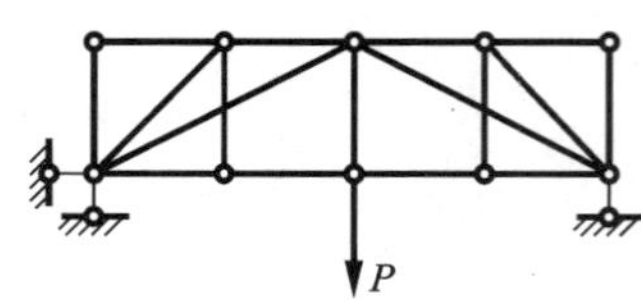

题 6.2 图

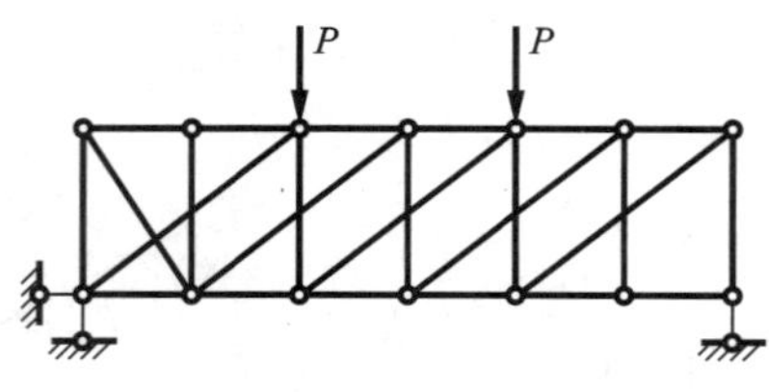

题 6.3 图

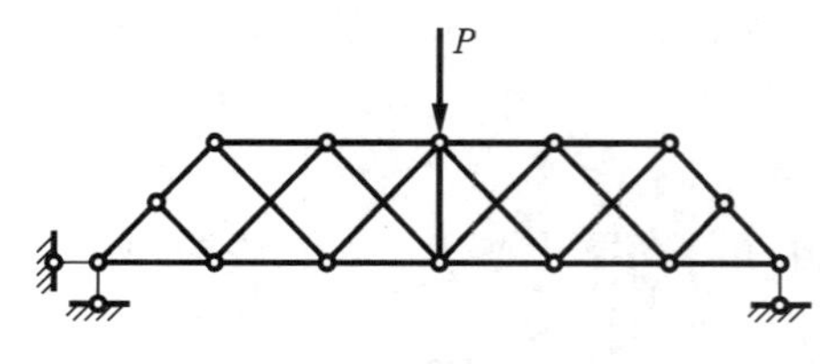

题 6.4 图

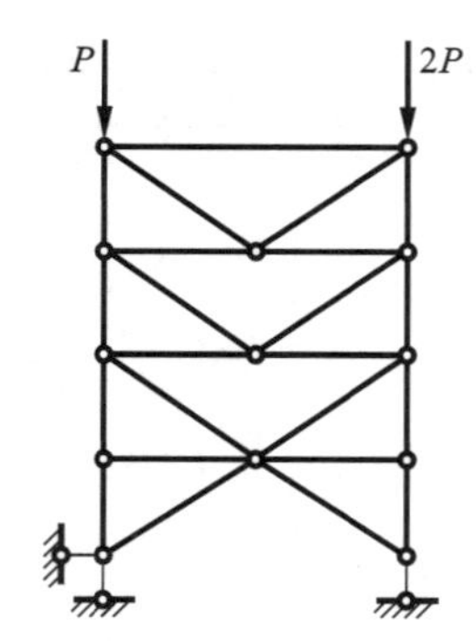

题 6.5 图

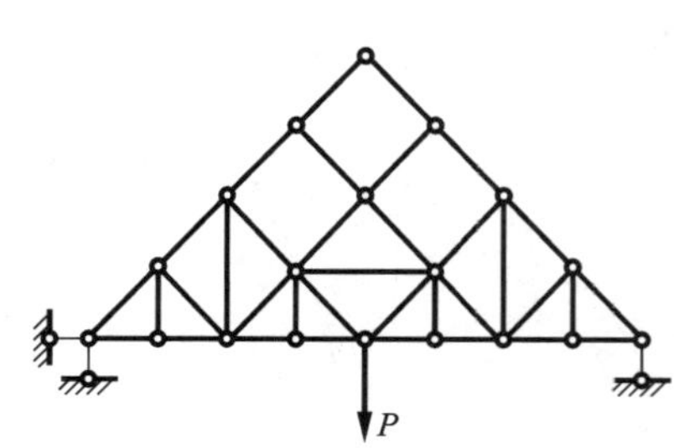

题 6.6 图

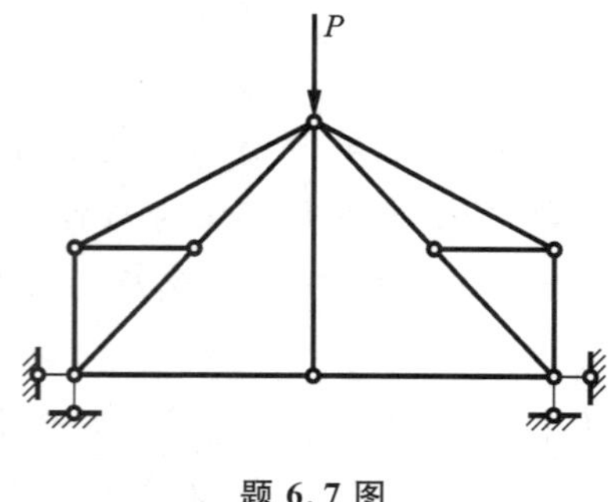

题 6.7 图

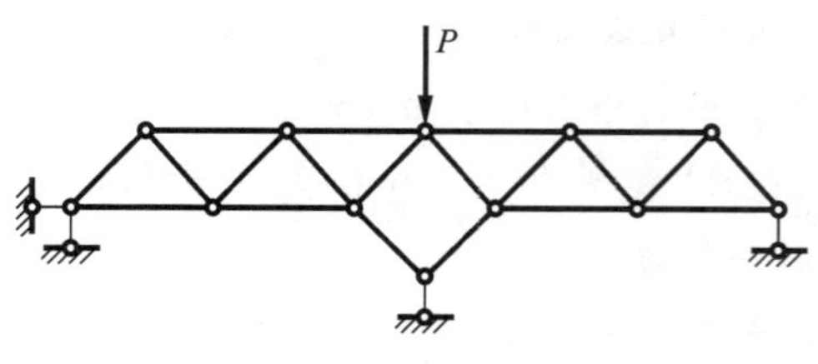

题 6.8 图

6.9　在题 6.3 图、题 6.4 图、题 6.5 图和题 6.6 图中：

(1) 指出零杆。

(2) 根据结点平衡，指出桁架内力不为零的杆件的轴力是拉力或压力，并画出力的传递路线。

6.10 ～ 6.15　用结点法求图示桁架各杆轴力。

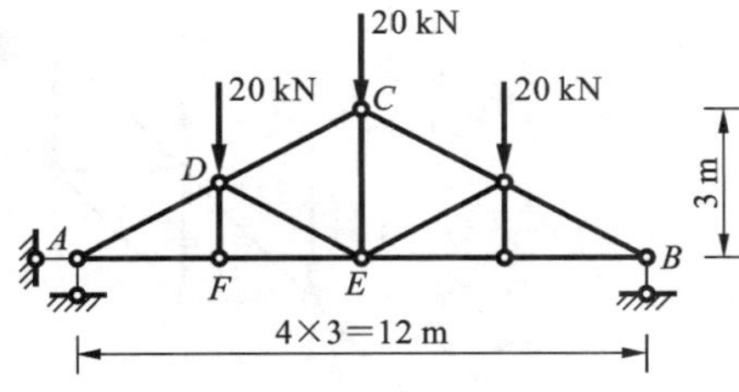

题 6.10 图

题 6.11 图

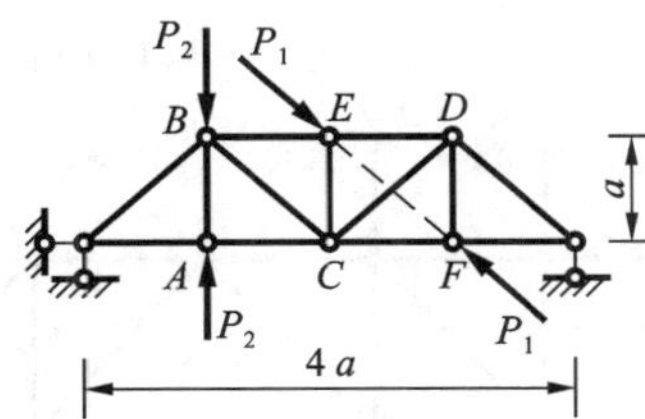

题 6.12 图

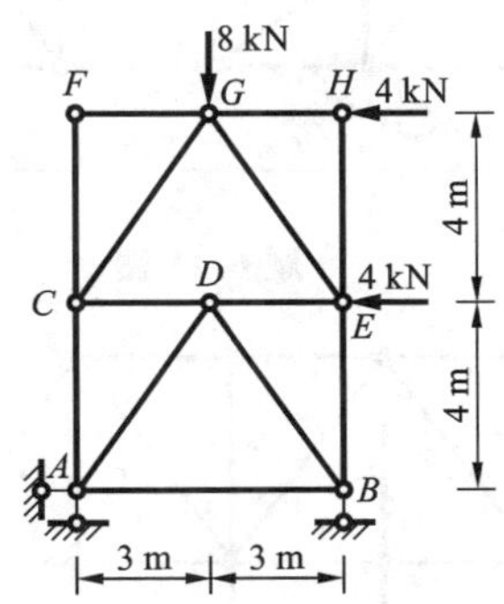

题 6.13 图

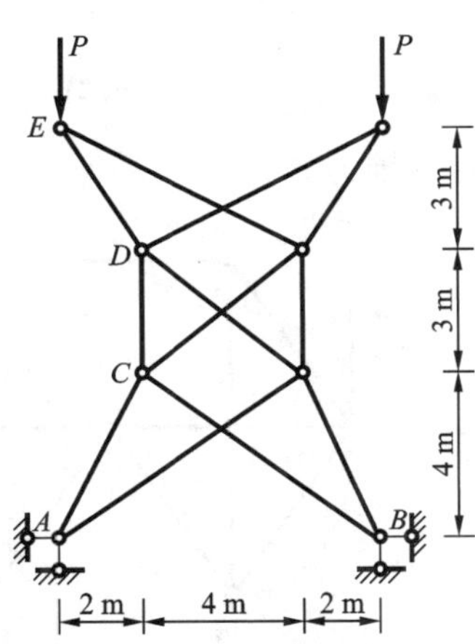

题 6.14 图

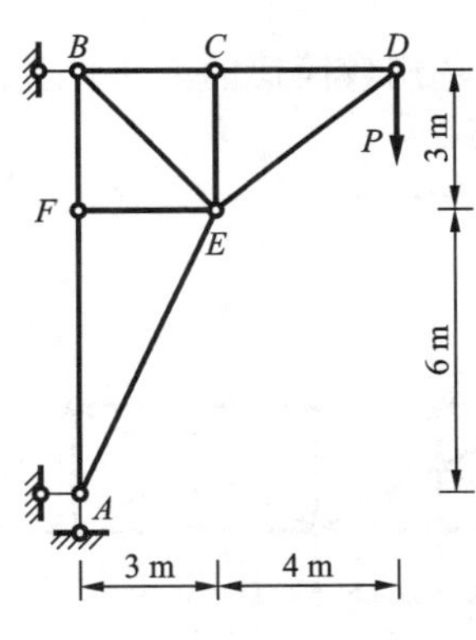

题 6.15 图

6.16 ～ 6.21　用截面法求图示桁架指定杆轴力。

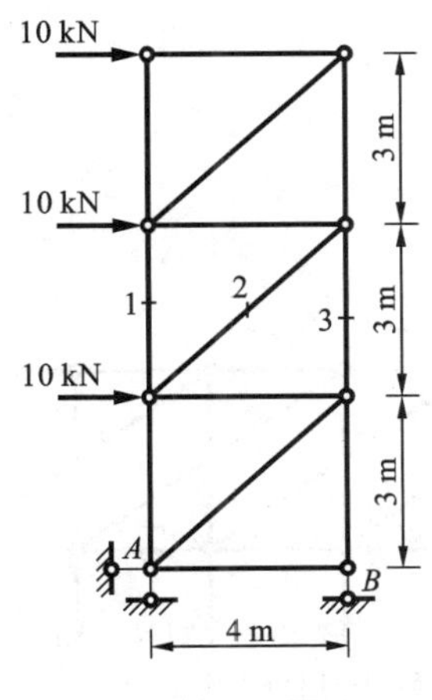

题 6.16 图

题 6.17 图

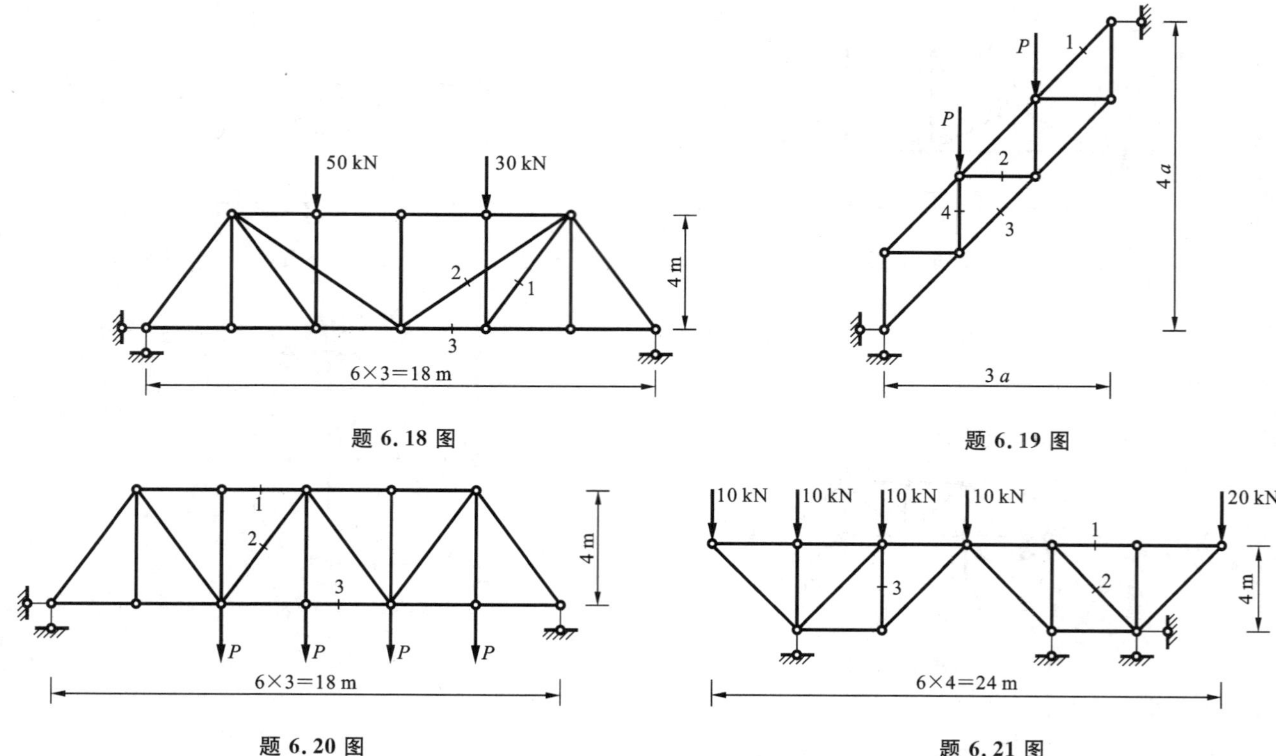

题 6.18 图

题 6.19 图

题 6.20 图

题 6.21 图

6.22 ~ 6.25　选用较简捷的方法计算图示桁架中指定杆的轴力。

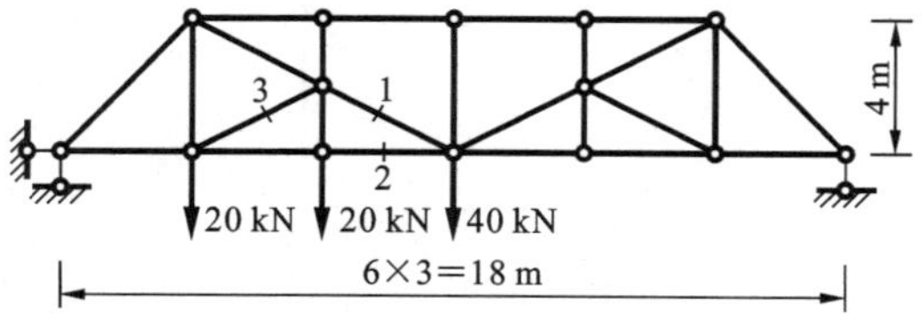

题 6.22 图

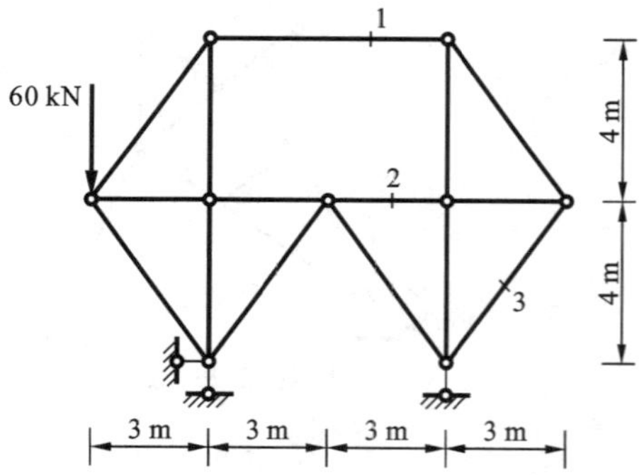

题 6.23 图

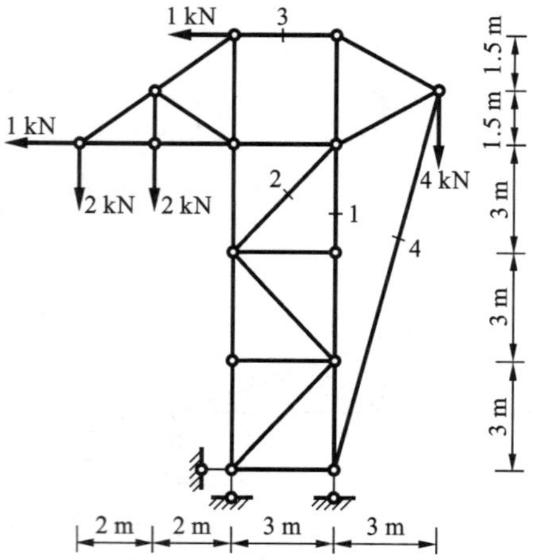

题 6.24 图

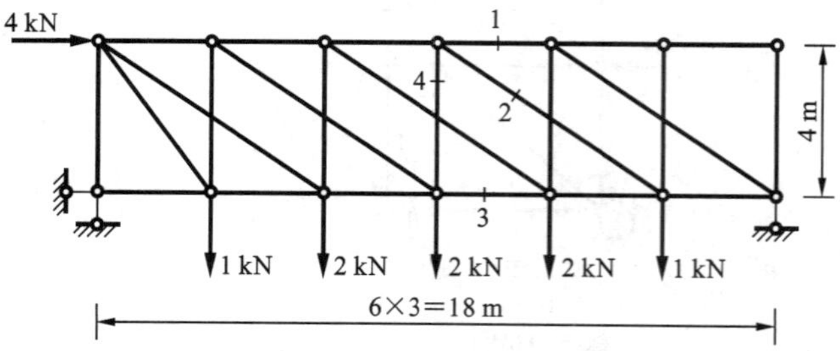

题 6.25 图

6.26 ～ 6.27　试判断图示桁架中各弦杆、腹杆轴力的正负号及弦、腹杆中最大轴力的杆件。

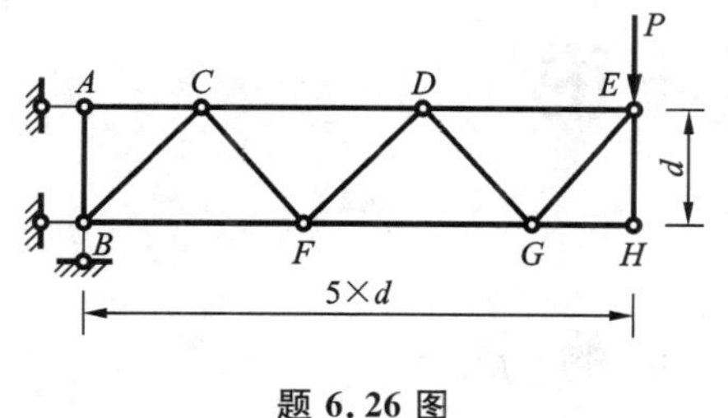

题 6.26 图

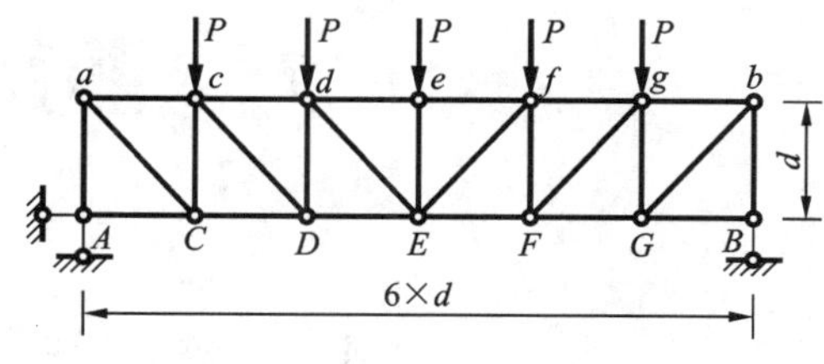

题 6.27 图

6.28 ～ 6.29　计算图示组合结构二力杆的轴力，并绘制梁式杆的 M、Q、N 图。

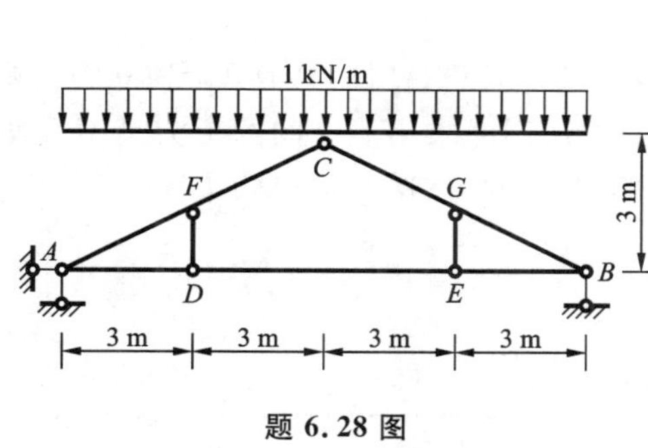

题 6.28 图

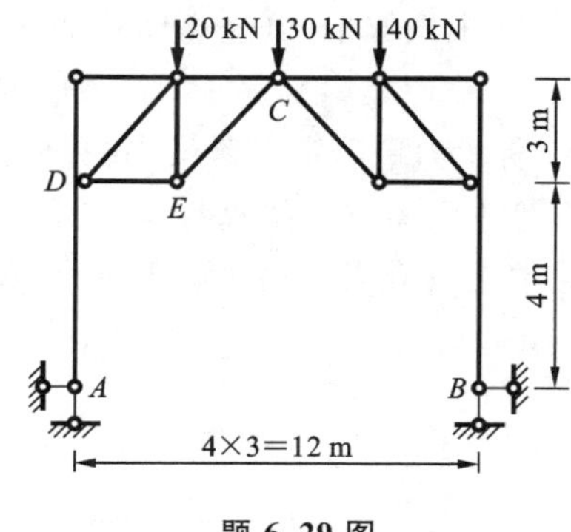

题 6.29 图

7 静定结构总论

7.1 静定结构受力分析的方法

静定结构的受力分析，主要是利用平衡方程确定支座反力和内力，作出结构的内力图。作为受力分析的基础，必须从结构中截取单元(隔离体)，把反力和内力暴露出来，成为单元的外力，才能应用平衡方程计算反力和内力。

图7.1(a)所示为一静定多跨梁，共有9个未知力[图7.1(b)]，三根杆件，共有9个独立的平衡方程，约束力的总数正好等于平衡方程的总数。但是，用解联立方程的方法同时求出所有的约束力是不方便的。所以在实际计算时通常是按恰当的次序截取单元，对每个单元应用平衡方程，逐个求出约束力。下面是实用分析方法的一些要点。

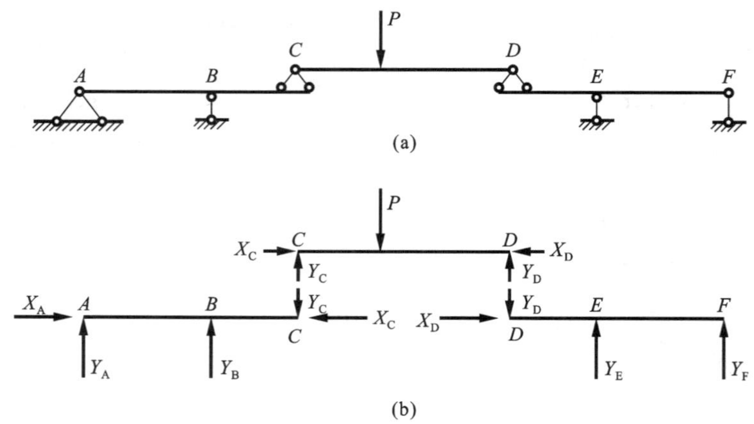

图7.1 静定多跨梁及其隔离体

(1) 单元的形式及未知力

从结构中截取的单元可以是结点、杆件或者杆件体系。桁架的结点法即以结点为单元；多跨静定梁的计算则以杆件为单元；在刚架分析中，常取杆件为单元计算杆端剪力，以结点为单元计算杆端轴力；在桁架的截面法中，截取的单元则是一组杆件，即一个杆件体系。

在截取的单元中作用有已知力及未知力，未知力的数目由所截断的约束的性质决定。

图7.2为一简单例子。图7.2(a)中AC、BC为链杆，只受轴力作用，取结点C为单元，用结点法求轴力N_1、N_2最为简便。

在图7.2(b)中，AC是梁式杆，BC是链杆，取杆AC为单元，计算反力X_A、Y_A和轴力N是合适的。在图7.2(c)中，AC和BC都是梁式杆，我们可以切断支杆，将AC和BC的整体作为单元，用求三铰拱的方法计算反力X_A、Y_A、X_B、Y_B。

(2) 平衡方程的数目

单元的平衡方程数与单元的几何构造有关。在图7.2(a)中，结点C有两个自由度，同时有两个平衡方程。图7.2(b)中，杆件AC有三个自由度，同时有三个平衡方程。图7.2(c)中，单元ACB是一个几何可变体系，共有四个自由度，所以有四个平衡方程($\sum X=0$，$\sum Y=0$，$\sum M=0$，$M_C=0$)。一般来说，单元的平衡方程数等于单元的自由度数。

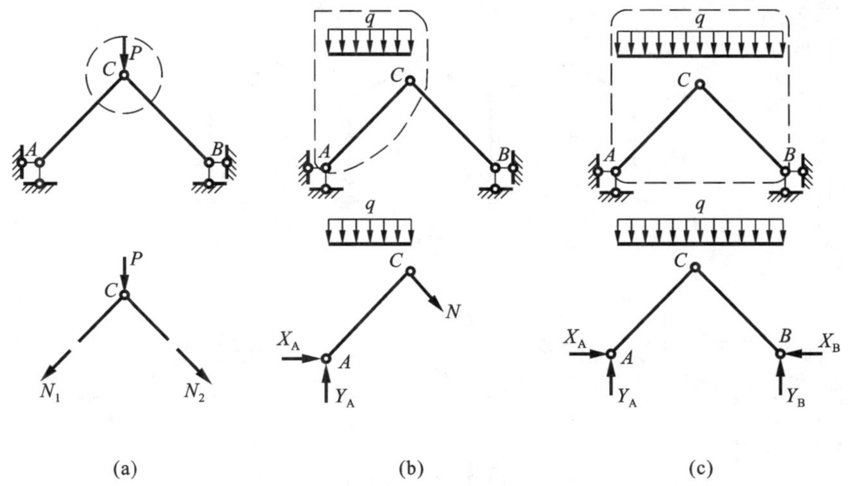

图 7.2　隔离体单元的形式

(a) 结点单元；(b) 杆件单元；(c) 杆件体系单元

单元的平衡方程数，不一定与单元上作用的未知力数相等。例如图 7.1(b) 中，CD 单元上有四个未知力，却只有三个平衡方程，仅考虑 CD 单元，可以计算出 Y_C 和 Y_D，但对 X_C 和 X_D 只能建立一个方程，只有取 DF 单元，才能求出 X_D。

(3) 计算的简化与截取单元的次序

就每一个单元来说，常有几个平衡方程，计算未知力时，要注意选择平衡方程并考虑计算的简化。如在桁架的结点法中，常使用投影方程，但也可以选用力矩方程。在桁架的截面法中，力矩中心和投影轴的选择就很重要。简化的目的在于避免解联立方程，尽可能用一个方程求出一个未知力。

掌握了结构的内力分布特性，就可以简化计算。例如图 7.2(a) 中，如认识到 AC 和 BC 为链杆，就可以用结点 C 这个单元求解。如果不将 AC 和 BC 视为链杆，就必须用三铰拱的方法计算反力。

利用结构的对称性，即对称结构在对称荷载作用下，反力和内力也是对称的。利用这一特性只计算半边结构就可以了。如图 7.3(a) 的结构，结构和荷载都是左右对称，故反力也是对称的，只须计算 A 点的反力 H 和 V。如果取杆 AC 为单元[图 7.3(b)]，在铰 C 处只有水平未知力 X_C，没有竖向未知力。

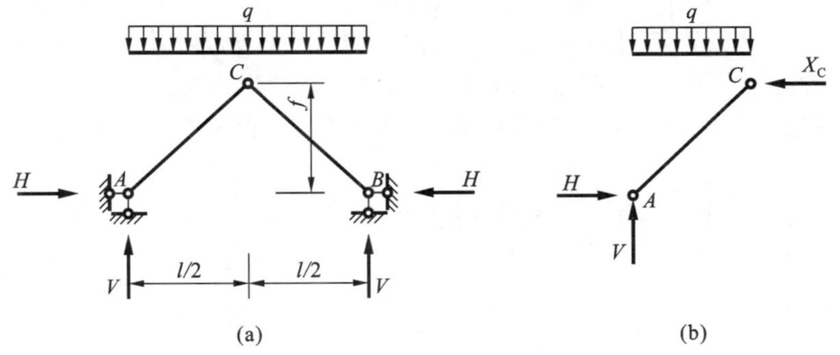

图 7.3　对称三铰结构的分析

简化静定结构受力分析的最重要手段，是合理选择截取单元的次序。对于多跨梁，应先计算附属部分，然后计算基本部分。

在桁架的计算中，如果能找出零杆，可使计算简化。对于简单桁架，截取结点的次序应与桁架组成时添加结点的次序相反。对于联合桁架，应先用截面法求出连接杆的轴力，然后计算其他杆件的内力。由此可见，为了选择合理的计算次序，必须分析结构的几何构造。在受力分析中，要解决结构如何分解为单元，即“如何拆”的问题；几何构造分析，要解决结构如何组成，即“如何搭”的问题。拆和搭是互相联系的，如果拆的次序与搭的次序正好相反，即截取单元的次序与结构组成时添加单元的次序相反，分析起来就比较简便。

图 7.4(a) 为一静定刚架，是按Ⅰ、Ⅱ次序组成的。受力分析应按照相反的次序截取单元，如图 7.4(b) 所示。

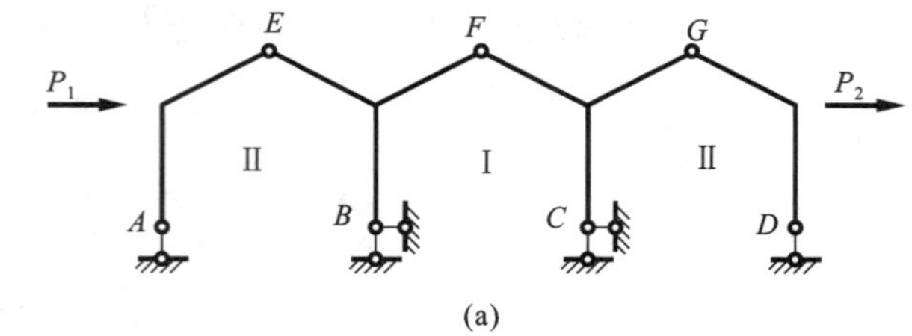

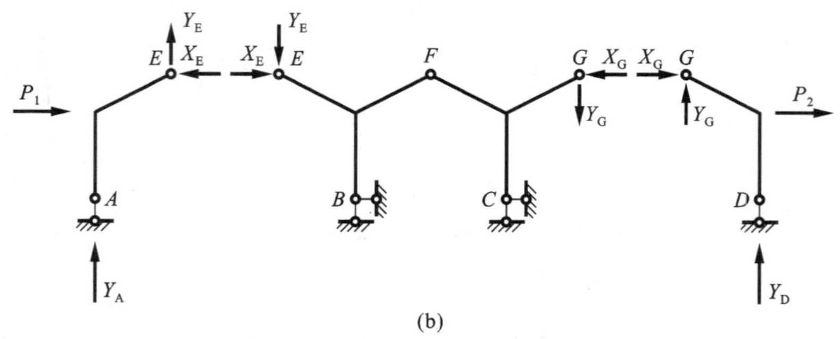

图 7.4　多跨静定刚架的受力分析

7.2　静定结构的一般性质

静定结构与超静定结构都是几何不变体系，两者之间的差别为：

在几何构造方面，静定结构无多余约束，超静定结构有多余约束。

在静力平衡方面，静定结构的内力，可以由平衡条件完全确定，得到的解答只有一种；超静定结构的内力，由平衡条件不能完全确定，而需要同时考虑变形条件后才能得到唯一的解答。

由此可知，满足平衡条件的内力解答的唯一性，是静定结构的基本静力特性。下面提到的一些特性，都是在此基础上派生出来的。

(1) 支座移动、制造误差和温度改变等因素在静定结构中不引起内力

例如在图 7.5(a) 中，简支梁由于支座 B 下沉只会引起刚体位移(如虚线所示)，而在梁中并不引起内力。为了说明这个结论，我们可以假想先把 B 端的支杆去掉，这时，梁就成为几何可变的。然后使梁绕 A 点转动，等 B 端移至 B' 后，再把支杆重新加上。在这个过程中，梁内不会产生内力。

图 7.5(b) 中，设三铰拱的杆 AC 因施工误差稍有缩短，拼装后结构形状略有改变(如虚线所示)，但三铰拱内不会产生内力。

图 7.5(c) 中，设简支梁的上方和下方温度分别改变了 $\mp t$ ℃，因为简支梁可以自由地产生弯曲变形(如虚线所示)，所以梁内不会产生内力。

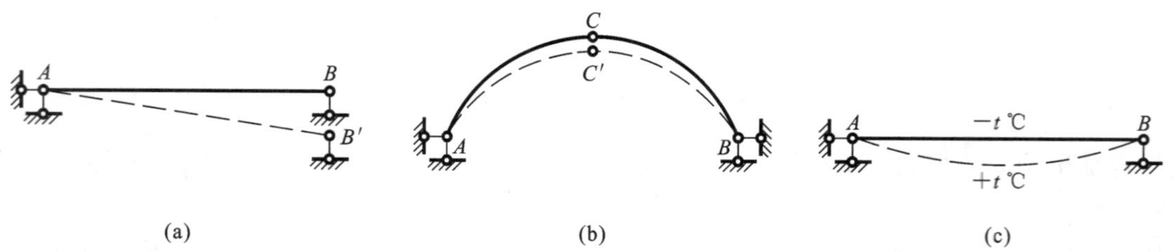

图 7.5　支座移动、制造误差、温度改变不产生内力

(a) 支座移动；(b) 制造误差；(c) 温度改变

(2) 静定结构的局部平衡特性

在荷载作用下，如果静定结构中的某一局部可以与荷载维持平衡，则其余部分的内力必为零。

如图 7.6(a) 所示的静定多跨梁，梁 AB 是几何不变部分，当梁 AB 承受荷载时，它自身可与荷载维持平衡，因而梁 BC 无内力。又如图 7.6(b) 所示静定桁架，当杆 AB 承受任意平衡力系时，除杆 AB 产生内力外，其余各杆都是零杆。

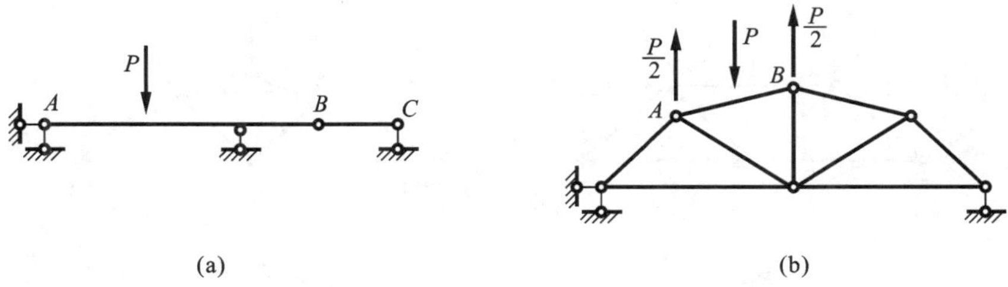

图 7.6 局部平衡特性

实际上，上述内力状态已满足结构各部分的所有平衡条件。对于静定结构来说，这就是内力的唯一解答。

还应指出，局部平衡部分不一定是几何不变的，也可以是几何可变的，只要在特定荷载作用下可以维持平衡即可。如图 7.7(a) 所示静定桁架，在下弦杆两端承受一对等值反向的压力，这时，单靠下弦杆承受压力，已经能够维持局部平衡[图 7.7(b)]，因此，其余各杆都为零杆。

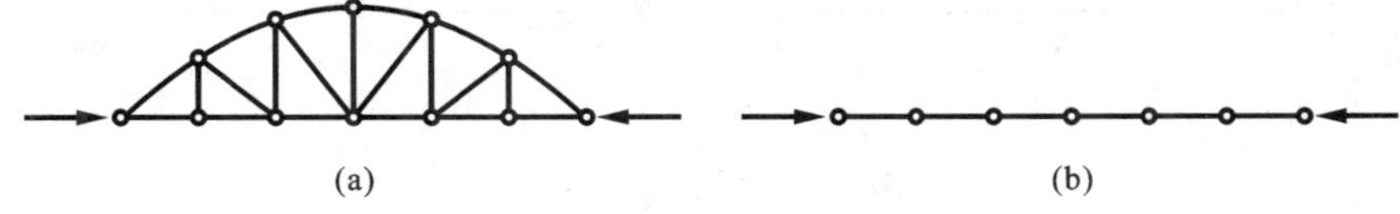

图 7.7 下弦杆局部平衡

(3) 静定结构的荷载等效特性

当静定结构的一个内部几何不变部分上的荷载作等效变换时，其余部分的内力不变。这里，等效荷载是指荷载分布虽不同，但其合力彼此相等的荷载。

图 7.8(a) 中的荷载 P，与结点 A、B 上的两个荷载 $\frac{P}{2}$ 是等效荷载。将图 7.8(a) 改为图 7.8(b) 时，只有杆 AB 的内力改变，其余各杆的内力都不变。

静定结构在等效荷载作用下的这一特性，可用局部平衡特性来说明。设在静定结构的某一几何不变的部分上作用有两种等效荷载 P_1、P_2，其相应的内力状态分别为 S_1 和 S_2[图 7.8(a)、图 7.8(b)]。根据叠加原理，在荷载 P_1 和荷载 $-P_2$ 共同作用下相应的内力状态应为 S_1-S_2，由于 P_1 和 $-P_2$ 组成平衡力系[图 7.8(c)]，根据局部平衡特性，可知除杆 AB 外，其余部分的内力 S_1-S_2 应为零，即 $S_1=S_2$。由此可知，在两种等效荷载 P_1 和 P_2 分别作用时，除杆 AB 外，其余部分相应的内力 S_1 和 S_2 必相等。

(4) 静定结构的构造变换特性

当静定结构的一个内部几何不变部分作构造变换时，其余部分的内力不变。

图 7.9(a) 所示桁架中，设将上弦杆 AB 改为一个小桁架，如图 7.9(b) 所示，则只是杆 AB 的内力有改变，其余部分的内力没有改变。为了说明这一点，可将杆 AB 与其余部分分开[图 7.9(c)]，这两个隔离体分别在各自的荷载和约束力作用下维持平衡。现将杆

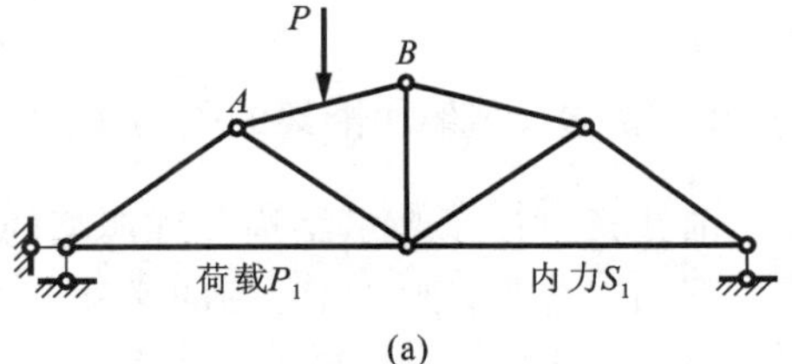

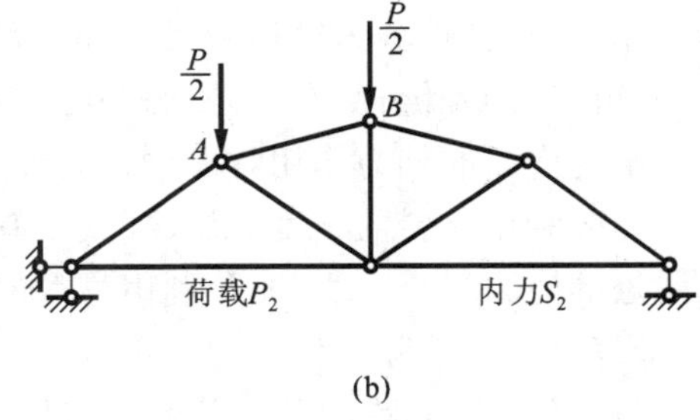

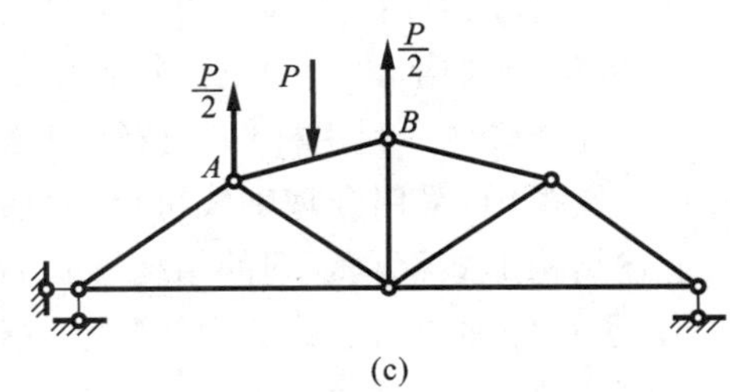

图 7.8 荷载等效特性

AB 变换成小桁架 AB[图 7.9(d)]。假设其余部分的内力以及两者间的约束力保持不变，则其余部分原来满足的平衡条件仍然成立，而小桁架在原来的荷载和约束力所组成的平衡力系作用下，自然也能维持平衡。因此，这种内力状态就是构造变换后结构的真实内力状态。

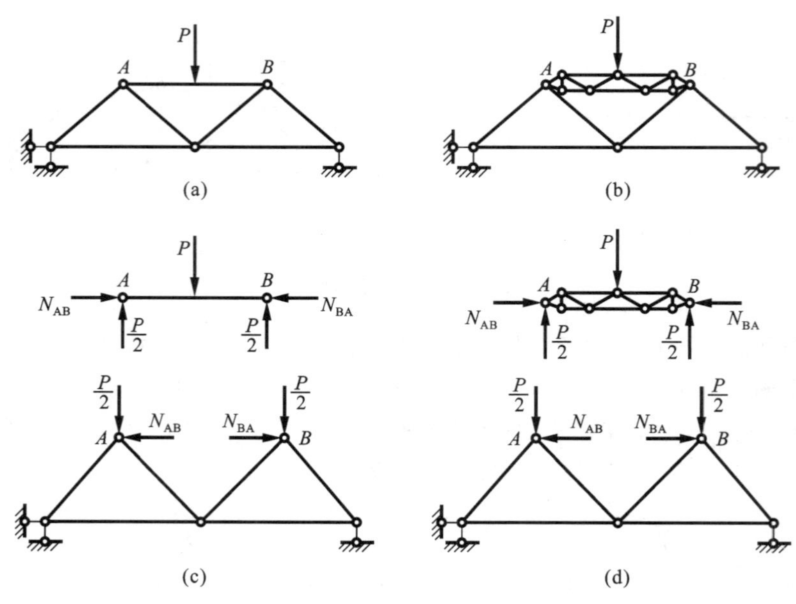

图 7.9　构造变换特性

7.3　各种结构形式的受力特点

1. 梁、拱、刚架和桁架的受力特点

前几章讨论了静定结构几种典型的结构形式：梁、刚架、拱、桁架和组合结构。这些结构形式还可以从不同角度加以分类。现举出常用的两种分类方法。

第一，将结构分为无推力结构和有推力结构。梁和梁式桁架属于前者；三铰拱、三铰刚架、拱式桁架和某些组合结构属于后者。

第二，将杆件分为链杆和梁式杆。桁架中的各杆都是链杆；多跨梁和刚架中的各杆都是梁式杆；组合结构中的杆件有的是链杆，有的是梁式杆。

链杆中只有轴力作用，没有弯矩，处于无弯矩状态。在无弯矩状态下，杆件截面上的正应力为均匀分布，能够充分利用材料的强度。梁式杆处于有弯矩状态，弯矩产生的弹性正应力在截面上为三角形分布，在中性轴附近的应力很小，没有充分利用材料的强度。因此，为了做到物尽其用，我们总是希望尽量减小杆件中的弯矩，最好是完全消除杆件中的弯矩，使之处于无弯矩状态。现在从这个角度讨论各种结构形式的特点。

(1) 在静定多跨梁和伸臂梁中，利用杆端的负弯矩可以减小跨中的正弯矩，参看第 3 章图 3.15。

(2) 在有推力结构中，利用水平推力的作用可以减少弯矩峰值。例 5.1 的三铰拱，例 4.7 的三铰刚架，例 6.5 的组合结构(该例中下弦拉杆中的拉力代替了推力的作用) 都可以说明这个结论。

(3) 在桁架中，利用杆件的铰结和合理布置以及荷载的结点传递方式，可使桁架中的各杆处于无弯矩状态。在三铰拱中，采用合理轴线可以使拱处于无弯矩状态。从力学角度来看，无弯矩状态是一种合理的受力状态，上述结构形式都是合理的结构形式。在组合结构中也有一部分杆件处于无弯矩状态。

为了对各种结构形式的力学特点进行综合比较，在图 7.10 中我们给出了几种结构形式在相同跨度和相同荷载(全跨受均布荷载 q) 作用下的主要内力的数值。

图 7.10(a) 是简支梁。跨中截面 C 的弯矩为 $M_C^0 = \frac{ql^2}{8}$。如果截面为矩形(截面高度为 h)，截面上正应力为

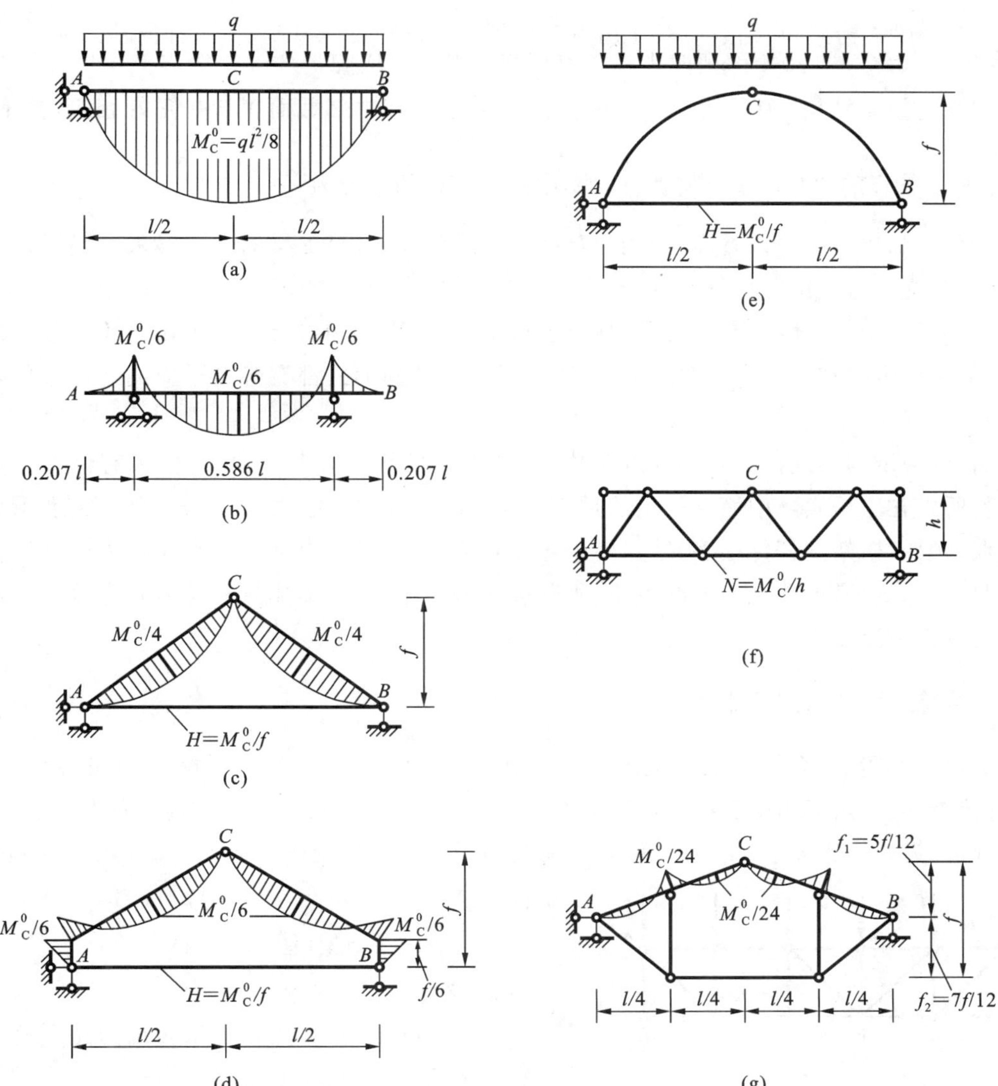

图 7.10　各种结构形式的受力比较

(a) 简支梁；(b) 伸臂梁；(c) 带拉杆的三角形三铰拱；(d) 上弦有偏心的三角形三铰拱；(e) 三铰拱；(f) 梁式桁架；(g) 下撑式组合结构

三角形分布，则在截面 C 上压应力的总和与拉应力的总和都是 $H=\dfrac{M_C^0}{\frac{2}{3}h}$。

图 7.10(b) 是伸臂梁。为了使弯矩减小，我们设法使支座负弯矩与跨中正弯矩正好相等。根据这个条件可以求出伸臂长度应为 $0.207l$。这时弯矩峰值下降为$\dfrac{1}{6}M_C^0$。

图 7.10(c) 是带拉杆的三角形三铰拱，推力为 $H=\dfrac{M_C^0}{f}$。由于推力的作用，上弦杆的弯矩峰值下降为$\dfrac{1}{4}M_C^0$。在图 7.10(d) 中，我们还使拉杆与上弦杆端部之间有一个偏心距 $e=\dfrac{f}{6}$。这样，上弦杆端部负弯矩与杆中部截面正弯矩数值正好相等，均进一步下降为$\dfrac{1}{6}M_C^0$。

图 7.10(e) 是抛物线三铰拱。由于拱轴是合理轴线，故处于无弯矩状态，推力仍为$\dfrac{M_C^0}{f}$。

图 7.10(f) 是梁式桁架。在结点荷载作用下各杆处于无弯矩状态。中间下弦杆的轴力为$\frac{M_C^0}{h}$。

图 7.10(g) 是组合结构。为了使上弦杆的结点负弯矩与杆中部截面正弯矩正好相等，故取 $f_1=\frac{5}{12}f$，$f_2=\frac{7}{12}f$。这时上弦杆的弯矩峰值下降为$\frac{1}{24}M_C^0$，中间下弦杆的轴力为$\frac{M_C^0}{f}$。

从以上的分析和比较中可以看出，在相同跨度和相同荷载下，简支梁的弯矩最大，伸臂梁、静定多跨梁、三铰刚架、组合结构的弯矩次之，而桁架以及具有合理轴线的三铰拱的弯矩为零。基于这些受力特点，在工程实际中，简支梁多用于小跨度结构；伸臂梁、静定多跨梁、三铰刚架和组合结构可用于跨度较大的结构；当跨度更大时，则多采用桁架和具有合理轴线的拱。所以不同的结构形式都有各自适应的跨度范围，这是在选择结构形式时要注意的一个问题。

另一方面，各种结构形式都有它的优点和缺点。简支梁虽然具有上述缺点，但也有许多优点，如施工简单，使用方便。所以在工程实际中简支梁仍然是广泛使用的一种结构形式。其他结构形式虽然具有某些优点，但也有其缺点，例如：桁架的杆件很多，结点构造比较复杂；三铰拱要求基础能承受推力（或者需要设置拉杆承受推力），曲线形式也增加了施工上的不便。所以选择结构形式时，不能只从受力状态这一方面去看，而必须进行全面的分析和比较。

2. 梁式桁架的形式与受力特性

在一般工程中用得较多的是梁式桁架，桁架外形不同，其受力特点也不同。现对三种最常用的梁式桁架 —— 平行弦桁架、三角形桁架和抛物线桁架在上弦结点竖向集中力（由均布荷载简化得到）作用下的受力特性进行分析。为便于比较，采用一跨度相等、荷载相同的简支梁的内力 M^0 和 Q^0［图 7.11(b)］表示桁架中杆件轴力。

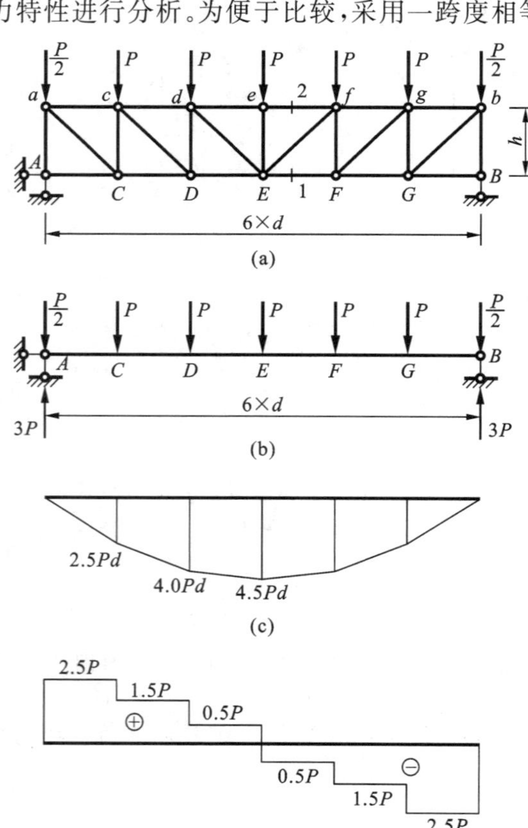

图 7.11 平行弦桁架受力特点分析

(a) 平行弦桁架；(b) 简支梁；(c) M^0 图；(d) Q^0 图

(1) 平行弦桁架［图 7.11(a)］

① 弦杆轴力

计算弦杆轴力，可用截面法写出力矩平衡方程，力矩中心取在桁架结点处。求下弦杆 1 的轴力时，力矩中心在上弦结点 f 处；求上弦杆 2 的轴力时，力矩中心在下弦结点 E 处。力臂等于桁架的高度 h。

弦杆轴力可表示为：

$$N=\pm\frac{M^0}{h} \tag{7.1a}$$

式中 M^0—— 相应简支梁对应力矩中心（即结点）位置的弯矩数值；

h—— 力臂。

下弦受拉，式中取正号；上弦受压，式中取负号。因为 h 为常数，所以弦杆轴力变化与 M^0 图成正比，即端部弦杆轴力小，中间弦杆轴力大。

② 腹杆轴力

计算腹杆轴力，可用截面法写出投影平衡方程。斜杆的竖向分力和竖杆的轴力可表示为：

$$Y=\pm Q^0 \tag{7.1b}$$

式中，Q^0 是相应简支梁中对应于桁架结间的剪力数值。

图 7.11(a) 所示桁架中斜杆受拉，取正号；竖杆受压，取负号。如果斜杆设置方向与图 7.11(a) 所示桁架相反，则竖杆受拉，斜杆受压。腹杆轴力变化与 Q^0 图成正比，即端部腹杆轴力大，中间腹杆轴力小。

(2) 三角形桁架[图 7.12(b)]

① 弦杆轴力

仍可表示为：

$$N = \pm \frac{M^0}{r} \tag{7.1c}$$

式中，M^0 分布仍如图 7.11(c) 所示，呈抛物线规律变化；r 为弦杆至力矩中心的力臂，自跨中向两端按直线规律变化。由于力臂由中间向两端减小要比 M^0 减小得快，因此，弦杆的轴力由中间向两端递增，即端部弦杆轴力大，而中间弦杆轴力小。

② 腹杆轴力

由截面法应用力矩方程可以看出，两端腹杆轴力小，中间腹杆轴力大，且斜杆是压杆，竖杆是拉杆。

(3) 抛物线形桁架[图 7.12(c)]

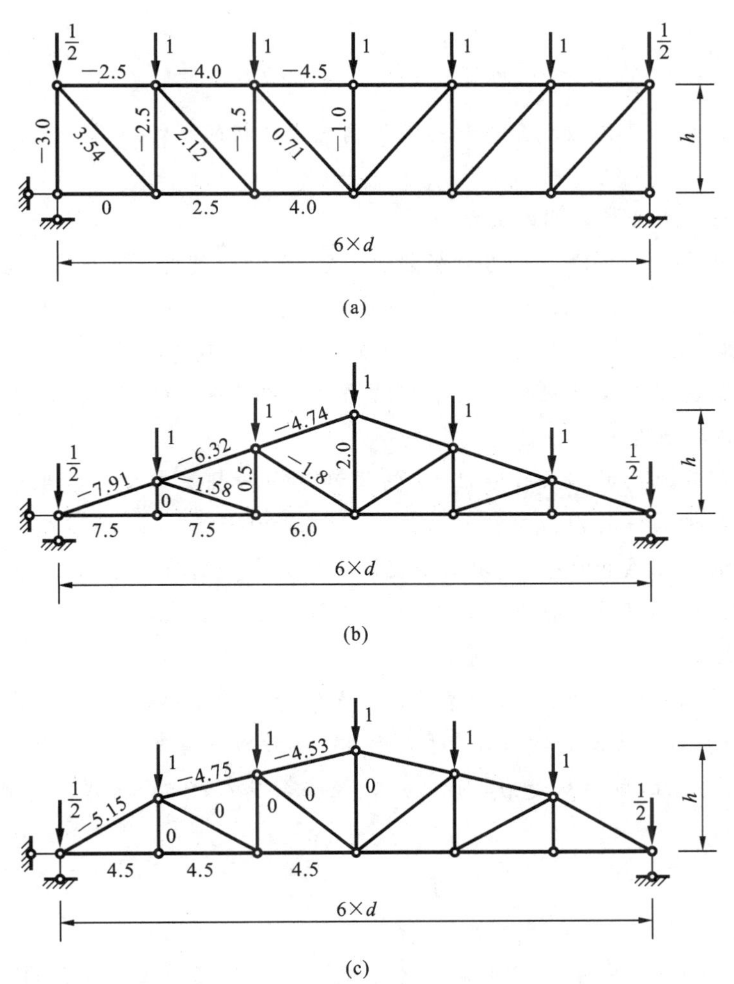

图 7.12 梁式桁架的受力比较

(a) 平行弦桁架；(b) 三角形桁架；(c) 抛物线形桁架

抛物线形桁架，因上弦结点均落在一抛物线上，竖杆的长度和相应简支梁的 M^0 图的纵坐标都是按抛物线规律变化。上弦杆水平分力和下弦杆轴力的表达式为 $N = \pm \frac{M^0}{r}$，因 M^0 和 r(竖杆长度) 的变化规律相同，因此，各节间的上弦杆水平分力和下弦杆轴力都相等。因上弦杆倾斜坡度变化不大，上弦杆的轴力也接近相等。至于腹杆，因上弦杆的水平分力与下弦杆轴力大小相等，但性质相反，故其内力全为零。

在图 7.12 中给出了三种不同梁式桁架形式在结点力作用下各杆轴力数值(取 $h = d$)，可以比较其受力特点，结论如下：

(1) 平行弦桁架　轴力分布是不均匀的，弦杆轴力中间大，两端小，因而各结间弦杆截面不统一，且增加拼接的困难。如采用相同的截面，则浪费材料。但由于平行弦桁架在构造上有许多优点，如结点构造划一、弦杆长度相等、腹杆标准化等，所以仍得到了广泛的应用。一般多用于轻型桁架，采用相同截面的弦杆而不致引起太大浪费。厂房中跨度较大的吊车梁、支撑体系和铁路桥梁等常用这种桁架。

(2) 三角形桁架　轴力分布也是不均匀的，端结点处弦杆轴力最大，且夹角很小，制作困难。但由于斜坡外形符合排水要求，因此，在跨度较小、坡度较大的屋盖中常用这种桁架，如木屋架、轻型钢屋架、钢筋混凝土斜梁和钢拉杆组成的组合屋架等。

(3) 抛物线形桁架　各杆轴力分布比较均匀，材料使用上最为经济。但上弦杆在每一结间的倾角都不同，结点构造较为复杂，施工也不方便。大跨度的屋架(18 ～ 30 m) 和桥梁(100 ～ 150 m) 常采用这种桁架。

本章小结

本章是第 2 ～ 6 章结构的几何组成分析和静定结构内力分析的总结，因此，下面只讨论各部分内容之间的几点关系。

(1) 几何组成分析与受力分析之间的关系

分别学完结构几何组成分析方法和受力分析方法之后，重要的是要把两部分内容融会贯通起来，掌握二者之间的对应关系，能够灵活地交叉应用。如：隔离体截取顺序的优选 —— 借助几何组成分析的知识，如指导受力分析方法的优选，也就是按照“后搭的先拆”这个原则，确定截取顺序。

像这种几何问题与静力问题交叉应用的例子在结构力学中是很多的，值得注意。

(2) 静定结构的基本特性与一般特性

在 7.2 节中列举了静定结构的四条普遍性质。它们都是由一条基本特性派生出来的。这个基本特性就是：在静定结构中，满足平衡条件的内力解答是存在的，而且是唯一的。

通常在学习中对解的存在性和唯一性，以及静定结构的局部平衡特性、荷载等效特性、构造变换特性等，总觉得有点抽象，不易理解。学习时应将基本特性和一般特性、理论和实际结合。

(3) 评判各种结构形式受力特性的一个基本观点

在 7.3 节中比较了梁、拱、桁架、组合结构等结构形式的受力特点，以及各种梁式桁架的受力特性。只从受力特性角度来看，一个基本观点就是要设法“材尽所用”，尽量减少弯矩峰值，尽量接近无弯矩状态。至于如何全面评价结构形式的合理性，则要从受力特性、施工、经济等多方面综合考虑才能判定。

习　　题

7.1　题7.1图(a)、(b)、(c) 所示为三种腹杆方向不同的桁架，比较腹杆受力的异同。当图中所示桁架的结点荷载移到下弦结点时，轴力有何变化?

7.2　讨论图示桁架的组成及受力特点，并求指定杆 a、b 的内力。

7.3　图示两种结构在同样荷载作用下，内力有哪些不同?

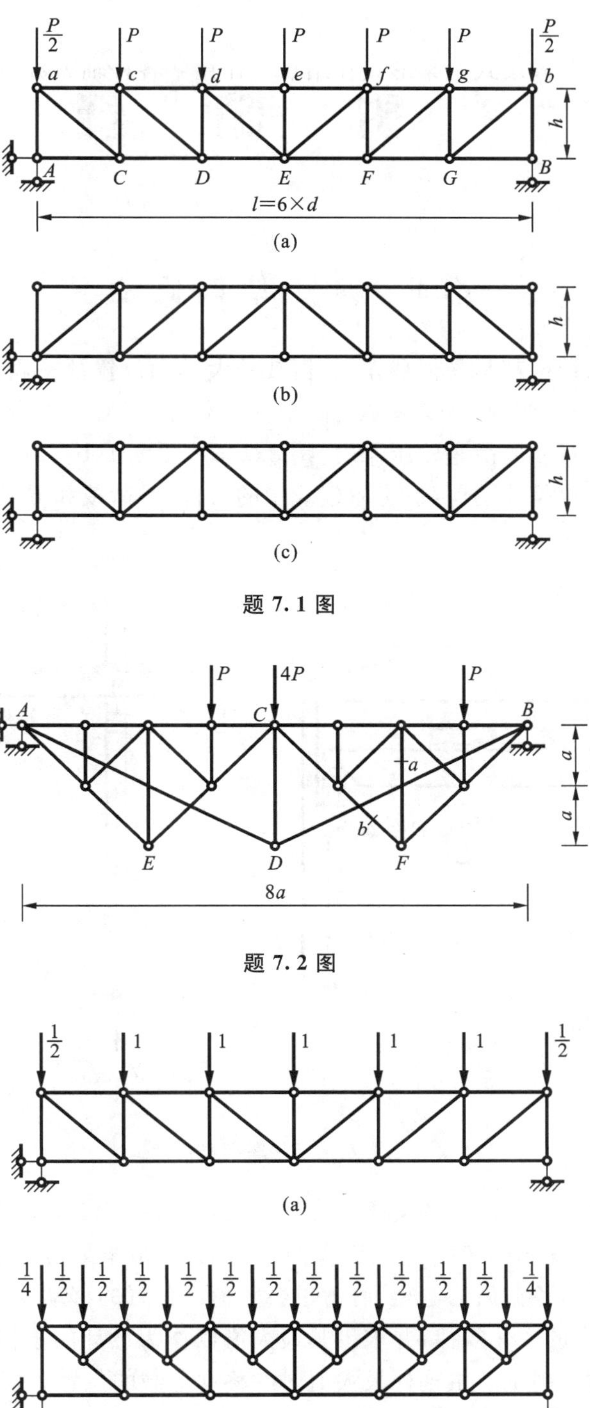

(a)

(b)

(c)

题 7.1 图

题 7.2 图

(a)

(b)

题 7.3 图

8 影 响 线

8.1 影响线的概念

在前面各章中，所讨论的结构都是受恒载作用，恒载的大小和位置都是固定不变的，因此结构的支座反力和任一截面的内力也是固定不变的。但实际结构除承受恒载外，还有可能会承受移动荷载和可变荷载。如工业厂房中的吊车梁，要承受行驶的吊车轮压作用[图 8.1(a)、图 8.1(b)]，这个荷载是移动的；公路和桥梁上行驶的汽车和列车，其轮压也是移动荷载；房屋建筑中的人群、风荷载和雪荷载等则是可变荷载，其大小和位置都是变化的。

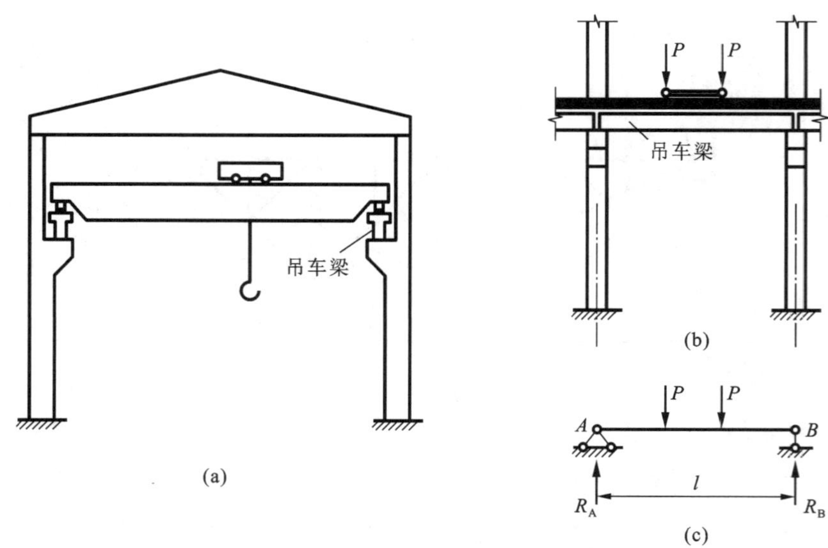

图 8.1 吊车荷载

在移动荷载和可变荷载作用下，结构的支座反力和内力都将随荷载作用点的移动或荷载分布的变化而改变。如图 8.1(c) 中，吊车轮压在吊车梁 AB 上自 A 向 B 移动时，吊车梁的支座反力 R_A 将逐渐减小，而支座反力 R_B 则将逐渐增大，相应地，各截面的弯矩、剪力也会随荷载位置的移动发生变化。因此，需研究荷载位置变化时结构的支座反力和内力的变化规律，并求出其最大值以作为设计的依据。显然，要求出某一支座反力和截面内力的最大值，必须首先确定产生这种最大值时的移动荷载的位置，这一荷载位置称为该反力和内力的最不利位置。

在实际工程中，移动荷载的类型和可变荷载的分布形式各不相同，如逐个讨论其最不利位置，将需作繁杂的计算。因此我们可利用叠加原理，将多个移动荷载视为单位移动荷载的组合，先研究单位移动荷载 $P=1$ 作用下的支座反力和内力变化的规律，然后再叠加求得多个移动荷载和可变荷载作用下结构的支座反力和内力。为了清楚起见，我们常将这种变化规律绘成曲线，称之为影响线。其定义为：当一个单位集中荷载 $P=1$ 沿结构移动时，结构上某量值 Z(如支座反力，某一指定截面的弯矩、剪力或轴力等) 变化规律的曲线，称为 Z 的影响线。下面用简例说明影响线的概念。

图 8.2(a) 所示简支梁 AB，当单位竖向荷载 $P=1$ 在梁上移动时，研究支座反力 R_B 的变化规律。取 A 点为坐标原点，用 x 作横坐标，表示移动荷载 $P=1$ 的作用位置，注意荷载作用点位置 x 是变量；用 y 作纵坐标，表示量值(R_B) 的大小。

当荷载 $P=1$ 在梁上任意位置($0\leqslant x\leqslant l$)时，利用平衡方程，可求出支座反力 R_B：

$$\sum M_A=0,\quad 1\cdot x-R_B\cdot l=0$$

$$R_B=\frac{x}{l}(0\leqslant x\leqslant l)$$

上式就是 R_B 的影响线方程，表示支座反力 R_B 的大小为 $\frac{x}{l}$，画出这个方程的图形即为影响线。因为 $\frac{x}{l}$ 是一次式，所以 R_B 的影响线是直线。只需确定直线上两点的纵坐标，即可画出该直线，如图 8.2(b) 所示。

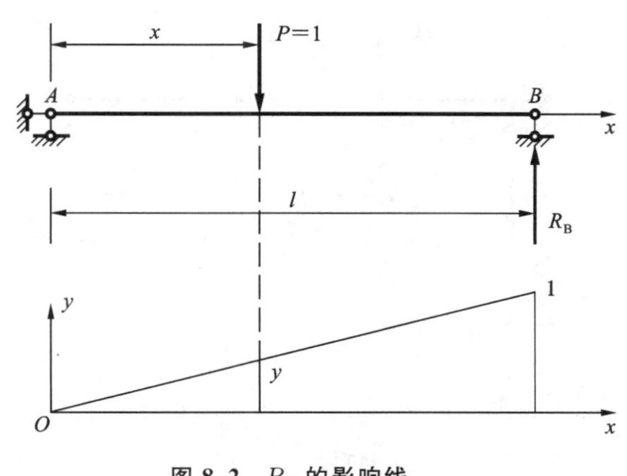

图 8.2　R_B 的影响线

图 8.2(b) 所示的影响线表明了支座反力 R_B 随荷载 $P=1$ 移动的变化规律：当荷载 $P=1$ 从点 A 开始，逐渐向点 B 移动时，支座反力 R_B 则相应地从零开始，逐渐增大，最后达到最大值 $R_B=1$。因此可以看出，某量值 Z 影响线上任一点的横坐标 x 表示荷载位置，相应的纵坐标 y 表示单位荷载 $P=1$ 作用于此点时此量值 Z 的大小。

绘制影响线图形时，正值画在基线上面，负值画在基线下面。由于 $P=1$ 无单位，因此，某量值 Z 影响线纵坐标的单位等于 Z 值的单位除以力的单位，图 8.2(b) 中 R_B 影响线的纵坐标为无单位，即纯数。

8.2　静力法作静定单跨梁影响线

确定静定结构的影响线有两种基本方法：静力法和机动法。本节通过求单跨梁的支座反力和内力影响线讲述静力法的步骤。

【扫码演示9】

1. 简支梁的影响线

(1) 支座反力影响线

仍然以图 8.2(a) 所示的简支梁为例，支座反力 R_B 的影响线已经求出，重绘于图 8.3(b)。下面求另一支座反力 R_A 的影响线。将 $P=1$ 放在任意位置，距 A 端为 x，如图 8.3(a) 所示，根据对 B 点的力矩平衡条件有：

$$\sum M_B=0,\quad R_A\cdot l-1\cdot(l-x)=0$$

得：

$$R_A=\frac{l-x}{l}\quad(0\leqslant x\leqslant l)$$

上式即为 R_A 的影响线方程。它也是 x 的一次式，即影响线为直线，确定两个点，如 $x=0$ 时，$R_A=1$；$x=l$ 时，$R_A=0$，即可绘出，如图 8.3(c) 所示。同样地，反力影响线的纵坐标是无单位的，画在上方的为正。

(2) 剪力影响线

现在绘制图 8.3(a) 所示简支梁指定截面 C 的剪力 Q_C 的影响线。当 $P=1$ 作用在 C 点以左或以右时，剪力 Q_C 的影响线方程具有不同的表示式，应当分别考虑。

当 $P=1$ 作用在 C 点以右的 CB 段时，取截面左边 AC 段为隔离体，如图 8.3(d) 所示，根据 $\sum Y=0$，求得：

$$Q_C=R_A\quad(P=1\text{ 在 }CB\text{ 段})$$

由此看出，在 CB 段内，Q_C 的影响线与 R_A 的影响线相同，可利用 R_A 的影响线作 Q_C 在 CB 段的影响线，如图 8.3(f) 所示，其中 AC 段以虚线表示，C 点的纵坐标可由比例关系求得为：$\frac{b}{l}$。

当 $P=1$ 作用在 C 点以左的 AC 段时，取截面右边 CB 段为隔离体，如图 8.3(e) 所示，根据 $\sum Y=0$，求得：

$$Q_C=-R_B\quad(P=1\text{ 在 }AC\text{ 段})$$

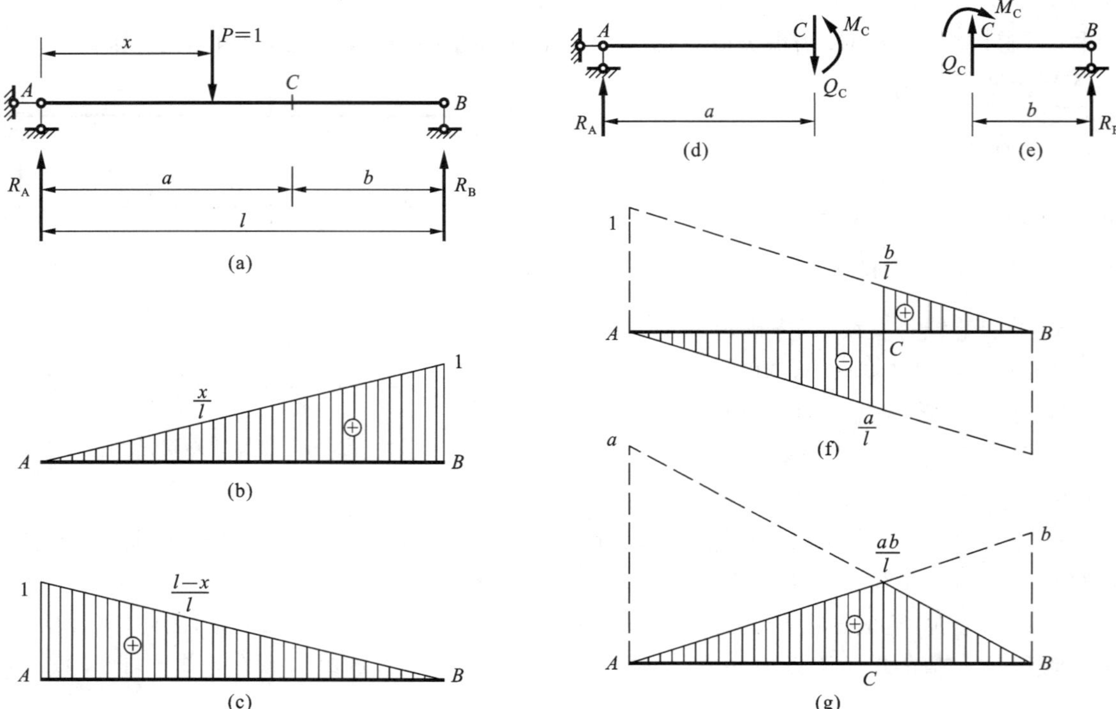

图 8.3 简支梁的影响线

(a) 简支梁；(b)R_B 影响线；(c)R_A 影响线；(d)$P=1$ 在 C 点以右时的隔离体图；(e)$P=1$ 在 C 点以左时的隔离体图；(f)Q_C 影响线；(g)M_C 影响线

说明：在 AC 段内 Q_C 的影响线与 R_B 的影响线相同，但正负号相反。因此，可利用 R_B 的影响线反向绘出，如图 8.3(f) 所示（BC 段以虚线表示），C 点的纵坐标可按比例关系求得为 $-\frac{a}{l}$。

从图 8.3(f) 可知：剪力 Q_C 影响线分成 AC 和 CB 两段，由两段平行线所组成，在 C 点形成台阶。当 $P=1$ 作用在 AC 段内任一点时，截面 C 为负号剪力；当 $P=1$ 作用在 CB 段内任一点时，截面 C 为正号剪力。当 $P=1$ 作用在 C 点左侧时，$Q_C=-\frac{a}{l}$；当 $P=1$ 作用在 C 点右侧时，$Q_C=\frac{b}{l}$。当 $P=1$ 从 C 点左侧越过 C 点移动到 C 点右侧时，剪力发生突变，突变值为 1。剪力影响线的纵坐标也是无单位的。

(3) 弯矩影响线

为求图 8.3(a) 所示简支梁指定截面 C 的弯矩 M_C 的影响线，仍将梁分为两段，考虑 $P=1$ 作用在 C 点以左和以右截面，利用图 8.3(d) 和图 8.3(e) 隔离体图分别求 M_C。

当 $P=1$ 作用在 CB 段时，以左边梁为隔离体，根据弯矩平衡条件有：

$$M_C=R_A\times a=\frac{l-x}{l}a \quad (P=1\text{ 在 }CB\text{ 段})$$

说明 M_C 影响线形状与 R_A 的影响线形状相同，但纵坐标的值应为 R_A 影响线纵坐标值 a 倍。为此，可先把 R_A 的影响线的纵坐标乘以 a 画出，然后保留其中的 CB 段，即为 M_C 在 CB 段的影响线，如图 8.3(g) 所示。这里 C 点的纵坐标按比例关系求得为$\frac{ab}{l}$。

当 $P=1$ 作用在 AC 段时，以右边梁为隔离体，根据弯矩平衡条件有：

$$M_C=R_B\times b=\frac{x}{l}b \quad (P=1\text{ 在 }AC\text{ 段})$$

因此，可以把 R_B 的影响线的纵坐标乘以 b，然后保留其中的 AC 段，就得到 M_C 在 AC 段的影响线，如图 8.3(g) 所示。这里 C 点的纵坐标按比例关系求得仍为$\frac{ab}{l}$ 。一般正的弯矩影响线画在基线的上边。

由图 8.3(g) 可见，M_C 的影响线也分成 AC 和 CB 两段，每一段都是直线，形成一个在 C 点为尖点的三角形。当 $P=1$ 在 C 点时，弯矩 M_C 为极大值，当 $P=1$ 由 C 点向梁的两端移动时，弯矩 M_C 逐渐减小到零。弯矩影响线纵坐标的单位为长度单位。

2. 伸臂梁的影响线

(1) 支座反力影响线

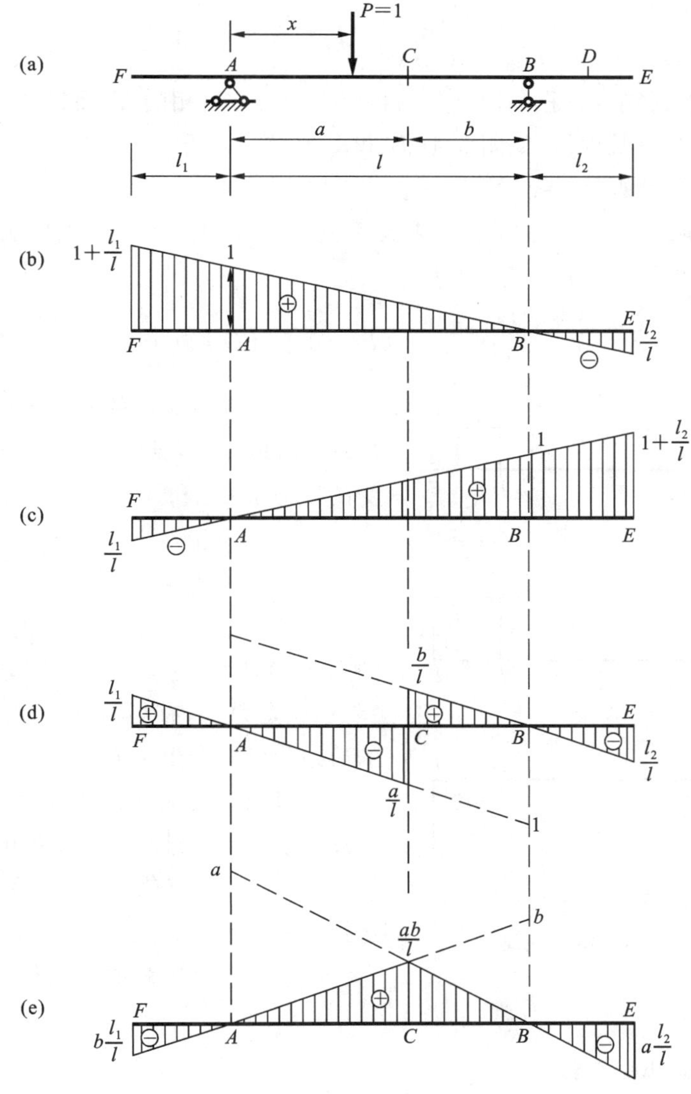

图 8.4 伸臂梁的影响线之一

(a) 伸臂梁；(b)R_A 影响线；(c)R_B 影响线；(d)Q_C 影响线；(e)M_C 影响线

有伸臂梁，如图 8.4(a) 所示，以 A 点为坐标原点，横坐标 x 以 A 向 B 为正，当 $P=1$ 作用于梁上任意一点 x 时，由平衡方程可求出支座反力 R_A 和 R_B 如下：

$$\left\{\begin{array}{ll}\sum M_B = 0, \quad R_A = \dfrac{l-x}{l} \\ \sum M_A = 0, \quad R_B = \dfrac{x}{l}\end{array}\right. \quad (-l_1 \leqslant x \leqslant l+l_2)$$

这两个支座反力影响线方程与简支梁支座反力影响线方程完全相同，只是荷载 $P=1$ 作用范围扩大了。在简支梁中，x 的变化范围为 $0 \leqslant x \leqslant l$，而在伸臂梁中则为 $-l_1 \leqslant x \leqslant l+l_2$。因此，伸臂梁支座反力的影响线仍为直线，只需将简支梁支座反力影响线的直线向两个伸臂部分延长即可，如图 8.4(b) 及图 8.4(c) 所示。

(2) AB 跨内剪力与弯矩的影响线

现求图 8.4(a) 所示伸臂梁指定截面 C 的剪力 Q_C 与弯矩 M_C 的影响线。当 $P=1$ 在截面 C 以左时，从截面右边部分上所受外力，自 B 向 C 求 Q_C 和 M_C 得：

$$\begin{cases} Q_C = -R_B \\ M_C = R_B \cdot b \end{cases} \quad (P = 1 \text{ 在 } FC \text{ 段})$$

当 $P=1$ 在截面 C 以右时，从截面左边部分上所受外力，自 A 向 C 求 Q_C 和 M_C 得：

$$\begin{cases} Q_C = R_A \\ M_C = R_A \cdot a \end{cases} \quad (P = 1 \text{ 在 } CE \text{ 段})$$

由此可知：Q_C 和 M_C 的影响线方程和简支梁的相应影响线方程相同。因而只需将相应简支梁截面 C 的剪力和弯矩影响线向伸臂部分延长即得，如图 8.4(d) 和图 8.4(e) 所示。

(3) 伸臂部分剪力和弯矩的影响线

现求图 8.4(a) 所示伸臂梁在伸臂部分指定截面 D 的剪力 Q_D 与弯矩 M_D 的影响线。当 $P=1$ 在截面的 D 以左时，因截面 D 的右边部分无外力作用，所以：

$$\begin{cases} Q_D = 0 \\ M_D = 0 \end{cases} \quad (P = 1 \text{ 在 } FD \text{ 段})$$

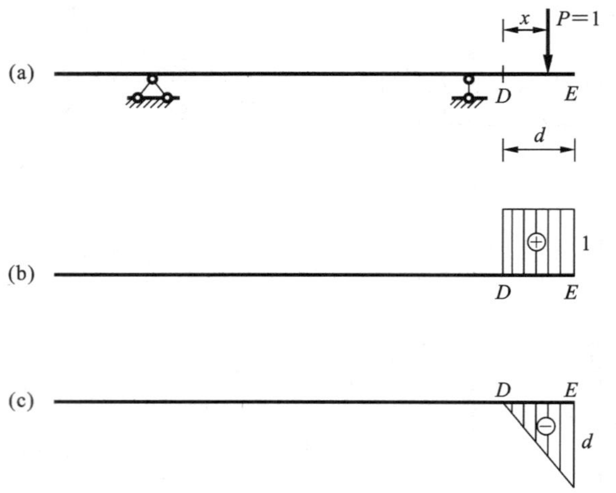

当 $P=1$ 在截面的 D 以右时，以 D 为坐标原点，x 在 D 以右时取正值，见图 8.5(a)。仍从截面的右边部分上所受的外力求 Q_D 和 M_D，得：

$$\begin{cases} Q_D = +1 \\ M_D = -x \end{cases} \quad (P = 1 \text{ 在 } DE \text{ 段})$$

由此，可作 Q_D 和 M_D 的影响线如图 8.5(b) 和图 8.5(c) 所示。这里，只有 DE 段影响线的纵坐标值不为零，也就是说，只有当荷载作用于 DE 段时，才对截面 D 的剪力和弯矩产生影响。

图 8.5　伸臂梁的影响线之二

(a) 伸臂梁；(b) Q_D 影响线；(c) M_D 影响线

通过以上简支梁和伸臂梁影响线的绘制，我们得到用静力法作静定结构某量值影响线的步骤为：

(1) 将单位荷载 $P=1$ 放在结构上的任意位置，适当选择坐标原点，以 $P=1$ 作用位置 x 为变量；

(2) 用截面法截取隔离体，通过平衡方程求出所求量值的影响线方程；

(3) 根据影响线方程画出影响线。

8.3　结点荷载作用下梁的影响线

前面讨论的影响线都是移动荷载 $P=1$ 直接作用于梁上产生的，有时结构上不直接承受移动荷载，而是由固定的结点传递下来，如图 8.6(a) 所示的桥梁结构体系，汽车荷载直接作用在纵梁上，而纵梁两端简支于横梁，横梁则又由主梁支承，因此荷载通过纵梁下面的横梁传给主梁，即主梁只在横梁处(即 A、C、E、F、B 等结点处) 承受变化的集中力，也即主梁承受的是结点荷载。

下面通过主梁弯矩 M_D 的影响线说明在结点荷载下影响线的特点和作法。如果荷载 $P=1$ 直接作用于主梁，那么 M_D 的影响线如图 8.6(c) 所示。

先看当 $P=1$ 沿纵梁移动作用于各结点 C、E、F 时影响线的特点。此时，相当于 $P=1$ 直接作用于主梁的结点，即结点荷载与直接荷载的影响线纵坐标完全相同。所以，直接荷载作用下 M_D 影响线中 y_C、y_E 和 y_F 即为结点荷载作用下 M_D 影响线的纵坐标。

再来看当 $P=1$ 作用于纵梁的任一结间时影响线的特点。如 $P=1$ 作用在 C 和 E 之间，$P=1$ 到 C 点的距离以 x 表示，则纵梁的反力，即作用在主梁上的结点力[图 8.6(b)]为：

$$Y_C=\frac{d-x}{d},Y_E=\frac{x}{d}$$

当 $P=1$ 作用在 C 点时，引起的 D 截面的弯矩为：$M_D=y_C$；当 $P=1$ 作用在 E 点时，引起的 D 截面的弯矩为：$M_D=y_E$。当 $P=1$ 距 C 点为 x 时，主梁在 C 点的荷载为$\frac{d-x}{d}$；在 E 点的荷载为$\frac{x}{d}$，由叠加原理可得：

$$M_D=Y_C y_c+Y_E y_E=\frac{d-x}{d}y_C+\frac{x}{d}y_E$$

上式为 x 的一次式。由此可知，在结点荷载作用下，M_D 影响线在 CE 段为一直线。因此，将直接荷载作用下 M_D 影响线在结点处的纵坐标连以直线，即得到结点荷载作用下的 M_D 影响线，如图 8.6(d) 所示。

y_C 和 y_E 的纵坐标值可由直接荷载影响线顶点纵坐标的比例关系求得。直接荷载作用下 M_D 影响线顶点的纵坐标为：

$$\frac{ab}{l}=\frac{\frac{3}{2}d\times\frac{5}{2}d}{4d}=\frac{15}{16}d$$

所以

$$y_C=\frac{15}{16}d\times\frac{2}{3}=\frac{5}{8}d$$

$$y_E=\frac{15}{16}d\times\frac{4}{5}=\frac{3}{4}d$$

由以上分析可知，在结点荷载作用下，结构支座反力或内力的影响线有以下两个特点：在结点处，结点荷载与直接荷载的影响线纵坐标相同；在相邻两结点之间，影响线为一直线。据此，可得到在结点荷载作用下作影响线的一般步骤如下：

(1) 先作在直接荷载作用下有关量值的影响线，并用虚线表示；

(2) 用直线（以实线表示）连接相邻结点处的纵坐标，就得到结点荷载作用下相应量值的影响线。

根据上述步骤可作 Q_D 的影响线如下：

(1) 先作直接荷载作用下 Q_D 的影响线，如图 8.6(e) 中虚线所示；

(2) 在各相邻结点的纵坐标之间连以直线，即得结点荷载作用下 Q_D 的影响线，如图 8.6(e) 中实线所示。

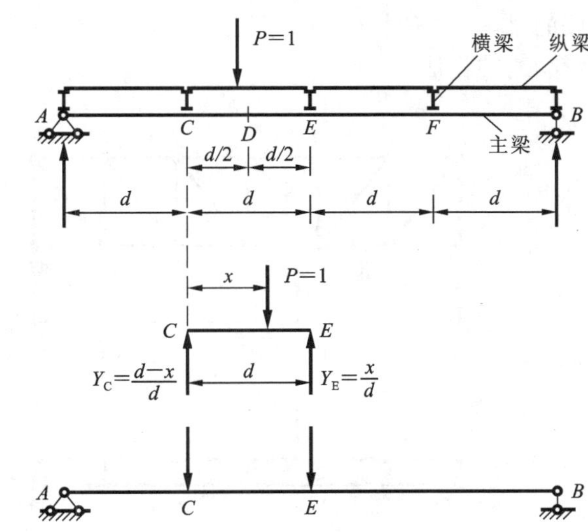

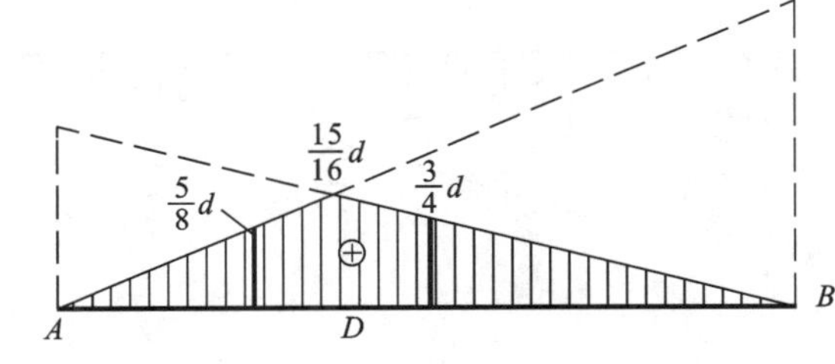

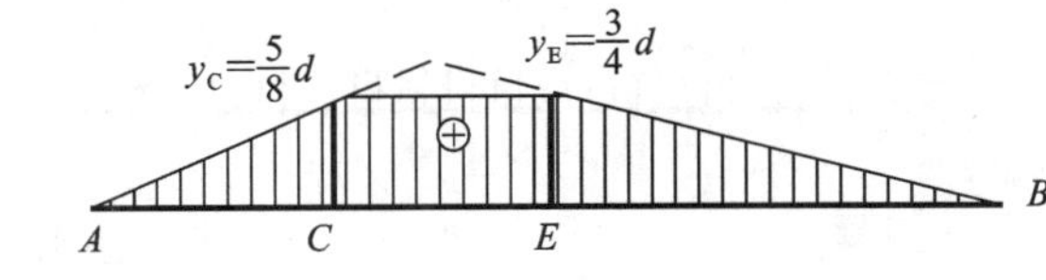

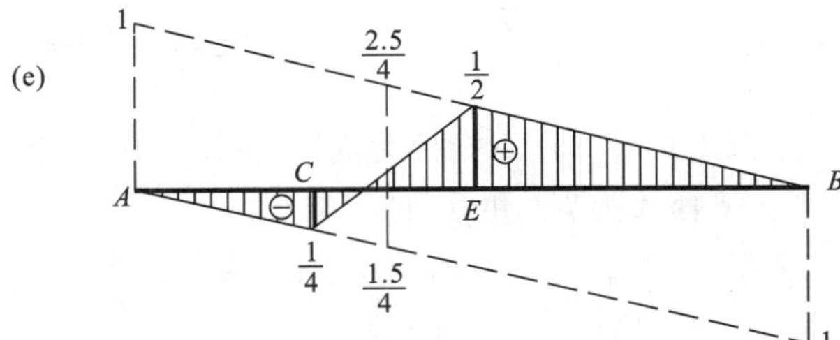

图 8.6 结点荷载影响线

(a) 纵横梁布置；(b) 横梁力传递过程；(c) 直接荷载 M_D 影响线；(d) 结点荷载 M_D 影响线；(e) Q_D 影响线

由图 8.6(a) 可以看出，当 $P=1$ 作用在结间 CE 时，主梁在 CE 之间没有直接作用的外力，因而 CE 段各截面剪力都相等，通常称为结间剪力，以 Q_{CE} 表示。再由图 8.6(e)Q_D 的影响线可以看出，如果截面 D 的位置在 CE 之间变化，尽管直接荷载的 Q_D 的影响线（虚线所示）有所变化，但结点荷载的 Q_D 的影响线（实线所示）

一直是不变的。与直接从图 8.6(a) 观察所得结果是一样的。

8.4 静力法作桁架影响线

桁架结构也有影响线问题，如图 8.7(a) 所示平行弦桁架，设单位荷载 $P=1$ 沿桁架下弦移动，试作各杆轴力的影响线。由于桁架只考虑承受结点荷载，因此荷载 $P=1$ 的传递方式犹如图 8.7(b) 所示的承受结点荷载的梁，该梁称为桁架的等代梁。因此，当绘制静定桁架各杆内力的影响线时，可以利用结点荷载作用下梁的影响线的作法。

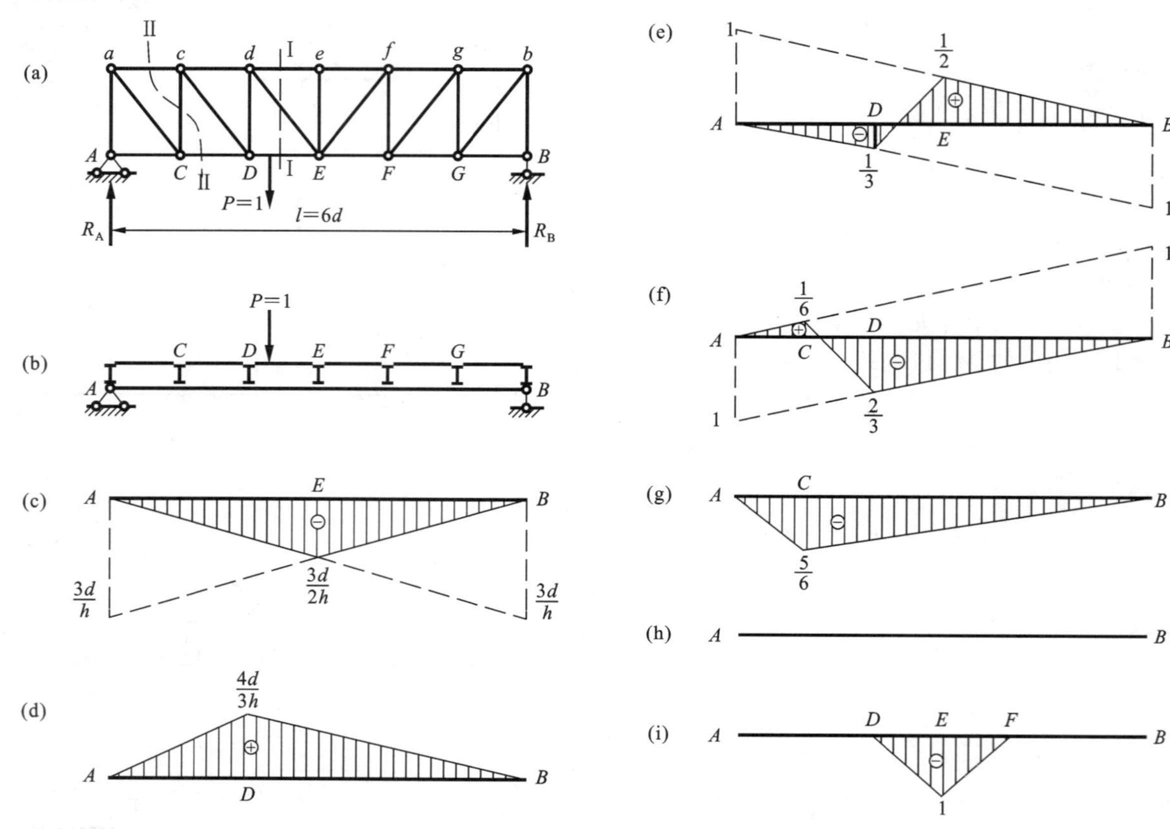

图 8.7 桁架的影响线

(a) 桁架；(b) 等代梁；(c) N_{de} 影响线；(d) N_{DE} 影响线；(e) Y_{dE} 影响线；(f) N_{cC} 影响线（下承）；(g) N_{cC} 影响线（上承）；(h) N_{eE} 影响线（下承）；(i) N_{eE} 影响线（上承）

现以图 8.7(a) 所示桁架为例，说明作桁架影响线的静力法，其基础仍然是截面法和结点法。

(1) 支座反力 R_A 和 R_B 的影响线

桁架支座反力 R_A 和 R_B 的影响线与简支梁支座反力 R_A 和 R_B 的影响线相同，图中没有画出。

(2) 上弦杆轴力 N_{de} 的影响线

首先需求荷载 $P=1$ 移动时 N_{de} 的大小，即影响线方程。作截面 Ⅰ—Ⅰ，如荷载 $P=1$ 在 D 点的左边，取截面 Ⅰ—Ⅰ 的右边部分为隔离体，以 E 为力矩中心，利用力矩平衡方程有：

$$\sum M_E = 0,\quad R_B \times 3d + N_{de} \times h = 0$$

得：

$$N_{de} = -\frac{3d}{h} R_B \tag{a}$$

如单位荷载 $P=1$ 在 E 点的右边，取截面 Ⅰ—Ⅰ 的左边部分为隔离体，仍以 E 为力矩中心，利用力矩平衡方程有：

$$\sum M_E = 0,\quad R_A \times 3d + N_{de} \times h = 0$$

得：

$$N_{de} = -\frac{3d}{h} R_A \tag{b}$$

如单位荷载 $P=1$ 在 D、E 之间，利用上节结点荷载作用下梁的影响线性质可知，轴力 N_{de} 的影响线在结点之间为直线，连接影响线上 D、E 两点的纵坐标即可。利用式(a) 作 R_B 的影响线，并将纵坐标乘以$\frac{3d}{h}$，因为是负值，画于基线以下，取 D 以左一段。又利用式(b) 作 R_A 的影响线，将它的纵坐标乘以$\frac{3d}{h}$，画于基线以下，取 E 以右一段。再将 DE 两点纵坐标连以直线，得到三角形的 N_{de} 影响线，如图 8.7(c) 所示。

式(a) 和式(b) 也可以合并为一个式子，用相应的简支梁在结点 E 的弯矩 M_E^0 表示：

$$N_{de} = -\frac{M_e^0}{h} \tag{c}$$

M_E^0 影响线是以 E 点为顶点的三角形，E 点的纵坐标为$\frac{ab}{l}$，则 N_{de} 影响线顶点的纵坐标为：

$$-\frac{ab}{lh} = -\frac{3d \times 3d}{6d \times h} = -\frac{3d}{2h}$$

(3) 下弦杆轴力 N_{DE} 的影响线

仍用截面 Ⅰ—Ⅰ，以结点 d 为力矩中心，由力矩方程 $\sum M_d = 0$ 得：

$$N_{DE} = \frac{M_D^0}{h} \tag{d}$$

即 N_{DE} 的影响线可由相应简支梁在结点 D 的弯矩影响线求得，N_{DE} 影响线的形状仍是三角形，顶点纵坐标是 M_D^0 纵坐标除以 h，即$\frac{ab}{lh} = \frac{2d \times 4d}{6d \times h} = \frac{4d}{3h}$，如图 8.7(d) 所示。

(4) 斜杆 dE 轴力的竖向分力 Y_{dE} 的影响线

仍用截面 Ⅰ—Ⅰ，以投影方程 $\sum Y = 0$，求 Y_{dE}。当单位荷载在 D 点以左时，取截面 Ⅰ—Ⅰ 右边，列平衡方程为：

$$\sum Y = 0,\quad Y_{dE} = -R_B \tag{e}$$

当单位荷载在 E 点以右时，取截面 Ⅰ—Ⅰ 左边，列平衡方程为：

$$\sum Y = 0,\quad Y_{dE} = +R_A \tag{f}$$

当单位荷载在结点 D、E 之间时，影响线为直线。因此 Y_{dE} 的影响线如图 8.7(e) 所示，D、E 两点的纵坐标可根据比例关系确定。

Y_{dE} 的影响线也可利用相应简支梁在结点荷载下结间 DE 的剪力Q_{DE}^0 求出，因为

$$Y_{dE} = +Q_{DE}^0 \tag{g}$$

因此，Y_{dE} 的影响线也就是结间剪力Q_{DE}^0 的影响线。

(5) 竖杆轴力N_{cC} 的影响线

作截面 Ⅱ—Ⅱ，列投影方程 $\sum Y = 0$，可求N_{cC}，以相应简支梁节间剪力Q_{CD}^0 表示有：

$$\sum Y = 0,\quad N_{cC} = -Q_{CD}^0 \tag{h}$$

于是，可根据结间剪力影响线，符号相反，作出N_{cC} 影响线，如图 8.7(f) 所示。

(6) 竖杆轴力N_{eE} 的影响线

由于单位荷载 $P=1$ 仅在下弦杆移动，因此由结点 e 平衡可知，eE 杆为零杆，其影响线为基线，如图 8.7(h) 所示。

如果单位荷载 $P=1$ 在桁架的上弦杆移动，则上弦杆、下弦杆和斜杆竖向分力（N_{de}、N_{DE}、Y_{dE}）的影响线

不会发生变化，仍然如图 8.7(c)、图 8.7(d)、图 8.7(e) 所示。但竖杆的影响线则会变化。

当 $P=1$ 在上弦移动时，N_{cC} 的影响线方程[图 8.7(a) Ⅱ—Ⅱ 截面] 为：

$$N_{cC}=-Q_{ac}^{0}$$

即 N_{cC} 的影响线应按相应简支梁结间剪力 Q_{ac}^{0} 的影响线作出，但正负号相反，如图 8.7(g) 所示。

当 $P=1$ 在上弦移动时，N_{eE} 的影响线可由结点 E 的平衡方程求出。此时，如果 $P=1$ 作用在结点 E，$N_{eE}=-1$，如果 $P=1$ 作用在其他结点，则 $N_{eE}=0$，因为影响线在结点之间是直线，因此 N_{eE} 的影响线如图 8.7(i) 所示，是一个三角形。

由以上分析可知，作桁架影响线时，应注意区分桁架是下弦承载(简称下承) 还是上弦承载(简称上承)。

8.5 机动法作静定梁的影响线

【扫码演示10】

作静定结构支座反力和内力的影响线，除采用静力法外，还可采用机动法。机动法作静定结构的影响线是以刚体体系的虚功原理(虚位移原理) 为基础，把作支座反力或内力影响线的静力问题转化为作刚体位移图的几何问题。其优点是可以不经过计算就能得到影响线的轮廓，从而快速地确定荷载的最不利位置。此外，也可以用它来校核静力法的影响线。

1. 刚体体系的虚功原理

刚体体系的虚功原理将在第 9 章详细讨论，这里仅介绍基本概念以及在作影响线时的应用。刚体体系在任意平衡力系作用下，体系上所有主动力在任意与约束条件相符合的无限小刚体位移上所做的虚功总和恒等于零，即 $W_{e}=0$，称为刚体体系的虚功原理。

注意，这里所说体系上作用的任意平衡力系(简称为平衡力系)，与约束条件相符合的无限小刚体位移(简称为几何可能位移)，是两种独立的状态，即位移状态中的位移不是由力状态中的力产生的。

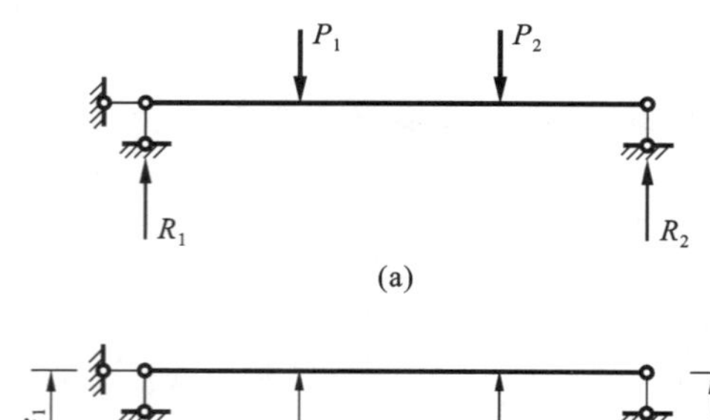

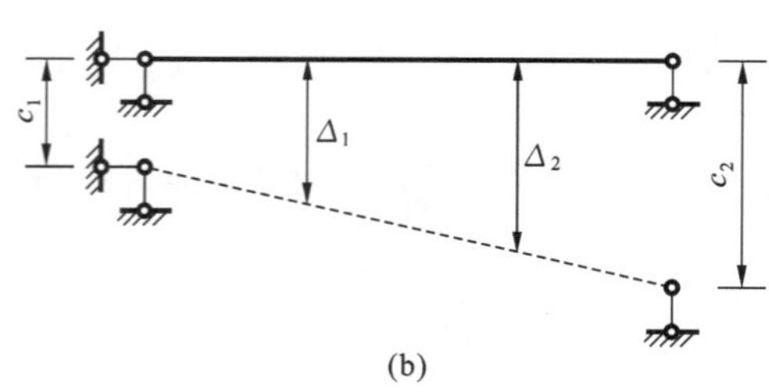

图 8.8　虚功原理

(a) 平衡力系；(b) 刚体位移

图 8.8(a) 为简支梁上作用的一组平衡力系，主动力包括荷载以及撤除约束(包括支座) 处与约束相应的约束力(包括支座反力)。图 8.9(b) 显示了简支梁由于支座沉陷而产生的刚体位移。它们是两个彼此无关的状态，即状态 8.9(b) 的支座沉陷并不是由状态 8.9(a) 的力产生的。根据虚功原理，图 8.8(a) 的平衡力系在图 8.8(b) 的位移状态下所做的虚功为零，即：

$$W_{e}=P_{1}\Delta_{1}+P_{2}\Delta_{2}+R_{1}c_{1}+R_{2}c_{2}=0$$

更一般地，我们可表达为：

$$\sum P_{i}\Delta_{i}+\sum R_{K}c_{K}=0$$

式中　P_i—— 体系所受荷载；

R_K—— 体系的约束力；

Δ_i—— 与 P_i 相应的位移，与力 P_i 方向一致时，乘积 $P_i\Delta_i$ 为正；

c_K—— 与 R_K 相应的位移，与力 R_K 方向一致时，乘积 R_Kc_K 为正。

2. 机动法作影响线

如欲求图 8.9(a) 支座反力 $Z(R_B)$ 的影响线，首先解除 Z 的约束，即去掉支杆 B，然后代以未知力 Z[图 8.9(b)]，此时体系有了一个自由度。给体系沿 Z 方向一个虚位移 δ_Z，以与 Z 方向一致为正，使梁绕 A 点做微小转动，在单位力 $P=1$ 处也将产生向上的位移 δ_P，也是以与 $P=1$ 方向一致为正，由于 $P=1$ 向下为正，故 δ_P 也以向下为正。列出虚功方程如下：

$$Z\delta_Z + P\delta_P = 0 \tag{8.1}$$

由于 $P = 1$，由式(8.1)可得：

$$Z = -\frac{\delta_P}{\delta_Z} \tag{8.2}$$

当 $P = 1$ 移动时，位移 δ_P 也随 $P = 1$ 的位置变化，是荷载位置参数 x 的函数，而 δ_Z 则与 x 无关，是一常数。因此式(8.2)可表示为：

$$Z(x) = -\frac{\delta_P(x)}{\delta_Z} \tag{8.3}$$

这里，$Z(x)$ 表示 Z 随单位荷载 $P = 1$ 位置 x 变化的规律，即是 Z 的影响线；δ_P 是 $P = 1$ 作用点的竖向位移[图 8.9(b)]。由式(8.3)可知，Z 的影响线纵坐标与荷载 $P = 1$ 作用点的竖向位移成正比，或者说，由 δ_P 图可得出的影响线的形状。为了简化起见，常令 $\delta_Z = 1$，则 Z 的影响线在数值上等于 δ_P 图，如图 8.9(c)所示。

这里，影响线的纵坐标的正负号可规定如下：当 δ_Z 为正值时，由式(8.3)可知，Z 与 δ_P 的符号正好相反。因 δ_P 以向下为正，即在横坐标轴的下方 δ_P 值为正，Z 值为负；在横坐标轴的上方 δ_P 值为负，Z 值为正。

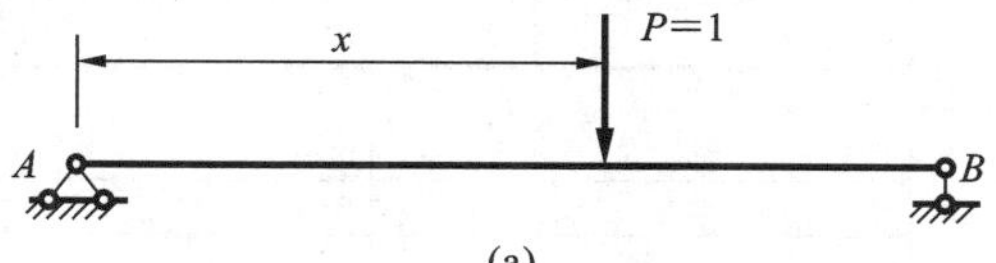

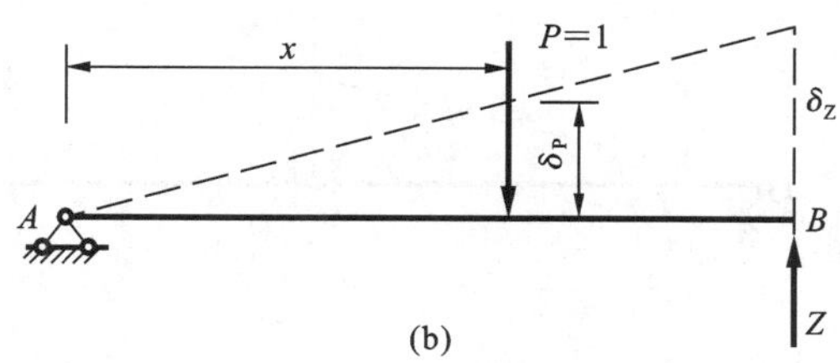

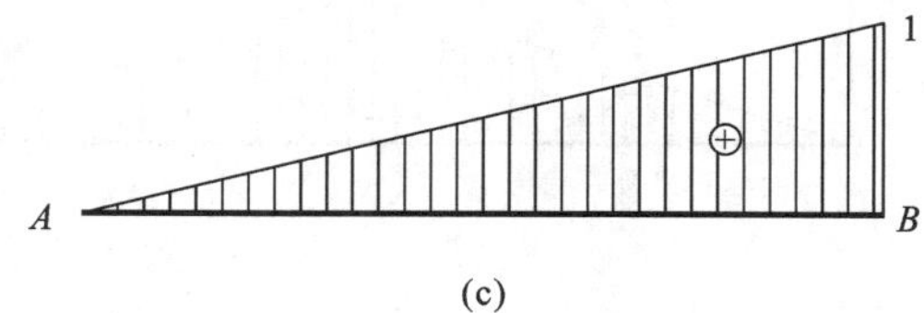

图 8.9 虚功原理作影响线

(a) 简支梁；(b) 与 Z 相应的虚位移；(c) R_B 影响线

因此，机动法作静定结构支座反力或内力 Z 的影响线的步骤归纳如下：

(1) 撤去与 Z 相应的约束，代之以未知力 Z。

(2) 使体系沿 Z 的正方向发生位移，作出荷载作用点的竖向虚位移图(即 δ_P 图)，可定出影响线的形状。

(3) 再令 $\delta_Z = 1$，可进一步定出影响线各纵坐标的数值。

(4) 横坐标轴以上的图形，影响线纵坐标取正号；横坐标轴以下的图形，则取负号。

【例 8.1】 用机动法作图 8.10(a)所示简支梁 C 点的弯矩和剪力的影响线。

【解】

(1) 弯矩 M_C 的影响线

撤去截面 C 处与弯矩 M_C 相应的约束(即在截面 C 处改为铰结)，代以一对大小相等、方向相反，使下边受拉的力偶 M_C，如图 8.10(b)所示，这时铰 C 两侧的刚体可以相对转动。

给体系沿 M_C 的方向以虚位移 δ_Z，如图 8.10(b)所示。写出虚功方程如下：

$$M_C\delta_Z + P\delta_P = 0$$

δ_Z 是与 M_C 相应的铰左右两侧截面的相对转角，利用 δ_Z 可以确定位移图中的纵坐标。因 δ_Z 是微小转角，可求得 $BB_1 = \delta_Z b$。由几何关系得 C 点竖向位移为 $\frac{ab}{l}\delta_Z$，据此可绘出 M_C 影响线的形状，如图 8.10(b)所示。令位移 $\delta_Z = 1$，可得 M_C 影响线纵坐标的数值，C 点的纵坐标为 $\frac{ab}{l}$，因此，M_C 影响线如图 8.10(c)所示。

(2) 剪力 Q_C 的影响线

撤去截面 C 处与剪力 Q_C 相应的约束(即将截面 C 用平行链杆连接，使截面 C 能产生相对竖向位移，而不能发生相对转动和水平移动)，代以一对大小相等方向相反的正剪力 Q_C，得图 8.10(d)所示具有一个自由度的机构。

给体系沿 Q_C 方向以虚位移，即 AC 杆变形至 AC_1、BC 杆变形至 BC_2，且 $AC_1 \parallel BC_2$，切口方向的相对竖向位移即为 δ_Z，如图 8.10(d)所示。令 $\delta_Z = 1$，可得 Q_C 影响线，如图 8.10(e)所示。显然 Q_C 影响线由左右两平行直线组成。由几何关系可得各控制点的纵坐标值。Q_C 影响线在坐标轴以上取正号，在坐标轴以下取负号。

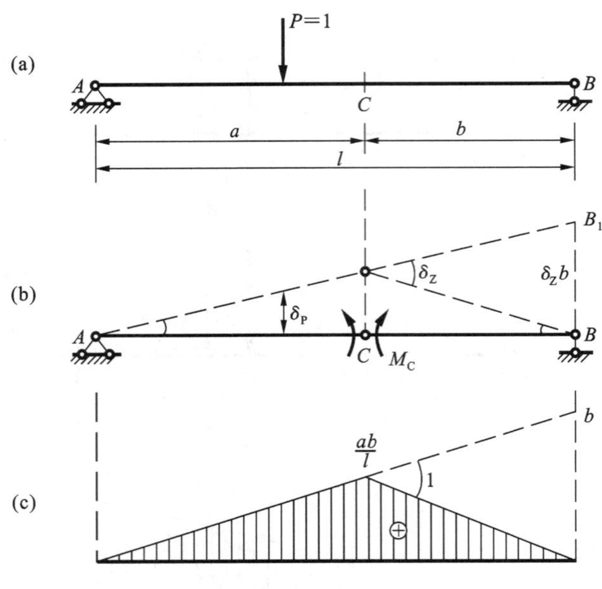

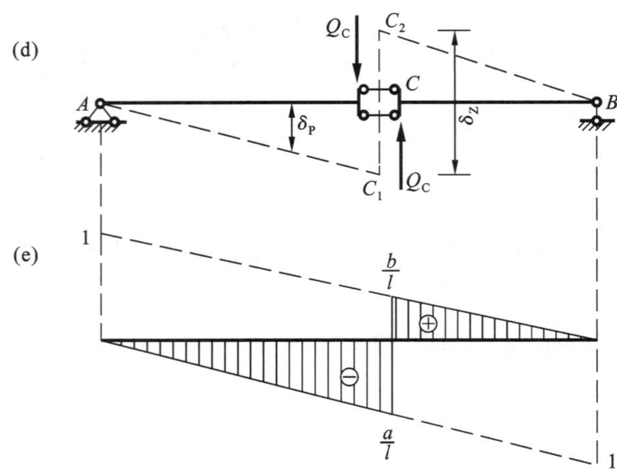

图 8.10　机动法作简支梁的影响线

(a) 简支梁；(b)M_C 相应的虚位移；(c)M_C 影响线；(d)Q_C 相应的虚位移；(e)Q_C 影响线

【例 8.2】 用机动法作图 8.11(a) 所示静定多跨梁 M_B、Q_F、R_B、Q_C 及 M_G 的影响线。

【解】

用机动法作静定多跨梁的支座反力和内力的影响线原理与步骤与简支梁相同，只是应注意撤去约束后虚位移的变形特点。静定多跨梁通常由基本部分和附属部分组成，当撤去附属部分某量的约束后，体系只在附属部分发生虚位移，基本部分则不会运动。但当撤去基本部分某量的约束后，则在基本部分和附属部分均能发生虚位移。

(1) M_B 影响线

撤去与 M_B 相应的约束，即将梁在支杆上 B 的刚结改为铰结，代以一对力偶 M_B。这时刚片 AB 与基础有一铰和一支杆相连，几何不变，不能发生虚位移；刚片 BC 可绕铰 B 相对转动 δ_Z；D 点处有支杆，不能发生竖向位移，但刚片 CDE 可绕 D 转动，得到位移图 δ_P，如图 8.11(b) 中虚线所示。转动后铰 C 竖向位移至 C'，CC' 的纵坐标为 $2\delta_Z$。令 $\delta_Z=1$，得到 M_B 影响线，如图 8.11(c) 所示。由比例关系可得影响线图中 C 点的纵坐标为2 m，E 点的纵坐标为 1 m。在横坐标轴以上图形为正号，以下为负号。

(2) Q_F 影响线

在截面 F 处撤除抗剪力约束，使 F 左右两侧截面发生与剪力正方向一致的相对竖向错动虚位移 δ_Z，产生 δ_P 图(为简略，不再画 δ_P 图)。此时，基本部分与附属部分均有虚位移，由于各支座位移为零，即 A 点、B 点和 D 点的位移为零。当截面 F 相对错开后，左右两侧杆 AF' 和 $F''B$ 将为平行线，由于 FBC 为刚片，C 点将位移至 C'；CDE 是刚片，E 点将位移至 E'。如令 $\delta_Z=1$，即 $F'F''=1$。根据比例关系，可确定各点的纵坐标，得 Q_F 影响线，如图 8.11(d) 所示。

(3) R_B 影响线

撤去与支座反力 R_B 相应的约束(即支杆 B)，使其发生向上的竖向位移(与支座反力 R_B 的正方向一致)。支座 A 点、D 点位移为零，由于 ABC 是一刚片，将绕 A 点转动，使 C 点位移至 C' 点；CDE 也是一刚片，绕 D 点转动，E 点位移至 E' 点，得到 δ_P 图。令 B 点的位移 $\delta_Z=1$(即 $BB'=1$)，便得到影响线。由比例关系，可求得各点的纵坐标，如图 8.11(e) 所示。

(4) Q_C 影响线

在铰 C 截面撤除抗剪力约束，令 C 左右两侧截面沿剪力正方向发生竖向错动，此时 C 的左边属于基本部分，ABC 不能动，只有 C 的右边刚片有位移，CDE 将绕支点 D 做顺时针转动，得到 δ_P 图。令 δ_P 图中 C 点的相对竖向位移 $\delta_Z=1$，即 $CC'=1$。由比例关系即可得 δ_P 图各点纵坐标，即 Q_C 影响线，如图 8.11(f) 所示。Q_C 影响线在基本部分 ABC 为零。

(5) M_G 影响线

在截面 G 处将刚结改为铰结，令 G 左右两侧截面的刚片 GC 和 GDE 发生沿截面正弯矩方向的相对转动，

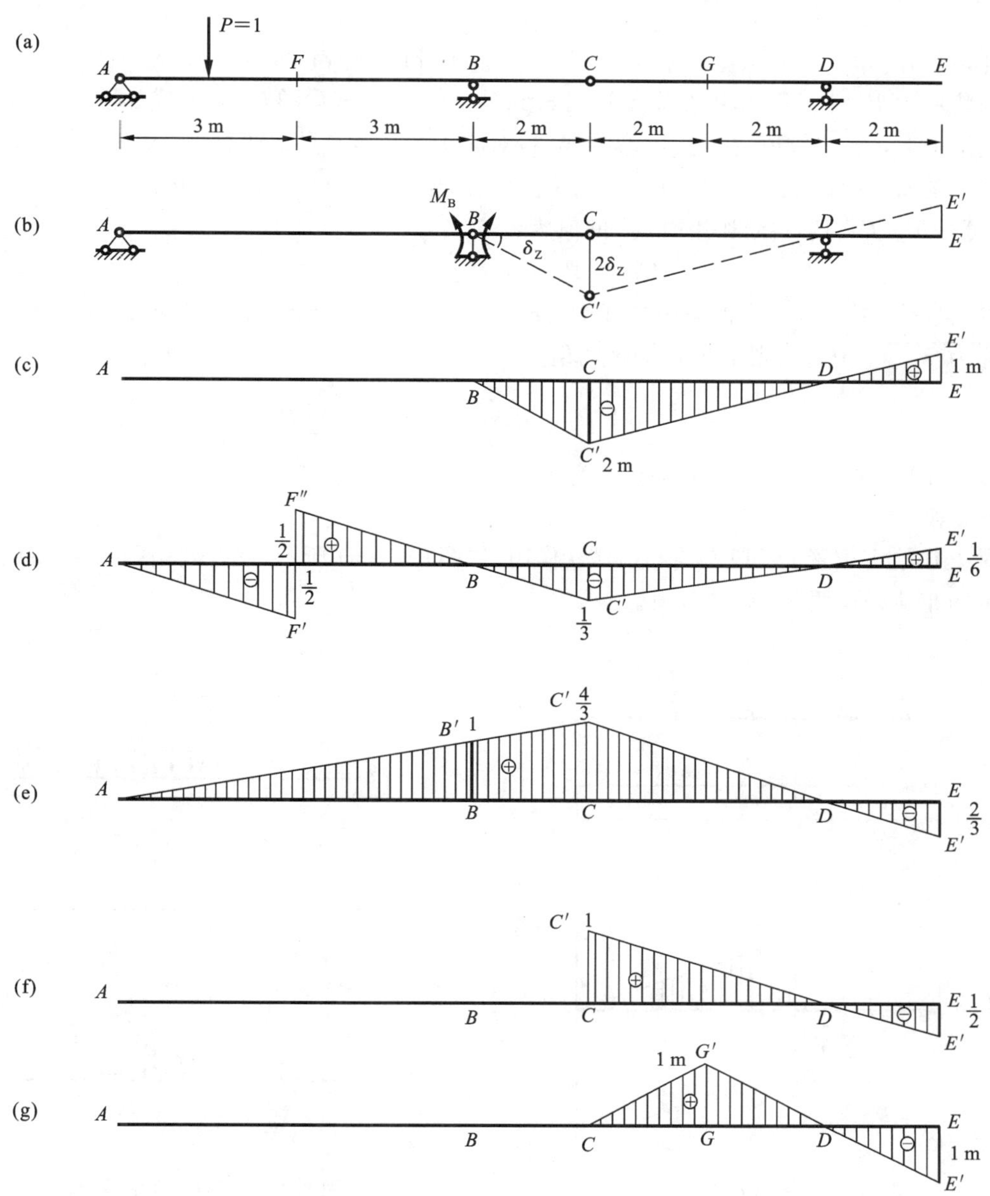

图 8.11　例 8.2 图

(a) 静定多跨梁；(b) 与 M_B 相应的虚位移；(c)M_B 影响线；

(d)Q_F 影响线；(e)R_B 影响线；(f)Q_C 影响线(g)M_G 影响线

得到 δ_P 图。此时，铰 C 左边为基本部分，不能动。GC 和 GDE 的相对转角为 δ_Z，令 $\delta_Z = 1$，即 $GG' = 1$ m。由比例关系可得各点的纵坐标，即 M_G 影响线，如图 8.11(g) 所示。M_G 影响线在 ABC 部分为零。

8.6　影响线的应用

影响线研究移动荷载作用时结构内力的变化，工程中主要用它来确定移动荷载作用时对某量值的最不利影响。因此需要解决两个问题：(1) 当移动荷载在结构上位置确定时，如何利用影响线求量值的大小；(2) 确定移动荷载对量值的最不利位置。

1. 计算影响量值

影响线是单位荷载 $P = 1$ 作用下结构某处的内力或反力，因此，可根据叠加原理，求一般荷载作用下的影响量值。

(1) 一组集中力

设有一组集中力 P_1、P_2、P_3 作用在简支梁图 8.12(a) 上，已知该梁的 Q_C 影响线如图 8.12(b) 所示，欲求在 P_1、P_2、P_3 作用下，Q_C 的数值。在 Q_C 的影响线中，对应于各荷载点的纵坐标 y_1、y_2、y_3 代表 $P=1$ 在相应位置作用时产生的 Q_C。因此，由 P_1 产生的 Q_C 为 P_1y_1，由 P_2 产生的 Q_C 为 P_2y_2，由 P_3 产生的 Q_C 为 P_3y_3，根据叠加原理，可得 P_1、P_2、P_3 共同作用时 Q_C 的值为：

$$Q_C = P_1y_1 + P_2y_2 + P_3y_3$$

一般来说，设有一组位置固定的集中荷载 P_1、P_2、…、P_n 作用于结构，结构某量 Z 的影响线在各荷载作用点的纵坐标为 y_1、y_2、…、y_n，则 Z 的影响量的值为：

$$Z = P_1y_1 + P_2y_2 + \cdots + P_ny_n = \sum_{i=1}^{n} P_iy_i \tag{8.4}$$

上式中，P_i 向下为正，纵坐标 y_i 在基线上为正，基线下为负。

(2) 均布荷载

设简支梁上在给定位置 DE 段有均布荷载 q 作用，如图 8.13(a) 所示，现要利用图 8.13(b) 所示的 Q_C 影响线求在给定均布荷载作用下 Q_C 的数值。

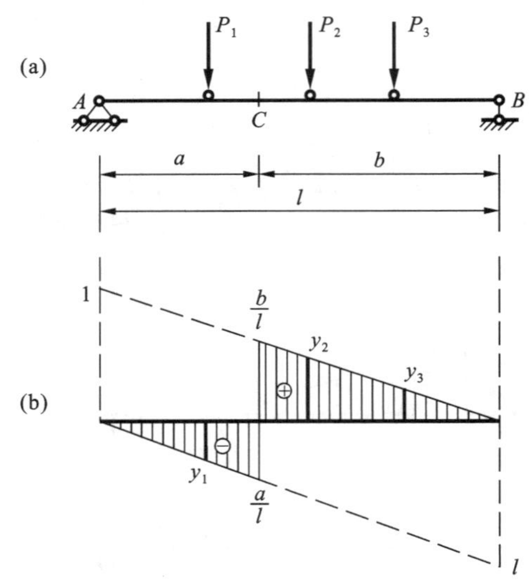

图 8.12　集中力的影响

(a) 集中力；(b) Q_C 影响线

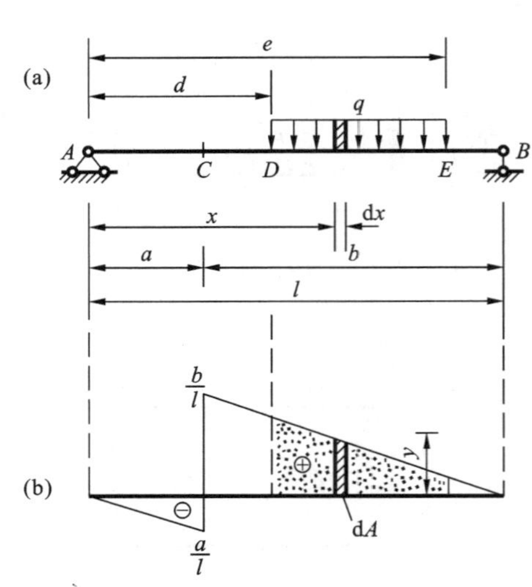

图 8.13　均布荷载的影响

(a) 均布荷载；(b) Q_C 影响线

在均布荷载作用段上，将微段 $\mathrm{d}x$ 上的荷载 $q\mathrm{d}x$ 视为一个集中荷载，它产生的 Q_C 的值为 $q\mathrm{d}x \cdot y$，y 是微段在影响线上的纵坐标，因此，由 DE 段均布荷载产生的 Q_C 的值为：

$$Q_C = \int_d^e q\mathrm{d}x \cdot y = q\int_d^e y\mathrm{d}x = q\int_d^e \mathrm{d}A = qA$$

这里 A 表示 Q_C 影响线图形在均布荷载作用范围的面积。

一般地，利用某量 Z 的影响线求均布荷载 q 作用下 Z 的影响量值的计算公式为：

$$Z = qA \tag{8.5}$$

上式表示在给定均布荷载 q 作用下，Z 的数值等于均布荷载的集度 q 乘以该量影响线在荷载作用范围的面积。应用此公式时，q 向下为正，同时要注意面积 A 的正负号。

【例 8.3】　图 8.14(a) 所示的简支梁，全跨受均布荷载作用，已知截面 C 的剪力影响线如图 8.14(b) 所示，试利用 Q_C 的影响线确定在上述荷载作用下 Q_C 的数值。

【解】

首先计算 Q_C 影响线在均布荷载范围内的面积，设正号部分面积为 A_1，负号部分的面积为 A_2，则：

$$A_1 = \frac{1}{2} \times 6 \times \frac{3}{5} = 1.8 \text{ m}$$

$$A_2 = \frac{1}{2} \times 4 \times \left(-\frac{2}{5}\right) = -0.8 \text{ m}$$

由式(8.5)可求得：

$$Q_C = q(A_1 + A_2) = 10 \times (1.8 - 0.8) = 10 \text{ kN}$$

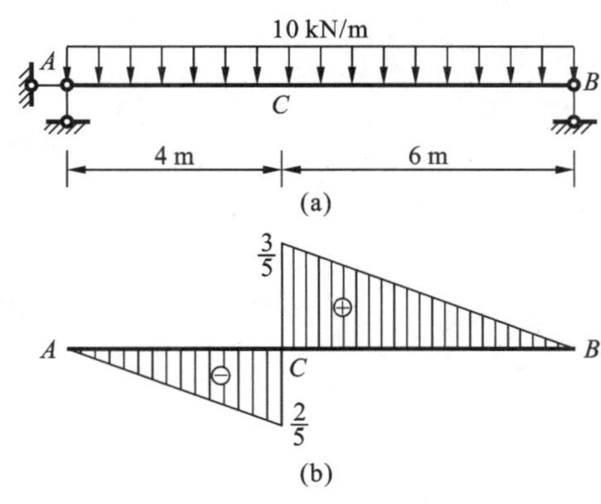

图 8.14 例 8.3 图

(a) 均布荷载；(b)Q_C 影响线

2. 移动荷载的最不利位置

在结构设计中，我们常需要求出某量值 Z 的最大值 $Z_{\max}$(包括最大正值和最大负值，最大负值也称为最小值 $Z_{\min}$)，作为设计的依据。要求量值的最大值，必须先确定使其发生最大值时荷载的位置，称为荷载的最不利位置。有了荷载的最不利位置，就能很容易地确定量值的最大值。

对于可动均布荷载，由于它可以任意布置，因此最不利荷载位置又称最不利荷载分布位置。图 8.15(a)所示为某梁的 Z 影响线，根据式(8.5)，量值 Z 的最大正号值 $Z_{\max}$ 对应的荷载分布(最不利布置)为：在影响线正号部分布满荷载，如图 8.15(b) 所示；而最大负号值 $Z_{\min}$ 的荷载最不利布置则应在负号部分布满荷载，如图 8.15(c) 所示。

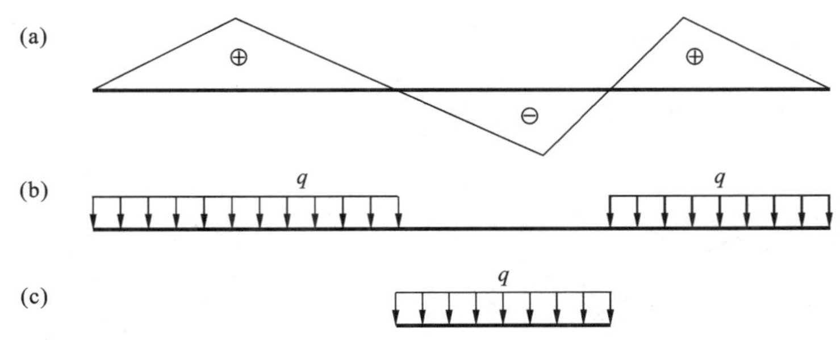

图 8.15 可动均布荷载的最不利布置

(a)Z 影响线；(b)$Z_{\max}$ 的最不利布置；(c)$Z_{\min}$ 的最不利布置

对一组集中荷载，要确定最不利荷载位置则比较复杂。其中一些简单情况，可根据影响线和荷载的特性加以判断。判断的一般原则是：应当把数值大、间距密的荷载放在影响线纵坐标较大部位。如：当影响线为三角形，如图 8.16(a) 所示，且移动荷载是一个集中荷载时，它的最不利位置是这个集中荷载作用在影响线纵坐标最大处，如图 8.16(b) 所示；当移动荷载是一组间距不变的集中荷载时[图 8.16(c)]，如要确定某量 Z 的最不利位置，首先要求出使 Z 达到极值的荷载位置，称为荷载的临界位置，然后再在 Z 的极值中，比较出最大值和最小值，从而选出荷载的最不利位置。下面我们以一般的多边形影响线为例，说明荷载临界位置的特点和判定原则。

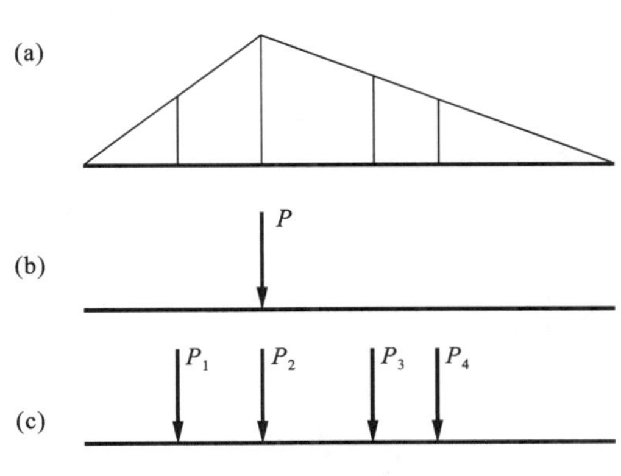

图 8.16 移动荷载的最不利位置

(a) 影响线；(b) 一个集中荷载；(c) 一组集中荷载

图 8.17(a) 为一组集中荷载，荷载移动时其排列、间距和数值保持不变。图 8.17(b) 为某量的影响线，为一多边形。各区段直线与 x 轴的夹角为 α_1、α_2、α_3(其中 α_1、α_2 是正的，α_3 是负的)。荷载在各区段内的合力分别为 R_1、R_2、R_3，对应于影响线的纵坐标分别为 $\overline{y}_1$、$\overline{y}_2$、$\overline{y}_3$。根据静力平衡关系，有：

$$P_1 y_1 + P_2 y_2 = R_1 \overline{y}_1$$

由叠加原理，影响量值 Z 为：

$$Z = R_1 \overline{y}_1 + R_2 \overline{y}_2 + R_3 \overline{y}_3 = \sum_{i=1}^{3} R_i \overline{y}_i \tag{a}$$

当影响线为由直线组成的多边形时，影响量 Z 是 x 的一次

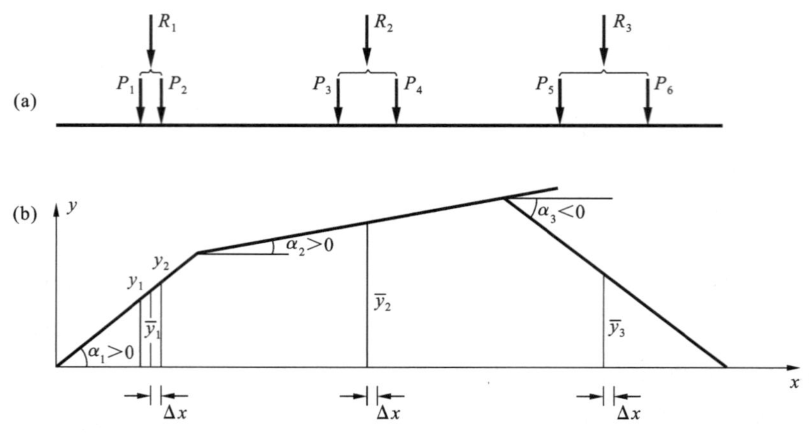

图 8.17　多边形影响线荷载临界位置的特点和判定

(a) 荷载;(b) 影响线

函数式。从高等数学可知,要使 Z 达极大值,必须$\frac{\Delta Z}{\Delta x}$变号,或者$\frac{\Delta Z}{\Delta x}=0$,如图 8.18(a) 和图 8.18(b) 所示,如果 Δx 向右为正,向左为负,则说明荷载自临界位置向左稍微移动或向右稍微移动时,量值均应减小或保持不变,即 Z 的增量应满足:

$$\Delta Z \leqslant 0 \tag{b}$$

由式(a):

$$\Delta Z = \sum R_i \Delta \overline{y}_i \tag{c}$$

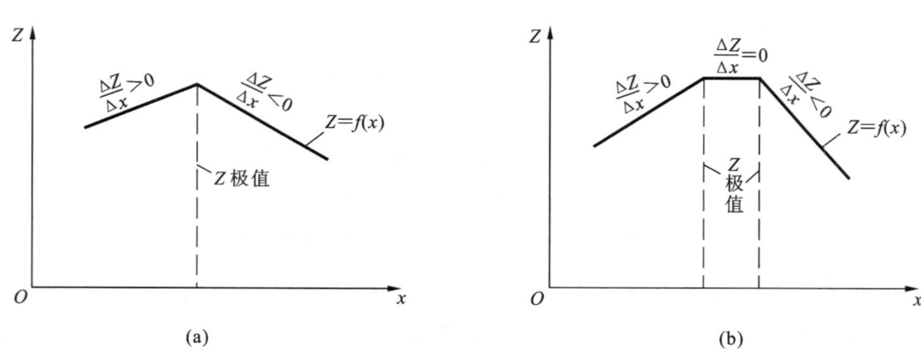

图 8.18　荷载临界位置的特点

(a) 极值点;(b) 极值区

设各荷载都移动 Δx,R_i 作用线也移动 Δx,则根据几何关系,纵坐标 $\overline{y}_i$ 的增量为:

$$\Delta \overline{y}_i = \Delta x \tan\alpha_i$$

因此,Z 的增量为:

$$\Delta Z = \Delta x \sum R_i \tan\alpha_i$$

使 Z 达到 $Z_{\max}$ 时荷载临界位置的条件即式(b)为:

$$\Delta x \sum R_i \tan\alpha_i \leqslant 0 \tag{d}$$

此式有两种情况:

$$\begin{cases} \text{当荷载稍向右移时}, \Delta x > 0, \sum R_i \tan\alpha_i \leqslant 0 \\ \text{当荷载稍向左移时}, \Delta x < 0, \sum R_i \tan\alpha_i \geqslant 0 \end{cases} \tag{8.6a}$$

同理,使 Z 达到 $Z_{\min}$ 时荷载临界位置的条件为:

$$\begin{cases} \text{荷载稍向右移}, \sum R_i \tan\alpha_i \geqslant 0 \\ \text{荷载稍向左移}, \sum R_i \tan\alpha_i \leqslant 0 \end{cases} \tag{8.6b}$$

式(8.6)说明:如果 Z 为极值,荷载稍向左、向右移动时,$\sum R_i \tan\alpha_i$ 必须变号。

那么,什么情况下 $\sum R_i \tan\alpha_i$ 才有可能变号呢?首先,由于影响线形状是给定的,其直线的斜率 $\tan\alpha_i$ 是常数,因此,只有使荷载移动时,各段的合力 R_i 改变,$\sum R_i \tan\alpha_i$ 才有可能改变符号;其次,为使整个荷载稍向左、向右移动时,合力 R_i 改变数值,则在临界位置中必须有一个集中荷载正好作用在影响线顶点上。当整个荷载稍向左移,此集中荷载移到左段;当整个荷载稍向右移,此集中荷载移到右段。只有这样,合力 R_i 才可能改变数值,才可能使 $\sum R_i \tan\alpha_i$ 改变符号。这个作用于影响线顶点的集中荷载称为临界荷载,用 P_{cr} 表示。

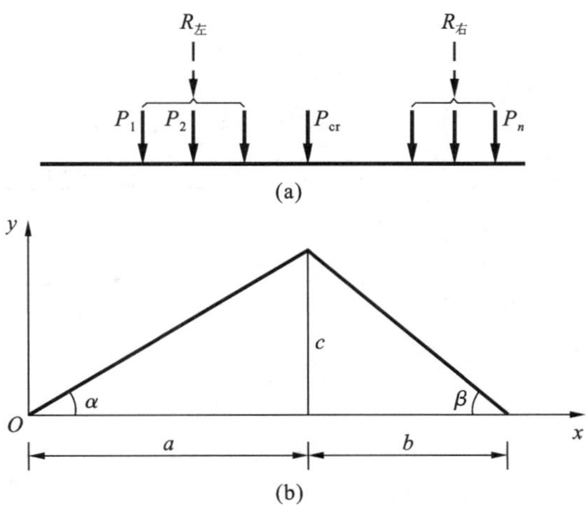

图 8.19　三角形影响线荷载的临界位置

(a) 荷载临界位置;(b) 三角形影响线

当某量 Z 的影响线为两段直线组成的三角形[图 8.19(b)]时,临界位置的特点可以更简单地表达。利用式 8.6(a),$i=1、2,\alpha_1=\alpha,\alpha_2=\beta$,设影响线左段合力为 R_1,右段合力为 R_2。为满足 $\sum R_i \tan\alpha_i$ 变号,必有一荷载 P_{cr} 作用于影响线顶点上。以 $R_左$ 表示 P_{cr} 以左各荷载的合力,$R_右$ 表示 P_{cr} 以右各荷载的合力。由式(8.6a)得:

荷载稍向右移时,

$$R_1\tan\alpha - R_2\tan\beta \leqslant 0$$
$$R_左 \tan\alpha - (P_{cr}+R_右)\tan\beta \leqslant 0$$
$$R_左\frac{c}{a} - (P_{cr}+R_右)\frac{c}{b} \leqslant 0$$

得:

$$\frac{R_左}{a} \leqslant \frac{P_{cr}+R_右}{b}$$

荷载稍向左移时,

$$R_1\tan\alpha - R_2\tan\beta \geqslant 0$$
$$(R_左+P_{cr})\tan\alpha - R_右 \tan\beta \geqslant 0$$
$$(R_左+P_{cr})\frac{c}{a} - R_右\frac{c}{b} \geqslant 0$$

得:

$$\frac{R_左+P_{cr}}{a} \geqslant \frac{R_右}{b}$$

因此,三角形影响线表达一组移动荷载临界位置的必要条件为:

$$\begin{cases} \dfrac{R_左}{a} \leqslant \dfrac{P_{cr}+R_右}{b} \\ \dfrac{R_左+P_{cr}}{a} \geqslant \dfrac{R_右}{b} \end{cases} \tag{8.7}$$

式(8.7)表明,三角形影响线荷载临界位置的特点为:有一个集中荷载 P_{cr} 在影响线的顶点,将 P_{cr} 计入哪一边(左边或右边),则哪一边的荷载平均集度就大。

【例 8.4】　图 8.20(b)所示为一吊车梁,有两台吊车行驶,轮压及轮距如图 8.20(a)所示,求梁 AB 截面 C 的最大正剪力。

【解】

(1) 首先作 Q_C 的影响线,如图 8.20(c)所示。

(2) 判断荷载最不利位置。影响线有正号部分和负号部分,要使 Q_C 为最大正号剪力,首先,荷载应尽量放在影响线的正号部分;其次,应将间距较密的荷载(中间两个轮压)放在影响线纵坐标较大的部位。现将最大的荷载(252 kN)放在影响线纵坐标最大的 C 截面右侧,如图 8.20(a)所示,即为荷载的最不利位置。

(3) 计算 $Q_{C\max}$。

$$Q_{C\max} = P_1 y_1 + P_2 y_2 = 252 \times 0.6 + 106.4 \times 0.408 = 194.61 \text{ kN}$$

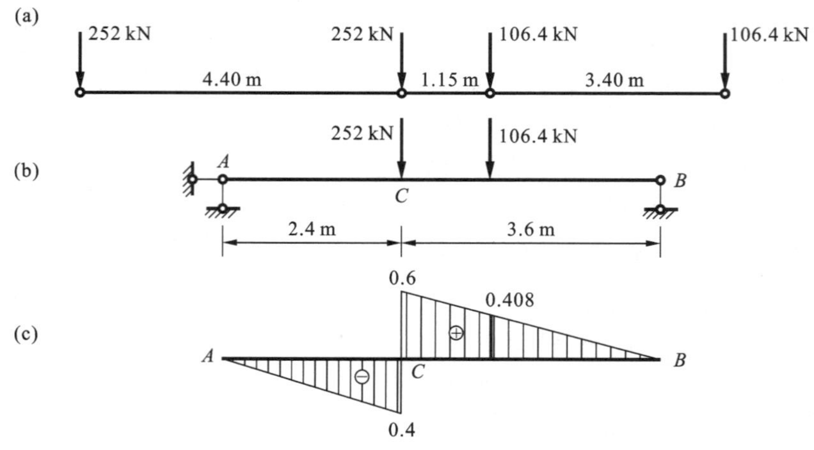

图 8.20　例 8.4 图

(a) 吊车轮压及轮距;(b) 吊车梁;(c) Q_C 影响线

【例 8.5】 图 8.21(a)所示为一简支吊车梁,跨度为 12 m。两台吊车传来的最大轮压为 82 kN($P_1 = P_2 = P_3 = P_4 = 82$ kN),轮距为 3.5 m,两台吊车并行的最小间距为 1.5 m。求截面 C 弯矩最大时的荷载最不利位置及 M_C 的最大值。

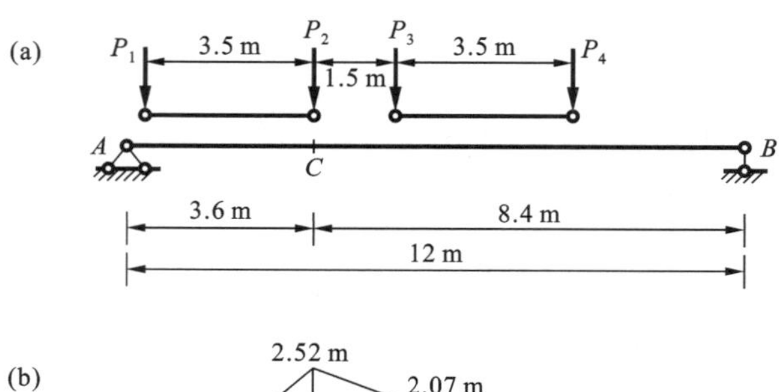

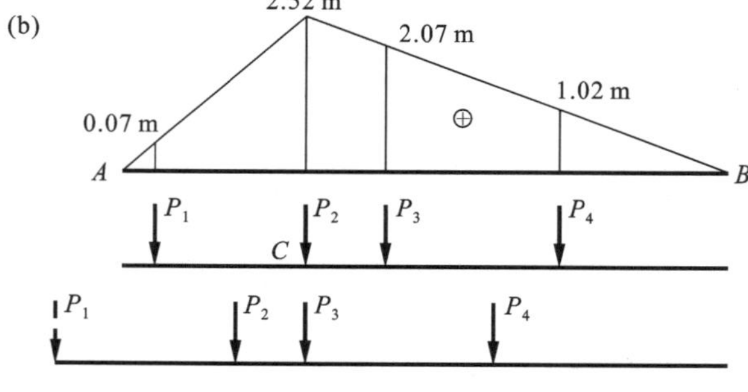

图 8.21　例 8.5 图

(a) 吊车梁及轮压、轮距;(b) M_C 影响线及荷载最不利位置

【解】

(1) 作 M_C 影响线如图 8.21(b)所示。

(2) 临界荷载 P_{cr} 确定。临界荷载要求必须有一个集中荷载正好作用在影响线顶点上,因此 P_{cr} 可能是 P_2 或 P_3,先把 P_2 视作 P_{cr},用式(8.7)验算。

$$\text{荷载稍向左移,} \frac{82+82}{3.6} > \frac{82+82}{8.4}$$

$$\text{荷载稍向右移,} \frac{82}{3.6} < \frac{82+82+82}{8.4}$$

故 P_2 是一临界荷载。

再把 P_3 视作 P_{cr}，用式(8.7)验算，此时，荷载 P_1 已跑出梁外。

$$荷载稍向左移,\frac{82+82}{3.6}>\frac{82}{8.4}$$

$$荷载稍向右移,\frac{82}{3.6}>\frac{82+82}{8.4}$$

故 P_3 不是临界荷载。

(3) 将 P_2 置于 C 点，作为 M_C 的荷载最不利位置如图 8.21(b) 所示，相应的弯矩为：

$$M_{C\max}=82\times(0.07+2.52+2.07+1.02)$$
$$=465.76\ \text{kN}\cdot\text{m}$$

本 章 小 结

本章主要讨论静定梁和静定桁架的支座反力和内力影响线的作法及其应用，要点如下：

(1) 内力影响线和内力图的区别：内力影响线是单位集中荷载 $P=1$ 移动时，结构上固定截面内力随荷载位置变化的图像，静定结构影响线仅由直线组成；内力图是荷载位置固定时，内力沿各截面的变化图形，它可由直线或者曲线组成。

(2) 影响线的绘制方法：分为静力法和机动法。静力法是将荷载 $P=1$ 的位置看成变量，取结构隔离体建立平衡方程式，从而得到影响线方程。取隔离体时，应注意 $P=1$ 的移动范围，并注意影响线的适用范围和 $P=1$ 的移动范围是一致的。机动法作静定结构某量影响线时，先在结构中撤去与之相应的约束，代以相应的约束力 Z，再沿 Z 的正方向给虚位移，得到与 $P=1$ 作用点及方向对应的位移图 δ_P，即为影响线的形状。在位移图的纵坐标中，令 $\delta_Z=1$ 即得到影响线的纵坐标值。

(3) 结点荷载作用下影响线：在相邻结点之间为直线，利用这个特点，可以用静力法、利用直接荷载作用下量值的影响线绘制结点荷载作用下静定梁和桁架内力的影响线。

(4) 影响线的应用：一为计算影响量值，二为确定荷载的最不利位置。在影响线概念的基础上，利用叠加原理，就可求出一组集中荷载或均布荷载作用时的影响量值。确定荷载的最不利位置时应先根据荷载和影响线图形的特点判定可能的荷载临界位置和临界荷载，分别计算相应的影响量值，确定最大影响量值对应的才是荷载的最不利位置。

习 题

8.1～8.4 用静力法作静定单跨梁的支座反力及指定截面内力的影响线。

8.1 支座反力 R_A、M_A，截面 C 的内力 M_C、Q_C。

8.2 支座反力 R_A、R_B，截面 C 和 A 的内力 M_C、Q_C、M_A、$Q_{A左}$、$Q_{A右}$。

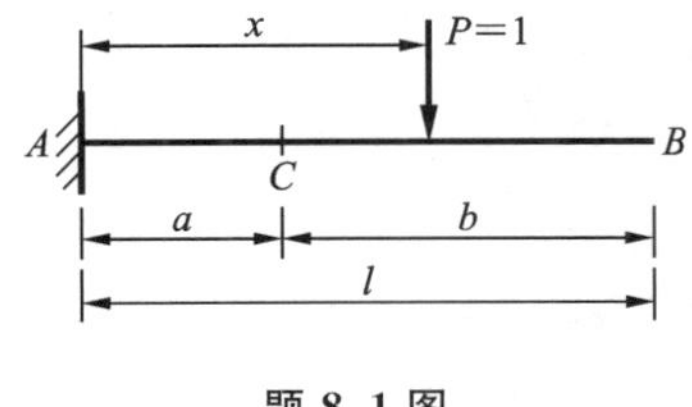

题 8.1 图

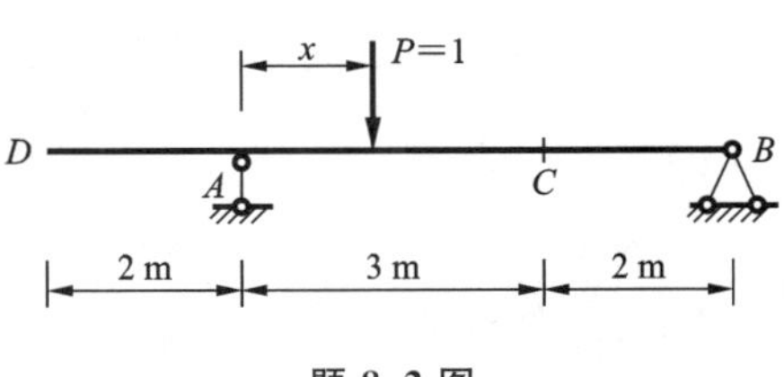

题 8.2 图

8.3　支座反力 R_A、R_B，截面 C 的内力 M_C、Q_C、N_C。

8.4　支座反力 R_{Ax}、R_{Ay}、R_{By}，截面 C 的内力 M_C、Q_C、N_C。

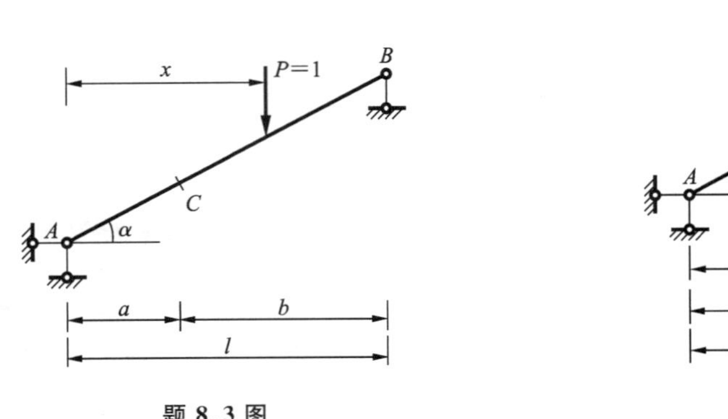

题 8.3 图　　题 8.4 图

8.5～8.6　用静力法作静定梁在结点荷载作用下指定量的影响线。

8.5　截面 C 的内力 M_C、Q_C。

8.6　支座反力 R_A，截面 C 的内力 M_C、Q_C，截面 D 的剪力 $Q_{D左}$、$Q_{D右}$。

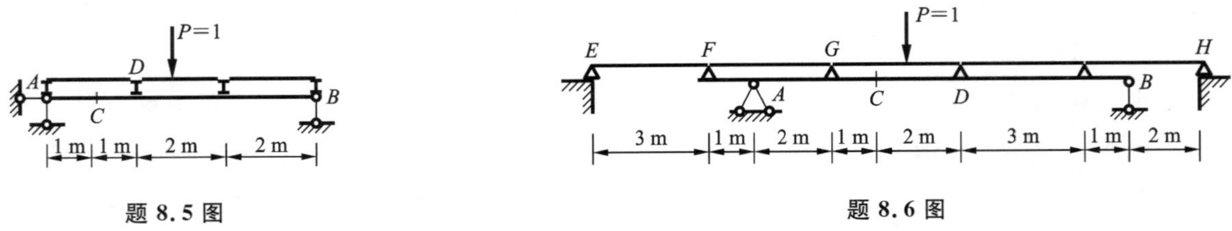

题 8.5 图　　题 8.6 图

8.7～8.10　用静力法作静定桁架指定杆件轴力的影响线。

8.7　N_1、N_2、N_3（$P=1$ 上承、下承）。

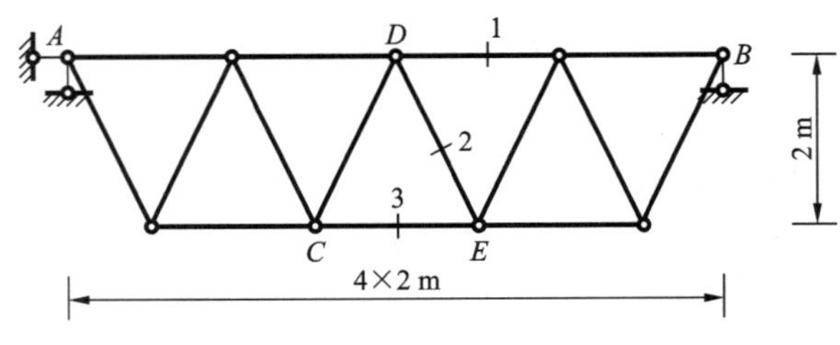

题 8.7 图

8.8　N_1、N_2、N_3、N_4（$P=1$ 上承）。

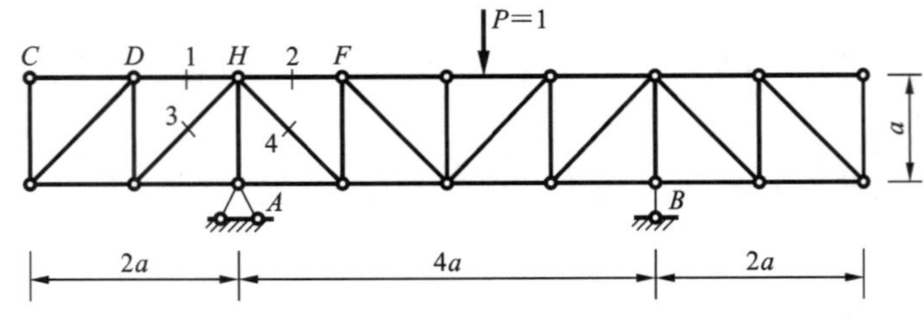

题 8.8 图

8.9　N_1、N_2、N_3（$P=1$ 上承）。

8.10　N_1、N_2、N_3、N_4（$P=1$ 下承）。

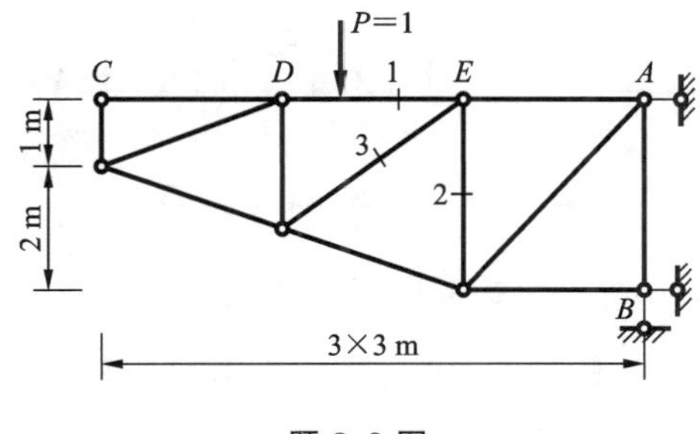

题 8.9 图

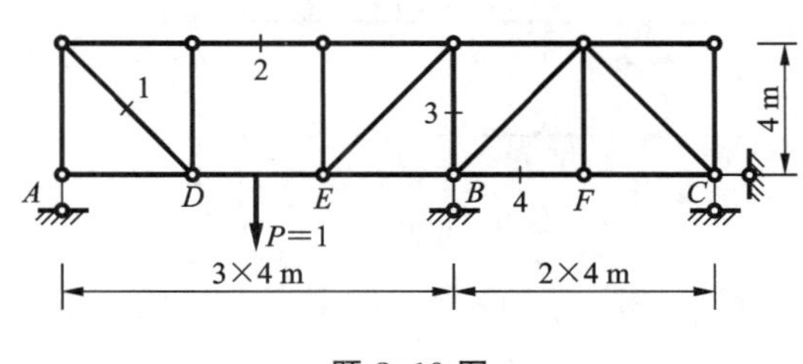

题 8.10 图

8.11～8.14　用机动法作指定量的影响线。

8.11　题 8.3 各量(见题 8.3 图)。

8.12　M_E、$Q_{B左}$、$Q_{B右}$。

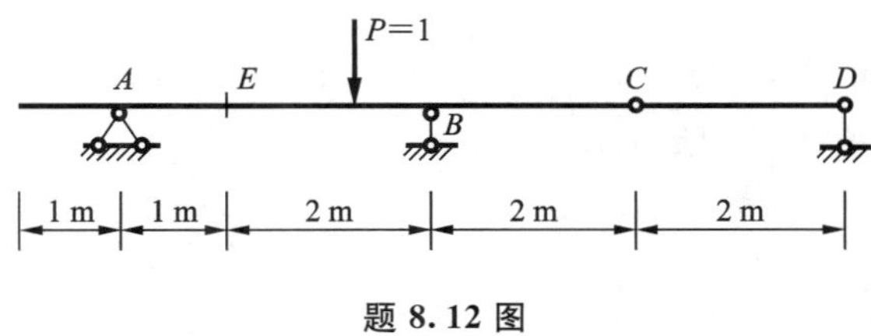

题 8.12 图

8.13　R_C、M_H、Q_H、Q_G。

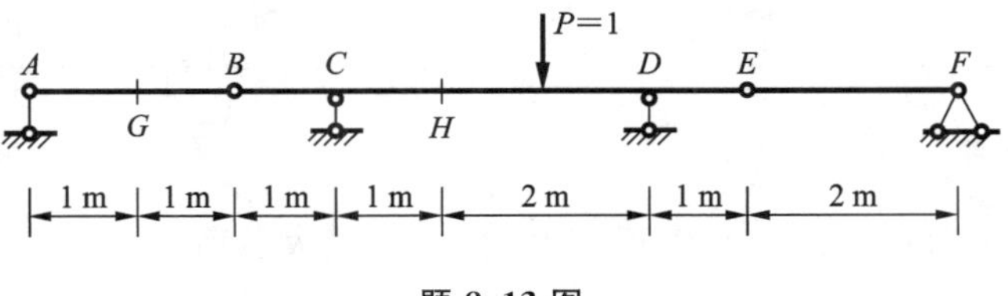

题 8.13 图

8.14　R_A、R_B、M_E、$Q_{E左}$、$Q_{E右}$。

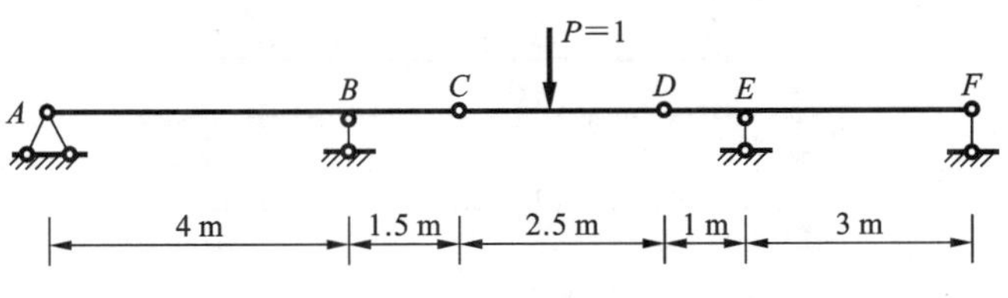

题 8.14 图

8.15～8.18　利用影响线计算在图示荷载作用下指定量的数值。

8.15　计算 $Q_{D左}$、M_E 值。

8.16　计算 Q_D、M_E 值。

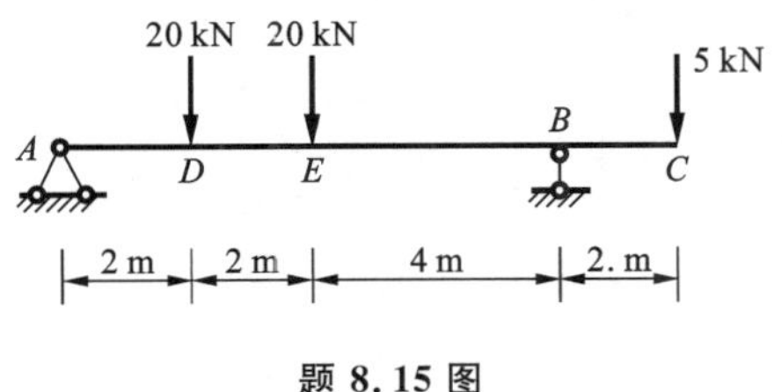

题 8.15 图

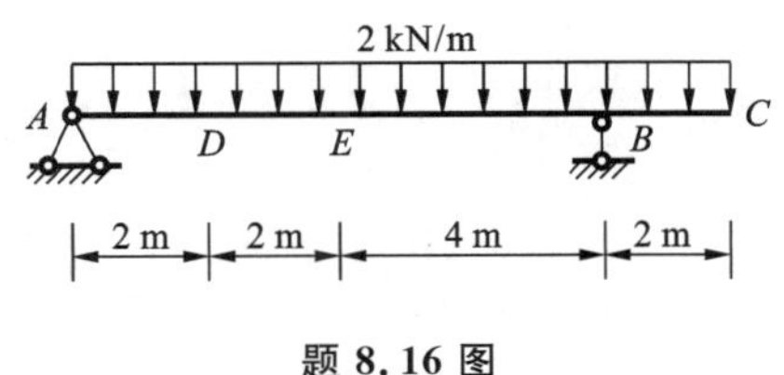

题 8.16 图

8.17　计算 M_C、Q_C 值。

8.18　计算 R_B、M_E、$Q_{B左}$ 值。

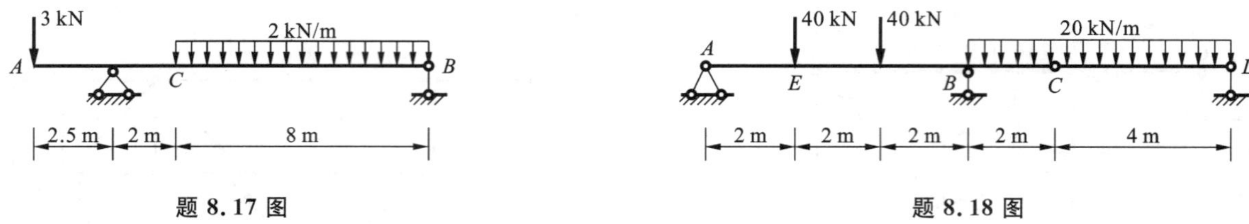

题 8.17 图　　　　题 8.18 图

8.19 ～ 8.20　设梁上作用可以任意分布的均布荷载 q，利用 Z 的影响线，求荷载的最不利分布；并计算当 $q=20\text{kN/m}$ 时，Z_{max}、Z_{min} 的值。

8.19　题 8.2(题 8.2 图)M_{Cmax}、M_{Cmin}、Q_{Cmax}、Q_{Cmin}。

8.20　题 8.13(题 8.13 图)M_{Hmax}、M_{Hmin}、Q_{Hmax}、Q_{Hmin}。

8.21 ～ 8.23　利用影响线，求图示吊车荷载作用下指定量的荷载最不利位置及其相应的最大值(或最小值)。

8.21　求 M_C、Q_C 的最大值和 Q_C 的最小值。

8.22　荷载同题 8.21，求支座 B 的最大反力。

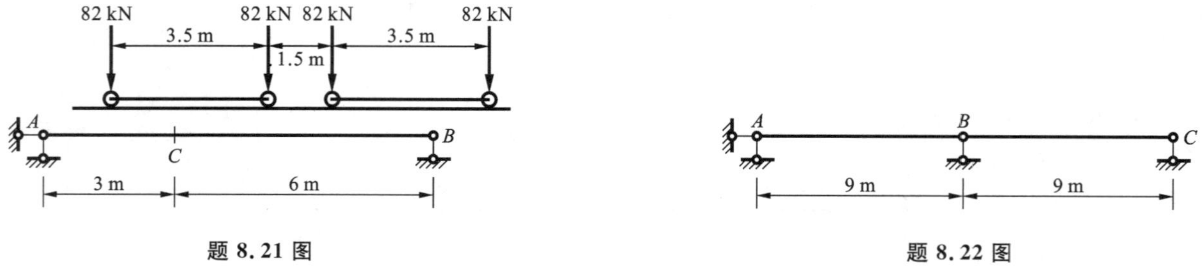

题 8.21 图　　　　题 8.22 图

8.23　求截面 C 的最大弯矩 M_{Cmax}、最大正剪力 Q_{Cmax} 和最大负剪力 Q_{Cmin}。

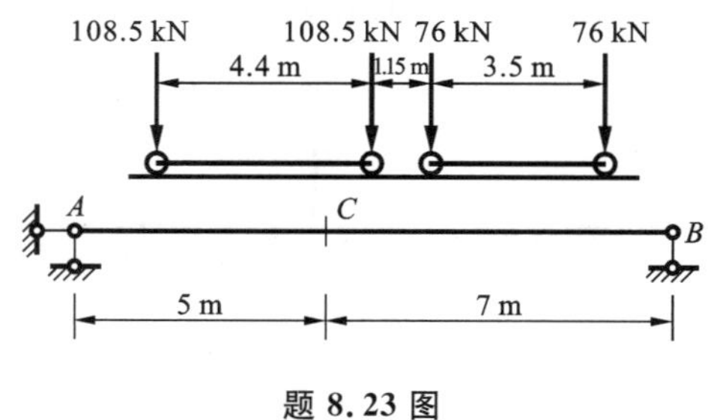

题 8.23 图

9 虚功原理和结构的位移计算

9.1 位移计算概述

结构的位移计算是结构力学分析的一个重要内容。在实际工程结构设计中，除了要验算结构的强度，还需验算结构的刚度，即要求结构的变形不能超过规定的容许值，例如房屋中屋盖和楼盖梁的挠度容许值为梁跨度的$\frac{1}{400}$～$\frac{1}{200}$，而吊车梁的挠度容许值则为梁跨度的$\frac{1}{600}$。另外，静定结构的位移计算方法也是超静定结构内力分析的重要基础，因为在超静定结构计算中，不仅要考虑结构的平衡条件，还必须添加结构的变形协调条件。

结构产生位移的主要因素有三种：①荷载作用；②温度变化和材料胀缩；③支座沉陷和制造误差。在这些因素作用下，结构杆件的形状会发生改变，称为结构的变形。结构变形时，结构上某个点会发生位置的移动，或者某个截面会产生移动或转动，这种移动或转动称为结构的位移。因此，结构的位移有两大类：一类是线位移，指结构上某点沿直线方向移动的距离；另一类是角位移，指结构上某截面转动的角度。

图 9.1(a)所示简支梁，在均布荷载作用下，梁的变形曲线如图中虚线所示。跨中 C 点变到 C' 点，CC' 即是中点 C 的竖向位移；支座截面产生的转角 θ_B 则是截面 B 的角位移。

图 9.1(b)所示悬臂刚架，在竖向力 P 作用下，刚架变形如图中虚线所示。梁端 C 点变到 C' 点，CC' 是 C 点沿 CC' 方向的线位移，用 Δ_C 表示，它在水平方向和竖直方向有两个分量，分别以 Δ_{Cx} 和 Δ_{Cy} 表示，几何关系如图 9.1(b)所示；截面 C 发生转角，用 θ_C 表示，是截面 C 的角位移。

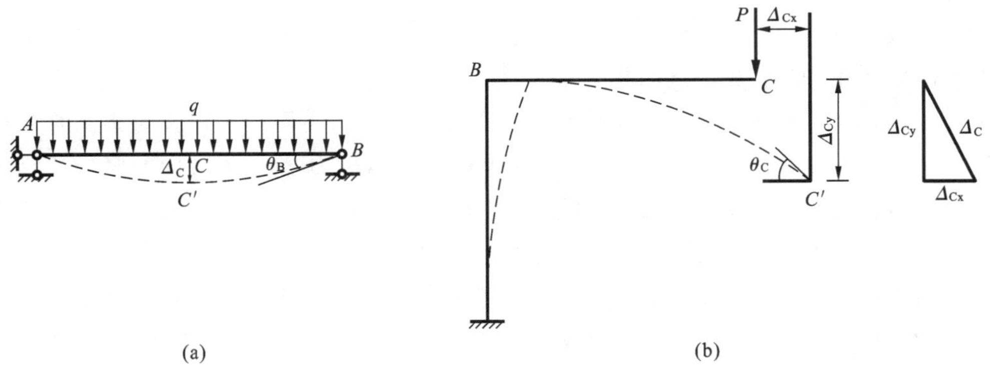

图 9.1 结构的位移

(a)梁的位移；(b)刚架的位移

本章只讨论线性变形体系的位移计算，计算的理论基础是虚功原理，计算的方法是单位荷载法。所谓线性变形体系是指位移与荷载成线性关系的体系，当荷载全部撤除后，位移将完全消失。线性变形体系的应用条件是：

(1) 材料处于弹性阶段，应力与应变成正比。

(2) 结构变形微小，不影响力的作用。

线性变形体系也称为线性弹性体系，它也符合叠加原理的应用条件，所以，对线性变形体系进行计算时，可以应用叠加原理。

9.2 虚功和虚功原理

1. 虚功

虚功是指结构体系上的主动力在任意与约束条件相符合的无限小位移上所做的功。这里用“虚功”一词，是为了与实功概念相区别。所谓虚，是指做功过程中作用力与经历的位移是独立无关的。即经历的位移不必是作用力产生的，位移与结构上的力系无因果关系。

根据功的概念，虚功可定义为力的大小与其作用点沿力方向相应位移的乘积（单位仍然是 N·m），即：

$$W=P\Delta \tag{9.1}$$

式中 W——虚功；

P——广义力；

Δ——与 P 相应的广义位移。

这里将力与位移扩展为广义力和广义位移，可用于更多的情况。如果 P 是一个力，相应的 Δ 为沿这个力作用线方向的线位移。如图 9.2(a)简支梁在 C 点作用一个竖向力 P，让它经历图 9.2(c)所示的位移做功，相应的位移 Δ 则是在 C 点沿力 P 作用方向的线位移，即图 9.2(c)中的 Δ。

如果 P 是一个力偶，相应的 Δ 为沿力偶作用方向的角位移。如图 9.2(b)简支梁在 B 端作用一个力偶 M，让它经历图 9.2(c)所示的位移做功，相应的位移 Δ 则是 B 端截面沿力偶作用方向的转角，即图 9.2(c)中的 θ。

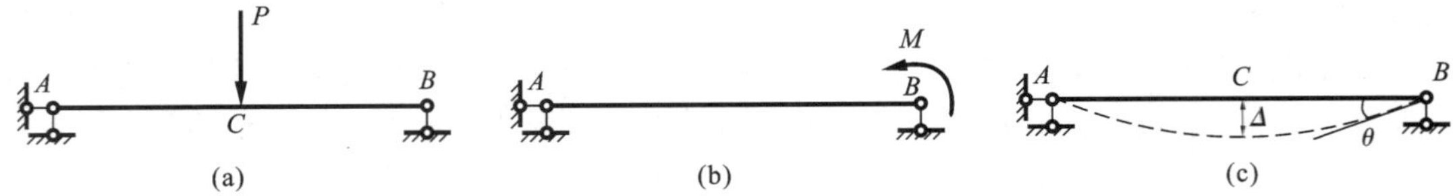

图 9.2 力和相应的位移

(a)竖向力 P；(b)力偶 M；(c)与 P、M 相应的位移 Δ、θ

如果一组力经历相应的位移做功，结果也可表示为式(9.1)的形式。即一组力可以用一个符号 P 表示，相应的位移也可用一个符号 Δ 表示，这种扩大了的力和位移分别称为广义力和广义位移。如图 9.3(a)左图中一对方向相反的水平力 P_1 和 P_2($P_1=P_2=P$)，是广义力 P，则相应的广义位移 Δ 为刚架在 A 点和 B 点沿力方向的水平位移之和，即 A、B 两点的相对水平位移 Δ($\Delta=\Delta_1+\Delta_2$)，如图 9.3(a)右图所示。这时 $P\Delta=P(\Delta_1+\Delta_2)=P_1\Delta_1+P_2\Delta_2$，正好是一对力所做的功。又如图 9.3(b)左图中一对方向相反的竖向力 P_1 和 P_2($P_1=P_2=P$)，是广义力 P，则相应的广义位移 Δ 为刚架在 A 点和 B 点沿力方向的竖向位移之和，即 A、B 两点的相对竖向位移 Δ($\Delta=\Delta_1+\Delta_2$)，如图 9.3(b)右图所示。这时 $P\Delta=P(\Delta_1+\Delta_2)=P_1\Delta_1+P_2\Delta_2$，正好是这一对力所做的功。类似地，如果广义力 P 是一对力偶，则相应的广义位移 Δ 为沿这一对力偶作用方向的角位移之和。如图 9.3(c)左图中，刚架在铰 C 左右两侧作用一对方向相反的力偶 M_1 和 M_2($M_1=M_2=M$)，M_1 和 M_2 是广义力，则相应的广义位移为刚架铰 C 左右两侧截面沿力偶方向的转角 θ_1 和 θ_2 之和，即铰 C 左右两侧截面的相对转角。

2. 刚体体系的虚功原理

当体系在位移过程中，不考虑材料应变，各杆只发生刚体运动时，体系属于刚体体系。刚体体系的虚功原理已在 8.5 节中叙述过，即：任意平衡力系作用下，体系上所有主动力在任意与约束条件相符合的无限小刚体位移上所做的虚功总和恒等于零，即$W_e=0$，这即为刚体体系的虚功原理。

虚功原理中所讨论的力系和位移是两个彼此无关的独立状态。因此，对于一给定的平衡力系状态，可以利用虚设的可能位移状态求未知力；而对于一给定的位移状态，则可以利用虚设的平衡力系求未知位移。因此，应用刚体体系的虚功原理，可以求解静定结构的未知约束力或者某点的位移。

(1) 求静定结构的未知约束力

图 9.4(a)所示的伸臂梁，在荷载 P 的作用下，拟求支座反力。

为使梁能发生刚体位移，撤除与拟求支座反力相应的约束（如支座 A 的约束），代以相应的力 X（这时的 X 已是主动力），则原结构变为具有一个自由度的几何可变体系。此时，刚片 ABC 可以绕铰支座 B 做自由转动，A 位移到 A_1，C 位移到 C_1，得到一虚设的可能位移状态，如图 9.4(b)所示。

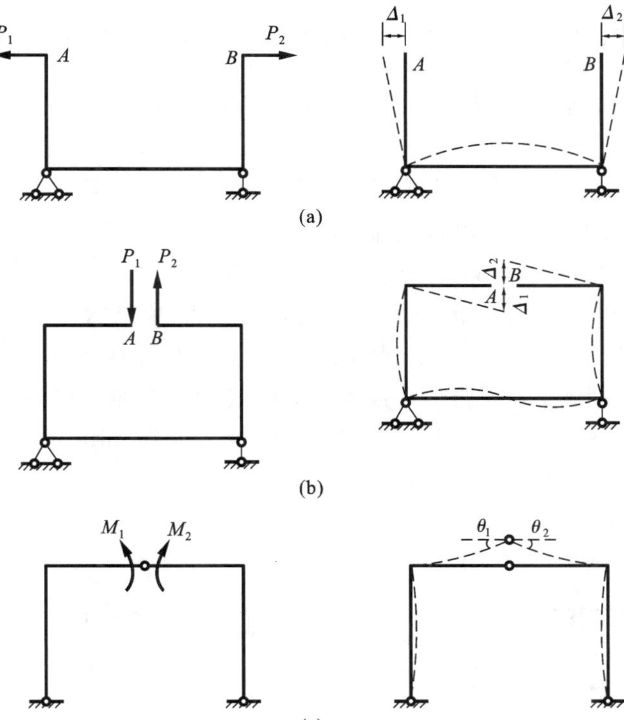

图 9.3 广义力和广义位移

(a) A、B 两点处一对方向相反的水平力，A、B 两点的水平相对位移；
(b) A、B 两点处一对方向相反的竖向力，A、B 两点的竖向相对位移；
(c) A、B 两截面处一对方向相反的力偶，A、B 两截面的相对转角

图 9.4(a)所示的结构，在外力 P 的作用下，与支座反力 X、X_B、Y_B 维持平衡，即图 9.4(a)给出了一组平衡力系状态。令这个平衡力系状态在图 9.4(b)所示的虚位移状态做虚功，建立体系的虚功方程，可得：

$$X\Delta_X + P\Delta_P = 0 \tag{9.2}$$

式中 Δ_P，Δ_X——沿 P 和 X 作用方向的虚位移。

由几何关系可知：

$$\Delta_X = a\varphi,\quad \Delta_P = -b\varphi$$

这里，Δ_X 与 X 方向一致，取正号；Δ_P 与 P 方向相反，取负号。

所以

$$\frac{\Delta_P}{\Delta_X} = -\frac{b}{a} \tag{a}$$

将式(a)代入式(9.2)，得：

$$X\Delta_X - P\frac{b}{a}\Delta_X = 0$$

即

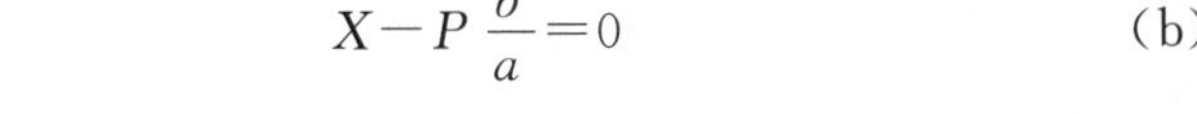

$$X - P\frac{b}{a} = 0 \tag{b}$$

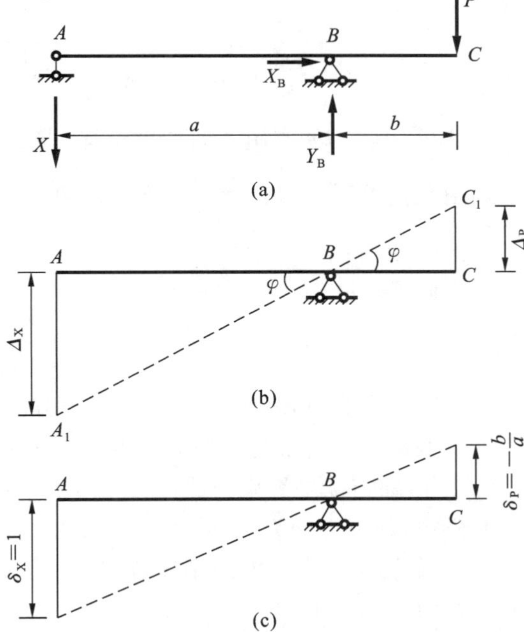

图 9.4 用虚功原理求静定结构的支座反力

所以

$$X = P\frac{b}{a} \tag{c}$$

由式(a)可以看出，$\frac{\Delta_P}{\Delta_X}$的比值不随$\Delta_X$的大小而改变。因此，为计算方便，可虚设 X 方向的位移为单位位移，即令 $\delta_X=1$[图 9.4(c)]，则沿 P 方向的位移为δ_P，根据几何关系，$\delta_P=-\frac{b}{a}$。则虚功方程变为：

$$X\cdot 1+P\cdot \delta_P=0,\quad X=-P\delta_P=P\frac{b}{a}$$

所得结果为正，表明 X 与所设方向相同，即向下。

当拟求图 9.5(a)所示伸臂梁跨中截面 D 的剪力Q_D时，撤除与Q_D相应的约束，即将截面 D 改为平行链杆连接，并在截面 D 处代之以一对大小相等、方向相反的剪力 X，这里 X 是一对广义力，原结构变为具有一个自由度的几何可变体系，如图 9.5(b)所示。刚片 DBC 可以绕铰支座 B 做自由转动，D 位移到 D_1，C 位移到 C_1。因为刚片 AD 与刚片 DBC 是用两个平行于杆轴的链杆相连的，位移后 AD_2 仍应与 D_1BC_1 平行，A 点因有竖向支杆，所以竖向位移为零，故得到一虚设的可能位移状态，如图 9.5(c)所示。令图 9.5(b)所示的平衡力系在图 9.5(c)的虚位移上做虚功，得虚功方程如下：

$$X\Delta_X+P\Delta_P=0$$

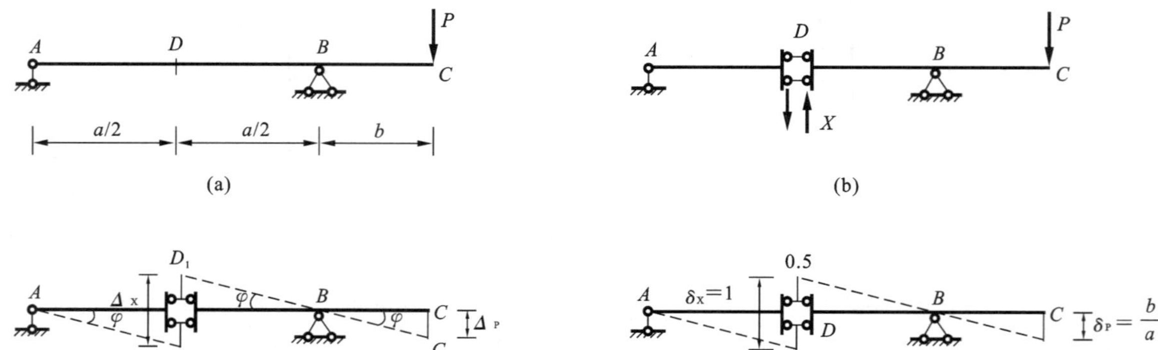

图 9.5 用虚功原理求静定结构内力

(a) 伸臂梁；(b) 求 X 的机构；(c) 虚位移状态；(d) 虚位移的简化表示

这里，Δ_X是 Q_D作用方向的虚位移，即截面 D 的左右相对错动，也是广义位移。在图 9.5(d)中，令 $\delta_X=1$，则由几何关系可得：$\delta_P=\frac{b}{a}$，此时虚功方程变为：

$$X\cdot 1+P\delta_P=0$$

由此得：

$$X=Q_D=-P\frac{b}{a}$$

所得结果为负，表明 $X=Q_D$与所设方向相反，即剪力为负。

以上这种求约束力和内力的方法称为单位位移法，其步骤如下：

① 撤除与欲求约束力或内力相应的约束，代以相应的约束力 X，使原来的静定结构变为具有一个自由度的机构，约束力变为主动力，与原来的力系维持平衡。

② 令机构发生可能的刚体位移，令沿 X 正方向相应的位移为单位位移，即 $\delta_X=1$。这时，与荷载 P 相应的位移为 δ_P，得到一虚位移状态。

③ 在平衡力系和虚位移之间建立虚功方程：

$$X\cdot 1+\sum P\delta_P=0$$

④ 根据几何关系求出位移 δ_P，代入虚功方程，可得：

$$X=-\sum P\delta_P$$

【例 9.1】 利用虚功原理求图 9.6(a)所示静定多跨梁的支座反力 R_C和截面 G 处的弯矩 M_G。

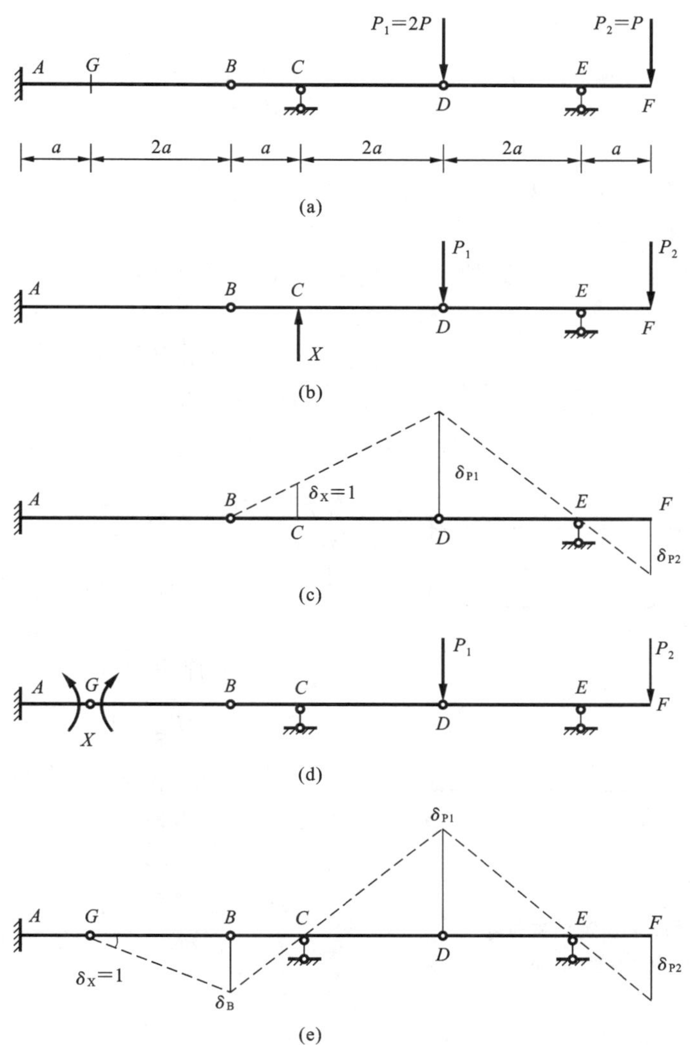

图 9.6 用虚功原理求静定多跨梁的反力和内力

(a) 静定多跨梁;(b) 求 R_C的机构;(c) 求 R_C的虚位移;(d) 求 M_G的机构;(e) 求 M_G的虚位移

【解】

(1) 求支座反力 R_C

先撤去支座 C 的竖直支杆,代以相应的支座反力 X,得到图 9.6(b)所示的机构。

再令此机构沿 X 正方向发生单位位移,即 $\delta_X=1$,得到刚体体系的虚位移图[图 9.6(c)]。根据刚体体系的虚位移图,可得到几何关系如下:

$$\delta_{P1}=-3,\delta_{P2}=1.5$$

这里,δ_{P1}方向与 P_1 方向相反,为负值;δ_{P2}方向与 P_2 方向相同,为正值。

最后建立虚功方程,求解 X。

$$X\cdot 1+P_1\delta_{P1}+P_2\delta_{P2}=0$$

代入几何关系,得:

$$X=-2P\times(-3)-P\times 1.5=4.5P$$

(2) 求截面 G 的弯矩 M_G

撤去与弯矩 M_G相应的约束,即将截面 G 由刚性连接改为铰接,代之以一对大小相等、方向相反的力偶 X,得到如图 9.6(d)所示的机构。

令此机构沿力偶 X 正方向发生相对单位转角,即 $\delta_X=1$,得到刚体体系的虚位移图[图 9.6(e)]。由几何关系可得:

$$\delta_{P1}=-4a,\quad \delta_{P2}=2a$$

列虚功方程为：

$$X\cdot 1+P_1\delta_{P1}+P_2\delta_{P2}=0$$

代入几何关系，得：

$$X\cdot 1+2P\times(-4a)+P\times 2a=0,\quad X=6Pa$$

(2) 求静定结构的未知位移

图 9.7(a)为一伸臂梁，支座 A 因某种原因(如地基下沉)向下位移了 c_1，求由此引起的 C 点的竖向位移Δ。

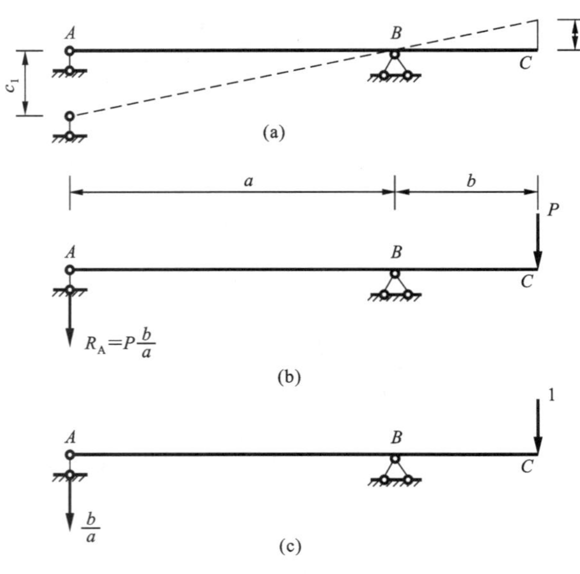

图 9.7 用虚功原理求静定结构位移

(a) 给定位移状态；(b) 虚设力系；(c) 虚设单位力系

为了应用虚功原理，首先要虚设一平衡力系。为了能在 C 点竖向位移上做虚功，加一个竖向力 P，假设方向向下，由此得出支座 A 的反力为 $P\frac{b}{a}$。P 与支座反力构成了一平衡力系，如图 9.7(b)所示，这是一个虚设的力系状态。让这个力系状态在图 9.7(a)的刚体位移上做虚功，可列出虚功方程为：

$$P\Delta+R_Ac_1=0 \tag{a}$$

代入支座反力，解之有：

$$P\Delta+P\frac{b}{a}c_1=0,\Delta=-\frac{b}{a}c_1 \tag{b}$$

Δ 为负值，说明与假设的力 P 方向相反，即向上，如图 9.7(a)中虚线所示。由式(b)可以看出：Δ 与 P 无关。

这个过程就是利用虚功原理求静定结构位移的方法。为了计算简便，可在虚设力系中令 $P=1$[图 9.7(c)]，可直接得到：

$$\Delta+\frac{b}{a}c_1=0$$

$$\Delta=-\frac{b}{a}c_1$$

该方法首先需要虚设一个平衡力系，其关键是在拟求位移方向上加单位力 $P=1$，形成虚设力系，让这个虚设力系对给定的位移状态做虚功，从而建立虚功方程，便可求解指定点的位移。

3. 变形体体系的虚功原理

当体系在变形过程中，不但各杆发生刚体运动，内部材料同时也产生应变，则该体系属于变形体体系。对于变形体体系，虚功原理可表述如下：体系在任意平衡力系作用下，给体系以几何可能的位移和变形，体系上所有外力所做的虚功总和恒等于体系各截面所有内力在微段变形上所做的虚功总和，即：

$$W_e=W_i \tag{9.3}$$

式中 W_e——体系的外力虚功；

W_i——体系的内力虚功。

这里，几何可能的位移和变形的含义为：位移和变形是微小量，位移与约束条件相符合，变形是协调的(即体系变形后仍是一个连续体，既不出现裂缝或断开，也不出现重叠或搭接)。后两条常合在一起称为变形连续条件。

下面来讨论内力虚功的含义与求法。

图 9.8(a)为简支梁 AB 在荷载作用下的一组平衡力系，图 9.8(b)则是该梁在其他因素作用下的一种位移和变形状态。为定义内力虚功，从梁中取出微段 ds，在图 9.8(a)所示的平衡力系下，微段 ds 的内力如

图 9.8(c)所示；在图 9.8(b)所示的变形状态下，微段 ds 的变形如图 9.8(d)所示。因此，微段 ds 的内力所做的虚功可定义为：

$$dW_i = Nd\lambda + Qd\eta + Md\theta$$

式中 N,Q,M——广义力；

$d\lambda,d\eta,d\theta$——与广义力相应的广义位移。

因此，梁 AB 内力虚功表达式为：

$$W_i = \int_A^B (Nd\lambda + Qd\eta + Md\theta)$$

对于杆件体系

$$W_i = \sum\int(Nd\lambda + Qd\eta + Md\theta)$$

再引入外力虚功 W_e 的表达式(见 8.5 节)，则式(9.3)可写为：

$$\sum P_i\Delta_i + \sum R_K c_K = \sum\int(Nd\lambda + Qd\eta + Md\theta) \tag{9.4}$$

因为

$$d\lambda = \varepsilon ds, d\eta = \gamma_0 ds, d\theta = \kappa ds \tag{9.5}$$

所以

$$\sum P_i\Delta_i + \sum R_K c_K = \sum\int(N\varepsilon + Q\gamma_0 + M\kappa)ds \tag{9.6}$$

式中 N,Q,M——结构杆件 ds 微段截面的内力，即轴力、剪力和弯矩；

$d\lambda,d\eta,d\theta$——ds 微段截面相应的相对变形，即相对轴向变形、相对剪切变形和相对转角；

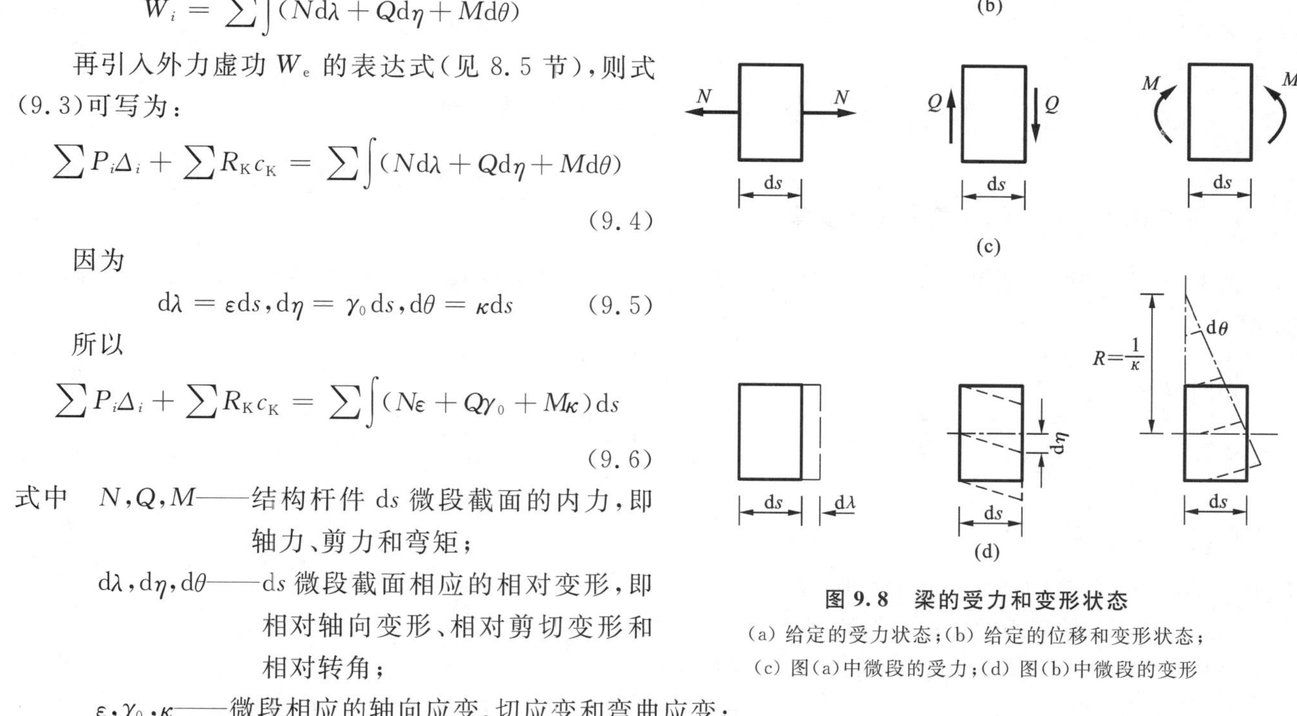

图 9.8 梁的受力和变形状态

(a) 给定的受力状态；(b) 给定的位移和变形状态；(c) 图(a)中微段的受力；(d) 图(b)中微段的变形

$\varepsilon,\gamma_0,\kappa$——微段相应的轴向应变、切应变和弯曲应变；

$\int$——对杆长积分；

$\sum$——对各个杆件求和。

式(9.6)就是变形体体系虚功原理的表达式，称为变形体体系的虚功方程。变形体体系的虚功原理应用很普遍，本章仅讨论它在计算变形体体系的位移方面的应用。

9.3 结构位移计算的一般公式

现将刚体体系的单位荷载法推广到变形体体系中。设结构已有一实际给定的变形状态(既可由荷载作用引起，也可由其他因素引起)，要求用虚功方程式(9.6)求某点位移 Δ。在虚功方程中只包含拟求位移，不含有其他未知位移，在拟求位移的方向虚设一个相应的单位荷载 $P=1$，以此荷载及其支座反力、内力作为虚设的平衡力系，建立如式(9.6)的虚功方程，求解便可得到拟求位移。

假设在 $P=1$ 作用下结构的支座反力为$\overline{R}_K$和内力($\overline{N}$、$\overline{Q}$、$\overline{M}$)，代入式(9.6)，得到用单位荷载法计算位移的一般公式：

$$1\times\Delta = \sum\int(\overline{N}\varepsilon + \overline{Q}\gamma_0 + \overline{M}\kappa)ds - \sum\overline{R}_K c_K \tag{9.7}$$

注意，这里的位移和变形状态 Δ、C_K、εds、$\gamma_0 ds$、κds 等是实际给定的，是几何可能的位移和变形状态。而

力系 $P=1$ 及由此产生的支座反力$\overline{R}_K$及内力 $\overline{N}$、$\overline{Q}$、$\overline{M}$ 等是虚设的平衡力系。

单位荷载法计算位移的计算步骤如下：

(1) 在某点沿拟求位移 Δ 的方向加一个虚设的单位荷载 $P=1$；

(2) 在单位荷载作用下，根据结构的平衡条件，计算结构的内力 $\overline{N}$、$\overline{Q}$、$\overline{M}$ 和支座反力$\overline{R}_K$；

(3) 利用式(9.7)计算结构位移。

式(9.7)的正负号规定如下：等号右边的四个乘积中，当虚设状态中的 $\overline{N}$、$\overline{Q}$、$\overline{M}$ 及$\overline{R}_K$与实际状态中的 ε、γ_0、κ 及 C_K的方向一致时，力与变形的乘积为正(例如当 $\overline{M}$ 与 κ 使微段同侧纤维受拉时，$\overline{M}\kappa$ 乘积为正)；反之为负。求得的 Δ 如果是正值，说明位移的方向与所设单位荷载方向一致；反之，则相反。

式(9.7)是位移计算的一般公式，可用于计算不同的材料、不同的变形类型、不同原因产生的变形以及不同结构类型的位移。

9.4　荷载作用下的位移计算

1. 荷载作用下位移的计算公式及步骤

根据《材料力学》的胡克定律，直杆结构在荷载作用下与轴力(N_P)、剪力(Q_P)、弯矩(M_P)相应的弹性应变为：

轴向应变
$$\varepsilon=\frac{N_P}{EA} \tag{9.8a}$$

平均切应变
$$\gamma_0=k\frac{Q_P}{GA} \tag{9.8b}$$

弯曲应变
$$\kappa=\frac{M_P}{EI} \tag{9.8c}$$

式中　E,G——材料的弹性模量和剪切弹性模量；

A,I——杆件截面的面积和惯性矩；

EA,GA,EI——杆件截面的抗拉、抗剪和抗弯刚度；

k——因为切应力在截面上分布不均匀而加的改正系数，与截面形状有关，矩形截面 $k=1.2$，圆形截面 $k=\frac{10}{9}$，工字形或箱形截面 $k=\frac{A}{A_1}$(A_1 为腹板面积)。

将式(9.8)代入式(9.7)，得到直杆在荷载作用下计算弹性位移的一般公式：

$$\Delta=\sum\int\frac{\overline{N}N_P}{EA}ds+\sum\int\frac{k\overline{Q}Q_P}{GA}ds+\sum\int\frac{\overline{M}M_P}{EI}ds \tag{9.9}$$

注意，在上式中有两套内力：

$\overline{N}$,$\overline{Q}$,$\overline{M}$——虚设单位荷载引起的内力；

N_P,Q_P,M_P——实际荷载引起的内力。

它们的符号规定如下：

轴力 $\overline{N}$,N_P——以拉力为正；

剪力 $\overline{Q}$,Q_P——以使微段顺时针转动为正；

弯矩 $\overline{M}$,M_P——只规定乘积 $\overline{M}M_P$的正负号。当 $\overline{M}$ 与 M_P使杆件同侧纤维受拉时，乘积取正。

荷载作用下位移计算的步骤为：

(1) 沿拟求位移 Δ 的位置和方向虚设相应的单位荷载；

(2) 根据静力平衡条件，求出在单位荷载下结构的内力 $\overline{N}$、$\overline{Q}$、$\overline{M}$；

(3) 根据静力平衡条件，计算在荷载作用下结构的内力 N_P、Q_P、M_P；

(4) 代入式(9.9)，计算 Δ。

2. 各类结构的位移计算公式

式(9.9)右边有三项:第一项表示轴向变形的影响,第二项表示剪切变形的影响,第三项则表示弯曲变形的影响。各种不同的结构形式,受力特点不同,这三种影响在位移中所占的比重也不同。根据不同结构的受力特点,保留主要影响,忽略次要影响,可得到不同结构的简化公式。

(1) 梁和刚架

在梁和刚架中,位移主要是弯矩引起的,轴力和剪力的影响很小。因此,式(9.9)可简化为:

$$\Delta = \sum\int \frac{\overline{M}M_{\mathrm{P}}}{EI}\mathrm{d}s \tag{9.10}$$

(2) 桁架

在桁架中,各杆只受轴力,而且一般情况下,每根杆件的截面面积A和轴力$\overline{N}$、N_{P},以及弹性模量E沿杆长都是常数。所以,式(9.9)可简化为:

$$\Delta = \sum\int \frac{\overline{N}N_{\mathrm{P}}}{EA}\mathrm{d}s = \sum \frac{\overline{N}N_{\mathrm{P}}}{EA}l \tag{9.11}$$

(3) 组合结构

组合结构中,梁式杆主要受弯矩,链杆受轴力。因此,式(9.9)可简化为:

(梁式杆)　　(链杆)

$$\Delta = \sum\int \frac{\overline{M}M_{\mathrm{P}}}{EI}\mathrm{d}s + \sum \frac{\overline{N}N_{\mathrm{P}}}{EA}l \tag{9.12}$$

(4) 拱

对一般的实体拱,计算位移时可忽略曲率对位移的影响,只考虑弯矩的影响,即式(9.10),但在扁平拱中需考虑弯矩和轴力的影响,可按下式计算位移:

$$\Delta = \sum\int \frac{\overline{M}M_{\mathrm{P}}}{EI}\mathrm{d}s + \sum\int \frac{\overline{N}N_{\mathrm{P}}}{EA}\mathrm{d}s \tag{9.13}$$

【例 9.2】 试求图 9.9(a)所示简支梁在中点C的竖向位移Δ,并比较弯曲变形与剪切变形对位移的影响。(梁的截面为矩形:$b\times h$)

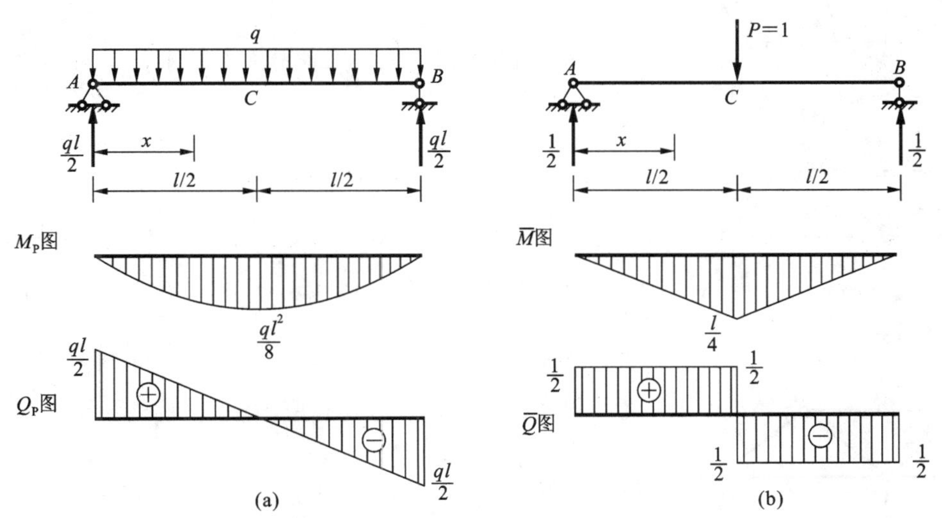

图 9.9　求简支梁中点的竖向位移

(a) 简支梁的荷载和内力;(b) 虚设力系及内力

【解】

首先在C点加与竖向位移方向一致的力$P=1$,形成虚设力系,如图 9.9(b)所示。

然后求实际荷载作用下的内力[图 9.9(a)]以及虚设荷载作用下的内力[图 9.9(b)]。以 A 点为坐标原点，当 $0\leqslant x\leqslant\frac{l}{2}$ 时，任意截面 x 的内力表达式为：

实际荷载	虚设荷载
$M_P=\frac{q}{2}(lx-x^2)$	$\overline{M}=\frac{1}{2}x$
$Q_P=\frac{q}{2}(l-2x)$	$\overline{Q}=\frac{1}{2}$
$N_P=0$	$\overline{N}=0$

将以上内力表达式代入式(9.9)，分别计算各项变形引起的位移。因对称，积分限取长度的一半，然后乘以 2。

弯曲变形引起的位移为：

$$\Delta_M=\int\frac{\overline{M}M_P}{EI}ds=2\int_0^{l/2}\frac{\left(\frac{1}{2}x\right)\frac{q}{2}(lx-x^2)}{EI}dx=\frac{5ql^4}{384EI}(\downarrow)$$

Δ_M 为正值，说明 C 点的挠度与虚设的力方向一致，即向下。

剪切位移引起的位移为(对于矩形截面，$k=1.2$)：

$$\Delta_Q=k\int\frac{\overline{Q}Q_P}{GA}ds=2\times1.2\int_0^{l/2}\frac{\left(\frac{1}{2}\right)\frac{q}{2}(l-2x)}{GA}dx=0.15\frac{ql^2}{GA}(\downarrow)$$

因梁的轴力为零，轴向变形引起的位移也为零。因此，总位移为：

$$\Delta=\Delta_M+\Delta_Q=\frac{5ql^4}{384EI}+0.15\frac{ql^2}{GA}(\downarrow)$$

下面，比较剪切变形与弯曲变形对位移的影响，两者的比值为：

$$\frac{\Delta_Q}{\Delta_M}=\frac{0.15\frac{ql^2}{GA}}{\frac{5ql^4}{384EI}}=11.52\frac{EI}{GAl^2}$$

对矩形截面，$\frac{I}{A}=\frac{h^2}{12}$，设横向变形系数 $\mu=\frac{1}{3}$，$\frac{E}{G}=2(1+\mu)=\frac{8}{3}$，代入上式，得：

$$\frac{\Delta_Q}{\Delta_M}=2.56\left(\frac{h}{l}\right)^2$$

当梁的高跨比 $\frac{h}{l}$ 是 $\frac{1}{10}$ 时，$\frac{\Delta_Q}{\Delta_M}=2.56\%$。由此可见，剪力的影响不到弯矩影响的 3%。因此，对于较长的梁可以忽略剪切变形对位移的影响，直接用式(9.10)计算位移。但当梁的高跨比增大到 $\frac{1}{5}$，则 $\frac{\Delta_Q}{\Delta_M}$ 会达到 10%。因此，对于高跨比较大的梁，不宜忽略剪切变形对位移的影响。

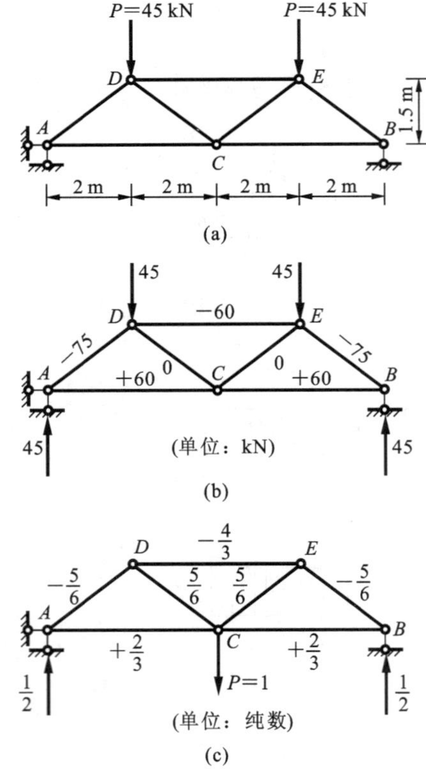

图 9.10　求桁架下弦中点挠度

(a) 桁架；(b) 荷载及轴力 N_P；(c) 单位荷载及 $\overline{N}$

【例 9.3】 图 9.10(a)所示桁架，计算下弦中点 C 的挠度。已知各杆的弹性模量 $E=2.1\times10^8$ kPa，截面面积 $A=12$ cm^2。

【解】

(1) 在 C 点加竖向向下的荷载 $P=1$，如图 9.10(c)所示。

(2) 计算在荷载作用下，桁架各杆的轴力 N_P，如图 9.10(b)所示。

(3) 再计算在 $P=1$ 作用下，各杆的轴力 $\overline{N}$，如图 9.10(c)所示。

根据式(9.11)计算桁架的位移。具体计算过程列表进行，见表 9.1，由于桁架及荷载的对称性，在表中只计算了半个桁架，杆 DE 的计算长度只取一半，最后求位移总和时乘以 2 即可。

表 9.1　Δ_C 的计算

杆　　件	$\overline{N}$	N_P(kN)	l(cm)	A(cm^2)	E(kN/cm^2)	$\frac{\overline{N}N_P}{EA}l$(cm)
AC	2/3	60	400	12	2.1×10^4	0.063
AD	−5/6	−75	250	12	2.1×10^4	0.062
DE	−4/3	−60	$\frac{1}{2}\times400$	12	2.1×10^4	0.063
DC	5/6	0	250	12	2.1×10^4	0
						$\sum=0.188$ cm

$$\Delta_C=2\times0.188=0.376\ \text{cm}(\downarrow)$$

【例 9.4】 图 9.11(a)所示为一等截面圆弧形曲杆 AB，截面为矩形，AB 圆弧的圆心角为 α，半径为 R。设有沿水平线作用的均布竖向荷载 q，求 B 点的竖向位移。并比较剪切变形和轴向变形对位移的影响。

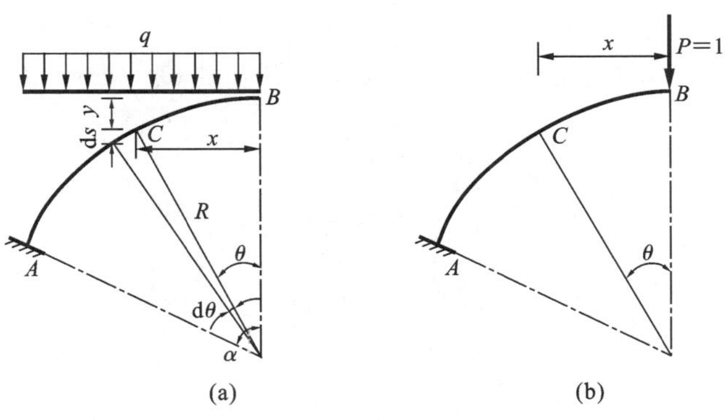

图 9.11　求圆弧形曲杆的位移

(a) 结构及荷载；(b) 单位荷载

【解】

首先，在 B 点加单位竖向荷载 $P=1$，如图 9.11(b)所示。然后，分别求在实际荷载和虚设单位荷载作用下的内力。取 B 点为坐标原点，任一点 C 的坐标为 x、y，对应的圆心角为 θ。则任意截面的内力为：

实际荷载	虚设荷载
$M_P=-\frac{1}{2}qx^2$	$\overline{M}=-x$
$N_P=-qx\sin\theta$	$\overline{N}=-\sin\theta$
$Q_P=qx\cos\theta$	$\overline{Q}=\cos\theta$

代入位移计算公式(忽略曲率的影响)：

$$\Delta=\int\frac{\overline{M}M_P}{EI}\mathrm{d}s+\int\frac{\overline{N}N_P}{EA}\mathrm{d}s+\int\frac{k\overline{Q}Q_P}{GA}\mathrm{d}s$$

为比较，分别计算 M、N、Q 引起的位移，并用 Δ_M、Δ_N、Δ_Q 表示。

$$\Delta_M = \int_B^A \frac{\overline{M}M_P}{EI}ds = \frac{q}{2EI}\int_B^A x^3 ds$$

$$\Delta_N = \int_B^A \frac{\overline{N}N_P}{EA}ds = \frac{q}{EA}\int_B^A x\sin^2\theta ds$$

$$\Delta_Q = \int_B^A \frac{k\overline{Q}Q_P}{GA}ds = \frac{kq}{GA}\int_B^A x\cos^2\theta ds$$

为统一变量，取 θ 为变量，则：

$$x = R\sin\theta, y = R(1-\cos\theta), ds = Rd\theta$$

代入上式得到：

$$\Delta_M = \frac{qR^4}{2EI}\int_0^\alpha \sin^3\theta d\theta$$

$$\Delta_N = \frac{qR^2}{EA}\int_0^\alpha \sin^3\theta d\theta$$

$$\Delta_Q = \frac{kqR^2}{GA}\int_0^\alpha \cos^2\theta\sin\theta d\theta$$

由于

$$\int_0^\alpha \sin^3\theta d\theta = \int_0^\alpha (1-\cos^2\theta)\sin\theta d\theta = \left(-\cos\theta + \frac{1}{3}\cos^3\theta\right)\Big|_0^\alpha$$

$$= \frac{2}{3} - \cos\alpha + \frac{1}{3}\cos^3\alpha$$

$$\int_0^\alpha \cos^2\theta\sin\theta d\theta = \left(-\frac{1}{3}\cos^3\theta\right)\Big|_0^\alpha = \frac{1}{3}(1-\cos^3\alpha)$$

得：

$$\Delta_M = \frac{qR^4}{2EI}\left(\frac{2}{3} - \cos\alpha + \frac{1}{3}\cos^3\alpha\right)$$

$$\Delta_N = \frac{qR^2}{EA}\left(\frac{2}{3} - \cos\alpha + \frac{1}{3}\cos^3\alpha\right)$$

$$\Delta_Q = \frac{kqR^2}{GA} \times \frac{1}{3} \times (1-\cos^3\alpha)$$

如果 $\alpha = 90°$，则：

$$\Delta_M = \frac{qR^4}{3EI}$$

$$\Delta_N = \frac{2qR^2}{3EA}$$

$$\Delta_Q = \frac{kqR^2}{3GA}$$

为了进行比较，求出$\frac{\Delta_N}{\Delta_M}$以及$\frac{\Delta_Q}{\Delta_M}$两个比值。假设 $\alpha = 90°$，$h/R = 1/10$，$E/G = 8/3$，截面为矩形，$\frac{I}{A} = \frac{h^2}{12}$，$k = 1.2$，则：

$$\frac{\Delta_N}{\Delta_M} = \frac{2I}{R^2A} = \frac{1}{6}\left(\frac{h}{R}\right)^2 = \frac{1}{600}$$

$$\frac{\Delta_Q}{\Delta_M} = \frac{kEI}{R^2GA} = \frac{k}{12}\frac{E}{G}\left(\frac{h}{R}\right)^2 = \frac{1}{375}$$

计算结果说明，在给定的条件下，轴力和剪力对位移的影响可忽略不计。

9.5 图乘法

由上节可知，计算荷载作用下梁与刚架结构的位移时，需要计算下列积分值：

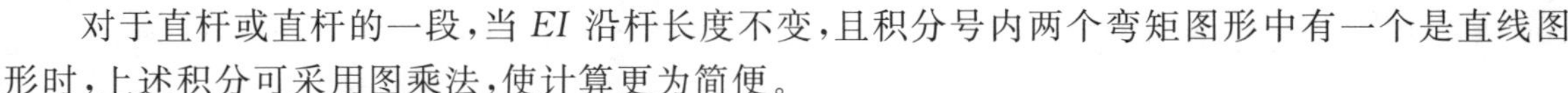

$$\int \frac{\overline{M}M_{\mathrm{P}}}{EI}\mathrm{d}s = \int \frac{M_i(x)M_{\mathrm{K}}(x)}{EI}\mathrm{d}x$$

【扫码演示11】

对于直杆或直杆的一段，当 EI 沿杆长度不变，且积分号内两个弯矩图形中有一个是直线图形时，上述积分可采用图乘法，使计算更为简便。

1. 图乘法的计算公式

某直杆 AB 的两个弯矩图如图 9.12 所示，其中弯矩图 M_i 为直线，当截面抗弯刚度 EI 是常数时，EI 可提到积分符号外，如下式：

$$\int_A^B \frac{M_iM_{\mathrm{K}}}{EI}\mathrm{d}x = \frac{1}{EI}\int_A^B M_iM_{\mathrm{K}}\mathrm{d}x \tag{a}$$

因 M_i 图是直线，以 M_i 图的直线延长线与基线(x 轴)的交点为原点，其倾角为 α，则 M_i 图上坐标为 x 的任一点的纵坐标为：

$$M_i = x\tan\alpha \tag{b}$$

将式(b) 代入式(a)，$\tan\alpha$ 是常数，可提到积分号外，即：

$$\frac{1}{EI}\int_A^B M_iM_{\mathrm{K}}\mathrm{d}x = \frac{1}{EI}\int_A^B x\tan\alpha M_{\mathrm{K}}\mathrm{d}x = \frac{\tan\alpha}{EI}\int_A^B xM_{\mathrm{K}}\mathrm{d}x \tag{c}$$

式(c) 等号右边积分项的几何意义为：$M_{\mathrm{K}}\mathrm{d}x$ 是 M_{K} 图中在 x 处的微分面积，即图 9.12 中画阴影线的部分；$xM_{\mathrm{K}}\mathrm{d}x$ 是这个微分面积对 y 轴的面积矩；积分式 $\int_A^B xM_{\mathrm{k}}\mathrm{d}x$ 则表示 AB 杆上所有微分面积对 y 轴面积矩之和。由面积矩定理，它等于 M_{K} 图形的整个面积对 y 轴的面积矩。以 x_0 表示 M_{K} 图的形心到 y 轴的距离，则：

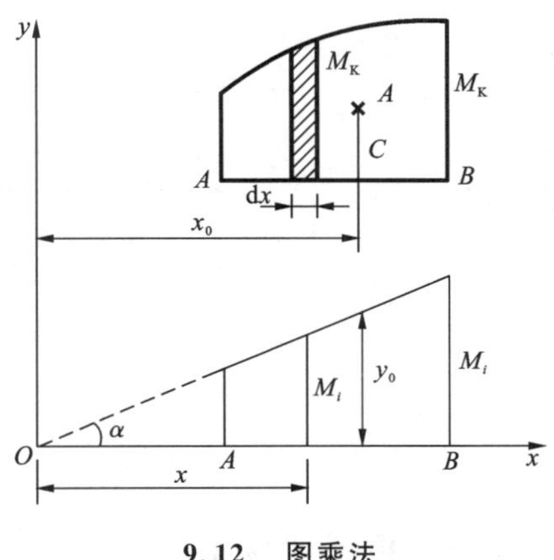

9.12 图乘法

$$\int_A^B xM_{\mathrm{K}}\mathrm{d}x = Ax_0 \tag{d}$$

将式(d) 代入式(c)，再由 M_i 图的几何关系，可得：

$$\int_A^B M_iM_{\mathrm{K}}\mathrm{d}x = \tan\alpha(Ax_0) = Ay_0 \tag{e}$$

再将式(e) 代入式(a) 得：

$$\int_A^B \frac{M_iM_{\mathrm{K}}}{EI}\mathrm{d}x = \frac{1}{EI}Ay_0 \tag{f}$$

式中　A——AB 杆 M_{K} 图形的面积；

y_0——M_{K} 图的形心对应的 M_i 图的纵坐标。

因此，用图乘法计算结构位移的公式为：

$$\Delta = \sum\int \frac{1}{EI}\overline{M}M_{\mathrm{P}}\mathrm{d}s = \sum \frac{1}{EI}Ay_0 \tag{9.14}$$

式(9.14) 即为图乘法计算结构位移的公式，它将积分运算转化为求图形的面积、形心位置及纵坐标运算的问题，简化了求结构位移的过程。应用图乘法计算时要注意几点：

(1) 应用条件：杆必须是直杆，EI 为常数，两个 M 图形中至少有一个是直线图形，纵坐标 y_0 应取自直线图中。

(2) 正负号规则：面积 A 与纵坐标 y_0 在杆的同一边时，乘积 Ay_0 取正号；A 与 y_0 在杆的不同边时，Ay_0 取负号。

图 9.13 给出了几种常见图形的面积与形心位置。在应用图示抛物线图形的公式时，必须注意在顶点处的切线应与基线平行，即在顶点处 $Q = 0$。

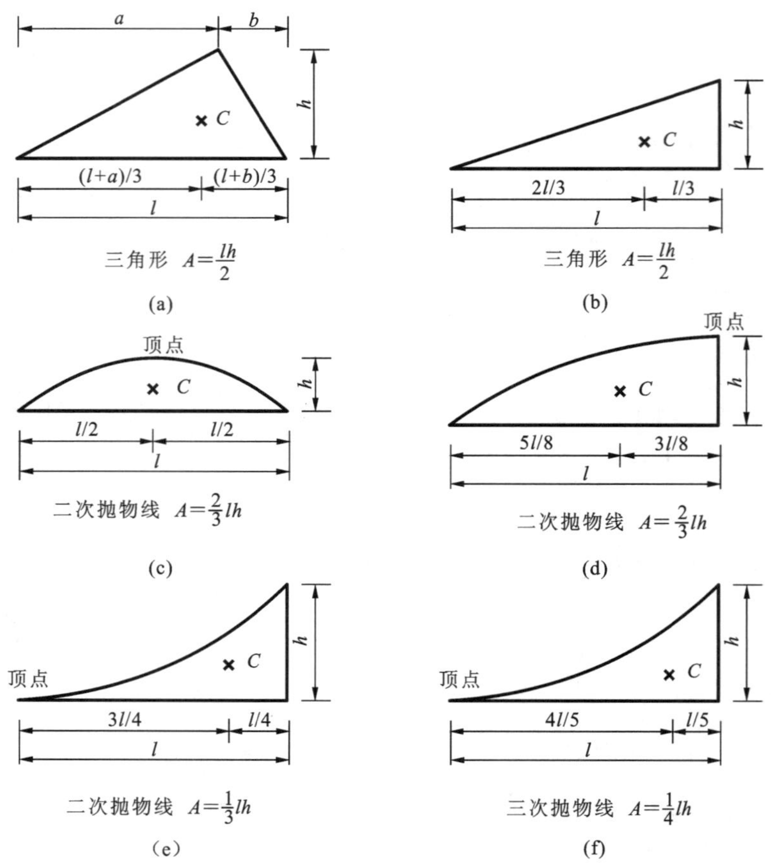

图 9.13　图形的面积和形心

2. 图形的分段与叠加

应用图乘法时，如果一个图形是曲线，另一个图形是直线，则纵坐标 y_0 应在直线图形中量取。如果两个图形都是直线，则纵坐标 y_0 可以取自其中任一图形。当图形比较复杂时，就需要应用分段或叠加等技巧。

(1) 分段

当一个图形是曲线，另一个图形是由几段直线组成的折线(图 9.14)时，可采取分段计算的方法，即：

$$\int M_i M_K \mathrm{d}x = A_1 y_1 + A_2 y_2 + A_3 y_3$$

当杆件各段有不同的 EI 时(图 9.15)，也需要分段图乘，即：

$$\int \frac{M_i M_K}{EI} \mathrm{d}x = \frac{1}{EI_1} A_1 y_1 + \frac{1}{EI_2} A_2 y_2$$

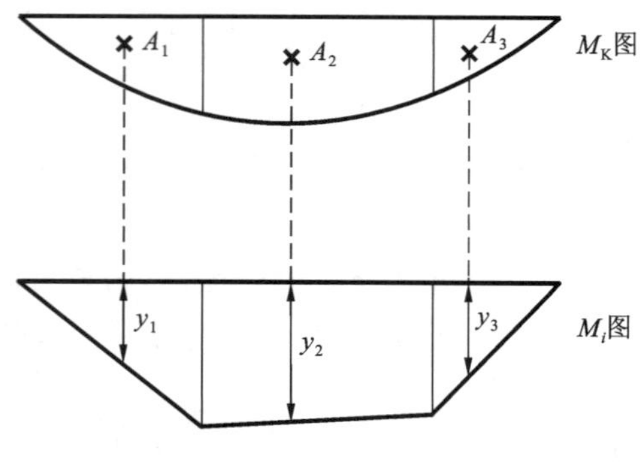

图 9.14　折线分段图乘

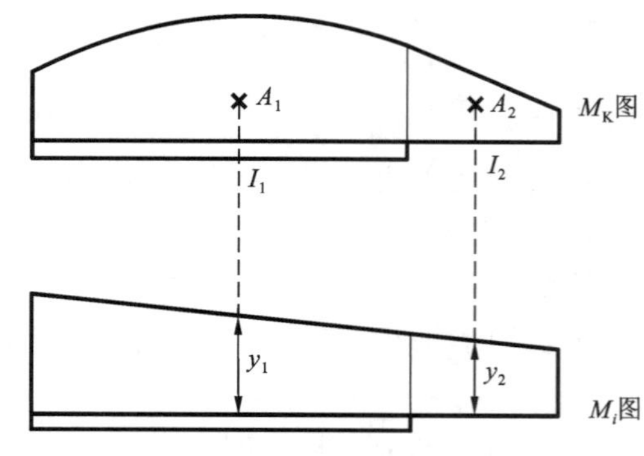

图 9.15　变截面分段图乘

(2) 叠加

当 M_K 图形比较复杂,其面积或形心位置难以确定时,可将图形分解为简单的图形,分别图乘,然后叠加。

① 两个图形都是梯形(图 9.16)。梯形的形心不易确定,但可以把一个梯形分解为两个三角形,或者一个矩形与一个三角形,分别图乘再叠加,即:

$$\int M_i M_K \mathrm{d}x = A_1 y_1 + A_2 y_2 \tag{a}$$

其中纵坐标 y_1 和 y_2 可用下式计算。

$$\begin{cases} y_1 = \dfrac{2}{3}c + \dfrac{1}{3}d \\ y_2 = \dfrac{1}{3}c + \dfrac{2}{3}d \end{cases} \tag{b}$$

如果两个直线图有正号和负号部分(图 9.17),可以把 M_K 图看作两个三角形:上边的三角形 ADB,高度为 a;下边的三角形 ABC,高度为 b,图乘仍然用式(a)计算,但其中的纵坐标 y_1 和 y_2 要用下式计算。

$$\begin{cases} y_1 = -\dfrac{2}{3}c + \dfrac{1}{3}d \left(对应的\ A_1 = \dfrac{la}{2}\right) \\ y_2 = \dfrac{1}{3}c - \dfrac{2}{3}d \left(对应的\ A_2 = \dfrac{lb}{2}\right) \end{cases} \tag{c}$$

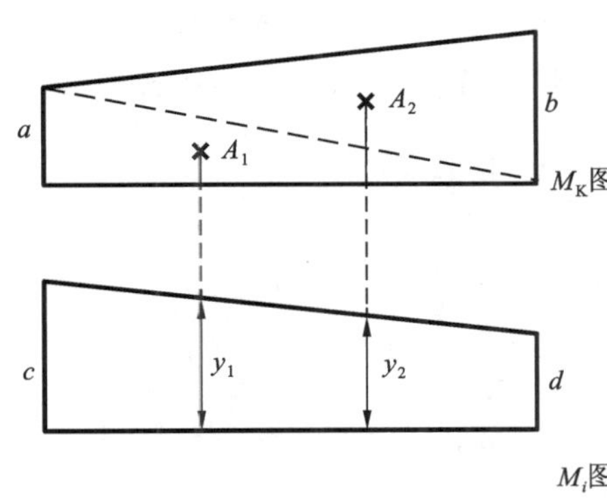

图 9.16 同侧叠加图乘

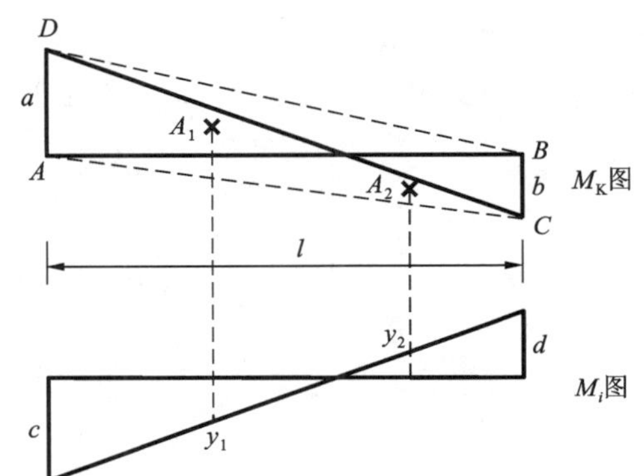

图 9.17 异侧叠加图乘

② M_K 图为一段直杆在均布荷载作用下的 M_P 图,由绘制直杆弯矩图的叠加法知道,它们是由简单图形叠加而成的。例如,图 9.18(a)的 M_P 图由两端弯矩 M_A、M_B 的直线弯矩图和简支梁在均布荷载 q 作用下的抛物线弯矩图叠加而成。因此,可将它分解为图 9.18(b)的 M' 图(再分解为两个三角形 A_1 和 A_2)和图 9.18(c)的 M^0 图(即 A_3),然后分别应用图乘法,相加而得。

注意:弯矩图的叠加是纵坐标的叠加。因此,在同一横坐标 x 处,在图 9.18(a)中以 CD 连线为基线叠加 M^0 图的纵坐标与图 9.18(c)中以水平线为基线作出的 M^0 图的纵坐标是相等的,因此,图(a)和图(c)中微段 $\mathrm{d}x$ 的微小面积(图中带阴影的面积)彼此相同,因而两图的面积及形心的横坐标也是相同的。

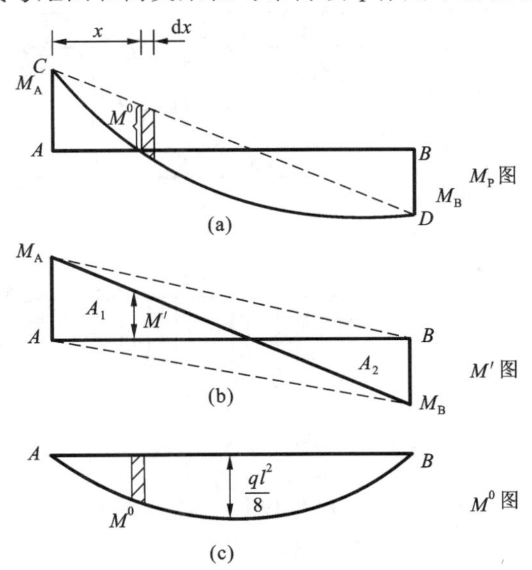

图 9.18 M_P 图叠加图乘

【例 9.5】 用图乘法计算图 9.19(a)所示简支梁在均布荷载 q 作用下中点 C 的挠度,EI=常数。

【解】

(1) 在简支梁中点 C 加单位竖向力 $P=1$,如图 9.19(b)所示。

(2) 分别作荷载 q 所产生的弯矩图 M_P[图 9.19(a)]和单位力 $P=1$ 所产生的弯矩图 $\overline{M}$[图 9.19(b)]。

(3) 用图乘法公式(9.14)计算位移 Δ。因 M_P 图是曲线,将它作为 M_i,计算面积 A,而 $\overline{M}$ 图是由两段直线组成的,应分段进行。但因图形对称,可计算一半再乘以 2。

$$A=\frac{2}{3}\cdot\frac{l}{2}\cdot\frac{ql^2}{8}=\frac{ql^3}{24}$$

$$y_0=\frac{5}{8}\cdot\frac{l}{4}=\frac{5l}{32}$$

所以

$$\Delta=\sum\int\frac{\overline{M}M_P}{EI}dx=2\frac{1}{EI}Ay_0=2\cdot\frac{1}{EI}\cdot\frac{ql^3}{24}\cdot\frac{5l}{32}=\frac{5ql^4}{384EI}(\downarrow)$$

此结果与例 9.2 计算结果相同。

【例 9.6】 计算图 9.20(a)所示悬臂梁在 B 点的挠度,EI=常数。

【解】

(1) 在 B 点加竖向单位力,如图 9.20(c)所示。

(2) 分别作荷载及单位力所产生的 M_P 图[图 9.20(b)]和 $\overline{M}$ 图[图 9.20(c)]。

(3) 计算 Δ。

图乘时,要注意此 M_P 图的 B 点不是抛物线的顶点,因而面积和形心不能直接用图 9.13 的公式。M_P 图可分解为一个在上边受拉的三角形 A_1 和一个在下边受拉的抛物线 A_2。图形的面积和纵坐标计算如下:

$$A_1=\frac{1}{2}\cdot l\cdot ql^2=\frac{1}{2}ql^3,\ y_1=\frac{2}{3}l(y_1 \text{ 与 } A_1 \text{ 同侧})$$

$$A_2=\frac{2}{3}l\cdot\frac{1}{8}ql^2=\frac{1}{12}ql^3,\ y_2=\frac{1}{2}l(y_2 \text{ 与 } A_2 \text{ 反侧})$$

所以

$$\Delta_B=\int\frac{\overline{M}M_P}{EI}dx=\frac{1}{EI}(A_1y_1-A_2y_2)$$

$$=\frac{1}{EI}\left(\frac{1}{2}ql^3\times\frac{2}{3}l-\frac{1}{12}ql^3\times\frac{1}{2}l\right)$$

$$=\frac{7ql^4}{24EI}(\downarrow)$$

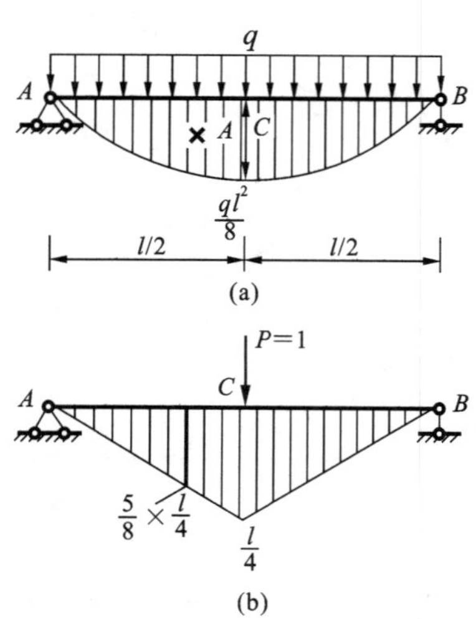

图 9.19 求简支梁跨中挠度

(a) 荷载及 M_P 图;(b) 单位力及 $\overline{M}$ 图

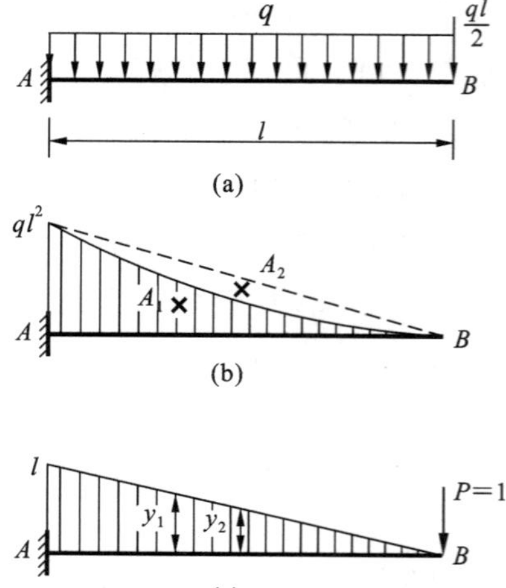

图 9.20 求悬臂梁端点位移

(a) 悬臂梁及荷载;(b) M_P 图;(c) $\overline{M}$ 图

【例 9.7】 计算图 9.21(a)所示伸臂梁在 C 端截面的转角,EI 为常数($EI=45\ kN\cdot m^2$)。

【解】

(1) 在 C 端加一单位力偶，如图 9.21(c)所示。

(2) 分别作荷载作用下的弯矩图 M_P[图 9.21(b)]和单位力偶作用下的弯矩图 $\overline{M}$[图 9.21(c)]。

(3) 计算 Δ。

$\overline{M}$ 图包括两段直线，所以，整个梁应分为 AB 和 BC 两段，分别应用图乘法。AB 段的 M_P 图，可分解为在基线上边的三角形 A_1 和在基线下边的抛物线 A_2。A 和 y 分别计算如下：

$$A_1=\frac{1}{2}\times4\times2=4,\ y_1=\frac{2}{3}\ (y_1 \text{ 与 } A_1 \text{ 同侧})$$

$$A_2=\frac{2}{3}\times4\times6=16,\ y_2=\frac{1}{2}\ (y_2 \text{ 与 } A_2 \text{ 反侧})$$

$$A_3=\frac{1}{2}\times1\times2=1,\ y_3=1\ (y_3 \text{ 与 } A_3 \text{ 同侧})$$

所以

$$\Delta=\frac{1}{EI}\sum Ay_0=\frac{1}{EI}(A_1y_1-A_2y_2+A_3y_3)$$

$$=\frac{1}{EI}\left(4\times\frac{2}{3}-16\times\frac{1}{2}+1\right)=-\frac{13}{3EI}=-\frac{13}{3\times45}$$

$$=-0.096(\text{rad})(\curvearrowleft)$$

负号表示 C 端截面转角的方向是逆时针旋转。

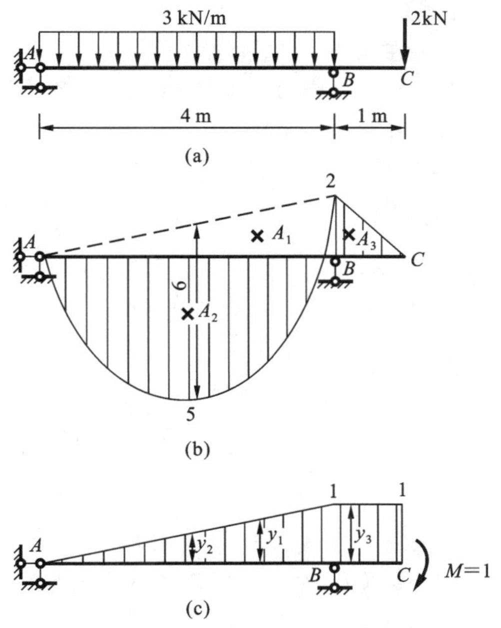

图 9.21　求伸臂梁端截面转角

(a) 伸臂梁及荷载；(b) M_P图；(c) $\overline{M}$ 图

【例 9.8】 计算图 9.22(a)所示悬臂刚架在 C 点作用荷载 P 时，梁中点 D 的挠度。并比较轴向变形对位移的影响。截面为矩形 $b\times h$，EI=常数。

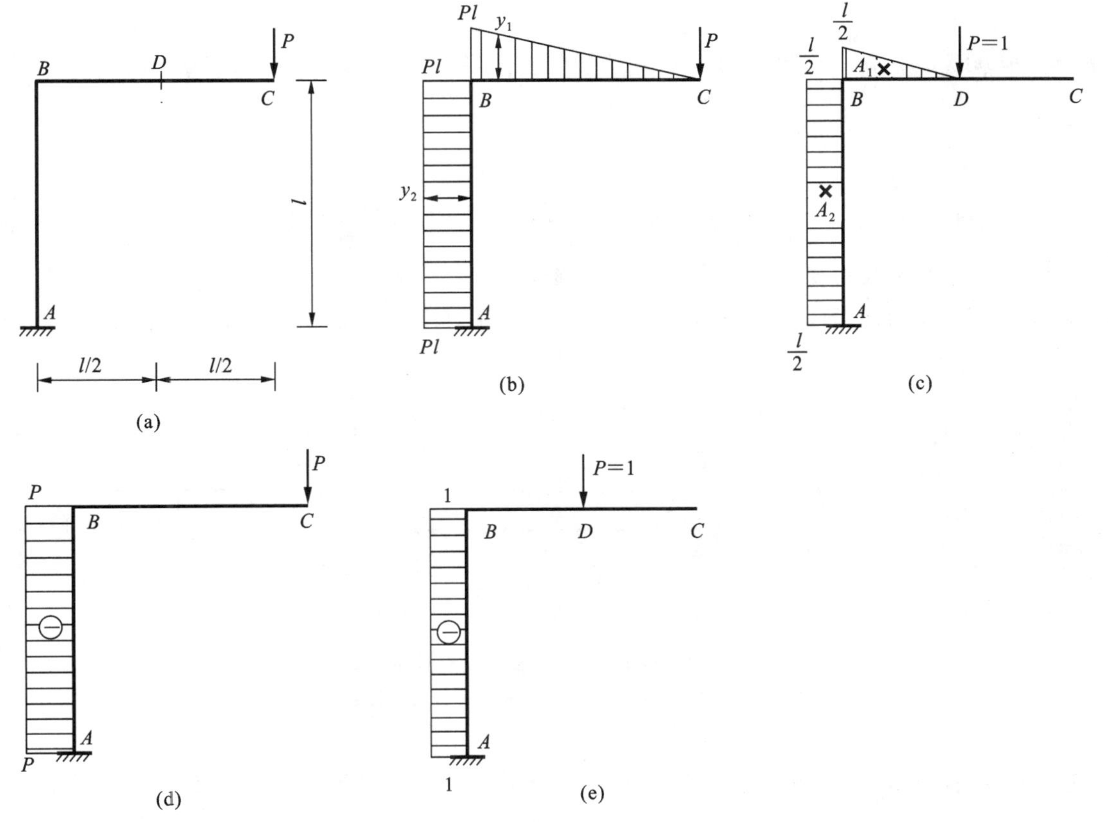

图 9.22　求刚架中点 D 的挠度

(a) 刚架及荷载；(b) M_P图；(c) 单位力及 $\overline{M}$ 图；(d) 荷载及 N_P图；(e) 单位力及 $\overline{N}$ 图

【解】

(1) 在梁中点 D 加单位竖向力。

(2) 分别作荷载作用下的 M_P 图[图 9.22(b)]和单位力作用的 $\overline{M}$ 图[图 9.22(c)]。

(3) 计算 Δ。

应用图乘法时,在梁上以 $\overline{M}$ 图作为图形面积 A_1,柱也以 $\overline{M}$ 图作为图形面积 A_2。

$$A_1 = \frac{1}{2}\cdot\frac{l}{2}\cdot\frac{l}{2} = \frac{l^2}{8},\ y_1 = \frac{5}{6}Pl\ (y_1 与 A_1 同侧)$$

$$A_2 = \frac{l}{2}\cdot l = \frac{l^2}{2},\ y_2 = Pl\ (y_2 与 A_2 同侧)$$

所以:

$$\Delta_M = \sum\int\frac{\overline{M}M_P}{EI}ds = \sum\frac{1}{EI}Ay_0 = \frac{1}{EI}\left(\frac{l^2}{8}\cdot\frac{5}{6}Pl + \frac{l^2}{2}\cdot Pl\right) = \frac{29}{48EI}Pl^3(\downarrow)$$

(4) 讨论轴向变形对 D 点挠度的影响

分别作荷载作用下的 N_P 图[图 9.22(d)]和单位力作用下的 $\overline{N}$ 图[图 9.22(e)]。

轴向变形引起的位移为:

$$\Delta_N = \sum\int\frac{\overline{N}N_P}{EA}ds = \sum\frac{\overline{N}N_P}{EA}l = \frac{Pl}{EA}$$

与在(3)中已求出的弯曲变形引起的位移相比,两者的比值为:

$$\frac{\Delta_N}{\Delta_M} = \frac{\dfrac{Pl}{EA}}{\dfrac{29Pl^3}{48EI}} = \frac{48}{29}\frac{I}{Al^2} \tag{a}$$

将矩形截面的 $A=b\times h$、$I=\dfrac{bh^3}{12}$代入式(a),得:

$$\frac{\Delta_N}{\Delta_M} = \frac{4}{29}\frac{h^2}{l^2} \tag{b}$$

由式(b)可以看出,如果$\dfrac{h}{l}=\dfrac{1}{10}$,则$\dfrac{h^2}{l^2}=\dfrac{1}{100}$,$\dfrac{\Delta_N}{\Delta_M}=\dfrac{1}{725}$。轴向变形对位移的影响比弯曲变形对位移的影响小得多,因此,一般忽略轴向变形对梁式杆位移的影响。

【例 9.9】 求图 9.23(a)所示刚架在水压力作用下 C、D 两点的相对水平位移。设各杆 EI=常数。

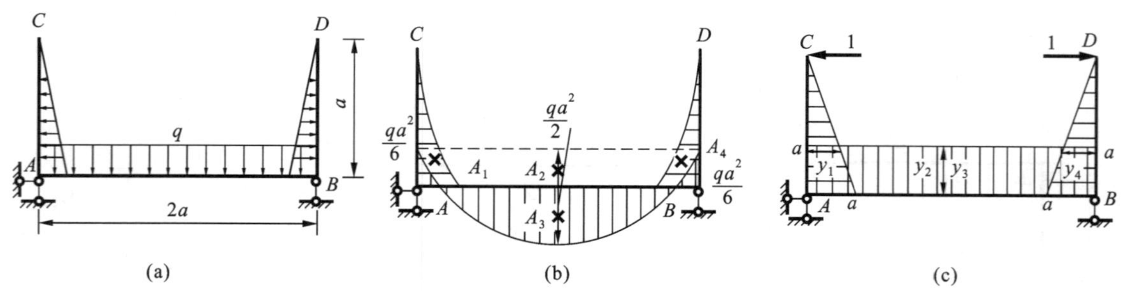

图 9.23 求刚架 C、D 点的相对水平位移

(a) 刚架及荷载;(b) M_P图;(c) 广义单位力及 $\overline{M}$ 图

【解】

(1) 因求 C、D 两点的相对水平位移,需在 C 点和 D 点分别加一对方向相反的单位水平力[图9.23(c)],这是一个广义力。

(2) 分别作荷载作用下的 M_P 图[图 9.23(b)]和单位广义力作用下的 $\overline{M}$ 图[图 9.23(c)]。

(3) 计算 Δ。

注意 AC、BD 杆受三角形分布的水压力作用，M_P 图为三次抛物线，顶点在 C、D 点。

杆 AC 和 BD

$$A_1=\frac{1}{4}\times a\times\frac{qa^2}{6}=\frac{qa^3}{24},\ y_1=\frac{4}{5}\times a=\frac{4}{5}a\ (y_1 \text{ 与 } A_1 \text{ 同侧})$$

杆 AB

$$A_2=2a\times\frac{qa^2}{6}=\frac{qa^3}{3},\ y_2=a\ (y_2 \text{ 与 } A_2 \text{ 同侧})$$

$$A_3=\frac{2}{3}\times 2a\times\frac{qa^2}{2}=\frac{2}{3}qa^3,\ y_3=a\ (y_3 \text{ 与 } A_3 \text{ 反侧})$$

所以

$$\Delta=\sum\int\frac{\overline{M}M_P}{EI}ds=\frac{1}{EI}(2A_1y_1+A_2y_2-A_3y_3)$$

$$=\frac{1}{EI}\left(2\times\frac{qa^3}{24}\times\frac{4a}{5}+\frac{qa^3}{3}\times a-\frac{2qa^3}{3}\times a\right)=-\frac{4qa^4}{15EI}(\rightarrow\leftarrow)$$

计算结果为负值，说明 C、D 两点实际的相对水平位移与虚设广义单位荷载的指向相反，即不是相互离开而是相互靠近。

【例 9.10】 求图 9.24(a)所示三铰刚架在铰 C 左右两截面的相对转角，EI 为常数。

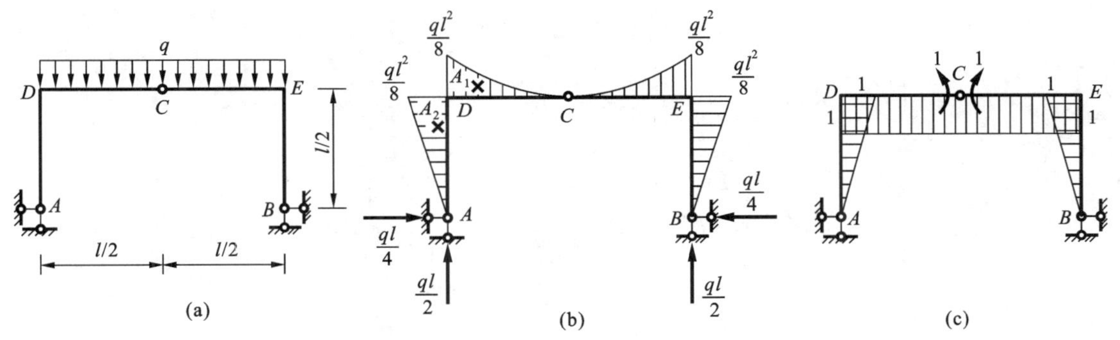

图 9.24 求三铰刚架铰 C 左、右两截面的相对转角

(a) 三铰刚架及荷载；(b) M_P图；(c) 广义单位力及 $\overline{M}$ 图

【解】

(1) 在铰 C 两侧截面加一对方向相反的单位力偶，如图 9.24(c)所示，这也是一个广义力。

(2) 分别作荷载作用下的 M_P图[图 9.24(b)]及单位广义力作用下的 $\overline{M}$ 图[图 9.24(c)]。

(3) 计算 Δ。

应用图乘法公式时，因对称，只计算刚架的一半，然后乘两倍。在荷载作用下铰 C 处剪力为零，因此，M_P 图中梁 DC 和 CE 部分的图形分别是标准二次抛物线，C 为顶点。A 和 y 的计算如下：

$$A_1=\frac{1}{3}\cdot\frac{l}{2}\cdot\frac{1}{8}ql^2=\frac{ql^3}{48},\ y_1=1\ (y_1 \text{ 与 } A_1 \text{ 反侧})$$

$$A_2=\frac{1}{2}\cdot\frac{l}{2}\cdot\frac{1}{8}ql^2=\frac{ql^3}{32},\ y_2=\frac{2}{3}\ (y_2 \text{ 与 } A_2 \text{ 反侧})$$

所以：

$$\Delta=\sum\frac{1}{EI}Ay_0=\frac{2}{EI}(-A_1y_1-A_2y_2)$$

$$=\frac{2}{EI}\left(-\frac{ql^3}{48}\times 1-\frac{ql^3}{32}\times\frac{2}{3}\right)=-\frac{ql^3}{12EI}(\swarrow\searrow)$$

计算结果为负值，说明铰 C 左右两截面实际的相对转角与所设单位广义力的转动方向相反。

【例 9.11】 图 9.25(a)所示为一组合结构，链杆 BC 和 CD 为 12 号工字钢，面积 $A=0.178\times10^{-2}\ m^2$；梁式杆 ADB 为 18 号工字钢，惯性矩 $I=16.6\times10^{-6}\ m^4$；弹性模量 $E=2.1\times10^8$ kPa，计算 C 点的竖向位移。

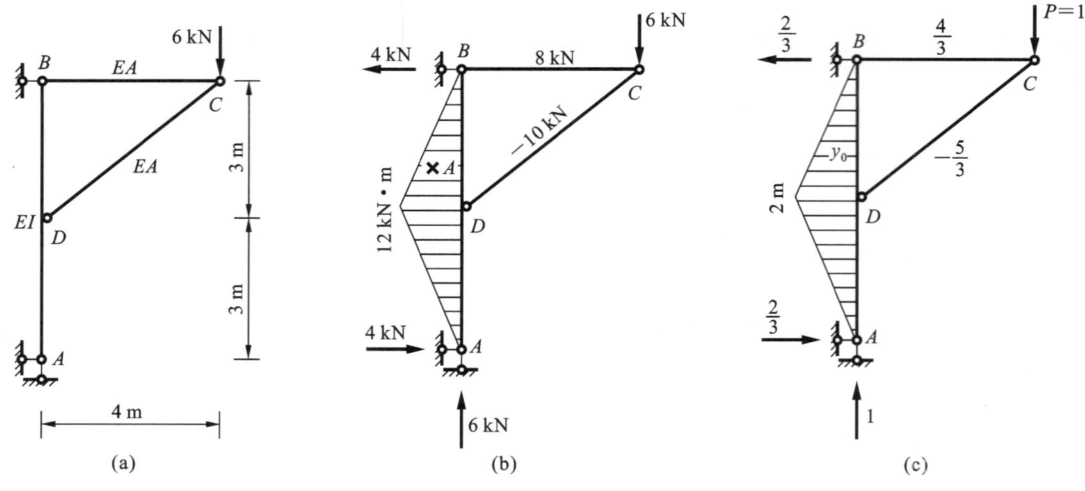

图 9.25 求组合结构的位移

(a) 组合结构及荷载；(b) M_P和 N_P图；(c) 单位力及 $\overline{M}$、$\overline{N}$ 图

【解】

本题是组合结构，计算位移时，梁式杆 AB 只需考虑弯矩项的影响，链杆 BC 和 CD 只需考虑轴力项的影响。

(1) 求 C 点竖向位移，在 C 点加虚设力 $P=1$。

(2) 荷载作用下的 M_P图及链杆的 N_P见图 9.25(b)；单位力作用下的 $\overline{M}$ 图及链杆的 $\overline{N}$ 图见图9.25(c)。

(3) 计算 Δ_C。

由组合结构的位移计算公式(9.12)，在梁式杆部分可应用图乘法。位移计算如下：

$$\begin{aligned}\Delta_C &= \sum\int\frac{\overline{M}M_P}{EI}dx+\sum\frac{\overline{N}N_P}{EA}l=\sum\frac{1}{EI}Ay_0+\sum\frac{\overline{N}N_P}{EA}l\\&=2\frac{1}{EI}\left[\left(\frac{1}{2}\times3\times12\right)\times\left(\frac{2}{3}\times2\right)\right]+\frac{1}{EA}\left[8\times\frac{4}{3}\times4+(-10)\times\left(-\frac{5}{3}\right)\times5\right]\\&=\frac{48}{2.1\times10^8\times16.6\times10^{-6}}+\frac{128+250}{2.1\times10^8\times0.178\times10^{-2}\times3}\\&=13.77\times10^{-3}+0.34\times10^{-3}\\&=14.11\times10^{-3}\text{m}(\downarrow)\end{aligned}$$

9.6 温度作用时的位移计算

温度作用是指结构周围的温度发生改变时对结构的作用。对于静定结构，温度改变不会引起内力，但会产生变形，从而发生位移。因为结构材料在温度作用下会发生膨胀和收缩，从而引起截面的应变(即温度应变)，使结构产生变形和位移。

温度作用时结构的位移可以应用单位荷载法的位移公式(9.7)计算，只要求出由于温度变化引起的应变，即 ε、γ_0、κ 等，代入式(9.7)积分即可。

对静定结构，如果温度变化沿截面厚度是均匀的，结构各杆仅产生轴向变形；如果温度变化是非均匀的，各杆不仅产生轴向变形，还会产生弯曲变形。图 9.26(a) 所示的简支梁，假设上边缘温度上升 $+t_1$ ℃，下边缘上升$+t_2$ ℃，设温度沿杆件截面厚度 h 为线性分布[图 9.26(b)]，即在发生温度变形后，截面仍保持为平面。此时，截面的变形可分解为沿轴线方向的拉伸变形 du 和截面的转角 $d\theta$，但不会产生剪切变形。

假设截面形心轴处的温度为 t_0，形心轴距上、下边缘的距离分别为 h_1、h_2。

当杆件截面对称于形心轴时($h_1=h_2$)，有：

$$t_0=\frac{1}{2}(t_1+t_2) \tag{9.15a}$$

当截面不对称于形心轴时($h_1\neq h_2$)，有：

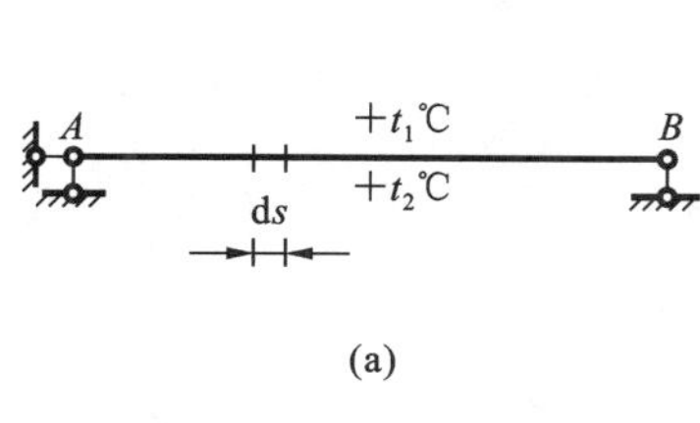

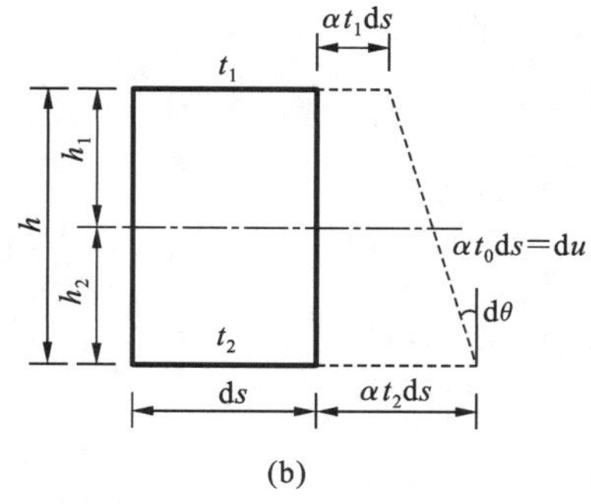

图 9.26　温度变化的变形

(a) 温度变化;(b) 微元 ds 的变形

$$t_0 = \frac{t_1 h_2 + t_2 h_1}{h} \tag{9.15b}$$

截面上、下边缘的温度差为:

$$\Delta t = t_2 - t_1 \tag{9.16}$$

如材料的线膨胀系数为 α,则 ds 段的变形为(图 9.26):

$$du = \varepsilon ds = \alpha t_0 ds,\ \varepsilon = \alpha t_0 \tag{a}$$

$$d\theta = \kappa ds = \frac{\alpha(t_2 - t_1)}{h} ds,\ \kappa = \frac{\alpha(t_2 - t_1)}{h} = \frac{\alpha \Delta t}{h} \tag{b}$$

将式(a) 和式(b) 代入式(9.7),并令 $\gamma_0 = 0$,$C_K = 0$,得计算温度作用引起的位移公式为:

$$\Delta = \sum \int \overline{M} \frac{\alpha \Delta t}{h} ds + \sum \int \overline{N} \alpha t_0 ds \tag{9.17a}$$

如果 t_0、Δt 沿杆件为常数,则有:

$$\Delta = \sum \frac{\alpha \Delta t}{h} \int \overline{M} ds + \sum \alpha t_0 \int \overline{N} ds \tag{9.17b}$$

式中,积分号包括杆件全长,$\int \overline{M} ds$ 和 $\int \overline{N} ds$ 分别表示每一杆件 $\overline{M}$ 图和 $\overline{N}$ 图的面积;总和号包括梁、刚架、桁架的各杆。

公式正负号规定如下:轴力 $\overline{N}$ 以拉力为正,t_0 以温度升高为正。弯矩 $\overline{M}$ 和温差 Δt 则用其乘积定正负号。当弯矩 $\overline{M}$ 和温差 Δt 引起的弯曲为同一方向时(即当 $\overline{M}$ 和 Δt 使杆件的同一边产生拉伸变形时),其乘积取正值;反之取负值。

【例 9.12】　求图 9.27(a) 所示刚架 C 点的竖向位移。刚架内侧(梁下侧和柱右侧) 温度升高 15 ℃,外侧(梁上侧和柱左侧) 温度无改变。$a = 400$ cm,$\alpha = 0.00001(1/℃)$,各杆截面为矩形,截面高度 $h = 40$ cm。

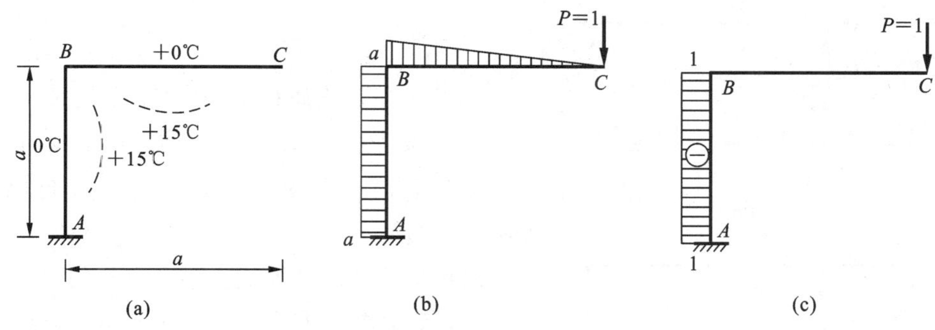

图 9.27　温度变化时刚架的位移

(a) 刚架及温度变化;(b) 单位力和 $\overline{M}$ 图;(c) 单位力和 $\overline{N}$ 图

【解】

(1) 在 C 点加单位竖向荷载 $P = 1$[图 9.27(b)]。

(2) 分别作 $\overline{M}$ 图[图 9.27(b)]及 $\overline{N}$ 图[图 9.27(c)]。

(3) 计算杆件上、下(及左、右)边缘温差 Δt 及轴线处温度变化 t_0:

$$\Delta t = t_2 - t_1 = 15 - 0 = 15\ ℃$$

$$t_0 = \frac{t_1 + t_2}{2} = \frac{0+15}{2} = 7.5\ ℃$$

(4) 代入式[9.17(b)],得:

$$\begin{aligned}\Delta &= \sum \frac{\alpha \Delta t}{h}\int \overline{M}\mathrm{d}s + \sum \alpha t_0 \int \overline{N}\mathrm{d}s \\ &= -\frac{15\alpha}{h}\left(\frac{1}{2}a \times a + a \times a\right) + 7.5\alpha(-a) \\ &= -7.5\alpha a\left(\frac{3a}{h}+1\right)\end{aligned}$$

因 Δt 与 $\overline{M}$ 所产生的弯曲方向相反,所以上式第一项取负号。因轴力为压力,轴线温度升高,所以第二项也为负号。将 $\alpha = 0.00001(1/℃)$,$a = 400$ cm,$h = 40$ cm 代入,得:

$$\Delta = -0.93\ \mathrm{cm}(\uparrow)$$

负号说明当温度作用如图 9.27(a) 所示时,C 点的实际竖向位移方向向上。

9.7 支座移动时的位移计算

静定结构是几何不变无多余约束的体系,当有支座移动时,静定结构将发生刚体位移。因此,支座移动既不引起静定结构的应变,也不引起内力。图 9.28(a) 所示静定多跨梁,当支座 B 向下移动 c_B,AC 杆将绕 A 点转动,CD 杆将绕 D 点转动,这时各杆只发生刚体位移[图 9.28(a) 中虚线],并不产生内力。因此,可用刚体体系的虚功原理求解结构由支座移动产生的位移。利用单位荷载法,由式(9.7) 可得支座移动时的位移计算公式如下:

$$\Delta = -\sum \overline{R}_K c_K \tag{9.18}$$

式中 c_K—— 实际的支座移动;

$\overline{R}_K$—— 与 $P=1$ 平衡的支座反力。

$\overline{R}_K C_K$ 是虚设力系的支座反力 $\overline{R}_K$ 在实际的相应支座移动 C_K 上做的虚功,两者方向一致时,乘积为正,反之为负。

在图 9.28(a) 中,如拟求 C 点的竖向位移,则在 C 点加一竖向单位力 $P=1$,求出与之平衡的支座反力[图 9.28(b)],由式(9.18) 可求出 C 点的位移如下:

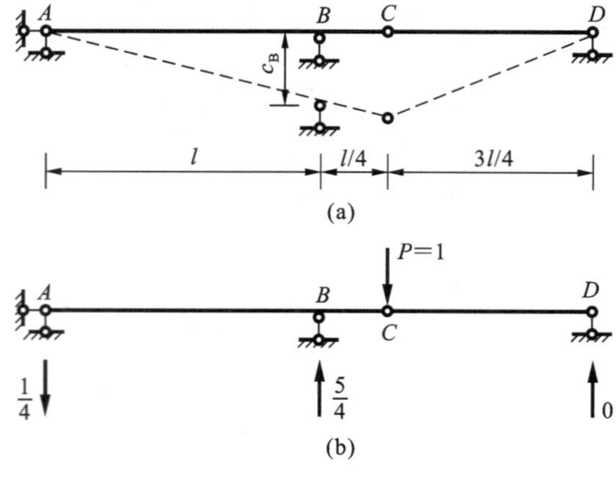

图 9.28 支座移动时的位移计算

(a) 静定多跨梁支座 B 向下移动;(b) 单位力及平衡力系

$$\Delta = -\left(-\frac{5}{4} \times c_B\right) = \frac{5}{4}c_B(\downarrow)$$

这里只有 B 支座移动,其他支座位移为零,因此只有支座 B 反力做功,支座 A 和 D 的反力都不做功。因支座反力 $\overline{R}_B$ 与支座移动 C_B 方向相反,$\overline{R}_B$ 在 C_B 上做负功,所以 $\overline{R}_B$ 与 C_B 的乘积为负。

用单位荷载法计算支座移动引起的位移步骤如下:

(1) 沿拟求 Δ 方向虚设相应的单位荷载。

(2) 求 $\overline{R}_K$,根据静力平衡条件求单位荷载作用下结构的支座反力 $\overline{R}_K$。

(3) 求 Δ,由式(9.18) 计算 Δ。

【例 9.13】 图 9.29(a) 所示简支刚架,支座 A 下沉 a,

求 B 点的水平位移和 B 端截面的转角。

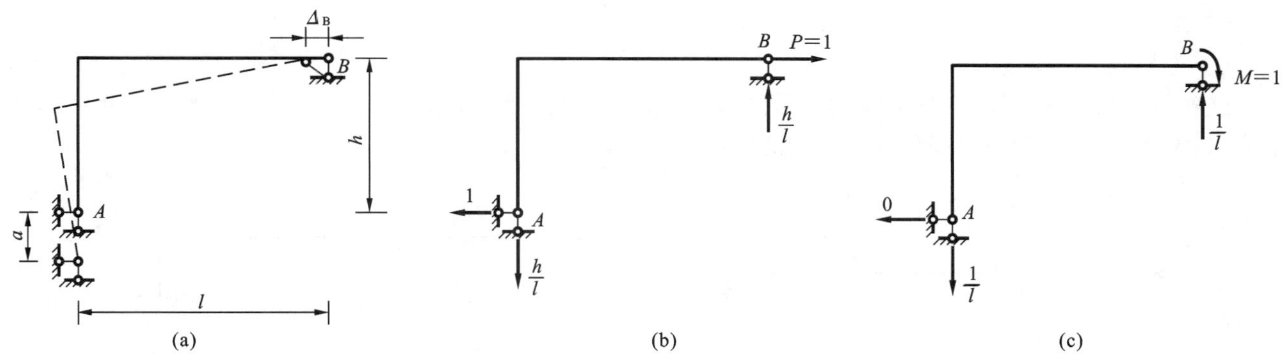

图 9.29　求刚架由于支座下沉引起的位移

(a) 刚架及支座下沉;(b) 求 B 点水平位移时的单位力;(c) 求截面 B 转角时的单位力

【解】

(1) 求 B 点的水平位移

在 B 点加水平单位荷载 $P=1$,如图 9.29(b) 所示。由静力平衡条件,求支座反力 $\overline{R}_A$[图 9.29(b)]。代入式(9.18),得 $\Delta=-\sum\overline{R}_K c_K=-\left(\dfrac{h}{l}\times a\right)=-\dfrac{ha}{l}(\leftarrow)$。这里,支座反力 $\overline{R}_A$ 与支座移动 c_A 方向相同,乘积为正。

Δ 为负值,说明 B 点的实际水平位移与所设 $P=1$ 方向相反,即向左。

(2) 求 B 端截面的转角 θ_B

在 B 端加相应于 θ_B 的单位力偶 $M=1$,如图 9.29(c) 所示。由静力平衡条件,求支座反力 $\overline{R}_A$[图 9.29(c)]。代入式(9.18),得 $\Delta=-\sum\overline{R}_K c_K=-\left(\dfrac{1}{l}\times a\right)$(↶)。这里,支座反力 $\overline{R}_A$ 与支座移动 c_A 方向相同,乘积为正。

Δ 为负值,说明 B 端截面的实际转动方向与所设单位力偶转动方向相反,即为逆时针。

9.8　线性变形体系的互等定理

本节讨论线性变形体系的三个互等定理,即功的互等定理、位移互等定理和反力互等定理。这些互等定理经常被用到超静定结构的计算中。

1. 功的互等定理

图 9.30(a)、图 9.30(b) 所示为同一线性变形体系的两种状态。在状态 Ⅰ 中,受有外力 P_{a1} 和 P_{b1},产生的内力用 N_1、Q_1、M_1 表示,位移和应变用 Δ_1、ε_1、γ_{01}、κ_1 表示;在状态 Ⅱ 中,受有外力 P_{c2} 和 P_{d2},产生的内力用 N_2、Q_2、M_2 表示,位移和应变用 Δ_2、ε_2、γ_{02}、κ_2 表示。

令状态 Ⅰ 的力系在状态 Ⅱ 的位移上做虚功,可写出虚功方程如下:

$$
\begin{aligned}
W_{12}&=\sum P_1\Delta_2=\sum\int N_1\varepsilon_2\,ds+\sum\int Q_1\gamma_{02}\,ds+\sum\int M_1\kappa_2\,ds\\
&=\sum\int\frac{N_1N_2}{EA}ds+\sum\int\frac{kQ_1Q_2}{GA}ds+\sum\int\frac{M_1M_2}{EI}ds
\end{aligned}
$$

同理,令状态 Ⅱ 的力系在状态 Ⅰ 的位移上做虚功,可写出虚功方程如下:

$$
\begin{aligned}
W_{21}&=\sum P_2\Delta_1=\sum\int N_2\varepsilon_1\,ds+\sum\int Q_2\gamma_{01}\,ds+\sum\int M_2\kappa_1\,ds\\
&=\sum\int\frac{N_2N_1}{EA}ds+\sum\int\frac{kQ_2Q_1}{GA}ds+\sum\int\frac{M_2M_1}{EI}ds
\end{aligned}
$$

这里,虚功有两个下标:第一个下标表示做功的力系状态,第二个下标表示相应的变形状态。由于上面两式的右边彼此相等,所以:

$$\sum P_1\Delta_2 = \sum P_2\Delta_1 \tag{9.19a}$$

或者

$$W_{12} = W_{21} \tag{9.19b}$$

这就是功的互等定理：在任一线性变形体系中，第一状态的外力在第二状态位移上所做的虚功W_{12}，等于第二状态的外力在第一状态位移上所做的虚功W_{21}。

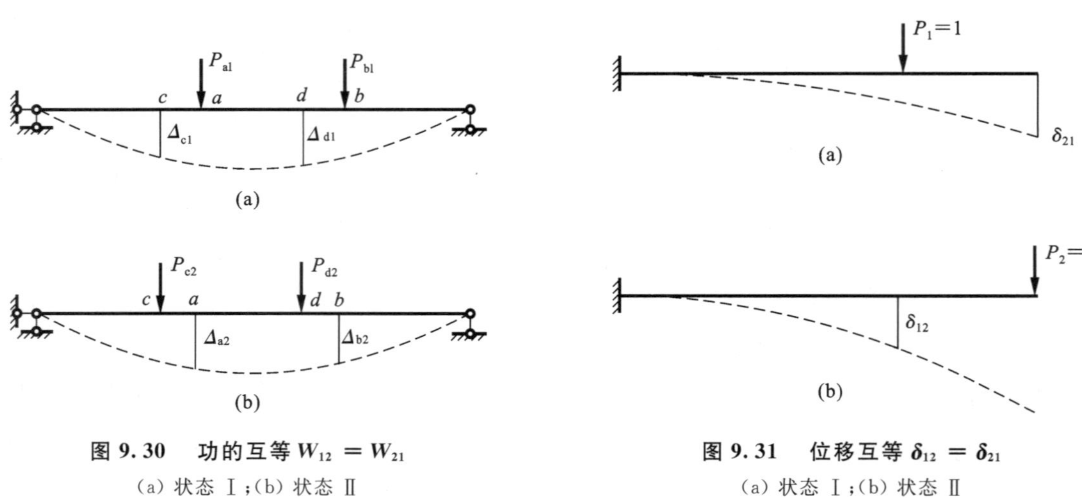

图 9.30　功的互等 $W_{12} = W_{21}$

(a) 状态 Ⅰ；(b) 状态 Ⅱ

图 9.31　位移互等 $\delta_{12} = \delta_{21}$

(a) 状态 Ⅰ；(b) 状态 Ⅱ

2. 位移互等定理

现在我们用上述功的互等定理来研究一种特殊情况。设在图 9.31(a) 状态 Ⅰ 中只有一个单位荷载 $P_1 = 1$，状态 Ⅱ 中也只有一个单位荷载 $P_2 = 1$。图9.31(a) 中 δ_{21} 表示单位荷载 $P_1 = 1$ 引起的与 P_2 相应的位移，图 9.31(b) 中 δ_{12} 表示单位荷载 $P_2 = 1$ 引起的与 P_1 相应的位移。这里，位移 δ_{ij} 有两个下标：第一个下标 i 表示位移 δ 与 P_i 相应的，第二个下标 j 表示位移是由力 $P_j = 1$ 引起的。

由功的互等定理[式(9.19)]可得：

$$P_1\delta_{12} = P_2\delta_{21}$$

因 $P_1 = 1$、$P_2 = 1$，有：

$$\delta_{12} = \delta_{21} \tag{9.20}$$

这就是位移互等定理：在任一线性变形体系中，由单位荷载 $P_2 = 1$ 引起的与荷载 P_1 相应的位移，在数值上等于由单位荷载 $P_1 = 1$ 引起的与荷载 P_2 相应的位移。这里的单位荷载 P_1 及 P_2 可以是广义力，则位移 δ_{12} 和 δ_{21} 是相应的广义位移。

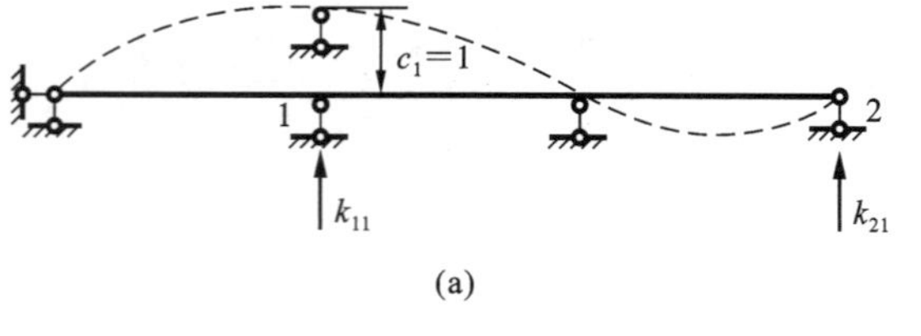

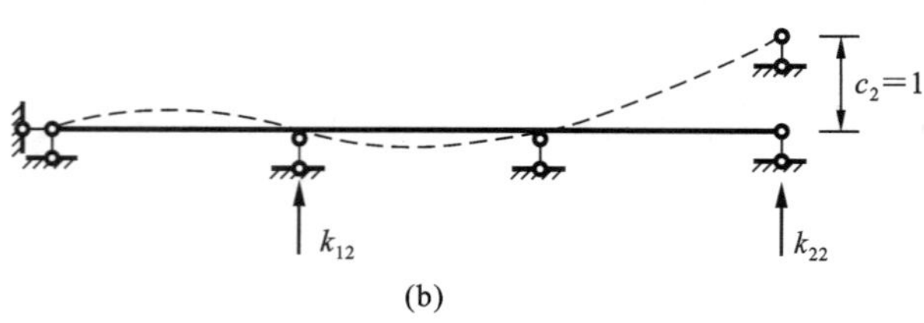

图 9.32　反力互等 $k_{12} = k_{21}$

(a) 状态 Ⅰ；(b) 状态 Ⅱ

3. 反力互等定理

反力互等定理也是功的互等定理的一个特殊情况。图 9.32 所示为同一线性变形体系的两种变形状态。

图 9.32(a) 中状态 Ⅰ 为由于支座 1 发生单位位移 $c_1 = 1$ 的状态，此时在支座 1 和 2 引起的支座反力分别用 k_{11} 和 k_{21} 表示。图 9.32(b) 中状态 Ⅱ 为由于支座 2 发生单位位移 $c_2 = 1$ 的状态，此时在支座 1 和 2 引起的支座反力分别用 k_{12} 和 k_{22} 表示。其他支座反力因所对应的另一状态的支座位移都等于零而不做虚功，因此，在图 9.32 中未给出。这里，支座反力 k_{ij} 有两个下标：第一个下标 i 表示支座反力是与支座位移 c_i 相应的，第二个下标 j 表示支座反力是由支座 j 发生单位位移 c_j 引起的。

由功的互等定理[式(9.19)]可得：

$$k_{12}c_1 = k_{21}c_2$$

因 $c_1 = 1, c_2 = 1$，所以

$$k_{12} = k_{21} \tag{9.21}$$

这就是反力互等定理：在任一线性变形体系中，由单位支座位移 $c_2 = 1$ 所引起的与支座位移 c_1 相应的支座反力，在数值上等于由单位支座位移 $c_1 = 1$ 所引起的与支座位移 c_2 相应的支座反力。这里所说的支座可以换成别的约束，单位支座位移 c_i 可以换成与该约束相应的广义位移，而支座反力 k_j 则可以换成与该约束相应的广义力。

本章小结

本章主要讨论应用虚功原理计算静定结构的位移。一方面静定结构需要计算位移，另一方面本章的位移计算方法也是后续超静定结构内力计算的基础。因此，本章内容起着承上启下的作用，必须熟练掌握。

(1) **虚功原理**：虚功原理是力学中的基本原理，用途十分广泛。所谓"虚"是指力系与位移无关，即位移不是由力系引起的。因此，对一组给定的力系，可以虚设一种位移状态，去求未知的约束力；对一组给定的变形，可以虚设一力系状态，求未知的位移。这就是虚功原理的两种基本应用，本章讨论的求位移的方法，就是后一种应用。

(2) **单位荷载法**：在拟求位移的方向上加一单位荷载 $P = 1$，计算在 $P = 1$ 作用下结构的内力 $\overline{N}$、$\overline{Q}$、$\overline{M}$ 和支座反力 $\overline{R}$，则位移可按式(9.7)计算，即：

$$\Delta = \sum\int(\overline{N}\varepsilon + \overline{Q}\gamma_0 + \overline{M}\kappa)\mathrm{d}s - \sum\overline{R}_K c_K$$

式中 ε、γ_0、κ、C_K 为实际给定状态下的变形与支座位移。

(3) **荷载作用下的位移计算**：根据单位荷载法，代入在荷载作用下结构的变形，可得出结构在荷载作用下的位移计算公式(9.9)，即：

$$\Delta = \sum\int\frac{\overline{N}N_P}{EA}\mathrm{d}s + \sum\int\frac{k\overline{Q}Q_P}{GA}\mathrm{d}s + \sum\int\frac{\overline{M}M_P}{EI}\mathrm{d}s$$

这里有两套内力状态：一套是产生实际应变的荷载作用的内力 N_P、Q_P、M_P；另一套是虚设力系的内力 $\overline{N}$、$\overline{Q}$、$\overline{M}$。

(4) **图乘法**：计算荷载作用下梁和刚架的位移时，可应用图乘法代替积分计算。应特别注意图乘法的应用条件（直杆结构，EI 沿杆长度不变，两个弯矩图形中必须有一个是直线图形）以及分段和叠加的技巧。

(5) **温度作用引起的位移计算**：这类位移为非荷载因素引起的结构位移，仍然可以用单位荷载法公式(9.7)进行计算，只需计算温度作用引起的结构应变：$\varepsilon = \alpha t_0$，$\kappa = \dfrac{\alpha\Delta t}{h}$ 代入式(9.7)，便可得到温度作用引起的位移计算公式(9.17)。

(6) **支座移动引起的位移**：支座移动在静定结构中引起的位移属于刚体位移，也可以用单位荷载法计算位移值。此时由于结构中没有变形产生，位移计算仅需考虑支座反力所做的虚功，计算公式为式(9.18)，此处，关键是正确计算做功的支座反力 $\overline{R}$。

(7) **位移计算中符号的确定**：在位移计算公式中，往往需要确定各项的符号。这里关键是功的正负号规定，即力与位移的乘积的正负号规定，当力与位移方向一致时，乘积为正，反之为负。图乘法中 A 与 y_0 位于杆件同一边时，乘积为正，反之为负。

(8) **互等定理**：包括功的互等定理、位移互等定理及反力互等定理，它们也是力学分析中的基本原理，在后续的超静定结构内力计算中需要用到有关互等定理，因此应理解它们在各种不同变形条件下的意义及应用。位移互等定理可应用于静定结构，也可应用于超静定结构；而反力互等定理只有在超静定结构中才有用。

习　　题

9.1～9.2　利用虚功原理，计算静定多跨梁指定的支座反力和截面内力。

9.1　Y_C、M_B、$Q_{C左}$、$Q_{C右}$。

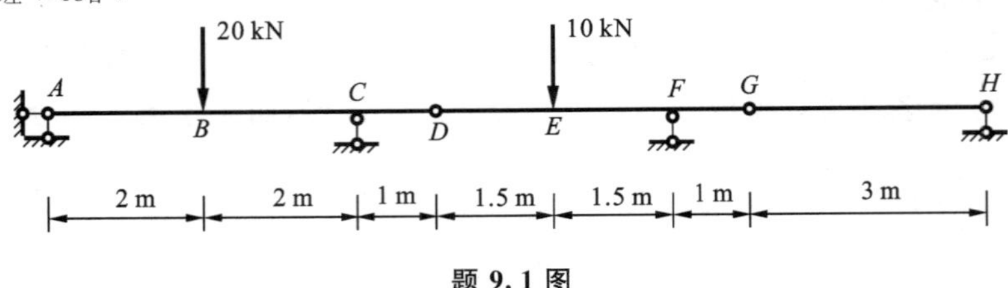

题 9.1 图

9.2　M_A、M_D、Q_A、Y_C。（提示：均布荷载在竖向位移上的虚功为 $\int q\mathrm{d}x \cdot y = q\int y\mathrm{d}x = qA$，$A$ 为均布荷载 q 范围内的虚位移图面积）

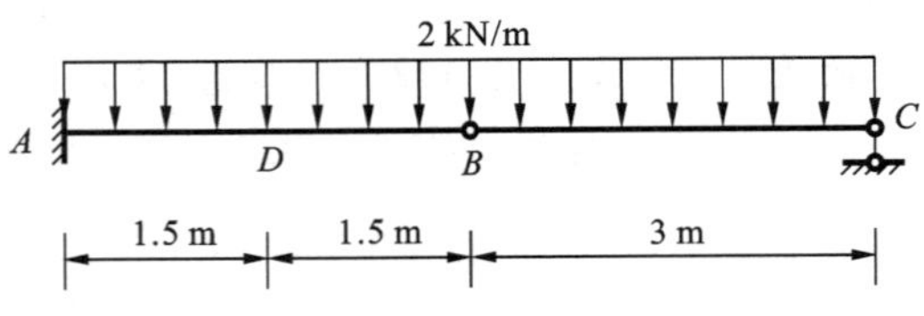

题 9.2 图

9.3～9.4　用积分法求图示悬臂梁 A 端的竖向位移和转角（忽略剪切变形的影响）。

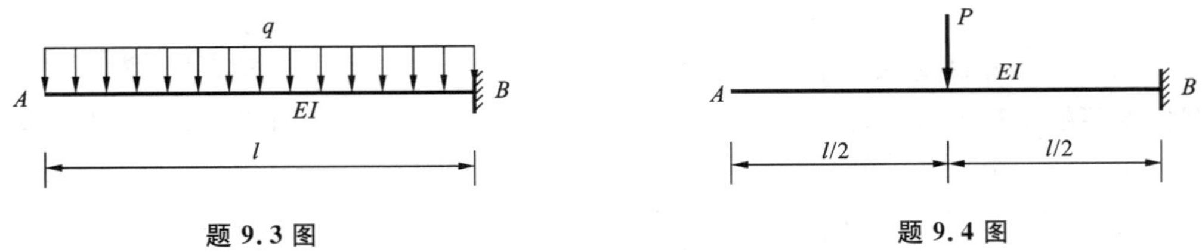

题 9.3 图　　**题 9.4 图**

9.5～9.6　用积分法求图示简支梁的跨中挠度（忽略剪切变形的影响）。

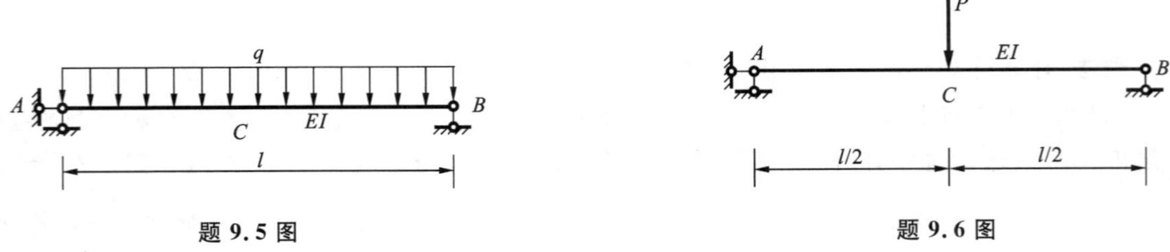

题 9.5 图　　**题 9.6 图**

9.7　用积分法求图示简支梁 A 端截面转角。

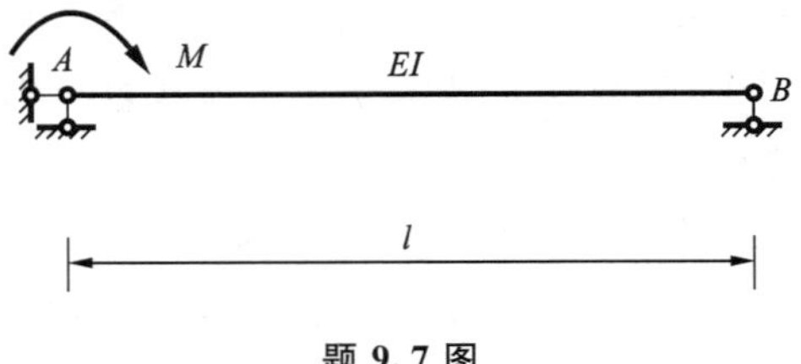

题 9.7 图

9.8～9.9　求图示桁架结点 C 的竖向位移。（弹性模量 $E=2.1\times10^8$ kPa）

9.8　各杆截面相等，$A=30\ \mathrm{cm}^2$。

9.9　各杆截面面积分别注于杆旁，单位为 cm^2。

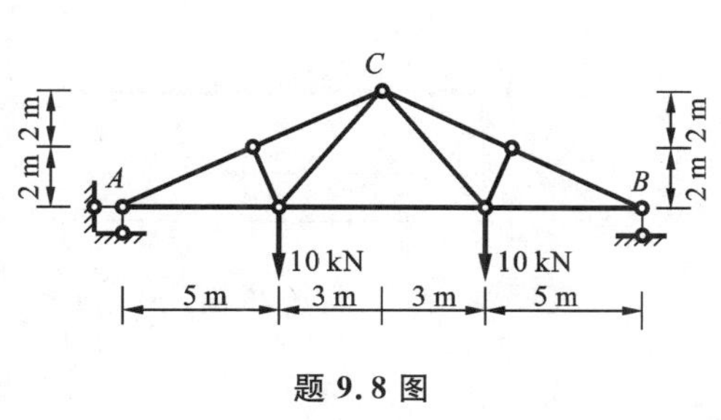

题 9.8 图

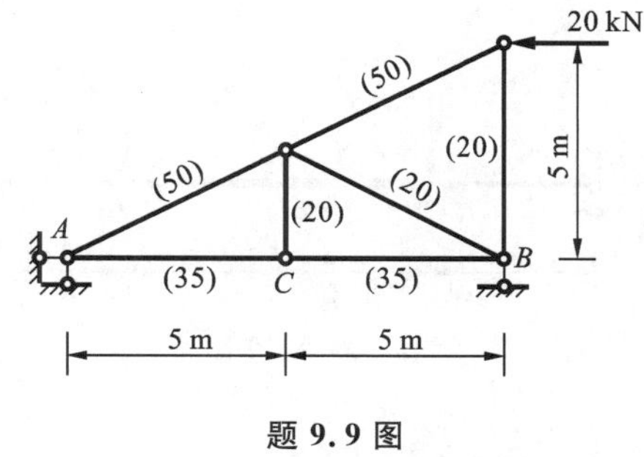

题 9.9 图

9.10～9.11 求图示桁架结点 C 的水平位移，各杆 EA 相等。

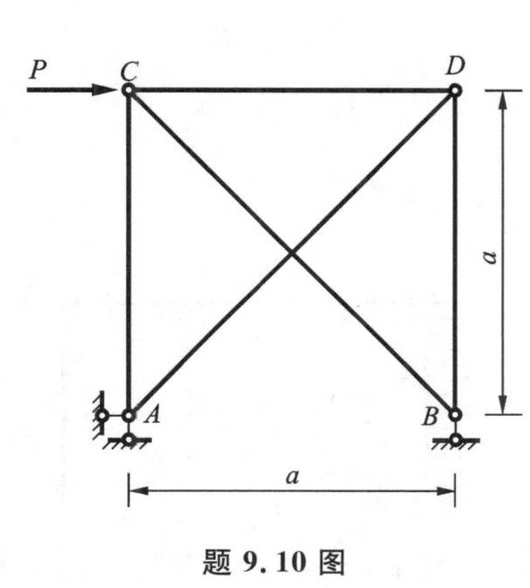

题 9.10 图

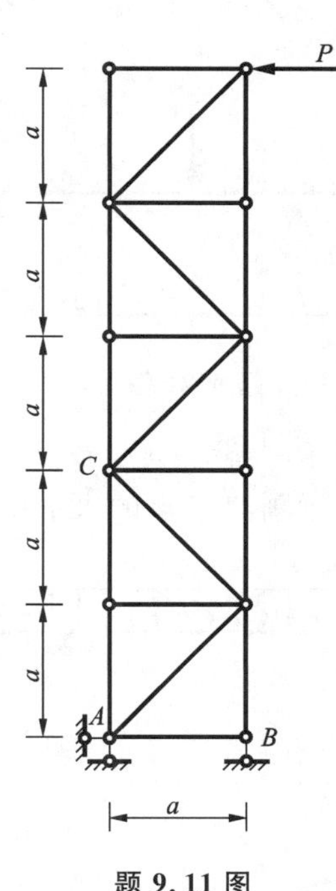

题 9.11 图

9.12 求等截面圆弧曲杆 A 点的竖向位移 Δ_{AV} 和水平位移 Δ_{AH}。设圆弧 AB 为 1/4 个圆周，半径为 R。

9.13 求曲梁 B 点的水平位移 Δ_B，已知曲梁轴线为抛物线，方程为 $y=\frac{4f}{l^2}x(l-x)$。EI＝常数，承受均布荷载 q。计算时可只考虑弯曲变形。设曲线比较平，可取 $ds=dx$。

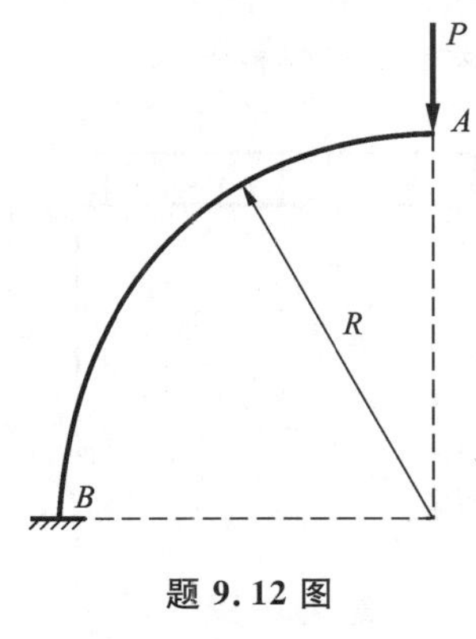

题 9.12 图

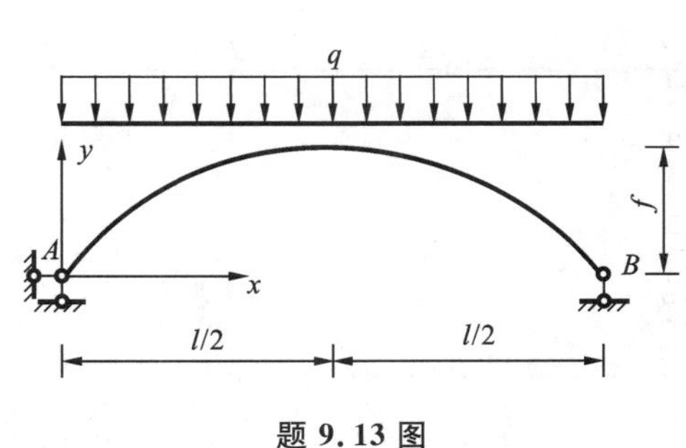

题 9.13 图

9.14～9.18 用图乘法解习题 9.3～9.7。

9.19 求图示截面 C 和截面 E 的挠度。已知 $E=2.06\times10^8$ kPa，$I_1=6560\ \text{cm}^4$，$I_2=12430\ \text{cm}^4$。

9.20 求图示悬臂梁 B 端的挠度及转角。

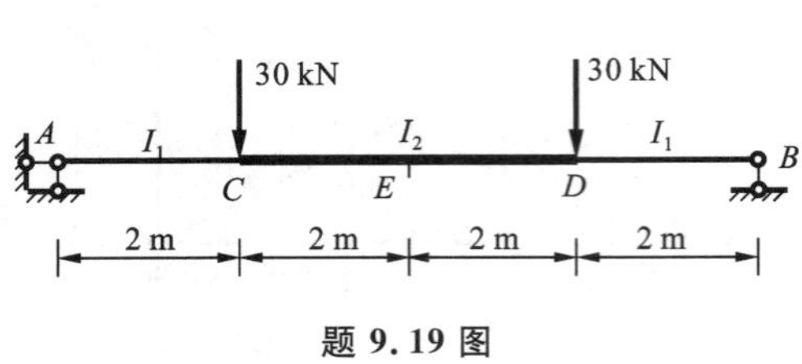

题 9.19 图

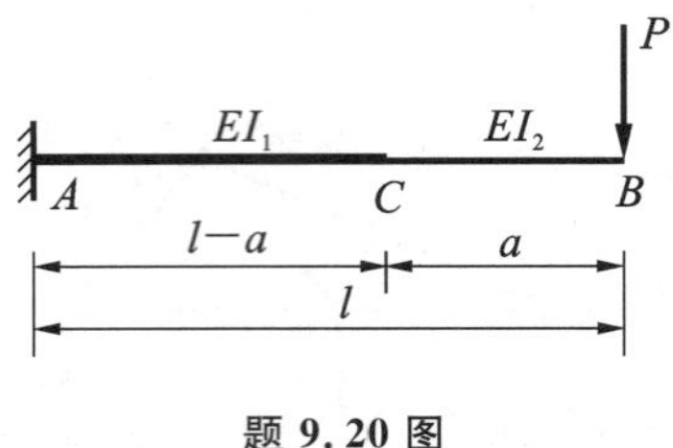

题 9.20 图

9.21 求 D 点挠度，EI=常数。

9.22 求 C 点挠度。已知 $P=9$ kN，$q=15$ kN/m，梁为 18 号工字钢，$I=1660$ cm^4，$h=18$ cm，$E=2.1\times10^8$ kPa。

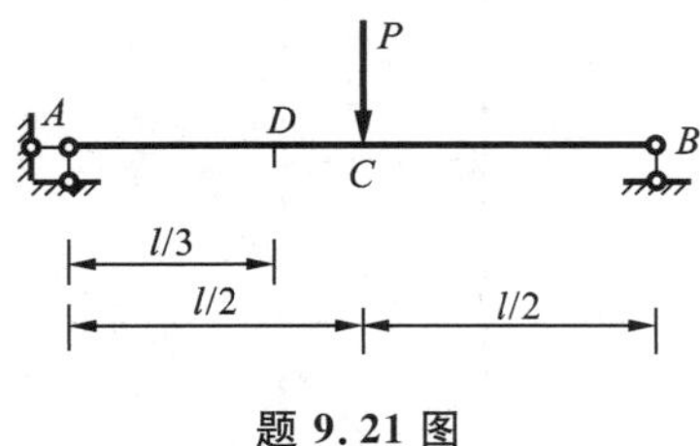

题 9.21 图

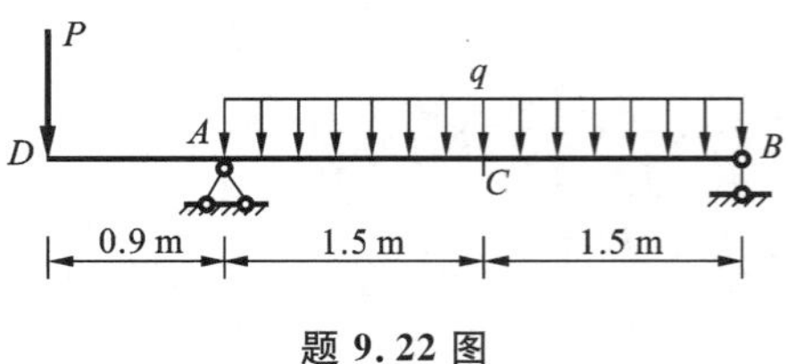

题 9.22 图

9.23 求图示刚架 A 点和 D 点的竖向位移。

9.24 求图示刚架 C 点的水平位移。

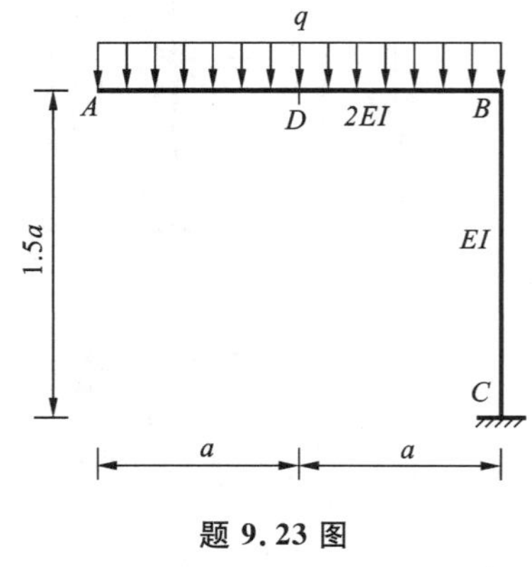

题 9.23 图

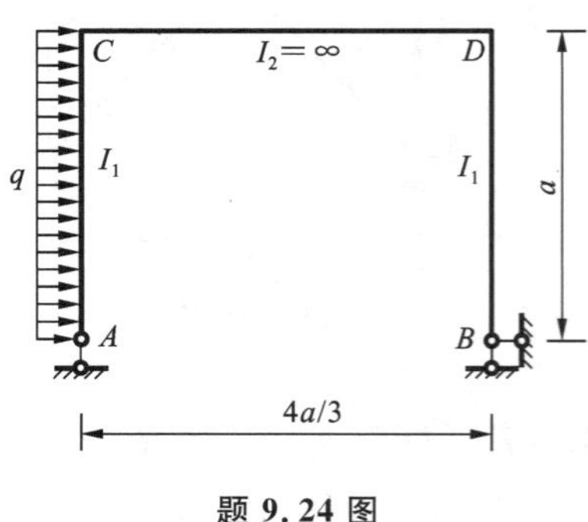

题 9.24 图

9.25 求图示三铰刚架 E 点的水平位移和截面 B 的转角，设各杆 EI=常数。

9.26 图示两对称悬臂刚架，求截面 E 和 F 相对竖向位移 Δ_1、相对水平位移 Δ_2、相对转角 Δ_3。设各杆为矩形截面，EI、EA 均为常数。要求：(1) 忽略轴向变形影响；(2) 考虑轴向变形影响。

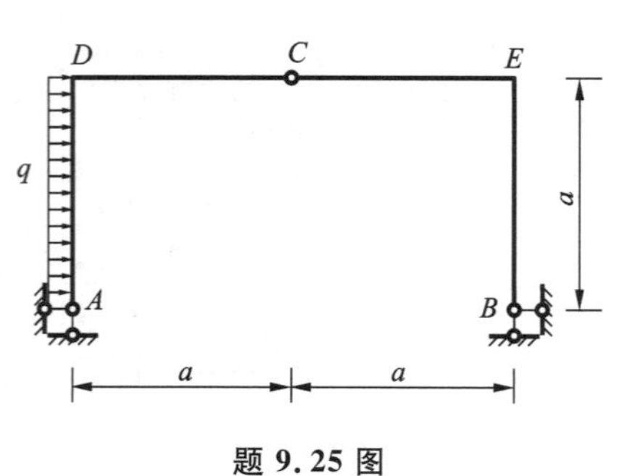

题 9.25 图

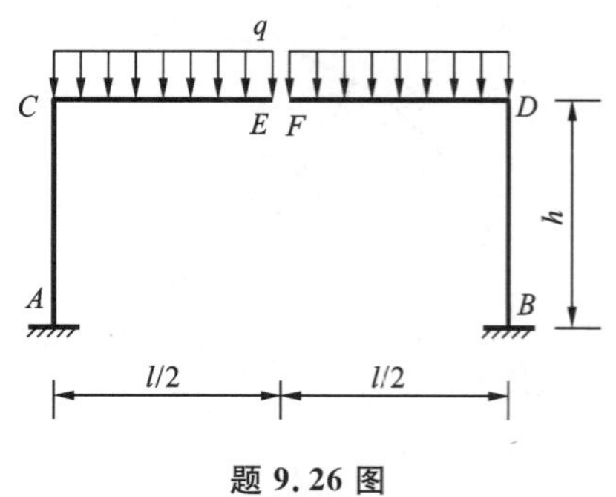

题 9.26 图

9.27 设三铰刚架温度变化如图，各杆截面为矩形，截面高度相同，$h=60$ cm，$\alpha=0.00001(1/℃)$。求 C 点的竖向位移。

9.28 求图示刚架因温度改变引起的 D 点的水平位移。已知各杆由 18 号工字钢组成，截面高度 $h=$

18 cm，$\alpha=0.00001(1/℃)$。

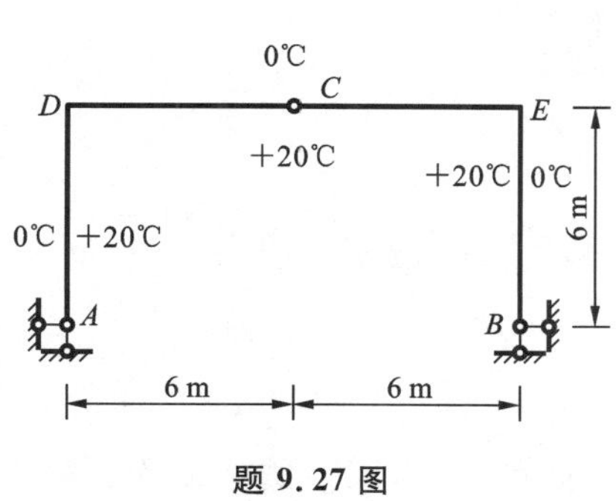

题 9.27 图

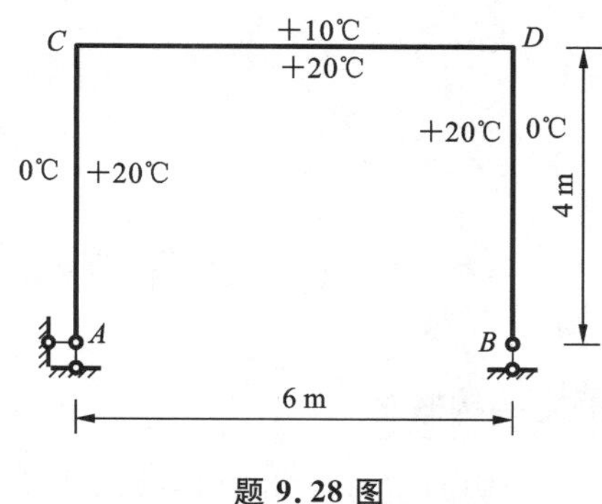

题 9.28 图

9.29 求 D 点的水平位移。(1)设支座 A 向左移动 1 cm；(2)设支座 A 下沉 1 cm；(3)设支座 B 下沉 1 cm。

9.30 设支座 A 有给定位移 Δ_x、Δ_y、Δ_φ，试求 K 点的竖向位移 v、水平位移 u 和转角 θ。

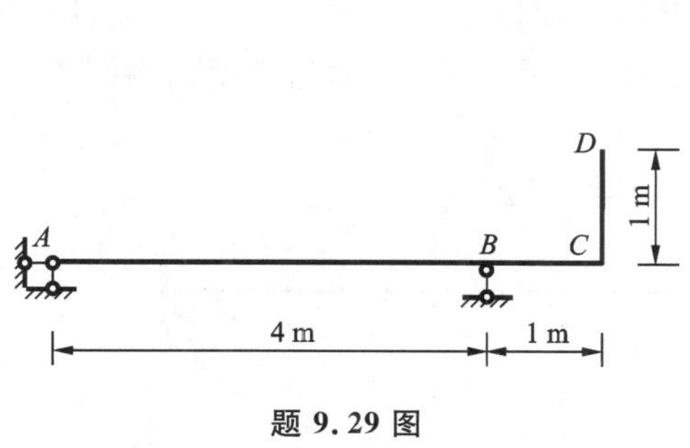

题 9.29 图

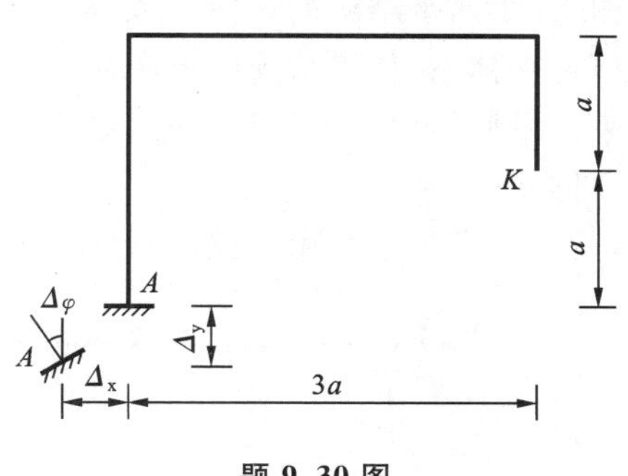

题 9.30 图

9.31 静定多跨梁支座移动如图所示，计算 D 点的竖向位移 Δ_1、水平位移 Δ_2 和角位移 Δ_3。

9.32 三铰刚架支座 B 向右移动 1 cm，计算 C 点的竖向位移 Δ_1、水平位移 Δ_2 和铰 C 左右两截面的相对转角 Δ_3。

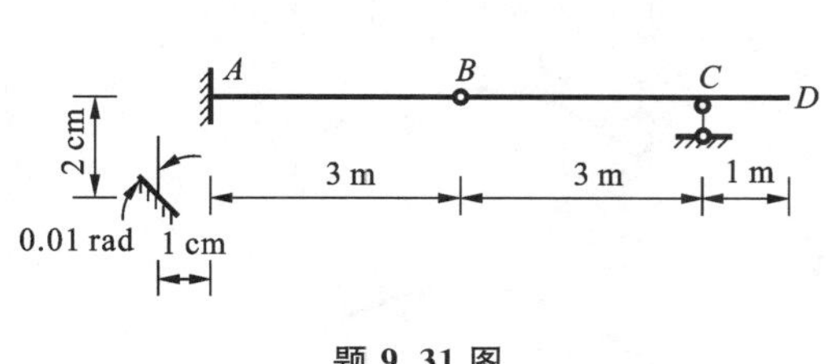

题 9.31 图

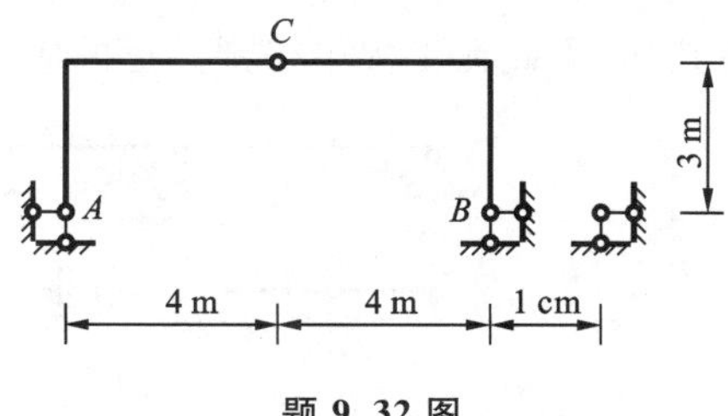

题 9.32 图

10 力　　法

10.1 超静定结构概念和超静定次数的确定

1. 超静定结构概念

如果一个结构的支座反力和各截面内力仅用静力平衡条件即可确定，则该结构就称为静定结构。图10.1(a)所示的简支梁就属于静定结构；如果一个结构的支座反力和各截面内力不能完全由静力平衡条件确定，则该结构就称为超静定结构。图10.1(b)所示的连续梁就属于超静定结构。

分析图10.1两个结构的几何组成，简支梁和连续梁都是几何不变的，但如果从简支梁中撤去支杆 B，就变成了几何可变体系；如果从连续梁中撤去支杆 C，则仍是几何不变体系。因此，从几何不变性来说，支杆 C 是多余约束。由此引出如下结论：静定结构是没有多余约束的几何不变体系，而超静定结构则是有多余约束的几何不变体系。

因此，是否具有多余约束，是静力结构与超静定结构的基本区别。

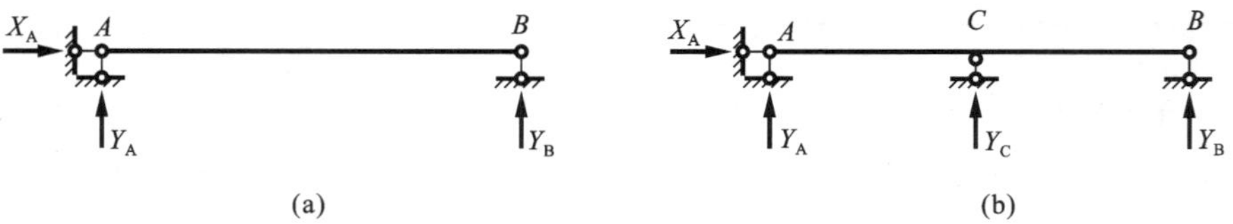

图10.1　静定结构与超静定结构

(a) 静定结构；(b) 超静定结构

超静定结构由于有多余约束，从结构安全上考虑意味着有更大的安全储备，不会因一处支杆失效而引起结构整体破坏，因此在工程中得到广泛的应用，图10.2为一些常见的超静定结构的类型。

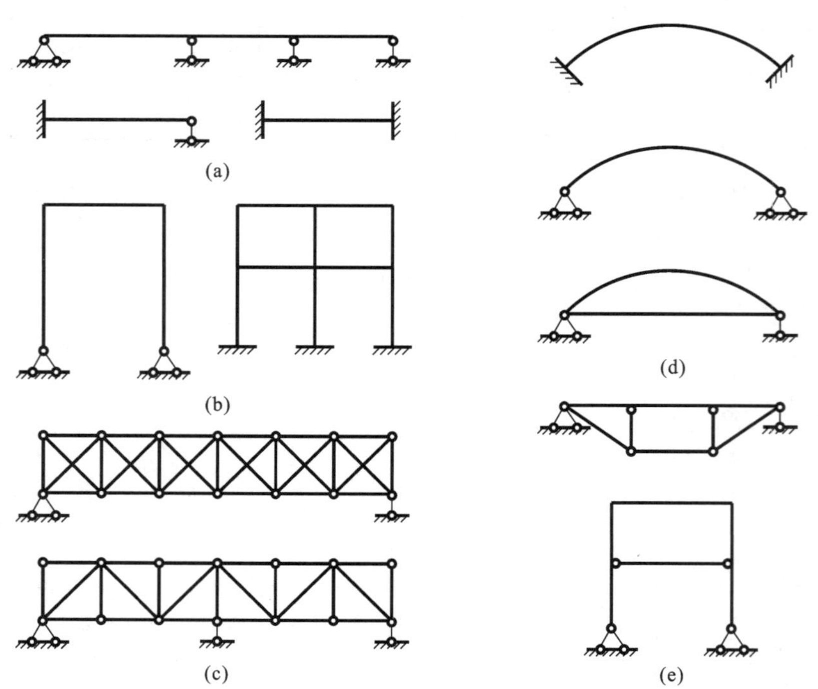

图10.2　常见的超静定结构类型

(a)超静定梁；(b)超静定刚架；(c)超静定桁架；(d)超静定拱；(e)超静定组合结构

2. 超静定次数的确定

超静定次数是指超静定结构中多余约束的数目。如果从原结构中去掉 n 个约束,结构就变成静定的,则原结构即为 n 次超静定,即:

超静定次数=多余约束的个数=把原结构变成静定结构时所需撤除的约束个数　　(a)

从静力分析的角度看,超静定次数等于根据平衡方程计算未知力时所缺少的方程的个数,即:

超静定次数=多余未知力的个数=未知力个数－平衡方程的个数　　(b)

图 10.3 所示均为超静定结构,当去掉多余约束后就变为了图 10.4 所示的静定结构,因此,其超静定次数分别是 2、4、6、3。多余约束所产生的力称为多余约束力,图 10.4 中标出了相应的多余约束力。

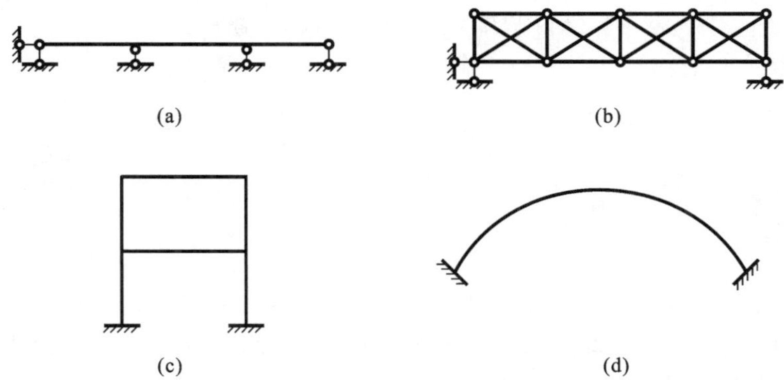

图 10.3　原超静定结构

(a)梁;(b)桁架;(c)刚架;(d)拱

按照式(a)求超静定次数时,关键是要学会把原超静定结构拆成一个静定结构。通常有以下几种基本方式:

(1) 撤去一根支杆或切断一根链杆,等于拆掉一个约束,如图 10.4(a)和图 10.4(b)所示。

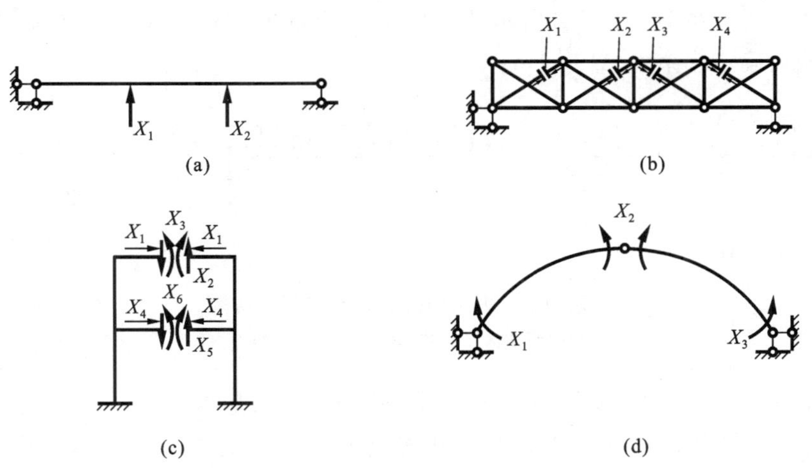

图 10.4　相应的静定结构

(a)梁;(b)桁架;(c)刚架;(d)拱

(2) 撤去一个铰支座或撤去一个单铰,等于拆掉两个约束。

(3) 撤去一个固定端或切断一个梁式杆,等于拆掉三个约束[图 10.4(c)]。

(4) 在连续杆上加一个单铰,等于拆掉一个约束[图 10.4(d)]。

在撤去多余约束时,应该注意以下两点:

(1) 不能把原结构拆成一个几何可变体系。例如,如果把图 10.3(a)所示连续梁中的水平支杆拆掉,结构就变成了几何可变体系。

(2) 要把全部多余约束都拆除。如图 10.5(a)所示的结构，如果只拆去一根竖向支杆[图 10.5(b)]，则其中的闭合框仍然具有三个多余约束。因此，必须把闭合框再切开一个截面[图 10.5(c)]，这时才成为静定结构。所以，原结构总共有四个多余约束。

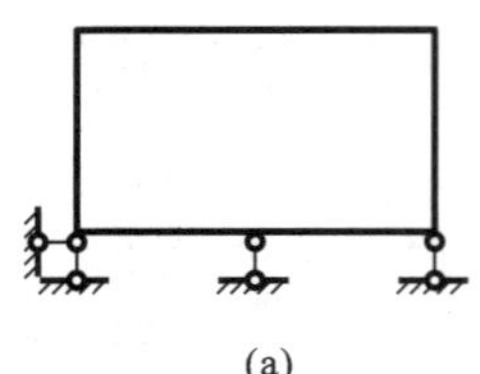
(a)

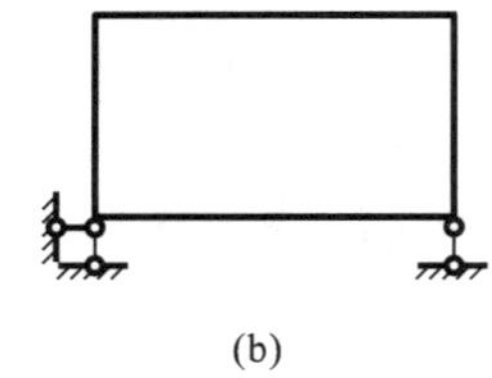
(b)

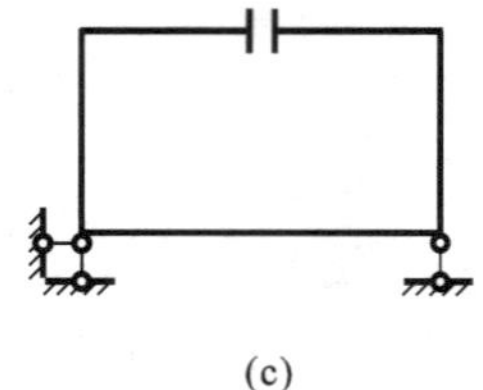
(c)

图 10.5 带闭合框的超静定结构

(a)内外超静定；(b)内部超静定；(c)静定

10.2 力法原理和基本方程

1. 力法的基本原理

力法是计算超静定结构的最基本的方法。力法的基本思路是通过去掉多余约束把超静定结构转化为静定结构，利用位移协调条件求出多余力，再求静定结构在荷载与多余力共同作用下的支座反力和内力。这样就将超静定结构的计算问题转化为静定结构的计算问题。

(1) 力法的基本未知量与基本体系

图 10.6(a)所示的一次超静定梁，共有四个支座反力 X_A、Y_A、M_A和 Y_B，不能完全用三个静力平衡方程求出，需要添加一个方程。若撤去支座 B，代以一个相应的多余未知力 X_1[图 10.6(b)]，这时结构变为了静定体系。如能将 X_1求出，则原结构就转化为在荷载 q 和 X_1共同作用下的静定结构的计算问题，其他支座反力和内力就可以用平衡条件求出。所以力法的关键问题是求多余力 X_1。由于原结构 B 支座为刚性链杆支撑，B 点竖向位移为零，所以在图 10.6(b)所示的结构中 B 点的竖向位移也应该为零，因此，可以以此为条件，建立补充方程，从而确定多余力 X_1。

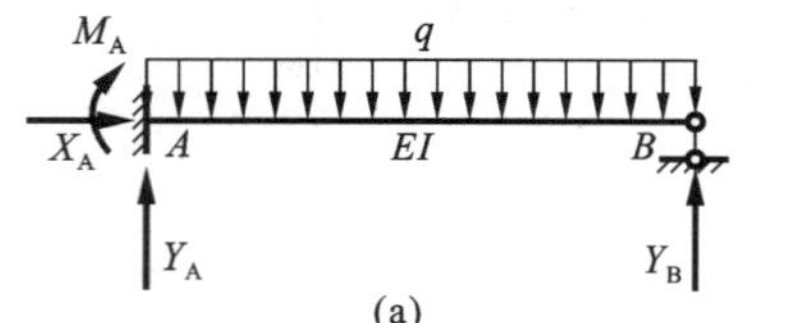

(a)

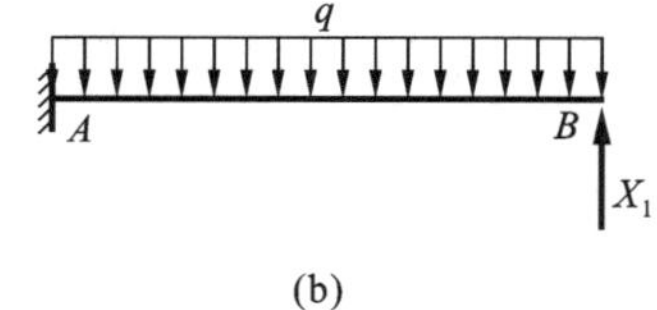

(b)

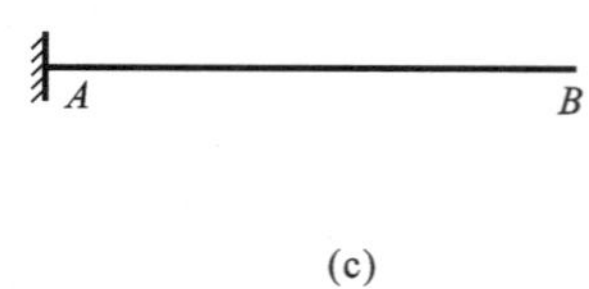

(c)

图 10.6 力法的基本体系与基本结构

(a)原结构；(b)基本体系；(c)基本结构

在超静定结构中，去掉多余约束所得到的静定结构称为力法的基本结构，图 10.6(c)所示的静定结构即为图 10.6(a)所示的基本结构。基本结构在荷载和多余未知力共同作用下的体系称为力法的基本体系，图 10.6(b)为图 10.6(a)的基本体系。这里要注意原结构与基本体系的不同，在原结构[图 10.6(a)]中，支座反力 Y_B是被动力，而在基本体系[图 10.6(b)]中，多余未知力 X_1是主动力。基本体系是静定结构，可以通过调节 X_1的大小，使它的受力与变形状态与原结构完全相同。所以，基本体系是将超静定结构计算问题转化为静定结构计算问题的桥梁。

(2) 力法方程的建立

从上面的分析可以看出，要确定多余未知力 X_1，需要补充一个位移协调方程。仍然以图 10.6(a)所示的结构为例，其基本体系如图 10.7(a)所示，它是在荷载 q 与 X_1共同作用下的体系。这里主动力 X_1是变量，B 点可以有位移。如果 X_1过大，则梁的 B 端将往上翘，如果 X_1过小，则梁的 B 端向下垂。只有当梁的 B 端位移正好等于零时，基本体系中的变力 X_1 才能正好与原超静定结构的多余约束力 Y_B 相等。此时，基本体系才能等同于原超静定结构。

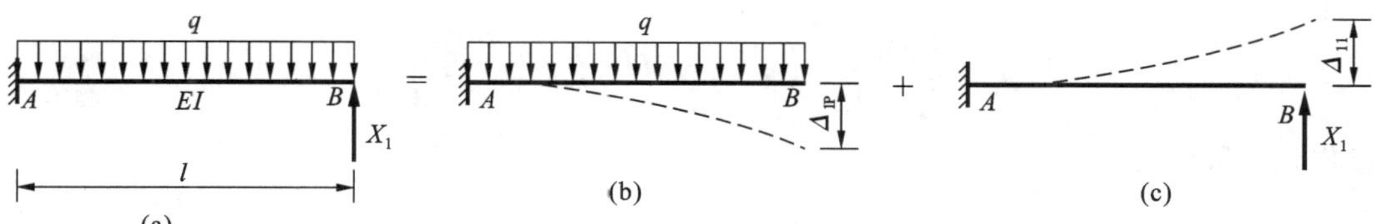

图 10.7 基本体系的线性叠加

(a)基本体系；(b)基本结构受荷载作用；(c)基本结构受未知力作用

因此，基本体系转化为原超静定结构的条件是：基本体系沿多余未知力 X_1 方向的位移 Δ_1 应与原结构相同。即：

$$\Delta_1 = 0 \tag{a}$$

上式是一个变形条件，也即计算多余未知力 X_1 的补充条件。

从图 10.7 可以看出，基本体系 B 点沿 X_1 方向位移可分为两部分：在外荷载 q 作用下产生的位移 Δ_{1p}[图 10.7(b)]；在未知力 X_1 作用下产生的位移 Δ_{11}[图 10.7(c)]。如果结构是线性变形体系，根据叠加原理，变形条件(a)可写成：

$$\Delta_1 = \Delta_{11} + \Delta_{1P} = 0 \tag{b}$$

式中 Δ_1——基本体系(即基本结构在荷载与未知力 X_1 共同作用下)沿 X_1 方向的总位移，即图 10.7(a)中 B 点的竖向位移；

Δ_{1P}——基本结构在荷载单独作用下沿 X_1 方向的位移，如图 10.7(b)所示；

Δ_{11}——基本结构在未知力 X_1 单独作用下沿 X_1 方向的位移，如图 10.7(c)所示。

上述位移 Δ_1、Δ_{11}、Δ_{1P} 与所设 X_1 的正方向相同时规定为正；反之为负。

在线性变形体系中，位移 Δ_{11} 与 X_1 成正比，可表示为

$$\Delta_{11} = \delta_{11} X_1 \tag{c}$$

式中 δ_{11}——系数，表示基本结构在单位力 $X_1 = 1$ 单独作用下沿 X_1 方向产生的位移，如图 10.8(b)所示。

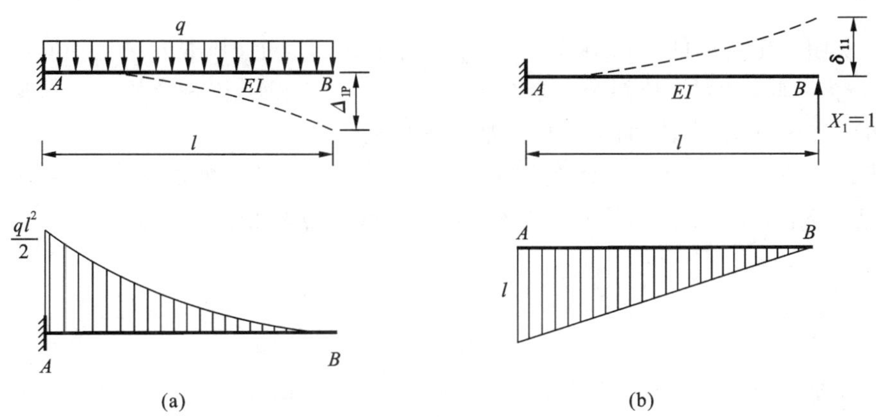

图 10.8 基本结构的 M_P 和 $\overline{M}_1$ 图

(a)M_P图；(b)$\overline{M}_1$图

将式(c)代入式(b)，即得：

$$\delta_{11} X_1 + \Delta_{1P} = 0 \tag{10.1}$$

上式即为力法求解多余力的方程，简称力法方程。其中系数δ_{11}和自由项 Δ_{1P} 是基本结构(即静定结构)的位移，可用单位荷载法计算。

例如，为计算δ_{11}和 Δ_{1P}，作基本结构在荷载作用下的 M_P 图[图 10.8(a)]和在单位力 $X_1 = 1$ 作用下的$\overline{M}_1$

图[图 10.8(b)],应用图乘法得:

$$\Delta_{1P}=\int\frac{\overline{M}_1 M_P}{EI}dx=-\frac{1}{EI}\left(\frac{1}{3}\cdot\frac{ql^2}{2}\cdot l\right)\times\frac{3l}{4}=-\frac{ql^4}{8EI}$$

$$\delta_{11}=\int\frac{\overline{M}_1\overline{M}_1}{EI}dx=\frac{1}{EI}\left(\frac{l\cdot l}{2}\cdot\frac{2l}{3}\right)=\frac{l^3}{3EI}$$

代入方程式(10.1)得:

$$\frac{l^3}{3EI}X_1-\frac{ql^4}{8EI}=0$$

由此求出 $X_1=\frac{3}{8}ql$。

求得的 X_1 是正号,表示其方向与所设的方向相同,即向上。

多余未知力 X_1 求出后,就可以利用静力平衡条件求原结构的支座反力和任一截面的内力,作内力图。计算结果如图 10.9 所示。

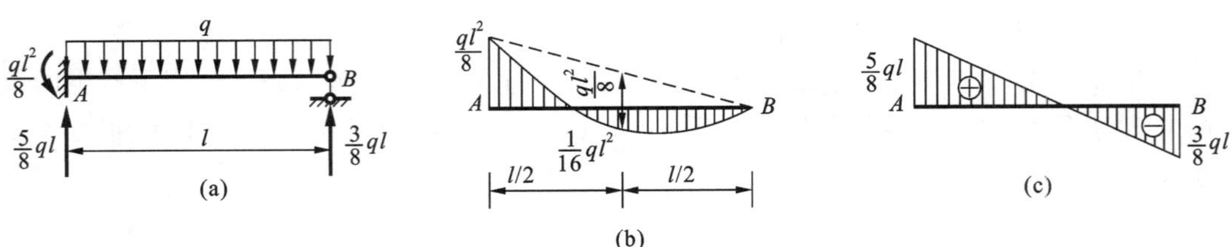

图 10.9 结构的反力与内力图

(a)反力;(b)M 图;(c)Q 图

结构任一截面的弯矩也可用叠加原理表示为:

$$M=\overline{M}_1X_1+M_P \tag{10.2}$$

式中 $\overline{M}_1$——单位力 $X_1=1$ 在基本结构中任一截面上所产生的弯矩;

M_P——荷载在基本结构中相应截面上所产生的弯矩。

2. 力法的典型方程

前面讨论了一次超静定结构的力法方程,如果结构是多次超静定,基本方法是相同的。图 10.10(a)所示为两次超静定结构,因此,必须去掉两个多余约束。若撤除铰支座 B,以相应的多余未知力 X_1 和 X_2 代替,则得到图 10.10(b)所示的基本体系,而 X_1 和 X_2 即为基本未知量。

为确定基本未知量 X_1 和 X_2,可利用多余约束处的变形条件,即基本体系在荷载和多余未知力 X_1 和 X_2 共同作用下在 B 点沿 X_1 和 X_2 方向的位移与原结构在 B 点的位移相同,即都等于零。因此,变形条件可写为:

$$\begin{cases}\Delta_1=0\\\Delta_2=0\end{cases} \tag{a}$$

式中 Δ_1——基本体系在 X_1、X_2 和荷载共同作用下沿 X_1 方向的位移,即 B 点的竖向位移;

Δ_2——基本体系在 X_1、X_2 和荷载共同作用下沿 X_2 方向的位移,即 B 点的水平位移。

在线性变形体系中,利用叠加原理,将式(a)中的 Δ_1 和 Δ_2 展开表示为:

$$\begin{cases}\Delta_1=\delta_{11}X_1+\delta_{12}X_2+\Delta_{1P}\\\Delta_2=\delta_{21}X_1+\delta_{22}X_2+\Delta_{2P}\end{cases} \tag{b}$$

将式(b)代入式(a),即得:

$$\begin{cases}\delta_{11}X_1+\delta_{12}X_2+\Delta_{1P}=0\\\delta_{21}X_1+\delta_{22}X_2+\Delta_{2P}=0\end{cases} \tag{10.3}$$

这就是为求解 X_1 和 X_2 所需的力法基本方程,其各项系数与自由项的意义如下:

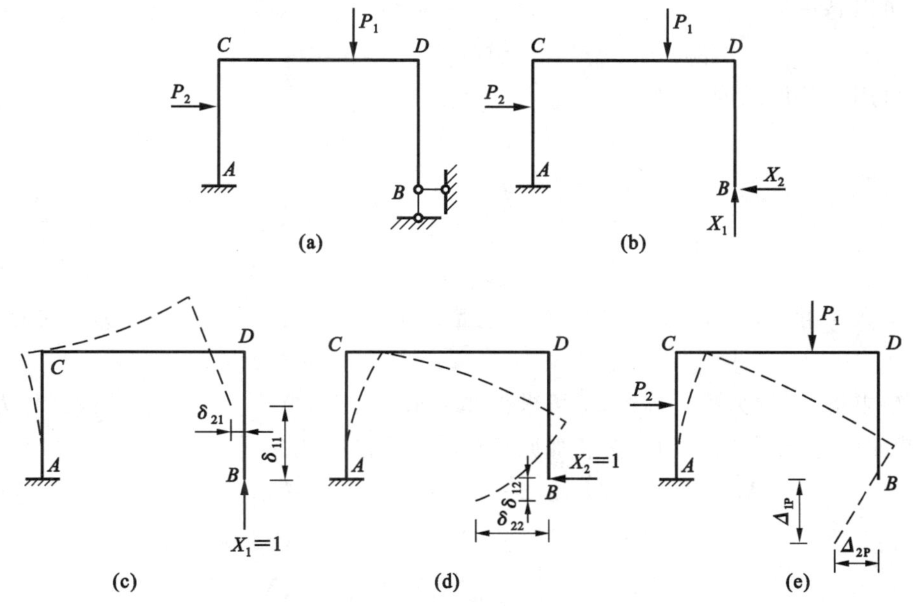

图 10.10 两次超静定结构

(a) 原结构；(b) 基本体系；(c) 基本结构受 $X_1=1$ 作用；

(d) 基本结构受 $X_2=1$ 作用；(e) 基本结构受荷载作用

δ_{11}，δ_{21}——基本结构在 $X_1=1$ 单独作用时，分别沿 X_1 和 X_2 方向的位移，如图 10.10(c)所示；

δ_{12}，δ_{22}——基本结构在 $X_2=1$ 单独作用时，分别沿 X_1 和 X_2 方向的位移，如图 10.10(d)所示；

Δ_{1P}，Δ_{2P}——基本结构在荷载单独作用时，分别沿 X_1 和 X_2 方向的位移，如图 10.10(e)所示。

根据式(10.3)求得多余未知力 X_1 和 X_2 后，便可应用静力平衡条件求出原结构的其他全部支座反力和杆件内力。此外，也可利用叠加原理求内力，如任一截面的弯矩可用以下叠加公式计算：

$$M=\overline{M}_1X_1+\overline{M}_2X_2+M_P \tag{10.4}$$

式中 $\overline{M}_1$，$\overline{M}_2$——单位力 $X_1=1$ 和 $X_2=1$ 单独作用于基本结构时相应截面的弯矩；

M_P——荷载单独作用于基本结构时相应截面的弯矩。

如果是 n 次超静定结构，它就有 n 个多余约束。用力法计算时，必须去掉 n 个约束，得到静定的基本结构，因此，力法的基本未知量就为 n 个未知力 X_1、X_2、…、X_n，而力法的基本方程则为 n 个多余约束处的 n 个变形条件，即基本体系在 X_1、X_2、…、X_n 和荷载共同作用下沿 n 个多余未知力方向的位移应与原结构相应的位移相等。在线性变形体系中，根据叠加原理，n 个变形条件可写为：

$$\left.\begin{array}{c}\delta_{11}X_1+\delta_{12}X_2+\cdots+\delta_{1n}X_n+\Delta_{1P}=0\\ \delta_{21}X_1+\delta_{22}X_2+\cdots+\delta_{2n}X_n+\Delta_{2P}=0\\ \vdots\\ \delta_{n1}X_1+\delta_{n2}X_2+\cdots+\delta_{nn}X_n+\Delta_{nP}=0\end{array}\right\} \tag{10.5}$$

式(10.5)为 n 次超静定结构在荷载作用下力法方程的一般形式，称为力法方程的典型形式。

在式(10.5)中系数 δ_{ij} 和自由项 Δ_{iP} 分别表示基本结构在单位力和荷载作用下的位移。位移符号中采用两个下标：第一个下标表示位移的方向，第二个下标表示产生位移的原因。例如：

δ_{ij}——由单位力 $X_j=1$ 单独作用于基本结构时产生的沿 X_i 方向的位移，也称为柔度系数；

Δ_{iP}——由荷载单独作用于基本结构时产生的沿 X_i 方向的位移。

由于系数 δ_{ij} 和自由项 Δ_{iP} 均为位移，其符号规定为：当 δ_{ij} 或 Δ_{iP} 的方向与相应的所设力 X_i 正方向相同时为正；否则为负。

式(10.5)中，主对角线上的系数 δ_{11}、δ_{22}、…、δ_{nn} 称为主系数。主系数 δ_{ii} 代表 X_i 作用时，基本结构沿 X_i 方向的位移，因此，它总是与单位力 $X_i=1$ 方向一致，所以 δ_{ii} 总是正值且不为零。不在主对角线上的系数 δ_{ij} $(i\neq j)$ 称为

副系数。副系数可以是正值,也可以是负值,或为零。根据位移互等定理,副系数δ_{ij}与δ_{ji}是相等的,即:

$$\delta_{ij}=\delta_{ji}$$

式(10.5)也可用矩阵形式表示为:

$$\begin{bmatrix}\delta_{11} & \delta_{12} & \cdots & \delta_{1n}\\ \delta_{21} & \delta_{22} & \cdots & \delta_{2n}\\ \vdots & \vdots & & \vdots\\ \delta_{n1} & \delta_{n2} & \cdots & \delta_{nn}\end{bmatrix}\begin{Bmatrix}X_1\\ X_2\\ \vdots\\ X_n\end{Bmatrix}+\begin{Bmatrix}\Delta_{1P}\\ \Delta_{2P}\\ \vdots\\ \Delta_{nP}\end{Bmatrix}=\begin{Bmatrix}0\\ 0\\ \vdots\\ 0\end{Bmatrix} \tag{10.6}$$

式中由柔度系数δ_{ij}组成的矩阵称为柔度矩阵,它是一个对称矩阵。因此,力法方程也称为柔度方程,力法也称为柔度法。

系数和自由项求得后,解力法方程组,即可求得多余未知力X_1、X_2、…、X_n,然后根据静力平衡条件或叠加原理,计算各截面内力,绘制内力图。按叠加原理计算内力的公式为:

$$\left.\begin{aligned}M&=\overline{M}_1X_1+\overline{M}_2X_2+\cdots+\overline{M}_iX_i+\cdots+\overline{M}_nX_n+M_P\\ Q&=\overline{Q}_1X_1+\overline{Q}_2X_2+\cdots+\overline{Q}_iX_i+\cdots+\overline{Q}_nX_n+Q_P\\ N&=\overline{N}_1X_1+\overline{N}_2X_2+\cdots+\overline{N}_iX_i+\cdots+\overline{N}_nX_n+N_P\end{aligned}\right\} \tag{10.7}$$

式中 $\overline{M}_i,\overline{Q}_i,\overline{N}_i$——基本结构由于$X_i=1$单独作用时所产生的任一截面的内力($i=1,2,\cdots,n$);

M_P,Q_P,N_P——基本结构由于荷载单独作用时所产生的相应截面的内力。

也可先用式(10.7)中第一式画弯矩图,然后利用静力平衡条件计算Q和N,再画出Q图和N图。

10.3 超静定梁、刚架和排架

根据上节所述,用力法计算超静定梁、刚架和排架的步骤如下:

(1) 选取基本体系

在原结构上去掉多余约束得到静定的基本结构,并以多余未知力代替相应的多余约束。以多余未知力作为基本未知量。

同一结构可以按不同的方式选取基本结构。如图10.10(a)所示的结构,是二次超静定结构,当撤去不同的两个多余约束时,可得到图10.11(a)或10.11(b)所示的不同的基本结构,相应的多余未知力也不相同。此时力法方程在形式上仍与式(10.3)相同,但因X_1、X_2含义不同,变形条件的含义也不相同。对图10.11(a),X_2为支座A的反力矩,因此,式(10.3)的第二个方程表示支座A的转角为零。而对图10.11(b),X_2为梁中点E左右两截面的内力矩,式(10.3)的第二个方程则表示原结构在E点左右两截面的相对转角为零。因此,选取基本结构时,应以计算简单为原则,但要注意,基本结构不能为几何瞬变体系。如图10.11(c)所示结构就不能作为基本结构。

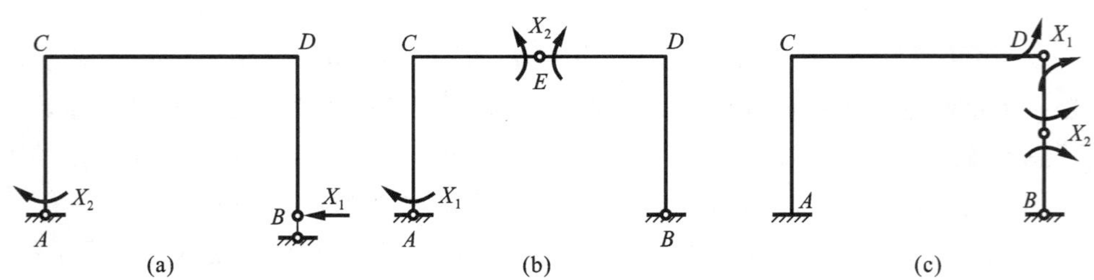

图10.11 基本结构的多种选择

(a)简支型刚架;(b)三铰型刚架;(c)瞬变体系

(2) 列力法方程

根据基本体系(在荷载和多余未知力共同作用下)在多余未知力处的变形与原结构在多余约束处变形相

等的条件建立力法方程，其典型形式见式(10.5)。

(3) 计算系数和自由项

对于梁和刚架，通常忽略剪力和轴力对位移的影响，只需考虑弯矩的影响。因此，力法方程中系数和自由项的表达式为：

$$\left.\begin{aligned}\delta_{ii} &= \sum\int\frac{\overline{M}_i^2}{EI}\mathrm{d}x\\ \delta_{ij} &= \sum\int\frac{\overline{M}_i\overline{M}_j}{EI}\mathrm{d}x\\ \Delta_{iP} &= \sum\int\frac{\overline{M}_i M_P}{EI}\mathrm{d}x\end{aligned}\right\}\tag{10.8}$$

此系数和自由项可以利用图乘法计算，分别作出基本结构在单位力作用下的内力图和荷载作用下的内力图，图乘确定柔度系数和自由项。

(4) 解方程，求出多余未知力

(5) 作内力图

首先利用叠加公式作弯矩图，然后根据杆件平衡条件和结点平衡条件作剪力图和轴力图。

【例 10.1】 图 10.12(a)所示两端固定梁，承受全跨均布荷载 q，作 M 图和 Q 图。

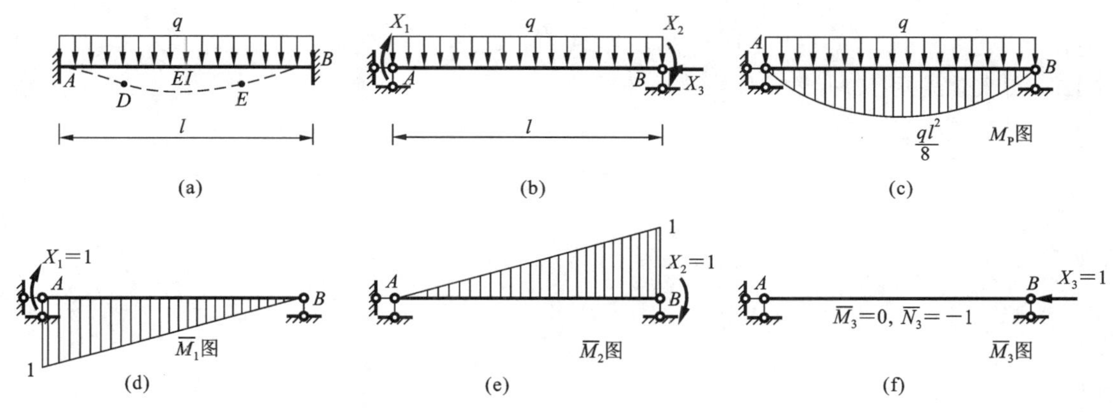

图 10.12 例 10.1 图

(a) 两端固定梁；(b) 基本体系；(c) 基本结构受荷载作用；

(d) 基本结构受 $X_1=1$ 作用；(e) 基本结构受 $X_2=1$ 作用；(f) 基本结构受 $X_3=1$ 作用

【解】

(1) 选择基本体系

这是一个三次超静定梁，可撤去 A、B 两端抗转动约束和 B 端水平约束，得到如图 10.12(b)所示的基本体系。

(2) 列力法方程

基本体系应满足在 A 端、B 端的转角和 B 端的水平位移分别等于零的变形条件。因此，力法方程为：

$$\delta_{11}X_1+\delta_{12}X_2+\delta_{13}X_3+\Delta_{1P}=0 \tag{a}$$

$$\delta_{21}X_1+\delta_{22}X_2+\delta_{23}X_3+\Delta_{2P}=0 \tag{b}$$

$$\delta_{31}X_1+\delta_{32}X_2+\delta_{33}X_3+\Delta_{3P}=0 \tag{c}$$

(3) 计算系数和自由项

系数和自由项都是基本结构(静定结构)的位移，可只考虑弯曲变形的影响。因此，只需绘制基本结构在荷载作用下的弯矩图，即 M_P 图[图 10.12(c)]以及分别在单位力 $X_1=1$、$X_2=1$、$X_3=1$ 作用下的弯矩图，即 $\overline{M}_1$、$\overline{M}_2$、$\overline{M}_3$ 图[图 10.12(d)、图 10.12(e)、图 10.12(f)]。根据式(10.8)，计算系数如下：

$$\delta_{11}=\int\frac{\overline{M}_1^2}{EI}\mathrm{d}x=\frac{1}{EI}\left(\frac{1}{2}\times l\times 1\right)\times\frac{2}{3}=\frac{l}{3EI}$$

$$\delta_{22}=\int\frac{\overline{M}_2^2}{EI}\mathrm{d}x=\frac{1}{EI}\left(\frac{1}{2}\times l\times 1\right)\times\frac{2}{3}=\frac{l}{3EI}$$

$$\delta_{12}=\delta_{21}=\int\frac{\overline{M}_1\overline{M}_2}{EI}\mathrm{d}x=-\frac{1}{EI}\left(\frac{1}{2}\times l\times 1\right)\times\frac{1}{3}=-\frac{l}{6EI}$$

计算 δ_{33} 时，因为弯矩 $\overline{M}_3=0$，这时要考虑轴力对位移的影响，则：

$$\delta_{33}=\int\frac{\overline{M}_3^2}{EI}\mathrm{d}x+\int\frac{\overline{N}_3^2}{EA}\mathrm{d}x=0+\frac{l}{EA}=\frac{l}{EA}$$

$$\delta_{13}=\delta_{31}=\int\frac{\overline{M}_1\overline{M}_3}{EI}\mathrm{d}x=0$$

$$\delta_{23}=\delta_{32}=\int\frac{\overline{M}_2\overline{M}_3}{EI}\mathrm{d}x=0$$

$$\Delta_{1P}=\int\frac{\overline{M}_1M_P}{EI}\mathrm{d}x=\frac{1}{EI}\left(\frac{2}{3}\times l\times\frac{1}{8}ql^2\right)\times\frac{1}{2}=\frac{ql^3}{24EI}$$

$$\Delta_{2P}=\int\frac{\overline{M}_2M_P}{EI}\mathrm{d}x=-\frac{ql^3}{24EI}$$

$$\Delta_{3P}=\int\frac{\overline{M}_3M_P}{EI}\mathrm{d}x+\int\frac{\overline{N}_3N_P}{EA}\mathrm{d}x=0$$

其中，Δ_{2P} 为负值是因为 $\overline{M}_2$ 和 M_P 在梁的不同边。

(4) 解力法方程，求基本未知量

将系数和自由项代入力法方程，化简后得到
$$\begin{cases}2X_1-X_2+\dfrac{ql^2}{4}=0\\-X_1+2X_2-\dfrac{ql^2}{4}=0\\\dfrac{l}{EA}X_3=0\end{cases}$$

由此解得：

$$X_1=-\frac{1}{12}ql^2,X_2=\frac{1}{12}ql^2,X_3=0$$

X_3 等于零表明：两端固定梁在垂直于梁轴线的荷载作用下并不产生水平反力。因此可简化为只需求解两个多余未知力的问题，力法方程可直接写为：

$$\delta_{11}X_1+\delta_{12}X_2+\Delta_{1P}=0$$
$$\delta_{21}X_1+\delta_{22}X_2+\Delta_{2P}=0$$

(5) 作内力图

先利用弯矩叠加公式计算弯矩：

$$M=\overline{M}_1X_1+\overline{M}_2X_2+\overline{M}_3X_3+M_P$$

以 M_{AB}、M_{BA} 的值作纵坐标，画在 AB 杆的受拉边，连以虚直线，再叠加简支梁在均布荷载作用下的 M^0 图，即得 M 图[图 10.13(a)]。

以杆件 AB 为隔离体[10.13(b)]，利用已知杆端弯矩，由静力平衡条件求出杆端剪力为：

$$\sum M_A=0,\quad ql\times\frac{l}{2}-\frac{1}{12}ql^2+\frac{1}{12}ql^2+Q_{BA}\times l=0,\quad Q_{BA}=-\frac{1}{2}ql$$

$$\sum M_B=0,\quad Q_{AB}=\frac{1}{2}ql$$

由此画出 Q 图[图 10.13(c)]。

内力图作完后，可参考弯矩图画出梁的变形曲线[图 10.12(a) 中的虚线]。弯矩图的零点 D、E 对应于变

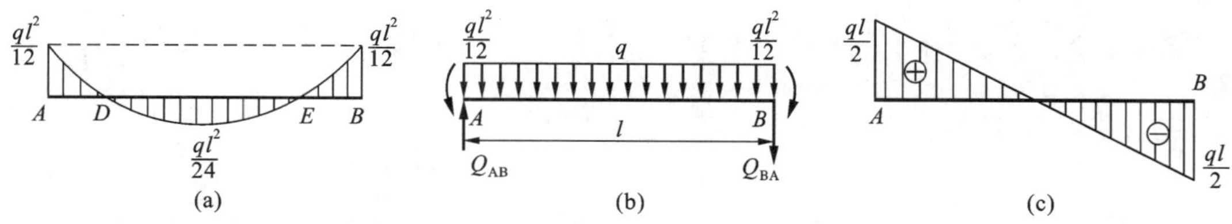

图 10.13 弯矩图与剪力图

(a) M 图；(b) 隔离体 AB 受力图；(c) Q 图

形曲线的拐点(反弯点)。在中段 DE，梁下边受拉，所以变形曲线向上凹，在左段 AD 和右段 EB，梁上边受拉，故变形曲线向下凹。

【例 10.2】 图 10.14(a) 所示为一超静定刚架，梁和柱的截面惯性矩分别是 I_1 和 I_2，$I_1:I_2=2:1$。横梁承受均布荷载 $q=10$ kN/m 作用，作刚架的内力图。

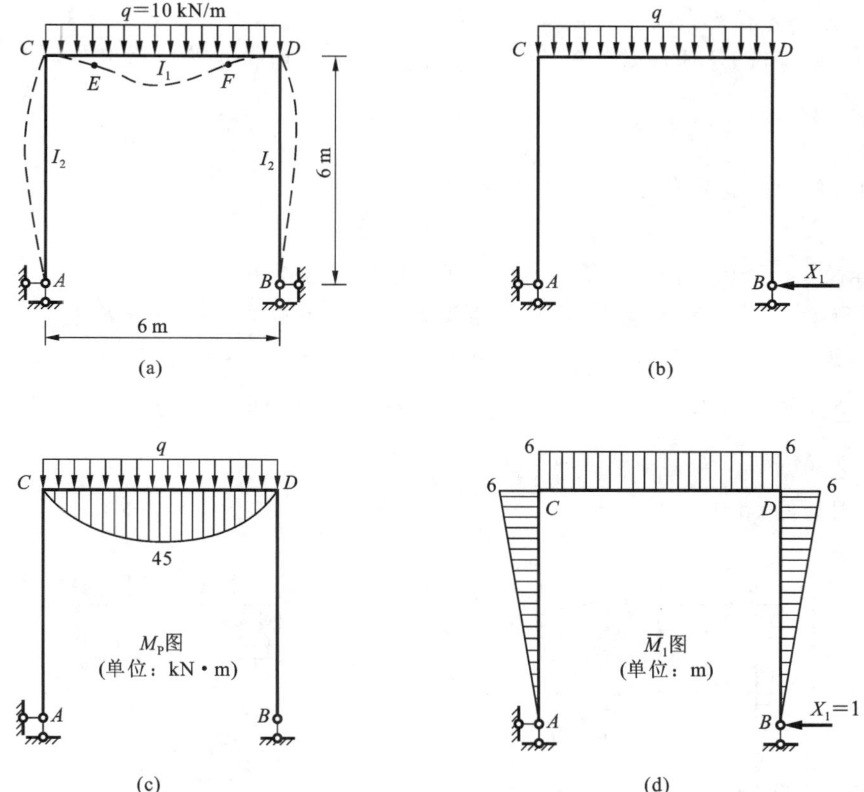

图 10.14 例 10.2 图

(a) 超静定刚架；(b) 基本体系；(c) 基本结构受荷载作用的 M_P 图；(d) 基本结构受 $X_1=1$ 作用的 $\overline{M}_1$ 图

【解】

(1) 选择基本体系

本刚架为一次超静定刚架，撤去支座 B 的水平支杆，得到基本体系，如图 10.14(b) 所示。

(2) 列力法方程

基本体系在荷载与多余未知力共同作用下，应满足 B 点水平位移为零的变形条件。因此，力法方程为：

$$\delta_{11}X_1+\Delta_{1P}=0$$

(3) 求系数和自由项

分别绘制基本结构在荷载作用下的 M_P 图[图 10.14(c)]和单位力 $X_1=1$ 作用下的 $\overline{M}_1$ 图[图 10.14(d)]。利用图乘法，可得到：

$$\Delta_{1P}=\sum\int\frac{\overline{M}_1M_P}{EI}\mathrm{d}x=-\frac{1}{EI_1}\left(\frac{2}{3}\times6\times45\right)\times6=-\frac{1080}{EI_1}$$

$$\delta_{11}=\sum\int\frac{\overline{M}_1^2}{EI}\mathrm{d}x=\frac{1}{EI_1}(6\times 6\times 6)+\frac{2}{EI_2}\left(\frac{1}{2}\times 6\times 6\right)\times\left(\frac{2}{3}\times 6\right)=\frac{216}{EI_1}+\frac{144}{EI_2}$$

因 $I_2=\frac{1}{2}I_1$，所以

$$\delta_{11}=\frac{504}{EI_1}$$

(4) 求多余未知力

将 δ_{11}、Δ_{1P} 代入力法方程，得：

$$\frac{504}{EI_1}X_1-\frac{1080}{EI_1}=0$$

由此求出：

$$X_1=2.14\ \mathrm{kN}$$

以上计算表明，力法方程的系数和自由项与各杆件的 EI 值有关，但最后多余未知力的结果只与各杆件 EI 的相对值有关，而与各杆 EI 的绝对值无关。因此，计算超静定结构在荷载作用下的内力时，只要知道各杆 EI 的相对值即可。

(5) 作内力图

先求弯矩。利用弯矩叠加公式为：

$$M=\overline{M}_1X_1+M_P$$

以 $X_1=2.14$ kN 乘 $\overline{M}_1$ 图后，再与 M_P 图相加，即得出刚架弯矩图[图 10.15(a)]。

再利用静力平衡条件，取各杆为隔离体，在杆端弯矩与荷载共同作用下，求出杆端剪力。

以 CD 杆为例，隔离体如图 10.15(b)所示，列平衡方程求杆端剪力如下：

$$\sum M_D=0,Q_{CD}\times 6-10\times 6\times 3-12.86+12.86=0,Q_{CD}=30\ \mathrm{kN}$$

$$\sum M_C=0,Q_{DC}=-30\ \mathrm{kN}$$

作出刚架剪力图如图 10.15(c) 所示。

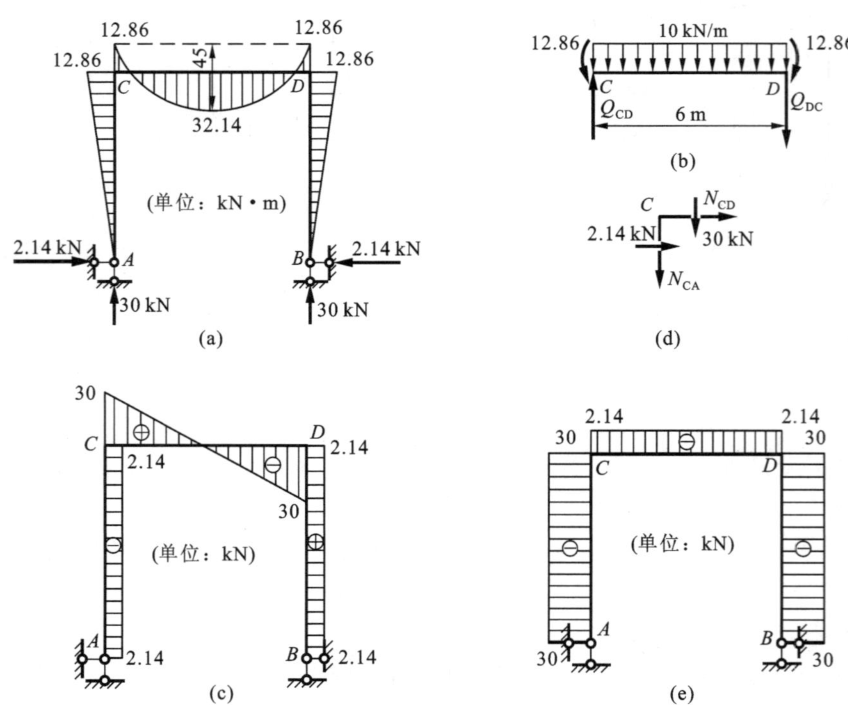

图 10.15　内力图

(a) M 图；(b) 隔离体 CD；(c) Q 图；(d) 结点 C 隔离体；(e) N 图

最后,取结点为隔离体,利用已知的杆端剪力,由平衡条件可求出杆端轴力。以结点 C 为例,隔离体如图 10.15(d) 所示(确定 N 时,不需考虑杆端弯矩,故在隔离体图中未标出弯矩),列力平衡方程可求出轴力如下:

$$\sum X = 0, N_{CD} + 2.14 = 0, N_{CD} = -2.14 \text{ kN}$$

$$\sum Y = 0, N_{CA} + 30 = 0, N_{CA} = -30 \text{ kN}$$

每个结点有两个投影方程,按照适当的次序截取结点,就可以求出所有杆端轴力。轴力图如图 10.15(e) 所示。

参考弯矩图,可画出刚架的变形曲线草图,如图 10.14(a) 中的虚线所示。梁有两个弯矩零点,对应于变形曲线上的两个反弯点 E、F。柱 AC 和 BD 弯矩未变号,则没有反弯点。刚结点 C(或 D) 所连的梁端和柱端的转角应相等。因刚架及荷载都是左右对称的,所以变形曲线也是左右对称的。

【例 10.3】 图 10.16 所示为一两跨不等高铰接排架。求在所示吊车横向水平制动力作用下的弯矩图。其中 $I_2 = 6I_1$。

【解】

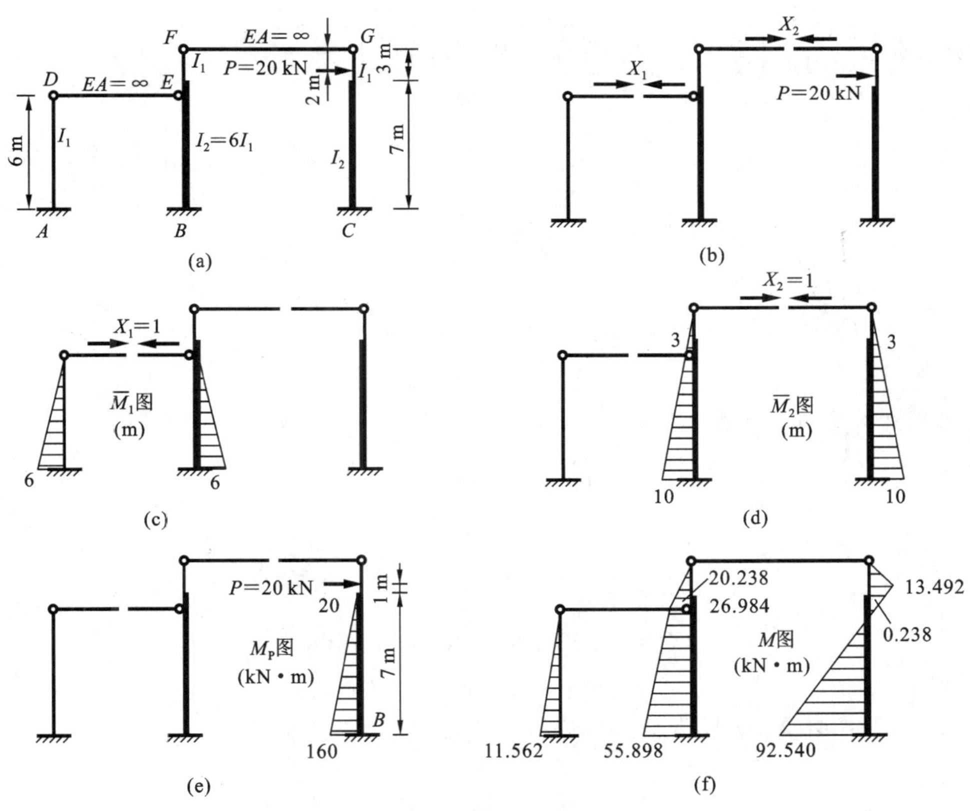

图 10.16 例 10.3 图

(a) 不等高排架;(b) 基本体系;(c) 基本结构受 $X_1 = 1$ 作用;

(d) 基本结构受 $X_2 = 1$ 作用;(e) 基本结构受荷载作用;(f) 弯矩图

(1) 选取基本体系

铰接排架由屋架(或屋面梁) 与柱组成,屋架(或屋面梁) 简化为与柱顶铰接且轴向刚度无限大的链杆。柱通常为阶梯形的变截面,上端与链杆铰接,下端与基础刚性连接。铰接排架的超静定次数等于排架的跨数,切断各跨链杆可得到原结构的基本体系,链杆切断后,代以一对大小相等、方向相反的广义力为多余未知力。因此,本例题的排架结构为二次超静定,切断两根链杆并代以多余未知力 X_1 和 X_2,得到如图 10.16(b) 所示的基本体系。

(2) 列力法方程

基本体系在荷载和多余未知力共同作用下,应满足切口处两侧截面沿轴向的相对位移为零的条件,因此，力法方程为：

$$\delta_{11}X_1+\delta_{12}X_2+\Delta_{1P}=0$$
$$\delta_{21}X_1+\delta_{22}X_2+\Delta_{2P}=0$$

(3) 求系数与自由项

绘制基本结构在荷载与 $X_1=1$、$X_2=1$ 分别作用下的弯矩图 $\overline{M}_1$、$\overline{M}_2$ 和 M_P 图，分别如图 10.16(c)、图 10.16(d)、图 10.16(e) 所示。据此可求得系数和自由项：

$$\delta_{11}=\frac{1}{EI_1}\left(\frac{1}{2}\times6\times6\times\frac{2}{3}\times6\right)+\frac{1}{EI_2}\left(\frac{1}{2}\times6\times6\times\frac{2}{3}\times6\right)=\frac{504}{EI_2}$$

$$\begin{aligned}\delta_{22}&=\frac{2}{EI_1}\left(\frac{1}{2}\times3\times3\times\frac{2}{3}\times3\right)+\frac{2}{EI_2}\left[\frac{1}{2}\times7\times10\times\left(\frac{2}{3}\times10+\frac{1}{3}\times3\right)\right.\\&\quad\left.+\frac{1}{2}\times7\times3\times\left(\frac{1}{3}\times10+\frac{2}{3}\times3\right)\right]\\&=\frac{2270}{3EI_2}\end{aligned}$$

$$\delta_{12}=\delta_{21}=-\frac{1}{EI_2}\left[\frac{1}{2}\times6\times6\times\left(\frac{2}{3}\times10+\frac{1}{3}\times4\right)\right]=-\frac{144}{EI_2}$$

$$\Delta_{1P}=0$$

$$\begin{aligned}\Delta_{2P}&=-\frac{1}{EI_1}\left[\frac{1}{2}\times1\times20\times\left(\frac{2}{3}\times3+\frac{1}{3}\times2\right)\right]-\frac{1}{EI_2}\left[\frac{1}{2}\times7\times160\times\left(\frac{2}{3}\times10+\frac{1}{3}\times3\right)\right.\\&\quad\left.+\frac{1}{2}\times7\times20\times\left(\frac{1}{3}\times10+\frac{2}{3}\times3\right)\right]\\&=-\frac{14480}{3EI_2}\end{aligned}$$

(4) 求多余未知力

将系数和自由项代入力法方程并消去 $\frac{1}{EI_2}$，得：

$$504X_1-144X_2=0$$
$$-144X_1+\frac{2270}{3}X_2-\frac{14480}{3}=0$$

解得：

$$X_1=1.927\text{kN},\quad X_2=6.746\text{kN}$$

(5) 作 M 图

利用叠加公式 $M=\overline{M}_1X_1+\overline{M}_2X_2+M_P$ 得弯矩图，如图 10.16(f) 所示。

10.4 超静定桁架和组合结构

1. 超静定桁架

桁架的杆件全部为二力杆，在结点荷载作用下，杆件内力只有轴力。因此，力法方程中的系数和自由项的表达式为：

$$\left.\begin{aligned}\delta_{ii}&=\sum\frac{\overline{N}_i\overline{N}_i}{EA}l\\\delta_{ij}&=\sum\frac{\overline{N}_i\overline{N}_j}{EA}l\\\Delta_{iP}&=\sum\frac{\overline{N}_iN_P}{EA}l\end{aligned}\right\}\qquad(10.9)$$

各杆轴力的叠加公式为：

$$N = \overline{N}_1 X_1 + \overline{N}_2 X_2 + \cdots + N_P \tag{10.10}$$

【例 10.4】 求图 10.17(a) 所示超静定桁架的轴力。各杆材料相同，截面面积在表 10.1 中给出。

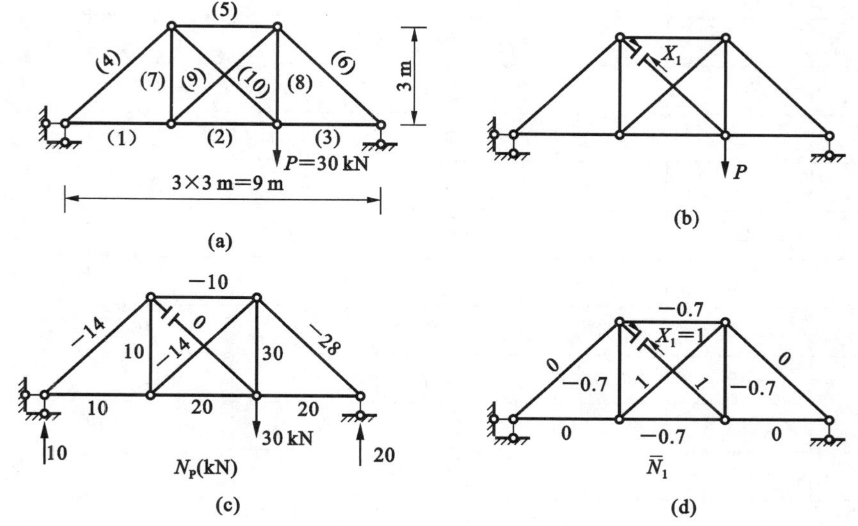

图 10.17　例 10.4 图

(a) 超静定桁架；(b) 基本体系；(c) 基本结构受荷载作用；(d) 基本结构受 $X_1 = 1$ 作用

【解】

(1) 选取基本体系

此桁架为一次超静定，切断编号为 10 的杆件，并代以多余未知力 X_1，得基本体系如图 10.17(b) 所示。

(2) 列力法方程

根据链杆(10) 变形连续，即切口处相对轴向位移为零的条件，列出力法方程为：

$$\delta_{11} X_1 + \Delta_{1P} = 0$$

(3) 计算系数和自由项

基本结构在荷载作用下的各杆轴力 N_P 示于图 10.17(c) 中，在单位力 $X_1 = 1$ 作用下的各杆轴力 $\overline{N}_1$ 示于图 10.17(d) 中。系数和自由项可根据位移公式

$$\delta_{11} = \sum \frac{\overline{N}_1^2 l}{EA}$$

$$\Delta_{1P} = \sum \frac{\overline{N}_1 N_P l}{EA}$$

列表(表 10.1) 进行计算，得：

$$\delta_{11} = \frac{89.35}{E}$$

$$\Delta_{1P} = -\frac{1082}{E}$$

(4) 求多余未知力

将系数和自由项代入力法方程，得：

$$X_1 = -\frac{\Delta_{1P}}{\delta_{11}} = -\frac{-1082E}{89.35E} = 12.1 \text{ kN}$$

(5) 计算各杆轴力

利用叠加公式计算：

$$N = \overline{N}_1 X_1 + N_P$$

计算结果也列在表 10.1 中。

表 10.1　δ_{11}、Δ_{1P} 和轴力 N 的计算

杆　件	l(cm)	A(cm^2)	N_P(kN)	$\overline{N}_1$	$\dfrac{\overline{N}_1^2 l}{A}$	$\dfrac{\overline{N}_1 N_P l}{A}$	$N=\overline{N}_1 X_1+N_P$(kN)
(1)	300	15	10	0	0	0	10.0
(2)	300	20	20	−0.7	7.35	−210	11.5
(3)	300	15	20	0	0	0	20.0
(4)	424	20	−14	0	0	0	−14.0
(5)	300	25	−10	−0.7	5.88	84	−18.5
(6)	424	20	−28	0	0	0	−28.0
(7)	300	15	10	−0.7	9.8	−140	1.5
(8)	300	15	30	−0.7	9.8	−420	21.5
(9)	424	15	−14	1	28.26	−396	−1.9
(10)	424	15	0	1	28.26	0	12.1
Σ					89.35	−1082	

2. 超静定组合结构

组合结构是由梁式杆和链杆组成的结构。在组合结构中，链杆只受轴力作用，而梁式杆既承受轴力，也承受轴力和剪力作用。在计算位移时，对链杆只考虑轴力项的影响，对梁式杆则只考虑弯矩项的影响，忽略轴力和剪力项的影响。因此，力法方程的系数和自由项的计算公式为：

$$\left.\begin{aligned}\delta_{ii}&=\sum\int\frac{\overline{M}_i^2}{EI}\mathrm{d}x+\sum\frac{\overline{N}_i^2}{EA}l\\\delta_{ij}&=\sum\int\frac{\overline{M}_i\overline{M}_j}{EI}\mathrm{d}x+\sum\frac{\overline{N}_i\overline{N}_j}{EA}l\\\Delta_{iP}&=\sum\int\frac{\overline{M}_iM_P}{EI}\mathrm{d}x+\sum\frac{\overline{N}_iN_P}{EA}l\end{aligned}\right\}\tag{10.11}$$

各杆内力的叠加公式为：

$$\left.\begin{aligned}M&=\overline{M}_1X_1+\overline{M}_2X_2+\cdots+M_P\\N&=\overline{N}_1X_1+\overline{N}_2X_2+\cdots+N_P\end{aligned}\right\}\tag{10.12}$$

【例 10.5】　计算图 10.18(a) 所示超静定组合结构的内力。横梁 $I=1\times10^{-4}\,\mathrm{m}^4$，链杆 $A=1\times10^{-3}\,\mathrm{m}^2$，$E=$ 常数。

【解】

(1) 选择基本体系

这是一次超静定组合结构，切断竖向链杆并代以多余未知力 X_1，可得图 10.18(b) 所示的基本体系。

(2) 列力法方程

基本体系在荷载和 X_1 共同作用下，在竖向链杆切口处两侧截面的相对轴向位移为零，故力法方程为：

$$\delta_{11}X_1+\Delta_{1P}=0$$

(3) 计算系数和自由项

绘制基本结构在荷载作用下梁的 M_P 图和各杆的轴力 N_P 及在单位力 $X_1=1$ 作用下的 $\overline{M}_1$ 图和轴力 $\overline{N}_1$，分别如图 10.18(d)、图 10.18(c) 所示。由位移计算公式可求得：

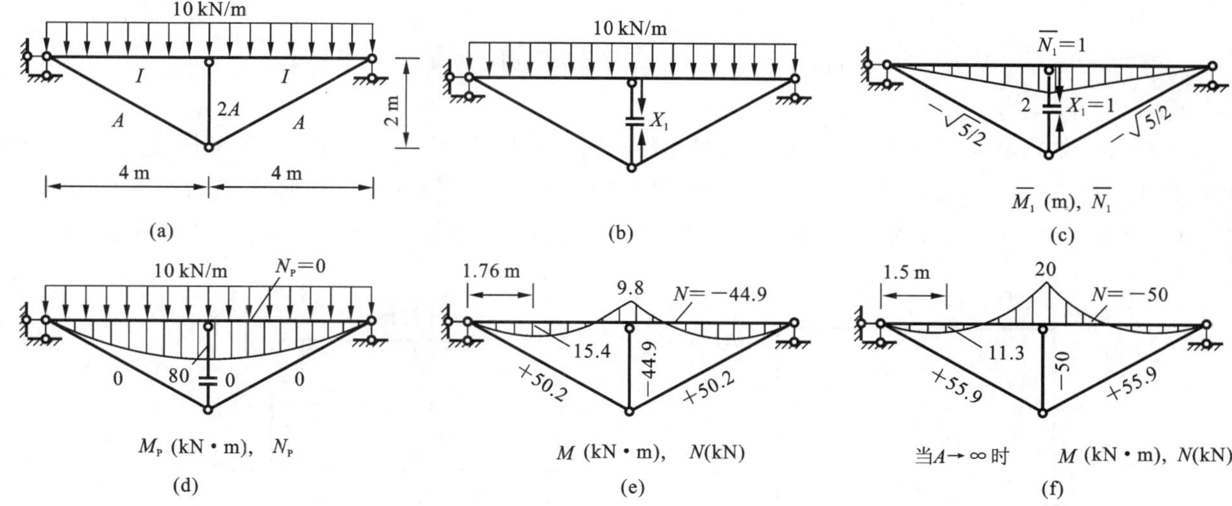

图 10.18 例 10.5 图

(a) 组合结构;(b) 基本体系;(c) 基本结构受 $X_1=1$ 作用;(d) 基本结构受荷载作用;
(e) 弯矩图和轴力;(f) $A\to\infty$ 时的弯矩图和轴力

$$
\begin{aligned}
\delta_{11} &= \sum\int\frac{\overline{M}_1^2}{EI}\mathrm{d}x+\sum\frac{\overline{N}_1^2 l}{EA}\\
&= \frac{1}{E\times1\times10^{-4}}\left(2\times\frac{4\times2}{2}\times\frac{2\times2}{3}\right)+\frac{1}{E\times1\times10^{-3}}\left[\frac{1^2\times2}{2}+2\times\left(-\frac{\sqrt5}{2}\right)^2\times2\sqrt5\right]\\
&= \frac{1}{E}(1.067\times10^5+0.122\times10^5)\\
&= \frac{1}{E}(1.189\times10^5)
\end{aligned}
$$

$$
\begin{aligned}
\Delta_{1\mathrm{P}} &= \sum\int\frac{\overline{M}_1 M_{\mathrm{P}}}{EI}\mathrm{d}x+\sum\frac{\overline{N}_1 N_{\mathrm{P}}}{EA}l\\
&= \frac{1}{E\times1\times10^{-4}}\left(2\times\frac{2\times4\times80}{3}\times\frac{5\times2}{8}\right)+0\\
&= \frac{1}{E}(5.333\times10^6)
\end{aligned}
$$

(4) 计算多余未知力

$$X_1=-\frac{\Delta_{1\mathrm{P}}}{\delta_{11}}=-\frac{5.333\times10^6}{1.189\times10^5}=-44.9\ \mathrm{kN}$$

(5) 计算内力

由叠加公式

$$M=\overline{M}_1X_1+M_{\mathrm{P}}$$
$$N=\overline{N}_1X_1+N_{\mathrm{P}}$$

可绘出梁的弯矩图和各杆轴力,如图 10.18(e) 所示。

(6) 讨论

由图 10.18(e) 所示 M 图可以看出,由于横梁中点有下部链杆支承作用,横梁的最大弯矩值 15.4 kN·m,比在同样荷载作用而没有下部链杆支承的简支梁的最大弯矩值 80 kN·m 减小了 80.75%。

如果改变链杆截面 A 的大小,组合结构的内力将随之改变。当 A 减小时,梁的正弯矩值将增大而负弯矩值将减小。当 $A\to0$ 时,梁的弯矩图将变为简支梁的弯矩图[同图 10.18(d)]。反之,当 A 增大时,梁的正弯矩值将减小而负弯矩值将增大。当 $A\to\infty$ 时,梁的中点相当于有一刚性支杆,其弯矩图将与两跨连续梁的弯矩图相同,如图 10.18(f) 所示。

10.5 对称结构的计算

工程中很多结构是对称的。所谓对称结构，是指结构的几何形状、杆件的截面尺寸和弹性模量均对称于某一几何轴线(对称轴线)。也即：如果将结构绕对称轴线对折后，结构将完全重合。例如：图 10.19(a) 所示的单跨刚架，有一个对称轴 $y—y$，为单轴对称结构；图 10.19(b) 则有两个对称轴 $x—x$、$y—y$，为双轴对称结构。

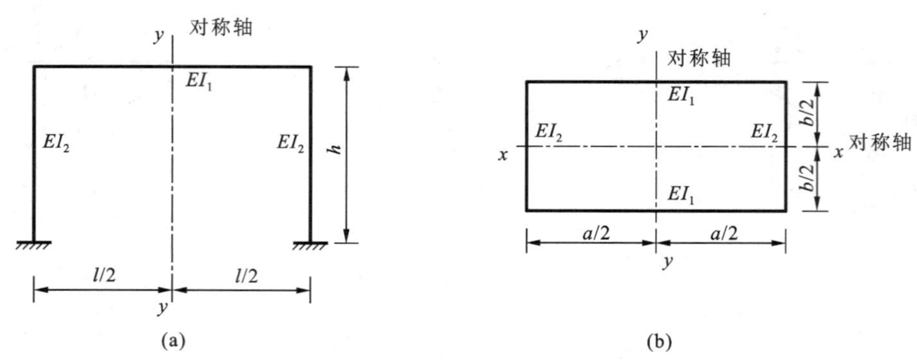

图 10.19 对称结构

(a) 单轴对称的结构；(b) 双轴对称的结构

利用结构的对称性适当地选取基本结构，可以使力法典型方程中一些副系数为零，从而简化力法的计算。

有时结构是对称的，但作用的荷载不对称[图 10.20(a)]，对称的刚架上作用有一个荷载 P。此时，可以将荷载 P 分解为两部分：图 10.20(b) 所示的对称荷载与图 10.20(c) 所示的反对称荷载。通常情况下，任一荷载都可以分解为一部分对称荷载与一部分反对称荷载。这样，结构仍然可以利用对称性或反对称性进行简化计算。

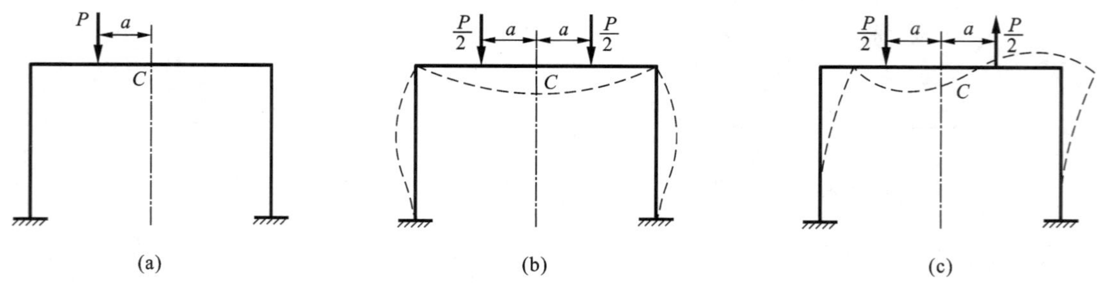

图 10.20 对称荷载与反对称荷载

(a) 任一荷载；(b) 对称荷载；(c) 反对称荷载

1. 取对称的基本体系计算

计算对称结构时，应考虑利用对称的基本体系进行计算。对于图 10.20(a) 所示的三次超静定结构，可沿对称轴切开，所得的基本体系如图 10.21(a) 所示，仍然是对称的结构。此时，切开的梁截面 C 两侧有三对相互作用的多余未知力：一对弯矩 X_1、一对轴力 X_2、一对剪力 X_3。根据力的对称性分析，X_1、X_2 是对称力，X_3 则是反对称力。基本体系在荷载与 X_1、X_2、X_3 共同作用下切口两侧截面的相对转角、相对水平线位移和竖向线位移均应等于零。因此，力法方程可写为：

$$\left.\begin{aligned}\delta_{11}X_1+\delta_{12}X_2+\delta_{13}X_3+\Delta_{1P}=0\\\delta_{21}X_1+\delta_{22}X_2+\delta_{23}X_3+\Delta_{2P}=0\\\delta_{31}X_1+\delta_{32}X_2+\delta_{33}X_3+\Delta_{3P}=0\end{aligned}\right\}\tag{a}$$

图 10.21(b)、图 10.21(c)、图 10.21(d) 分别为基本结构在各单位多余未知力作用下的弯矩图和变形图。可以看出：对称未知力 X_1 和 X_2 所产生的弯矩图 $\overline{M}_1$ 和 $\overline{M}_2$ 及变形图是对称的；反对称未知力 X_3 所产生的弯矩图 $\overline{M}_3$ 和变形图是反对称的。因此，力法方程中的系数：

$$\delta_{13}=\delta_{31}=\sum\int\frac{\overline{M}_1\overline{M}_3}{EI}\mathrm{d}s=0$$

$$\delta_{23}=\delta_{32}=\sum\int\frac{\overline{M}_2\overline{M}_3}{EI}\mathrm{d}s=0$$

于是，力法方程(a) 简化为：

$$\left.\begin{aligned}\delta_{11}X_1+\delta_{12}X_2+\Delta_{1P}&=0\\ \delta_{21}X_1+\delta_{22}X_2+\Delta_{2P}&=0\\ \delta_{33}X_3+\Delta_{3P}&=0\end{aligned}\right\}\tag{b}$$

式(b) 的前两式只包含对称力 X_1 和 X_2，而第三式只包含反对称未知力 X_3。

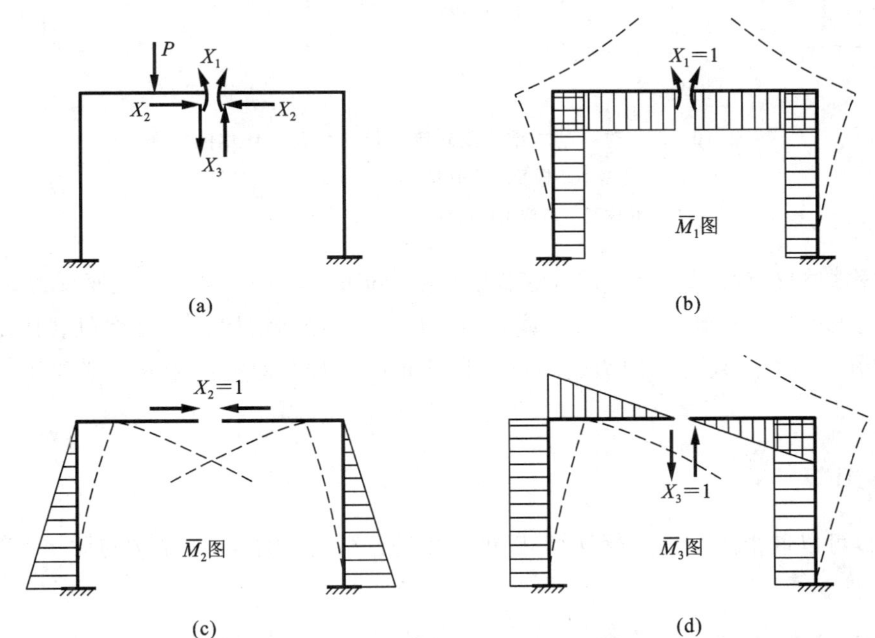

图 10.21 对称基本结构的单位弯矩图及变形图

(a) 基本体系；(b) 基本结构受 $X_1=1$ 作用；

(c) 基本结构受 $X_2=1$ 作用；(d) 基本结构受 $X_3=1$ 作用

同样的，力法方程中的自由项也可以简化。图 10.22(a) 和图 10.22(c) 为基本结构在荷载作用下的弯矩图。可以看出，当在对称荷载作用下[图 10.22(a)]，对反对称的多余力 X_3 作用时[图 10.21(d)]，自由项为零，即：

$$\Delta_{3P}=\sum\int\frac{\overline{M}_3M_P}{EI}\mathrm{d}s=0$$

根据式(b) 可得，$X_3=0$。因此，只需根据前二式计算 X_1 和 X_2。

而在反对称力作用下[图 10.22(c)]，对对称的多余力 X_1 和 X_2 作用时[图 10.21(b)、图 10.21(c)]，自由项为零，即：

$$\Delta_{1P}=\sum\int\frac{\overline{M}_1M_P}{EI}\mathrm{d}s=0$$

$$\Delta_{2P}=\sum\int\frac{\overline{M}_2M_P}{EI}\mathrm{d}s=0$$

因此，由式(b) 的前二式可得 $X_1=X_2=0$，此时，只需根据第三式计算 X_3 即可。

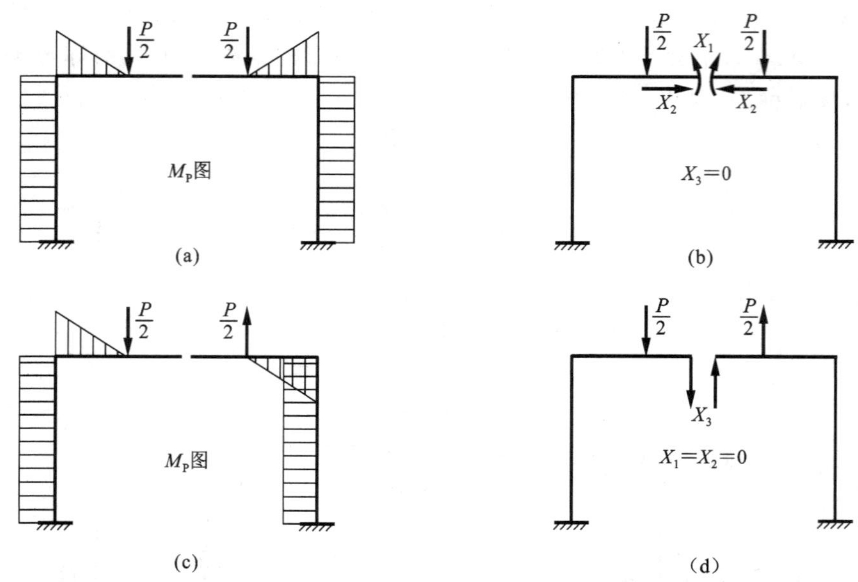

图 10.22　对称基本结构受对称与反对称荷载作用的情形

(a) 对称基本结构受对称荷载；(b) 未知力只有 X_1、X_2；

(c) 对称基本结构受反对称荷载；(d) 未知力只有 X_3

一般来说，对称结构在对称荷载作用下，变形是对称分布的[图 10.20(b)]，支座反力和内力也是对称分布的，因此，反对称的未知力必等于零，只需计算对称未知力。而对称结构在反对称荷载作用下，变形是反对称分布的[图 10.20(c)]，支座反力和内力也是反对称分布的，因此，对称的未知力必等于零，只需计算反对称未知力。

2. 取半边结构计算

当结构对称时，可以取半边结构进行计算，以进一步进行简化。为使半边结构与原结构等效，关键是要处理好边界的支承条件。

当为奇数跨的对称刚架(如一跨对称刚架)时，在对称的荷载作用下[图 10.23(a)]，变形也是对称的。则对称轴上的截面 C 发生位移后仍然在对称轴上(C' 点)，其变形曲线的切线是水平的，即斜率等于零。因此，对称轴上的 C 点只有竖向位移，水平位移和转角为零。同时，由于荷载也是对称的，截面 C 上就只有对称的内力，即弯矩 X_1 和轴力 X_2，反对称内力(剪力 X_3)则等于零。因此，从对称轴切开取半边结构时，边界的支座可取为滑动支座，如图 10.23(b) 所示，这是一个二次超静定结构。如果在反对称荷载作用下[图 10.24(a)]，变形也是反对称的，对称轴上截面 C 发生位移后到 C' 点。此时 C 点有水平位移和转角，但竖向位移为零。当在

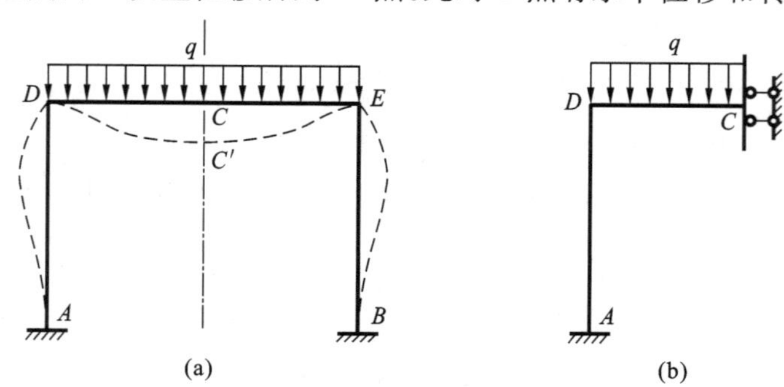

图 10.23　对称荷载作用下奇数跨刚架

(a) 对称荷载下的全刚架；(b) 等效的半刚架

反对称荷载作用下时，受力也是反对称的，因此 C 截面上只有反对称内力，即剪力 X_3，而对称内力，即弯矩 X_2 和轴力 X_1 等于零。因此，取半边结构时，C 端可取为辊轴支座，如图 10.24(b) 所示，变为一次超静定结构。

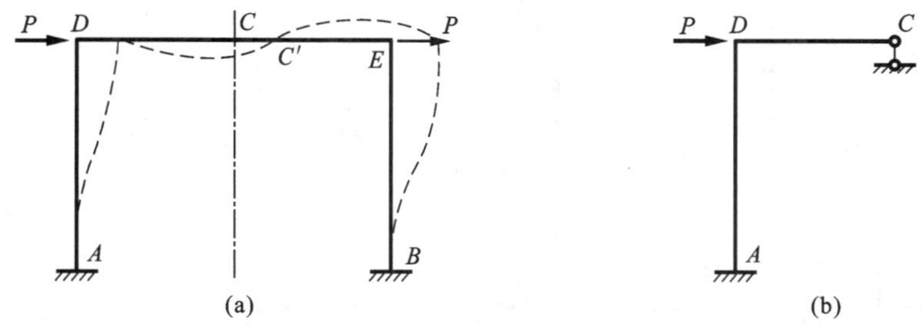

图 10.24 反对称荷载作用下奇数跨刚架

(a) 反对称荷载下的全刚架；(b) 等效的半刚架

当为偶数跨的对称刚架(如两跨刚架) 时，在对称荷载作用下[图 10.25(a)]，对称轴上有柱 CD，如果忽略柱的轴向变形，则 C 点的竖向位移等于零，同时，由变形的对称性可知，C 点的水平位移和转角也等于零。由于外荷载对称，柱 CD 将没有弯矩和剪力，只有轴力。而 C 点左右两侧的横梁截面则有一对互相平衡的力矩、轴力以及和柱轴力平衡的对称的剪力[图 10.25(b)]。因此，如果忽略柱的轴向变形后，沿对称轴切开取半边结构计算时，C 端可取为固定支座，计算简图如图 10.25(c) 所示，结构降为三次超静定结构。如果在反对称的荷载作用下[图 10.26(a)]，变形将是反对称的。因此对称轴会有弯曲变形，对称轴上 C 点将移至 C' 点，此时，刚结点有转角，但 C 点的竖向位移为零。由于外荷载为反对称，则对称轴上的柱 CD 有弯矩和剪力，而无轴力。如果从柱 CD 切开，即将柱 CD 分解为两根位于对称轴两侧而抗弯刚度为 $\frac{I}{2}$ 的分柱，则原结构分为了两个对称的单跨半结构刚架，它们之间的相互作用力只存在一对反对称未知剪力 X_3[图 10.26(b)]，对称轴两侧的受力图形如图 10.26(c) 所示，相应的计算简图可取为图 10.26(d)。由图 10.26(c) 可知，X_3 的作用只是对左、右两半刚架的分柱 C_1D_1、C_2D_2 产生大小相等和方向相反的一对轴力，因此，去掉 C_1 处竖支杆也不影响受力，计算简图可进一步简化为如图 10.26(e) 所示的三次超静定刚架。

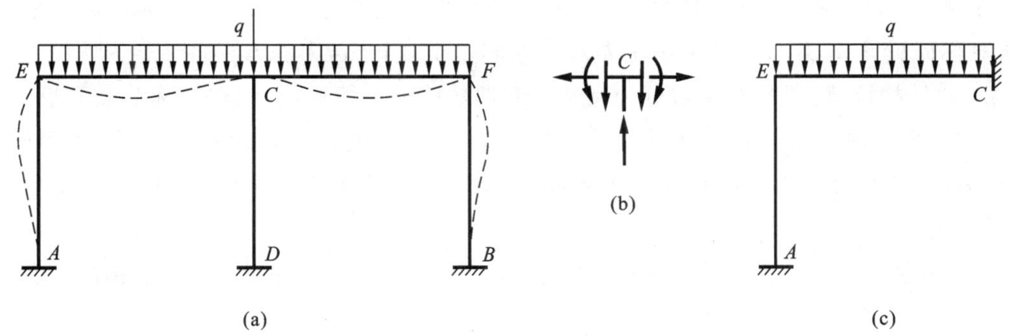

图 10.25 对称荷载作用下偶数跨刚架

(a) 对称荷载下的全刚架；(b) 结点 C 隔离体；(c) 等效的半刚架

上面分析了对称结构如何取为半边结构。当半边结构取出后，可用力法计算出多余未知力，绘制出半边结构的内力图，而另一侧半边结构的内力图则可根据对称关系画出。在对称荷载作用下，对称结构的弯矩图、轴力图是对称的，剪力图是反对称的；在反对称荷载作用下，对称结构的弯矩图、轴力图是反对称的，而剪力图是对称的。

应注意的是两跨对称刚架，在对称荷载作用下，与对称轴重合的柱子有轴力，其数值为对称轴两侧截面剪力之和，符号由平衡条件确定[图 10.25(b)]。因此，在轴力图中应包括与对称轴重合的中间柱子的轴力图。在反对称荷载作用下，中间柱的内力应为两个半刚架柱 C_1D_1 和 C_2D_2 内力的总和。因此，柱 CD 的弯矩和

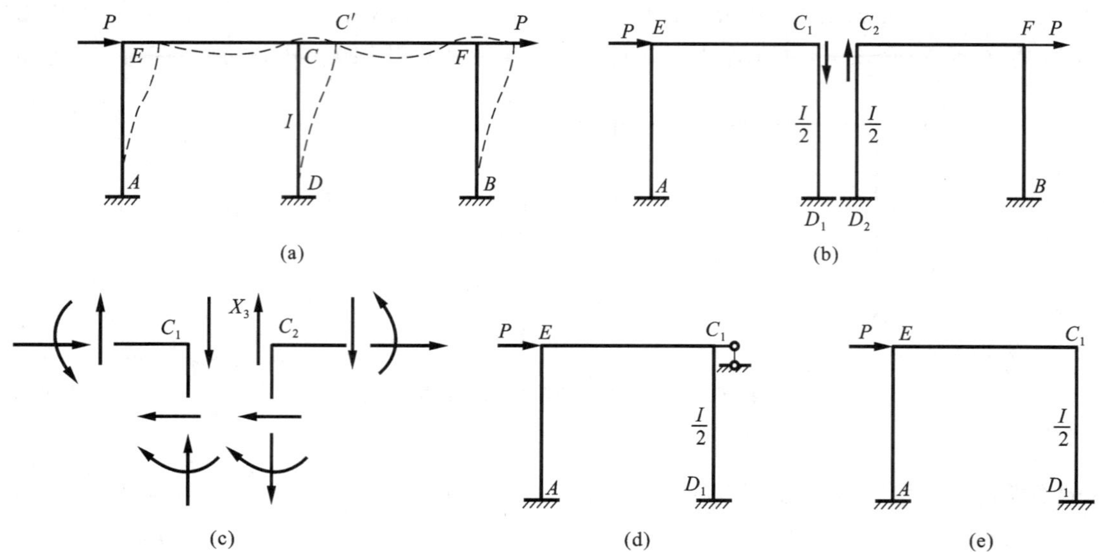

图 10.26 反对称荷载作用下偶数跨刚架

(a) 反对称荷载下的全刚架；(b) 中柱一分为二；(c) 结点 C 隔离体；(d) 等效半刚架之一；(e) 等效半刚架之二

剪力分别应为按半刚架计算所得柱 C_1D_1 的弯矩和剪力的两倍，其总轴力应为两个半刚架分柱 C_1D_1 和 C_2D_2 轴力之和，而轴力是反对称的，两分柱轴力数值相等，符号相反，故柱 CD 的总轴力为零。

现将对称结构的简化计算小结如下：

(1) 采用对称的基本体系，将基本未知量分为对称未知力和反对称未知力两组，则在力法方程中将有 $\delta_{ij}=0$（这里，i 为对称未知力方向，j 为反对称未知力方向）。这样，多元方程组将分解为两组低元方程。对于不同类型的荷载，又可分为三种情形：

① 对称荷载作用，则只需计算对称未知力（反对称未知力为零）。

② 反对称荷载作用，则只需计算反对称未知力（对称未知力为零）。

③ 任意荷载作用，可将其分解为对称和反对称两种情形分别计算，然后进行叠加得最后结果。也可不分解，直接用非对称荷载计算，但要采用对称的基本体系和基本未知力，力法方程自然分为两组。

(2) 采用半边结构计算。对称结构可分为奇数跨和偶数跨两种情形，它们在对称荷载和反对称荷载作用时在对称轴上的变形和内力是不同的。此外，采用半边结构简化计算时，荷载必须是对称荷载或反对称荷载。如果是非对称荷载，则须分解为对称荷载和反对称荷载两种情形，分别采用半边结构计算简图进行计算，然后叠加得最后结果。

【例 10.6】 作图 10.27(a) 所示单跨对称刚架的弯矩图。并讨论弯矩图随横梁与立柱刚度比值的变化规律。

【解】

这是一个三次超静定对称刚架，但荷载 P 是非对称的，可将 P 分解为对称荷载与反对称荷载，如图 10.27(b) 和图 10.27(c) 所示。在对称荷载作用下[图 10.27(b)]，如果忽略横梁轴向变形，则只有横梁承受压力 $\frac{P}{2}$，其他杆件无内力。因此，原刚架的弯矩图仅等于在反对称荷载[图 10.27(c)] 作用下的弯矩图。

在反对称荷载作用下，取基本体系如图 10.27(d) 所示。由于切口截面的弯矩、轴力均是对称未知力，应为零，因此，只需求反对称未知力 X_1，力法方程为：

$$\delta_{11}X_1+\Delta_{1P}=0$$

为求系数与自由项，分别绘制 M_P 图和 $\overline{M}_1$ 图，如图 10.27(e) 和图 10.27(f) 所示。由此得：

$$\delta_{11}=2\times\left[\left(\frac{l}{2}\cdot h\right)\times\frac{l}{2EI_1}+\left(\frac{1}{2}\times\frac{l}{2}\times\frac{l}{2}\right)\times\frac{l}{3}\times\frac{1}{EI_2}\right]=\frac{l^2h}{2EI_1}+\frac{l^3}{12EI_2}$$

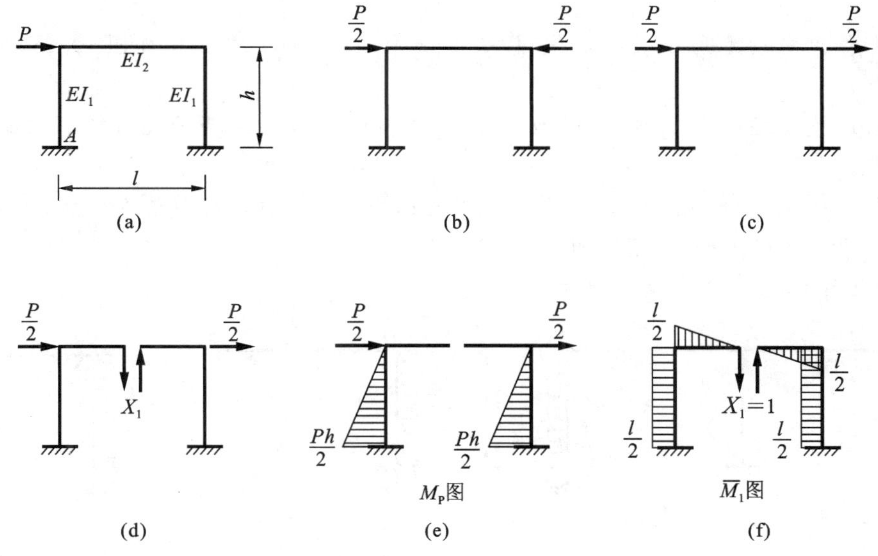

图 10.27　例 10.6 图

(a) 原对称刚架;(b) 对称荷载作用;(c) 反对称荷载作用;

(d) 反对称荷载作用的基本体系;(e) 基本结构受荷载作用;(f) 基本结构受 $X_1 = 1$ 作用

$$\Delta_{1P} = 2 \times \left(\frac{1}{2} \times \frac{Ph}{2} \times h\right) \times \frac{l}{2EI_1} = \frac{Ph^2 l}{4EI_1}$$

设 $k = \frac{I_2 h}{I_1 l}$,得:

$$X_1 = -\frac{\Delta_{1P}}{\delta_{11}} = -\frac{6k}{6k+1} \cdot \frac{Ph}{2l}$$

由叠加公式 $M = \overline{M}_1 X_1 + M_P$,可得刚架弯矩图如图 10.28(a) 所示。

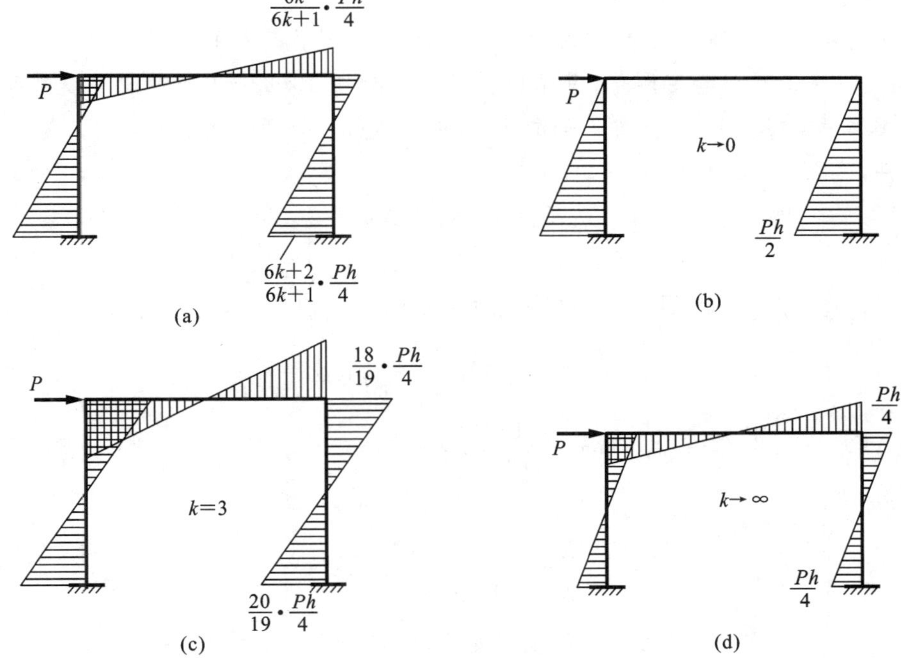

图 10.28　例 10.6 的弯矩图

(a) 一般情况结果;(b) 梁柱刚度比 $k \to 0$ 时的弯矩图;

(c) 梁柱刚度比为 3 时的弯矩图;(d) 梁柱刚度比 $k \to \infty$ 时的弯矩图

讨论：

(1) 当横梁的 I_2 比立柱的 I_1 小很多时，即 $I_2 \ll I_1$，k 很小($k \to 0$)，弯矩图如图 10.28(b) 所示，此时弯矩零点在柱顶。

(2) 当横梁的 I_2 比立柱的 I_1 大很多时，即 $I_2 \gg I_1$，k 很大($k \to \infty$)，弯矩图如图 10.28(d) 所示，此时弯矩零点趋于柱中点。

(3) 在一般情况下，柱的弯矩图有零点，且零点在柱的中点以上的半柱范围内变动。当 $k = 3$ 时，柱的弯矩零点的位置与柱中点已很接近，弯矩图如图 10.28(c) 所示。

【例 10.7】 求图 10.29(a) 所示刚架的弯矩图。

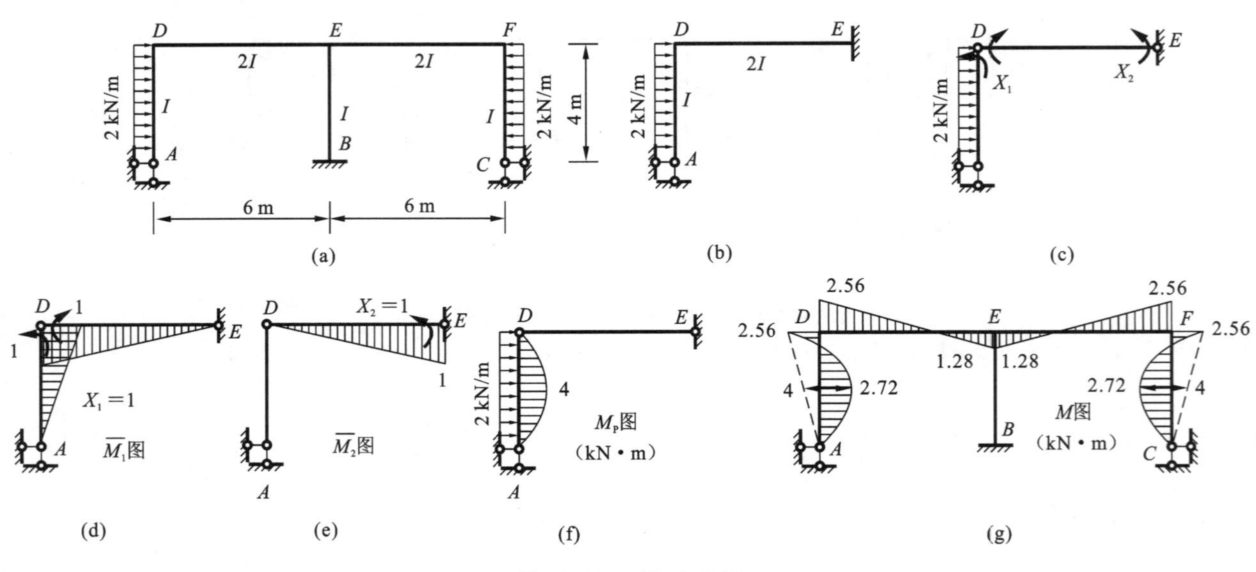

图 10.29　例 10.7 图

(a) 原刚架；(b) 等效半刚架；(c) 基本体系；(d) 基本结构受 $X_1 = 1$ 作用；(e) 基本结构受 $X_2 = 1$ 作用；(f) 基本结构受荷载作用；(g) 弯矩图

【解】

这是一个四次两跨对称超静定刚架，可取半边结构分析。在对称荷载的作用下，计算简图如图 10.29(b) 所示。此半边结构为一个二次超静定刚架，基本体系可取为如图 10.29(c) 所示的三铰刚架，基本未知力为 X_1 和 X_2。根据基本体系在 X_1、X_2 和荷载共同作用下，在铰结点 D 处两侧截面相对转角为零和铰支座 E 的转角为零的变形条件，建立力法方程如下：

$$\delta_{11} X_1 + \delta_{12} X_2 + \Delta_{1P} = 0$$

$$\delta_{21} X_1 + \delta_{22} X_2 + \Delta_{2P} = 0$$

为求系数和自由项，分别绘制 $\overline{M}_1$、$\overline{M}_2$、M_P 图如图 10.29(d)、图 10.29(e)、图 10.29(f) 所示，可求出：

$$\delta_{11} = \frac{7}{3EI}, \delta_{12} = \frac{1}{2EI}, \delta_{22} = \frac{1}{EI}$$

$$\Delta_{1P} = \frac{16}{3EI}, \Delta_{2P} = 0$$

解力法方程，可得：

$$X_1 = -2.56 \text{ kN} \cdot \text{m}$$

$$X_2 = 1.28 \text{ kN} \cdot \text{m}$$

利用叠加公式 $M = \overline{M}_1 X_1 + \overline{M}_2 X_2 + M_P$ 及弯矩图的对称性质，可得 M 图如图 10.29(g) 所示。

【例 10.8】 求图 10.30(a) 所示刚架的弯矩图。

【解】

这是一个具有两个对称轴的封闭刚架，三次超静定。荷载也是双轴对称的。利用两个对称轴的对称性后，

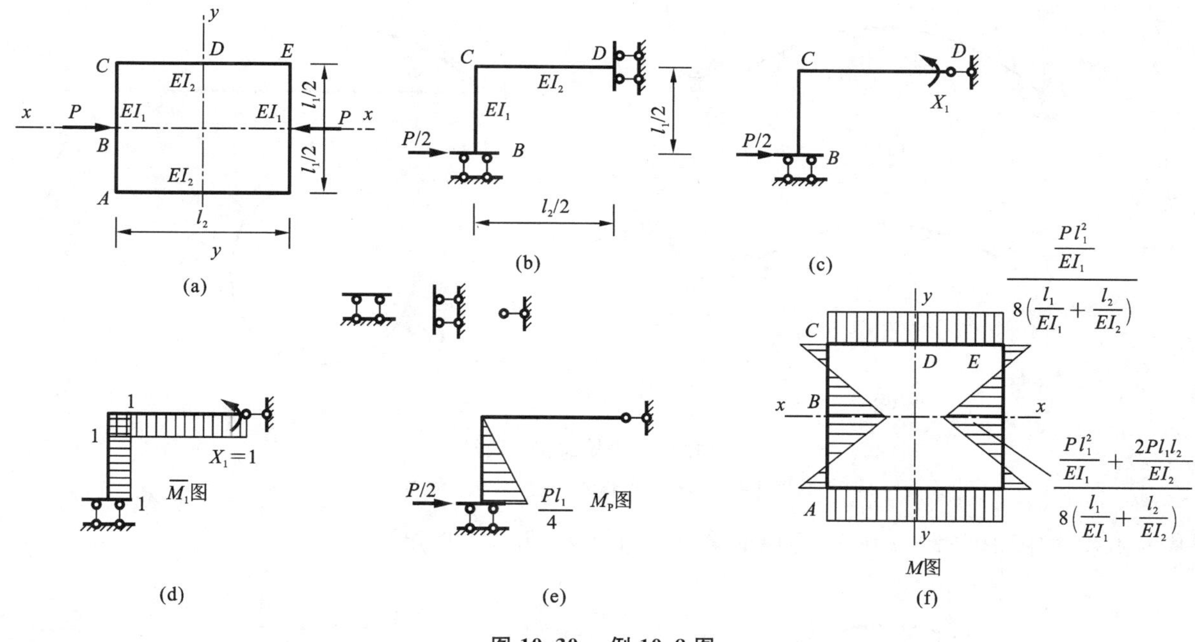

图 10.30 例 10.8 图

(a) 双对称轴刚架;(b) $\frac{1}{4}$ 结构;(c) 基本体系;(d) 基本结构受 $X_1=1$ 作用;(e) 基本结构受荷载作用;(f) 原刚架的弯矩图

可取$\frac{1}{4}$结构计算(一次超静定),如图 10.30(b) 所示。

基本体系可取如图 10.30(c) 所示结构。取滑动支座 D 处的弯矩为基本未知力,滑动支座去掉抵抗弯矩的约束后,变为链杆支座。

建立力法方程为:

$$\delta_{11}X_1+\Delta_{1P}=0$$

$\overline{M}_1$、M_P 图如图 10.30(d)、图 10.30(e) 所示,可求出:

$$\delta_{11}=\frac{l_1}{2EI_1}+\frac{l_2}{2EI_2}$$

$$\Delta_{1P}=\frac{Pl_1^2}{16EI_1}$$

解力法方程得:

$$X_1=-\frac{\dfrac{Pl_1^2}{EI_1}}{8\left(\dfrac{l_1}{EI_1}+\dfrac{l_2}{EI_2}\right)}$$

根据叠加公式,可画弯矩图。先作$\frac{1}{4}$结构的弯矩图,如图 10.30(f) 的左上角;利用 y 轴的对称性,得上半结构的弯矩图;再利用 x 轴的对称性,得下半结构的弯矩图;最后弯矩图如图 10.30(f) 所示。

10.6 超静定拱

工程中超静定拱多数是对称的两铰拱和无铰拱,计算简图如图 10.31 所示。两铰拱分为无拉杆[图 10.31(a)]和有拉杆[图 10.31(b)]的两种。图 10.31(c) 为无铰拱,图 10.31(d) 所示的闭合环形结构可看成无铰拱的特殊情况。

1. 两铰拱的计算

首先讨论不带拉杆的两铰拱。图 10.32(a) 所示两铰拱是一次超静定结构,撤去支座的水平支杆得到曲

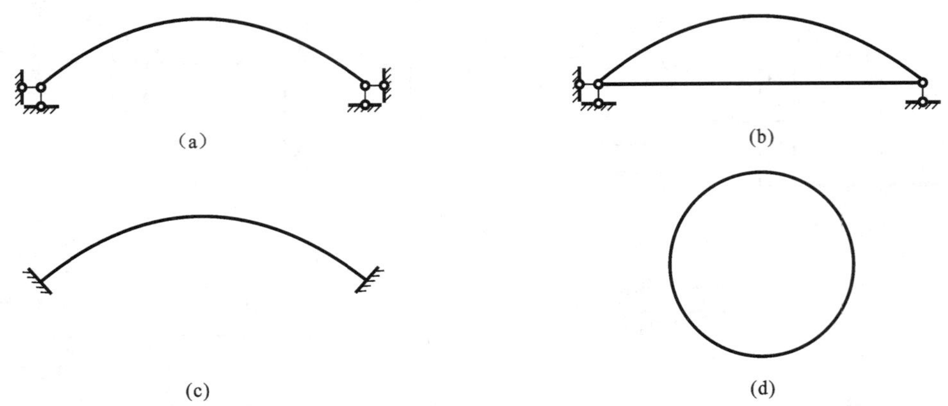

图 10.31　两铰拱和无铰拱

(a) 两铰拱；(b) 带拉杆的两铰拱；(c) 无铰拱；(d) 环形结构

梁的基本体系，如图 10.32(b) 所示。支座的多余未知力 X_1 为基本未知量。

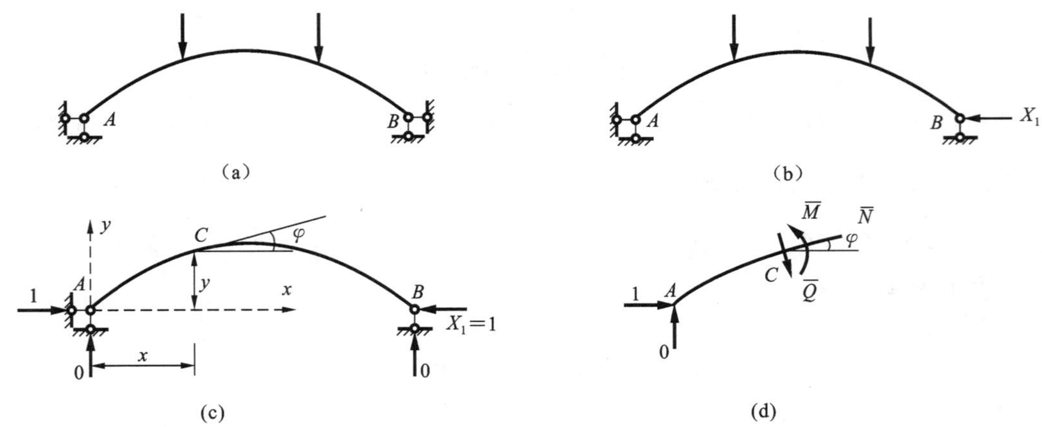

图 10.32　不带拉杆的两铰拱

(a) 两铰拱；(b) 基本体系；(c) 基本结构受 $X_1=1$ 作用；(d) AC 段隔离体

根据基本体系在荷载与 X_1 共同作用下，在支座处沿 X_1 方向的水平位移为零的变形条件，建立力法方程

$$\delta_{11}X_1+\Delta_{1P}=0 \tag{a}$$

在计算系数与自由项时，由于拱是曲杆，不能采用图乘法，需用积分计算。一般情况下，曲梁的曲率对位移的影响可忽略不计。计算 Δ_{1P} 时，只考虑弯曲变形。计算δ_{11} 时，除弯曲变形外，如 $h/f\leqslant 1/2$ 时，可忽略轴向变形；当 $h/f>1/2$ 时，应考虑轴向变形（h 为拱厚，f 为矢高），而剪切变形都可忽略。因此，

$$\left.\begin{aligned}\delta_{11}&=\int\frac{\overline{M}_1^2}{EI}\mathrm{d}s+\int\frac{\overline{N}_1^2}{EA}\mathrm{d}s\\ \Delta_{1P}&=\int\frac{\overline{M}_1M_P}{EI}\mathrm{d}s\end{aligned}\right\} \tag{b}$$

设坐标原点在 A 点，任意截面 C 的横坐标为 x，纵坐标为 y，向上为正；φ 表示截面 C 处拱轴切线与 x 轴之间的锐角，左半拱的 φ 为正，右半拱的 φ 为负。弯矩 M 使拱的内缘受拉为正，轴力 N 以拉力为正。

基本结构在 $X_1=1$ 作用下，图 10.33(c) 的竖向支座反力为零，任意截面 C 的弯矩和轴力[图 10.32(d)]为：

$$\left.\begin{aligned}\overline{M}_1&=-y\\ \overline{N}_1&=-\cos\varphi\end{aligned}\right\} \tag{c}$$

在竖向荷载作用下，简支曲梁任意截面的弯矩与同跨度同荷载的简支水平梁相应截面的弯矩 M^0 彼此相等，即：

$$M_P = M^0 \tag{d}$$

将式(c) 和式(d) 代入式(b)，得：

$$\left.\begin{aligned}\delta_{11} &= \int \frac{y^2}{EI}ds + \int \frac{\cos^2\varphi}{EA}ds \\ \Delta_{1P} &= -\int \frac{M^0 y}{EI}ds\end{aligned}\right\} \tag{10.13}$$

求解力法方程，得多余未知力，即水平推力 H 为：

$$X_1 = H = -\frac{\Delta_{1P}}{\delta_{11}} = \frac{\int \frac{M^0 y}{EI}ds}{\int \frac{y^2}{EI}ds + \int \frac{\cos^2\varphi}{EA}ds} \tag{10.14}$$

水平推力求出后，内力计算方法和三铰拱完全相同，在竖向荷载作用下计算公式为：

$$\left.\begin{aligned}M &= M^0 - Hy \\ Q &= Q^0\cos\varphi - H\sin\varphi \\ N &= -Q^0\sin\varphi - H\cos\varphi\end{aligned}\right\} \tag{10.15}$$

式中 Q^0—— 同跨度同荷载的简支水平梁相应截面的剪力。

将拱轴等分为若干段，用内力公式计算分段点截面的内力，连成曲线，即得内力图。

再看带拉杆的两铰拱，如图 10.33(a) 所示。设置拉杆，一方面使支座(砖墙或柱) 不受推力，另一方面，和普通两铰拱相同，拱肋承受推力，从而减小了拱肋的弯矩。但拉杆需要有足够的刚度。

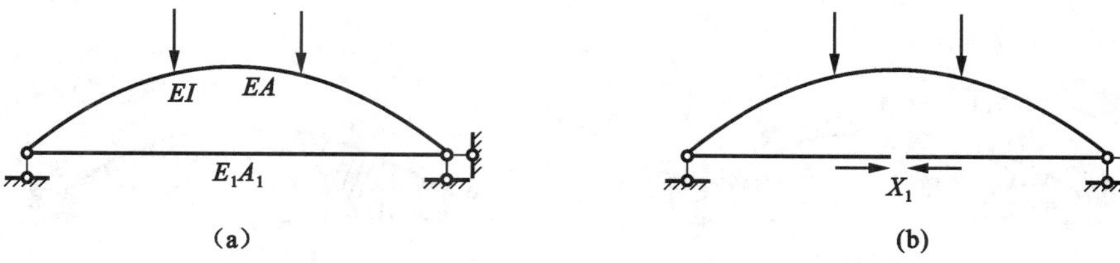

图 10.33 带拉杆的两铰拱

(a) 拉杆拱；(b) 基本体系

将拉杆切断，得基本体系如图 10.33(b) 所示。在切口两侧截面作用一对拉力 X_1，也即拱肋所受的推力 H，即为基本未知量。建立力法方程为：

$$\delta_{11}X_1 + \Delta_{1P} = 0 \tag{e}$$

其意义表示切口两侧截面相对水平位移为零。

计算 δ_{11} 时应考虑拉杆的变形，即：

$$\delta_{11} = \int \frac{\overline{M}_1^2}{EI}ds + \int \frac{\overline{N}_1^2}{EA}ds + \int \frac{\overline{N}_1^2}{E_1A_1}dx \tag{f}$$

式中前两项是对拱肋的积分，最后一项是对拉杆积分。E_1 和 A_1 分别表示拉杆的弹性模量和截面面积。

基本结构在 $X_1 = 1$ 作用下，拉杆的轴力为 $\overline{N}_1 = +1$，并设拉杆长度为 l，代入式(f) 的第三项，得：

$$\int_0^l \frac{\overline{N}_1^2}{E_1A_1}dx = \int_0^l \frac{1^2}{E_1A_1}dx = \frac{l}{E_1A_1} \tag{g}$$

拱肋任意截面的弯矩和轴力表达式同式(c)，将式(c) 和式(g) 代入式(f)，得：

$$\delta_{11} = \int \frac{y^2}{EI}ds + \int \frac{\cos^2\varphi}{EA}ds + \frac{l}{E_1A_1} \tag{h}$$

基本结构在荷载作用下，拉杆的拉力为零。因此，计算 Δ_{1P} 时，只对拱肋积分：

$$\Delta_{1P} = \int \frac{\overline{M}_1 M_P}{EI}ds = -\int \frac{M^0 y}{EI}ds \tag{i}$$

解力法方程，得多余未知力，即拉杆的拉力为：

$$X_1=-\frac{\Delta_{1P}}{\delta_{11}}=\frac{\int\frac{M^0y}{EI}\mathrm{d}s}{\int\frac{y^2}{EI}\mathrm{d}s+\int\frac{\cos^2\varphi}{EA}\mathrm{d}s+\frac{l}{E_1A_1}}\tag{10.16}$$

比较有拉杆拱的拉力 X_1[式(10.16)]与无拉杆拱的推力 H[式(10.14)]，式(10.16)的分母比式(10.14)的分母多了一项$\frac{l}{E_1A_1}$。如果拉杆刚度很大($E_1A_1\to\infty$)，则两种形式的推力基本相等，因而受力状态也基本相同。如果拉杆刚度很小($E_1A_1\to 0$)，则 $X_1\to 0$。此时，带拉杆的两铰拱实际上是一个简支曲梁，拱肋的受力状态是很不利的。

【例 10.9】 图 10.34(a) 所示为一抛物线两铰拱，承受两个集中荷载，试求其水平推力 H。设拱的截面尺寸为常数，以左支点为原点，拱轴方程为：

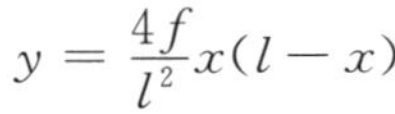

$$y=\frac{4f}{l^2}x(l-x)$$

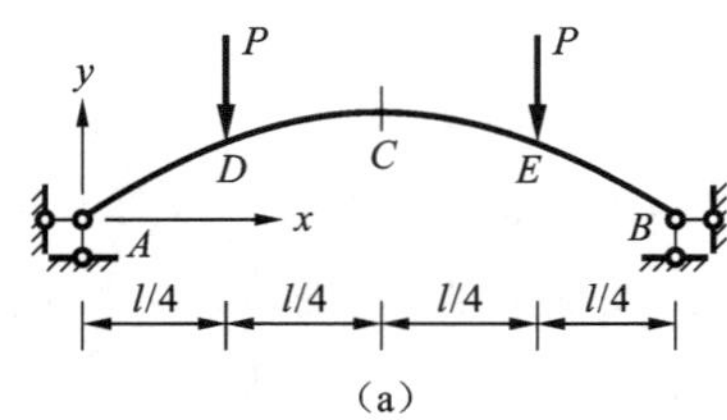

(a)

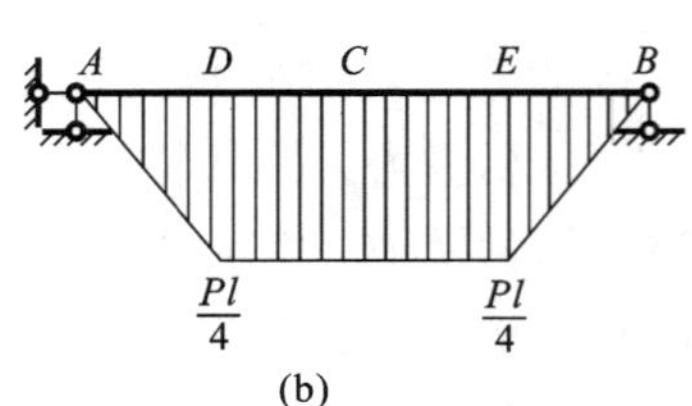

(b)

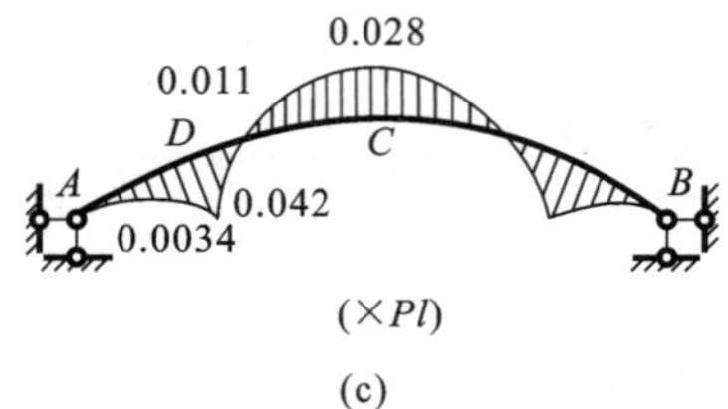

(c)

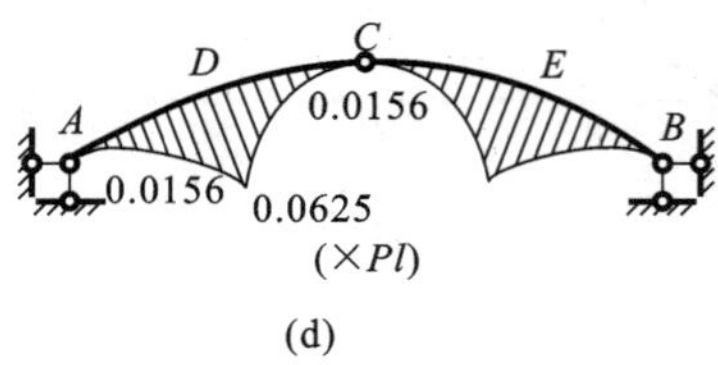

(d)

图 10.34 例 10.9 图

(a) 两铰拱及荷载；(b) 简支梁的 M^0 图；(c) 两铰拱的 M 图；(d) 三铰拱的 M 图

【解】

为简化计算，本题采用两个简化假设：① 忽略轴向变形，只考虑弯曲变形；② 当拱比较平时(例如$\frac{f}{l}<\frac{1}{5}$时)，可近似取 $\mathrm{d}s=\mathrm{d}x$。因此，位移计算的简化公式为：

$$\delta_{11}=\frac{1}{EI}\int_0^l y^2\mathrm{d}x$$

$$\Delta_{1P}=-\frac{1}{EI}\int_0^l M^0y\mathrm{d}x$$

代入拱轴方程，可求得：

$$\delta_{11}=\frac{1}{EI}\int_0^l y^2\mathrm{d}x=\frac{1}{EI}\int_0^l\left[\frac{4f}{l^2}x(l-x)\right]^2\mathrm{d}x=\frac{16f^2}{EIl^4}\int_0^l(l^2x^2-2lx^3+x^4)\mathrm{d}x=\frac{8f^2l}{15EI}$$

为计算 Δ_{1P}，应先求简支梁的弯矩 M^0，M^0 图如图 10.34(b) 所示，利用结构和荷载的对称性，弯矩方程可在半边拱内分两段表示如下：

AD 段$\left(0<x\leqslant\frac{l}{4}\right)$，　　$M^0=Px$

DC 段$\left(\frac{l}{4}<x\leqslant\frac{l}{2}\right)$，　　$M^0=\frac{Pl}{4}$

将 M^0 表达式代入 Δ_{1P} 的简化公式，得：

$$\begin{aligned}\Delta_{1P} &= -\frac{1}{EI}\int_0^l M^0 y\mathrm{d}x \\ &= -\frac{2}{EI}\left[\int_0^{\frac{l}{4}} Pxy\mathrm{d}x + \int_{\frac{l}{4}}^{\frac{l}{2}} \frac{Pl}{4}y\mathrm{d}x\right] \\ &= -\frac{2}{EI}\left[\int_0^{\frac{l}{4}} \frac{4f}{l^2}x(l-x)Px\mathrm{d}x + \int_{\frac{l}{4}}^{\frac{l}{2}} \frac{4f}{l^2}x(l-x)\frac{Pl}{4}\mathrm{d}x\right] \\ &= -\frac{19Pfl^2}{128EI}\end{aligned}$$

解力法方程，得水平推力为：

$$H = -\frac{\Delta_{1P}}{\delta_{11}} = 0.278\frac{Pl}{f}$$

利用公式 $M = M^0 - Hy$，可作出 M 图，如图 10.34(c) 所示。

为比较两铰拱与三铰拱的受力特点，绘制了相应的三铰拱的弯矩图如图 10.34(d) 所示。可以看出，当忽略轴向变形的影响时，两铰拱的推力为 $0.278\frac{Pl}{f}$，而三铰拱的推力为 $0.25\frac{Pl}{f}$，两者比较接近，但两铰拱的弯矩图比三铰拱的弯矩图均匀。

2. 对称无铰拱的计算

对称无铰拱常用于桥梁结构，其计算简图见图 10.35(a)，为三次超静定结构，其力法方程为：

$$\begin{aligned}\delta_{11}X_1 + \delta_{12}X_2 + \delta_{13}X_3 + \Delta_{1P} = 0 \\ \delta_{21}X_1 + \delta_{22}X_2 + \delta_{23}X_3 + \Delta_{2P} = 0 \\ \delta_{31}X_1 + \delta_{32}X_2 + \delta_{33}X_3 + \Delta_{3P} = 0\end{aligned} \tag{a}$$

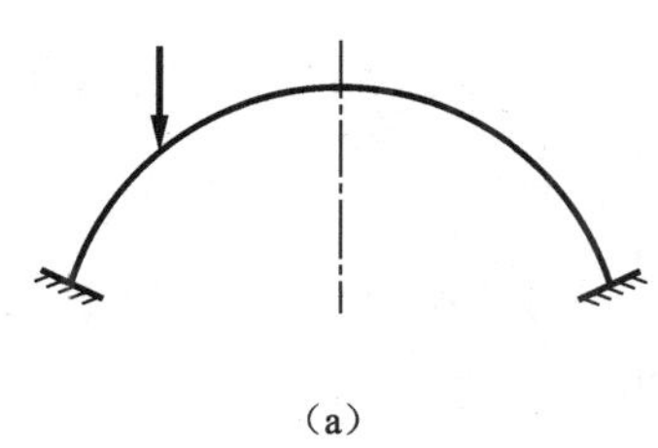

(a)

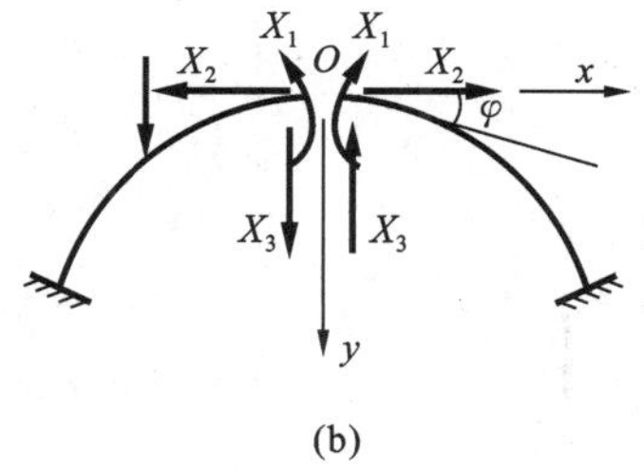

(b)

图 10.35 对称无铰拱

(a) 原结构；(b) 基本体系

利用结构的对称性，从拱顶切开后得对称的基本体系如图 10.35(b) 所示。切口处有三个未知力，其中弯矩 X_1、轴力 X_2 为对称力，剪力 X_3 为反对称力。因此，式(a) 中

$$\left.\begin{aligned}\delta_{13} = \delta_{31} = 0 \\ \delta_{23} = \delta_{32} = 0\end{aligned}\right\} \tag{b}$$

力法方程便简化为：

$$\left.\begin{aligned}\delta_{11}X_1 + \delta_{12}X_2 + \Delta_{1P} = 0 \\ \delta_{21}X_1 + \delta_{22}X_2 + \Delta_{2P} = 0 \\ \delta_{33}X_3 + \Delta_{3P} = 0\end{aligned}\right\} \tag{10.17}$$

为求系数与自由项，先分别求基本结构在单位多余力作用下的内力。设坐标原点在拱顶点，x 轴以向右为正，y 轴以向下为正，φ 在右半拱为正值。内力正负号规定与三铰拱相同。拱轴任一截面(x,y) 在 $X_1 = 1$、$X_2 = 1$、$X_3 = 1$ 作用下的内力分别为[图 10.36(a)、图 10.36(b)、图 10.36(c)]：

$$\left.\begin{aligned}\overline{M}_1&=1\\\overline{N}_1&=0\\\overline{Q}_1&=0\end{aligned}\right\}\qquad\left.\begin{aligned}\overline{M}_2&=y\\\overline{N}_2&=-\cos\varphi\\\overline{Q}_2&=\sin\varphi\end{aligned}\right\}\qquad\left.\begin{aligned}\overline{M}_3&=x\\\overline{N}_3&=\sin\varphi\\\overline{Q}_3&=\cos\varphi\end{aligned}\right\}$$

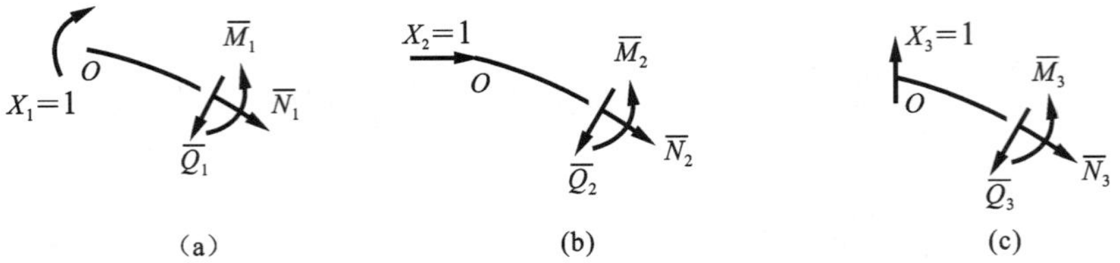

(a) (b) (c)

图 10.36 单位力作用下的内力

(a) $X_1=1$ 作用;(b) $X_2=1$ 作用;(c) $X_3=1$ 作用

在计算 δ_{ii}、δ_{ij} 和 Δ_{iP} 时,通常只考虑弯矩的影响。只有当拱扁平$\left(f<\dfrac{l}{5}\right)$时,计算 δ_{ii} 时除弯矩的影响外还需考虑轴力的影响。各系数和自由项的计算公式如下:

$$\left.\begin{aligned}\delta_{11}&=\int\frac{\overline{M}_1^2}{EI}\mathrm{d}s=\int\frac{1}{EI}\mathrm{d}s\\\delta_{12}&=\int\frac{\overline{M}_1\overline{M}_2}{EI}\mathrm{d}s=\int\frac{y}{EI}\mathrm{d}s\\\delta_{22}&=\int\frac{\overline{M}_2^2}{EI}\mathrm{d}s+\int\frac{\overline{N}_2^2}{EA}\mathrm{d}s=\int\frac{y^2}{EI}\mathrm{d}s+\int\frac{\cos^2\varphi}{EA}\mathrm{d}s\\\delta_{33}&=\int\frac{\overline{M}_3^2}{EI}\mathrm{d}s=\int\frac{x^2}{EI}\mathrm{d}s\\\Delta_{1P}&=\int\frac{\overline{M}_1M_P}{EI}\mathrm{d}s=\int\frac{M_P}{EI}\mathrm{d}s\\\Delta_{2P}&=\int\frac{\overline{M}_2M_P}{EI}\mathrm{d}s=\int\frac{M_Py}{EI}\mathrm{d}s\\\Delta_{3P}&=\int\frac{\overline{M}_3M_P}{EI}\mathrm{d}s=\int\frac{M_Px}{EI}\mathrm{d}s\end{aligned}\right\}\tag{10.18}$$

【例 10.10】 计算图 10.37(a) 所示等截面圆弧无铰拱在竖向均布荷载 $q=20$ kN/m 作用下的水平推力及拱顶和拱脚截面处的弯矩。设跨度 $l=16$ m,矢高 $f=4$ m。

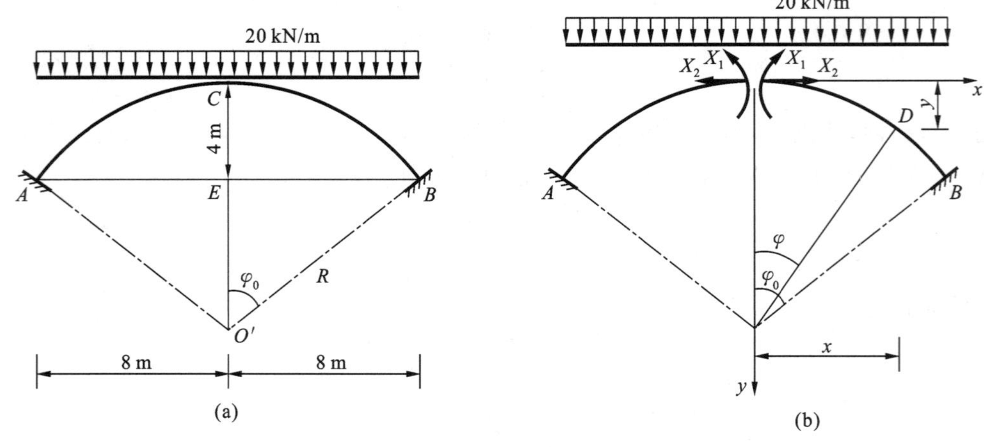

图 10.37 例 10.10 图

(a) 原结构及荷载;(b) 基本体系

【解】

(1) 取基本体系如图 10.37(b) 所示。因荷载对称，故 $X_3=0$。

(2) 求圆拱的半径 R 和半拱的圆心角 φ_0 及坐标关系。

由直角三角形 $O'AE$[图 10.37(a)]，有

$$R^2=\left(\frac{l}{2}\right)^2+(R-f)^2$$

所以

$$R=\frac{l^2+4f^2}{8f}=10\text{m}$$

$$\sin\varphi_0=\frac{AE}{O'A}=\frac{\frac{l}{2}}{R}=0.8,\cos\varphi_0=\frac{O'E}{O'A}=\frac{R-f}{R}=0.6$$

所以

$$\varphi_0=0.9273\ \text{rad}$$

坐标关系：

$$x=R\sin\varphi,y=R-R\cos\varphi$$

(3) 建立力法方程

$$\delta_{11}X_1+\delta_{12}X_2+\Delta_{1\text{P}}=0$$
$$\delta_{21}X_1+\delta_{22}X_2+\Delta_{2\text{P}}=0$$

(4) 计算系数 δ_{11}、δ_{12}、δ_{22}

因$\frac{f}{l}=\frac{1}{4}>\frac{1}{5}$，故计算位移时，只考虑弯矩的影响。由式(10.18)，得：

$$EI\delta_{11}=\int\overline{M}_1^2\text{d}s=2\int_0^{\varphi_0}R\text{d}\varphi=2R\varphi_0$$

$$\begin{aligned}EI\delta_{12}&=\int\overline{M}_1\overline{M}_2\text{d}s=\int y\text{d}s=2\int_0^{\varphi_0}(R-R\cos\varphi)R\text{d}\varphi\\&=2\int_0^{\varphi_0}(R^2-R^2\cos\varphi)\text{d}\varphi=2R^2[\varphi-\sin\varphi]_0^{\varphi_0}\\&=2R^2(\varphi_0-\sin\varphi_0)\end{aligned}$$

$$\begin{aligned}EI\delta_{22}&=\int\overline{M}_2^2\text{d}s=2\int y^2\text{d}s=2\int_0^{\varphi_0}(R-R\cos\varphi)^2R\text{d}\varphi\\&=2R^3\int_0^{\varphi_0}(1-2\cos\varphi+\cos^2\varphi)\text{d}\varphi\\&=2R^3\left[\varphi-2\sin\varphi+\left(\frac{\varphi}{2}+\frac{1}{4}\sin2\varphi\right)\right]_0^{\varphi_0}\\&=2R^3\left(\frac{3}{2}\varphi_0-2\sin\varphi_0+\frac{1}{4}\sin2\varphi_0\right)\end{aligned}$$

将 $\varphi_0=0.9273$ rad 代入，可得：

$$EI\delta_{11}=1.855R,EI\delta_{12}=0.2546R^2,EI\delta_{22}=0.0619R^3$$

(5) 计算自由项 $\Delta_{1\text{P}}$ 和 $\Delta_{2\text{P}}$

基本结构在荷载 q 作用下的弯矩方程为：

$$M_\text{P}=-\frac{q}{2}x^2=-\frac{q}{2}R^2\sin^2\varphi$$

由式(10.18)，得：

$$\begin{aligned}EI\Delta_{1\text{P}}&=\int\overline{M}_1M_\text{P}\text{d}s=2\int_0^{\varphi_0}1\times\left(-\frac{q}{2}R^2\sin^2\varphi\right)R\text{d}\varphi\\&=-qR^3\left[\frac{\varphi}{2}-\frac{1}{4}\sin2\varphi\right]_0^{\varphi_0}\\&=-qR^3\left(\frac{\varphi_0}{2}-\frac{1}{4}\sin2\varphi_0\right)\end{aligned}$$

$$EI\Delta_{2P} = \int \overline{M}_2 M_P \mathrm{d}s = \int M_P y \mathrm{d}s$$
$$= 2\int_0^{\varphi_0} (R - R\cos\varphi)\left(-\frac{q}{2}R^2\sin^2\varphi\right)R\,\mathrm{d}\varphi$$
$$= -qR^4\int_0^{\varphi_0} (\sin^2\varphi - \sin^2\varphi\cos\varphi)\mathrm{d}\varphi$$
$$= -qR^4\left[\frac{\varphi}{2} - \frac{1}{4}\sin 2\varphi - \frac{1}{3}\sin^3\varphi\right]_0^{\varphi_0}$$
$$= -qR^4\left(\frac{\varphi_0}{2} - \frac{1}{4}\sin 2\varphi_0 - \frac{1}{3}\sin^3\varphi_0\right)$$

将 φ_0 代入，可得：

$$EI\Delta_{1P} = -0.2237qR^3, EI\Delta_{2P} = -0.0530qR^4$$

(6) 解力法方程

$$\left.\begin{aligned} 1.855X_1 + 0.2546RX_2 - 0.2237qR^2 = 0 \\ 0.2546X_1 + 0.0619RX_2 - 0.0530qR^2 = 0 \end{aligned}\right\}$$

解之，得：

$$X_1 = 0.0071qR^2 = 14.2\ \mathrm{kN \cdot m}$$
$$X_2 = 0.827qR = 165.4\mathrm{kN}$$

(7) 求拱顶及拱脚截面弯矩

拱顶弯矩：

$$M_C = X_1 = 14.2\ \mathrm{kN \cdot m}$$

拱脚弯矩：

$$M_A = M_B = X_1 + X_2 f - \frac{q}{2}\left(\frac{l}{2}\right)^2 = 14.2 + 165.4 \times 4 - \frac{20}{2} \times \left(\frac{16}{2}\right)^2 = 35.8\ \mathrm{kN \cdot m}$$

其他各截面内力可由平衡条件计算。

(8) 讨论

与三铰拱比较，在同样荷载作用下，拱轴相同的三铰拱的推力为：

$$H' = \frac{M_C^0}{f} = \frac{ql^2}{8f} = \frac{20 \times 16^2}{8 \times 4} = 160\ \mathrm{kN}$$

H' 与 H(即 X_2) 非常接近，相对差值为 3.4%。

10.7 温度变化和支座移动时超静定结构的内力

超静定结构由于存在多余约束，当没有荷载作用时，只要有使结构发生变形的因素，如支座移动、温度变化、材料收缩、制造误差等，都可以使结构产生内力，这种内力称为自内力，这是超静定结构不同于静定结构的特征之一。

用力法计算超静定结构，要根据位移条件建立求解多余力的典型力法方程。位移条件是指基本结构在外在因素和多余力共同作用下，去掉联系处的位移与原结构的实际位移相符合。显然，这对于荷载以外的其他因素，如温度改变、支座移动等也是适用的。

1. 温度变化时的内力计算

当用力法计算受温度变化作用的超静定结构时，仍然可以建立力法典型方程，其系数项的计算同荷载作用时一样，但自由项则表示温度变化在基本结构中产生的位移，可根据第 9 章的方法进行计算。下面通过例题进行说明。

【例 10.11】 图 10.38(a) 所示刚架，浇筑混凝土时温度为 15 ℃，而冬季混凝土外皮温度为 −35 ℃，内皮温度仍为 15 ℃[图 10.38(b)]，求此时由于温度变化在刚架中引起的内力。各杆 EI 为常数，截面尺寸为 $b \times h = 400\ \text{mm} \times 600\ \text{mm}$，混凝土弹性模量 $E = 2 \times 10^7\ \text{kPa}$，温度膨胀系数 $\alpha = 0.00001(1/℃)$。

【解】

该刚架为一次超静定结构，撤去支座 B 的水平支杆，得基本结构与多余未知力 X_1 如图 10.38(d) 所示。设 t_1 是杆件外边缘温度变化，t_2 是杆件内边缘温度变化，则施工温度和冬季温度之间温度的变化值为：

$$t_1 = -35\ ℃ - 15\ ℃ = -50\ ℃$$

$$t_2 = 15\ ℃ - 15\ ℃ = 0\ ℃$$

温度改变值见图 10.38(c)。

根据基本结构在温度变化和多余未知力作用下支座 B 的水平位移与原结构支座 B 的变形相同的条件，而原结构在 B 点的水平位移为零，建立力法方程为：

$$\delta_{11} X_1 + \Delta_{1t} = 0 \tag{a}$$

式中自由项 Δ_{1t} 是温度变化在基本结构中沿 X_1 方向产生的位移。

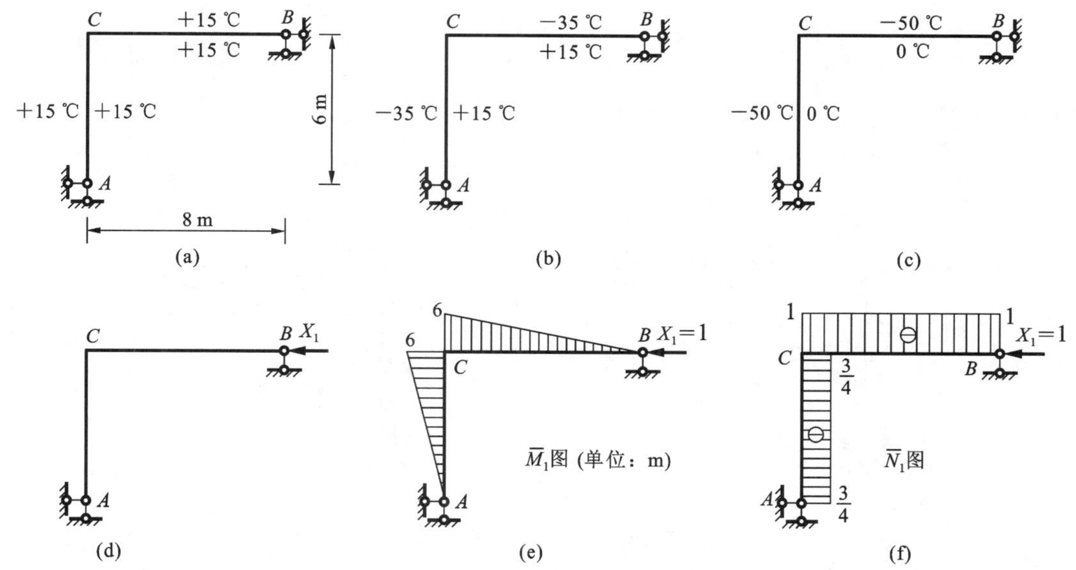

图 10.38 例 10.11 图

(a) 浇筑时温度；(b) 冬季计算时温度；(c) 温度变化；

(d) 基本结构和多余未知力；(e)、(f) 基本结构受 $X_1 = 1$ 作用

为求系数项与自由项，绘制$\overline{M}_1$ 与$\overline{N}_1$ 图如图 10.38(e)、图 10.38(f) 所示。系数δ_{11} 的求法与荷载作用时相同：

$$\delta_{11} = \sum \int \frac{\overline{M}_1^2}{EI} \mathrm{d}s = \frac{1}{EI}\left[\left(\frac{1}{2} \times 6 \times 6\right) \times \frac{2}{3} \times 6 + \left(\frac{1}{2} \times 8 \times 6\right) \times \frac{2}{3} \times 6\right] = \frac{168}{EI}$$

自由项 Δ_{1t} 可利用第 9 章式(9.17b) 求得：

$$\Delta_{1t} = \sum \alpha \frac{\Delta t}{h} \int \overline{M}_1 \mathrm{d}s + \sum \alpha t_0 \int \overline{N}_1 \mathrm{d}s \tag{b}$$

式中 $\Delta t = t_2 - t_1$—— 内外边缘温度变化差；

$t_0 = \dfrac{t_1 + t_2}{2}$—— 杆件轴线平均温度变化值。

$$\Delta t = t_2 - t_1 = 0\ ℃ - (-50\ ℃) = 50\ ℃$$

$$t_0 = \frac{1}{2}(t_1 + t_2) = \frac{1}{2}(0\ ℃ - 50\ ℃) = -25\ ℃$$

所以：

$$\Delta_{1t} = \sum \alpha \frac{\Delta t}{h}\int \overline{M}_1 \mathrm{d}s + \sum \alpha t_0 \int \overline{N}_1 \mathrm{d}s$$

$$= -\alpha \frac{50}{0.6} \times \left(\frac{1}{2}\times 6\times 6+\frac{1}{2}\times 8\times 6\right)+\alpha \cdot 25\times \left(1\times 8+\frac{3}{4}\times 6\right)=-3187.5\alpha$$

注意在Δ_{1t}中乘积的符号：在$\overline{M}_1$图中，杆件外边纤维受拉，而温差Δt引起杆件内边纤维受拉，故Δt与$\overline{M}_1$图面积的乘积取负号。在$\overline{N}_1$图中，横梁CB受压，而梁轴线温度变化值t_0为负，故t_0与$\overline{N}_1$图的面积的乘积取正号。

将系数项与自由项代入力法方程，得：

$$\frac{168}{EI}X_1 - 3187.5\alpha = 0$$

解之，得：

$$X_1 = 18.97EI\alpha \tag{c}$$

因基本结构是静定结构，温度变化时不会产生内力，因此内力全由多余未知力引起，故内力计算的公式为：

$$\left.\begin{aligned} M &= \overline{M}_1 X_1 \\ N &= \overline{N}_1 X_1 \end{aligned}\right\} \tag{d}$$

M图和N图分别如图10.46(a)、图10.46(b)所示。

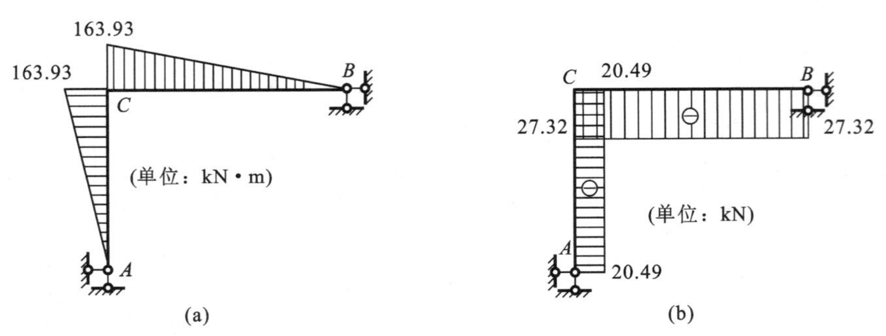

图10.39　例10.13内力图

(a) M图；(b) N图

从上面的例题可以看出，用力法计算温度变化时超静定结构内力有以下特点：

(1) 力法方程的式(a)与荷载作用时相同，但自由项不同。自由项Δ_{1t}是温度变化时在基本结构中产生的位移，可用式(b)计算。

(2) 内力全部由多余未知力产生，见式(d)。

(3) 由计算结果[式(c)和式(d)]可以看出，温度变化引起的内力与杆件EI成正比。如果温度变化条件给定，截面尺寸愈大，则内力也愈大。所以，要改善结构在温度作用下的受力状态，加大截面尺寸并不是一个有效途径。

(4) 由图10.39(a)可以看出，当杆件截面内外边缘有温差Δt时，弯矩图的纵坐标出现在降温面一侧，即降温面产生拉应力，温度高的一面产生压应力。因此，在混凝土结构中，要特别注意因降温可能出现的裂缝。

2. 支座移动时的内力计算

用力法计算超静定结构由支座移动引起的内力时，力法典型方程的建立条件仍然是基本结构在外在因素和多余力共同作用下，在所去掉联系处的位移与原结构的实际位移相符合。由于原结构有支座位移，因此要特别注意典型方程可能右边项不为零，同时自由项代表基本结构由于支座移动时在去掉多余联系处沿 X_i 方向所产生的位移，可以按第 9 章的有关公式计算。下面以例题来说明支座移动时超静定结构内力计算的过程与特点。

【例 10.12】 图 10.40(a) 所示为一等截面超静定梁，$EI=$ 常数，固定端支座 A 有一转角 θ，计算梁中引起的自内力，并绘制内力图。

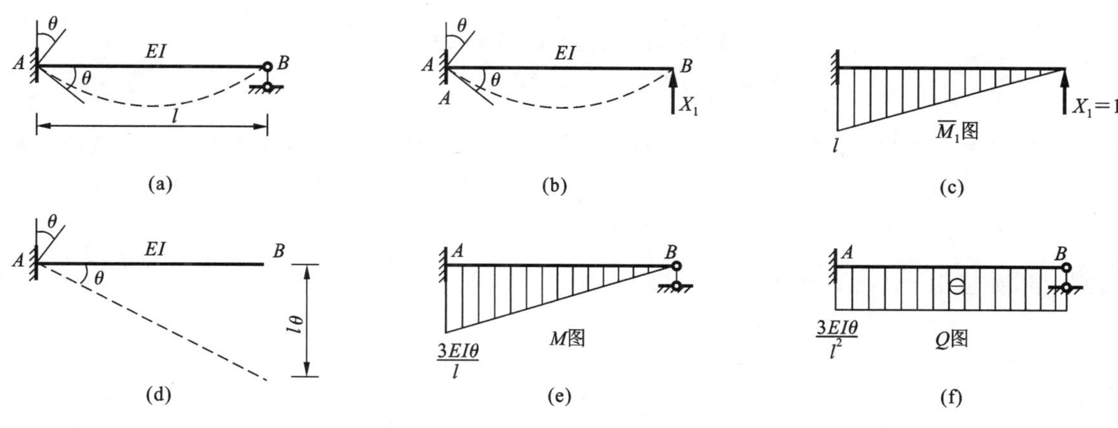

图 10.40 例 10.12 基本体系一

(a) 支座转动；(b) 基本体系一；(c) 基本结构受 $X_1=1$ 作用；(d) 基本结构受支座转动作用；(e) 弯矩图；(f) 剪力图

【解法一】

该梁为一次超静定结构，撤去支杆 B，代以未知力 X_1，得基本体系如图 10.40(b) 所示。根据变形条件：基本体系在多余约束力 X_1 和支座移动共同作用下在 B 点的竖向位移与原结构在 B 点的变形相同（原结构在 B 点的竖向位移等于零），建立力法方程为：

$$\delta_{11}X_1+\Delta_{1c}=0 \tag{a}$$

自由项 Δ_{1c} 是当支座 A 产生转角 θ 时基本结构沿 X_1 方向产生的位移。

为计算系数与自由项，绘制 $\overline{M}_1$ 图如图 10.40(c) 所示，及基本结构在 A 端有转角时的位移图如图 10.40(d) 所示。δ_{11} 的计算方法与荷载作用时相同，为：

$$\delta_{11}=\int\frac{\overline{M}_1^2}{EI}\mathrm{d}x=\frac{1}{EI}\left(\frac{1}{2}l\times l\right)\times\frac{2}{3}l=\frac{l^3}{3EI}$$

Δ_{1c} 可根据图 10.40(d) 计算，因 $l\theta$ 与 X_1 方向相反，故为负号，即：

$$\Delta_{1c}=-l\theta$$

Δ_{1c} 也可根据第 9 章式(9.18) 计算得到，这里，$\overline{R}=l$，$c=\theta$，即：

$$\Delta_{1c}=-\sum\overline{R}c=-l\theta \tag{b}$$

代入系数与自由项，解力法方程得：

$$X_1=-\frac{\Delta_{1c}}{\delta_{11}}=\frac{l\theta}{\dfrac{l^3}{3EI}}=\frac{3EI\theta}{l^2} \tag{c}$$

因基本结构是静定结构，支座移动在基本结构中不引起内力，内力全部由多余未知力引起。因此弯矩公式为：

$$M=\overline{M}_1X_1 \tag{d}$$

弯矩图如图 10.40(e) 所示，剪力图如图 10.40(f) 所示。

【解法二】

撤去支座 A 的转动约束，以简支梁作为基本结构，以支座 A 的反力偶为多余未知力 X_1，得到基本体系如

图 10.41(a) 所示。

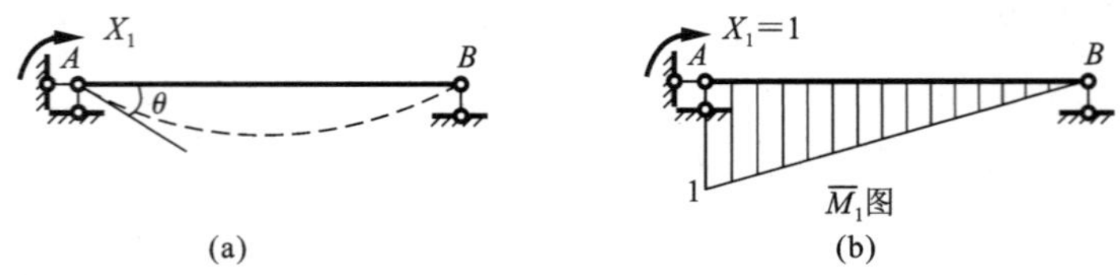

图 10.41　例 10.12 基本体系二

(a) 基本体系二;(b) 基本结构受 $X_1=1$ 作用

力法方程的变形条件为:基本体系在多余未知力 X_1 作用下在铰支座 A 的转动位移应与原结构在支座 A 的转动位移相同,而原结构在支座 A 的转角为 θ,且与所设 X_1 方向相同,因此,力法方程为:

$$\delta_{11}X_1=\theta \tag{e}$$

绘制 $\overline{M}_1$ 图,如图 10.41(b) 所示,求得自由项为:

$$\delta_{11}=\sum\int\frac{\overline{M}_1^2}{EI}\mathrm{d}x=\frac{1}{EI}\left(\frac{1}{2}l\times1\right)\times\frac{2}{3}=\frac{l}{3EI}$$

解力法方程得:

$$\frac{l}{3EI}X_1=\theta,X_1=\frac{3EI\theta}{l} \tag{f}$$

绘制弯矩图、剪力图如图 10.40(e)、图 10.40(f) 所示。

通过以上分析,可以看出支座移动与荷载作用相比,力法计算有以下几个特点:

(1) 由式(a) 和式(e) 可以看出,取不同基本体系时,力法方程的形式有所不同,方程等号右边可以为零,也可以不为零。

(2) 由力法方程式(a) 可以看出,自由项 Δ_{1c} 是由支座移动在基本结构中产生的位移,可由静定结构支座移动的位移公式计算,也可直接由基本结构在支座移动时的位移图求得。

(3) 因没有荷载作用,所以内力全部由多余未知力引起[见式(d)]。

(4) 由计算结果式(c) 和式(f) 及内力图[图 10.40(e)、图 10.40(f)] 可以看出,支座移动引起的超静定结构的内力与 EI 绝对值成正比,即 EI 愈大,自内力愈大。

10.8　超静定结构位移计算和最后内力图的校核

1. 超静定结构位移计算

超静定结构位移计算的原理与第 9 章所讨论的静定结构的位移计算相同,仍然采用以虚功原理为基础的单位荷载法。以单位力 $P=1$ 作用于欲求位移的方向上,绘制超静定结构在单位荷载作用下的内力图,然后再求超静定结构在荷载作用下的内力图,最后再利用式(9.9) 求位移。为简化计算,可以把单位虚设力 $P=1$ 加在超静定结构的任一基本结构(静定结构) 上,求静定结构在单位力作用下的内力图,因为基本体系在荷载和多余未知力作用下的受力和变形状态与原结构的受力和变形状态相同。因此,原结构的位移计算问题就可转化为基本体系(静定结构) 在荷载和多余未知力共同作用下的位移计算问题,即转化为静定结构的位移计算问题。

因此,利用单位荷载法求超静定结构位移的一般公式为:

$$\Delta=\sum\int\frac{\overline{M}M}{EI}\mathrm{d}s+\sum\int\frac{\overline{N}N}{EA}\mathrm{d}s+\sum\int k\frac{\overline{Q}Q}{GA}\mathrm{d}s+\sum\int\overline{M}\frac{\alpha\Delta t}{h}\mathrm{d}s+\sum\int\overline{N}\alpha t_0\mathrm{d}s-\sum\overline{R}c \tag{10.19}$$

式中　M,N,Q—— 超静定结构的弯矩、轴力和剪力;

$\overline{M}$,$\overline{N}$,$\overline{Q}$ 和$\overline{R}$—— 单位荷载 $P=1$ 作用于任一基本结构上的弯矩、轴力、剪力和支座反力。

当只有荷载作用时,位移计算公式为:

$$\Delta=\sum\int\frac{\overline{M}M}{EI}\mathrm{d}s+\sum\int\frac{\overline{N}N}{EA}\mathrm{d}s+\sum\int k\frac{\overline{Q}Q}{GA}\mathrm{d}s \tag{10.20}$$

【例 10.13】 图 10.42 为已求得的排架弯矩图,计算柱顶点 C 的水平位移。

【解】

因横梁 CD 的 $EA\to\infty$,C 点的水平位移与 D 点的水平位移相同,取基本结构如图 10.42(b) 所示。

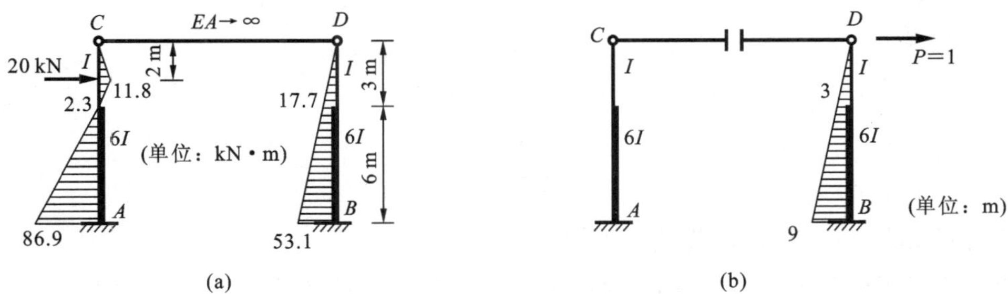

图 10.42 例 10.13 图

(a) 原排架 M 图;(b) 基本结构受 $P=1$ 作用的 $\overline{M}$ 图

将单位水平单位力 $P=1$ 作用于 D 端,绘制弯矩图 $\overline{M}$ 图,如图 10.42(b) 所示。因此,C 点的水平位移为:

$$\begin{aligned}\Delta_C=\Delta_D&=\sum\int\frac{\overline{M}M}{EI}\mathrm{d}s=\frac{1}{EI}\left(\frac{1}{2}\times3\times17.7\right)\times\frac{2}{3}\times3\\&\quad+\frac{1}{6EI}\left[\left(\frac{1}{2}\times6\times17.7\right)\times\left(\frac{2}{3}\times3+\frac{1}{3}\times9\right)+\left(\frac{1}{2}\times6\times53.1\right)\times\left(\frac{1}{3}\times3+\frac{2}{3}\times9\right)\right]\\&=\frac{53.1}{EI}+\frac{1380.6}{6EI}=\frac{283.2}{EI}(\rightarrow)\end{aligned}$$

如将水平单位力 $P=1$ 作用于基本结构的柱 CA 的 C 端,可得同样结果,读者可自行验算。

2. 超静定结构最后内力图的校核

在超静定结构的计算中,往往计算步骤多、数字运算量大,比较容易发生错误,因此,对计算结果进行校核十分重要。超静定结构的最后内力图,除需满足平衡条件外,还应满足变形条件。特别在力法中,典型方程是根据变形条件建立的,因此,校核变形条件的满足应该是重点。

(1) 变形条件的校核

要校核变形条件可任意选取基本结构,任意选取一个多余未知力 X_i,然后根据最后的内力图算出沿 X_i 方向的位移 Δ_i,检查 Δ_i 是否与原结构中的相应位移(给定值) 相等,即检查是否满足下式:

$$\Delta_i=\text{给定值} \tag{10.21}$$

Δ_i 可根据式(10.19) 计算。如果原结构只承受荷载作用,则 Δ_i 可根据式(10.20) 计算,且式(10.21) 右边为零。因此,式(10.21) 变为:

$$\sum\int\frac{\overline{M}M}{EI}\mathrm{d}s+\sum\int\frac{\overline{N}N}{EA}\mathrm{d}s+\sum\int k\frac{\overline{Q}Q}{GA}\mathrm{d}s=0 \tag{10.22}$$

对于梁和刚架在荷载作用下,主要考虑弯曲变形的影响,则变形校核公式为:

$$\sum\int\frac{\overline{M}M}{EI}\mathrm{d}s=0 \tag{10.23}$$

对于一个具有封闭框架的结构,通常利用封闭框架上任一截面相对转角为零的条件来进行校核。如图 10.43(a) 所示的刚架是封闭的,利用任一截面相对转角为零的条件校核时,$\overline{M}$ 图在封闭框架 $ACBD$ 的所有截面上纵坐标都为 1[图 10.43(b)],则式(10.23) 变为:

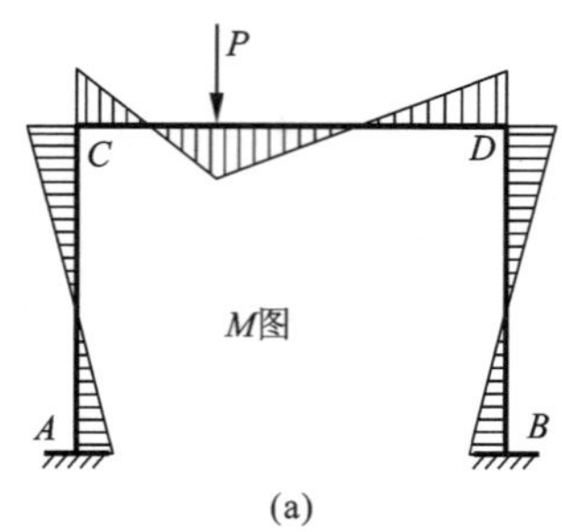

(a)

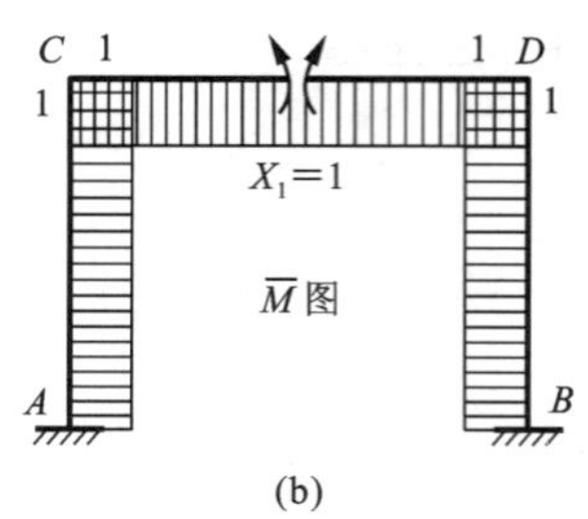

(b)

图 10.43　封闭框刚架变形条件的校核

(a) 原超静定刚架弯矩图；(b) 基本结构受 $X_1=1$ 作用的弯矩图

$$\oint \frac{M}{EI}\mathrm{d}s = 0 \tag{10.24}$$

即各杆 M 图面积除以各杆 EI 的代数和等于零。

因此，对于具有封闭框架的结构来说，当结构只承受荷载作用时，校核 M 图只需判断各杆 M 图的面积除以相应各杆 EI 后的代数和是否等于零。

(2) 平衡条件的校核

超静定结构的最后内力图应当完全满足静力平衡条件，即结构的整体或任意取出结构的一部分(如从结构中截取的任一刚结点、任一根杆件，或一部分杆件体系)，都应满足平衡条件。

【例 10.14】　图 10.44 给出了刚架的 M、N、Q 图，试校核内力图的正确性。

【解】

首先应用变形条件校核 M 图。图 10.44(a) 所示刚架是封闭的，变形条件可用式(10.24) 校核：

$$\begin{aligned}\oint \frac{M}{EI}\mathrm{d}s &= \frac{1}{3}\times\left(-14.4\times 6+\frac{2}{3}\times 6\times 18\right)+\frac{2}{1}\times\left(-\frac{1}{2}\times 4\times 14.4+\frac{1}{2}\times 4\times 7.2\right)\\ &=-4.8-28.8=-33.6\neq 0\end{aligned}$$

可见 M 图不满足变形条件，虽然由图 10.44(d)、图 10.44(e)、图 10.44(f) 给出的部分隔离图都能满足平衡条件，但计算结果仍然是错误的。

【例 10.15】　图 10.45(a) 所示为一刚架的最后 M 图，试校核其是否满足变形条件。

【解】

为校核 M 图是否满足变形条件，可检查支座 A 处的水平位移 Δ_{AH} 是否等于零。取图 10.45(b) 所示基本结构并作其 $\overline{M}$ 图，利用图乘法可得：

$$\begin{aligned}\Delta_{AH} &= \sum\int\frac{\overline{M}M}{EI}\mathrm{d}s\\ &= \frac{1}{EI}\left(\frac{a^2}{2}\right)\times\frac{2}{3}\times\frac{3}{88}Pa+\frac{1}{2EI}\left[\left(\frac{1}{2}\times\frac{3Pa}{88}\times a\right)\frac{2a}{3}+\left(\frac{1}{2}\times\frac{15Pa}{88}\times a\right)\frac{a}{3}-\left(\frac{1}{2}\times\frac{Pa}{4}\times a\right)\frac{a}{2}\right]\\ &=0\end{aligned}$$

可见 M 图满足变形条件。平衡条件的校核，读者可自行检查。

本 章 小 结

(1) **力法的基本原理**：力法是计算超静定结构的基本方法之一。力法以多余约束力为基本未知量，以去掉多余约束后得到的静定结构作为基本结构，利用基本体系在荷载和多余约束力共同作用下的变形条件建立力法方程，从而求解多余未知力。求得多余约束力后，超静定问题就转化为静定问题，可用平衡条件求解所

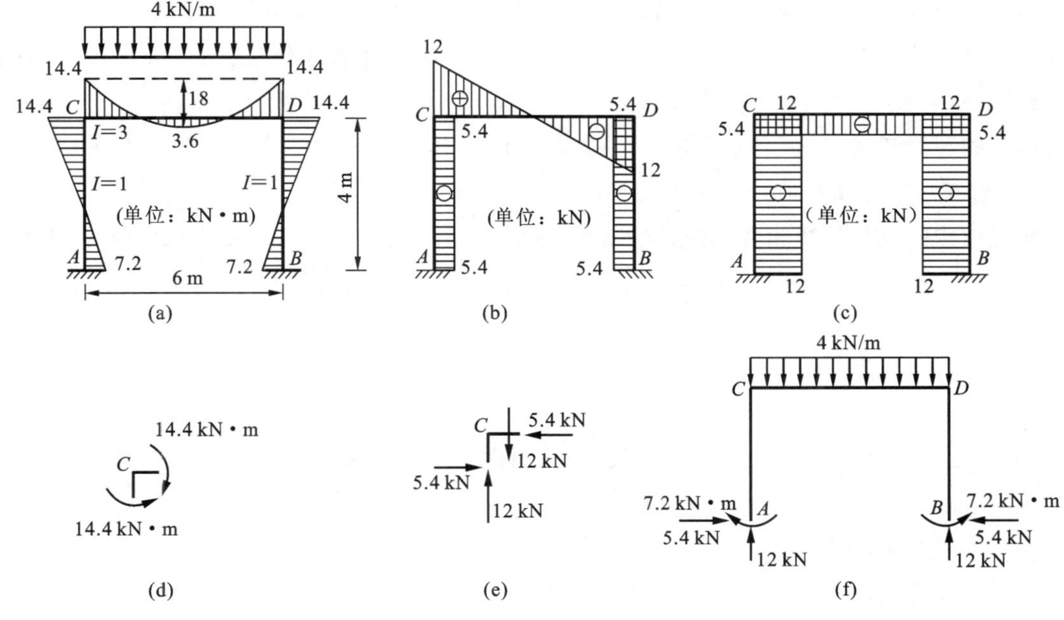

图 10.44 例 10.14 图

(a) 超静定刚架 M 图;(b) Q 图;(c) N 图;

(d) 结点 C 力矩平衡;(e) 结点 C 投影平衡;(f) $ABCD$ 整体平衡

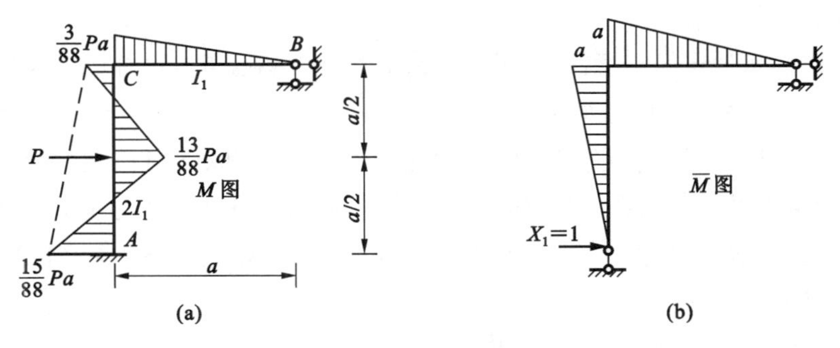

图 10.45 例 10.15 图

(a) 超静定刚架弯矩图;(b) 基本结构受 $X_1=1$ 作用的弯矩图

有未知力。因此,力法计算的关键是:确定基本未知量;选择基本体系;建立力法方程。

(2) **确定基本未知量和选择基本体系**:首先判定超静定次数,即为多余约束个数,然后去掉多余约束使原结构变为静定结构。去掉的多余约束中的多余约束力即为基本未知量,去掉多余约束后得到的静定结构即为基本结构。将多余未知力和原荷载(或支座移动、温度变化等)作用在基本结构上,即得到力法的基本体系。所以,基本未知量和基本体系是同时选定的。同一超静定结构可以选择多种基本体系,应力求选择计算简单的基本体系,但必须保证基本结构是几何不变且无多余约束的静定结构。这是力法计算中至关重要的一步,应复习第 2 章结构的几何组成规律,以便正确地判断多余约束和选择基本体系。

(3) **建立力法方程**:基本体系在荷载(或支座移动、温度变化等)及多余未知力作用下沿多余未知力方向的位移应与原结构在相应处的位移相等,这称为力法的变形条件,据此可列出力法方程。应充分理解力法方程所代表的变形条件的意义,以及方程中各项系数和自由项的意义。

(4) **力法方程中的系数和自由项的计算**:力法方程中的系数和自由项都是基本结构(静定结构)上的位移,可用单位荷载法计算。根据不同结构的受力特性,在不同的变形因素(弯曲、剪切、轴向)中,考虑主要变形影响因素。具体计算时,应先分别计算基本结构在单位力和荷载作用下的内力。这是力法中计算工作量较大的一步,应复习前几章中关于静定结构的内力和位移计算的内容,以便迅速获得正确的结果。

(5) **超静定结构的内力计算与内力图的绘制**：在求得多余约束力后，可用静力平衡方程或内力叠加公式计算超静定结构内力和绘制内力图。对梁和刚架来说，一般先计算杆端弯矩，绘制弯矩图，然后计算杆端剪力，绘制剪力图，最后计算杆端轴力，绘制轴力图。

(6) **对称性的利用和简化**：应充分利用结构的对称性质，选择对称的基本体系进行计算。在荷载对称或反对称作用时，也可用半边结构的计算简图进行简化。

(7) **超静定结构的位移计算和变形条件的校核**：采用单位荷载法计算超静定结构位移时，单位力可以加在任一基本结构上。变形条件的校核，可取原结构中一已知位移条件进行校核。

习　　题

10.1　确定题10.1图所示结构的超静定次数，并用撤除多余约束的方法，将超静定结构变为静定结构。

10.2　用力法计算图示结构，并作 M、Q 图。

10.3　用力法计算图示刚架，并作 M、Q、N 图。

10.4　用力法计算图示刚架，作 M 图。EI = 常数。

10.5　用力法计算图示排架，作 M 图。

10.6　用力法计算图示桁架的轴力，各杆 EA = 常数。

10.7　图示一组合式吊车梁，上弦横梁截面 $EI = 1400\ \text{kN}\cdot\text{m}^2$，腹杆和下弦的 $EA = 2.56\times10^5\ \text{kN}$，计算各链杆轴力并作横梁的弯矩图。

10.8　图示两跨连续悬挂式吊车梁，承受吊车荷载 $P = 4.5\ \text{kN}$，考虑吊杆的轴向变形，计算吊杆的拉力和伸长，画出梁的 M、Q 图。(ϕ20 钢筋每根截面积 $A = 3.14\ \text{cm}^2$，I20a 钢梁 $I = 2370\ \text{cm}^4$)

10.9　利用对称性，计算图示刚架的 M 图。并对题 10.9 图(a) 和(f) 再作 Q、N 图。

10.10　试作图示刚架的 M 图。提示：支座反力是静定的，可视支座反力为荷载作用在结构上。

10.11　图示刚架各杆为矩形截面，截面尺寸为 $b\times h$，求作刚架的 M 图：(a) 计算时忽略轴向变形；(b) 计算时考虑轴向变形，并加以比较。

10.12　推导抛物线两铰拱在均布荷载作用下拉杆内力的表达式。拱截面 EI = 常数，拱轴方程为 $y = \frac{4f}{l^2}x(l-x)$，计算位移时，拱肋只考虑弯矩的影响，并设 $\mathrm{d}s = \mathrm{d}x$。

10.13　求图示等截面半圆无铰拱在拱顶受集中荷载 P 时的内力。EI = 常数。

10.14　求等截面圆管在图示荷载作用下 A、B 截面的内力。EI = 常数。

10.15　图示单跨梁，温度改变如下：梁上边缘温度升高 t_1，下边缘温度升高 t_2，$t_2 > t_1$，作 M 图。EI = 常数。线膨胀系数为 α，梁截面高度为 h。

10.16　计算图示超静定单跨梁支座移动作用引起的内力，作 M、Q 图。对每一根梁选择两种基本体系计算。EI = 常数。图(a)、(b) 所示梁 A 端有转角 α，图(c)、(d) 所示梁 B 端有下沉位移 Δ。

10.17　图示结构的支座 B 发生了水平位移 $a = 30\ \text{mm}$，竖向位移 $b = 40\ \text{mm}$，转动 $\varphi = 0.01\ \text{rad}$，已知各杆的 $I = 6400\ \text{cm}^4$，$E = 210\ \text{GPa}$，作 M 图。

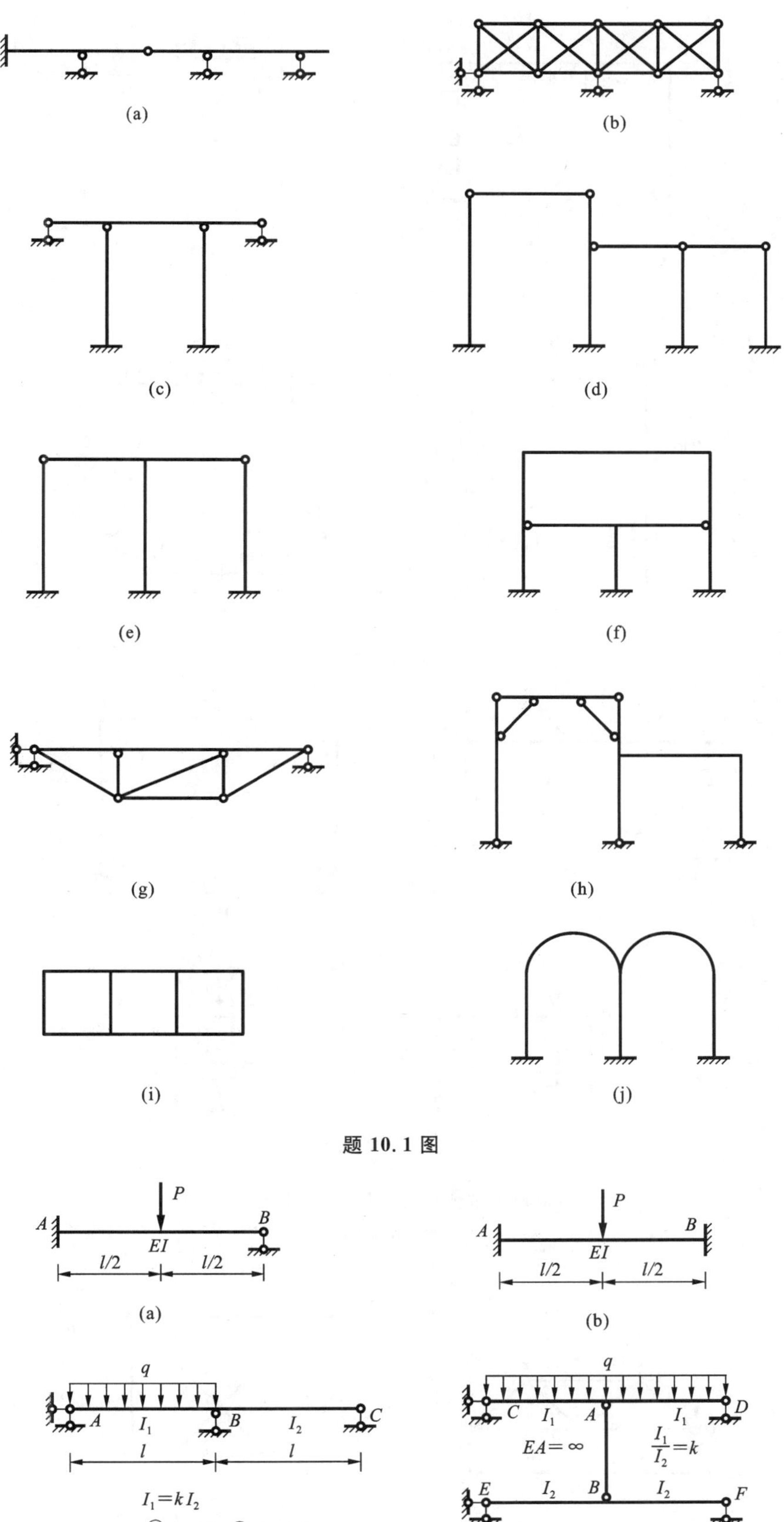

题 10.1 图

(d) 当k由小到大时,M图如何变化?

题 10.2 图

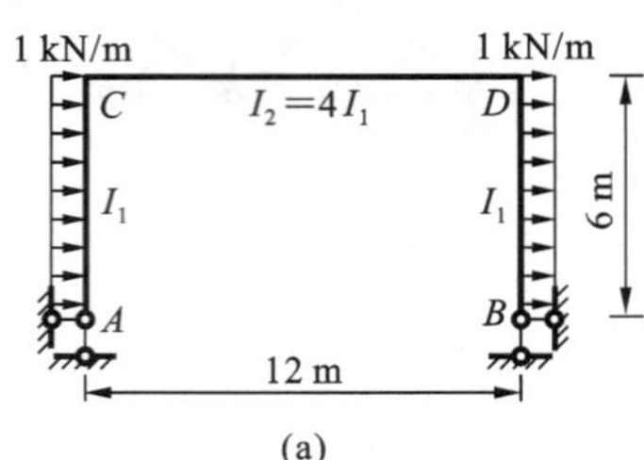

(a)

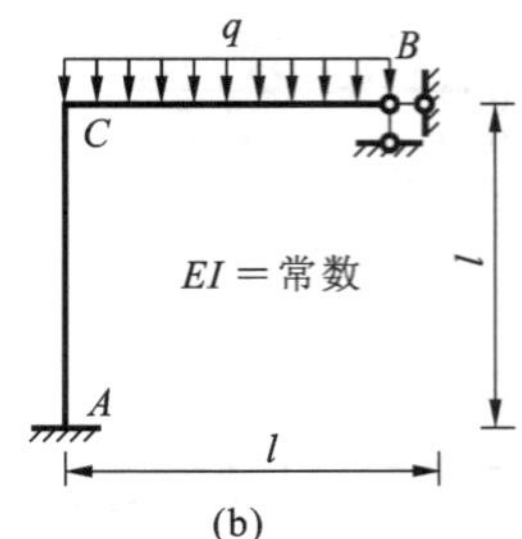

(b)

题 10.3 图

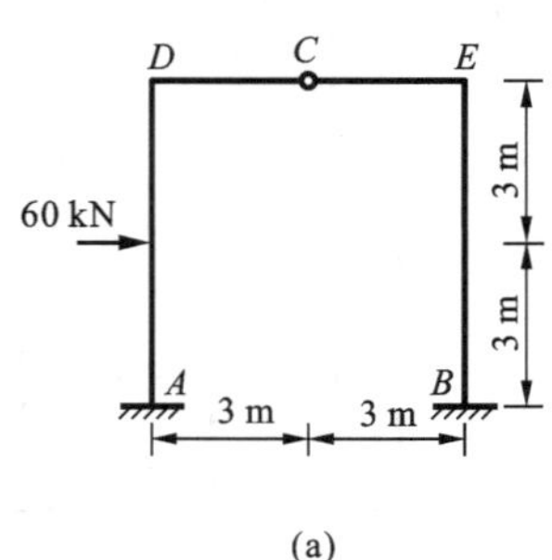

(a)

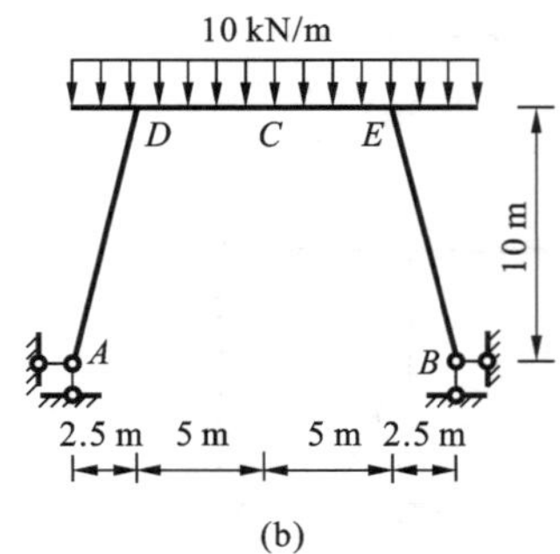

(b)

题 10.4 图

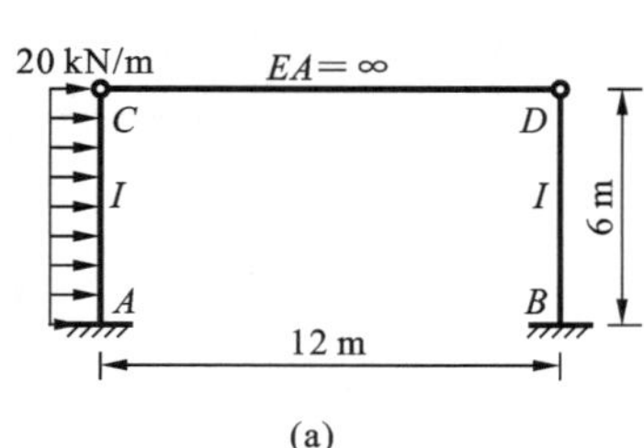

(a)

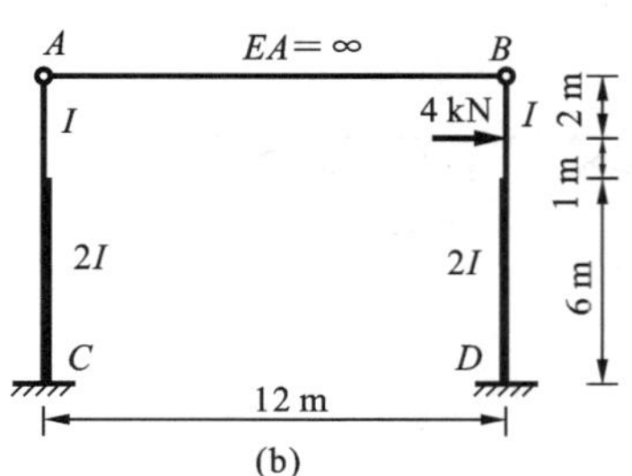

(b)

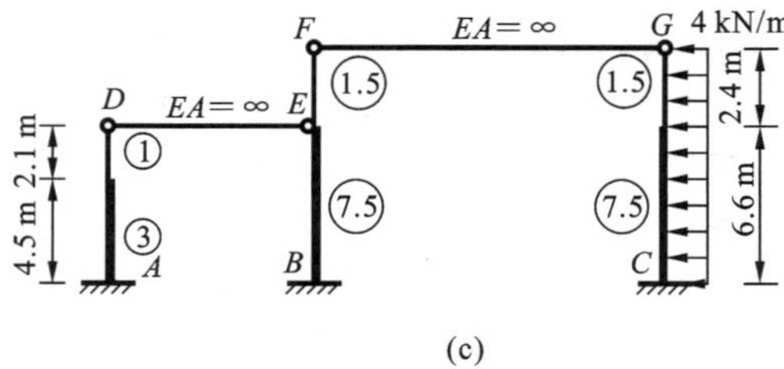

(c)

圆圈内数值代表各杆 EI 的相对值

题 10.5 图

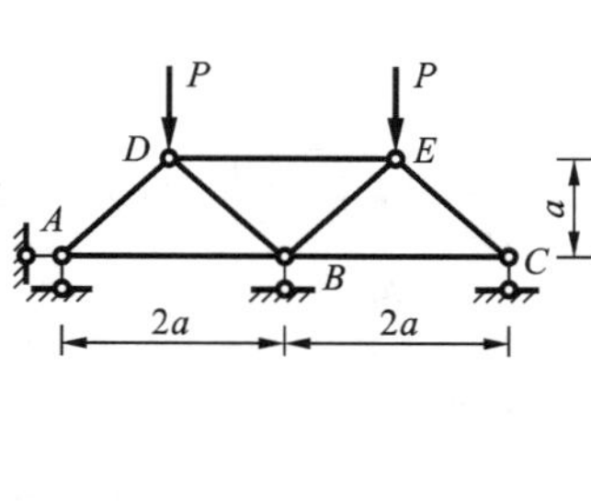

(a)

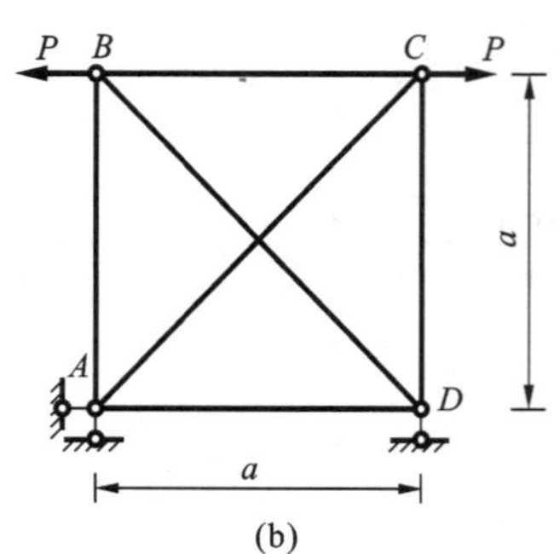

(b)

题 10.6 图

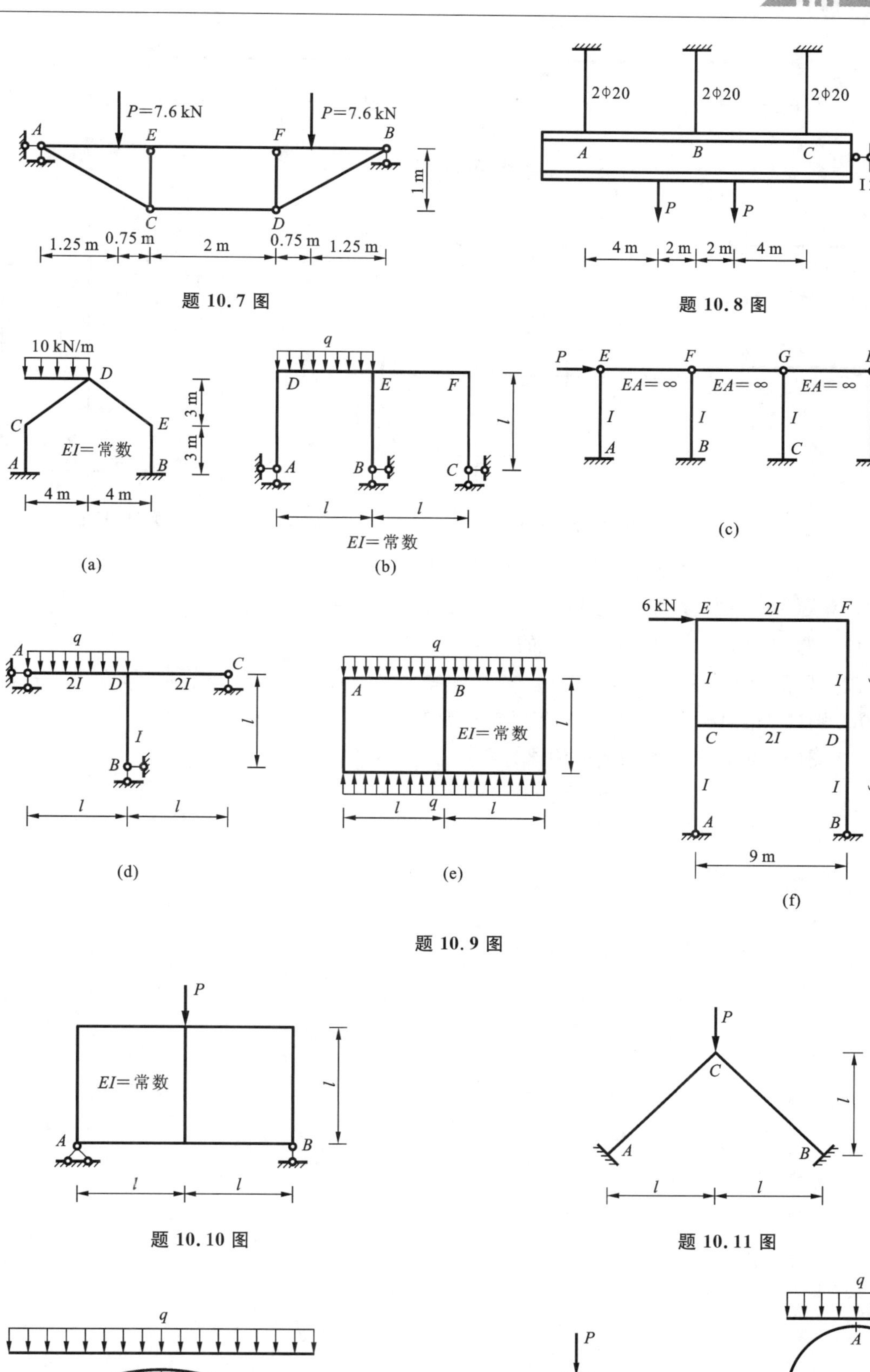

题 10.7 图

题 10.8 图

题 10.9 图

题 10.10 图

题 10.11 图

题 10.12 图

题 10.13 图

题 10.14 图

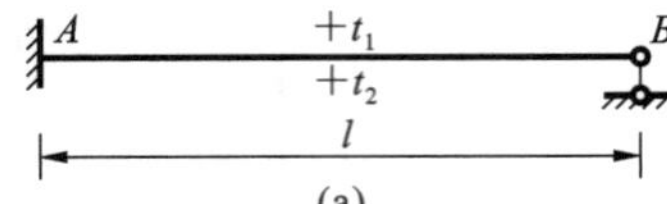

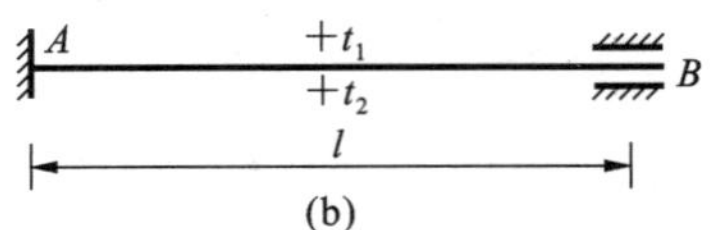

题 10.15 图

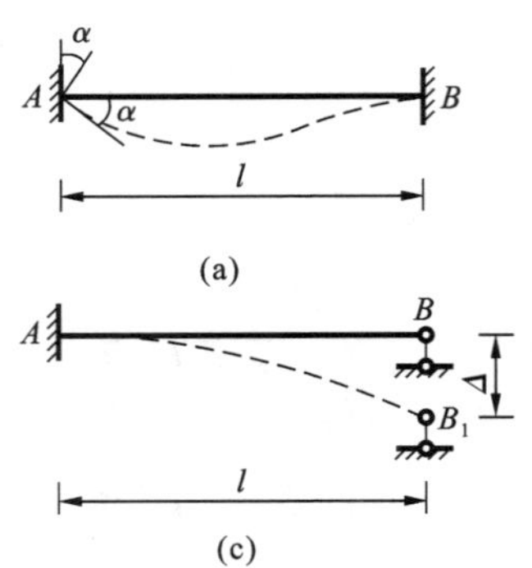

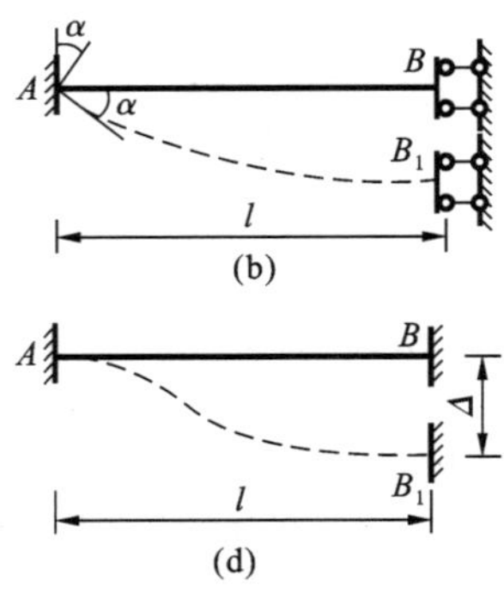

题 10.16 图

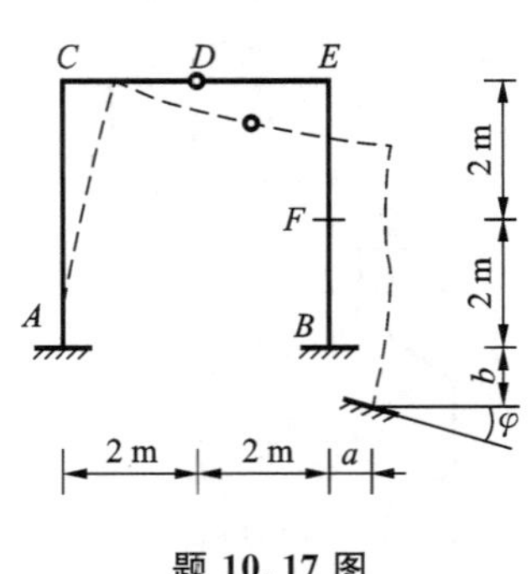

题 10.17 图

10.18　计算题 10.3 图(a) 所示刚架 C 点的水平位移 Δ_C。

10.19　计算题 10.5 图(a) 所示排架 C 点的水平位移 Δ_C。

10.20　计算题 10.15 图(a) 所示梁 B 端的转角 θ_B。

10.21　试用以下变形条件校核 M 图：

(1) 题 10.2 图(b) 梁 AB 中任一截面的相对转角为零；

(2) 题 10.3 图(b) 刚架 B 支座的竖向位移为零。

11 位移法

11.1 位移法的基本概念

力法和位移法是计算超静定结构的两种基本方法。力法发展较早，19 世纪末已经应用于分析各种超静定结构。而位移法稍晚，是在 20 世纪初为了计算复杂刚架而建立起来的。

力法是以多余约束力为基本未知量，通过变形条件建立力法方程，求出未知量后，即可通过平衡条件计算出结构的全部内力。

位移法是以结构的结点位移作为基本未知量，通过平衡条件建立位移法方程，求出位移后，即可利用位移和内力之间的关系，求出杆件和结构的内力。

现以图 11.1(a) 所示结构为例说明位移法的基本思路。

如图 11.1(a) 所示刚架，在给定荷载作用下，杆件 AC 和 CB 将发生变形，在忽略杆件轴向变形的条件下，结点 C 只发生角位移 θ_C。当用位移法计算时，我们将结点角位移 θ_C 作为基本未知量(由刚结点的变形连续条件可知，结构在结点 C 的角位移也就是杆件 CB 和 CA 的杆端角位移)。如果能设法把位移 θ_C 求出，则 CB 和 CA 各杆的变形就可求出，从而可求出各杆的内力。

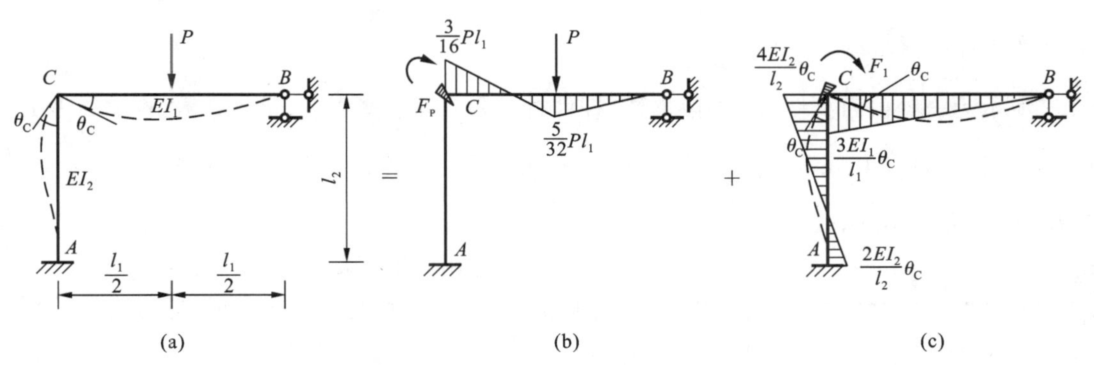

图 11.1 位移法解题思路示意图

(a) 原结构；(b) 荷载作用；(c) 结点位移作用

现讨论如何求基本未知量 θ_C 的问题，计算分为两步：

第一步，增加约束，将结点位移锁住。此时结构实际上变为两根超静定杆。在荷载作用下，这两根杆的弯矩可用力法求出，如图 11.1(b) 所示。这时，在结点 C 处施加了一个外部约束力矩 $F_P = -\frac{3Pl_1}{16}$。

第二步，施加力偶，使结点 C 产生角位移 θ_C，两根超静定杆在 C 端有转角 θ_C 时弯矩图也可由力法求出，如图 11.1(c) 所示。这时，在结点 C 处施加了外部力矩 $F_1 = \frac{3EI_1}{l_1}\theta_C + \frac{4EI_2}{l_2}\theta_C$。

这里将实际结构的受力和变形[图 11.1(a)]分解成了两部分：一部分是荷载单独作用下的结果，如图 11.1(b) 所示，此时只有荷载作用，而无结点 C 的角位移；另一部分是结点位移单独作用下的结果，如图 11.1(c) 所示，此时只有结点 C 的角位移，而无荷载作用。反过来，将图 11.1(b) 和图 11.1(c) 所示两种状态叠加起来，即成为实际结构。而实际结构在结点 C 处是没有外加约束力矩的，因此由图 11.1(b) 和图 11.1(c) 叠加后的结果，在结点 C 处也不应有外加力矩，即：

$$F_1 + F_P = 0$$

$$\left(\frac{3EI_1}{l_1}+\frac{4EI_2}{l_2}\right)\theta_C-\frac{3Pl_1}{16}=0 \tag{a}$$

从而求出：

$$\theta_C=\frac{\dfrac{3Pl_1}{16}}{\dfrac{3EI_1}{l_1}+\dfrac{4EI_2}{l_2}} \tag{b}$$

将 θ_C 代回图 11.1(c)，将所得的结果再叠加上图 11.1(b) 的结果，即得到图 11.1(a) 所示原结构的解。

从以上分析过程可得位移法要点如下：

(1) 位移法的基本未知量是结点位移[图 11.1(a) 中结点 C 的角位移 θ_C]。

(2) 位移法的基本方程是平衡方程[结点 C 的力矩平衡方程式(a)]。

(3) 建立基本方程的方法是：先将结点位移锁住，求各超静定杆在荷载作用下的结果，再求各超静定杆在结点位移作用下的结果。最后叠加以上两步结果，使外加约束中的约束力等于零，即得位移法的基本方程。

(4) 求解位移法方程，得到基本未知量，从而求出各杆内力。

这就是位移法的基本思路和解题过程。

11.2　等截面直杆的形常数和载常数

由上节讨论知道，位移法的基础是杆件分析。为此，需先研究杆件(单跨超静定杆)杆端力和杆端位移、荷载之间的关系。

1. 等截面直杆的形常数

图 11.2 所示为一等截面直杆 AB 的隔离体，杆件材料和截面抗弯刚度 EI 为常数，杆端 A 和 B 的角位移分别为 θ_A 和 θ_B，杆端 A 和 B 在垂直于杆轴 AB 方向的相对线位移为 Δ，弦转角 $\varphi=\dfrac{\Delta}{l}$，杆端 A 和 B 的弯矩和剪力分别为 M_{AB}、M_{BA}、Q_{AB}、Q_{BA}。

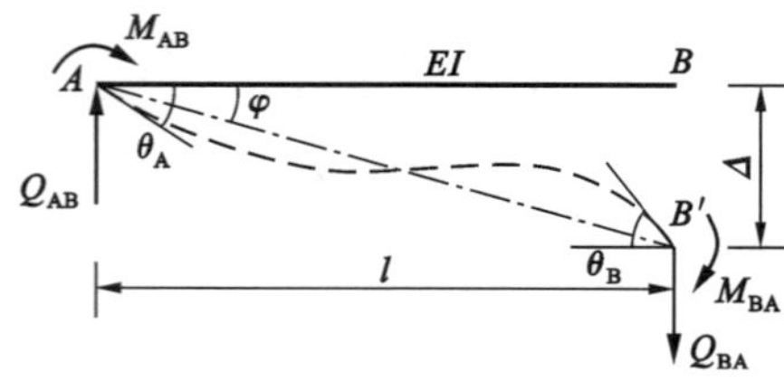

图 11.2　杆端位移和杆端力

在位移法中，采用以下正负号规则：

杆端角位移 θ_A、θ_B 以顺时针转向为正；杆两端相对线位移 Δ(或 φ) 以使杆件产生顺时针转动时为正。

杆端弯矩 M_{AB}、M_{BA} 以顺时针转向为正；杆端剪力 Q_{AB}、Q_{BA} 以使作用截面产生顺时针转动时为正。

采用位移法分析等截面直杆时，关键是要用杆端位移表示杆端力。当杆端位移是单位值(即等于 1) 时，所得的杆端力称为等截面直杆的刚度系数。因刚度系数只与杆件材料性质、尺寸及截面几何形状有关，故也称为形常数。

(1) 当 A 端作为固定端，有角位移 $\theta_A=1$ 时的形常数

① B 端为固定支座[图 11.3(a)]

当 A 端位移为 θ_A 时，可由力法计算得到：

$$\left.\begin{aligned}M_{AB}&=4i_{AB}\theta_A\\M_{BA}&=2i_{AB}\theta_A\\Q_{AB}&=Q_{BA}=-\frac{6i_{AB}}{l}\theta_A\end{aligned}\right\} \tag{11.1}$$

其中 $i_{AB}=\dfrac{EI}{l}$ 称为杆 AB 的线刚度。当 $\theta_A=1$ 时，杆 AB 的 A 端弯矩的形常数为 $4i_{AB}$，B 端弯矩的形常数为 $2i_{AB}$，A 端和 B 端剪力的形常数为 $-\dfrac{6i_{AB}}{l}$。

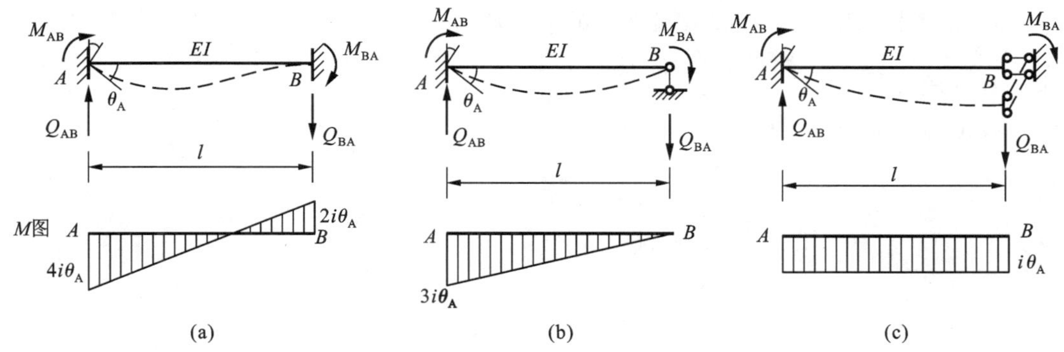

图 11.3　A 端位移为 θ_A 时的杆端弯矩

(a) B 端固定;(b) B 端铰支;(c) B 端为滑动支座

② B 端为铰支座[图 11.3(b)]

当 A 端位移为 θ_A 时,同理可由力法求得:

$$\left.\begin{aligned} M_{AB} &= 3i_{AB}\theta_A \\ M_{BA} &= 0 \\ Q_{AB} &= Q_{BA} = -\frac{3i_{AB}}{l}\theta_A \end{aligned}\right\} \tag{11.2}$$

可知当 $\theta_A = 1$ 时,杆 AB 的 A 端弯矩的形常数为 $3i_{AB}$,A 端和 B 端剪力的形常数则为 $-\frac{3i_{AB}}{l}$。

③ B 端为滑动支座[图 11.3(c)]

当 A 端位移为 θ_A 时,可求得:

$$\left.\begin{aligned} M_{AB} &= i_{AB}\theta_A \\ M_{BA} &= -i_{AB}\theta_A \\ Q_{AB} &= Q_{BA} = 0 \end{aligned}\right\} \tag{11.3}$$

可知当 $\theta_A = 1$ 时,杆 AB 的 A 端弯矩的形常数为 i_{AB},B 端弯矩的形常数为 $-i_{AB}$,A 端和 B 端剪力的形常数则为零。

(2) 当 A 端作为固定端,而 AB 两端有相对杆端线位移 $\Delta = 1$ 时的形常数

① B 端为固定支座[图 11.4(a)]

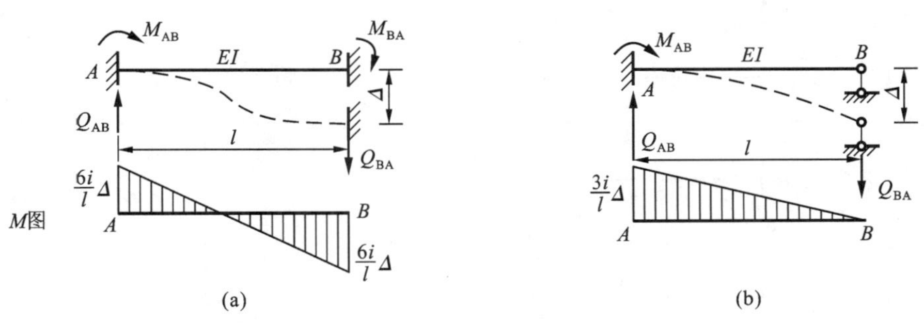

图 11.4　有杆端相对线位移 Δ 时的杆端弯矩

(a) B 端固定;(b) B 端铰支

当 B 端有线位移 Δ 时,同样可由力法求得:

$$\left.\begin{aligned} M_{AB} &= M_{BA} = -\frac{6i_{AB}}{l}\Delta \\ Q_{AB} &= Q_{BA} = \frac{12i_{AB}}{l^2}\Delta \end{aligned}\right\} \tag{11.4}$$

当 $\Delta=1$ 时，得到杆 AB 的 A 端和 B 端弯矩的形常数为 $-\frac{6i_{AB}}{l}$，剪力的形常数则为 $\frac{12i_{AB}}{l^2}$。

② B 端为铰支座[图 11.4(b)]

当 B 端有线位移 Δ 时，可得到：

$$\left.\begin{aligned} M_{AB} &= -\frac{3i_{AB}}{l}\Delta \\ M_{BA} &= 0 \\ Q_{AB} &= Q_{BA} = \frac{3i_{AB}}{l^2}\Delta \end{aligned}\right\} \tag{11.5}$$

当 $\Delta=1$ 时，得到杆 AB 的 A 端弯矩的形常数为 $-\frac{3i_{AB}}{l}$，B 端弯矩的形常数为 0，A 端和 B 端剪力的形常数则为 $\frac{3i_{AB}}{l^2}$。

各种情形的形常数见表 11.1。形常数用 $\overline{M}_{AB}$、$\overline{M}_{BA}$、$\overline{Q}_{AB}$、$\overline{Q}_{BA}$ 表示。

表 11.1　等截面直杆的形常数

编号		简图	弯矩		剪力	
			$\overline{M}_{AB}$	$\overline{M}_{BA}$	$\overline{Q}_{AB}$	$\overline{Q}_{BA}$
两端固定	1	$\theta_A=1$, A, EI, B, $\theta_A=1$, l	$4i$	$2i$	$-\frac{6i}{l}$	$-\frac{6i}{l}$
	2	A, EI, B, $\Delta=1$, l	$-\frac{6i}{l}$	$-\frac{6i}{l}$	$\frac{12i}{l^2}$	$\frac{12i}{l^2}$
一端固定 一端铰支	3	$\theta_A=1$, A, EI, B, $\theta_A=1$, l	$3i$	0	$-\frac{3i}{l}$	$-\frac{3i}{l}$
	4	A, EI, B, $\Delta=1$, l	$-\frac{3i}{l}$	0	$\frac{3i}{l^2}$	$\frac{3i}{l^2}$
一端固定 一端滑动	5	$\theta_A=1$, A, EI, B, $\theta_A=1$, l	i	$-i$	0	0

2. 等截面直杆的载常数

在等截面直杆中，当杆两端固定(或一端固定、一端铰支，或一端固定、一端滑动，均称为固端)，只受荷载作用时，所得的杆端力通常称为固端力(包括固端弯矩和固端剪力)。因固端力与杆件所受荷载的形式有关，故也称为载常数。同样，可利用力法求得各种荷载作用下的杆件固端力。

常用的载常数见表 11.2。载常数用 M_{AB}^{F}、M_{BA}^{F}、Q_{AB}^{F}、Q_{BA}^{F} 表示。

表 11.1 和表 11.2 中的杆端弯矩(包括固端弯矩)、杆端剪力(包括固端剪力)一律以顺时针转向为正。

表 11.2 等截面直杆的载常数

编号		简图	弯矩		剪力	
			M_{AB}^{F}	M_{BA}^{F}	Q_{AB}^{F}	Q_{BA}^{F}
两端固定	1	P; A; B; $\frac{l}{2}$; $\frac{l}{2}$	$-\frac{Pl}{8}$	$+\frac{Pl}{8}$	$+\frac{P}{2}$	$-\frac{P}{2}$
	2	P; A; B; a; b; l	$-\frac{Pab^2}{l^2}$	$+\frac{Pa^2b}{l^2}$	$\frac{Pb^2}{l^2}(1+\frac{2a}{l})$	$-\frac{Pa^2}{l^2}(1+\frac{2b}{l})$
	3	q; A; B; l	$-\frac{1}{12}ql^2$	$+\frac{1}{12}ql^2$	$+\frac{ql}{2}$	$-\frac{ql}{2}$
	4	q; A; B; l	$-\frac{1}{30}ql^2$	$+\frac{1}{20}ql^2$	$+\frac{3}{20}ql$	$-\frac{7}{20}ql$
一端固定 一端铰支	5	P; A; B; $\frac{l}{2}$; $\frac{l}{2}$	$-\frac{3}{16}Pl$	0	$+\frac{11}{16}P$	$-\frac{5}{16}P$
	6	P; A; B; a; b; l	$-\frac{Pb(l^2-b^2)}{2l^2}$	0	$+\frac{Pb(3l^2-b^2)}{2l^3}$	$-\frac{Pa^2(3l-a)}{2l^3}$

续表 11.2

编号		简图	弯矩		剪力	
			M_{AB}^{F}	M_{BA}^{F}	Q_{AB}^{F}	Q_{BA}^{F}
一端固定 一端铰支	7	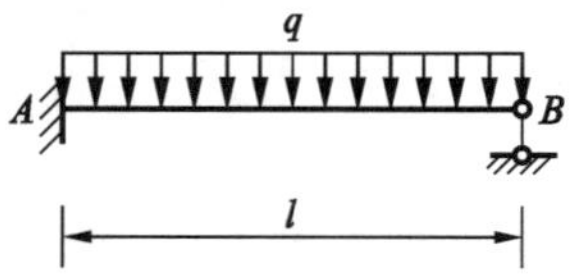	$-\frac{1}{8}ql^2$	0	$+\frac{5}{8}ql$	$-\frac{3}{8}ql$
	8	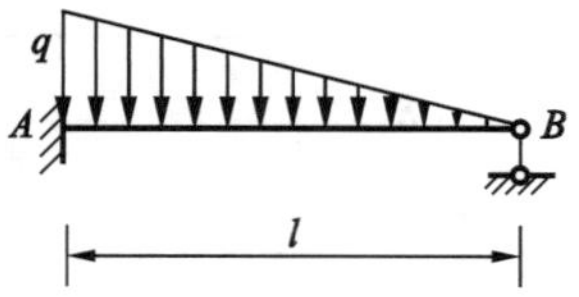	$-\frac{1}{15}ql^2$	0	$+\frac{2}{5}ql$	$-\frac{1}{10}ql$
	9	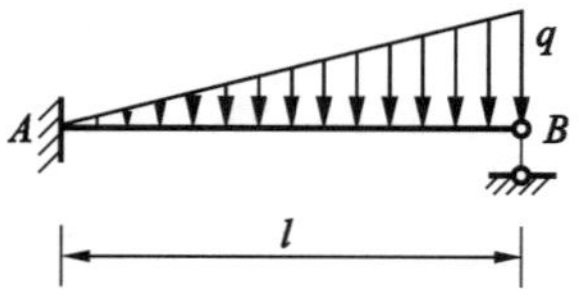	$-\frac{7}{120}ql^2$	0	$+\frac{9}{40}ql$	$-\frac{11}{40}ql$
一端固定 一端滑动	10	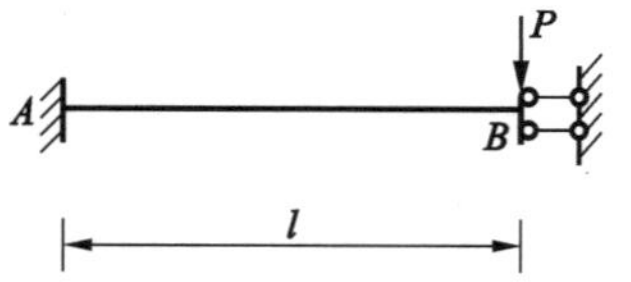	$-\frac{1}{2}Pl$	$-\frac{1}{2}Pl$	$+P$	$B_{左}$ $+P$ $B_{右}$ 0
	11	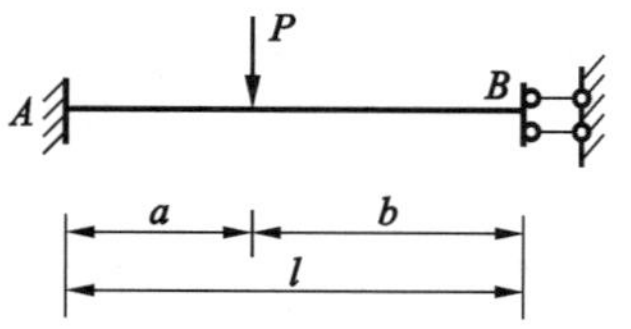	$-\frac{Pa}{2l}(2l-a)$	$-\frac{Pa^2}{2l}$	$+P$	0
	12	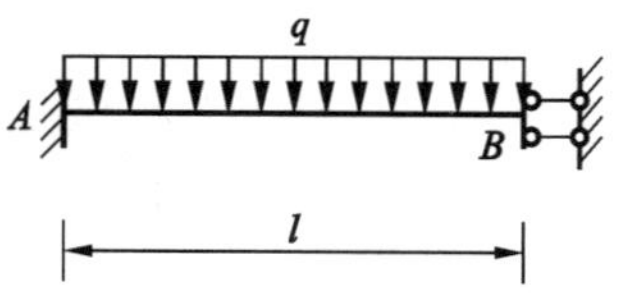	$-\frac{1}{3}ql^2$	$-\frac{1}{6}ql^2$	$+ql$	0
	13	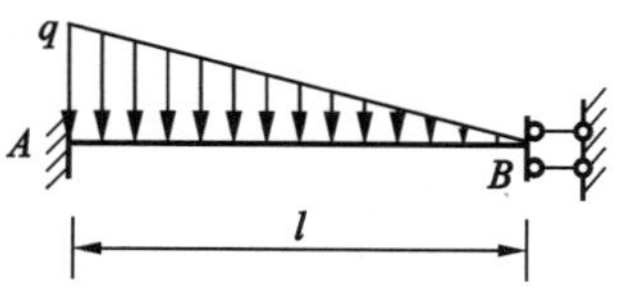	$-\frac{1}{8}ql^2$	$-\frac{1}{24}ql^2$	$+\frac{1}{2}ql$	0
	14	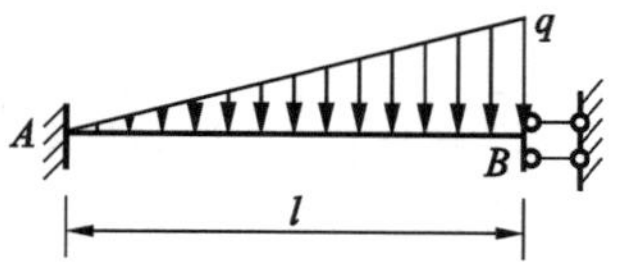	$-\frac{5}{24}ql^2$	$-\frac{1}{8}ql^2$	$+\frac{1}{2}ql$	0

11.3 位移法的基本理论

用位移法计算结构的基本理论，是以结构的结点位移为基本未知量；以结点和截面的平衡方程为基本方程，据以求出结点位移；最后求出结构的内力。为了与力法之间建立完整的对应关系，采用了基本体系与典型方程的写法。下面分段进行详细的讨论。

1. 位移法的基本未知量

首先讨论结点角位移基本未知量。如图 11.5 所示连续梁，结点 A、B、C、D 都没有线位移。A 是固定端，转角等于零；B 和 C 是刚结点，可以转动，转角分别为 θ_B 和 θ_C；D 是铰结点，转角为 θ_D。设 BA 杆在 B 端的转角为 θ_{BA}；BC 杆在 B 端的转角为 θ_{BC}，在 C 端的转角为 θ_{CB}；CD 杆在 C 端的转角为 θ_{CD}，在 D 端的转角为 θ_{DC}，共有 5 个杆端转角。但根据刚结点上各杆端转角相等的变形连续条件，有：

$$\left.\begin{aligned}\theta_{BA} = \theta_{BC} = \theta_B \\ \theta_{CB} = \theta_{CD} = \theta_C\end{aligned}\right\} \qquad \text{(a)}$$

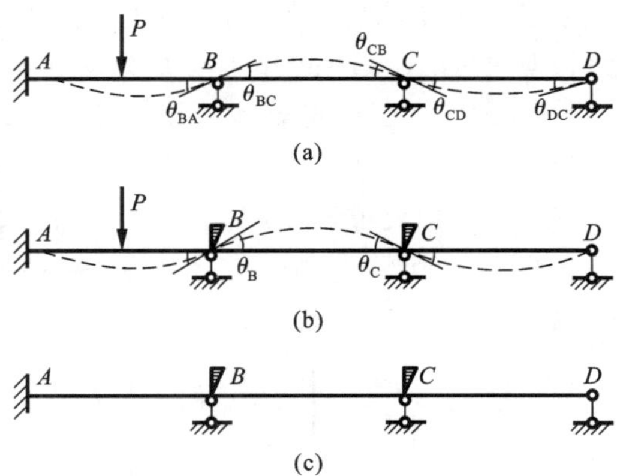

图 11.5 位移法的基本未知量 —— 结点角位移

(a) 原结构；(b) 基本体系；(c) 基本结构

因 D 是铰结点，已知 $M_{DC} = 0$，θ_D 可以不作为基本未知量。

利用刚结点处的变形连续条件式(a) 后，只要计算出结点角位移 θ_B 和 θ_C，也就可以得到杆端角位移 θ_{BA}、θ_{BC}、θ_{CB}、θ_{CD}。因此，将刚结点 B 和 C 的角位移 θ_B 和 θ_C 作为基本未知量，用 Δ_1 和 Δ_2 表示。可见，结点角位移的数目就等于结构刚结点的数目。

再讨论结点线位移基本未知量。平面内一个结点有两个线位移。如图 11.6(a) 所示刚架，有两个结点 C 和 D，每个结点分别有竖直方向和水平方向两个线位移，则共有四个结点线位移。如图 11.6(b) 所示排架，有三个结点 D、E、F，则共有六个结点线位移。

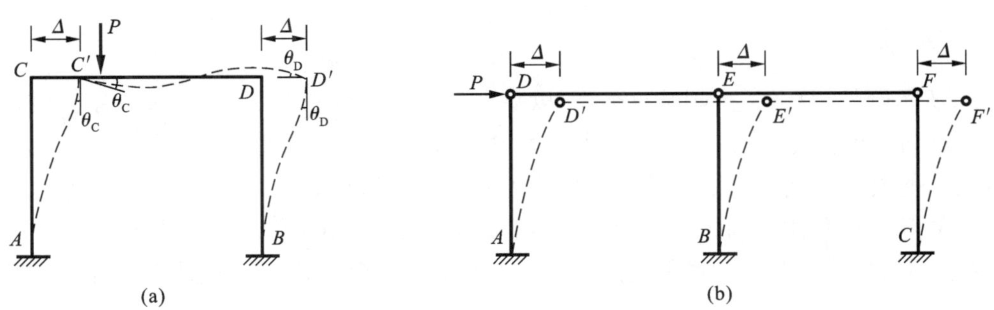

图 11.6 位移法的基本未知量 —— 结点线位移

(a) 刚架的结点线位移；(b) 排架的结点线位移

为减少计算工作量、减少基本未知量的个数，使计算得到简化，引入以下假设：

(1) 忽略各杆轴力引起的轴向变形；

(2) 结点转角 θ 和各杆弦转角 φ($\varphi = \dfrac{\Delta}{l}$) 都很微小。

根据假设(1)，杆件变形前的直线长度与变形后的直线长度可以认为相等。根据假设(2)，弯曲变形后的曲线长度与弦线长度可以认为相等。综合起来，可得出如下结论：杆件发生弯曲变形后，杆件两端结点之间的距离仍保持不变，或杆长保持不变。

根据以上假设，讨论独立的结点线位移的个数。图 11.6(a) 所示刚架，由于杆 AC 和 BD 两端距离保持不变，因此在微小位移的情况下，结点 C 和 D 都没有竖向线位移；在结点 C 和 D 虽然有水平线位移，但由于杆 CD 长度不变，因此结点 C 和 D 的水平线位移相等，可用一个符号 Δ 表示。因此，原来四个结点线位移减少为一个独立的结点线位移。该刚架的全部基本未知量只有三个：即结点角位移 $\Delta_1(\theta_C)$、$\Delta_2(\theta_D)$ 和独立的结点线位移 $\Delta_3(\Delta)$。同理，图 11.6(b) 所示排架，结点 D、E、F 的水平线位移相同，故该排架的基本未知量只有一个独立的结点线位移 Δ。

由于在刚架计算中，不考虑各杆长度的改变，因而结点独立线位移的数目可用几何组成分析的方法来判定。如果把所有的刚结点（包括固定支座）都改为铰结点，则此铰结体系的自由度就是原结构的独立结点线位移的数目。换句话说，为了使铰结体系成为几何不变而增加的链杆数就等于原结构的独立结点线位移的数目。

以图 11.7(a) 所示刚架为例，为确定独立结点线位移的数目，可把所有刚结点（包括固定支座）都改为铰结点，得到图 11.7(b) 实线所示的铰结杆件体系，该体系必须添加两根链杆（虚线所示）后，才能由几何可变成为几何不变。由此可知，图 11.7(a) 所示刚架有两个独立结点线位移。

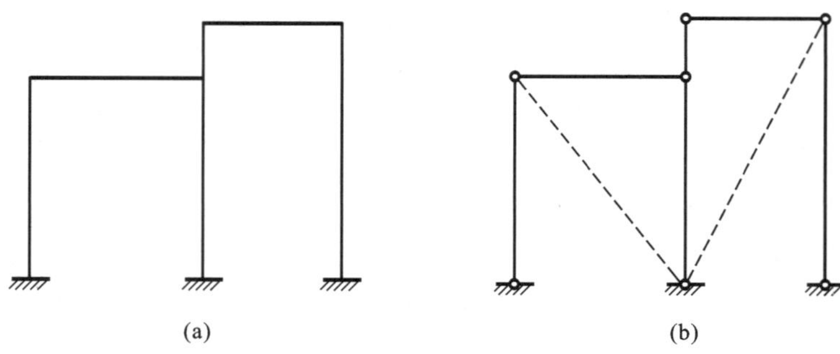

图 11.7 确定独立结点线位移示意图

(a) 原结构；(b) 相应的铰结体系

总括起来说，用位移法计算刚架时，基本未知量包括结点角位移和独立结点线位移。结点角位移的数目等于结构刚结点的数目；独立结点线位移的数目等于将刚结点改为铰结点后得到的铰结体系的自由度数目。

在确定基本未知量时，由于既保证了刚结点各杆杆端转角彼此相等，又保证了各杆杆端距离保持不变，因此，在将分解的杆件再综合为结构的过程中，能够保证各杆杆端位移彼此协调，因此能够满足变形连续条件。

2. 位移法的基本体系

【扫码演示14】

图 11.8(a) 所示刚架，只有一个刚结点 D，所以只有一个结点角位移 $\Delta_1(\theta_D)$，没有结点线位移。我们在结点 D 加一个控制结点 D 转动的约束，用加斜线的三角符号表示（注意，这种约束不约束结点线位移）。这样得到的无结点位移的结构称为原结构的基本结构，如图 11.8(c) 所示。把基本结构在荷载和基本未知位移共同作用下的体系称为原结构的基本体系，如图 11.8(b) 即为图 11.8(a) 的基本体系。由此可知，位移法的基本体系是通过增加约束将基本未知量完全锁住后，在荷载和基本未知位移的共同作用下的超静定杆的综合体。

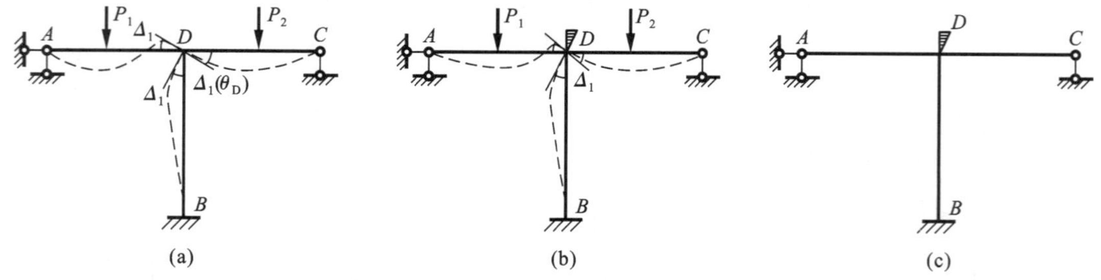

图 11.8 位移法的基本体系

(a) 原结构；(b) 基本体系；(c) 基本结构

同理，图 11.5(a) 的原结构，其基本体系和基本结构分别如图 11.5(b)、图 11.5(c) 所示。这里，基本体系就是把结点角位移锁住后的三根超静定杆的综合体。

图 11.9(a) 所示刚架，有两个基本未知量：结点 C 的角位移 $\Delta_1(\theta_C)$，结点 C 和 D 的结点线位移 Δ_2（独立结点线位移只有一个）。因此，可在结点 C 加一控制结点 C 转动的约束，在结点 D 加一水平支杆，控制结点 C 和 D 的水平线位移。这样得到的基本体系如图 11.9(b) 所示，基本结构如图 11.9(c) 所示。

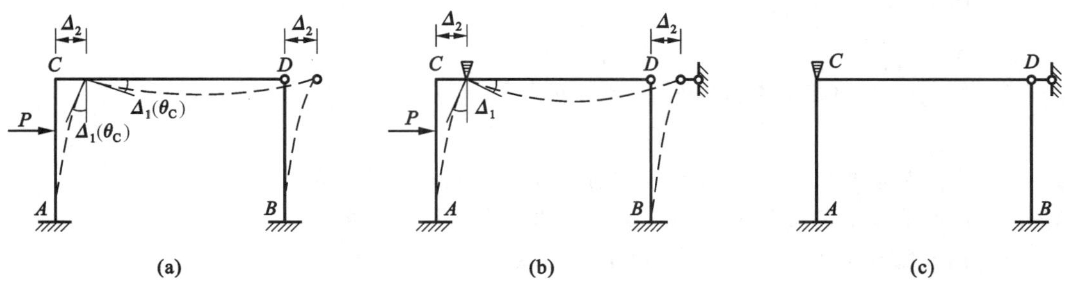

图 11.9　位移法的基本体系

(a) 原结构；(b) 基本体系；(c) 基本结构

由以上讨论可知，在原结构基本未知量处，增加相应的约束，就得到原结构的基本体系。对于结点角位移，增加控制转动的约束；对于结点线位移，则增加控制结点线位移的约束，即支杆。因此，基本体系与原结构的区别在于，增加了人为的约束，把原结构变成一个被约束的单杆综合体。

3. 位移法方程

为使位移法方程的表达式具有一般性，将基本未知量（角位移和独立结点线位移）统一用 Δ 表示。

以图 11.10(a) 所示刚架说明位移法方程的建立。该刚架只有一个刚结点 C，基本未知量就是结点 C 的角位移 Δ_1，可在结点 C 施加控制转动的约束，得到基本体系如图 11.10(b) 所示。

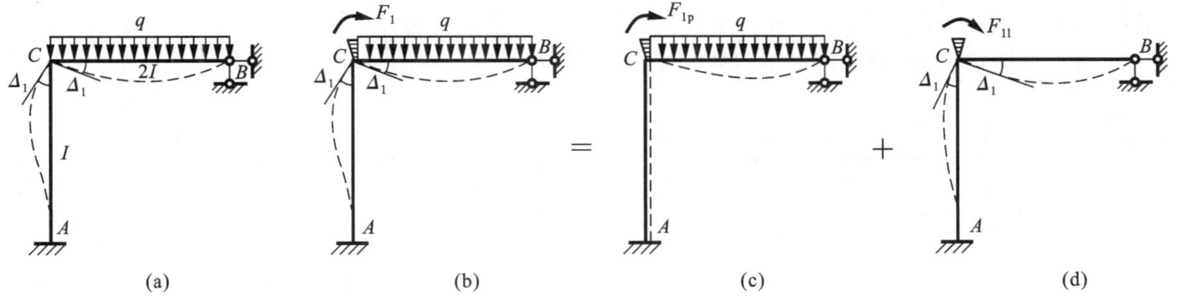

图 11.10　位移法方程建立示意图

(a) 原结构；(b) 基本体系；(c) 荷载作用下；(d) Δ_1 作用下

基本体系转化为原结构的条件就是施加转动约束的约束力矩 F_1[图 11.10(b)] 应等于零，即：

$$F_1 = 0 \tag{a}$$

因为在原结构结点 C 处没有约束，所以基本结构在荷载和 Δ_1 共同作用下在结点 C 处应与原结构完全相同，即 $F_1 = 0$。只有这样，图 11.10(b) 的内力和变形才能与原结构的内力和变形完全相同。这就是基本体系转化为原结构的条件。$F_1 = 0$ 是一个平衡方程。

下面利用叠加原理，把基本体系中的约束力 F_1 分解成两种情况的叠加：

第一，基本结构在荷载作用下的计算[图 11.10(c)]。

此时结点 C 处于锁住状态，可先求基本结构在荷载作用下 CB 杆的固端力，以及在转动约束中存在的约束力矩 F_{1P}。

第二，基本结构在基本未知量 Δ_1 作用下的计算[图 11.10(d)]。

使基本结构结点 C 发生结点角位移 Δ_1。这时可求出基本结构在有 Δ_1 作用时杆件 CA 和 CB 的杆端力，以及在转动约束中存在的约束力矩 F_{11}。

将以上两种情形叠加，使基本体系恢复到原结构的状态，即使基本体系在荷载和 Δ_1 作用下附加的约束力矩 F_1 消失。这时图 11.10(b) 中，虽然结点 C 在形式上还有附加转动约束，但实际上已不起作用，即结点 C 已处于放松状态。

根据以上分析，式(a) 可写为：

$$F_1 = F_{1P} + F_{11} \tag{b}$$

进一步利用叠加原理，将 F_{11} 表示为与 Δ_1 有关的量，即式(b) 可写为：

$$F_1 = k_{11}\Delta_1 + F_{1P} = 0 \tag{11.6}$$

式中　k_{11}—— 基本结构在单位位移 $\Delta_1 = 1$ 单独作用时在附加约束中的约束力矩；

F_{1P}—— 基本结构在荷载单独作用下在附加约束中的约束力矩。

式(11.6) 就是求解基本未知量 Δ_1 的位移法方程，即平衡方程。

总之，对于一个刚结点，有一个结点角位移 —— 基本未知量，相应可以写出一个结点约束力矩等于零的平衡方程 —— 基本方程。一个基本方程正好解出一个基本未知量。

4. 位移法方程的典型形式

对于具有多个基本未知量的结构，仍然应用上述思路，建立位移法的典型方程。

(1) 两个基本未知量的位移法典型方程

现以图 11.11(a) 所示刚架为例说明。

图 11.11(a) 所示刚架有两个基本未知量，结点 C 的转角 Δ_1 和结点 D 的水平位移 Δ_2。在结点 C 施加控制转动的约束，为约束 1；在结点 D 加一控制水平线位移的约束 —— 支杆，为约束 2。基本体系如图 11.11(b) 所示。下面利用叠加原理建立位移法典型方程。

第一，基本结构在荷载单独作用时的计算[图 11.11(c)]。

先求出各杆的固端力，然后求在两个约束中分别存在的约束力矩 F_{1P} 和 F_{2P}。

第二，基本结构在 Δ_1 单独作用时的计算[图 11.11(d)]。

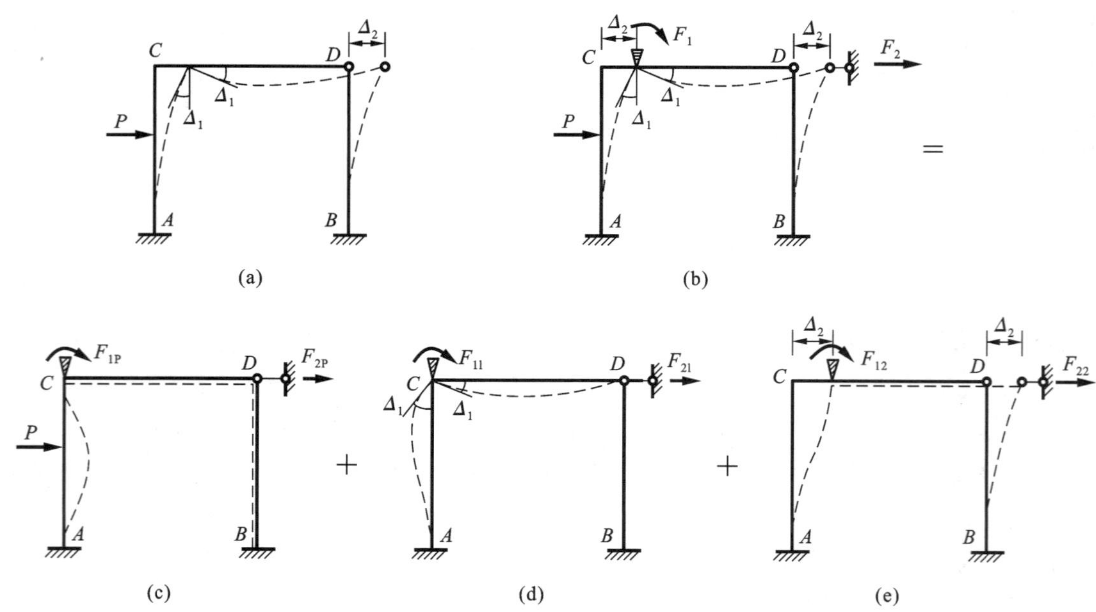

图 11.11　两个基本未知量的刚架

(a) 原结构；(b) 基本体系；(c) 荷载作用下；(d) Δ_1 作用下；(e) Δ_2 作用下

使基本结构在结点 C 发生结点位移 Δ_1，但结点 D 仍被锁住。这时，可求出基本结构在杆件 CA 和 CD 的杆端力，以及在两个约束中分别存在的约束力矩 F_{11} 和约束力 F_{21}。

第三，基本结构在 Δ_2 单独作用时的计算[图 11.11(e)]。

使基本结构在结点 D 发生结点位移 Δ_2，但结点 C 仍被锁住。这时可求出基本结构在杆件 AC 和 BD 的杆端力，以及在两个约束中分别存在的约束力矩 F_{12} 和约束力 F_{22}。

叠加以上三步结果，得基本体系在荷载和结点位移 Δ_1、Δ_2 共同作用下的结果。这时基本体系已转化为原结构，虽然在形式上还有约束，但实际上已不起作用，附加约束中的总约束力应等于零，即：

$$\left.\begin{aligned} F_1 &= 0 \\ F_2 &= 0 \end{aligned}\right\} \tag{a}$$

即

$$\left.\begin{aligned} F_{1P} + F_{11} + F_{12} &= 0 \\ F_{2P} + F_{21} + F_{22} &= 0 \end{aligned}\right\} \tag{b}$$

式中 F_{1P}，F_{2P}——基本结构在荷载单独作用时在附加约束 1 和 2 中产生的约束力矩和约束力；

F_{11}，F_{21}——基本结构在结点位移 Δ_1 单独作用($\Delta_2 = 0$)时，在附加约束 1 和 2 中产生的约束力矩和约束力；

F_{12}，F_{22}——基本结构在结点位移 Δ_2 单独作用($\Delta_1 = 0$)时，在附加约束 1 和 2 中产生的约束力矩和约束力。

利用叠加原理，可将 F_{11}、F_{21} 等表示为与 Δ_1、Δ_2 有关的量，将式(b)展开为：

$$\left.\begin{aligned} k_{11}\Delta_1 + k_{12}\Delta_2 + F_{1P} &= 0 \\ k_{21}\Delta_1 + k_{22}\Delta_2 + F_{2P} &= 0 \end{aligned}\right\} \tag{11.7}$$

式中 k_{11}，k_{21}——基本结构在单位结点位移 $\Delta_1 = 1$ 单独作用($\Delta_2 = 0$)时，在附加约束 1 和 2 中产生的约束力矩和约束力；

k_{12}，k_{22}——基本结构在单位结点位移 $\Delta_2 = 1$ 单独作用($\Delta_1 = 0$)时，在附加约束 1 和 2 中产生的约束力矩和约束力。

式(11.7)就是具有两个基本未知量的位移法典型方程，由此可求出基本未知量 Δ_1 和 Δ_2。

(2) n 个基本未知量的位移法典型方程

对于具有 n 个基本未知量的结构，其位移法的典型方程为：

$$\left.\begin{aligned} k_{11}\Delta_1 + k_{12}\Delta_2 + \cdots + k_{1n}\Delta_n + F_{1P} &= 0 \\ k_{21}\Delta_1 + k_{22}\Delta_2 + \cdots + k_{2n}\Delta_n + F_{2P} &= 0 \\ &\vdots \\ k_{n1}\Delta_1 + k_{n2}\Delta_2 + \cdots + k_{nn}\Delta_n + F_{nP} &= 0 \end{aligned}\right\} \tag{11.8}$$

式中 k_{ii}——基本结构在单位结点位移 $\Delta_i = 1$ 单独作用(其他结点位移 $\Delta_i = 0$)时，在附加约束 i 中产生的约束力($i = 1、2、\cdots、n$)；

k_{ij}——基本结构在单位结点位移 $\Delta_j = 1$ 单独作用(其他结点位移 $\Delta_j = 0$)时，在附加约束 i 中产生的约束力($i = 1、2、\cdots、n, j = 1、2、\cdots、n, i \neq j$)；

F_{iP}——基本结构在荷载单独作用(结点位移 Δ_1、Δ_2、$\cdots$、Δ_n 都锁住)时，在附加约束 i 中产生的约束力($i = 1、2、\cdots、n$)。

式(11.8)中的每一方程表示基本体系中与每一基本未知量相应的附加约束处约束力等于零的平衡条件。具有 n 个基本未知量的结构，其基本体系就有 n 个附加约束，也就有 n 个附加约束处的平衡条件，即 n 个平衡方程。显然，可由 n 个平衡方程解出 n 个基本未知量。

在建立位移法典型方程时，基本未知量 Δ_1、Δ_2、$\cdots$、Δ_n 均假设为正号，即假设结点角位移为顺时针转向，结点线位移使杆产生顺时针转动。计算结果为正时，说明 Δ_1、Δ_2、$\cdots$、Δ_n 的方向与所设方向一致；计算结果为负时，说明 Δ_1、Δ_2、$\cdots$、Δ_n 的方向与所设方向相反。

式(11.8)中系数 k_{ii}、k_{ij} 等也称为结构的刚度系数，可由杆件的形常数求得；自由项 F_{iP} 则可由杆件的载常数求得。

式(11.8)中处于主对角线上的系数 k_{ii} 称为主系数，其值恒大于零；处于主对角线两侧的 k_{ij} 等称为副系数，其值可大于零，可小于零，或等于零。由第 9 章讨论的反力互等定理可知：

$$k_{ij} = k_{ji} \tag{11.9}$$

由此可减少副系数的计算工作量。

11.4　位移法计算连续梁和无侧移刚架

现通过例题说明用位移法计算连续梁和无侧移刚架的过程。

【例 11.1】　用位移法计算图 11.12(a) 所示连续梁的内力。$EI =$ 常数。

【解】

(1) 基本未知量

连续梁结点 B 角位移 Δ_1。

(2) 基本体系

在结点 B 施加抵抗转动的约束，得到如图 11.12(b) 所示的基本体系。

(3) 位移法方程

$$k_{11}\Delta_1 + F_{1P} = 0$$

(4) 计算 k_{11}

k_{11} 为基本结构在结点 B 有单位转角 $\Delta_1 = 1$ 作用下在附加约束中的约束力矩。

① 令 $i = \dfrac{EI}{6}$，利用各杆形常数计算各杆杆端弯矩，并作 $\overline{M}_1$ 图，如图 11.12(c) 所示。

$$\overline{M}_{BC} = 3i \qquad \overline{M}_{BA} = 4i \qquad \overline{M}_{AB} = 2i$$

② 由结点 B 的力矩平衡[图 11.12(d)]可得：

$$\sum M_B = 0 \qquad k_{11} = 4i + 3i = 7i$$

2 kN/m　16 kN　A　B　C　6 m　3 m　3 m

(a)

2 kN/m　16 kN　A　B　C　Δ_1

(b)

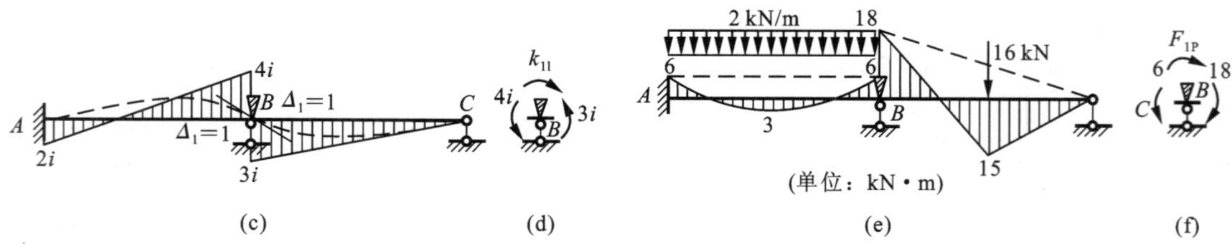

图 11.12　例 11.1 图

(a) 原结构；(b) 基本体系；(c) $\Delta_1 = 1$ 作用的 $\overline{M}_1$ 图；(d) 计算 k_{11}；(e) 荷载作用的 M_P 图；(f) 计算 F_{1P}

(5) 计算 F_{1P}

F_{1P} 为基本结构在荷载作用下在附加约束中的约束力矩，此时结点 B 锁住。

① 利用各杆载常数计算各杆固端弯矩，并作 M_P 图，如图 11.12(e) 所示。

$$-M_{AB}^{F} = M_{BA}^{F} = \frac{ql^2}{12} = \frac{2\times 6^2}{12} = 6\ \text{kN}\cdot\text{m}$$

$$M_{BC}^{F} = -\frac{3Pl}{16} = -\frac{3\times 16\times 6}{16} = -18\ \text{kN}\cdot\text{m}$$

② 由结点 B 的力矩平衡[图 11.12(f)]可得：

$$\sum M_B = 0 \qquad F_{1P} + 18 - 6 = 0 \qquad F_{1P} = -12 \text{ kN}\cdot\text{m}$$

(6) 将 k_{11} 和 F_{1P} 代入位移法方程，解出 Δ_1

$$\Delta_1 = -\frac{F_{1P}}{k_{11}} = \frac{12}{7i} = 1.714\,\frac{1}{i}$$

(7) 作 M 图

利用叠加公式 $M = \overline{M}_1 X_1 + M_P$ 计算杆端弯矩：

$$M_{AB} = 2i\Delta_1 + M_{AB}^F = 2i\left(\frac{1.714}{i}\right) - 6 = -2.57 \text{ kN}\cdot\text{m}$$

$$M_{BA} = 4i\Delta_1 + M_{BA}^F = 4i\left(\frac{1.714}{i}\right) + 6 = 12.86 \text{ kN}\cdot\text{m}$$

$$M_{BC} = 3i\Delta_1 + M_{BC}^F = 3i\left(\frac{1.714}{i}\right) - 18 = -12.86 \text{ kN}\cdot\text{m}$$

求得杆端弯矩后，可画出 M 图，如图 11.13(a)所示。画 M 图时，仍将杆端弯矩纵坐标画在受拉边。有荷载段，将杆件两端弯矩纵坐标连以虚直线，再叠加相应简支梁的 M^0 图，即得到最后 M 图。

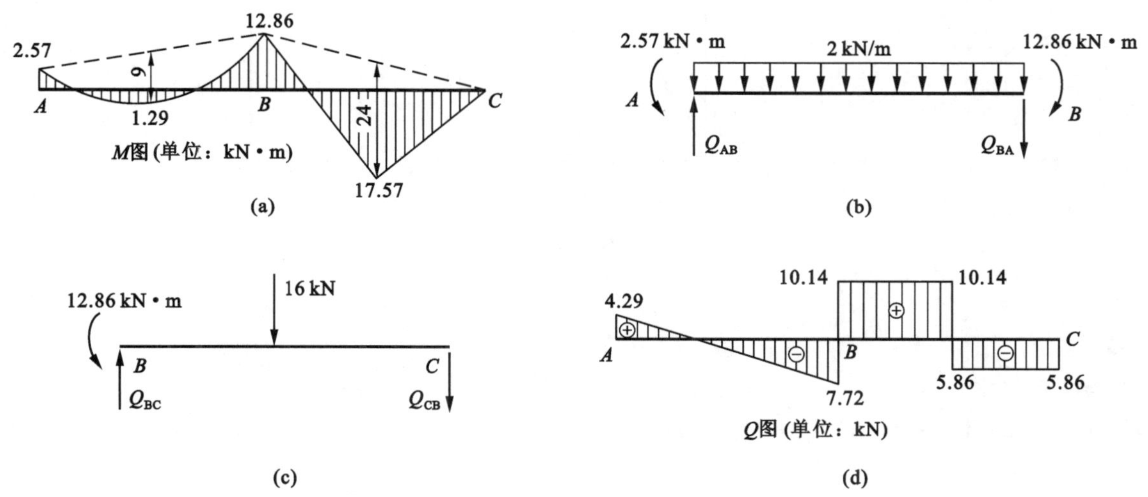

图 11.13　例 11.1 的弯矩图和剪力图

(a) 弯矩图；(b) 杆件 AB 的隔离体；(c) 杆件 BC 的隔离体；(d) 剪力图

(8) 作 Q 图

由杆 AB 的隔离体[图 11.13(b)]

$$\sum M_B = 0 \qquad Q_{AB} = \frac{-12.86 + 2\times 6\times 3 + 2.57}{6} = 4.29 \text{ kN}$$

$$\sum M_A = 0 \qquad Q_{BA} = \frac{-12.86 - 2\times 6\times 3 + 2.57}{6} = -7.72 \text{ kN}$$

由杆 BC 的隔离体[图 11.13(c)]

$$\sum M_B = 0 \qquad Q_{CB} = \frac{-16\times 3 + 12.86}{6} = -5.86 \text{ kN}$$

$$\sum M_C = 0 \qquad Q_{BC} = \frac{16\times 3 + 12.86}{6} = 10.14 \text{ kN}$$

Q 图如图 11.13(d)所示。

(9) 校核

结点 B 满足力矩平衡

$$\sum M_B = +12.86 - 12.86 = 0$$

连续梁整体满足 $\sum Y=0$

$$\sum Y = 0 \qquad 4.29+17.86+5.86-2\times 6-16\approx 0$$

【例 11.2】 用位移法作图 11.14(a)所示无侧移刚架的弯矩图。

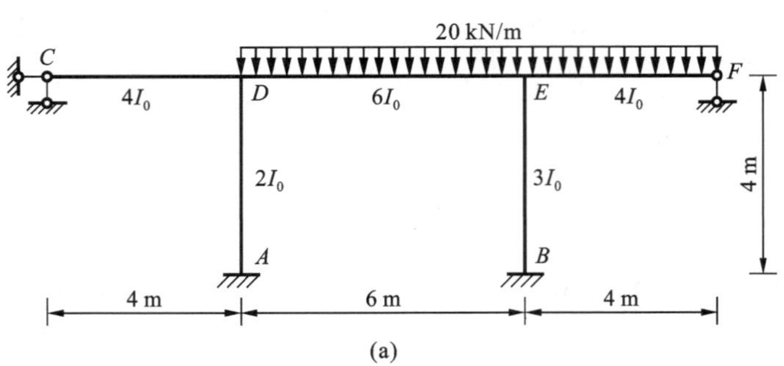

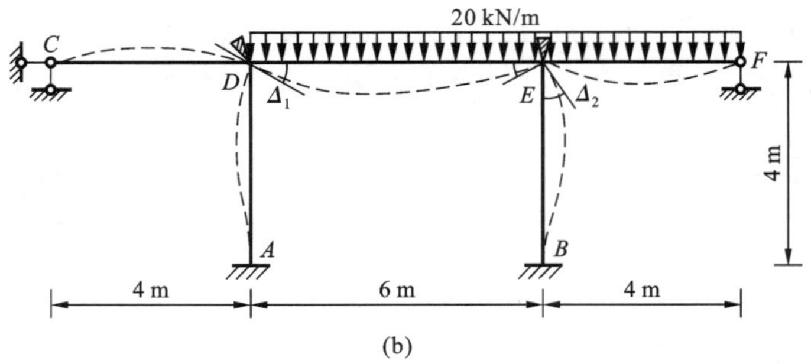

图 11.14 例 11.2 图

(a) 原结构;(b) 基本体系

【解】

(1) 基本未知量

如图 11.14(a)所示刚架,有两个刚结点 D 和 E,没有结点线位移,基本未知量为结点 D 和 E 的转角Δ_1、Δ_2。

(2) 基本体系

在结点 D 和 E 分别施加转动约束,得到基本体系如图 11.14(b)所示。

(3) 位移法方程

$$k_{11}\Delta_1+k_{12}\Delta_2+F_{1P}=0$$

$$k_{21}\Delta_1+k_{22}\Delta_2+F_{2P}=0$$

(4) 计算系数 k_{11}、k_{12}、k_{21}、k_{22}

超静定结构内力只与各杆刚度比值有关,因此,可设 $EI_0=1$。

$$i_{CD}=i_{EF}=\frac{4EI_0}{4}=1 \qquad i_{DE}=\frac{6EI_0}{6}=1$$

$$i_{DA}=\frac{2EI_0}{4}=\frac{1}{2} \qquad i_{EB}=\frac{3EI_0}{4}=\frac{3}{4}$$

① 基本结构在结点 D 有单位转角 $\Delta_1=1$ 作用时的计算,此时 Δ_2 仍被锁住。

当 $\Delta_1=1$ 时,可利用各杆形常数求杆件 DC、DE、DA 的杆端弯矩,并作出 $\overline{M}_1$ 图,如图 11.15(a)所示。

$$\overline{M}_{DC}=3i_{CD}=3 \qquad \overline{M}_{DA}=4i_{DA}=4\times\frac{1}{2}=2$$

$$\overline{M}_{DE}=4i_{DE}=4 \qquad \overline{M}_{ED}=2i_{DE}=2$$

由结点 D 的力矩平衡[图 11.15(b)],可求得约束力矩 k_{11}:

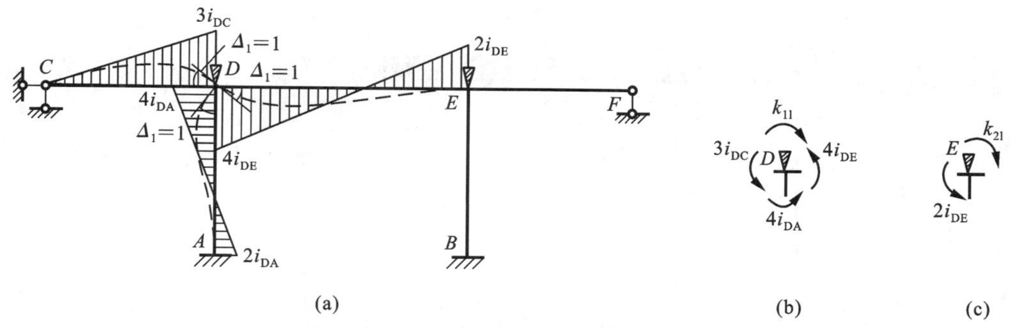

图 11.15 例 11.2 的 $\overline{M}_1$ 图

(a) $\overline{M}_1$ 图;(b) D 结点力矩平衡;(c) E 结点力矩平衡

$$\sum M_D = 0 \qquad k_{11} = 3i_{CD} + 4i_{DA} + 4i_{DE} = 3+2+4 = 9$$

由结点 E 的力矩平衡[图 11.15(c)],可求得约束力矩 k_{21}:

$$\sum M_E = 0 \qquad k_{21} = 2i_{DE} = 2$$

② 基本结构在结点 E 有单位转角 $\Delta_2=1$ 作用时的计算,此时 Δ_1 被锁住。

当 $\Delta_2=1$,利用各杆的形常数求杆件 ED、EB、EF 的杆端弯矩,并作 $\overline{M}_2$ 图,如图 11.16(a)所示。

$$\overline{M}_{ED} = 4i_{ED} = 4 \qquad \overline{M}_{EF} = 3i_{EF} = 3 \qquad \overline{M}_{EB} = 4i_{EB} = 3$$

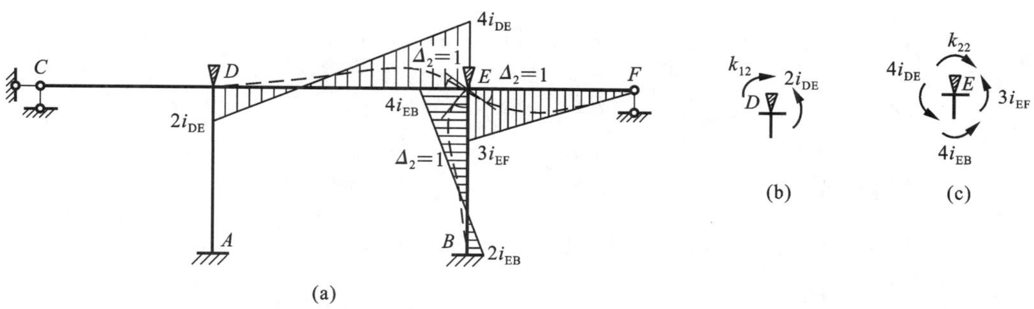

图 11.16 例 11.2 的 $\overline{M}_2$ 图

(a) $\overline{M}_2$ 图;(b) D 结点力矩平衡;(c) E 结点力矩平衡

由结点 D 的力矩平衡[图 11.16(b)],求得约束力矩 k_{12}:

$$\sum M_D = 0 \qquad k_{12} = 2i_{DE} = 2 = k_{21}$$

由结点 E 的力矩平衡[图 11.16(c)],求得约束力矩 k_{22}:

$$\sum M_E = 0 \qquad k_{22} = 4i_{DE} + 4i_{EB} + 3i_{EF} = 4+3+3 = 10$$

(5) 计算 F_{1P}、F_{2P}

利用各杆载常数,计算各杆固端弯矩,并作 M_P 图,如图 11.17(a)所示。

$$M_{DE}^F = -M_{ED}^F = -\frac{1}{12}ql^2 = -\frac{20}{12}\times 6^2 = -60\ \text{kN}\cdot\text{m}$$

$$M_{EF}^F = -\frac{1}{8}ql^2 = -\frac{1}{8}\times 20\times 4^2 = -40\ \text{kN}\cdot\text{m}$$

由结点 D 的力矩平衡[图 11.17(b)],求得约束力矩 F_{1P}:

$$\sum M_D = 0 \qquad F_{1P} + 60 = 0 \qquad F_{1P} = -60\ \text{kN}\cdot\text{m}$$

由结点 E 的力矩平衡[图 11.17(c)],求得约束力矩 F_{2P}:

$$\sum M_E = 0 \qquad F_{2P} + 40 - 60 = 0 \qquad F_{2P} = 20\ \text{kN}\cdot\text{m}$$

(6) 将系数和自由项代入位移法方程,解出 Δ_1、Δ_2

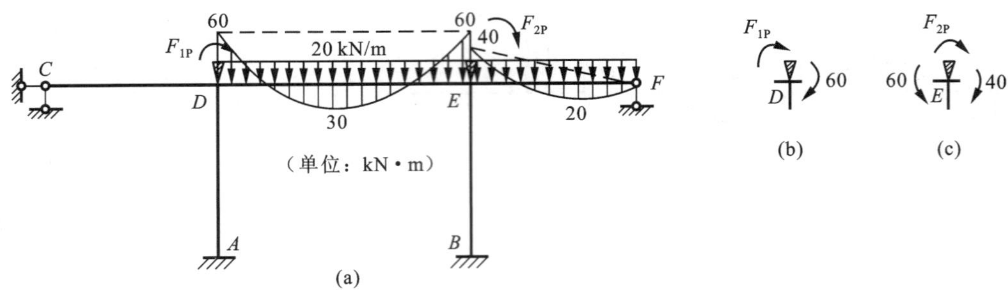

图 11.17　例 11.2 的 M_P 图

(a) M_P 图；(b) 结点 D 力矩平衡；(c) 结点 E 力矩平衡

$$\left.\begin{aligned}9\Delta_1+2\Delta_2-60=0\\2\Delta_1+10\Delta_2+20=0\end{aligned}\right\}$$

解得：

$$\Delta_1=7.442\qquad \Delta_2=-3.488$$

(7) 作 M 图

利用叠加公式：$M=\overline{M}_1\Delta_1+\overline{M}_2\Delta_2+M_P$，可求得杆端弯矩：

$$M_{AD}=2i_{DA}\Delta_1=2\times\frac{1}{2}\times 7.442=7.44\ \text{kN}\cdot\text{m}$$

$$M_{DA}=4i_{DA}\Delta_1=4\times\frac{1}{2}\times 7.442=14.88\ \text{kN}\cdot\text{m}$$

$$M_{BE}=2i_{BE}\Delta_2=2\times\frac{3}{4}\times(-3.488)=-5.23\ \text{kN}\cdot\text{m}$$

$$M_{EB}=4i_{BE}\Delta_2=4\times\frac{3}{4}\times(-3.488)=-10.46\ \text{kN}\cdot\text{m}$$

$$M_{DC}=3i_{DC}\Delta_1=3\times 1\times 7.442=22.33\ \text{kN}\cdot\text{m}$$

$$\begin{aligned}M_{DE}&=4i_{DE}\Delta_1+2i_{DE}\Delta_2+M_{DE}^{F}\\&=4\times 1\times 7.442+2\times 1\times(-3.488)-60=-37.21\ \text{kN}\cdot\text{m}\end{aligned}$$

$$\begin{aligned}M_{ED}&=2i_{DE}\Delta_1+4i_{DE}\Delta_2+M_{ED}^{F}\\&=2\times 1\times 7.442+4\times 1\times(-3.488)+60=60.93\ \text{kN}\cdot\text{m}\end{aligned}$$

$$\begin{aligned}M_{EF}&=3i_{EF}\Delta_2+M_{EF}^{F}\\&=3\times 1\times(-3.488)-40=-50.46\ \text{kN}\cdot\text{m}\end{aligned}$$

M 图如图 11.18 所示。

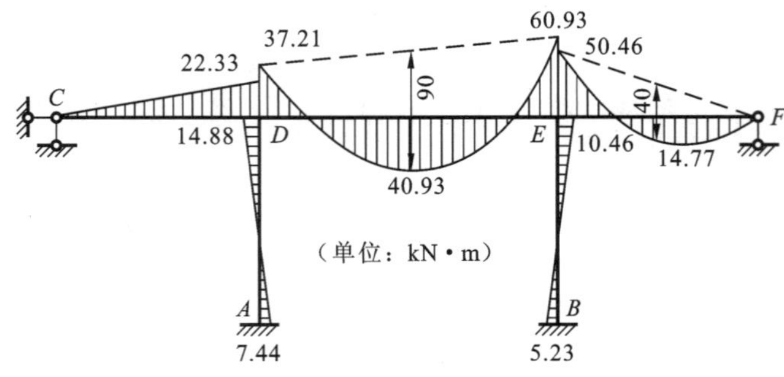

图 11.18　例 11.2 的 M 图

11.5 位移法计算有侧移刚架

从上节讨论可知，对于只有转角位移基本未知量的结构，相应的位移法方程是结点的力矩平衡方程，而对于具有线位移基本未知量的结构，相应的位移法方程是沿着线位移方向的截面投影平衡方程。下面通过例题说明如何用位移法计算有侧移结构。

【例 11.3】 用位移法作图 11.19(a)所示刚架的内力图。

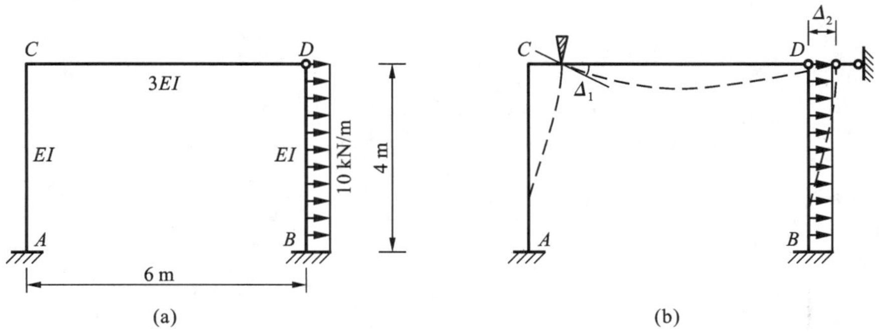

图 11.19 例 11.3 图

(a) 原结构；(b) 基本体系

【解】

(1) 基本未知量

此题有两个基本未知量，刚结点 C 处的角位移 Δ_1 和结点 D 处的线位移 Δ_2。

(2) 基本体系

在刚结点 C 施加控制转动约束，为约束 1；在结点 D 施加控制线位移约束，为约束 2。得基本体系如图 11.19(b)所示。

(3) 位移法方程

$$k_{11}\Delta_1 + k_{12}\Delta_2 + F_{1P} = 0$$
$$k_{21}\Delta_1 + k_{22}\Delta_2 + F_{2P} = 0$$

(4) 计算系数 k_{11}、k_{12}、k_{21}、k_{22}

令 $EI=4i$，各杆相对线刚度为：

$$i_{AC} = i_{BD} = \frac{EI}{4} = i \qquad i_{CD} = \frac{3EI}{6} = 2i$$

① 基本结构在单位转角 $\Delta_1=1$ 单独作用($\Delta_2=0$)下的计算

由各杆件形常数可得各杆杆端弯矩

$$\overline{M}_{CA} = 4i_{CA} = 4i \qquad \overline{M}_{AC} = 2i_{CA} = 2i \qquad \overline{M}_{CD} = 3i_{CD} = 6i$$

作 $\overline{M}_1$ 图，如图 11.20(a)所示。

由结点 C 的力矩平衡[图 11.20(b)]求得 k_{11}：

$$\sum M_C = 0 \qquad k_{11} = 3i_{CD} + 4i_{CA} = 6i + 4i = 10i$$

为计算 k_{21}，沿有侧移的柱 AC 和 CD 柱顶处作一截面，取柱顶以上横梁 CD 为隔离体[图 11.20(c)]，建立水平投影方程：

$$\sum X = 0 \qquad \overline{Q}_{CA} + \overline{Q}_{DB} = k_{21} \tag{a}$$

利用柱 AC、BD 的剪力形常数或建立以柱 AC、BD 为隔离体[图 10.20(d)]的平衡方程计算 $\overline{Q}_{CA}$、$\overline{Q}_{DB}$。

柱 AC：

$$\sum M_A = 0 \qquad \overline{Q}_{CA} \times 4 + \overline{M}_{AC} + \overline{M}_{CA} = 0$$

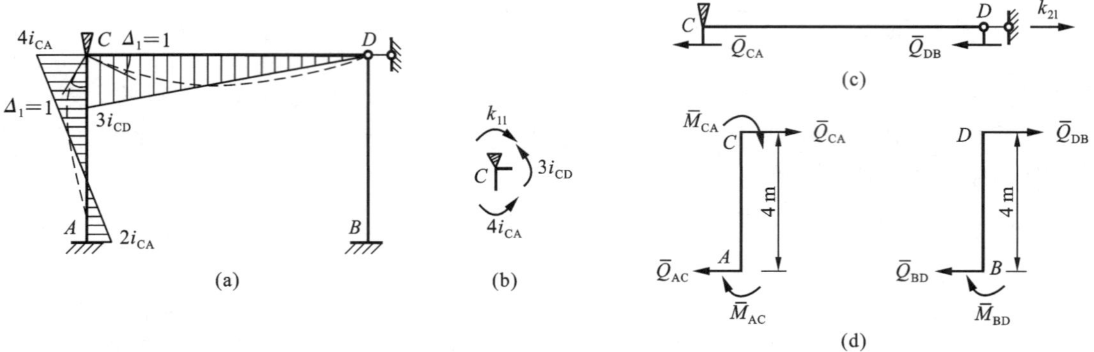

图 11.20　例 11.3 的 $\overline{M}_1$ 图与隔离体图

(a) $\overline{M}_1$ 图;(b) 结点 C 平衡;(c) 截面平衡;(d) 柱隔离体平衡

$$\bar{Q}_{CA}=-\frac{(\overline{M}_{AC}+\overline{M}_{CA})}{4}=-\frac{(2i+4i)}{4}=-1.5i$$

柱 BD

$$\sum M_B=0\qquad \bar{Q}_{DB}\times 4+\overline{M}_{BD}=0\qquad \bar{Q}_{DB}=0$$

将 $\bar{Q}_{CA}$、$\bar{Q}_{DB}$ 代入式(a),得:

$$k_{21}=-1.5i$$

② 基本结构在单位水平线位移 $\Delta_2=1$ 单独作用($\Delta_1=0$)下的计算

由各杆件形常数可得各杆杆端弯矩:

$$\overline{M}_{AC}=\overline{M}_{CA}=-\frac{6i_{AC}}{l_{CA}}=-\frac{6i}{4}=-1.5i$$

$$\overline{M}_{BD}=-\frac{3i_{BD}}{l_{BD}}=-\frac{3}{4}i$$

$\overline{M}_2$ 图如图 11.21(a)所示。

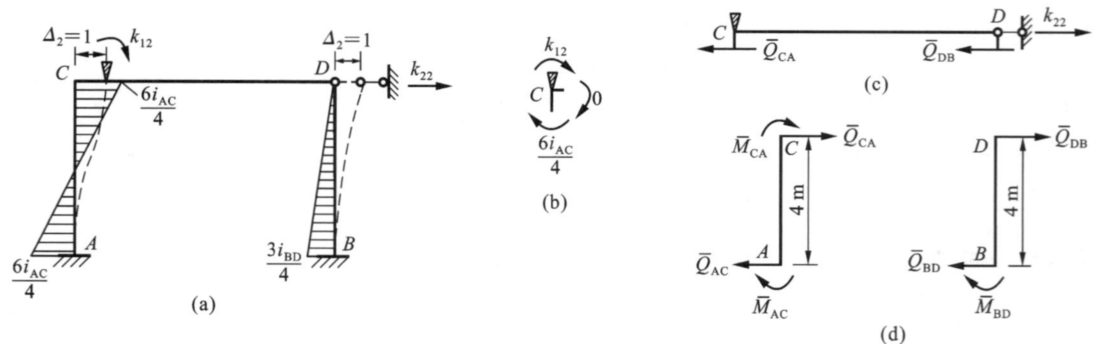

图 11.21　例 11.3 的 $\overline{M}_2$ 图与隔离体图

(a) $\overline{M}_2$ 图;(b) 结点 C 平衡;(c) 截面平衡;(d) 柱隔离体平衡

由结点 C 的力矩平衡[图 11.21(b)],求 k_{12}:

$$\sum M_C=0\qquad k_{12}+\frac{6i_{AC}}{4}=0\qquad k_{12}=-1.5i=k_{21}$$

同理,取柱顶以上横梁 CD 为隔离体[图 11.21(c)],建立水平投影方程,求 k_{22}:

$$\sum X=0\qquad \bar{Q}_{CA}+\bar{Q}_{DB}=k_{22} \tag{b}$$

以柱 AC、BD 为隔离体[图 11.21(d)]计算 $\bar{Q}_{CA}$、$\bar{Q}_{DB}$:

$$\bar{Q}_{CA}=-\frac{(\overline{M}_{AC}+\overline{M}_{CA})}{4}=-\frac{(-1.5i-1.5i)}{4}=\frac{3}{4}i$$

$$\bar{Q}_{DB}=-\frac{\overline{M}_{BD}}{4}=-\frac{(-0.75i)}{4}=\frac{0.75}{4}i$$

将 $\bar{Q}_{CA}$、$\bar{Q}_{DB}$ 代入式(b)，得：

$$\frac{3}{4}i+\frac{0.75}{4}i=k_{22} \qquad k_{22}=\frac{3.75}{4}i$$

(5) 计算 F_{1P}、F_{2P}

利用杆件的载常数可求得杆件 BD 的固端弯矩：

$$M_{BD}^{F}=-\frac{1}{8}ql^{2}=-\frac{1}{8}\times10\times4^{2}=-20\ \text{kN}\cdot\text{m}$$

M_P 图如图 11.22(a)所示。

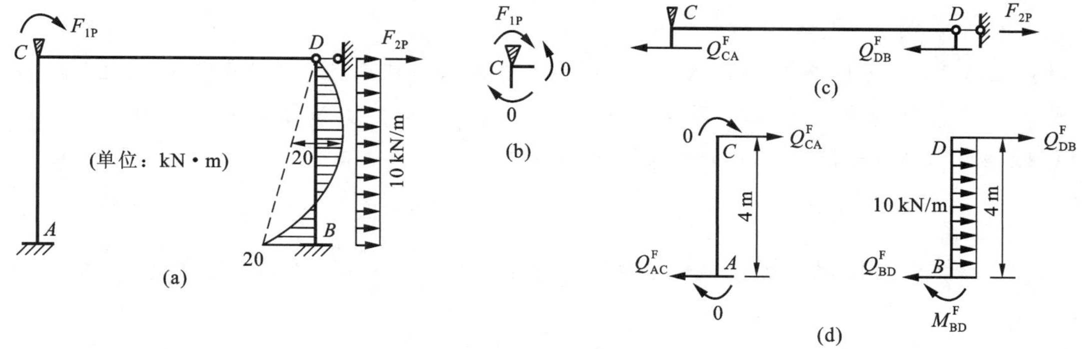

图 11.22 例 11.3 的 M_P 图与隔离体图

(a) M_P 图；(b) 结点 C 平衡；(c) 截面平衡；(d) 柱隔离体平衡

由结点 C 的力矩平衡[图 11.22(b)]：

$$\sum M_C=0 \qquad F_{1P}=0$$

以柱顶以上横梁 CD 为隔离体[图 11.22(c)]，建立水平投影平衡方程

$$\sum X=0 \qquad Q_{CA}^{F}+Q_{DB}^{F}=F_{2P} \tag{c}$$

$$Q_{CA}^{F}=0 \qquad Q_{DB}^{F}=-\frac{M_{BD}^{F}+10\times4\times2}{4}=-\frac{-20+80}{4}=-15\ \text{kN}$$

将 Q_{CA}^{F}、Q_{DB}^{F} 代入式(c)，得：

$$F_{2P}=-15\ \text{kN}$$

(6) 将系数和自由项代入位移法方程，得到：

$$\left.\begin{aligned}&10i\Delta_1-1.5i\Delta_2=0\\&-1.5i\Delta_1+\frac{3.75}{4}i\Delta_2-15=0\end{aligned}\right\}$$

解得：

$$\Delta_1=3.158\frac{1}{i} \qquad \Delta_2=21.05\frac{1}{i}$$

结果为正，表明实际位移与所设位移方向一致。

(7) 作 M 图

利用叠加公式 $M=\overline{M}_1\Delta_1+\overline{M}_2\Delta_2+M_P$，可得杆端弯矩：

$$M_{AC}=2i_{AC}\Delta_1-\frac{6i_{AC}}{4}\Delta_2=2\times3.158-\frac{6}{4}\times21.05=-25.26\ \text{kN}\cdot\text{m}$$

$$M_{CA}=4i_{AC}\Delta_1-\frac{6i_{AC}}{4}\Delta_2=4\times3.158-\frac{6}{4}\times21.05=-18.95\ \text{kN}\cdot\text{m}$$

$$M_{CD}=3i_{CD}\Delta_1=6\times3.158=18.95\ \text{kN}\cdot\text{m}$$

$$M_{BD}=-\frac{3i_{BD}}{4}\Delta_2+M_{BD}^{F}=-\frac{3}{4}\times21.05-20=-35.79\ \text{kN}\cdot\text{m}$$

M 图如图 11.23(a)所示。

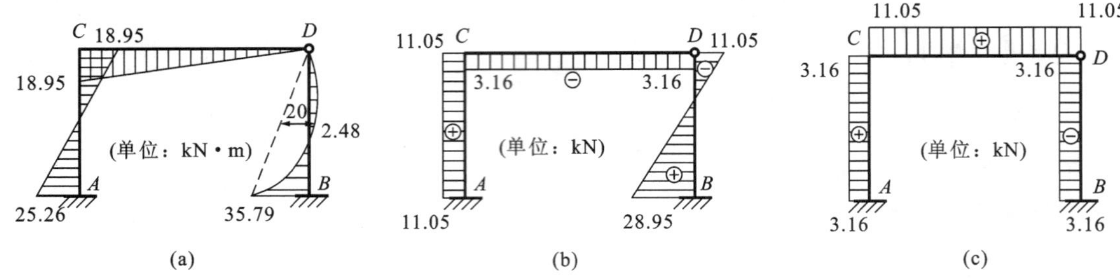

图 11.23 例 11.3 的内力图

(a) M 图;(b) Q 图;(c) N 图

(8) 作 Q 图和 N 图

分别取杆件 AC、BD、CD 为隔离体,建立平衡方程,计算各杆杆端剪力。Q 图如图 11.23(b)所示。

分别取结点 C 和 D 为隔离体,建立平衡方程,计算各杆杆端轴力。N 图如图 11.23(c)所示。

【例 11.4】 用位移法作图 11.24(a)所示刚架的弯矩图。

【解】

(1) 基本未知量

图 11.24(a)所示刚架横梁的刚度为无限大,无结点角位移;只有两个独立结点线位移 Δ_1 和 Δ_2 示于图 11.24(b)中。

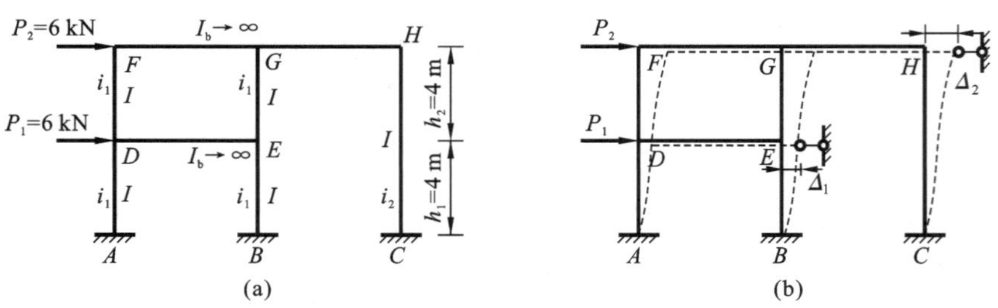

图 11.24 例 11.4 图

(a)原结构;(b)变形图和基本体系

(2) 基本体系

在结点 E 和 H 各加一控制水平线位移的约束(水平支杆),得基本体系如图 11.24(b)所示。

(3) 位移法方程

$$k_{11}\Delta_1+k_{12}\Delta_2+F_{1p}=0$$
$$k_{21}\Delta_1+k_{22}\Delta_2+F_{2p}=0$$

(4) 计算系数 k_{11}、k_{12}、k_{21}、k_{22}

令 $EI=8$,各柱相对线刚度为:

$$i_1=\frac{EI}{h_1}=\frac{EI}{h_2}=\frac{8}{4}=2,\ i_2=\frac{EI}{h_1+h_2}==\frac{8}{8}=1$$

① 基本结构在单位线位移 $\Delta_1=1$ 单独作用($\Delta_2=0$)时的计算

利用各柱形常数可得各柱端弯矩,据此作出 $\overline{M}_1$ 图,如图 11.25(a)所示。

为求 k_{21},沿上层三柱柱顶处作截面Ⅰ,取柱顶以上横梁 FGH 为隔离体[图 11.25(b)],建立水平投影方程

$$\sum X=0,\overline{Q}_{FD}+\overline{Q}_{GE}+\overline{Q}_{HC}=k_{21} \tag{a}$$

上式中柱端剪力可由柱端弯矩求出:

$$\overline{Q}_{FD}=-\frac{3+3}{4}=-1.5,\overline{Q}_{GE}=-\frac{3+3}{4}=-1.5,\overline{Q}_{HC}=0$$

代入式(a),得:

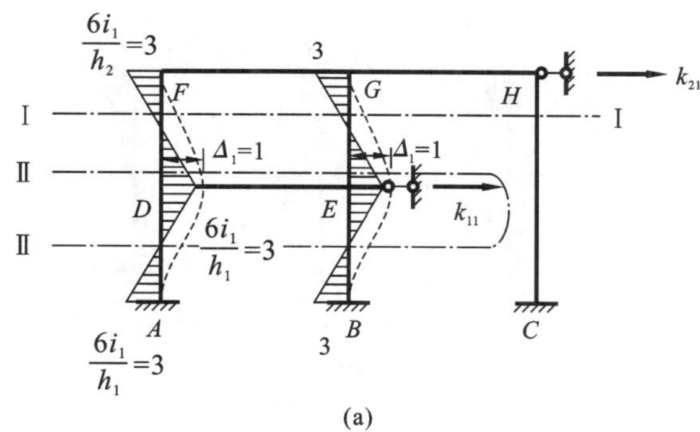

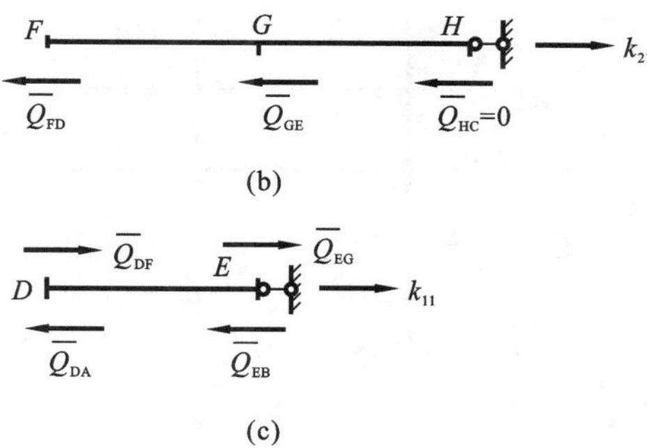

图 11.25 例 11.4 的 $\overline{M}_1$ 图

(a)$\overline{M}_1$ 图;(b)截面Ⅰ隔离体;(c)截面Ⅱ隔离体

$$k_{21}=-1.5-1.5=-3.0$$

为求 k_{11},需作截面Ⅱ,将横梁 DE 取出作为隔离体[图 11.25(c)],建立水平投影方程:

$$k_{11}=\overline{Q}_{DA}+\overline{Q}_{EB}-\overline{Q}_{DF}-\overline{Q}_{EG} \tag{b}$$

上式中柱端剪力可由柱端弯矩求出:

$$\overline{Q}_{DA}=\frac{3+3}{4}=1.5,\overline{Q}_{EB}=\frac{3+3}{4}=1.5,\overline{Q}_{DF}=\overline{Q}_{FD},\overline{Q}_{EG}=\overline{Q}_{GE}$$

代入式(b),得:

$$k_{11}=1.5+1.5+1.5+1.5=6$$

② 基本结构在单位线位移 $\Delta_2=1$ 单独作用($\Delta_1=0$)时的计算

计算过程与上一步是完全类似的,图 11.26 中给出了全部结果的数值,读者可以自己核算一下。

$$k_{22}=\overline{Q}_{FD}+\overline{Q}_{GE}+\overline{Q}_{HC}=1.5+1.5+0.1875=3.1875$$

$$k_{12}=\overline{Q}_{DA}+\overline{Q}_{EB}-\overline{Q}_{DF}-\overline{Q}_{EG}=0+0-1.5-1.5=-3.0=k_{21}$$

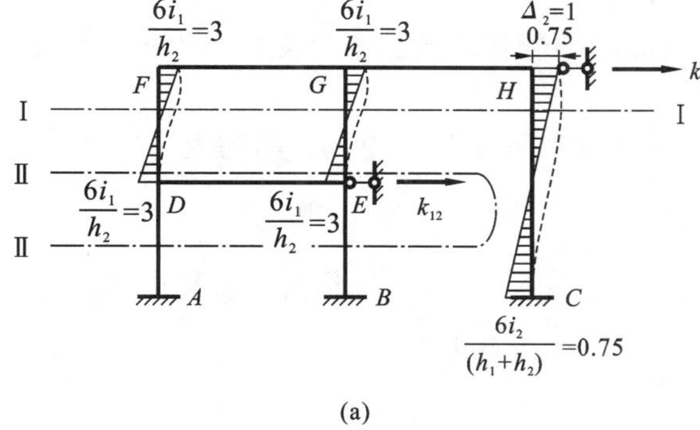

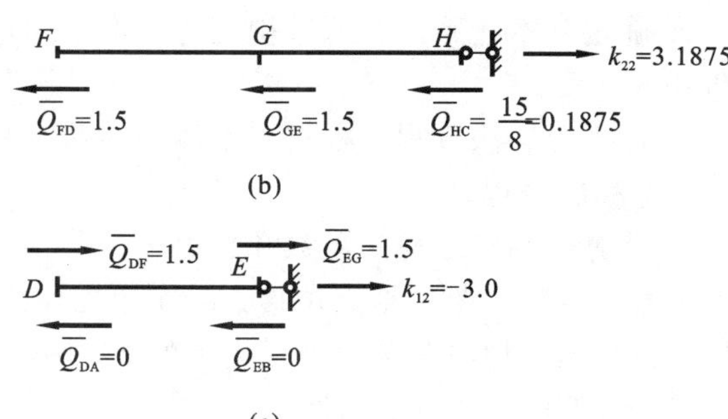

图 11.26 例 11.4 的 $\overline{M}_2$ 图

(a)$\overline{M}_2$ 图;(b)截面Ⅰ隔离体计算结果;(c)截面Ⅱ隔离体计算结果

(5) 计算 F_{1P}、F_{2P}

因荷载是结点荷载,故荷载弯矩全为零[图 11.27(a)]。直接从水平方向的平衡条件,可求得:

$$F_{1P}=-P_1=-6\ \text{kN};F_{2P}=-P_2=-6\ \text{kN}$$

(6) 将系数和自由项代入位移法方程,得到:

$$6\Delta_1-3\Delta_2-6=0$$

$$-3\Delta_1+3.1875\Delta_2-6=0$$

解得:

$$\Delta_1=3.666,\Delta_2=5.333$$

(7) 作 M 图

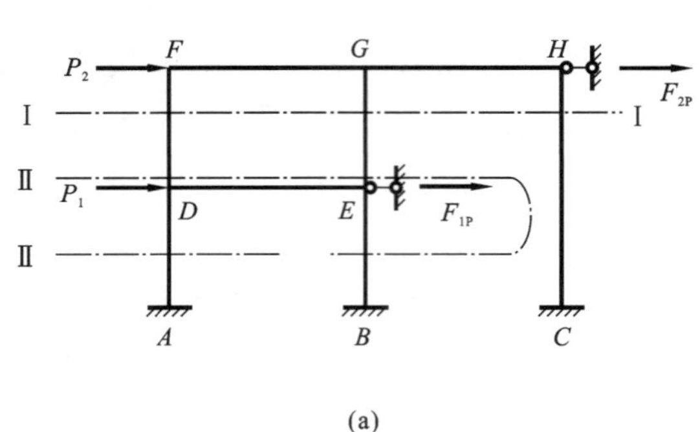

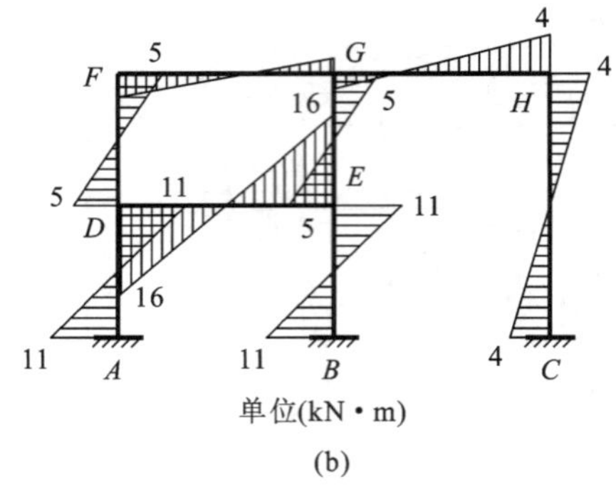

图 11.27　例 11.4 的 M_P 图和弯矩图

(a) M_P 图;(b) M 图

利用叠加公式 $M=\overline{M}_1\Delta_1+\overline{M}_2\Delta_2+M_P$,可求得各柱端的弯矩。如:

$$M_{AD}=M_{DA}=-3\times3.666+0\times5.333+0=-11\ \text{kN}\cdot\text{m}$$

$$M_{DF}=M_{FD}=3\times3.666-3\times5.333+0=-5\ \text{kN}\cdot\text{m}$$

$$M_{EG}=M_{GE}=-5\ \text{kN}\cdot\text{m}$$

$$M_{BE}=M_{EB}=-11\ \text{kN}\cdot\text{m}$$

$$M_{CH}=M_{HC}=-4\ \text{kN}\cdot\text{m}$$

根据各柱的柱端弯矩值可以画出各柱的弯矩图。横梁的刚度为无限大,梁端弯矩,除结点 G 外,都可以利用结点力矩平衡条件,由立柱的端弯矩求出。至于结点 G 处,有两个待求的梁端弯矩 M_{GF} 和 M_{GH},只一个结点力矩平衡方程,求不出两个待求的梁端弯矩。通常的做法是将横梁 FGH 取出,按两跨连续梁计算,将已求出的柱端弯矩(5 kN·m)作为此梁的结点荷载,按左、右两跨的刚度比分配。本题中,左、右两梁截面刚度、跨度一样,5 kN·m 的柱端弯矩平分给两梁。最后的弯矩图见图 11.27(b)。

根据以上位移法解题过程,可将用位移法计算超静定结构的步骤归纳如下:

① 确定基本未知量。即确定结构的结点角位移和独立结点线位移。

② 确定基本体系。在原结构上有基本未知量处,施加相应的控制转动的约束或支杆等附加约束,从而得到基本体系。

③ 建立位移法方程。根据基本体系在荷载和结点位移共同作用下在附加约束处的约束力应为零的条件建立位移法方程。

④ 计算位移法方程的系数和自由项。

作基本结构在单位结点位移 $\Delta_i=1$ 单独作用下(其他结点位移 $\Delta_j=0$)的 $\overline{M}_i$ 图,由平衡条件计算方程的系数。作基本结构在荷载单独作用下的 M_P 图,由平衡条件计算方程的自由项。

⑤ 解方程,求基本未知量。

⑥ 作内力图。

利用叠加公式 $M=\overline{M}_1\Delta_1+\overline{M}_2\Delta_2+\cdots+M_P$,计算结构各杆件的杆端弯矩,作 M 图。利用平衡条件计算杆端剪力和轴力,作剪力图和轴力图。

⑦ 校核。

由于变形连续条件在选取基本未知量时已得到满足,因此,重点应校核平衡条件。

11.6　位移法计算对称结构

由上节可知,用位移法计算超静定结构时,当结点位移基本未知量较多时,需解较多数目的联立方程,计算工作量较大。而在实际工程中,应用较多的结构为对称结构,因此,仍然可以利用结构和荷载的对称性进行简化计算。

在第 10 章力法中讨论结构的对称性时曾指出,任何荷载可分解为对称荷载和反对称荷载。而对称结构在对称荷载作用下，变形和内力是对称分布的；在反对称荷载作用下，变形和内力是反对称分布的。因此，用位移法计算对称结构时，在对称荷载或反对称荷载作用下，仍然可以利用对称轴上的变形和内力特征，取半边结构的计算简图进行计算，以减少基本未知量的个数。

【例 11.5】 用位移法作图 11.28(a)所示对称刚架的弯矩图。

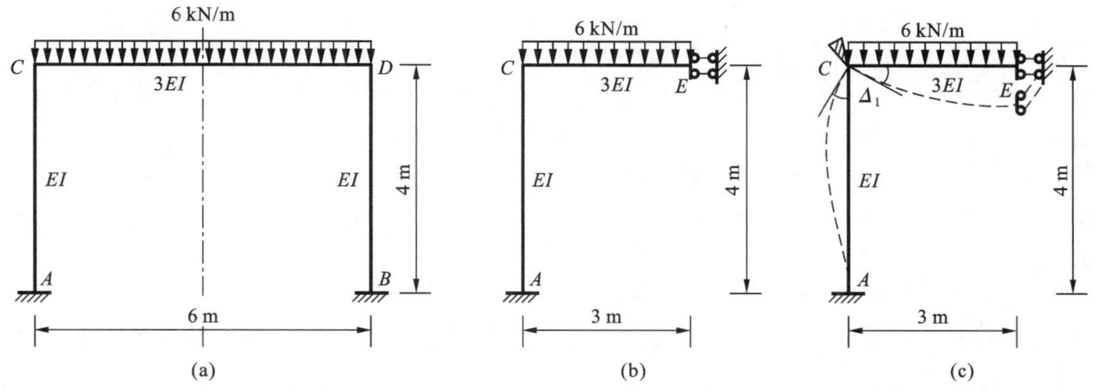

图 11.28 例 11.5 图

(a) 原结构；(b) 半边结构；(c) 基本体系

【解】

(1) 确定基本未知量和基本体系

图 11.28(a)所示刚架有三个结点位移，两个结点角位移和一个结点线位移。但刚架是对称刚架，在对称荷载作用下，可取半边结构的计算简图[图 11.28(b)]进行计算，此半边结构只有一个结点 C 的角位移 Δ_1。所以，基本未知量为结点 C 的角位移 Δ_1。在结点 C 施加转动约束，得到基本体系如图 11.28(c)所示。

(2) 位移法方程

$$k_{11}\Delta_1 + F_{1P} = 0$$

(3) 计算系数 k_{11}

作基本结构在 $\Delta_1=1$ 作用下的 $\overline{M}_1$ 图[图 11.29(a)]，由结点 C 的力矩平衡条件[图 11.29(b)]可得(令 $EI=i$)：

$$k_{11} = i_{CE} + 4i_{CA} = \frac{3EI}{3} + \frac{4EI}{4} = 2i$$

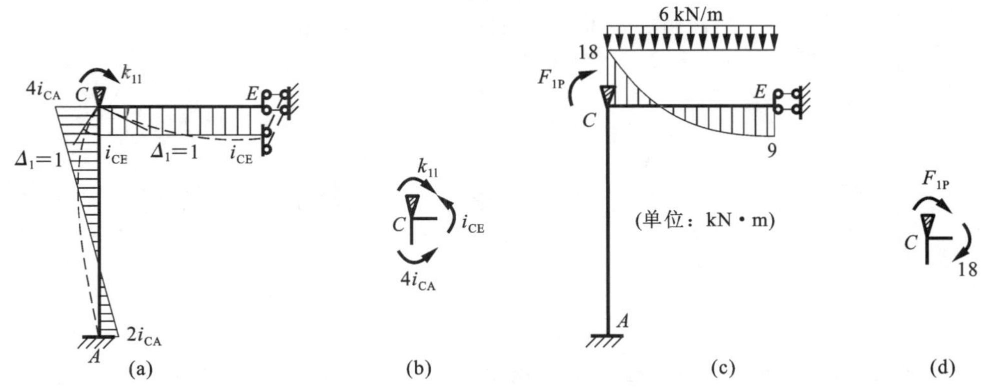

图 11.29 半边结构的 $\overline{M}_1$ 图、M_P 图

(a) $\overline{M}_1$ 图；(b) 计算 k_{11}；(c) M_P 图；(d) 计算 F_{1P}

(4) 计算自由项 F_{1P}

利用载常数计算杆 CE 的固端弯矩，作基本结构在荷载作用下的 M_P 图[图 11.29(c)]：

$$M_{CE}^{F} = -\frac{1}{3}ql^2 = -\frac{1}{3}\times 6\times 3^2 = -18\ \text{kN}\cdot\text{m}$$

$$M_{EC}^{F} = -\frac{1}{6}ql^2 = -\frac{1}{6}\times 6\times 3^2 = -9\ \text{kN}\cdot\text{m}$$

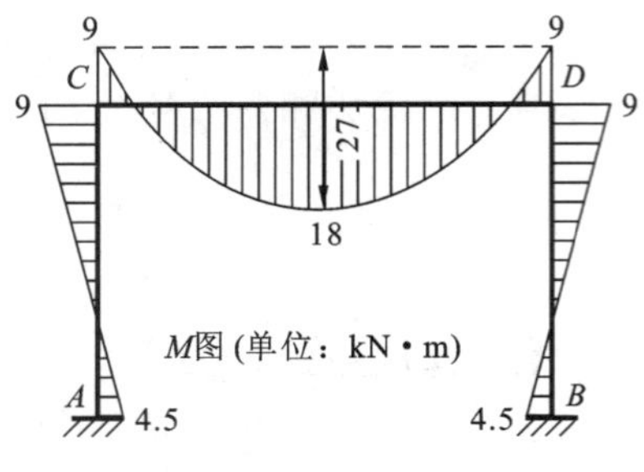

图 11.30 例 11.5 的弯矩图

由结点 C 的力矩平衡条件[图 11.29(d)]可得：

$$F_{1P}=-18\ \text{kN}\cdot\text{m}$$

(5) 解位移法方程

$$2i\Delta_1-18=0 \qquad \Delta_1=\frac{9}{i}$$

(6) 作 M 图

利用叠加公式 $M=\overline{M}_1\Delta_1+M_P$，作出半边结构的 M 图，另一半按对称性画出，M 图如图 11.30 所示。

【例 11.6】 用位移法作图 11.31(a)所示对称结构的弯矩图。(EI=常数)

【解】

(1) 确定基本未知量和基本体系

此结构为一封闭的矩形框，有四个结点角位移。但结构关于 x 轴和 y 轴均对称。在对称荷载作用下，可取$\frac{1}{4}$结构的计算简图计算，如图 11.31(b)所示，这时只有结点 A 的角位移 Δ_1 为基本未知量。基本体系如图 11.31(c)所示。

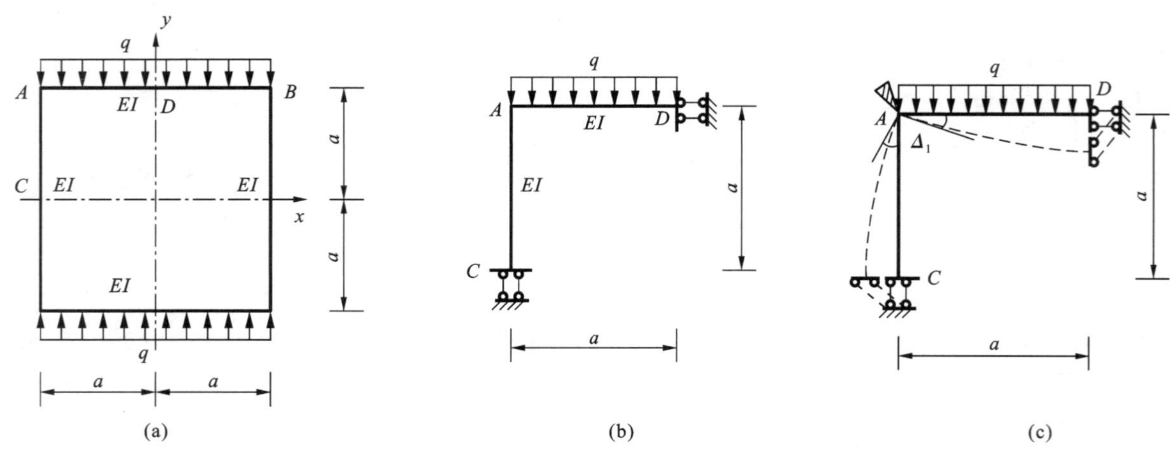

图 11.31 例 11.6 图

(a) 原结构；(b) 1/4 结构计算简图；(c) 基本体系

(2) 位移法方程

$$k_{11}\Delta_1+F_{1P}=0$$

(3) 计算系数 k_{11}

令 $i=\frac{EI}{a}$，基本结构在 $\Delta_1=1$ 作用下，作 $\overline{M}_1$ 图，如图 11.32(a)所示。由结点 A 的力矩平衡条件[图 11.32(b)]可得：

$$k_{11}=2i$$

(4) 计算自由项 F_{1P}

利用载常数可得杆 AD 的固端弯矩，作基本结构在荷载作用下的 M_P 图[图 11.32(c)]。

$$M_{AD}^{F}=-\frac{1}{3}qa^2 \qquad M_{DA}^{F}=-\frac{1}{6}qa^2$$

由结点 A 的力矩平衡条件[图 11.32(d)]可得：

$$F_{1P}=-\frac{1}{3}qa^2$$

(5) 解位移法方程

$$2i\Delta_1-\frac{1}{3}qa^2=0 \qquad \Delta_1=\frac{qa^2}{6i}$$

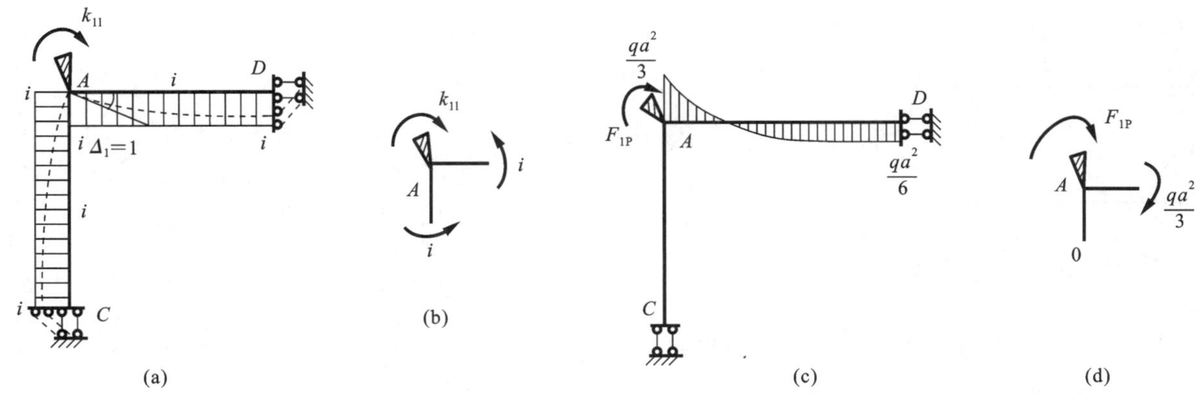

图 11.32　1/4 结构的 $\overline{M}_1$ 图、M_P 图

(a) $\overline{M}_1$ 图；(b) 计算 k_{11}；(c) M_P 图；(d) 计算 F_{1P}

(6) 作 M 图

利用叠加公式 $M=\overline{M}_1\Delta_1+M_P$，作出$\frac{1}{4}$结构的 M 图，然后根据对称性，画出原结构的 M 图，如图 11.33 所示。

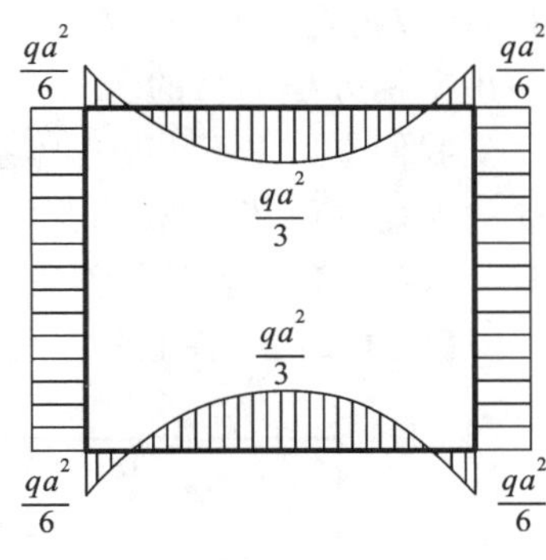

图 11.33　例 11.6 的 M 图

11.7　用直接平衡法建立位移法方程

在位移法中，也可以不通过基本体系，而以杆件为单元，利用杆件的形常数和载常数，综合写出每一杆件的杆端弯矩和杆端角位移、相对杆端线位移、荷载的关系式，然后直接建立结点平衡方程和截面平衡方程，计算基本未知量。

1. 等截面直杆的转角位移方程

在 11.2 节等截面直杆的形常数和载常数中，讨论了当杆端分别有角位移、线位移和受荷载作用的杆端力。对于任一等截面直杆，当杆两端同时有角位移、线位移和荷载作用时，则可以利用形常数和载常数，应用叠加原理写出杆件杆端力的表达式，称为等截面直杆的转角位移方程。

(1) 两端刚结(包括固定)的等截面直杆

图 11.34 表示两端都固定的等截面直杆 AB。A 端有角位移 θ_A，B 端有角位移 θ_B，AB 两端有相对线位移 Δ，并有荷载作用，应用形常数和载常数的叠加公式，可得：

$$\left.\begin{aligned} M_{AB} &= 4i_{AB}\theta_A + 2i_{AB}\theta_B - 6i_{AB}\frac{\Delta}{l} + M_{AB}^F \\ M_{BA} &= 2i_{AB}\theta_A + 4i_{AB}\theta_B - 6i_{AB}\frac{\Delta}{l} + M_{BA}^F \end{aligned}\right\} \tag{11.10}$$

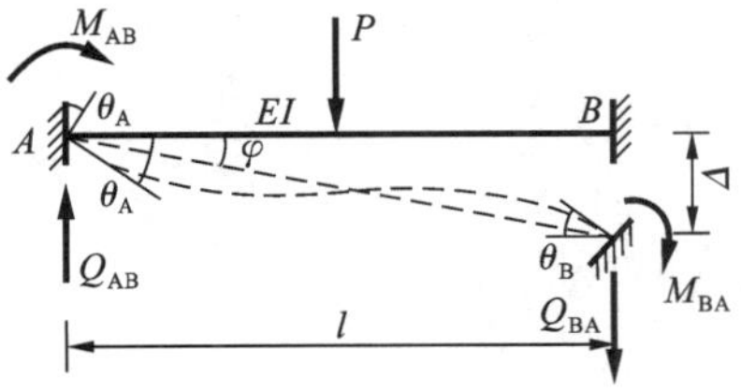

图 11.34　两端刚结的直杆

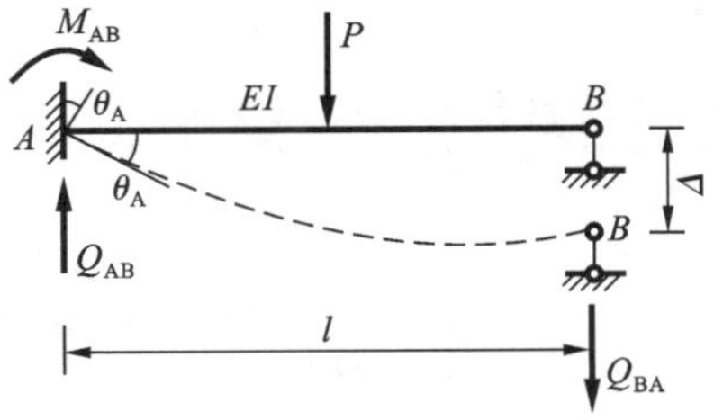

图 11.35　一端刚结、一端铰支的直杆

(2) 一端刚结(包括固定)、另一端铰支的等截面直杆

图 11.35 表示一端固定、另一端铰支的等截面直杆 AB。A 端有角位移 θ_A，AB 两端有相对线位移 Δ，并有荷载作用。应用形常数和载常数的叠加公式，可得：

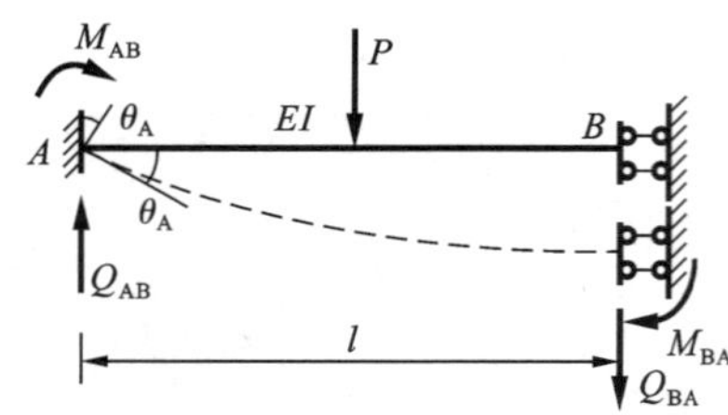

图 11.36 一端刚结、一端滑动的直杆

$$\left.\begin{aligned} M_{AB} &= 3i_{AB}\theta_A - 3i_{AB}\frac{\Delta}{l} + M_{AB}^F \\ M_{BA} &= 0 \end{aligned}\right\} \tag{11.11}$$

(3) 一端刚结(包括固定)、另一端为滑动支座的等截面直杆

图 11.36 表示一端固定、另一端为滑动支座的等截面直杆 AB。A 端有角位移 θ_A,并有荷载作用,应用形常数和载常数的叠加公式,可得:

$$\left.\begin{aligned} M_{AB} &= i_{AB}\theta_A + M_{AB}^F \\ M_{BA} &= -i_{AB}\theta_A + M_{BA}^F \end{aligned}\right\} \tag{11.12}$$

式(11.10)~式(11.12)即为等截面直杆的转角位移方程。式中各符号的意义及正负号规定同前。

2. 用直接平衡法计算超静定结构

位移法方程的实质是静力平衡方程。对于结点角位移,相应的是结点的力矩平衡方程;对于结点线位移,相应的是截面的投影平衡方程。用基本体系方法计算时,是借助于基本体系这一工具,以达到分步、分项写出平衡方程的目的。

我们也可以不用基本体系这一工具,直接由各杆件的转角位移方程,写出各杆件的杆端力表达式来建立相应的平衡方程,即在有结点角位移处,建立结点的力矩平衡方程;在有结点线位移处,建立截面的剪力平衡方程。这些方程也就是位移法的基本方程。现以下面例题为例,说明用直接平衡法计算超静定结构的计算步骤。

【例 11.7】 用直接平衡法求作图 11.37(a)所示刚架的 M 图。

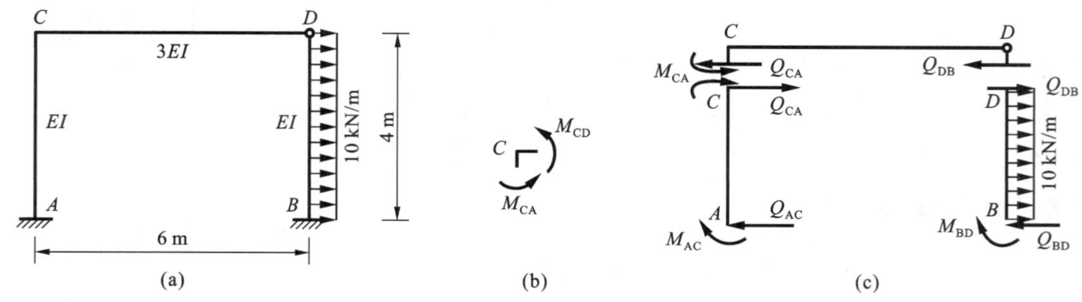

图 11.37 例 11.7 图

(a) 原结构;(b) 结点 C 的隔离体;(c) 截面隔离体

【解】

(1) 基本未知量

此刚架有两个基本未知量,结点 C 的转角 $\theta_C=\Delta_1$ 和结点 C 或 D 的水平线位移 Δ_2。

(2) 各杆杆端弯矩表达式

为满足结构结点位移和各杆杆端位移的变形连续条件,写各杆杆端弯矩表达式时,应用结点位移的符号表示杆端位移。

根据等截面直杆的转角位移方程式(11.10)和式(11.11),令 $i_{CA}=i_{BD}=\dfrac{EI}{4}=i$,$i_{CD}=\dfrac{3EI}{6}=2i$,各杆杆端弯矩表达式为:

$$\left.\begin{aligned} M_{CA} &= 4i_{CA}\Delta_1 - \frac{6i_{CA}}{l_{CA}}\Delta_2 = 4i\Delta_1 - \frac{3i}{2}\Delta_2 \\ M_{AC} &= 2i_{CA}\Delta_1 - \frac{6i_{CA}}{l_{CA}}\Delta_2 = 2i\Delta_1 - \frac{3i}{2}\Delta_2 \\ M_{CD} &= 3i_{CD}\Delta_1 = 3(2i)\Delta_1 = 6i\Delta_1 \\ M_{BD} &= -\frac{3i_{BD}}{l_{BD}}\Delta_2 - \frac{10}{8}\times 4^2 = -\frac{3i}{4}\Delta_2 - 20 \end{aligned}\right\} \tag{a}$$

(3) 建立位移法方程

① 相应于结点 C 的角位移 $\Delta_1(=\theta_C)$，取结点 C 为隔离体[图 11.37(b)]，建立力矩平衡方程：

$$\sum M_C = 0 \qquad M_{CD} + M_{CA} = 0 \tag{b}$$

将式(a)中的 M_{CD}、M_{CA} 代入式(b)，得：

$$10i\Delta_1 - \frac{3}{2}i\Delta_2 = 0 \tag{c}$$

② 相应于结点 D 的水平线位移 Δ_2，截取含有 Δ_2 的柱顶以上的横梁为隔离体[图 11.37(c)]，建立水平投影方程：

$$\sum X = 0 \qquad Q_{CA} + Q_{DB} = 0 \tag{d}$$

可由式(a)杆端弯矩表达式求得杆端剪力表达式。分别取柱 AC 和 BD 为隔离体[图 11.37(c)]，由力矩平衡方程：

$$\left.\begin{aligned} &\sum M_A = 0 \qquad Q_{CA} = -\frac{M_{AC} + M_{CA}}{l_{AC}} \\ &\sum M_B = 0 \qquad Q_{DB} = -\frac{M_{BD}}{l_{BD}} - \frac{1}{2}ql_{BD} \end{aligned}\right\} \tag{e}$$

将式(e)代入式(d)，得：

$$M_{AC} + M_{CA} + M_{BD} + 80 = 0$$

再将式(a)中的 M_{AC}、M_{CA}、M_{BD} 代入上式，得：

$$6i\Delta_1 - 3.75i\Delta_2 + 60 = 0 \tag{f}$$

(4) 解联立方程式(c)、式(f)

$$\begin{cases} 10i\Delta_1 - \dfrac{3}{2}i\Delta_2 = 0 \\ 6i\Delta_1 - 3.75i\Delta_2 + 60 = 0 \end{cases}$$

得：

$$\Delta_1 = 3.16\frac{1}{i} \qquad \Delta_2 = 21.05\frac{1}{i}$$

(5) 将 Δ_1、Δ_2 代入式(a)，可得各杆杆端弯矩

$$M_{CA} = -18.95\ \text{kN}\cdot\text{m} \qquad M_{AC} = -25.26\ \text{kN}\cdot\text{m}$$
$$M_{CD} = 18.95\ \text{kN}\cdot\text{m} \qquad M_{BD} = -35.79\ \text{kN}\cdot\text{m}$$

(6) 作 M 图，M 图见图 11.23(a)。

由以上计算步骤可知，利用转角位移方程直接建立平衡方程的方法与用基本体系建立位移法方程的方法在原理上是完全相同的，只是表现形式不同。杆端弯矩表达式实际上就是基本体系各杆在基本未知量和荷载共同作用下的弯矩的叠加公式，它已经把荷载和基本未知量的作用综合在一起了。

本章小结

(1) 位移法是计算超静定结构的另一基本方法(虽然它也可以计算静定结构)，适用于超静定次数较高的连续梁和刚架。同时它又是常用渐近法(力矩分配法、无剪力分配法等)和适用于计算机计算的矩阵位移法的基础。应认真弄清楚位移法的基本物理概念。

(2) 位移法的基本未知量是结构的结点位移，即刚结点的角位移和独立的结点线位移。这时，应清楚地理解等截面直杆形常数和载常数的物理意义，这可以帮助我们了解在位移法中为什么可以取这些结点位移作为基本未知量，而不是任意的结点位移(如铰结点的角位移)作基本未知量。这里要注意位移和杆端力的正负号规定，特别是杆端弯矩新的正负号规定。

(3) 在位移法中，用以解算基本未知量的是平衡方程。对每一个刚结点，可以写一个结点力矩平衡方程。对每一个独立的结点线位移，可以写一个截面平衡方程。平衡方程的数目与基本未知量的数目正好相等。

(4) 利用基本体系写平衡方程，使位移法与力法之间建立更加完整的对应关系，有助于对两种方法的深

入了解。采用基本体系后，不仅使基本方程中的每项系数和自由项都具有独立的力学意义，而且可以与第13章的矩阵位移法相呼应。

(5) 对称结构的计算主要是取半边结构进行计算。关键是要弄清楚半边结构的取法，即弄清楚在对称荷载或反对称荷载下结构有哪些独立的结点位移。

(6) 位移法的直接平衡法，是以杆件的转角位移方程为基础直接写平衡方程的方法，原理与通过基本体系写平衡方程的方法是一样的。该方法在本书中只做了简短的介绍，是为开拓学生的思路而备。

习　　题

11.1～11.8　试确定题11.1图～题11.8图所示结构用位移法计算时的基本未知量数目，并画出基本结构。

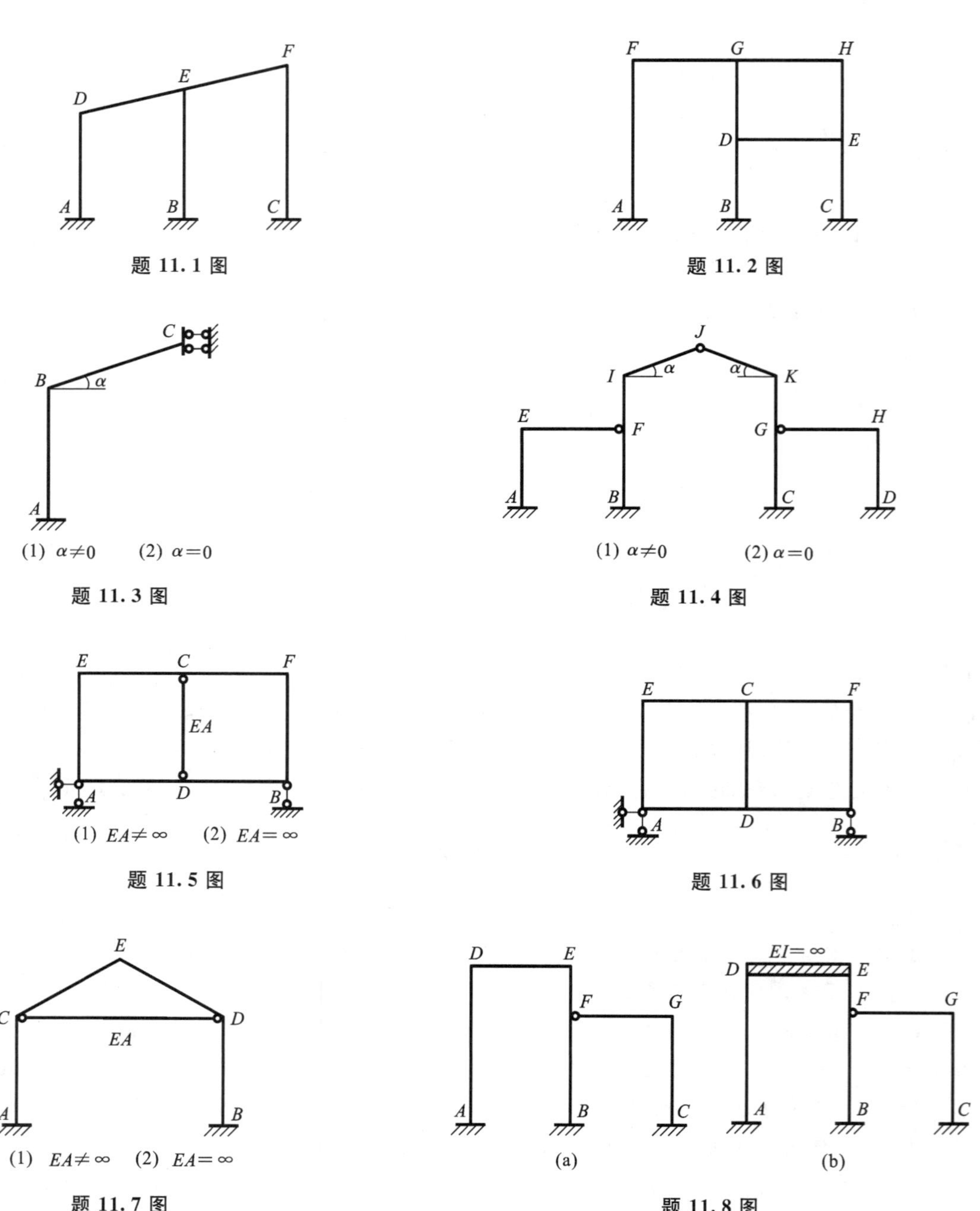

题 11.1 图

题 11.2 图

题 11.3 图

题 11.4 图

题 11.5 图

题 11.6 图

题 11.7 图

题 11.8 图

11.9～11.12　画出下列结构的基本体系，并画出基本结构的单位弯矩图和荷载弯矩图。

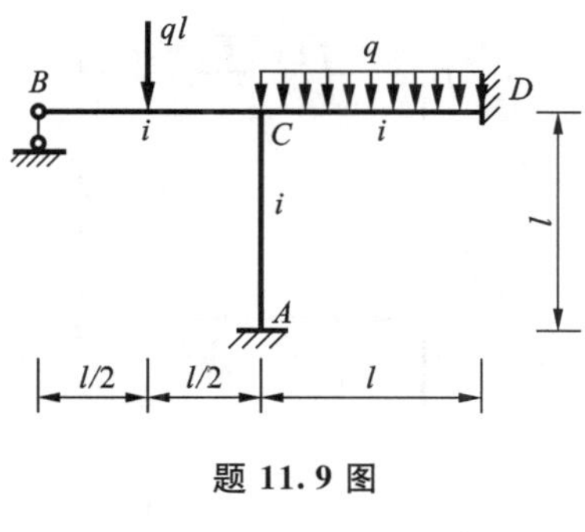

题 11.9 图

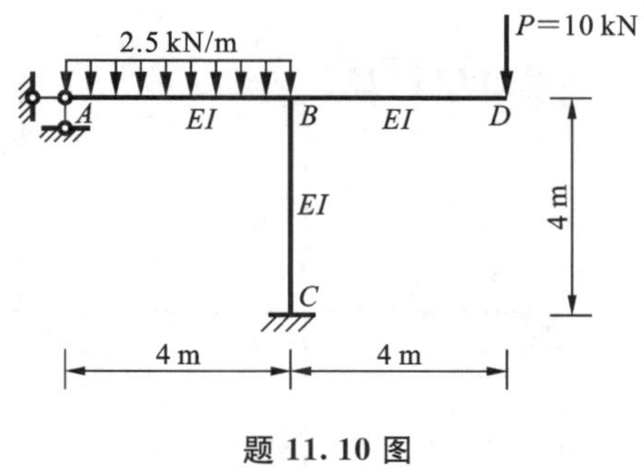

题 11.10 图

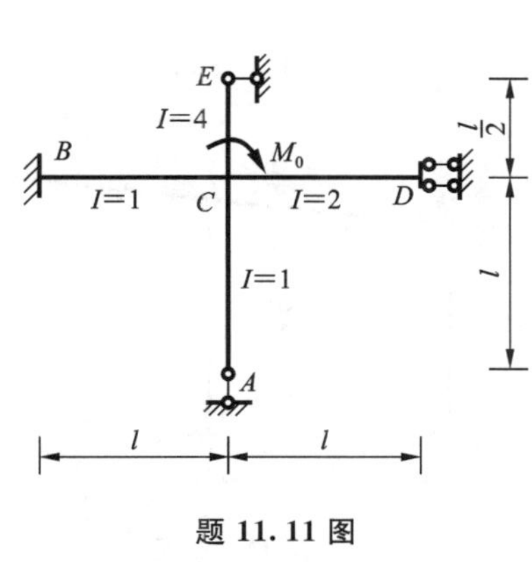

题 11.11 图

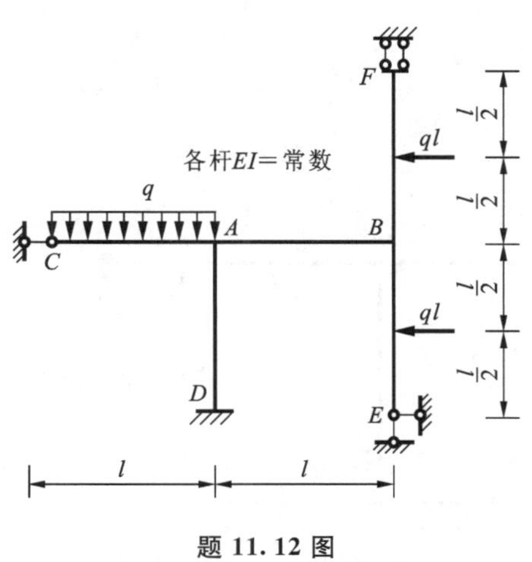

题 11.12 图

11.13～11.16　用位移法作连续梁及无侧移刚架的 M 图。EI＝常数。

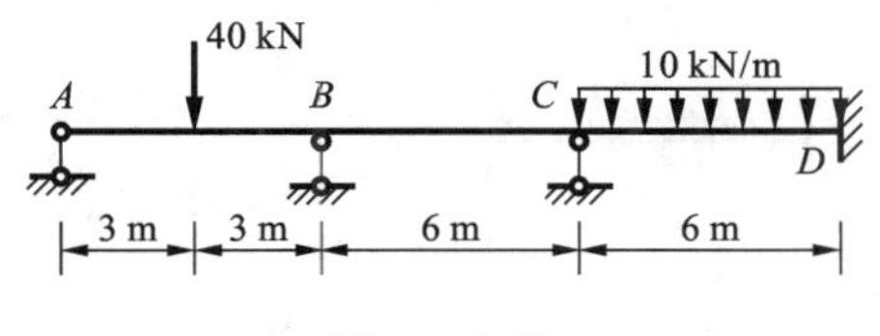

题 11.13 图

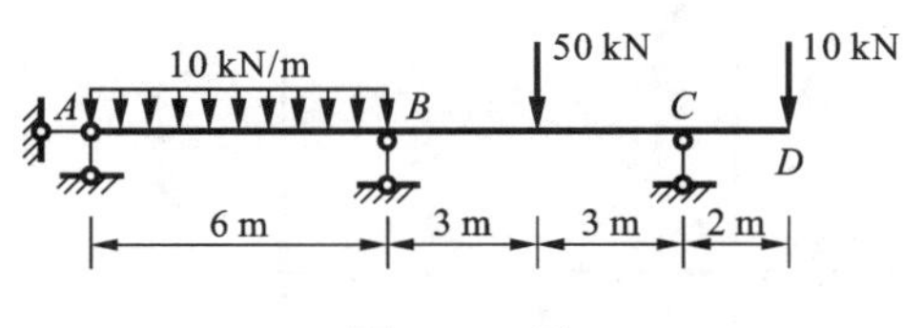

题 11.14 图

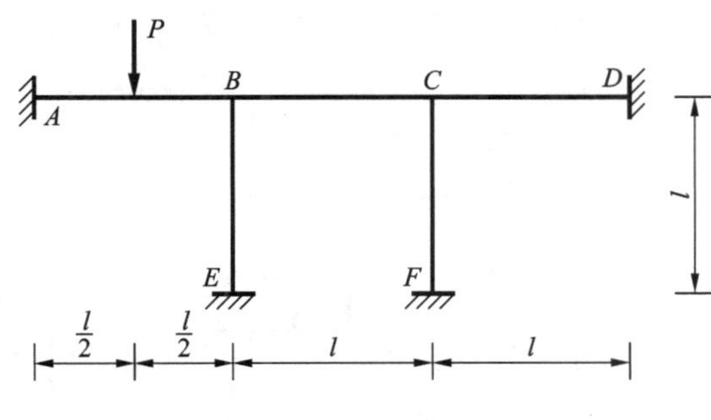

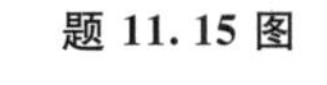

题 11.15 图

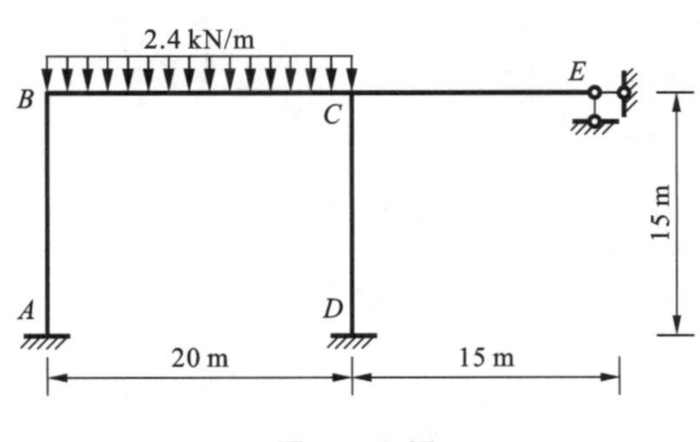

题 11.16 图

11.17～11.18　画出图示刚架(EI＝常数)的基本体系，并画出单位弯矩图和荷载弯矩图。

11.19～11.22　用位移法作图示刚架的 M 图。

11.23～11.24　用位移法计算图示排架和刚架，作 M 图、Q 图和 N 图。

11.25～11.27　利用对称性，作图示刚架的 M 图。EI＝常数。

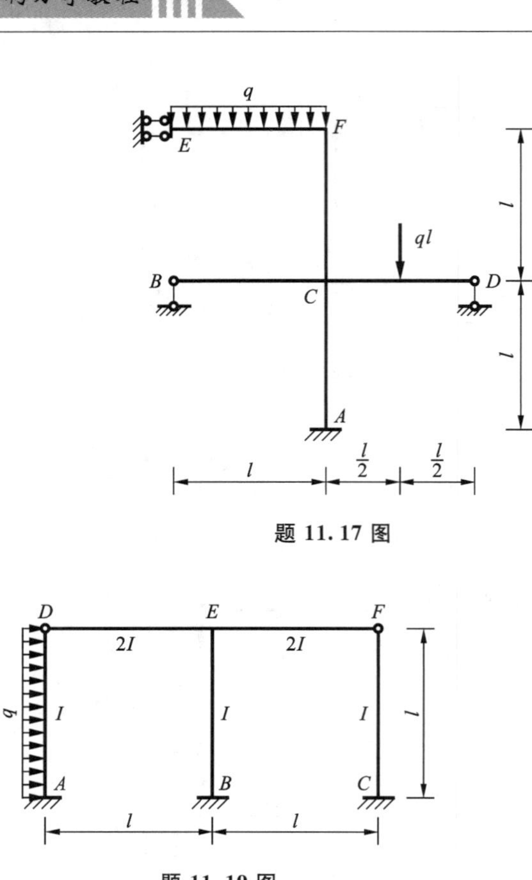

题 11.17 图

题 11.19 图

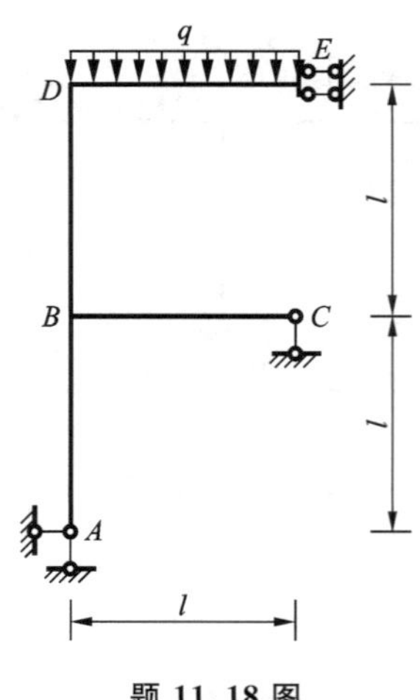

题 11.18 图

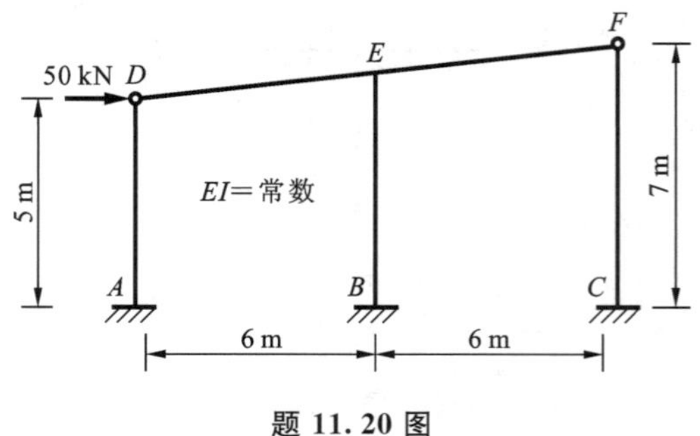

题 11.20 图

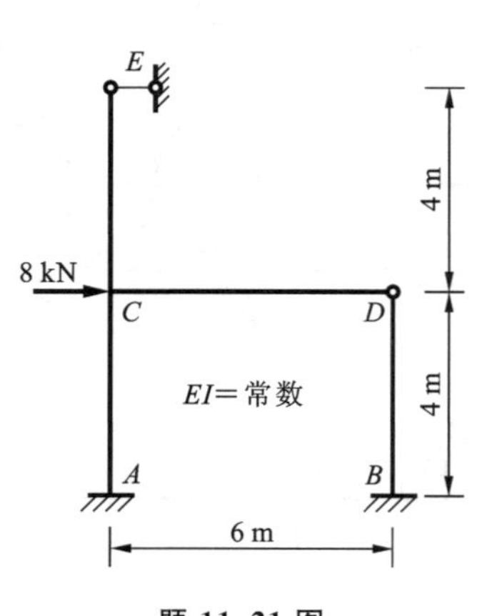

题 11.21 图

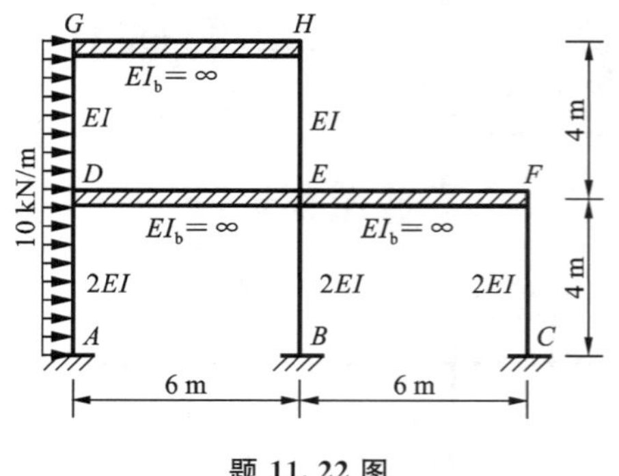

题 11.22 图

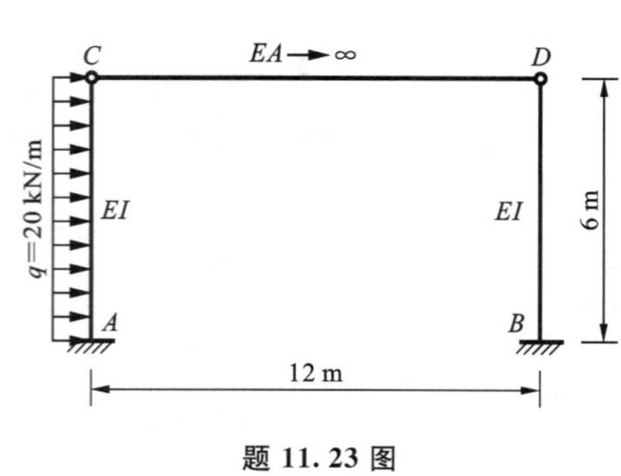

题 11.23 图

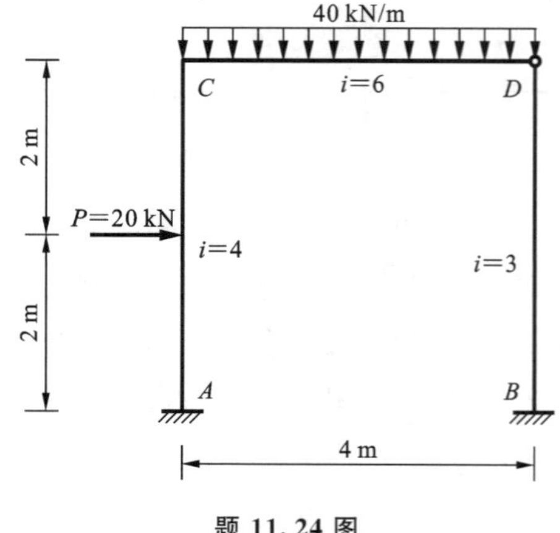

题 11.24 图

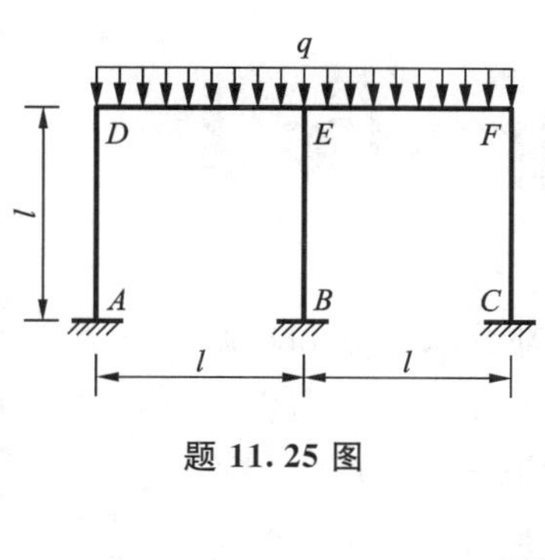

题 11.25 图

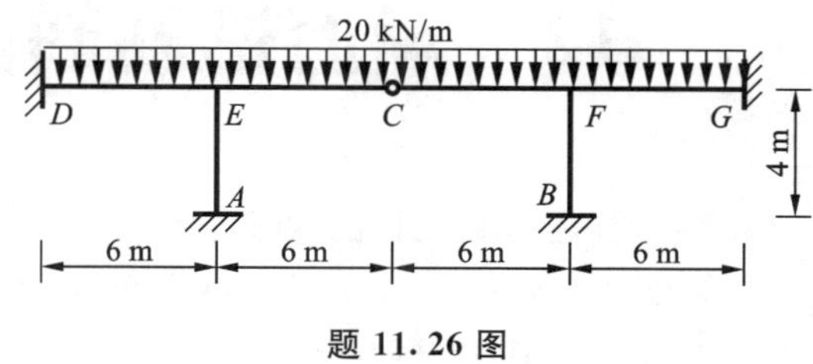

题 11.26 图

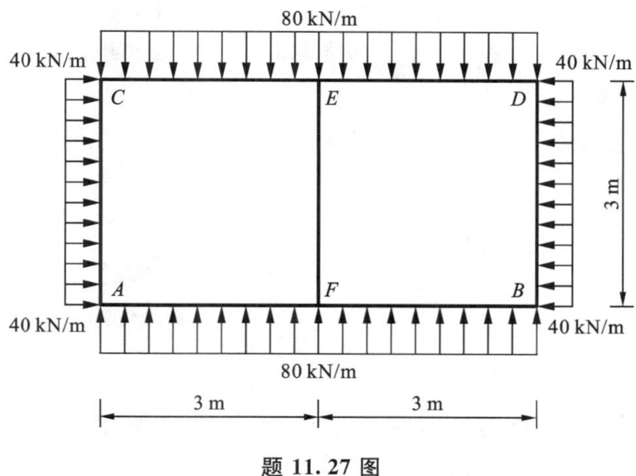

题 11.27 图

11.28～11.29　利用对称性，作图示刚架的 M 图、Q 图、N 图。

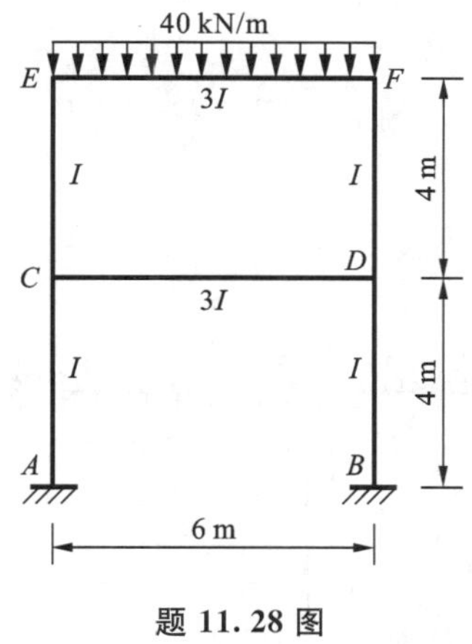

题 11.28 图

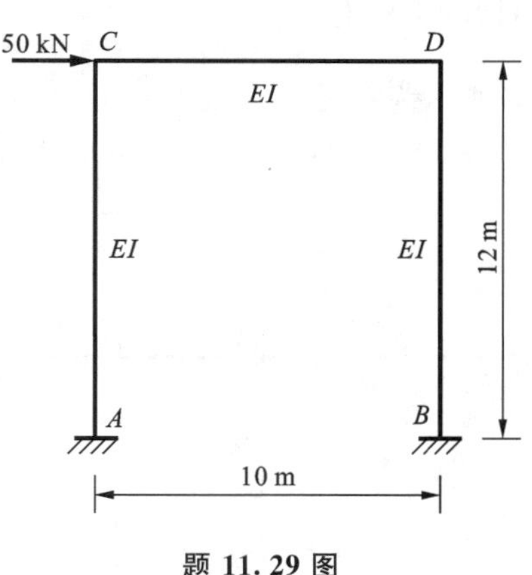

题 11.29 图

11.30　讨论如何利用对称性计算图示刚架。

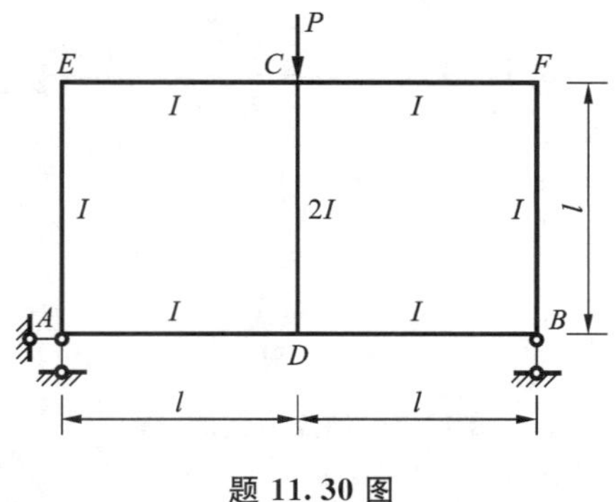

题 11.30 图

11.31～11.34　用直接平衡法重做习题 11.15、11.16、11.21、11.22。

12　渐近法和超静定结构的影响线

前面介绍的计算超静定结构的两种基本方法——力法和位移法，都要求建立和求解联立方程。当未知量较多时，计算工作量较大，且在求得基本未知量后，还要利用杆端弯矩叠加公式求得杆端弯矩。本章所讨论的力矩分配法属于位移法类型的渐近解法。力矩分配法是直接从实际结构的受力和变形状态出发，根据位移法基本原理，从开始建立的近似状态，逐步通过增量调整来修正，最后收敛于真实状态。渐近法因为不必解算联立方程，计算步骤比较简单和规格化，且直接求得的是杆端弯矩，精度可以满足工程要求，因而在工程中应用很广泛。

力矩分配法适用于计算连续梁和无结点线位移刚架。本章还讨论了与力矩分配法属于同类的无剪力分配法。

12.1　力矩分配法的概念

1. 正负号规定

【扫码演示15】

力矩分配法中对杆端转角、杆端弯矩、固端弯矩的正负号规定与位移法相同，即假设对杆端顺时针旋转为正。作用于结点的外力偶荷载和作用于转动约束的约束力矩，也假设对结点或约束顺时针旋转为正。

2. 结点力偶的分配和传递

图 12.1(a)所示为一无结点线位移的单结点刚架。在刚结点 A 作用有力偶荷载 M。用位移法计算时，基本未知量为刚结点 A 的角位移 Δ_1，位移法方程为：

$$k_{11}\Delta_1 + F_{1P} = 0 \tag{a}$$

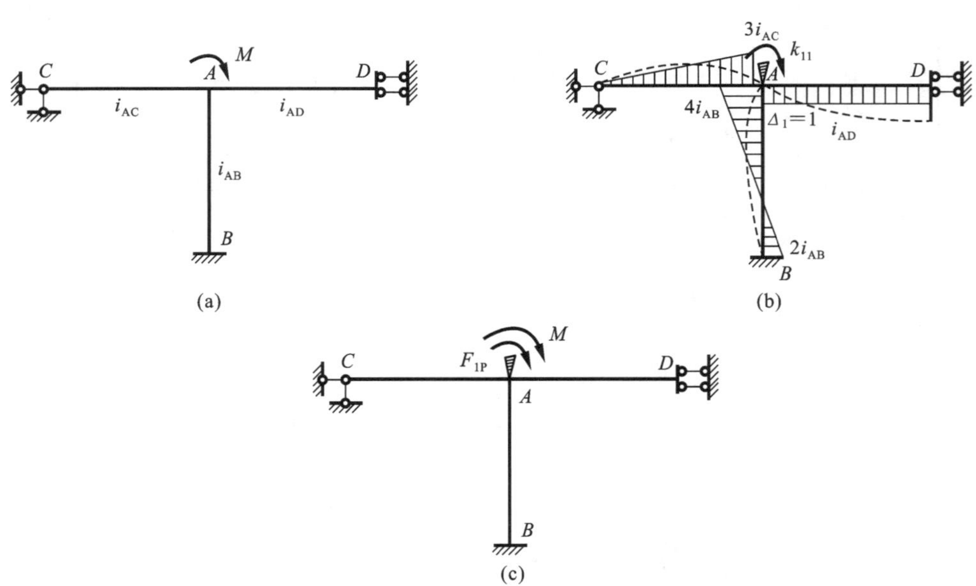

图 12.1　结点力偶的分配

(a) 结点力偶作用于单结点的刚架；(b) 位移法的 $\overline{M}_1$ 图；(c) 位移法的 M_P 图

由 $\overline{M}_1$ 图[图 12.1(b)]有：

$$\left.\begin{aligned}\overline{M}_{AB} &= 4i_{AB}\\ \overline{M}_{AC} &= 3i_{AC}\\ \overline{M}_{AD} &= i_{AD}\end{aligned}\right\} \tag{b}$$

$$k_{11} = 4i_{AB} + 3i_{AC} + i_{AD} \tag{c}$$

由 M_P 图[图 12.1(c)]有：

$$F_{1P} + M = 0 \qquad F_{1P} = -M \tag{d}$$

将式(c)及式(d)代入式(a)，解出：

$$\Delta_1 = \frac{-F_{1P}}{k_{11}} = \frac{M}{4i_{AB} + 3i_{AC} + i_{AD}} \tag{e}$$

将 Δ_1 的解代入叠加公式 $M=\overline{M}_1\Delta_1+M_P$，可得各杆杆端弯矩：

$$\left.\begin{aligned}M_{AB} &= \overline{M}_{AB}\Delta_1 = 4i_{AB}\Delta_1 = \frac{4i_{AB}}{4i_{AB}+3i_{AC}+i_{AD}}M\\ M_{AC} &= \overline{M}_{AC}\Delta_1 = 3i_{AC}\Delta_1 = \frac{3i_{AC}}{4i_{AB}+3i_{AC}+i_{AD}}M\\ M_{AD} &= \overline{M}_{AD}\Delta_1 = i_{AD}\Delta_1 = \frac{i_{AD}}{4i_{AB}+3i_{AC}+i_{AD}}M\end{aligned}\right\} \tag{f}$$

$$\left.\begin{aligned}M_{BA} &= \overline{M}_{BA}\Delta_1 = 2i_{AB}\Delta_1 = \frac{2i_{AB}}{4i_{AB}+3i_{AC}+i_{AD}}M\\ M_{DA} &= \overline{M}_{DA}\Delta_1 = -i_{DA}\Delta_1 = \frac{-i_{DA}}{4i_{AB}+3i_{AC}+i_{AD}}M\end{aligned}\right\} \tag{g}$$

M 图等于 $\overline{M}_1$ 图[图 12.1(b)]乘以 Δ_1。

以上是用位移法基本体系计算结点力偶荷载作用于单结点刚架的过程。

下面将对这个问题给予新的解释，为此，先提出几个名词和概念。

(1) 转动刚度 S_{AB}

式(b)中，在 $\Delta_1=1$ 作用下，杆 AB 的杆端弯矩表达式可写成：

$$\overline{M}_{AB} = S_{AB}$$

S_{AB} 称为 AB 杆 A 端的转动刚度，它在数值上等于使 AB 杆 A 端(也称近端)产生单位转角时所需施加的力矩，也表示杆端对转动的抵抗能力。

杆端转动刚度的数值也就是第 11 章位移法中等截面杆在杆端转动单位转角时的弯矩形常数。

表 11.1 等截面杆的形常数编号 1、3、5 给出了三种等截面杆 AB 在 A 端的转动刚度 S_{AB} 的数值，见图 12.2。

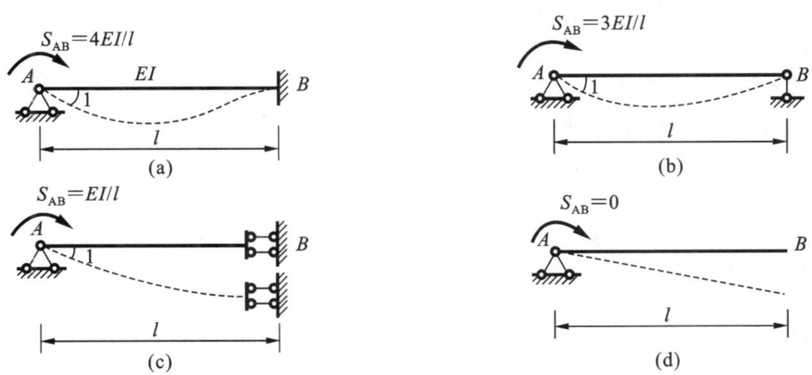

图 12.2 转动刚度

(a) 远端固定；(b) 远端铰支；(c) 远端滑动；(d) 远端自由

关于 S_{AB}，应当说明以下两点：

① 在 S_{AB} 中，A 端是施力端，也称近端，B 端称为远端。

② S_{AB}的数值与杆件的线刚度$\left(i=\dfrac{EI}{l}\right)$和远端支承情况有关，远端支承情况不同，$S_{AB}$的数值也不同。

图 12.2 中，AB 杆 A 端转动刚度 S_{AB}的值如下$\left(令\dfrac{EI}{l}=i\right)$：

远端固定 $$S_{AB}=4i \tag{12.1}$$

远端铰支 $$S_{AB}=3i \tag{12.2}$$

远端滑动 $$S_{AB}=i \tag{12.3}$$

远端自由 $$S_{AB}=0 \tag{12.4}$$

(2) 分配系数

由式(f)可以看出，刚结点 A 在力偶荷载 M 作用下，结点 A 上各杆在 A 端的弯矩与各杆 A 端的转动刚度成正比。

对结点 A 上某杆 Aj 来说，可以用以下公式表示计算结果：

$$M_{Aj}=\mu_{Aj}M \tag{12.5}$$

$$\mu_{Aj}=\frac{S_{Aj}}{\sum\limits_{A}S} \tag{12.6}$$

这里，μ_{Aj}为杆 Aj 在 A 端的分配系数，是将结点 A 作用的外力偶荷载 M 分配到结点 A 上各杆 A 端弯矩的比例，其中 j 可以是 B、C、D 等。分配系数 μ_{Aj}数值上为杆 Aj 的转动刚度与交于 A 结点各杆在 A 端的转动刚度之和的比值。

因此，结点 A 的力偶荷载 M 是按各杆的分配系数分配到各杆的 A 端。

同一结点上，各杆分配系数之间存在如下关系：

$$\sum_{A}\mu=\mu_{AB}+\mu_{AC}+\mu_{AD}=\frac{S_{AB}+S_{AC}+S_{AD}}{\sum\limits_{A}S}=1 \tag{12.7}$$

(3) 传递系数

传递系数 C 表示当杆件近端有转角时，杆件远端弯矩与近端弯矩的比值。

图 12.1(a)中，力偶荷载加于结点 A，结点 A 转动，使各杆在 A 端(近端)产生弯矩，同时也使各杆远端产生弯矩，远端弯矩见式(g)。

由式(f)和式(g)，可得：

$$\frac{M_{BA}}{M_{AB}}=C_{AB}=\frac{1}{2}\qquad\frac{M_{CA}}{M_{AC}}=C_{AC}=0\qquad\frac{M_{DA}}{M_{AD}}=C_{AD}=-1$$

上式中，C_{Aj}($j=B$、C、D)称为传递系数，即远端弯矩与近端弯矩的比值：

$$C_{Aj}=\frac{M_{jA}}{M_{Aj}} \tag{12.8}$$

由式(12.8)可以看出，在等截面杆件中，传递系数 C 随远端的支承情况而不同，数值如下：

远端固定 $$C=\frac{1}{2} \tag{12.9}$$

远端铰支 $$C=0 \tag{12.10}$$

远端滑动 $$C=-1 \tag{12.11}$$

我们可用下式表示传递系数的应用：

$$M_{jA}=C_{Aj}M_{Aj} \tag{12.12}$$

式中 C_{Aj}——杆 Aj 由 A 端到 j 端的传递系数。

现在把图 12.1(a)所示问题的过程重新解释如下：

当结点 A 作用有力偶荷载 M 时，结点 A 上各杆近端得到按各杆的分配系数乘以 M 的近端弯矩，也称分配弯矩；各杆的远端则有传递系数乘以近端弯矩的远端弯矩，也称传递弯矩。

以上是用力矩的分配和传递的概念解决结点力偶荷载作用下的计算问题，故称力矩分配法。现再用例题加以说明。

【例 12.1】 图 12.3(a)所示无结点线位移刚架，在结点 A 有力偶荷载 $M=100$ kN·m 作用，试用力矩分配法计算各杆杆端弯矩。

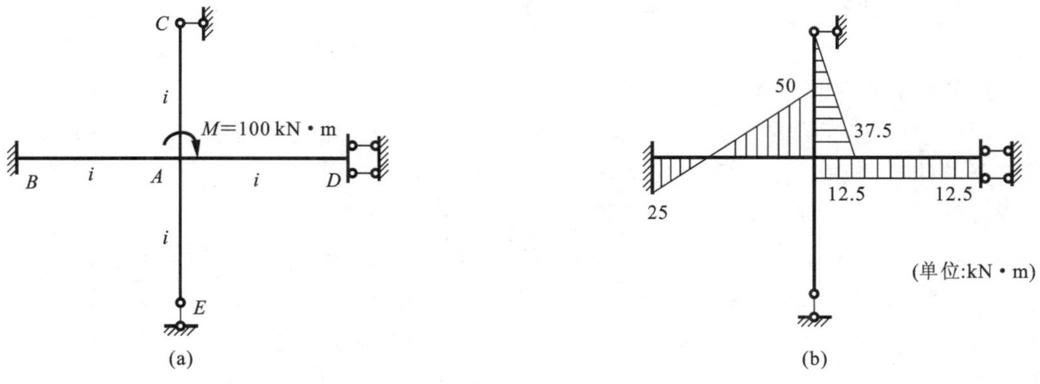

图 12.3 力偶的分配与传递

(a) 原结构及荷载；(b) 弯矩图

【解】

(1) 计算各杆转动刚度及分配系数

由式(12.1)～式(12.4)，可得各杆转动刚度：

$$S_{AB}=4i_{AB}=4i$$

$$S_{AC}=3i_{AC}=3i$$

$$S_{AD}=i_{AD}=i$$

$$S_{AE}=0$$

由式(12.6)，可得各杆的分配系数：

$$\mu_{AB}=\frac{S_{AB}}{\sum\limits_{A}S}=\frac{4i}{4i+3i+i}=0.5$$

$$\mu_{AC}=\frac{S_{AC}}{\sum\limits_{A}S}=\frac{3i}{8i}=0.375$$

$$\mu_{AD}=\frac{S_{AD}}{\sum\limits_{A}S}=\frac{i}{8i}=0.125$$

$$\mu_{AE}=\frac{S_{AE}}{\sum\limits_{A}S}=\frac{0}{8i}=0$$

(2) 计算各杆杆端弯矩

由式(12.5)可得各杆分配弯矩：

$$M_{AB}=\mu_{AB}M=0.5\times 100=50\ \text{kN}\cdot\text{m}$$

$$M_{AC}=\mu_{AC}M=0.375\times 100=37.5\ \text{kN}\cdot\text{m}$$

$$M_{AD}=\mu_{AD}M=0.125\times 100=12.5\ \text{kN}\cdot\text{m}$$

$$M_{AE}=\mu_{AE}M=0\times 100=0$$

由式(12.9)～式(12.11)可得各杆传递弯矩：

$$M_{BA}=C_{AB}M_{AB}=\frac{1}{2}\times 50=25\ \text{kN}\cdot\text{m}$$

$$M_{CA}=C_{AC}M_{AC}=0\times 37.5=0$$

$$M_{DA}=C_{AD}M_{AD}=-1\times 12.5=-12.5\ \text{kN}\cdot\text{m}$$

在结点力偶荷载作用下，所求得的各杆的分配弯矩及传递弯矩即杆端弯矩。

根据杆端弯矩值，画出弯矩图，如图 12.3(b)所示。

12.2 单结点的力矩分配——基本运算

单结点力矩分配的物理概念可用实物模型来说明。

图 12.4(a)所示为一连续梁的模型。连续梁为一薄钢片，用砝码加荷载 P 后，连续梁的变形如图 12.4(a)虚线所示。我们要求计算的是 P 作用后出现这个变形时的杆端弯矩。

在一般荷载作用下，用力矩分配法直接计算各杆的杆端弯矩的步骤如下：

(1) 设想我们先在结点 B 加一个控制转动的约束(用螺丝夹紧)阻止结点 B 的转动(即 $\theta_B=0$)，这时结点 B 相当于固端；然后再加砝码。这时，只有 AB 一跨发生变形，如图 12.4(b)中虚线所示。这表明结点约束把连续梁 ABC 分成两根在结点 B 为固端且具有独立变形的单跨梁 AB 和 BC。AB 段受荷载 P 作用后产生变形，相应地产生固端弯矩；BC 段无荷载作用，没有变形。杆 AB 在 B 端的固端弯矩 M_{BA}^F 与在结点 B 约束中的约束力矩 M_B(称为约束力矩)平衡，因此，结点 B 的约束力矩可以通过结点 B 的力矩平衡方程求得。

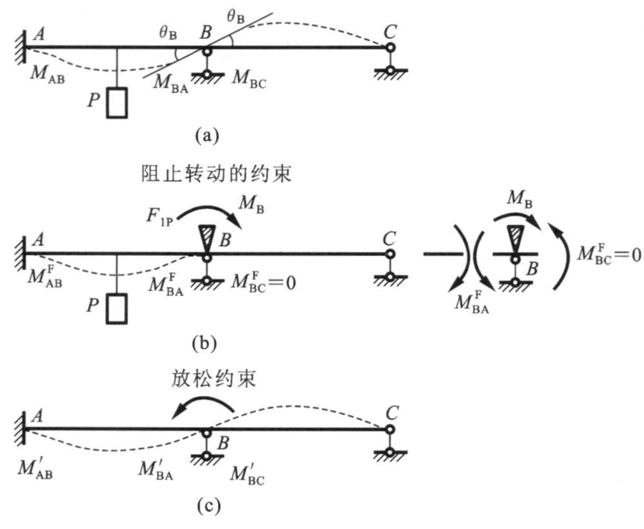

图 12.4 单结点力矩分配的概念

(a) 原结构；(b) 结点 B 加约束；(c) 放松结点 B 的约束

由图 12.4(b)可以看出，杆 BC 的固端弯矩 $M_{BC}^F=0$，杆 BA 的固端弯矩为 M_{BA}^F。由 $\sum M_B=0$，可知结点 B 的约束力矩 $F_{1P}=M_{BA}^F+M_{BC}^F=M_{BA}^F$。在力矩分配法中，约束力矩通常用 M_B 表示，即 $F_{1P}=M_B$。约束力矩在数值上为结点上各杆固端弯矩之和，符号规定以顺时针转向为正。

(2) 连续梁的真实状态是在结点 B 没有约束，也不存在约束力矩[图 12.4(a)]。因此，必须对图 12.4(b)所示解答加以修正。为符合实际，我们放松结点 B 处的约束，梁在结点 B 可以转动，转角为 θ_B，结点 B 处的约束力矩即由 $M_B(F_{1P})$ 回复到零，这就相当于在结点 B 加了一个力偶荷载($-M_B$)。力偶荷载 $-M_B$ 使梁产生的变形如图 12.4(c)中虚线所示。在结点 B 的力偶荷载 $-M_B$ 作用下，结点 B 各杆在近端(B 端)有分配弯矩 M'_{BA} 和 M'_{BC}；同时在远端(A 端)有传递弯矩 M'_{AB}。

(3) 将图 12.4(b)与图 12.4(c)两种情形叠加，就得到图 12.4(a)所示的实际变形和受力状态。因此，把图 12.4(b)与图 12.4(c)的杆端弯矩叠加，就得到实际的杆端弯矩[图 12.4(a)]，例如 $M_{BA}^F+M'_{BA}=M_{BA}$。

现在把一般荷载作用时力矩分配法的物理概念和计算步骤简述如下：

第一步，先在刚结点 B 加上阻止转动的约束，把连续梁分解为具有固定端的单跨梁，求出杆端的固端弯矩。结点 B 各杆固端弯矩之和为约束力矩 M_B。

第二步，去掉约束，相当于在结点 B 施加一力偶荷载 $-M_B$，这时可求出各杆在 B 端的分配弯矩和远端的传递弯矩。

叠加以上两步的各杆杆端弯矩，就得到各杆实际的杆端弯矩。

【例 12.2】 用力矩分配法计算图 12.5(a)所示连续梁的弯矩图，EI=常数。

【解】

(1) 先在结点 B 加上阻止转动的约束[图 12.5(b)]。

计算由荷载产生的固端弯矩(对杆端顺时针旋转为正号)，并将计算所得固端弯矩数值写在各杆端的下方，固端弯矩的计算如下：

$$M_{AB}^{F}=-\frac{ql^2}{12}=-\frac{20\times 6^2}{12}=-60\ \text{kN}\cdot\text{m}$$

$$M_{BA}^{F}=+\frac{ql^2}{12}=+\frac{20\times 6^2}{12}=+60\ \text{kN}\cdot\text{m}$$

$$M_{BC}^{F}=-\frac{3}{16}Pl=-\frac{3\times 32\times 6}{16}=-36\ \text{kN}\cdot\text{m}$$

在结点 B 处，各杆端弯矩总和为约束力矩 M_B：

$$M_B=60-36=24\ \text{kN}\cdot\text{m}$$

(2) 放松结点 B。

这相当于在结点 B 施加一个力偶荷载 $-24\ \text{kN}\cdot\text{m}$[图 12.5(c)]。结点 B 上作用的力偶荷载，按分配系数分配于两杆的 B 端，并使 A 端(远端)产生传递力矩。具体演算如下：

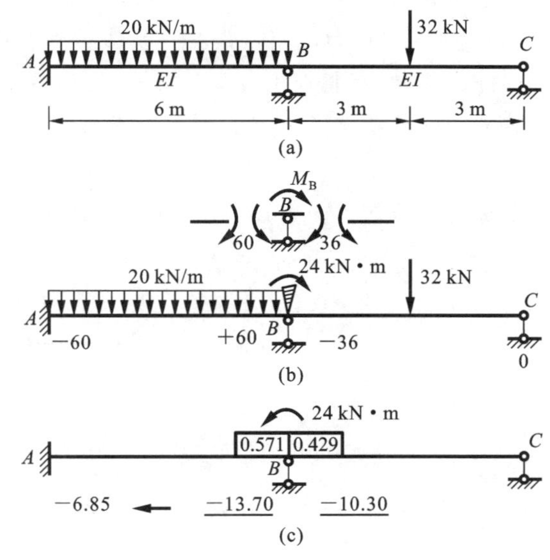

图 12.5 单结点力矩分配的过程

(a) 原结构及荷载；(b) 约束结点 B 转动求固端弯矩和约束力矩；(c) 放松结点 B 约束求分配弯矩和传递弯矩

杆 BA 和 BC 的线刚度相等，都为 i：

$$i=\frac{EI}{l}$$

转动刚度(远端固定时为 $4i$，远端铰支时为 $3i$)

$$S_{BA}=4i_{BA}=4i$$
$$S_{BC}=3i_{BC}=3i$$

分配系数

$$\mu_{BA}=\frac{S_{BA}}{S_{BA}+S_{BC}}=\frac{4i}{4i+3i}=0.571$$

$$\mu_{BC}=\frac{S_{BC}}{S_{BA}+S_{BC}}=\frac{3i}{7i}=0.429$$

校核：

$$\sum\mu=\mu_{BA}+\mu_{BC}=1$$

分配系数写在图 12.5(c)结点 B 上面 BA 和 BC 端的方框内。

分配弯矩

$$M'_{BA}=0.571\times(-24)=-13.70\ \text{kN}\cdot\text{m}$$
$$M'_{BC}=0.429\times(-24)=-10.30\ \text{kN}\cdot\text{m}$$

分配弯矩写在各杆分配系数下面，并在分配弯矩下面画一横线[图 12.5(c)]，表示结点已放松，达到平衡。

传递弯矩(远端固定时，传递系数为 $\frac{1}{2}$；远端为铰支时，传递系数为 0)：

$$M'_{AB}=\frac{1}{2}M'_{BA}=\frac{1}{2}\times(-13.70)=-6.85\ \text{kN}\cdot\text{m}$$

$$M'_{CB}=0$$

用箭头表示弯矩传递的方向。

以上运算即结点力偶荷载作用的运算，结果见图 12.5(c)。

(3) 将以上(1)和(2)的结果叠加，即得到各杆最后的杆端弯矩。

实际演算时，可将以上步骤汇集在一起，按图 12.6(a)的格式演算。下面画双横线表示各杆杆端弯矩的最后结果。注意在结点 B 应满足平衡条件：

$$\sum M=46.30-46.30=0$$

根据所求得的杆端弯矩值(正号为对杆端顺时针旋转)以及弯矩图应画在受拉一侧的画图规定，可画出梁的 M 图，如图 12.6(b)所示。

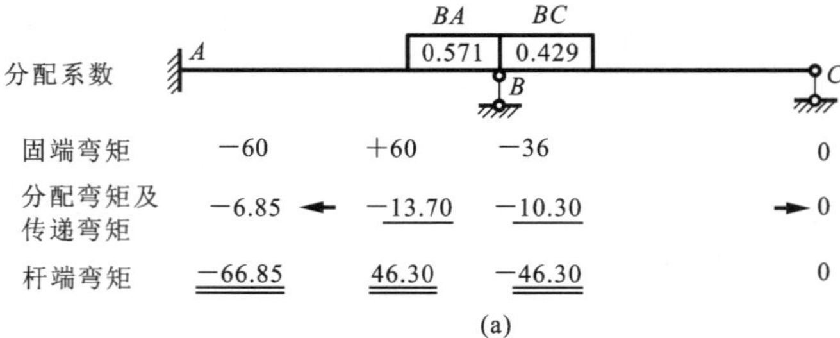

(a)

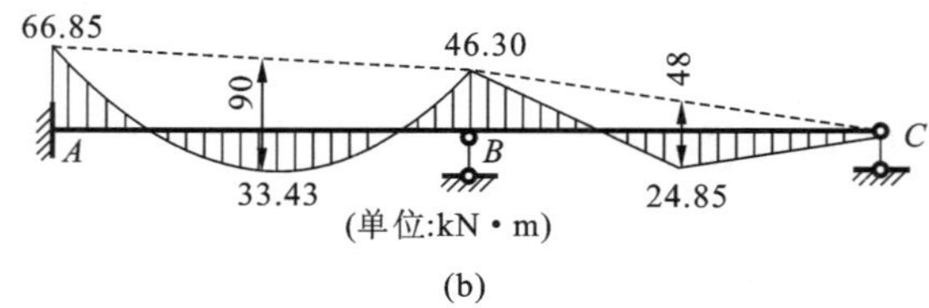

(b)

图 12.6　力矩分配的计算格式和 M 图

(a) 力矩分配的计算格式；(b) M 图

【例 12.3】 用力矩分配法计算图 12.7(a)所示刚架，画弯矩图。各杆线刚度的相对值示于图 12.7(a)中。

【解】

(1) 计算转动刚度和分配系数

转动刚度：

$$S_{AB}=3i_{AB}=3\times 2=6$$

$$S_{AC}=4i_{AC}=4\times 1.5=6$$

$$S_{AD}=4i_{AD}=4\times 2=8$$

$$\sum_{A}S=6+6+8=20$$

分配系数：

$$\mu_{AB}=\frac{S_{AB}}{\sum_{A}S}=\frac{6}{20}=0.3$$

$$\mu_{AC}=\frac{S_{AC}}{\sum_{A}S}=\frac{6}{20}=0.3$$

$$\mu_{AD}=\frac{S_{AD}}{\sum_{A}S}=\frac{8}{20}=0.4$$

$$\sum_{A}\mu=\mu_{AB}+\mu_{AC}+\mu_{AD}=0.3+0.3+0.4=1$$

(2) 固端弯矩

$$M_{AB}^{F}=\frac{ql^2}{8}=\frac{15\times 4^2}{8}=30\ \text{kN}\cdot\text{m}$$

$$M_{AD}^{F}=-\frac{Pab^2}{l^2}=-\frac{50\times 3\times 2^2}{5^2}=-24\ \text{kN}\cdot\text{m}$$

$$M_{DA}^{F}=\frac{Pa^2b}{l^2}=\frac{50\times 3^2\times 2}{5^2}=36\ \text{kN}\cdot\text{m}$$

(3) 分配及传递

计算过程见图 12.7(b)。

(4) 弯矩图

根据杆端弯矩绘出弯矩图,如图 12.7(c)所示。

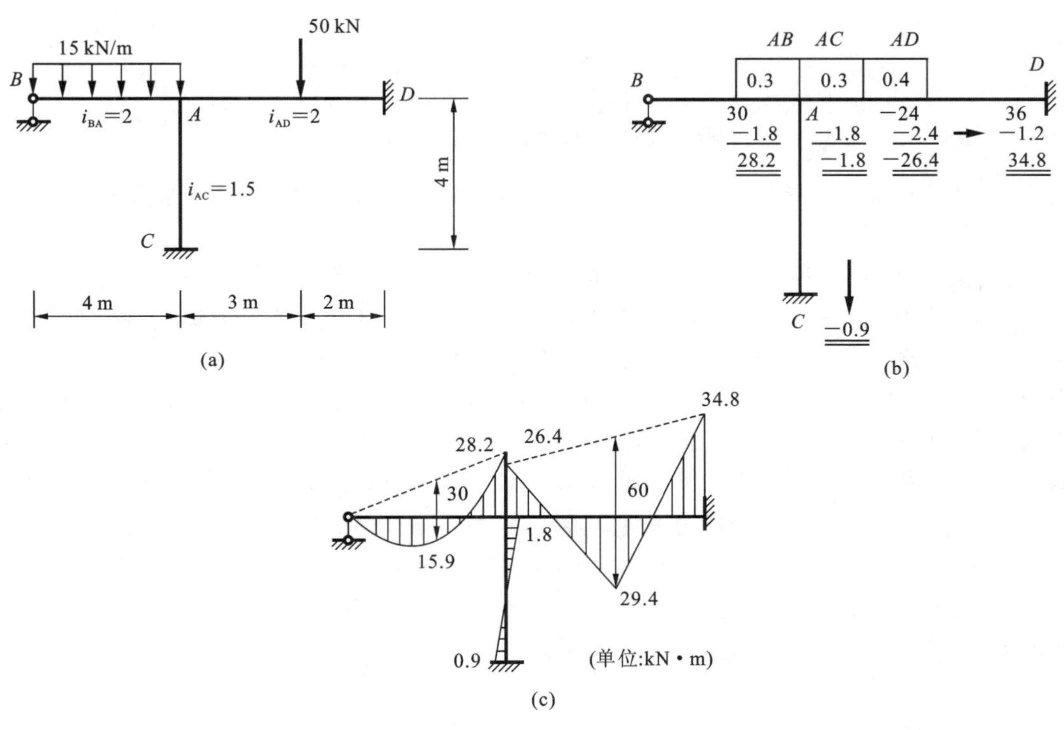

图 12.7 例 12.3 图

(a) 刚架及荷载;(b) 力矩分配及传递;(c) 弯矩图

12.3 多结点的力矩分配——渐近运算

用力矩分配法计算多结点的连续梁和无侧移刚架,只要逐次放松每一个结点,应用上节的单结点的基本运算,就可逐步渐近求出杆端弯矩。

现用一个三跨连续梁的模型来说明逐次渐近的过程。连续梁 $ABCD$ 在中间跨加砝码后的变形曲线如图 12.8(a)所示,相应于此变形的杆端弯矩是我们要计算的目标。下面说明渐近的过程:

第一步,先在结点 B、C 加上约束,阻止结点转动,这时约束把连续梁分成三根在结点 B、C 为固端的单跨梁,然后再加砝码[图 12.8(b)]。各单跨梁具有独立的变形,现在仅 BC 一跨有变形,如图 12.8(b)中虚线所示。这时,杆 BC 两端有固端弯矩 M_{BC}^{F} 和 M_{CB}^{F},约束的结点 B、C 有约束力矩 M_B 和 M_C。

第二步,放松结点 B,即去掉结点 B 的约束[图 12.8(c)],此时结点 C 仍锁住。这时结点 B 有转角 θ_B',这一步的变形如图 12.8(c)中虚线所示。相当于在结点 B 加一反向力偶荷载 $-M_B$,在结点 B 进行分配,得到结点 B 上各杆的第一次分配弯矩,同时结点 A、C 杆端有第一次传递弯矩。

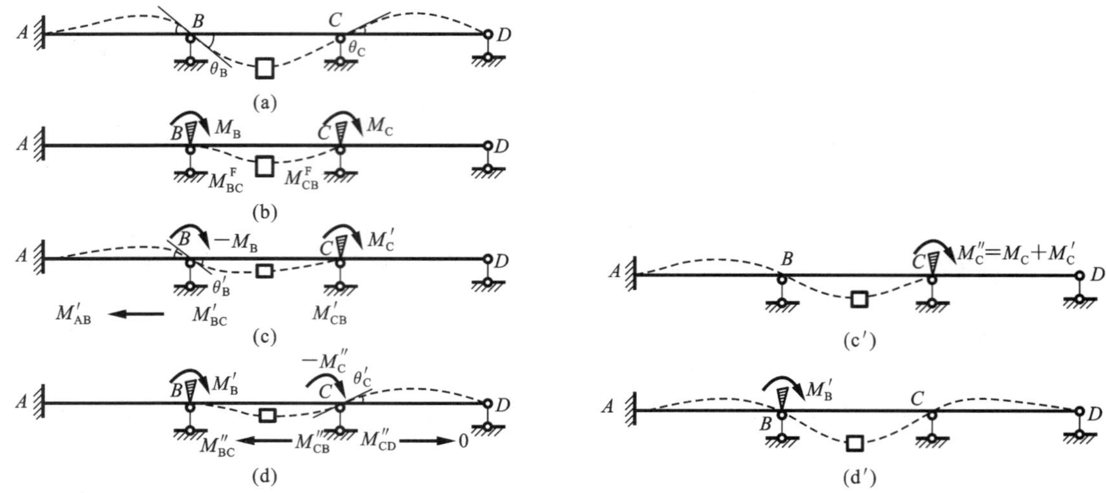

图 12.8　多结点力矩分配的渐近过程

(a) 加载变形曲线；(b) 约束结点 B、C 后的加载变形曲线；(c) 放松结点 B；
(c′) (b)+(c) 累加曲线；(d) 放松结点 C；(d′) (b)+(c)+(d) 累加曲线

第一步和第二步累加的变形如图 12.8(c′)中虚线所示。这时结点 B 已放松，结点 C 中的约束力矩为 $M''_C=M_C+M'_C$。

第三步，放松结点 C，即去掉结点 C 的约束，同时将结点 B 再加上约束[图 12.8(d)]。这时结点 C 有转角 θ'_C，这一步的变形如图 12.8(d)中虚线所示。相当于在结点 C 加上一反向力偶荷载 $-M''_C$($M''_C=M_C+M'_C$)，在结点 C 进行分配，结点 C 上各杆得到第一次分配弯矩，结点 B 又有约束力矩增量 M'_B。

第一步至第三步累计的变形如图 12.8(d′)中虚线所示。这时结点 C 已放松，但结点 B 中的约束力矩为 M'_B。

按照以上步骤，再重复第二步和第三步，即轮流去掉结点 B 和结点 C 的约束，进行分配和传递，直到累计的连续梁的变形和内力逐步渐近连续梁实际的变形和内力。这里，运算过程中的每一步只放松一个结点，故每一步均为单结点的力矩分配和传递的运算。最后，将各步骤所得的杆端弯矩(弯矩增量)叠加，即得所求的杆端弯矩(总弯矩)。实际上只需对各结点进行两到三个循环的运算，就能达到较好的精度。

现通过以下例题说明用力矩分配法运算多结点结构的步骤和演算格式。

【例 12.4】 用力矩分配法作图 12.9(a)所示连续梁的弯矩图。

【解】

现按演算格式说明如下：

(1) 计算各结点的分配系数

因在计算中只有 B、C 两个结点施加约束并进行放松，所以只需计算结点 B、C 的分配系数。

设 $EI=1$，按式(12.1)、式(12.2)和式(12.6)计算分配系数如下：

结点 B：

$$S_{BA}=4i_{BA}=4\times\frac{1}{6}=0.667$$

$$S_{BC}=4i_{BC}=4\times\frac{1.5}{6}=1$$

所以

$$\mu_{BA}=\frac{S_{BA}}{\sum\limits_{B}S}=\frac{0.667}{0.667+1}=0.4$$

$$\mu_{BC}=\frac{S_{BC}}{\sum\limits_{B}S}=\frac{1}{0.667+1}=0.6$$

校核：

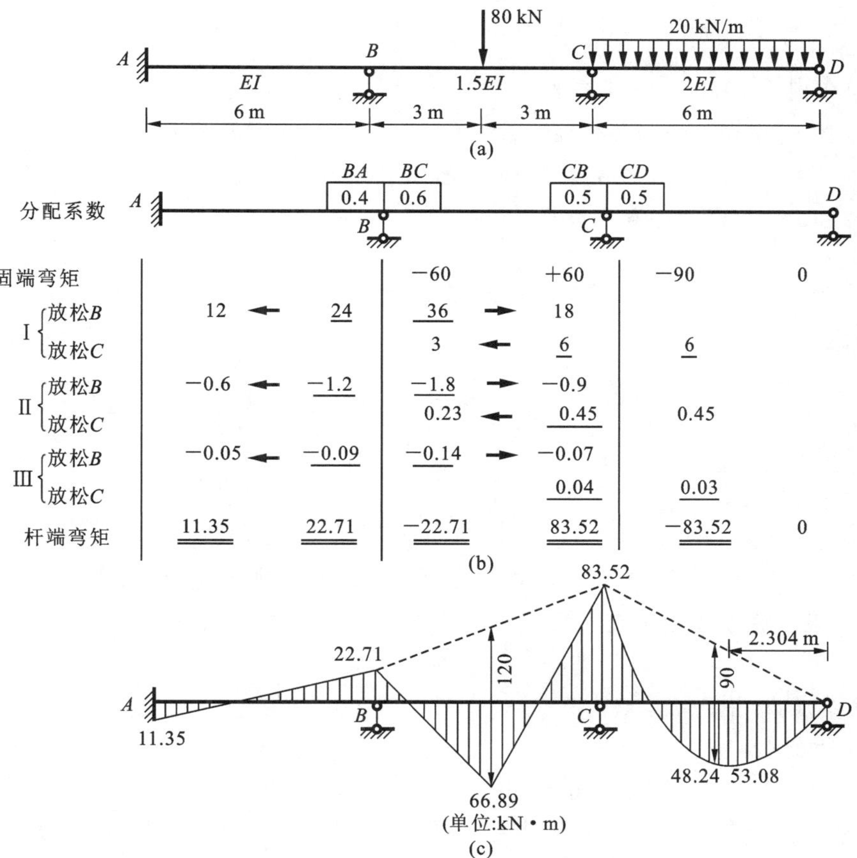

图 12.9　例 12.4 图

(a) 原结构及荷载;(b) 分配、传递和叠加过程;(c) 弯矩图

$$\sum_B \mu = \mu_{BA} + \mu_{BC} = 0.4 + 0.6 = 1$$

结点 C：

$$S_{CB} = 4i_{CB} = 4 \times \frac{1.5}{6} = 1$$

$$S_{CD} = 3i_{CD} = 3 \times \frac{2}{6} = 1$$

所以

$$\mu_{CB} = \frac{S_{CB}}{\sum_C S} = \frac{1}{1+1} = 0.5$$

$$\mu_{CD} = \frac{S_{CD}}{\sum_C S} = \frac{1}{1+1} = 0.5$$

校核：

$$\sum_C \mu = \mu_{CB} + \mu_{CD} = 0.5 + 0.5 = 1$$

将分配系数分别写在图 12.9(b)中结点上端的方框内,并标以杆端符号。

(2) 锁住结点 B、C,求各杆的固端弯矩

$$M_{BC}^{F} = -\frac{1}{8}Pl = -\frac{1}{8} \times 80 \times 6 = -60\ \text{kN}\cdot\text{m}$$

$$M_{CB}^{F} = +\frac{1}{8}Pl = +60\ \text{kN}\cdot\text{m}$$

$$M_{CD}^{F}=-\frac{1}{8}ql^2=-\frac{1}{8}\times20\times6^2=-90\ \text{kN}\cdot\text{m}$$

将计算结果记于图 12.9(b)中第一行。

(3) 放松结点 B(此时结点 C 仍被锁住),按单结点问题进行分配和传递

结点 B 的约束力矩为-60 kN·m,放松结点 B,等于在结点 B 施加一个与约束力矩反向的力偶荷载$+60$ kN·m。BA 和 BC 杆端的分配弯矩为:

$$0.4\times60=24\ \text{kN}\cdot\text{m}$$

$$0.6\times60=36\ \text{kN}\cdot\text{m}$$

杆端 CB 的传递弯矩为:

$$\frac{1}{2}\times36=18\ \text{kN}\cdot\text{m}$$

杆端 AB 的传递弯矩为:

$$\frac{1}{2}\times24=12\ \text{kN}\cdot\text{m}$$

将以上分配和传递弯矩分别写在各杆端相应位置。经过分配和传递,结点 B 已经平衡,可在分配弯矩的数字下画一横线,表示横线以上结点力矩总和已等于零。同时,用箭头表示将分配弯矩传到结点上各杆端的远端。

(4) 重新锁住结点 B,并放松结点 C

结点 C 的约束力矩为:

$$60-90+18=-12\ \text{kN}\cdot\text{m}$$

放松结点 C,等于在结点 C 施加一个与约束力矩反向的力偶荷载 12 kN·m。CB 和 CD 两杆端的分配弯矩都为:

$$0.5\times12=6\ \text{kN}\cdot\text{m}$$

杆端 BC 的传递弯矩为:

$$\frac{1}{2}\times6=3\ \text{kN}\cdot\text{m}$$

将分配弯矩与传递弯矩按同样的方法表示于各杆端。

此时,结点 C 已经平衡,但结点 B 又有新的约束力矩。以上完成了力矩分配法的第一个循环。

(5) 进行第二个循环

再次先后放松结点 B 和 C,相应的结点约束力矩分别为:

$$3\ \text{kN}\cdot\text{m}\qquad -0.9\ \text{kN}\cdot\text{m}$$

(6) 进行第三个循环

相应的结点约束力矩分别为:

$$0.23\ \text{kN}\cdot\text{m}\qquad -0.07\ \text{kN}\cdot\text{m}$$

由此可以看出,结点约束力矩的衰减速度是很快的。进行三次循环以后,结点约束力矩已经很小,结构已接近恢复到实际状态,故计算工作可以停止。

(7) 将各杆的固端弯矩、历次的分配弯矩和传递弯矩叠加,即得到最后的杆端弯矩。

(8) 根据杆端弯矩的数值和符号,以及 M 图画在杆件受拉一侧的规定,可画出弯矩图,如图 12.9(c)所示。

【例 12.5】 求图 12.10(a)所示刚架的弯矩图、剪力图和轴力图,并计算各支座的反力。

【解】

(1) 转动刚度(设 $EI=1$)

$$i_{DC}=\frac{2EI}{6}=\frac{1}{3}\qquad S_{DC}=3i_{DC}=1$$

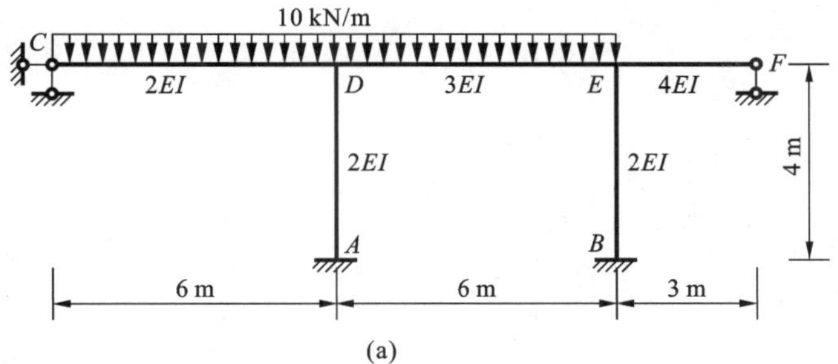

(a)

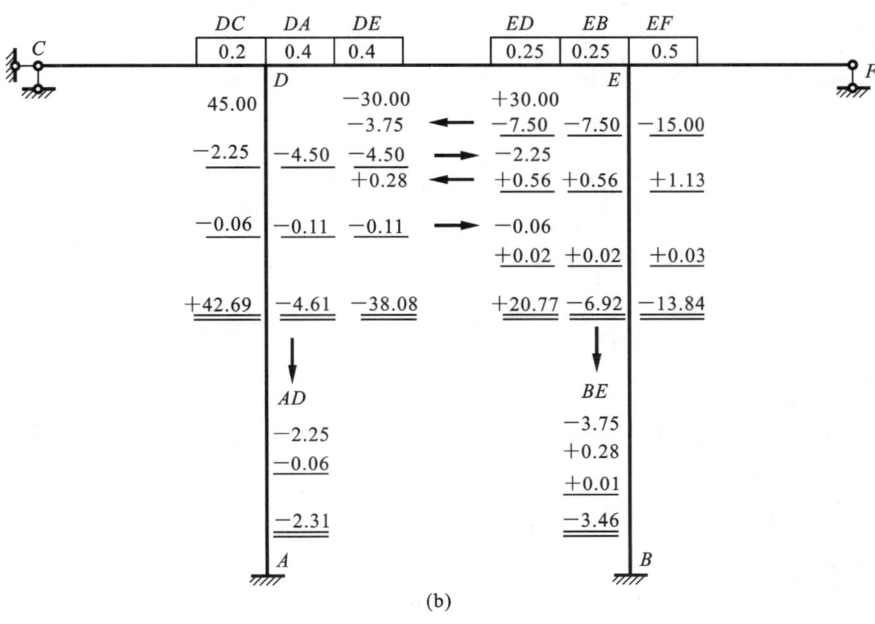

(b)

图 12.10　例 12.5 图

(a) 刚架及荷载；(b) 分配、传递和叠加过程

$$i_{DA}=\frac{2EI}{4}=\frac{1}{2}\qquad S_{DA}=4i_{DA}=2$$

$$i_{DE}=\frac{3EI}{6}=\frac{1}{2}\qquad S_{DE}=4i_{DE}=2$$

$$i_{ED}=\frac{3EI}{6}=\frac{1}{2}\qquad S_{ED}=4i_{ED}=2$$

$$i_{EF}=\frac{4EI}{3}=\frac{4}{3}\qquad S_{EF}=3i_{EF}=4$$

$$i_{EB}=\frac{2EI}{4}=\frac{1}{2}\qquad S_{EB}=4i_{EB}=2$$

(2) 分配系数

结点 D：

$$\mu_{DC}=\frac{S_{DC}}{\sum\limits_{D}S}=\frac{S_{DC}}{S_{DC}+S_{DA}+S_{DE}}=\frac{1}{1+2+2}=0.2$$

$$\mu_{DA}=\frac{S_{DA}}{\sum\limits_{D}S}=\frac{2}{5}=0.4$$

$$\mu_{DE}=\frac{S_{DE}}{\sum\limits_{D}S}=\frac{2}{5}=0.4$$

$$\sum_{D}\mu = 1$$

结点 E：

$$\mu_{ED} = \frac{S_{ED}}{\sum_{E} S} = \frac{S_{ED}}{S_{ED} + S_{EB} + S_{EF}} = \frac{2}{2+2+4} = 0.25$$

$$\mu_{EB} = \frac{S_{EB}}{\sum_{E} S} = \frac{2}{8} = 0.25$$

$$\mu_{EF} = \frac{S_{EF}}{\sum_{E} S} = \frac{4}{8} = 0.5$$

$$\sum_{E}\mu = 1$$

(3) 固端弯矩

$$M_{DC}^{F} = \frac{1}{8}ql^2 = \frac{1}{8} \times 10 \times 6^2 = 45\ \text{kN} \cdot \text{m}$$

$$M_{DE}^{F} = -\frac{1}{12}ql^2 = -\frac{1}{12} \times 10 \times 6^2 = -30\ \text{kN} \cdot \text{m}$$

$$M_{ED}^{F} = +\frac{1}{12}ql^2 = +\frac{1}{12} \times 10 \times 6^2 = 30\ \text{kN} \cdot \text{m}$$

(4) 力矩分配与传递

按 E、D 顺序进行分配，为缩短计算过程，应先放松约束力矩较大的结点，因此，先放松结点 E。分配及传递计算如图 12.10(b)所示。

(5) 根据叠加的杆端弯矩，画弯矩图如图 12.11(a)所示。

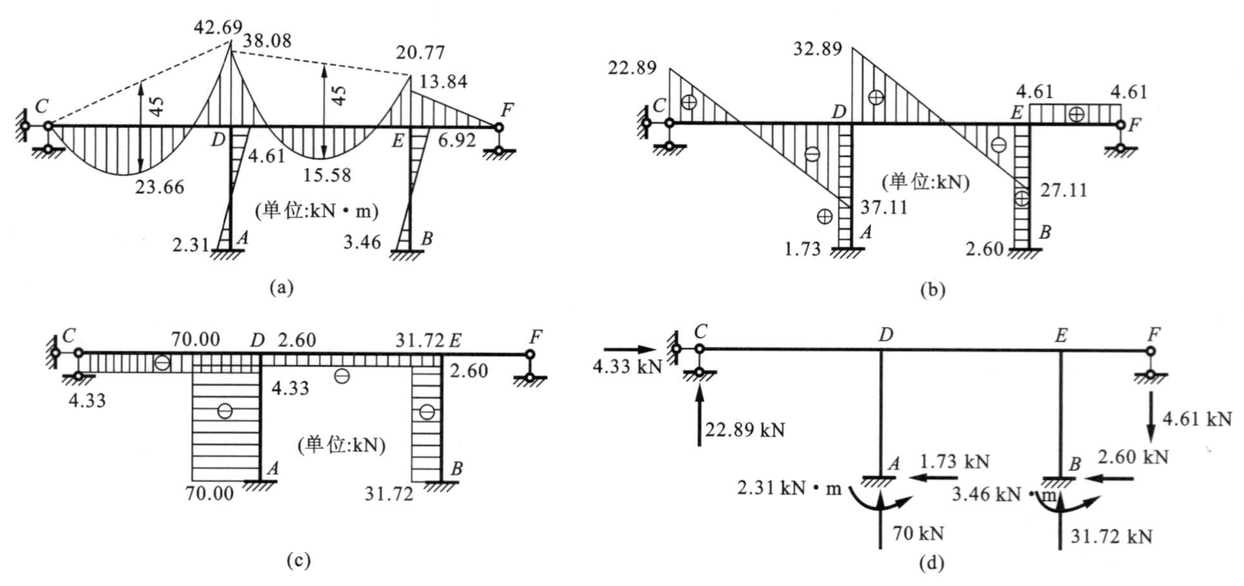

图 12.11　例 12.5 的内力和反力图

(a) 弯矩图；(b) 剪力图；(c) 轴力图；(d) 支座反力图

(6) 作剪力图

以各杆件为隔离体，利用杆端弯矩，建立力矩平衡方程，可求出各杆杆端剪力。根据各杆杆端剪力作剪力图，如图 12.11(b)所示。

(7) 作轴力图

取结点为隔离体，利用各杆对结点的剪力，建立投影平衡方程，可求出各杆对结点的轴力，从而求得各杆的轴力。根据各杆杆端轴力作轴力图，如图 12.11(c)所示。

(8) 计算各支座反力

由内力图中支座处的弯矩、剪力、轴力值可求得各支座的反力。支座反力图如图 12.11(d)所示。

【例 12.6】 计算图 12.12(a)所示刚架，作 M 图。

【解】

(1) 图 12.12(a)所示刚架，结构和荷载都是对称的，10.5.2 小节讨论过，可只取半边结构计算。半边结构如图 12.12(b)所示，G 和 H 为滑动端。

(2) 计算转动刚度和分配系数

转动刚度

$$S_{AG}=\frac{2EI}{\frac{3}{2}}=\frac{4}{3}EI \qquad S_{AC}=S_{CA}=\frac{4}{3}EI$$

$$S_{CH}=\frac{2EI}{3} \qquad S_{CE}=\frac{4EI}{3}$$

分配系数

结点 A：

$$\mu_{AG}=0.5$$
$$\mu_{AC}=0.5$$

结点 C：

$$\mu_{CH}=0.2$$
$$\mu_{CA}=0.4$$
$$\mu_{CE}=0.4$$

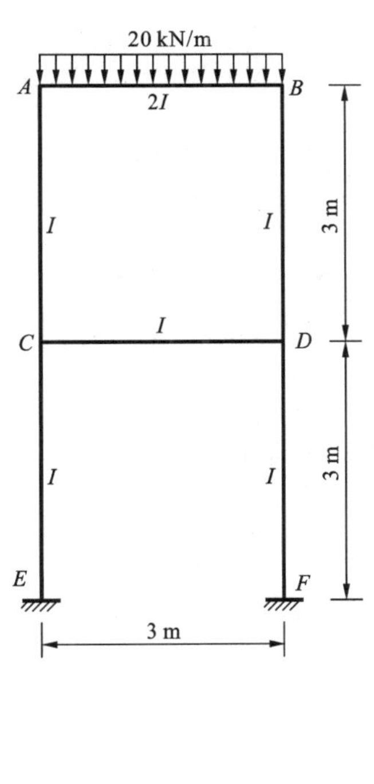

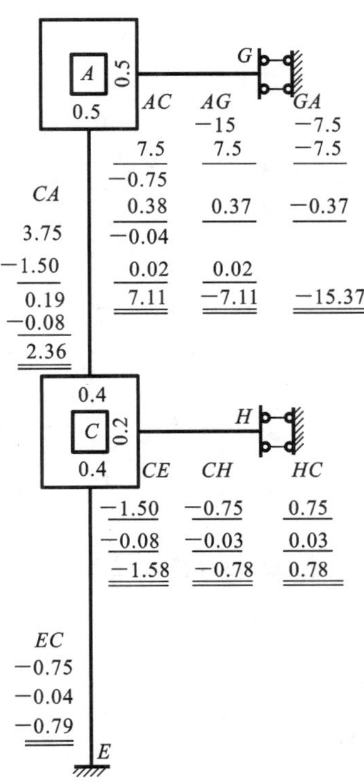

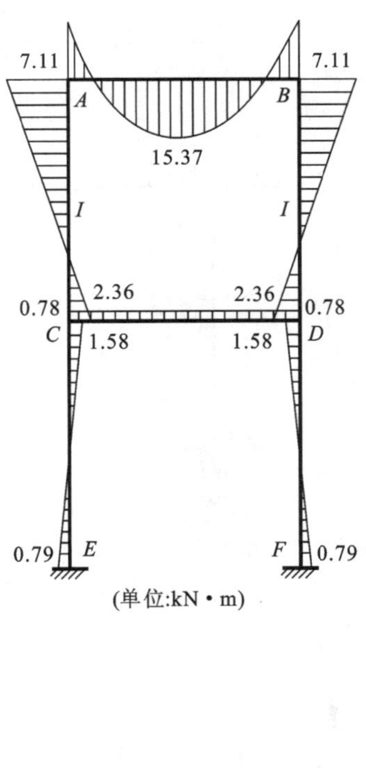

图 12.12 例 12.6 图

(a) 刚架及荷载；(b) 半边结构及计算过程；(c) 弯矩图

将各杆分配系数记于结点周围。

(3) 计算固端弯矩

梁 AB 的固端弯矩可以根据原结构或半边结构计算,参看表 11.1。

据原结构:
$$M_{AB}^{F}=-\frac{1}{12}\times20\times3^{2}=-15\ \text{kN}\cdot\text{m}$$

据半边结构:
$$M_{AG}^{F}=-\frac{1}{3}\times20\times1.5^{2}=-15\ \text{kN}\cdot\text{m}$$
$$M_{GA}^{F}=-\frac{1}{6}\times20\times1.5^{2}=-7.5\ \text{kN}\cdot\text{m}$$

(4) 按 A、C、A、C、A 次序放松结点

各杆端的固端弯矩、分配力矩和传递力矩,写于此杆端的一旁。

注意:放松结点 C 时,分配力矩 M_{CA} 应向柱 AC 的上端传递。

(5) 作 M 图

图 12.12(c)所示为刚架的 M 图。

【例 12.7】 计算图 12.13(a)所示对称刚架,EI=常数,作 M 图。

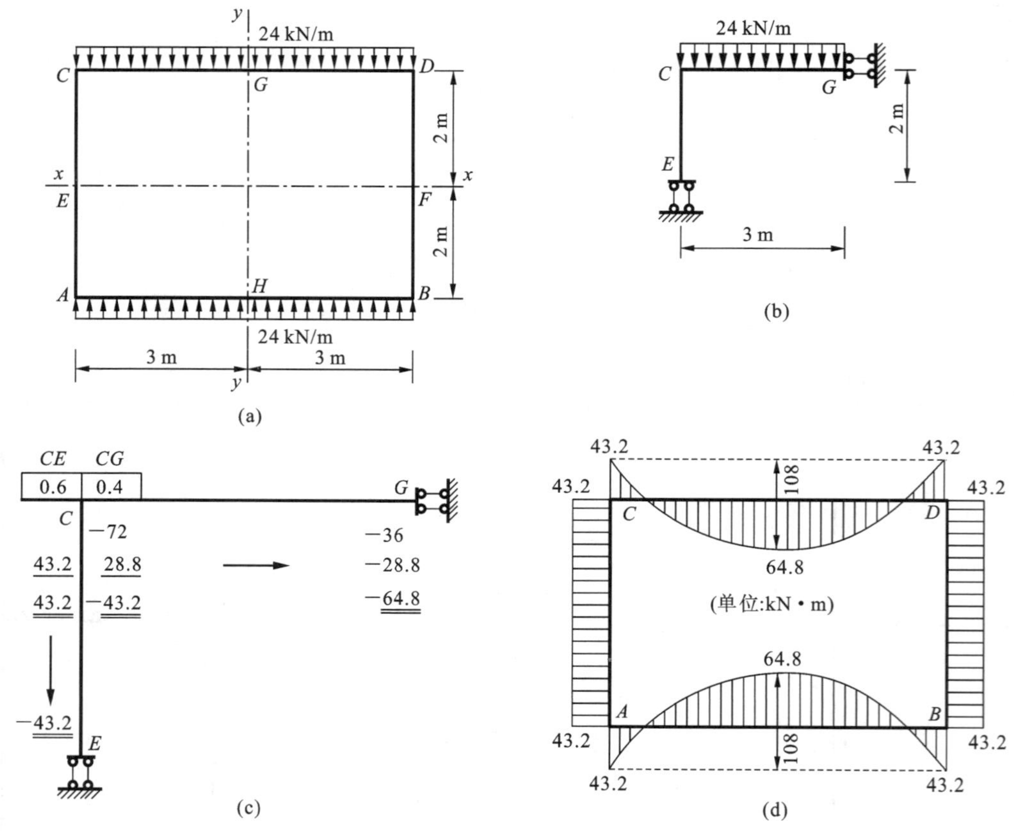

图 12.13 例 12.7 图

(a) 刚架及荷载;(b) $\frac{1}{4}$刚架;(c) 分配、传递和叠加过程;(d) 弯矩图

【解】

(1) 图 12.13(a)所示刚架,结构和荷载对 x、y 两个轴都是对称的。在 x—x 对称轴上的 E、F 点只有水平位移,而没有竖向位移和转角;在 y—y 对称轴上的 G、H 点只有竖向位移,而没有水平位移和转角。因此,可取结构的$\frac{1}{4}$进行计算,对称轴上的点可取为滑动支座。计算简图如图 12.13(b)所示。

(2) 计算转动刚度和分配系数

利用对称简化后,只有一个结点 C(令 $EI=6i$):

$$S_{CG}=i_{CG}=\frac{EI}{3}=2i$$

$$S_{CE}=i_{CE}=\frac{EI}{2}=3i$$

$$\mu_{CG}=\frac{S_{CG}}{S_{CG}+S_{CE}}=\frac{2i}{2i+3i}=0.4$$

$$\mu_{CE}=\frac{S_{CE}}{S_{CG}+S_{CE}}=\frac{3i}{5i}=0.6$$

(3) 计算固端弯矩

$$M_{CG}^{F}=-\frac{1}{3}ql^{2}=-\frac{1}{3}\times 24\times 3^{2}=-72\ \text{kN}\cdot\text{m}$$

$$M_{GC}^{F}=-\frac{1}{6}ql^{2}=-\frac{1}{6}\times 24\times 3^{2}=-36\ \text{kN}\cdot\text{m}$$

(4) 进行力矩分配与传递

分配与传递过程见图 12.13(c)。

注意:E、G 是滑动支座,由 C 向 E、G 传递时,传递系数为-1。

(5) 作 M 图

计算得到的杆端弯矩只有 C、E、G 三点的值,利用对称性可作出 M 图,见图 12.13(d)。

【例 12.8】 计算图 12.14(a)所示具有悬臂端的连续梁,并作 M 图(EI=常数)。

【解】

(1) 首先处理悬臂端

图 12.14(a)所示连续梁中 CD 部分为悬臂端。

先将结点 C 及其远端结点 B 锁住,计算悬臂杆 CD 的固端弯矩(先不考虑 BC 跨的集中力作用):

$$M_{CD}^{F}=-10\times 2=-20\ \text{kN}\cdot\text{m}$$

放松结点 C,计算结点 C 上各杆的转动刚度和分配系数:

$$S_{CD}=0\qquad S_{CB}=4i_{CB}$$

$$\mu_{CD}=\frac{0}{0+4i_{CB}}=0\qquad \mu_{CB}=\frac{4i_{CB}}{0+4i_{CB}}=1$$

在结点 C 进行力矩分配和传递,记下分配弯矩和传递弯矩,如图 12.14(b)所示。

(2) 结点 C 不再锁住,保持为铰支端

因结点 B 仍然锁住,按 B 端固定、C 端铰支计算杆 BC 的固端弯矩:

$$M_{BC}^{F}=-\frac{3}{16}Pl=-\frac{3}{16}\times 60\times 4=-45\ \text{kN}\cdot\text{m}$$

放松结点 B,计算结点 B 上各杆的转动刚度和分配系数:

$$S_{BC}=3i_{BC}=3\times\frac{1}{4}=\frac{3}{4}$$

$$S_{BA}=3i_{BA}=3\times\frac{1}{6}=\frac{1}{2}$$

$$\mu_{BC}=\frac{3}{3+2}=0.6$$

$$\mu_{BA}=\frac{2}{5}=0.4$$

在结点 B 进行分配,如图 12.14(c)所示。

图 12.14(c)中用虚线表示的是结点 C 的分配和传递。

(3) 画弯矩图,如图 12.14(d)所示。

图 12.14(a)所示为具有悬臂端的梁,也可将伸臂部分 D 及其荷载简化为一个作用于结点 C 的力偶荷载

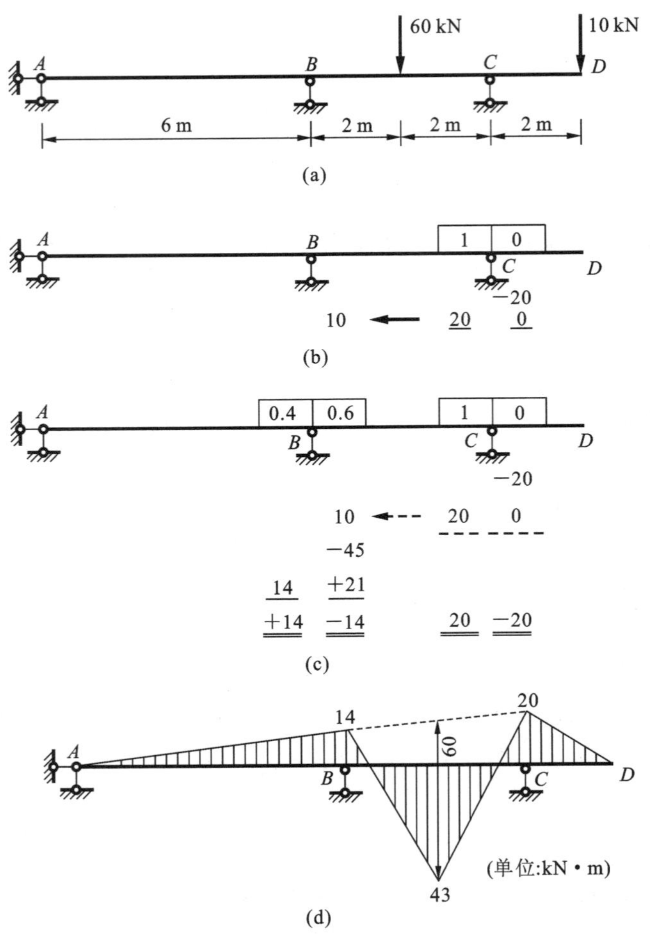

图 12.14 例 12.8 图

(a) 结构及荷载;(b) 求伸臂梁的固端弯矩;(c) 分配、传递过程;(d) 弯矩图

($M=10\times2=20$ kN·m)进行计算,这时 C 为铰结点;还可以按 B、C 两结点交替锁住和放松的两结点力矩分配进行计算,见参考文献[10]例 12.8,读者可自行比较这三种处理方法的异同。

12.4 无剪力分配法

在位移法中,刚架分为无侧移刚架与有侧移刚架两类。它们的区别是:在位移法的基本未知量中,前者只包含结点角位移,后者则还包含结点线位移。

力矩分配法是无侧移刚架的渐近法,不能直接用于有侧移刚架。但对某些特殊的有侧移刚架,可以用与力矩分配法类似的无剪力分配法进行计算。

1. 无剪力分配法的应用条件

无剪力分配法不能直接用于有侧移的一般刚架,而只能用于某些特殊刚架。图 12.15(a)所示有侧移的半刚架是一个典型例子(单跨对称刚架在反对称荷载下的计算可归结为这类问题)。

在图 12.15(a)中,各梁的两端结点没有相对线位移(即没有垂直杆轴的相对位移),这种杆件称为两端无相对线位移的杆件。各柱的两端结点虽然有侧移,但剪力是静定的[图 12.15(b)所示为各柱的剪力图,可根据平衡条件直接求出],这种杆件称为剪力静定杆件。

无剪力分配法的应用条件是:刚架中除两端无相对线位移的杆件外,其余杆件都是剪力静定杆件。

在图 12.16 所示有侧移的刚架中,竖柱 AB 和 CD 既不是两端无相对线位移的杆件,也不是剪力静定杆件，所以，这种刚架不能直接用无剪力分配法求解。

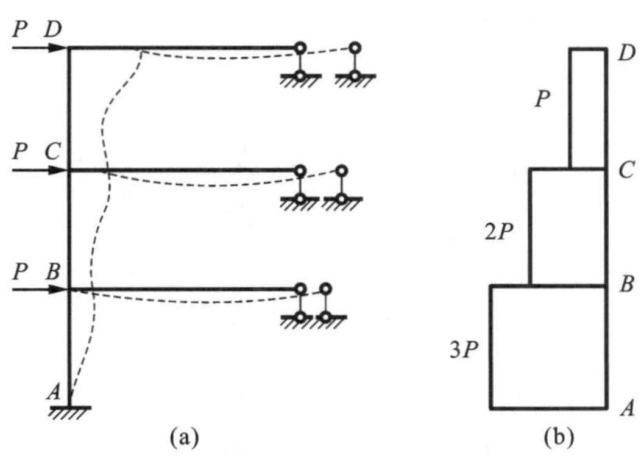

图 12.15 能用无剪力分配法的刚架

(a) 半刚架；(b) 柱剪力图

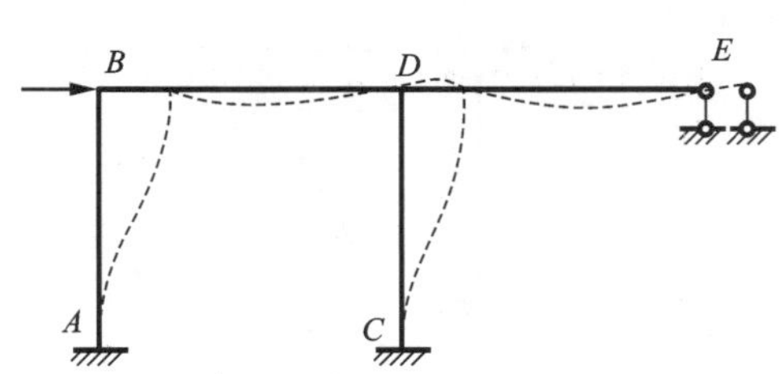

图 12.16 不能用无剪力分配法的刚架

在力矩分配法中，我们讨论过两端无相对线位移的杆件，也讨论过剪力静定杆件的某些简单情况[例如图 12.13(b)中的杆 CE 和 CG]。这里将着重对剪力静定杆件的各种情况作更详细的讨论。

2. 剪力静定杆件的固端弯矩

采用无剪力分配法计算图 12.17(a)所示半边刚架时，计算过程仍分为两步：第一步是锁住结点(只阻止结点的角位移，但不阻止线位移)，求各杆的固端弯矩[图 12.17(b)]。第二步是放松结点(结点产生角位移，同时也产生线位移)，求各杆的分配弯矩和传递弯矩[图 12.17(c)]。将两步所得的结果叠加，即得出原刚架的杆端弯矩。

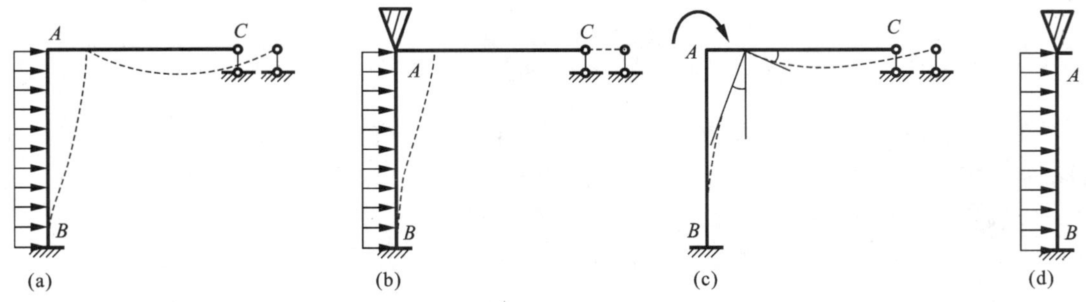

图 12.17 单层半边刚架的计算过程

(a) 单层半边刚架；(b) 锁住结点 A；(c) 放松结点 A；(d) 下端固定、上端滑动的杆

现在求图 12.17(b)中杆 AB 的固端弯矩。此杆的变形特点是：两端没有转角，但有相对侧移。受力特点是：整根杆件的剪力是静定的，例如顶点 A 处的剪力已知为零。因此，图 12.17(b)中杆 AB 的受力状态与图 12.17(d)所示下端固定、上端滑动的杆 AB 相同。它的固端弯矩可根据表 11.2 查出。

图 12.18(a)所示为两层半边刚架处于锁住状态。其中杆 ABC 的受力状态可用图 12.18(b)表示。根据平衡条件可知，A 点下边截面的剪力为 P_1，B 点下边截面的剪力为 P_1+P_2。因此，杆 AB 和 BC 的固端弯矩可分别由图 12.18(c)和图 12.18(d)所示情况求出。

总之，对于刚架中任何形式的剪力静定杆件，求固端弯矩的步骤是：先根据静力条件求出杆端剪力，然后将杆端剪力看作杆端荷载，按该端滑动、另端固定的杆件进行计算。

3. 零剪力杆件的转动刚度和传递系数

现讨论图 12.17(c)所示刚架在放松结点 A 时所引起的附加内力。放松结点 A 的约束，相当于在结点 A 施加一个与约束力偶相反的力偶荷载[重新示于图 12.19(a)]。

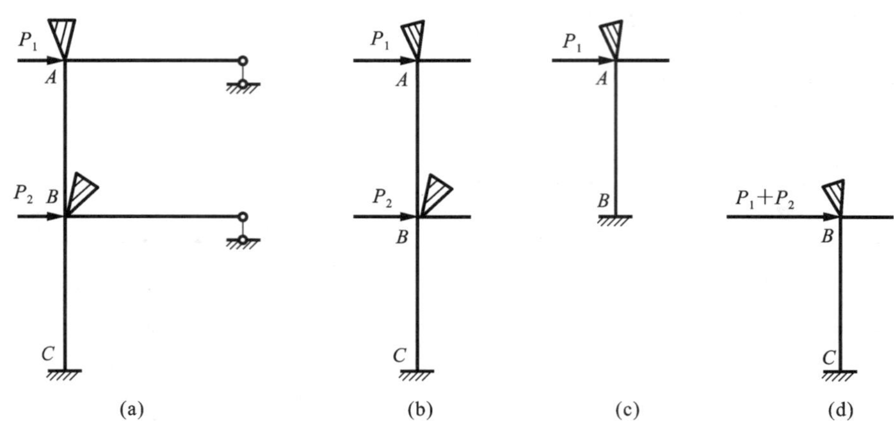

图 12.18　两层半边刚架

(a) 锁住结点 A、B 的两层半边刚架；(b) 柱 ABC 的受力状态；(c) AB 的受力状态；(d) BC 的受力状态

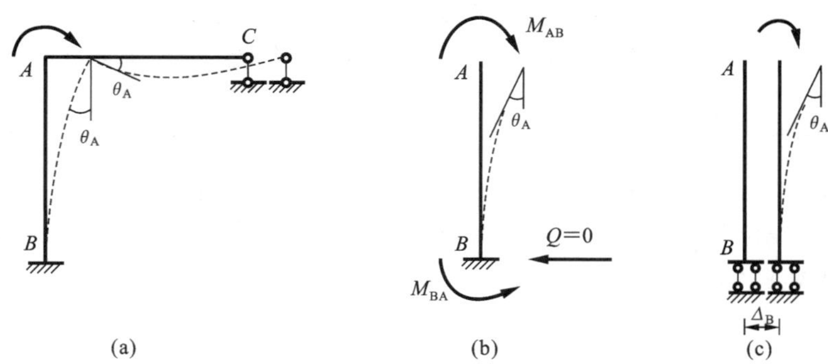

图 12.19　放松结点 A

(a) 柱 AB 受力、变形特点；(b)，(c) 柱 AB 的等效状态

在图 12.19(a)中，杆 AB 的变形特点是：结点 A 既有转角，也有侧移。受力特点是：各截面剪力都为零，因而各截面的弯矩为一常数。这种杆件叫作零剪力杆件。因此，图 12.19(a)所示杆 AB 受力状态与图 12.19(b)所示悬臂杆相同。当 A 端转动 θ_A 时，杆端力偶为：

$$M_{AB}=i_{AB}\theta_A \qquad M_{BA}=-M_{AB}$$

由此可知，零剪力杆件的转动刚度为：

$$S_{AB}=i_{AB} \tag{12.13}$$

传递系数为：

$$C_{AB}=-1 \tag{12.14}$$

应当指出，在图 12.19(b)中，固定端 B 的水平反力为零。因此，不妨把固定端 B 换成滑动支座，如图 12.19(c)所示。两者相比，内力状态、杆轴的弯曲形状和端点转角都彼此相同，只是水平位移可能相差一个常数 Δ_B。因此，两者的转动刚度和传递系数也是彼此相同的。

下面再考虑图 12.18 所示刚架在放松结点 B 时的情形。相当于图 12.20(a)所示在结点 B 施加力偶荷载的情形。

我们只讨论图 12.20(a)中杆 ABC 的变形状态，它可用图 12.20(b)来表示。由于杆 ABC 为零剪力杆件，因此其中 BC 段的受力情况如图 12.20(c)所示，即：

$$S_{BC}=i_{BC} \qquad C_{BC}=-1$$

同时，杆 ABC 中的 AB 段的受力状态如图 12.20(d)所示，即：

$$S_{BA}=i_{BA} \qquad C_{BA}=-1$$

至于图 12.20(d)中的水平位移，可根据图 12.20(c)和图 12.20(d)中 B 点水平位移彼此相等的条件来确定。

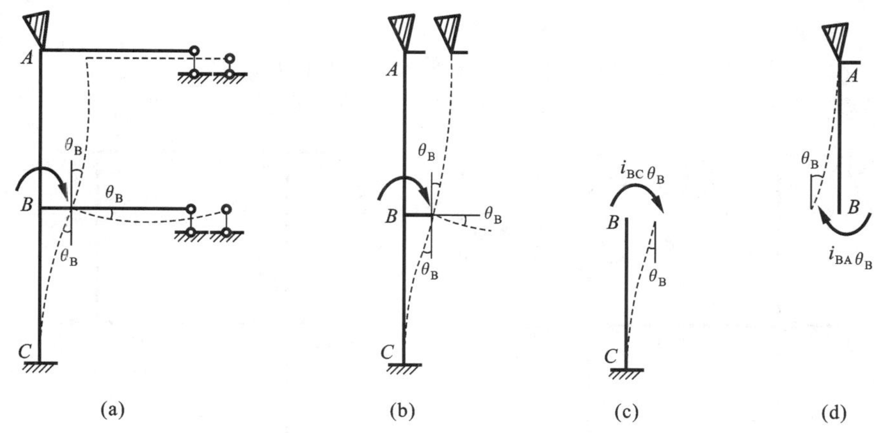

图 12.20 放松结点 *B*

(a),(b) 柱 *ABC* 的受力、变形特点;(c) *BC* 的等效受力状态;(d) *AB* 的等效受力状态

总之,在结点力偶作用下,刚架中的剪力静定杆件都是零剪力杆件。因此,当放松结点时(结点既转动又侧移),这些杆件都是在零剪力的条件下得到分配弯矩和传递弯矩的,故称为无剪力分配。它们的转动刚度和传递系数都按式(12.13)和式(12.14)确定。

【例 12.9】 求作图 12.21 所示刚架的弯矩图。

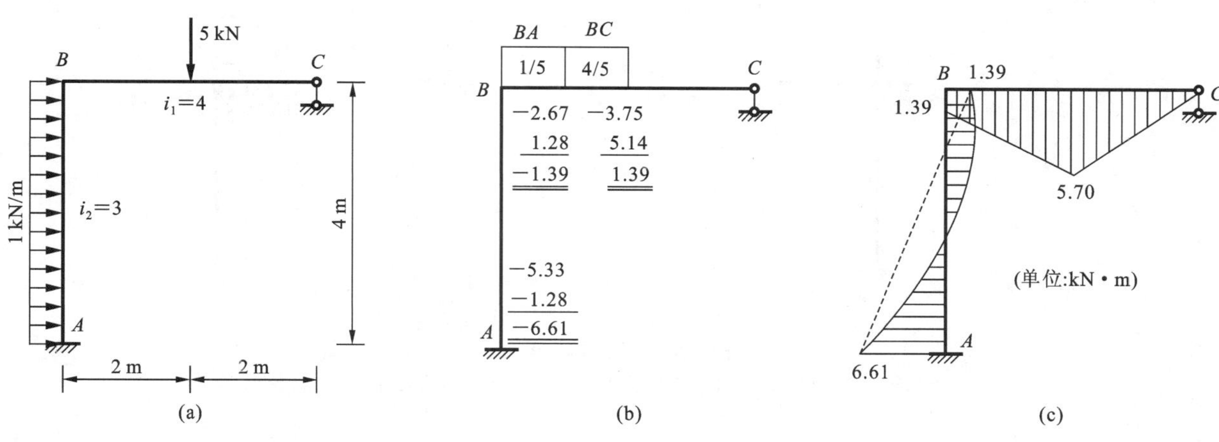

图 12.21 例 12.9 图

(a) 刚架及荷载;(b) 计算过程;(c) *M* 图

【解】

刚架中的杆 *BC* 为两端无相对线位移杆件,杆 *AB* 为剪力静定杆件,可采用无剪力分配法计算。

固端弯矩:

$$M_{BC}^{F}=-\frac{3}{16}Pl=-\frac{3}{16}\times5\times4=-3.75\ \text{kN}\cdot\text{m}$$

$$M_{BA}^{F}=-\frac{ql^2}{6}=-\frac{1\times4^2}{6}=-2.67\ \text{kN}\cdot\text{m}$$

$$M_{AB}^{F}=-\frac{ql^2}{3}=-5.33\ \text{kN}\cdot\text{m}$$

转动刚度和分配系数:

$$S_{BC}=3i_1=12$$

$$S_{BA}=i_2=3$$

$$\mu_{BC}=\frac{4}{5}$$

$$\mu_{BA}=\frac{1}{5}$$

杆 BA 的传递系数为-1。

无剪力分配的计算过程如图 12.21(b)所示，M 图如图 12.21(c)所示。

【例 12.10】 求作图 12.22(a)所示刚架在水平力作用下的弯矩图。

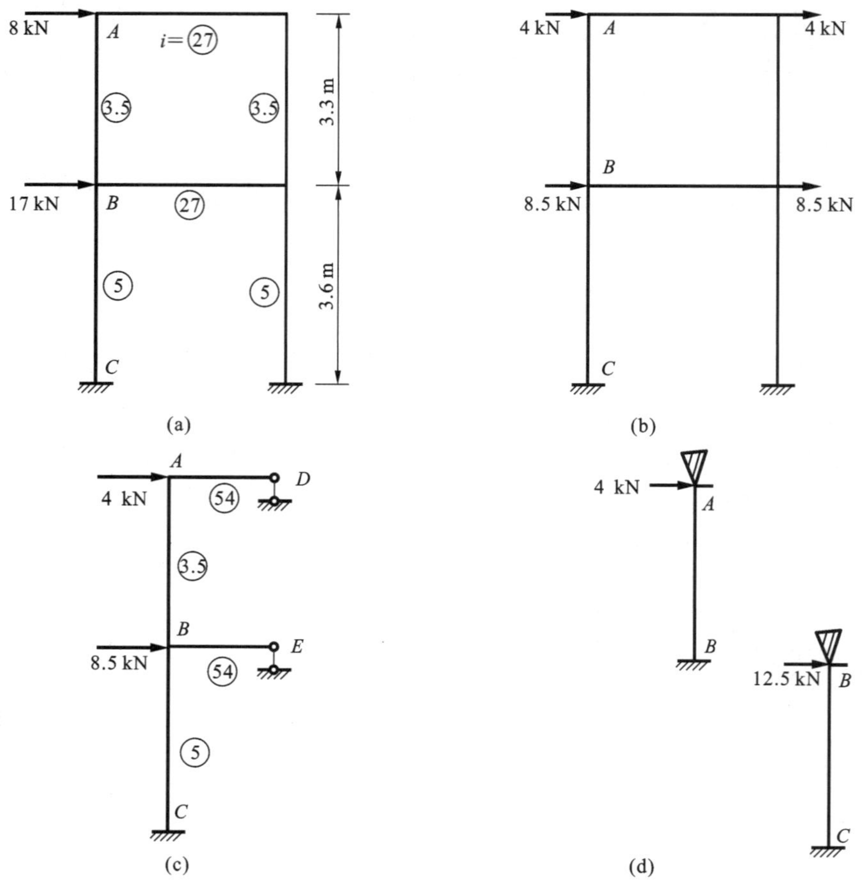

图 12.22 例 12.10 图

(a) 原刚架及荷载；(b) 反对称荷载作用；(c) 半刚架；(d) 约束后柱受力状态

【解】

由于刚架为对称结构，在图 12.22(b)所示反对称荷载作用下，可取图 12.22(c)所示半边刚架计算。其中横梁长度减少一半，故线刚度 $i=E\dfrac{I}{l}$ 增大一倍。

(1) 固端弯矩

立柱 AB 和 BC 为剪力静定杆，由平衡方程求得剪力为：

$$Q_{AB}=4\ \text{kN}\qquad Q_{BC}=12.5\ \text{kN}$$

将杆端剪力看作杆端荷载，按图 12.22(d)所示杆件可求得固端弯矩如下(表 11.1)：

$$M_{AB}^{F}=M_{BA}^{F}=-\frac{1}{2}\times4\times3.3=-6.6\ \text{kN}\cdot\text{m}$$

$$M_{BC}^{F}=M_{CB}^{F}=-\frac{1}{2}\times12.5\times3.6=-22.5\ \text{kN}\cdot\text{m}$$

(2) 分配系数

以结点 B 为例：

$$S_{BA}=i_{BA}=3.5$$

$$S_{BC}=i_{BC}=5$$

$$S_{BE}=3i_{BE}=3\times54=162$$

$$\sum S = 170.5$$

故结点 B 的分配系数为：

$$\mu_{BA} = \frac{3.5}{170.5} = 0.0206$$

$$\mu_{BC} = \frac{5}{170.5} = 0.0293$$

$$\mu_{BE} = \frac{162}{170.5} = 0.9501$$

同理，可求出结点 A 的分配系数，写在图 12.23(a)的方格内。

(3) 力矩分配和传递

计算过程如图 12.23(a)所示。结点分配次序为 B、A、B。注意：立柱的传递系数为−1。最后作弯矩图，如图 12.23(b)所示。

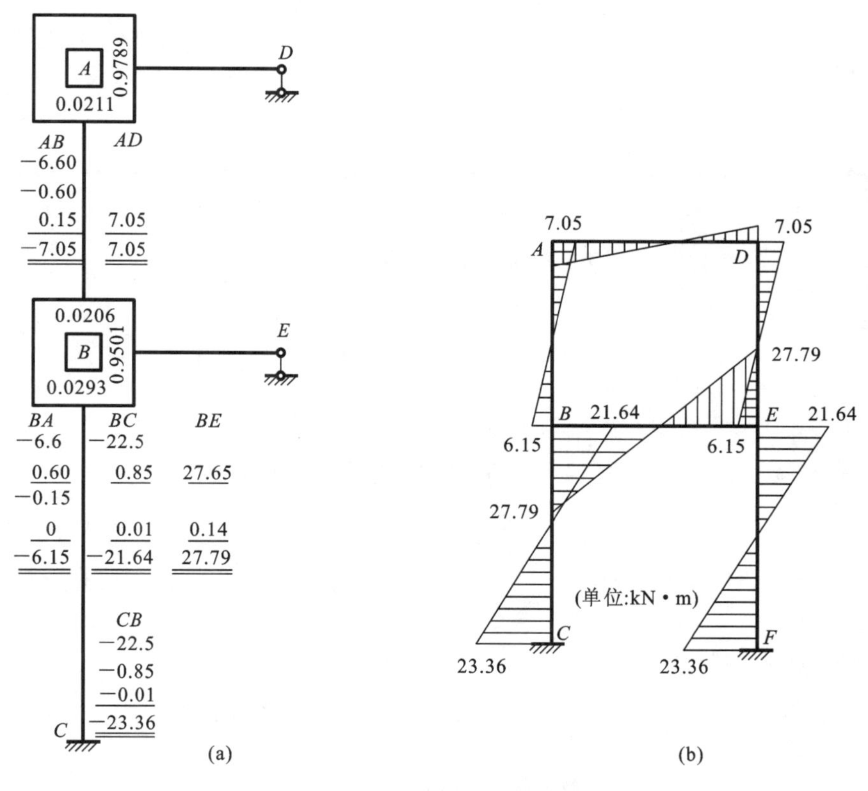

图 12.23 例 12.10 计算过程和结果

(a) 计算过程；(b) 弯矩图

12.5 剪力分配法

剪力分配法特别适用于铰结排架和横梁刚度为无限大(无结点角位移)的有侧移刚架。

1. 铰结排架的剪力分配

柱顶为铰、柱底固定的柱，在柱顶发生单位水平线位移 $\Delta=1$ 时，排架柱的剪力形常数 $\overline{Q}=\frac{3i}{h^2}$，是柱的侧移刚度系数，即柱顶有单位侧移时所引起的剪力，以后记为 $d=\frac{3i}{h^2}$[图 12.24(a)]。

对图 12.24(b)所示柱顶有水平荷载作用的铰结排架，由于各柱侧移 Δ 相等，因此，各柱的剪力为：

$$\left.\begin{aligned}Q_1 &= \frac{3i_1}{h_1^2}\Delta = d_1\Delta \\ Q_2 &= \frac{3i_2}{h_2^2}\Delta = d_2\Delta \\ Q_3 &= \frac{3i_3}{h_3^2}\Delta = d_3\Delta\end{aligned}\right\} \tag{a}$$

这里，$d_j=\dfrac{3i_j}{h_j^2}$。刚度系数中，i_j 是第 j 柱的线刚度，h_j 是第 j 柱的高。

由平衡条件，各柱剪力的和应等于 P[图 12.24(c)]，即：

$$Q_1 + Q_2 + Q_3 = P \tag{b}$$

由式(a)和式(b)可求出：

$$Q_j = \frac{d_j}{\sum_{j=1}^{3} d_j}P = \mu_j P$$

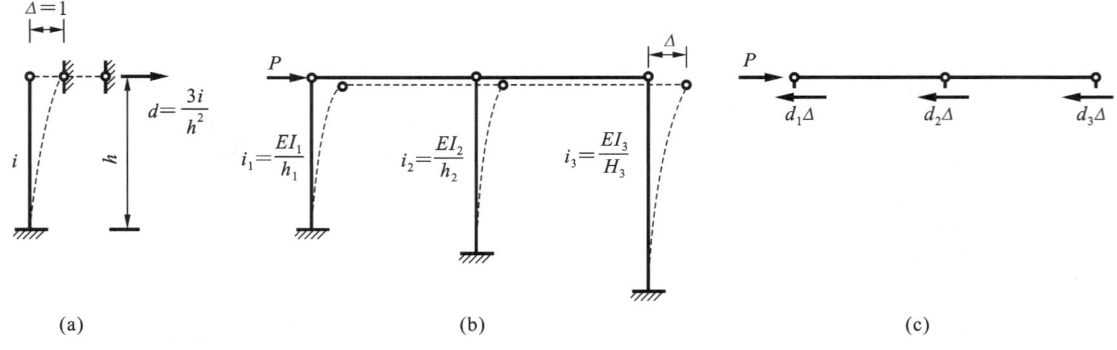

图 12.24 排架柱顶受水平荷载计算

(a) 侧移刚度系数；(b) 铰结排架；(c) 隔离体平衡

由此看出，各柱的剪力与该柱的侧移刚度系数 d 成正比，$\mu_j = \dfrac{d_j}{\sum d_j}$，称为剪力分配系数。

现在，给此问题一个新的解释，图 12.25(a)所示铰结排架柱顶受集中荷载 P 时，此集中力 P 按各柱的侧移刚度系数之比，即剪力分配系数 $\mu_j = \dfrac{d_j}{\sum d_j}$ 进行分配，从而求得各柱顶的剪力。因弯矩零点在柱顶，进而可由剪力求出弯矩[图 12.25(b)]。这种方法称为剪力分配法。

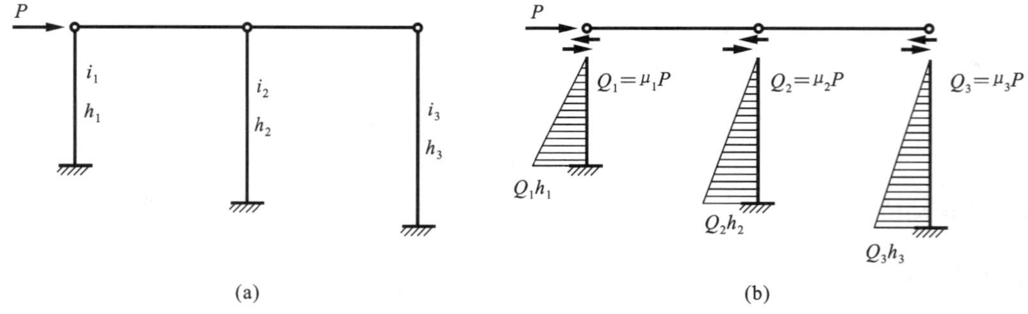

图 12.25 铰结排架的剪力分配法

(a) 原排架；(b) 剪力分配

2. 横梁刚度无限大时刚架的剪力分配

对横梁刚度为无限大的刚架，当柱顶作用水平荷载时[图 12.26(a)]，也可用剪力分配法进行计算。

图 12.26(a)所示刚架，因为横梁刚度无限大，用位移法计算时，结点角位移 θ 为零，只有结点线位移。两端无转角的柱，在柱顶发生单位水平线位移 $\Delta=1$ 时，柱的剪力形常数 $\bar{Q}=\frac{12i}{h^2}$，记为 $d=\frac{12i}{h^2}$，为两端无转动柱的侧移刚度系数[图 12.26(b)]。由于各柱侧移 Δ 相等，因此，各柱剪力为：

$$Q_j = d_j\Delta \tag{a}$$

这里，$d_j=\frac{12i_j}{h_j^2}$是两端无转动柱的侧移刚度系数。

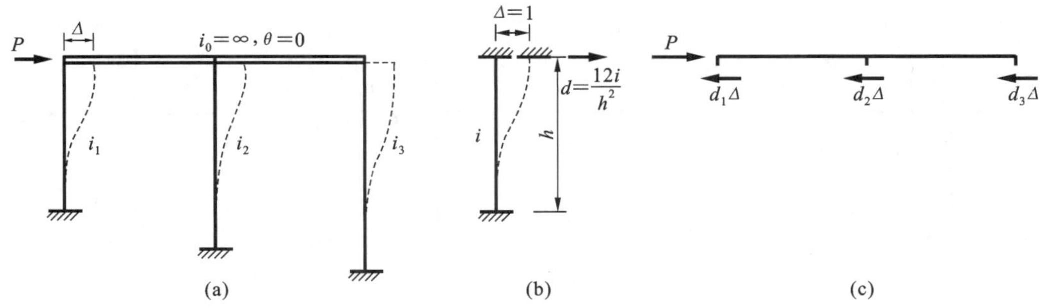

图 12.26 横梁刚度无限大时的计算

(a) 横梁刚度无限大的刚架；(b) 侧移刚度系数；(c) 隔离体平衡

由平衡条件，各柱剪力之和应等于 P[图 12.26(c)]，即：

$$Q_1 + Q_2 + Q_3 = P \tag{b}$$

由式(a)和式(b)可求出：

$$Q_j = \frac{d_j}{\sum_{j=1}^{3} d_j}P = \mu_j P$$

所以，横梁刚度无限大的刚架，受柱顶集中荷载 P 时(图 12.27)，集中力 P 也按各柱的侧移刚度系数之比，即剪力分配系数 $\mu_j = \frac{d_j}{\sum d_j}$ 进行分配，从而求得各柱的剪力。由柱的剪力求柱的弯矩时，应注意：两端无转动的柱发生侧移 Δ 时，柱上、下端的弯矩是等值而反方向的，即弯矩零点在柱高的中点。根据柱弯矩零点(即反弯点)在柱中点的条件，可由剪力求得各柱两端弯矩为 $M=Q\,\frac{h}{2}$。据此可画出立柱的弯矩图。最后，再根据结点的平衡条件，由柱端弯矩求出梁端弯矩，画出横梁的弯矩图。

3. 柱间有水平荷载作用时的计算

对以上结构，如柱间有水平荷载作用，如图 12.28(a)中铰结排架吊车刹车力(集中力)和刚架中的风荷载(均布力)，下面以此为例，说明如何用剪力分配法计算柱间荷载作用的过程。

(1) 先在柱顶加一水平链杆，如图 12.28(b)所示，使结构不能产生水平位移。由第 11 章中的载常数表(表 11.2)可查出受载柱的杆端剪力 Q_1^F，进而求出附加链杆的约束反力 F_{1P}，此即位移法基本结构中附加链杆的约束反力。

(2) 将 F_{1P}反方向加在原结构上，如图 12.28(c)所示。这一步可用剪力分配法进行计算。

(3) 原结构图 12.28(a)等于图 12.28(b)和图 12.28(c)两种情况的叠加。故将图 12.28(b)和图12.28(c)这两步的结果叠加，就得到图 12.28(a)的结果。

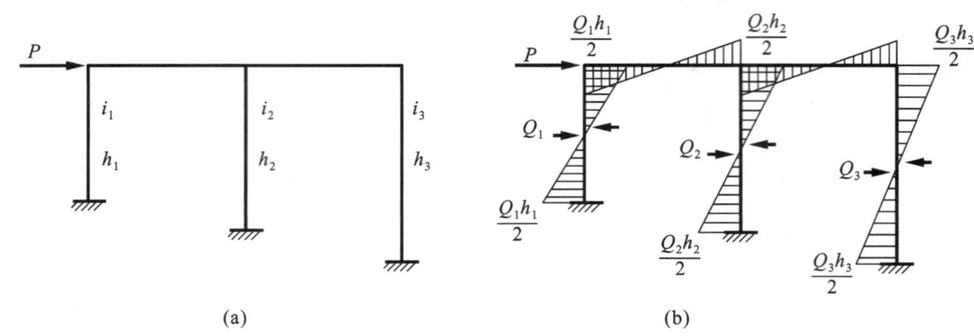

图 12.27　横梁刚度无限大时的剪力分配

(a) 原刚架；(b) 剪力分配

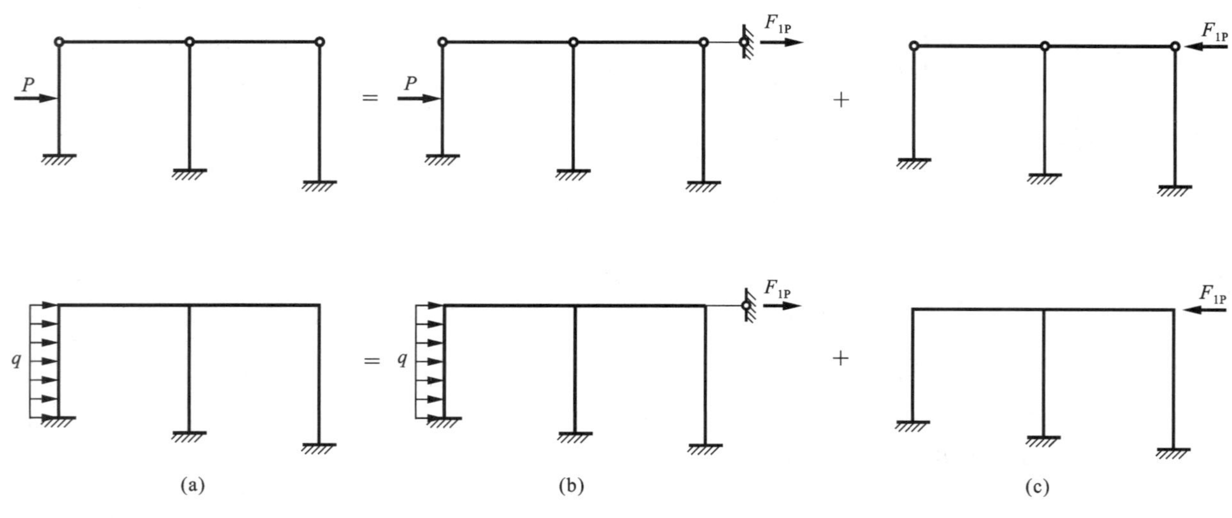

图 12.28　柱间荷载作用时的计算

(a) 原结构；(b) 加支杆阻止线位移；(c) 剪力分配

【例 12.11】 用剪力分配法作图 12.29(a)所示刚架的弯矩图。

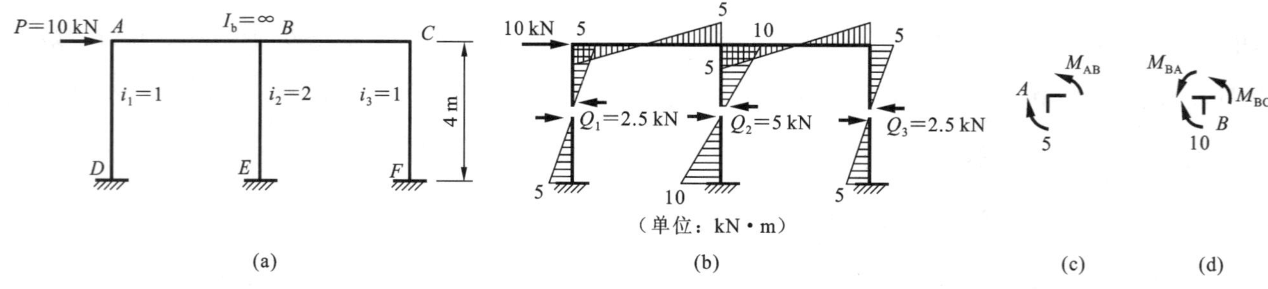

图 12.29　例 12.11 图

(a) 原刚架；(b) 剪力分配及弯矩图；(c)，(d) 结点力矩平衡

【解】

(1) 求各柱剪力分配系数

$$\mu_j = \frac{d_j}{\sum d_j}$$

$$\mu_1 = \mu_3 = \frac{1}{1+2+1} = 0.25$$

$$\mu_2 = \frac{2}{1+2+1} = 0.5$$

(2) 计算各柱剪力[图 12.29(b)]

$$Q_1 = Q_3 = 0.25 \times 10 = 2.5 \text{ kN}$$

$$Q_2 = 0.5 \times 10 = 5 \text{ kN}$$

(3) 计算杆端弯矩

柱端弯矩[图 12.29(b)]

$$M_1 = M_3 = -Q_1 \times \frac{h_1}{2} = -2.5 \times \frac{4}{2} = -5 \text{ kN} \cdot \text{m}$$

$$M_2 = -Q_2 \times \frac{h_2}{2} = -5 \times \frac{4}{2} = -10 \text{ kN} \cdot \text{m}$$

梁端弯矩由结点力矩平衡条件求得,边结点[图 12.29(c)]

$$M_{AB} = 5 \text{ kN} \cdot \text{m}$$

中结点[图 12.29(d)]:中柱端弯矩按梁刚度分配给两梁,两梁刚度相同,故:

$$M_{BA} = M_{BC} = \frac{1}{2} \times 10 = 5 \text{ kN} \cdot \text{m}$$

(4) 画弯矩图,如图 12.29(b)所示。

【例 12.12】 用剪力分配法计算图 12.30(a)所示刚架,作弯矩图。

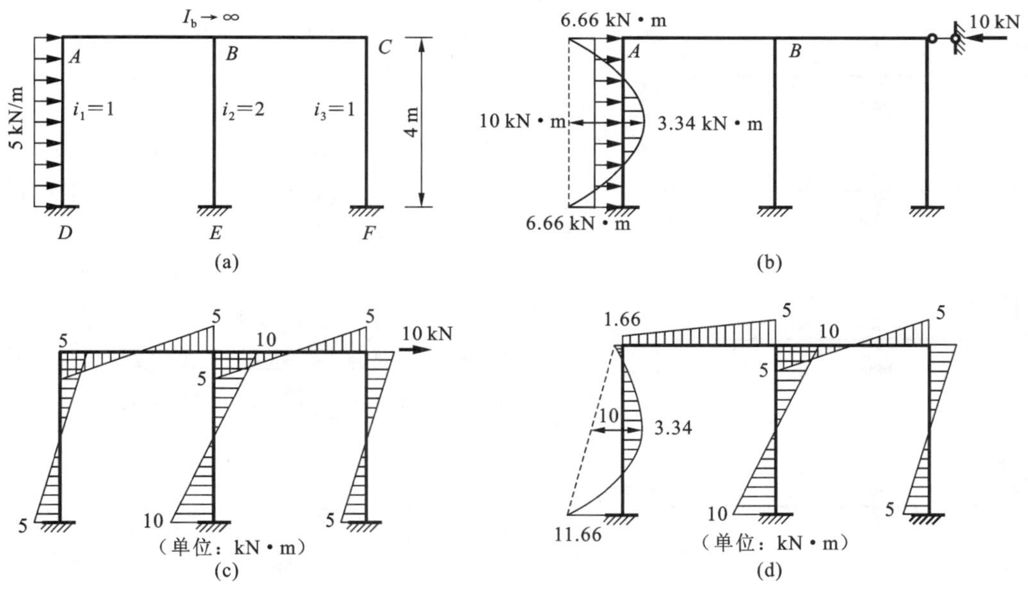

图 12.30 例 12.12 图

(a) 原结构;(b) 位移法基本结构在荷载作用下的结果;

(c) 剪力分配;(d) 最后弯矩图

【解】

(1) 在柱顶加水平支杆,求支杆的约束反力[图 12.30(b)]

图 12.30(b)中,只有左边柱间受均布荷载。由载常数表 11.2 可查出 $Q_{AD}^{F} = -\frac{qh}{2} = -\frac{5 \times 4}{2} = -10$ kN。由横梁的平衡条件 $\sum X = 0$ 可求出 $F_{1P} = -10$ kN,此即附加支杆的约束反力。

(2) 将支杆约束反力反向加在原结构上,用剪力分配法进行计算[图 12.30(c)]

这一步已在例 12.11 中计算过了，直接给出结果。

(3) 叠加图 12.30(b)和图 12.30(c)，得最后弯矩图，如图 12.30(d)所示。

12.6 用机动法绘制连续梁的影响线

超静定梁某量的影响线，仍然是当 $P=1$ 作用点位置在梁上变化时，某量变化规律的图形。下面以力法为例，说明绘制超静定梁影响线的基本原理。

图 12.31(a)所示为一个两次超静定梁，我们要求某量 Z_1(为支座 C 反力)的影响线。

设 $P=1$ 作用于任一位置，用力法求所引起的某量 Z_1。撤去与某量 Z_1 相应的约束，得到基本结构，如图 12.31(b)所示。要说明的是，这个基本结构仍是超静定的，其超静定次数为原超静定次数减 1，即 $n-1=2-1$ 次超静定。这里，已把基本体系的概念扩大了。利用基本结构在荷载 $P=1$ 和 Z_1 共同作用下，与 Z_1 相应的位移为零的变形条件[图 12.31(c)]，可建立力法方程：

$$\delta_{11}Z_1+\delta_{1P}=0$$

因此

$$Z_1=-\frac{\delta_{1P}}{\delta_{11}} \tag{12.15}$$

式中 δ_{1P}——基本结构在单位荷载 $P=1$ 作用于 x 时，在 Z_1 方向引起的位移，见图 12.31(d)；

δ_{11}——基本结构在单位力 $Z_1=1$ 作用时，在 Z_1 方向引起的位移，见图 12.31(e)。

因为 $P=1$，$Z_1=1$ 都是单位力，根据位移互等定理：

$$\delta_{1P}=\delta_{P1} \tag{a}$$

将式(a)代入式(12.15)，可得：

$$Z_1=-\frac{\delta_{P1}}{\delta_{11}} \tag{b}$$

式中 δ_{P1}——基本结构在单位力 $Z_1=1$ 作用时，沿荷载 $P=1$ 作用点方向引起的竖向位移，见图 12.31(e)。

在式(b)中，δ_{11} 是一个常数，不随荷载位置变化，而 δ_{P1} 随荷载 $P=1$ 的移动而变化，是荷载 $P=1$ 位置 x 的函数。因此，Z_1 也随荷载位置 x 而变化。因此，Z_1 影响线的表达式可以明确地表示为：

$$Z_1(x)=-\frac{\delta_{P1}(x)}{\delta_{11}} \tag{12.16}$$

当荷载位置 x 变化时，函数 $Z_1(x)$ 的变化图形就是 Z_1 的影响线。而 $Z_1(x)$ 的变化图形和函数 $\delta_{P1}(x)$ 的变化图形成正比，因此 $\delta_{P1}(x)$ 的变化图形就是图 12.31(e)中 $Z_1=1$ 作用时的竖向位移图。

由此可知，基本结构在 $Z_1=1$ 作用时引起的竖向位移图就代表了 Z_1 影响线的轮廓。而将 $Z_1=1$ 的竖向位移图除以常数 δ_{11}，即得到 Z_1 的影响线。

利用以上原理，可以直接利用竖向位移图绘制连续梁的影响线，这就是用机动法绘制连续梁影响线的方法。其步骤如下：

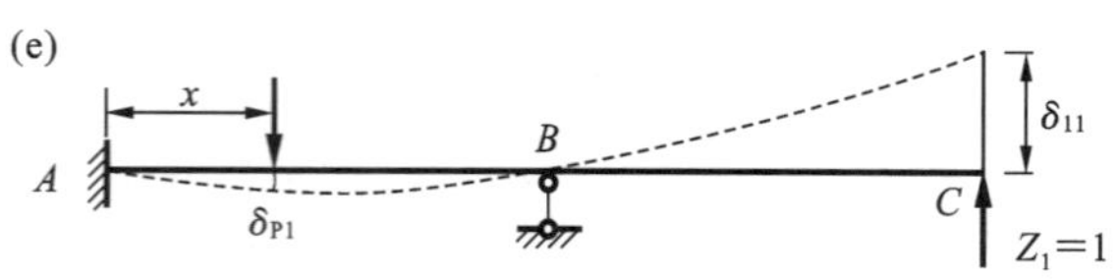

图 12.31 超静定力影响线

(a) 原超静定梁；(b) 基本结构；(c) 基本体系；(d) 基本结构作用 $P=1$；(e) 基本结构作用 $Z_1=1$

(1) 撤去与所求约束力 Z_1 相应的约束，代以约束力 Z_1。

(2) 使体系沿 Z_1 的正方向发生位移，作出 $Z_1=1$ 作用时荷载作用点的竖向位移图——δ_{P1} 图，δ_{P1} 图即为影响线的形状。

(3) 将 δ_{P1} 图除以常数 δ_{11}（或在 δ_{P1} 图中令 $\delta_{11}=1$），便确定了影响线纵坐标的数值。

(4) 横坐标轴以上图形为正号，横坐标轴以下图形为负号。

利用以上步骤，便可得出影响线的大致形状，如要求图 12.32(a)所示五跨连续梁支座 C 截面的弯矩影响线，则可撤去与支座 C 截面弯矩相应的约束，即将支座 C 连续杆处变为铰结点，并在铰 C 左、右两侧截面加一对大小相等、方向相反的力偶 $Z_1(M_C)$，使铰 C 左、右截面发生与 Z_1 正方向一致的转角，所产生的竖向位移图，即 M_C 影响线的形状[图 12.32(b)]，在图 12.32(c)中表示了 $Z_1=1$ 作用的 δ_{11} 和$\delta_{P1}(x)$，图 12.32(d)即为 M_C 影响线的图形。

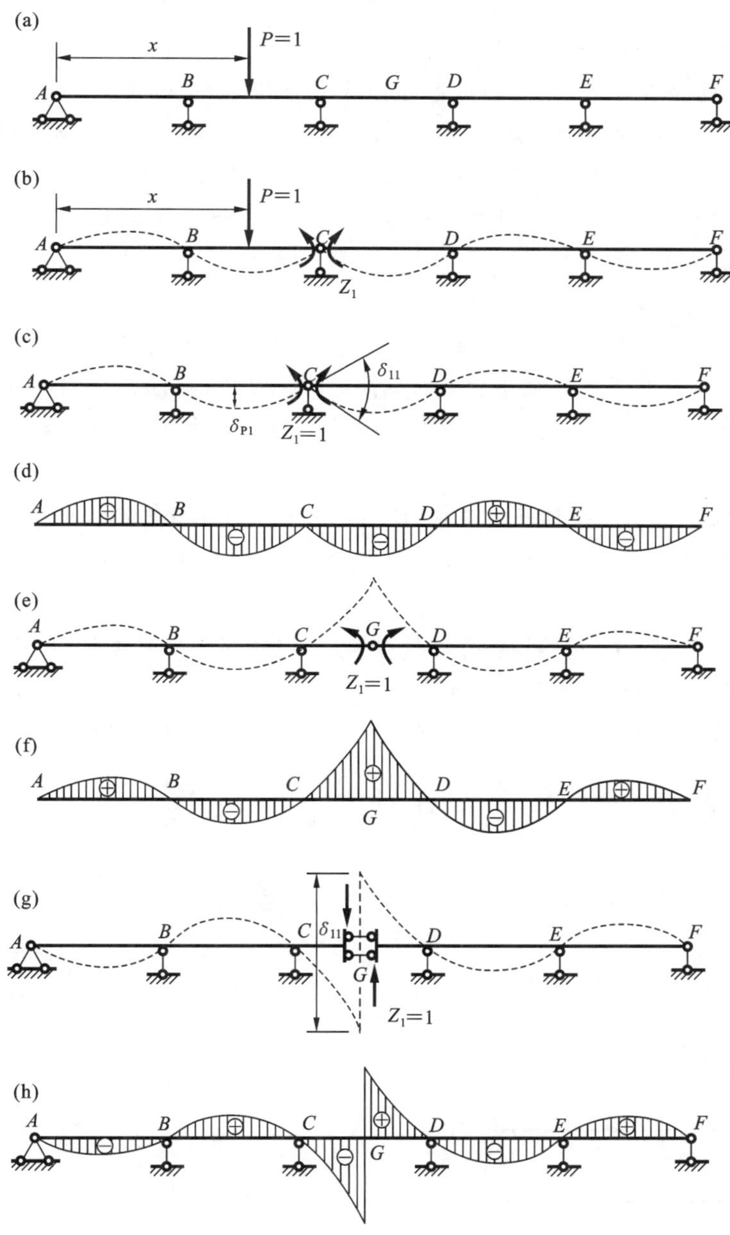

图 12.32　连续梁的影响线

(a) 原结构；(b) 撤去支座 C 截面弯矩约束后的基本体系；(c) $Z_1=M_C=1$ 作用的位移图；(d) M_C 影响线；(e) $Z_1=M_G=1$ 作用的位移图；(f) M_G 影响线；(g) $Z_1=Q_G=1$ 作用的位移图；(h) Q_G 影响线

类似地，可求出 CD 跨中 G 截面的弯矩 M_G 和剪力 Q_G 的影响线，其绘制过程见图 12.32(e)、图 12.32(f) 和图 12.32(g)、图 12.32(h)，图中只画出了影响线的形状。连续梁影响线纵坐标的数值，涉及超静定基本结构的位移计算，略麻烦些，本书中不做深入讨论。

本章小结

本章主要讨论以位移法为基础的两个渐近解法：力矩分配法和与之属于同类方法的无剪力分配法。此外，还讨论了剪力分配法和机动法绘制连续梁影响线图形的方法。

(1) 力矩分配法适用于计算连续梁和无结点线位移的刚架。力矩分配法的物理概念清楚，运算步骤简单，不需建立和求解联立方程，直接得到杆端弯矩，因此，是工程中广泛使用的一种手算方法。

力矩分配法的基本运算是单结点的力矩分配，主要有以下两个环节。

① 固定刚结点。对刚结点施加阻止转动的约束，根据荷载，计算各杆的固端弯矩和结点的约束力矩。

② 放松刚结点。根据各杆的转动刚度，计算分配系数，将结点的约束力矩反符号，乘以分配系数，得各杆端的分配弯矩；然后，将各杆端的分配弯矩乘以传递系数，得各杆远端的传递弯矩。

多结点的力矩分配法(连续梁和无侧移刚架计算)，是先固定全部刚结点，然后逐个放松结点，轮流进行单结点的力矩分配。

(2) 无剪力分配法是力矩分配法的一个特例。

对剪力静定的杆件，虽然有结点线位移，但可以不将结点线位移作为基本未知量，即可以直接求出其分配系数及传递系数，从而找到与力矩分配法相同的办法进行单结点的力矩分配和多结点的力矩分配。

这里，应注意无剪力分配法的应用条件：刚架中除两端无相对线位移的杆件外，其余杆件都是剪力静定的。

(3) 剪力分配法适用于无结点角位移的结构(铰结排架和横梁刚度无限大的刚架)在柱顶有水平荷载作用时的计算。根据各柱的侧移刚度，计算剪力分配系数，将水平荷载乘以剪力分配系数，得各柱的剪力；然后求柱端、梁端弯矩。

柱间荷载作用时，计算分以下两步：(1) 加支杆固定结点线位移，求出支杆约束力；(2) 将支杆约束反力反向作用，进行剪力分配。叠加以上两步得最后结果。

(4) 利用机动法作连续梁的影响线，可以很方便地得到连续梁影响线的形状——δ_{P1} 图。

习　　题

12.1～12.2　用力矩分配法计算图示连续梁和刚架的杆端弯矩。

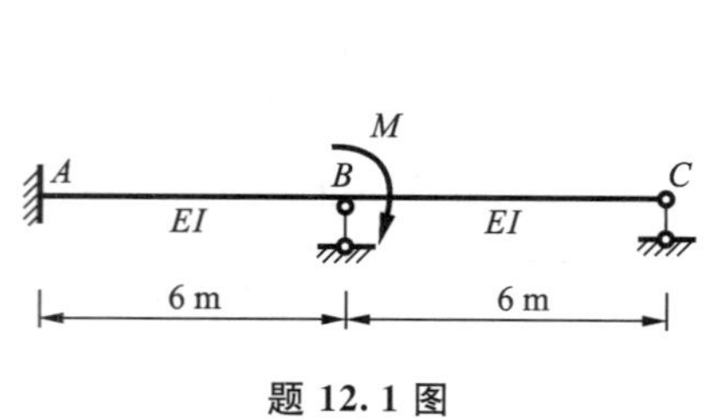

题 12.1 图

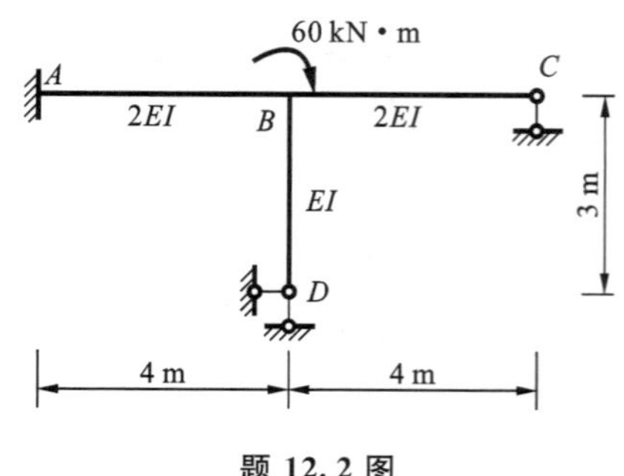

题 12.2 图

12.3～12.5　用力矩分配法计算图示结构，作 M 图。

12.6～12.8　用力矩分配法作图示连续梁的 M 图，并计算支座反力。

12.9～12.12　用力矩分配法作图示刚架的 M 图。

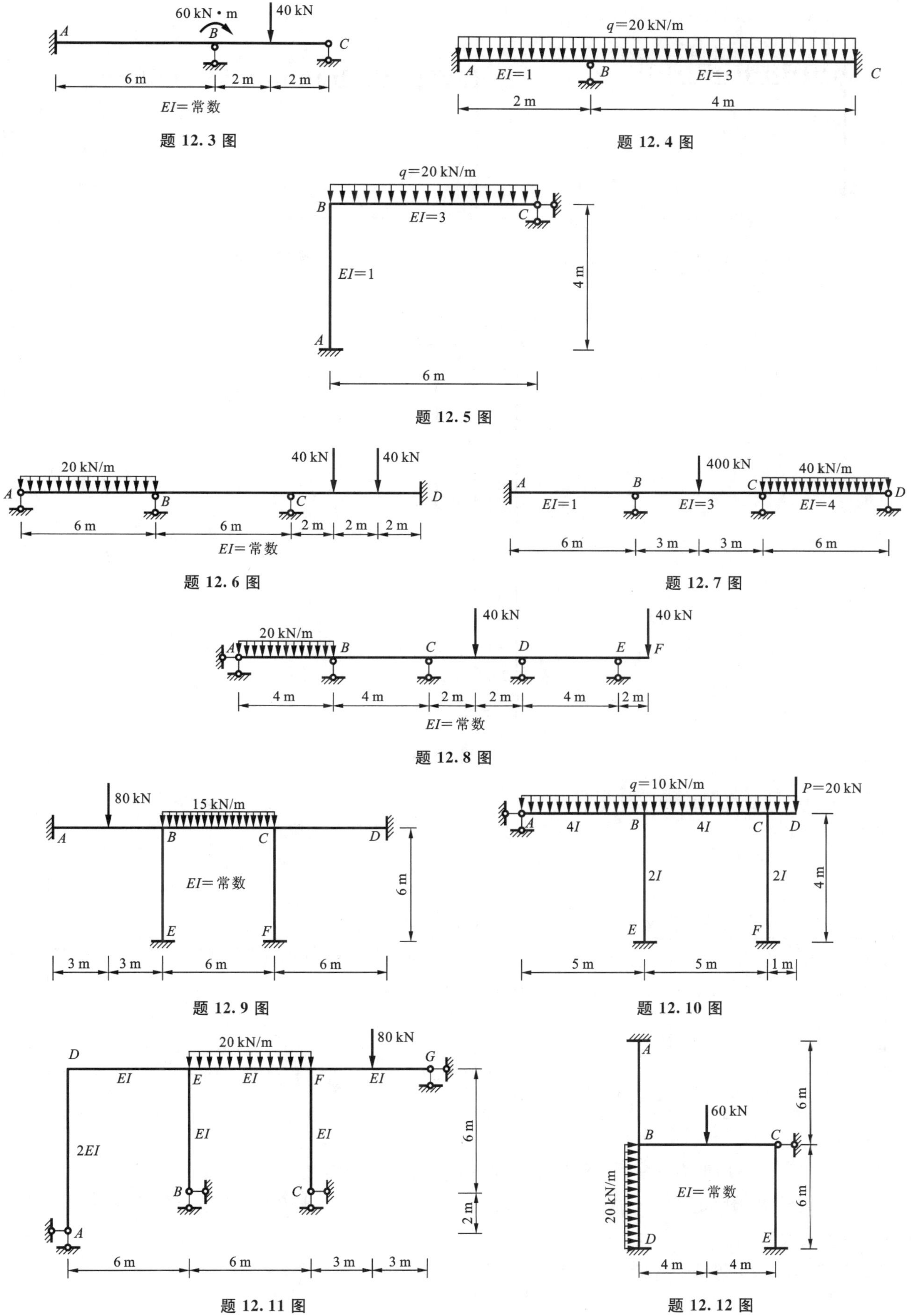

题 12.3 图

题 12.4 图

题 12.5 图

题 12.6 图

题 12.7 图

题 12.8 图

题 12.9 图

题 12.10 图

题 12.11 图

题 12.12 图

12.13～12.15 作图示对称刚架的 M 图、Q 图、N 图。

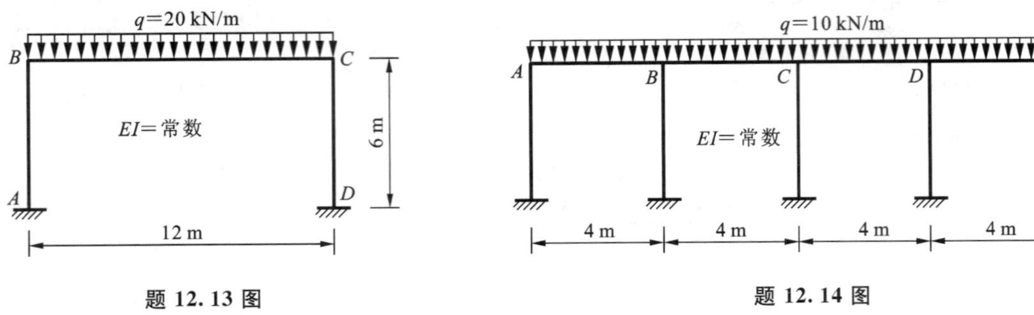

题 12.13 图　　题 12.14 图

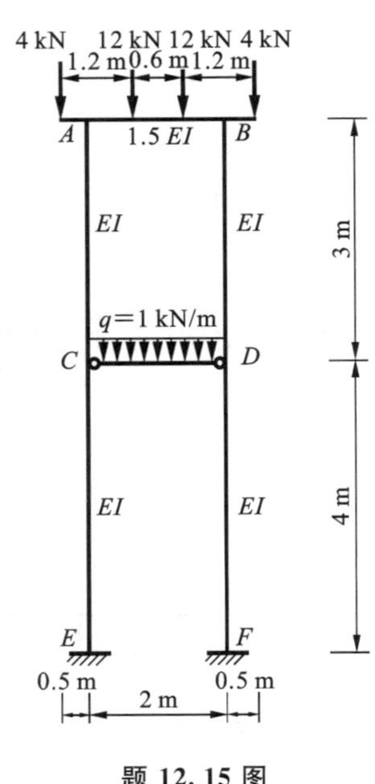

题 12.15 图

12.16～12.18 作图示刚架的 M 图。

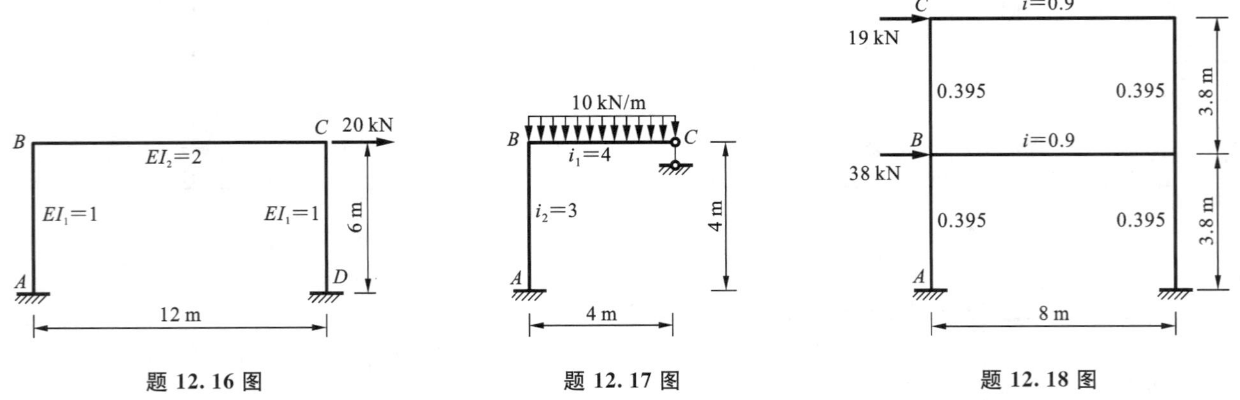

题 12.16 图　　题 12.17 图　　题 12.18 图

12.19～12.20 用剪力分配法计算图示结构，作弯矩图。E＝常数。

12.21 画出两端固定梁 AB 的杆端弯矩 M_A 影响线的形状。荷载 $P=1$ 作用在何处（描述大致位置）时，M_A 达到极大值？

12.22 画出两跨等截面连续梁 R_B、M_D、Q_D 的影响线的形状。

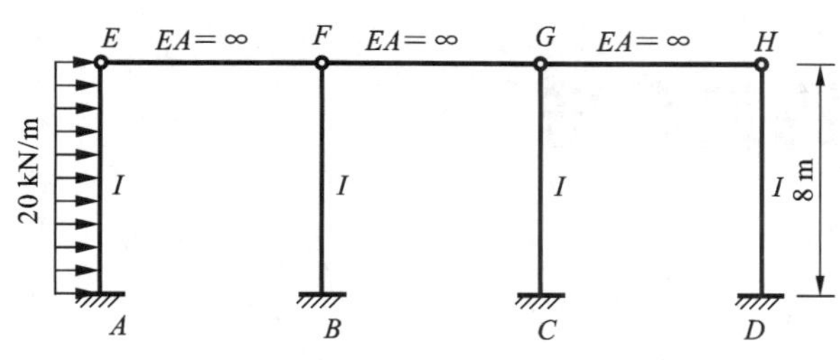

题 12.19 图

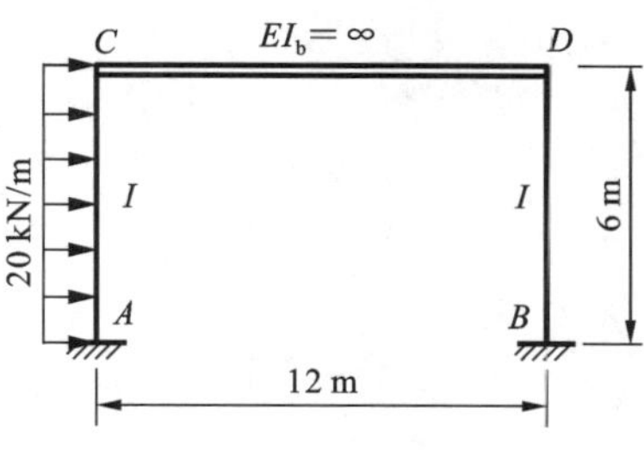

题 12.20 图

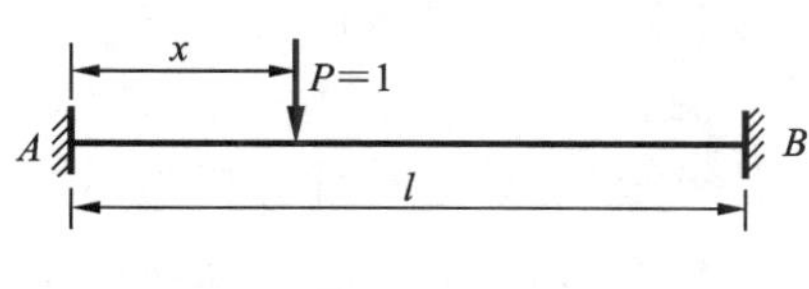

题 12.21 图

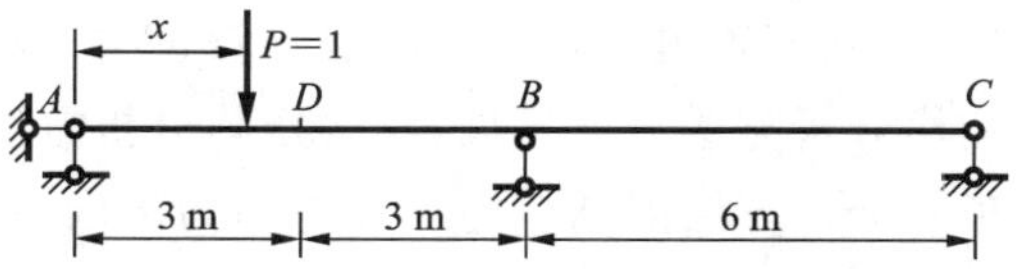

x P=1 A D B C 3 m 3 m 6 m

题 12.22 图

13 矩阵位移法

13.1 概　　述

前几章讨论的力法、位移法和渐近法都是建立在手算基础上的计算方法。当基本未知量很多时，手算工作将极其繁重，甚至不可能算出。随着计算机的广泛应用，结构分析由传统的手算转向电算，相应地，以电算为基础的结构分析方法空前发展，结构矩阵分析方法便是其中最重要的基础之一。

结构矩阵分析方法以结构力学的原理为基础，用矩阵代数表达计算公式，以电子计算机为运算工具。采用矩阵进行运算，不仅使得公式紧凑，而且形式上统一，便于使计算过程规格化和程序化，适应电子计算机进行自动化计算的要求。

与传统的力法和位移法相对应，结构矩阵分析方法也分为矩阵力法和矩阵位移法。而矩阵位移法的计算过程比矩阵力法更为规格化、更有利于编制程序，因而应用得更广泛。本章仅讨论矩阵位移法。

1. 矩阵位移法的基本思路

矩阵位移法的基本原理与传统的位移法相同，也是以结点位移为基本未知量。首先将整个结构分解为若干个单元（在杆件结构中，通常取一根杆件为一个单元），称为结构的离散；对每一单元，分析单元的杆端力、杆端位移之间的关系，并用矩阵形式表示，称为单元刚度方程；利用结构的变形协调条件和平衡条件，将各单元集合成整体结构，得到求解基本未知量的方程，即整体刚度方程；最后求解方程，得出结点位移，回代至单元刚度方程，求出杆端力。

因此，矩阵位移法和传统位移法计算杆件结构的过程是一样的，其中重点环节在于：①结构的离散化；②单元分析；③整体分析。

2. 结构的离散化

所谓结构的离散化就是将结构分解为一系列的单元。在杆件结构中，通常以杆件为基本单元，将结构按杆件拆开。如图 13.1(a)所示连续梁，由杆 AB、BC、CD 三杆组成。用矩阵位移法计算时，可将其离散为①、②、③三个单元。同理，图 13.1(b)所示刚架由杆 AB、BC、BD、CE 四杆组成，则可离散为①、②、③、④四个单元。

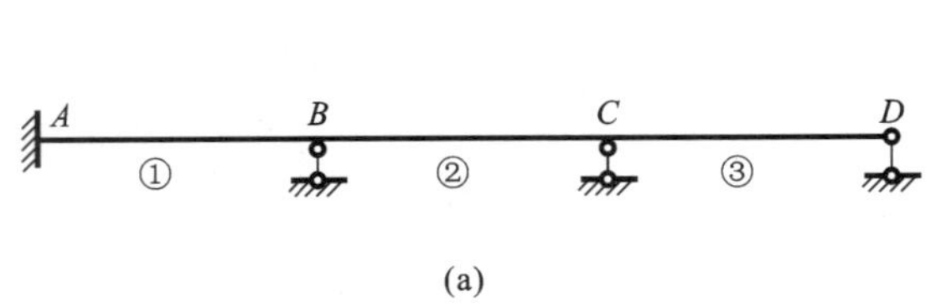

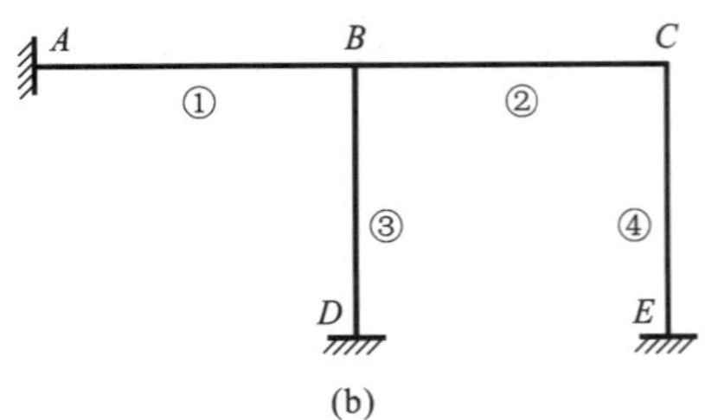

图 13.1　结构的离散化

(a) 连续梁；(b) 平面刚架

3. 单元局部坐标系与杆端力、杆端位移的符号规定

结构离散为单元后，首先需要建立单元的坐标系统，同时规定杆端力和杆端位移的正负号。图 13.2 所示为某杆单元ⓔ，两个端点的编号（也称局部码）分别为 1、2。单元的局部坐标系用$\bar{x}$、$\bar{y}$表示，$\bar{x}$轴沿杆轴方向，正方向规定为单元端点 1 指向端点 2，图中用箭头表示；$\bar{y}$轴以向下为正，即自$\bar{x}$轴顺时针旋转 90°时的$\bar{y}$轴为正。

杆端位移用$\bar{u}$、$\bar{v}$、$\bar{\theta}$表示，分别代表单元杆端的轴向位移分量、杆端垂直于杆轴方向的位移分量与杆端截面的转角。单元ⓔ的杆端1、2各有三个位移分量，分别记为$\bar{u}_1$、$\bar{v}_1$、$\bar{\theta}_1$和$\bar{u}_2$、$\bar{v}_2$、$\bar{\theta}_2$。杆端力用$\bar{X}$、$\bar{Y}$、$\bar{M}$表示，分别代表单元杆端的轴向力分量、杆端垂直杆轴方向的切向力分量与杆端力矩。单元ⓔ的杆端1、2各有三个力分量，分别记为$\bar{X}_1$、$\bar{Y}_1$、$\bar{M}_1$和$\bar{X}_2$、$\bar{Y}_2$、$\bar{M}_2$。杆端位移和杆端力分别示于图13.3(a)和图13.3(b)中。

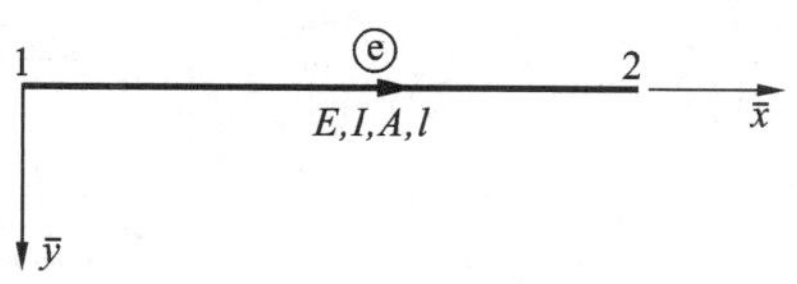

图13.2 单元的局部坐标系

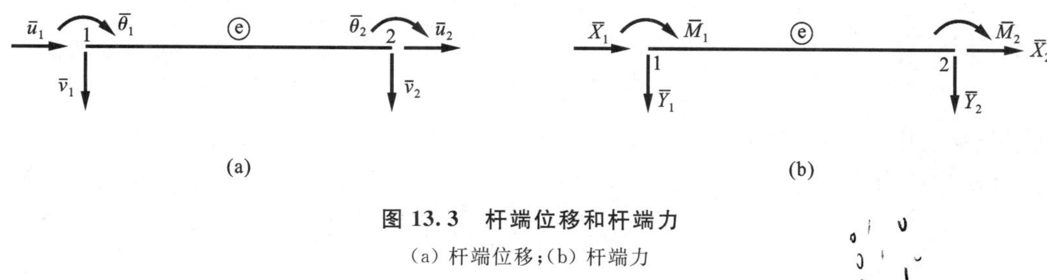

图13.3 杆端位移和杆端力

(a) 杆端位移；(b) 杆端力

杆端位移和杆端力分量的正负号规定为：杆端位移$\bar{u}$、$\bar{v}$与杆端力$\bar{X}$、$\bar{Y}$以与坐标轴$\bar{x}$、$\bar{y}$正向一致为正；杆端位移$\bar{\theta}$与杆端力$\bar{M}$以顺时针转动为正，反之为负。图13.3所示杆端位移和杆端力均为正向。

在矩阵位移法中，我们将单元ⓔ的六个杆端位移分量和六个杆端力分量按一定的顺序排列，形成的单元杆端位移列阵$\bar{\Delta}^{ⓔ}$和单元杆端力列阵$\bar{F}^{ⓔ}$如下：

$$\bar{\boldsymbol{\Delta}}^{ⓔ}=\begin{Bmatrix}\bar{u}_1\\ \bar{v}_1\\ \bar{\theta}_1\\ \bar{u}_2\\ \bar{v}_2\\ \bar{\theta}_2\end{Bmatrix}^{ⓔ}=\begin{Bmatrix}\bar{\Delta}_1\\ \bar{\Delta}_2\\ \bar{\Delta}_3\\ \bar{\Delta}_4\\ \bar{\Delta}_5\\ \bar{\Delta}_6\end{Bmatrix}^{ⓔ}\qquad \bar{\boldsymbol{F}}^{ⓔ}=\begin{Bmatrix}\bar{X}_1\\ \bar{Y}_1\\ \bar{M}_1\\ \bar{X}_2\\ \bar{Y}_2\\ \bar{M}_2\end{Bmatrix}^{ⓔ}=\begin{Bmatrix}\bar{F}_1\\ \bar{F}_2\\ \bar{F}_3\\ \bar{F}_4\\ \bar{F}_5\\ \bar{F}_6\end{Bmatrix}^{ⓔ} \tag{13.1}$$

式中各量上面的横线表示该物理量在局部坐标系中。

13.2 单元分析(一)——局部坐标系中的单元刚度矩阵

单元杆端力和杆端位移之间的转换关系称为单元刚度方程。它表示单元在杆端有任意给定位移时所产生的杆端力。单元刚度矩阵是杆端力与杆端位移之间的转换矩阵。在局部坐标系中，单元刚度方程可表示为：

$$\bar{\boldsymbol{F}}^{ⓔ}=\bar{\boldsymbol{k}}^{ⓔ}\bar{\boldsymbol{\Delta}}^{ⓔ} \tag{13.2}$$

式中 $\bar{\boldsymbol{k}}^{ⓔ}$——局部坐标系中的单元刚度矩阵。

【扫码演示16】

1. 一般杆单元的刚度矩阵

图13.4所示两端刚结的杆单元为一般杆单元，单元的弹性模量为E，截面惯性矩为I，截面面积为A，杆长为l。

当忽略轴向受力状态和弯曲受力状态之间的相互影响时，可分别导出轴向变形和弯曲变形的刚度方程。首先，由杆端轴向位移$\bar{u}_1$、$\bar{u}_2$可得到杆端轴向力$\bar{X}_1$、$\bar{X}_2$：

$$\left.\begin{aligned}\bar{X}_1&=\frac{EA}{l}(\bar{u}_1-\bar{u}_2)\\ \bar{X}_2&=-\frac{EA}{l}(\bar{u}_1-\bar{u}_2)\end{aligned}\right\} \tag{13.3}$$

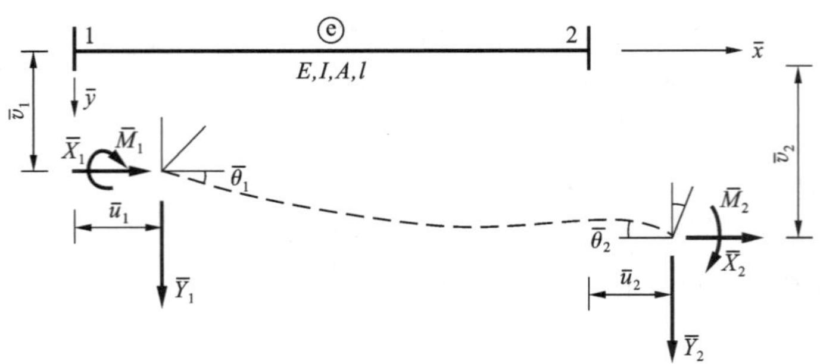

图 13.4 一般杆单元

其次，利用位移法中等截面杆的形常数(表 11.1)及叠加原理，可由杆端横向位移 $\bar{v}_1$、$\bar{v}_2$ 和杆端转角 $\bar{\theta}_1$、$\bar{\theta}_2$ 得到相应的杆端横向力 $\bar{Y}_1$、$\bar{Y}_2$ 和杆端力矩 $\bar{M}_1$、$\bar{M}_2$ 如下(公式中均改用本章的记号和正负号规定)：

$$\left.\begin{aligned}
\bar{Y}_1 &= \frac{12EI}{l^3}\bar{v}_1 + \frac{6EI}{l^2}\bar{\theta}_1 - \frac{12EI}{l^3}\bar{v}_2 + \frac{6EI}{l^2}\bar{\theta}_2 \\
\bar{M}_1 &= \frac{6EI}{l^2}\bar{v}_1 + \frac{4EI}{l}\bar{\theta}_1 - \frac{6EI}{l^2}\bar{v}_2 + \frac{2EI}{l}\bar{\theta}_2 \\
\bar{Y}_2 &= -\frac{12EI}{l^3}\bar{v}_1 - \frac{6EI}{l^2}\bar{\theta}_1 + \frac{12EI}{l^3}\bar{v}_2 - \frac{6EI}{l^2}\bar{\theta}_2 \\
\bar{M}_2 &= \frac{6EI}{l^2}\bar{v}_1 + \frac{2EI}{l}\bar{\theta}_1 - \frac{6EI}{l^2}\bar{v}_2 + \frac{4EI}{l}\bar{\theta}_2
\end{aligned}\right\} \tag{13.4}$$

将式(13.3)和式(13.4)合在一起，写成矩阵形式，则为：

$$\begin{Bmatrix} \bar{X}_1 \\ \bar{Y}_1 \\ \bar{M}_1 \\ \cdots \\ \bar{X}_2 \\ \bar{Y}_2 \\ \bar{M}_2 \end{Bmatrix}^{ⓔ} = \begin{bmatrix}
\frac{EA}{l} & 0 & 0 & -\frac{EA}{l} & 0 & 0 \\
0 & \frac{12EI}{l^3} & \frac{6EI}{l^2} & 0 & -\frac{12EI}{l^3} & \frac{6EI}{l^2} \\
0 & \frac{6EI}{l^2} & \frac{4EI}{l} & 0 & -\frac{6EI}{l^2} & \frac{2EI}{l} \\
-\frac{EA}{l} & 0 & 0 & \frac{EA}{l} & 0 & 0 \\
0 & -\frac{12EI}{l^3} & -\frac{6EI}{l^2} & 0 & \frac{12EI}{l^3} & -\frac{6EI}{l^2} \\
0 & \frac{6EI}{l^2} & \frac{2EI}{l} & 0 & -\frac{6EI}{l^2} & \frac{4EI}{l}
\end{bmatrix} \begin{Bmatrix} \bar{u}_1 \\ \bar{v}_1 \\ \bar{\theta}_1 \\ \cdots \\ \bar{u}_2 \\ \bar{v}_2 \\ \bar{\theta}_2 \end{Bmatrix}^{ⓔ} \tag{13.5}$$

上式可记为：

$$\bar{\boldsymbol{F}}^{ⓔ} = \bar{\boldsymbol{k}}^{ⓔ}\bar{\boldsymbol{\Delta}}^{ⓔ}$$

上式即为一般杆单元在局部坐标系中的单元刚度方程[见式(13.2)]。其中：

$$\bar{\boldsymbol{k}}^{ⓔ} = \begin{bmatrix}
\frac{EA}{l} & 0 & 0 & -\frac{EA}{l} & 0 & 0 \\
0 & \frac{12EI}{l^3} & \frac{6EI}{l^2} & 0 & -\frac{12EI}{l^3} & \frac{6EI}{l^2} \\
0 & \frac{6EI}{l^2} & \frac{4EI}{l} & 0 & -\frac{6EI}{l^2} & \frac{2EI}{l} \\
-\frac{EA}{l} & 0 & 0 & \frac{EA}{l} & 0 & 0 \\
0 & -\frac{12EI}{l^3} & -\frac{6EI}{l^2} & 0 & \frac{12EI}{l^3} & -\frac{6EI}{l^2} \\
0 & \frac{6EI}{l^2} & \frac{2EI}{l} & 0 & -\frac{6EI}{l^2} & \frac{4EI}{l}
\end{bmatrix} \tag{13.6}$$

$\bar{\boldsymbol{k}}^{ⓔ}$ 称为局部坐标系中的单元刚度矩阵，为 6×6 阶方阵。

2. 单元刚度矩阵的性质

单元刚度矩阵 $\bar{\boldsymbol{k}}^{ⓔ}$ 中的每个元素称为单元刚度系数，代表由于单位杆端位移所引起的杆端力。例如，第6行第3列元素 $\bar{k}_{63}\left(即元素\dfrac{2EI}{l}\right)$代表当第3个杆端位移分量 $\bar{\theta}_1=1$，而其他杆端位移等于零时引起的第6个杆端力分量$\overline{M}_2$。一般来说，第 i 行第 j 列元素 $\bar{k}_{ij}$ 代表当第 j 个杆端位移分量 $\bar{\Delta}_j=1$（其他位移分量为零）时引起的第 i 个杆端力分量 $\bar{F}_i$ 的值。而单元刚度矩阵 $\bar{\boldsymbol{k}}^{ⓔ}$ 中某一列的六个元素分别表示当某个杆端位移分量等于1时引起的六个杆端力分量。例如，第1列对应于单位位移 $\bar{u}_1=1$ 时引起的杆端力。

分析一般单元矩阵各元素，可以看出具有如下性质：

① 对称性

单元刚度矩阵 $\bar{\boldsymbol{k}}^{ⓔ}$ 中的各个元素在主对角线两侧是对称分布的，即：

$$\bar{k}_{ij}=\bar{k}_{ji} \tag{13.7}$$

这可以根据反力互等定理得出结论。所以，$\bar{\boldsymbol{k}}^{ⓔ}$ 是对称矩阵。

② 奇异性

所谓矩阵的奇异性，是指其对应行列式等于零。对一般单元刚度矩阵来说有：

$$|\bar{\boldsymbol{k}}^{ⓔ}|=0 \tag{13.8}$$

直接计算 $\bar{\boldsymbol{k}}^{ⓔ}$ 的矩阵行列式，便可验证上述结论。

因为 $\bar{\boldsymbol{k}}^{ⓔ}$ 为奇异矩阵，因此不存在逆矩阵。在式(13.2)所示的单元刚度方程中，如已知杆端位移 $\bar{\boldsymbol{\Delta}}^{ⓔ}$，则可由方程直接计算出杆端力 $\bar{\boldsymbol{F}}^{ⓔ}$，且是唯一解。但如果已知杆端力 $\bar{\boldsymbol{F}}^{ⓔ}$，则不一定能计算出杆端位移 $\bar{\boldsymbol{\Delta}}^{ⓔ}$，$\bar{\boldsymbol{\Delta}}^{ⓔ}$ 可能无解，如果有解，则为非唯一解。

3. 特殊单元的刚度矩阵

式(13.5)是一般单元的刚度方程，其中六个杆端位移可指定为任意值。在结构中还有一些特殊单元，单元的某个或某些杆端位移的值已知为零。各种特殊单元的刚度方程无须另行推导，只须对一般单元的刚度方程[式(13.5)]作一些特殊处理便可得到。

(1) 忽略轴向变形的梁单元的刚度方程

在计算刚架时，通常忽略梁或柱的轴向变形。如果取刚架的梁(或柱)作为单元[图 13.5(a)]，则只有四个杆端位移分量 $\bar{v}_1$、$\bar{\theta}_1$、$\bar{v}_2$、$\bar{\theta}_2$，可指定为任意值，而其余两个分量均已知为零：

$$\bar{u}_1=\bar{u}_2=0 \tag{a}$$

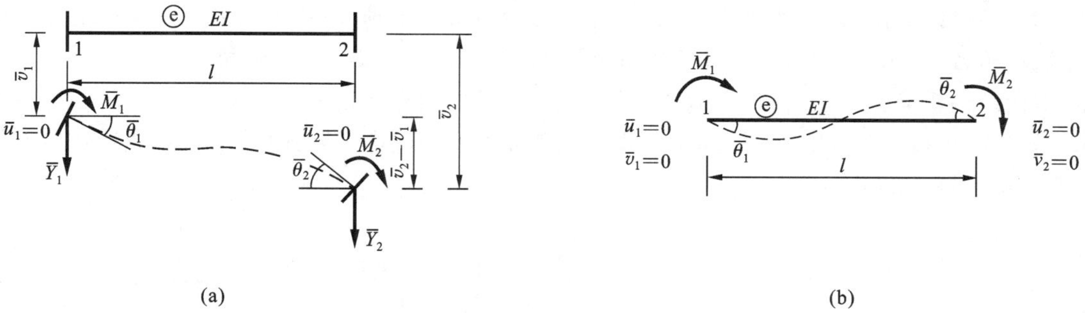

(a)　　(b)

图 13.5　特殊单元

(a) 忽略轴向变形的梁单元；(b) 连续梁单元

将式(a)代入式(13.5)，即自动得出忽略轴向变形的梁单元的刚度方程：

$$\begin{Bmatrix} \bar{Y}_1 \\ \bar{M}_1 \\ \bar{Y}_2 \\ \bar{M}_2 \end{Bmatrix}^{ⓔ} = \begin{bmatrix} \frac{12EI}{l^3} & \frac{6EI}{l^2} & -\frac{12EI}{l^3} & \frac{6EI}{l^2} \\ \frac{6EI}{l^2} & \frac{4EI}{l} & -\frac{6EI}{l^2} & \frac{2EI}{l} \\ -\frac{12EI}{l^3} & -\frac{6EI}{l^2} & \frac{12EI}{l^3} & -\frac{6EI}{l^2} \\ \frac{6EI}{l^2} & \frac{2EI}{l} & -\frac{6EI}{l^2} & \frac{4EI}{l} \end{bmatrix} \begin{Bmatrix} \bar{v}_1 \\ \bar{\theta}_1 \\ \bar{v}_2 \\ \bar{\theta}_2 \end{Bmatrix} \tag{13.9}$$

相应的单元刚度矩阵为：

$$\bar{\boldsymbol{k}}^{ⓔ} = \begin{bmatrix} \frac{12EI}{l^3} & \frac{6EI}{l^2} & -\frac{12EI}{l^3} & \frac{6EI}{l^2} \\ \frac{6EI}{l^2} & \frac{4EI}{l} & -\frac{6EI}{l^2} & \frac{2EI}{l} \\ -\frac{12EI}{l^3} & -\frac{6EI}{l^2} & \frac{12EI}{l^3} & -\frac{6EI}{l^2} \\ \frac{6EI}{l^2} & \frac{2EI}{l} & -\frac{6EI}{l^2} & \frac{4EI}{l} \end{bmatrix} \tag{13.10}$$

实际上这个特殊单元刚度矩阵式(13.10)可由式(13.6)的一般单元刚度矩阵中删去第1、4行和列后自动得到。

(2) 连续梁单元的刚度方程

计算连续梁时，我们通常忽略轴向变形，同时，连续梁均支承在刚性支座上，无横向位移，如图13.5(b)所示。此时，则只有两个杆端位移 $\bar{\theta}_1$、$\bar{\theta}_2$，而其余四个杆端位移分量均已知为零：

$$\bar{u}_1 = \bar{v}_1 = \bar{u}_2 = \bar{v}_2 = 0 \tag{b}$$

将式(b)代入式(13.5)，即得出连续梁单元的单元刚度方程如下：

$$\begin{Bmatrix} \bar{M}_1 \\ \bar{M}_2 \end{Bmatrix}^{ⓔ} = \begin{bmatrix} \frac{4EI}{l} & \frac{2EI}{l} \\ \frac{2EI}{l} & \frac{4EI}{l} \end{bmatrix} \begin{Bmatrix} \bar{\theta}_1 \\ \bar{\theta}_2 \end{Bmatrix}^{ⓔ} \tag{13.11}$$

这里，单元刚度矩阵为：

$$\bar{\boldsymbol{k}}^{ⓔ} = \begin{bmatrix} \frac{4EI}{l} & \frac{2EI}{l} \\ \frac{2EI}{l} & \frac{4EI}{l} \end{bmatrix} \tag{13.12}$$

从式(13.12)可以看出，连续梁单元的刚度矩阵，因为引进了支座条件，单元刚度矩阵 $\bar{\boldsymbol{k}}^{ⓔ}$ 是可逆的。因此，可由杆端转角 $\bar{\boldsymbol{\Delta}}^{ⓔ}$ 的值，求得杆端力矩 $\bar{\boldsymbol{F}}^{ⓔ}$，也可由杆端力矩 $\bar{\boldsymbol{F}}^{ⓔ}$，求得杆端转角 $\bar{\boldsymbol{\Delta}}^{ⓔ}$。

实际上，在结构矩阵分析中，我们着眼于计算过程的程序化、标准化和自动化。因此，不必把各种非标准化的特殊单元都列出，而只采用一种标准化形式——一般单元的刚度矩阵式(13.6)，其他特殊单元的刚度矩阵可由计算机程序自动形成。

13.3 单元分析(二)——整体坐标系中的单元刚度矩阵

上一节推导的单元刚度矩阵是基于杆单元局部坐标系的，以杆轴线为 $\bar{x}$ 轴，这样所有的单元都具有相同的单元刚度矩阵的形式。但在实际结构中，各杆件的杆轴方向不可能相同。为了便于整体分析，必须选用一个公共坐标系，称为整体坐标系。为了区别，用 $\bar{x}$、$\bar{y}$ 表示局部坐标，用 x、y 表示整体坐标。

整体分析时，首先需要推导整体坐标系中的单元刚度矩阵 $\boldsymbol{k}^{ⓔ}$。可以采用坐标变换的方法，将局部坐标系下的单元刚度矩阵转换至整体坐标系中。因此，首先讨论坐标系的转换矩阵。

1. 单元坐标转换矩阵

图 13.6 所示为一单元ⓔ,其局部坐标系为$\bar{x}O\bar{y}$,整体坐标系为 xOy,由 x 轴到$\bar{x}$轴的夹角为 α,以顺时针转向为正。

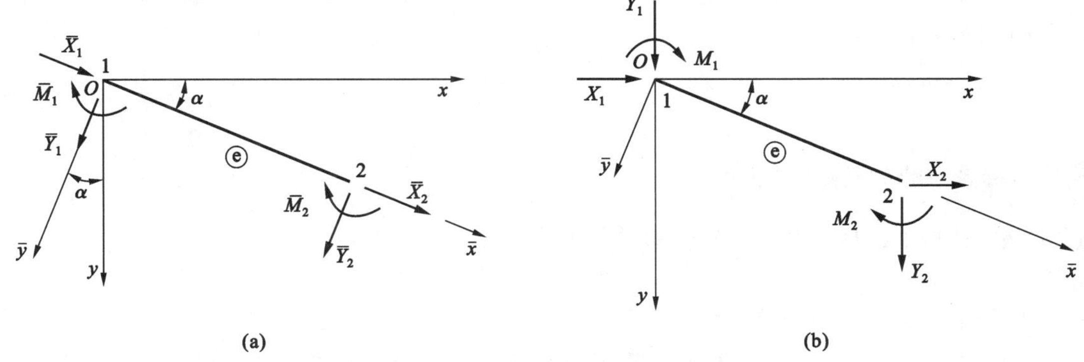

图 13.6 单元杆端力的转换关系

(a) 局部坐标系中的单元杆端力;(b) 整体坐标系中的单元杆端力

局部坐标系中的杆端力分量为 $\bar{X}$、$\bar{Y}$、$\bar{M}$,整体坐标系中的杆端力分量为 X、Y、M,两者有如下关系(参看图 13.6):

$$\left.\begin{aligned}\bar{X}_1 &= X_1\cos\alpha + Y_1\sin\alpha\\ \bar{Y}_1 &= -X_1\sin\alpha + Y_1\cos\alpha\\ \bar{M}_1 &= M_1\\ \bar{X}_2 &= X_2\cos\alpha + Y_2\sin\alpha\\ \bar{Y}_2 &= -X_2\sin\alpha + Y_2\cos\alpha\\ \bar{M}_2 &= M_2\end{aligned}\right\} \tag{13.13}$$

将式(13.13)写成矩阵形式:

$$\begin{Bmatrix}\bar{X}_1\\ \bar{Y}_1\\ \bar{M}_1\\ \bar{X}_2\\ \bar{Y}_2\\ \bar{M}_2\end{Bmatrix}^{ⓔ} = \begin{bmatrix}\cos\alpha & \sin\alpha & 0 & 0 & 0 & 0\\ -\sin\alpha & \cos\alpha & 0 & 0 & 0 & 0\\ 0 & 0 & 1 & 0 & 0 & 0\\ 0 & 0 & 0 & \cos\alpha & \sin\alpha & 0\\ 0 & 0 & 0 & -\sin\alpha & \cos\alpha & 0\\ 0 & 0 & 0 & 0 & 0 & 1\end{bmatrix}\begin{Bmatrix}X_1\\ Y_1\\ M_1\\ X_2\\ Y_2\\ M_2\end{Bmatrix}^{ⓔ} \tag{13.14}$$

或简记为:

$$\bar{\boldsymbol{F}}^{ⓔ} = \boldsymbol{T}\boldsymbol{F}^{ⓔ} \tag{13.15}$$

式中,$\boldsymbol{T}$ 为单元坐标转换矩阵:

$$\boldsymbol{T} = \begin{bmatrix}\cos\alpha & \sin\alpha & 0 & 0 & 0 & 0\\ -\sin\alpha & \cos\alpha & 0 & 0 & 0 & 0\\ 0 & 0 & 1 & 0 & 0 & 0\\ 0 & 0 & 0 & \cos\alpha & \sin\alpha & 0\\ 0 & 0 & 0 & -\sin\alpha & \cos\alpha & 0\\ 0 & 0 & 0 & 0 & 0 & 1\end{bmatrix} \tag{13.16}$$

可以证明,单元坐标转换矩阵 $\boldsymbol{T}$ 为一正交矩阵。因此,其逆矩阵等于其转置矩阵,即:

$$\boldsymbol{T}^{-1} = \boldsymbol{T}^{\mathrm{T}} \tag{13.17}$$

或

$$TT^{\mathrm{T}}=T^{\mathrm{T}}T=I \tag{13.18}$$

式中 $\boldsymbol{I}$ 为与 $\boldsymbol{T}$ 同阶的单位矩阵。

因此，式(13.15)的逆转换式为：

$$F^{ⓔ} = T^{\mathrm{T}}\bar{F}^{ⓔ} \tag{13.19}$$

同理，可求出单元杆端位移在两种坐标系中的转换关系。局部坐标系中的单元杆端位移 $\bar{\Delta}^{ⓔ}$和整体坐标系中的单元杆端位移 $\Delta^{ⓔ}$的转换关系为：

$$\bar{\Delta}^{ⓔ} = T\Delta^{ⓔ} \tag{13.20}$$

$$\Delta^{ⓔ} = T^{\mathrm{T}}\bar{\Delta}^{ⓔ} \tag{13.21}$$

2. 整体坐标系中的单元刚度矩阵

在整体坐标系中，单元杆端力与杆端位移的关系式同样可表示为：

$$F^{ⓔ} = k^{ⓔ}\Delta^{ⓔ} \tag{13.22}$$

其中，$k^{ⓔ}$称为整体坐标系中的单元刚度矩阵。

现在来导出 $k^{ⓔ}$与局部坐标系单元刚度矩阵 $\bar{k}^{ⓔ}$的转换关系。单元ⓔ在局部坐标系下的刚度方程为：

$$\bar{F}^{ⓔ} = \bar{k}^{ⓔ}\bar{\Delta}^{ⓔ} \tag{a}$$

将式(13.15)和式(13.20)代入式(a)，得到：

$$TF^{ⓔ} = \bar{k}^{ⓔ}T\Delta^{ⓔ} \tag{b}$$

等式两边各前乘 T^{T}，并引入式(13.18)，得：

$$F^{ⓔ} = T^{\mathrm{T}}\bar{k}^{ⓔ}T\Delta^{ⓔ} \tag{c}$$

比较式(c)与式(13.22)，可知：

$$k^{ⓔ} = T^{\mathrm{T}}\bar{k}^{ⓔ}T \tag{13.23}$$

上式即为在两种坐标系中单元刚度矩阵的转换关系。只要求出单元坐标转换矩阵 $\boldsymbol{T}$，就可以由 $\bar{k}^{ⓔ}$计算 $k^{ⓔ}$。

整体坐标系中的单元刚度矩阵 $k^{ⓔ}$与 $\bar{k}^{ⓔ}$同阶，且具有类似的性质：

(1) 元素 k_{ij} 表示在整体坐标系中第 j 个杆端位移分量等于1、其他杆端位移分量为零时引起的第 i 个杆端力分量。

(2) $k^{ⓔ}$是对称矩阵。

(3) 一般单元的 $k^{ⓔ}$是奇异矩阵。

【例 13.1】 试求图 13.7 所示刚架中各单元在整体坐标系中的刚度矩阵 $k^{ⓔ}$。设各杆的杆长和截面尺寸相同。$l=5\ \mathrm{m}$，$b\times h=0.5\ \mathrm{m}\times 1.0\ \mathrm{m}$(截面尺寸)，$A=0.5\ \mathrm{m}^2$，$I=\frac{1}{24}\ \mathrm{m}^4$，$E=3\times 10^7\ \mathrm{kPa}$，$\frac{EA}{l}=300\times 10^4\ \mathrm{kN/m}$，$\frac{EI}{l}=25\times 10^4\ \mathrm{kN\cdot m}$。

【解】

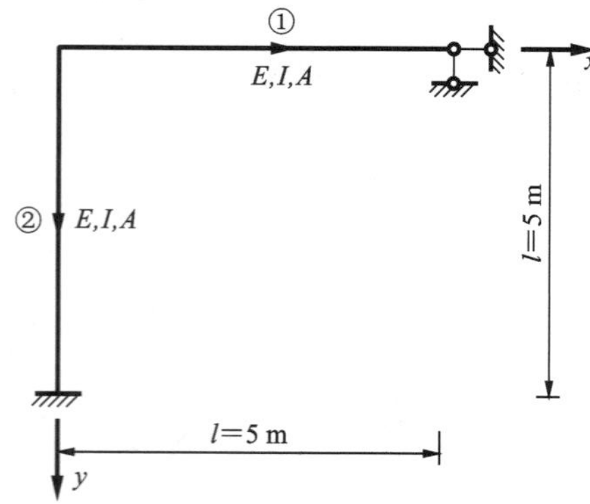

图 13.7 例 13.1 图

(1) 局部坐标系中的单元刚度矩阵 $\bar{k}^{ⓔ}$

结构离散为 2 个单元，每个单元的局部坐标的 x 轴如图 13.7 所示。由于两个单元的尺寸相同，故 $\bar{k}^{①}$和 $\bar{k}^{②}$相等。由式(13.6)得：

$$\bar{k}^{①} = \bar{k}^{②} = \left[\begin{array}{ccc|ccc} 300 & 0 & 0 & -300 & 0 & 0 \\ 0 & 12 & 30 & 0 & -12 & 30 \\ 0 & 30 & 100 & 0 & -30 & 50 \\ \hline -300 & 0 & 0 & 300 & 0 & 0 \\ 0 & -12 & -30 & 0 & 12 & -30 \\ 0 & 30 & 50 & 0 & -30 & 100 \end{array}\right]\times 10^4$$

(2) 整体坐标系中的单元刚度矩阵 $k^{ⓔ}$

单元①：$\alpha=0$，$T=I$

所以 $$\boldsymbol{k}^{①} = \bar{\boldsymbol{k}}^{①}$$

单元②：$\alpha=90°$，单元②的坐标转换矩阵为：

$$\boldsymbol{T}=\left[\begin{array}{ccc:ccc} 0 & 1 & 0 & 0 & 0 & 0 \\ -1 & 0 & 0 & 0 & 0 & 0 \\ 0 & 0 & 1 & 0 & 0 & 0 \\ \hdashline 0 & 0 & 0 & 0 & 1 & 0 \\ 0 & 0 & 0 & -1 & 0 & 0 \\ 0 & 0 & 0 & 0 & 0 & 1 \end{array}\right]$$

由式(13.23)可得单元②的刚度矩阵：

$$\boldsymbol{k}^{②} = \boldsymbol{T}^{\mathrm{T}}\bar{\boldsymbol{k}}^{②}\boldsymbol{T}=\left[\begin{array}{ccc:ccc} 12 & 0 & -30 & -12 & 0 & -30 \\ 0 & 300 & 0 & 0 & -300 & 0 \\ -30 & 0 & 100 & 30 & 0 & 50 \\ \hdashline -12 & 0 & 30 & 12 & 0 & 30 \\ 0 & -300 & 0 & 0 & 300 & 0 \\ -30 & 0 & 50 & 30 & 0 & 100 \end{array}\right]\times 10^{4}$$

13.4 连续梁的整体刚度矩阵

前面几节进行了单元分析，建立了单元的刚度方程。为求解基本未知量，需将离散的结构重新组装起来，形成整体结构的刚度方程，这个过程称为整体分析。

整体刚度方程是按位移法建立的，具体有两种方法：一种是传统位移法，另一种是单元集成法（也称为刚度集成法或直接刚度法）。单元集成法更有利于实现计算过程的程序化。

1. 传统位移法

对于图13.8(a)所示连续梁，位移法的基本体系如图13.8(b)所示。位移法的基本未知量为结点转角位移 Δ_1、Δ_2、Δ_3，它们组成整体结构的结点位移向量 $\boldsymbol{\Delta}$：

$$\boldsymbol{\Delta} = \{\Delta_1 \quad \Delta_2 \quad \Delta_3\}^{\mathrm{T}}$$

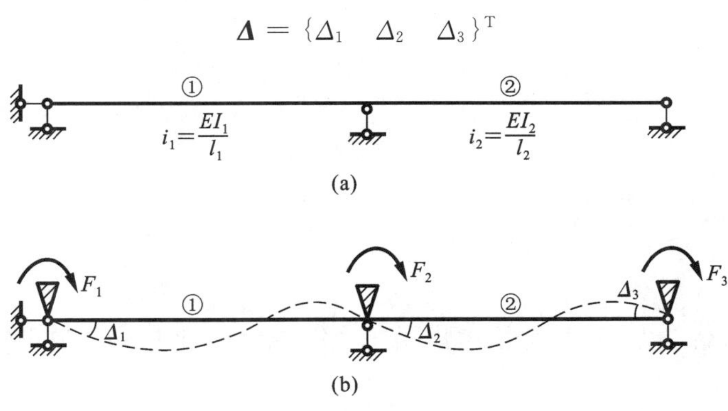

图 13.8 连续梁的整体分析

(a) 原结构；(b) 位移法的基本体系

与 Δ_1、Δ_2、Δ_3 对应的力是附加约束力偶 F_1、F_2、F_3。它们组成整体结构的结点力向量 $\boldsymbol{F}$：

$$\boldsymbol{F} = \{F_1 \quad F_2 \quad F_3\}^{\mathrm{T}}$$

在传统位移法中，我们分别考虑每个结点转角 Δ_1、Δ_2 和 Δ_3 独自引起的结点力矩，如图13.9(a)、图13.9(b)、图13.9(c)所示。

叠加上述三种情况，即得结点力矩 F_1、F_2、F_3 如下：

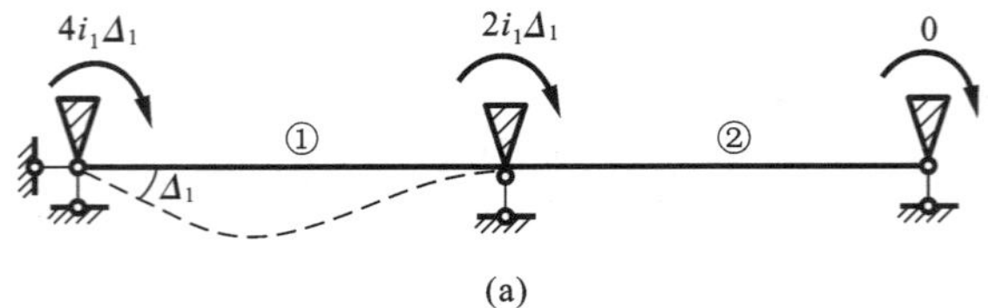

(a)

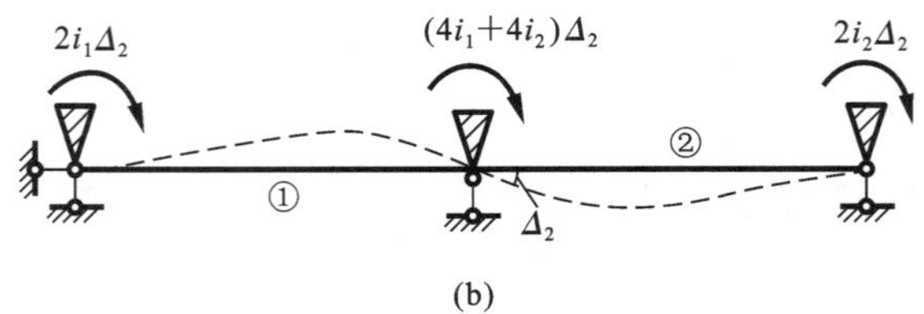

(b)

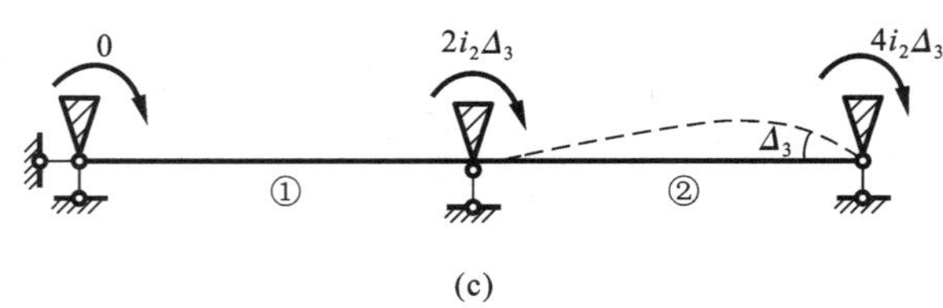

(c)

图 13.9　结点位移引起的结点力矩

(a) Δ_1 引起;(b) Δ_2 引起;(c) Δ_3 引起

$$\begin{Bmatrix} F_1 \\ F_2 \\ F_3 \end{Bmatrix} = \begin{bmatrix} 4i_1 & 2i_1 & 0 \\ 2i_1 & 4i_1+4i_2 & 2i_2 \\ 0 & 2i_2 & 4i_2 \end{bmatrix} \begin{Bmatrix} \Delta_1 \\ \Delta_2 \\ \Delta_3 \end{Bmatrix} \tag{13.24}$$

记为:

$$\boldsymbol{F} = \boldsymbol{K\Delta} \tag{13.25}$$

式(13.24)或式(13.25)称为连续梁结构的整体刚度方程。它表示了结构的结点位移和结点力之间的转换关系。其中转换矩阵:

$$\boldsymbol{K} = \begin{bmatrix} 4i_1 & 2i_1 & 0 \\ 2i_1 & 4i_1+4i_2 & 2i_2 \\ 0 & 2i_2 & 4i_2 \end{bmatrix} \tag{13.26}$$

$\boldsymbol{K}$ 为连续梁结构的整体刚度矩阵。

2. 单元集成法

按传统位移法求结构结点力 $\boldsymbol{F}$ 时,分别考虑了每个结点位移对 $\boldsymbol{F}$ 的单独贡献(采用图 13.9 的力学模型),然后进行叠加。

按单元集成法求 $\boldsymbol{F}$ 时,则分别考虑每个单元对 $\boldsymbol{F}$ 的单独贡献,然后进行叠加,得到整体刚度方程和整体刚度矩阵。其特点是由单元直接集成。下面加以说明。

仍以图 13.8(a)所示两跨连续梁为例[图 13.10(a)]。将连续梁离散为两个独立的单元①、②[图 13.10(b)]。图中结点有两种编码:一种是在整体结构中的统一编码,称为总码,如图中的结点 1、2、3。结点总码在整体分析中使用,通常只对有结点位移的结点依次编码。另一种是单元分析中的编码,称为局部码。为与总码区别,局部码数字加括号,如单元①中的结点(1)、(2)。各量的右上方圆圈内数字表示单元号。

现对图 13.10(b)所示单元①、②分别写出其单元刚度方程:

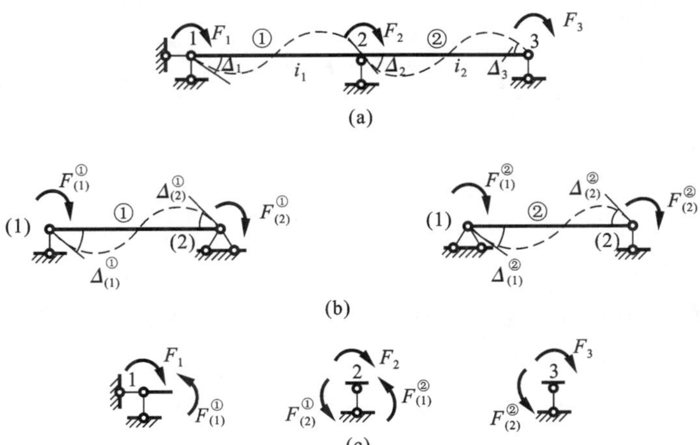

图 13.10 两跨连续梁的整体分析

(a) 原结构;(b) 单元①、②;(c) 结点平衡

单元①:

$$\begin{Bmatrix} F_{(1)} \\ F_{(2)} \end{Bmatrix}^{①} = \begin{bmatrix} 4i_1 & 2i_1 \\ 2i_1 & 4i_1 \end{bmatrix} \begin{Bmatrix} \Delta_{(1)} \\ \Delta_{(2)} \end{Bmatrix}^{①}$$

单元②:

$$\begin{Bmatrix} F_{(1)} \\ F_{(2)} \end{Bmatrix}^{②} = \begin{bmatrix} 4i_2 & 2i_2 \\ 2i_2 & 4i_2 \end{bmatrix} \begin{Bmatrix} \Delta_{(1)} \\ \Delta_{(2)} \end{Bmatrix}^{②}$$

式中 $F_{(1)}^{ⓘ}, F_{(2)}^{ⓘ}$——单元ⓘ在(1)端和(2)端的杆端力矩;

$\Delta_{(1)}^{ⓘ}, \Delta_{(2)}^{ⓘ}$——单元ⓘ在(1)端和(2)端的杆端转角。

将离散的单元集合成整体时,应满足结点的变形协调条件,即:

$$\Delta_{(1)}^{①} = \Delta_1 \qquad \Delta_{(2)}^{①} = \Delta_{(1)}^{②} = \Delta_2 \qquad \Delta_{(2)}^{②} = \Delta_3 \tag{a}$$

式中 $\Delta_1, \Delta_2, \Delta_3$——连续梁在结点总码 1、2、3 的位移。上式表示了各个单元的(1)端和(2)端的转角与整体结构的结点位移的关系。

为了考察各单元对整体结构结点力 $\boldsymbol{F}$ 的贡献,即将单元ⓔ的刚度方程中用局部码表示的(1)端、(2)端的角位移改用整体码的结点位移表示,而对应于结点位移中对该单元杆端力无影响的元素填充为零。因此,各单元对 $\boldsymbol{F}$ 的贡献可分别写出。

单元①:

$$\begin{Bmatrix} F_{(1)} \\ F_{(2)} \\ 0 \end{Bmatrix}^{①} = \begin{bmatrix} 4i_1 & 2i_1 & 0 \\ 2i_1 & 4i_1 & 0 \\ 0 & 0 & 0 \end{bmatrix} \begin{Bmatrix} \Delta_1 \\ \Delta_2 \\ \Delta_3 \end{Bmatrix}$$

可记为:

$$\boldsymbol{F}^{①} = \boldsymbol{K}^{①} \boldsymbol{\Delta} \tag{b}$$

其中:

$$\boldsymbol{K}^{①} = \begin{bmatrix} 4i_1 & 2i_1 & 0 \\ 2i_1 & 4i_1 & 0 \\ 0 & 0 & 0 \end{bmatrix}$$

$\boldsymbol{K}^{①}$ 称为单元①的贡献矩阵。

单元②:

$$\begin{Bmatrix} 0 \\ F_{(1)} \\ F_{(2)} \end{Bmatrix}^{②} = \begin{bmatrix} 0 & 0 & 0 \\ 0 & 4i_2 & 2i_2 \\ 0 & 2i_2 & 4i_2 \end{bmatrix} \begin{Bmatrix} \Delta_1 \\ \Delta_2 \\ \Delta_3 \end{Bmatrix}$$

可记为：

$$\boldsymbol{F}^{②}=\boldsymbol{K}^{②}\boldsymbol{\Delta} \tag{c}$$

其中：

$$\boldsymbol{K}^{②}=\begin{bmatrix}0 & 0 & 0\\ 0 & 4i_2 & 2i_2\\ 0 & 2i_2 & 4i_2\end{bmatrix}$$

$\boldsymbol{K}^{②}$称为单元②的贡献矩阵。

在各个结点，各单元的杆端力和各结点力应分别满足平衡条件[图 13.10(c)]：

$$\left.\begin{aligned}&\text{结点 1：} && F_1=F_{(1)}^{①}\\ &\text{结点 2：} && F_2=F_{(2)}^{①}+F_{(1)}^{②}\\ &\text{结点 3：} && F_3=F_{(2)}^{②}\end{aligned}\right\} \tag{d}$$

上式可用列阵的形式来表示：

$$\begin{Bmatrix}F_1\\ F_2\\ F_3\end{Bmatrix}=\begin{Bmatrix}F_{(1)}\\ F_{(2)}\\ 0\end{Bmatrix}^{①}+\begin{Bmatrix}0\\ F_{(1)}\\ F_{(2)}\end{Bmatrix}^{②}$$

即：

$$\boldsymbol{F}=\boldsymbol{F}^{①}+\boldsymbol{F}^{②} \tag{13.27}$$

将式(b)、式(c)代入式(13.27)，得：

$$\boldsymbol{F}=(\boldsymbol{K}^{①}+\boldsymbol{K}^{②})\boldsymbol{\Delta}$$

可记为：

$$\boldsymbol{F}=\boldsymbol{K}\boldsymbol{\Delta} \tag{13.28}$$

因此，得出整体刚度矩阵 $\boldsymbol{K}$：

$$\boldsymbol{K}=\boldsymbol{K}^{①}+\boldsymbol{K}^{②}=\sum_{ⓔ}\boldsymbol{K}^{ⓔ} \tag{13.29}$$

式(13.29)表明，整体刚度矩阵为各单元贡献矩阵之和。

式(13.28)的展开式为：

$$\begin{Bmatrix}F_1\\ F_2\\ F_3\end{Bmatrix}=\begin{bmatrix}4i_1 & 2i_1 & 0\\ 2i_1 & 4i_1+4i_2 & 2i_2\\ 0 & 2i_2 & 4i_2\end{bmatrix}\begin{Bmatrix}\Delta_1\\ \Delta_2\\ \Delta_3\end{Bmatrix}$$

上式与式(13.24)完全相同，说明单元集成法与传统的位移法结果是一样的。

从以上讨论中可以看出，单元集成法求整体刚度矩阵的步骤可分为两步：

(1) 由单元刚度矩阵 $\boldsymbol{k}^{ⓔ}$ 求单元贡献矩阵 $\boldsymbol{K}^{ⓔ}$；

(2) 叠加各单元贡献矩阵，得到整体刚度矩阵。

下面将着重讨论如何形成单元贡献矩阵 $\boldsymbol{k}^{ⓔ}$。

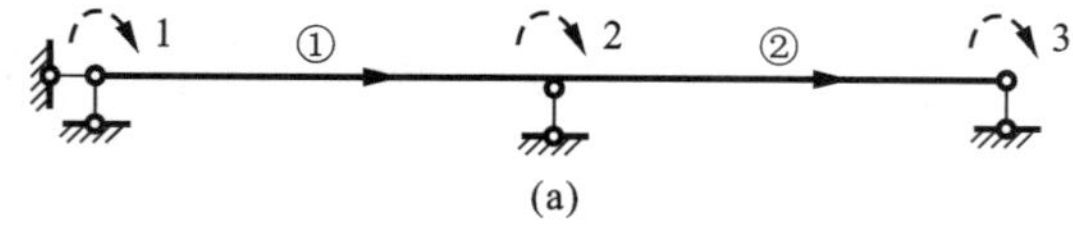

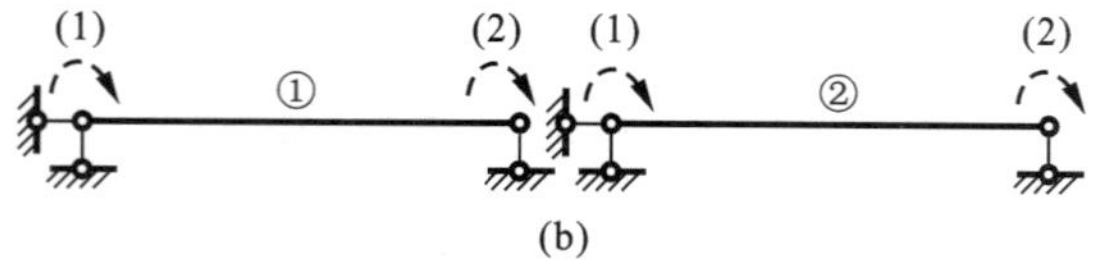

图 13.11　编码对应关系

(a) 结点总码；(b) 单元局部码

3. 单元定位向量

根据前面的分析，单元贡献矩阵 $\boldsymbol{K}^{ⓔ}$ 是由刚度矩阵 $\boldsymbol{k}^{ⓔ}$ 的元素及零元素重新排列而成的，这里关键问题是 $\boldsymbol{k}^{ⓔ}$ 的元素在矩阵中的定位，它与单元的局部码在结点总码中的排序有关。

首先，要确定每个单元的结点位移分量的局部码和结点总码之间的对应关系。例如对于图 13.11 所示连续梁，有两个单元①和②，三个结点 1、2、3，单元局部码与结点总码的对应关系如表 13.1 所示。

表 13.1 单元对应表

单元	对应关系 局部码→总码	单元定位向量
①	(1)→1 (2)→2	$\boldsymbol{\lambda}^{①}=\begin{Bmatrix}1\\2\end{Bmatrix}$
②	(1)→2 (2)→3	$\boldsymbol{\lambda}^{②}=\begin{Bmatrix}2\\3\end{Bmatrix}$

表 13.1 中最后一列显示了单元的结点位移总码组成的向量，称为“单元定位向量”，记为 $\boldsymbol{\lambda}^{ⓔ}$。它表示了单元两种编码的对应关系，也可称为“单元换码向量”。

有了单元定位向量，就可指导将单元刚度矩阵 $\boldsymbol{k}^{ⓔ}$ 中的元素排到单元贡献矩阵 $\boldsymbol{K}^{ⓔ}$ 中去。在 $\boldsymbol{k}^{ⓔ}$ 中，元素按局部码排列，或者说，元素按局部码“对号入座”，而在 $\boldsymbol{K}^{ⓔ}$ 中，元素是按总码排列的，或者说，按总码“对号入座”。因此，要实现单元刚度矩阵向单元贡献矩阵的转换，可以按如下步骤进行。

第一步：换码。将原单元刚度矩阵 $\boldsymbol{k}^{ⓔ}$ 中元素的行码(i)、列码(j)换成在单元贡献矩阵 $\boldsymbol{K}^{ⓔ}$ 中的新行码 λ_i 和新列码 λ_j。

第二步：重排座。将原单元刚度矩阵 $\boldsymbol{k}^{ⓔ}$ 的第(i)行第(j)列元素改排在单元贡献矩阵的第 λ_i 行第 λ_j 列元素的位置上，即：

$$\boldsymbol{k}^{ⓔ}_{(ij)}\rightarrow\boldsymbol{k}^{ⓔ}_{\lambda i\lambda j}$$

按照上述步骤，图 13.11 的连续梁的各单元贡献矩阵为：

单元①：单元定位向量 $\boldsymbol{\lambda}^{①}=\{1,2\}^{\mathrm{T}}$

$$\boldsymbol{k}^{①}=\begin{bmatrix}4i_1 & 2i_1\\2i_1 & 4i_1\end{bmatrix}\begin{matrix}(1)\\(2)\end{matrix}\Rightarrow\boldsymbol{K}^{①}=\begin{bmatrix}4i_1 & 2i_1 & 0\\2i_1 & 4i_1 & 0\\0 & 0 & 0\end{bmatrix}\begin{matrix}1\\2\\3\end{matrix}$$

（$\boldsymbol{k}^{①}$ 列码 (1) (2)；$\boldsymbol{K}^{①}$ 列码 1 2 3）

单元②：单元定位向量 $\boldsymbol{\lambda}^{②}=\{2,3\}^{\mathrm{T}}$

$$\boldsymbol{k}^{②}=\begin{bmatrix}4i_2 & 2i_2\\2i_2 & 4i_2\end{bmatrix}\begin{matrix}(1)\\(2)\end{matrix}\Rightarrow\boldsymbol{K}^{②}=\begin{bmatrix}0 & 0 & 0\\0 & 4i_2 & 2i_2\\0 & 2i_2 & 4i_2\end{bmatrix}\begin{matrix}1\\2\\3\end{matrix}$$

（$\boldsymbol{k}^{②}$ 列码 (1) (2)；$\boldsymbol{K}^{②}$ 列码 1 2 3）

4. 单元集成法的实施

根据上面的分析，单元集成法求整体刚度矩阵的步骤分为两步：第一步是将 $\boldsymbol{k}^{ⓔ}$ 中的元素按照单元定位向量 $\boldsymbol{\lambda}^{ⓔ}$ 在 $\boldsymbol{K}^{ⓔ}$ 中定位，第二步是将各 $\boldsymbol{K}^{ⓔ}$ 中的元素累加，从而得到整体刚度矩阵。实际上，可以将两步合为一步，采用“边定位”、“边累加”的办法，由单元刚度矩阵 $\boldsymbol{k}^{ⓔ}$ 直接形成整体刚度矩阵 $\boldsymbol{K}$，而无须形成单元贡献矩阵 $\boldsymbol{K}^{ⓔ}$。这样能使计算更为简洁。

具体地说，按照单元集成法形成 $\boldsymbol{K}$ 的过程就是依次将每个 $\boldsymbol{k}^{ⓔ}$ 中的元素在 $\boldsymbol{K}$ 中按 $\boldsymbol{\lambda}^{ⓔ}$ 定位并进行累加的过程，其步骤如下：

(1) 将 $\boldsymbol{K}$ 置零，这时 $\boldsymbol{K}=[0]$。

(2) 将 $\boldsymbol{k}^{①}$ 的元素在 $\boldsymbol{K}$ 中按 $\boldsymbol{\lambda}^{①}$ 定位并进行累加，这时 $\boldsymbol{K}=\boldsymbol{K}^{①}$。

(3) 将 $\boldsymbol{k}^{②}$ 的元素在 $\boldsymbol{K}$ 中按 $\boldsymbol{\lambda}^{②}$ 定位并进行累加，这时 $\boldsymbol{K}=\boldsymbol{K}^{①}+\boldsymbol{K}^{②}$。按此做法对所有单元循环一遍，最后即得到 $\boldsymbol{K}=\sum_{ⓔ}\boldsymbol{K}^{ⓔ}$。

【例 13.2】 试求图 13.12 所示连续梁的整体刚度矩阵 $\boldsymbol{K}$。

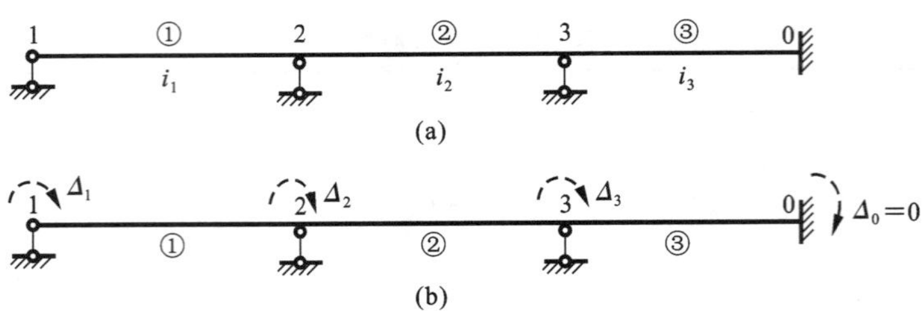

图 13.12 例 13.2 图

(a) 原结构；(b) 结点位移总码

【解】

(1) 结点位移分量总码

此结构有三个结点位移分量，即转角 Δ_1、Δ_2、Δ_3[图 13.12(b)]，其总码分别编为 1、2、3。在固定端处的结点位移分量为零。我们规定：凡是给定为零值的结点位移分量，其总码均编为零。

(2) 各单元定位向量 $\boldsymbol{\lambda}^{ⓔ}$

各单元定位向量可由图 13.12(b)得到：

$$\boldsymbol{\lambda}^{①}=\begin{Bmatrix}1\\2\end{Bmatrix}\quad \boldsymbol{\lambda}^{②}=\begin{Bmatrix}2\\3\end{Bmatrix}\quad \boldsymbol{\lambda}^{③}=\begin{Bmatrix}3\\0\end{Bmatrix}$$

(3) 形成整体刚度矩阵 $\boldsymbol{K}$

单元①的刚度矩阵：

$$\boldsymbol{k}^{①}=\begin{bmatrix}4i_1 & 2i_1\\2i_1 & 4i_1\end{bmatrix}\begin{matrix}(1)\\(2)\end{matrix}\quad \text{列: }(1)\ (2)$$

按照 $\boldsymbol{\lambda}^{①}$，即局部码(1)换成总码 1，局部码(2)换成总码 2，可将 $\boldsymbol{k}^{①}$ 中的元素直接放到 $\boldsymbol{K}$ 中相应位置上，此时 $\boldsymbol{K}$ 为：

$$\boldsymbol{K}=\begin{bmatrix}4i_1 & 2i_1 & 0\\2i_1 & 4i_1 & 0\\0 & 0 & 0\end{bmatrix}\begin{matrix}1\\2\\3\end{matrix}\quad \text{列: }1\ 2\ 3$$

单元②的刚度矩阵：

$$\boldsymbol{k}^{②}=\begin{bmatrix}4i_2 & 2i_2\\2i_2 & 4i_2\end{bmatrix}\begin{matrix}(1)\\(2)\end{matrix}\quad \text{列: }(1)\ (2)$$

按照 $\boldsymbol{\lambda}^{②}$，即局部码(1)换成总码 2，局部码(2)换成总码 3，就可将 $\boldsymbol{k}^{②}$ 中的元素直接累加到 $\boldsymbol{K}$ 中相应的位置上，此时 $\boldsymbol{K}$ 为：

$$\boldsymbol{K}=\begin{bmatrix}4i_1 & 2i_1 & 0\\2i_1 & 4i_1+4i_2 & 2i_2\\0 & 2i_2 & 4i_2\end{bmatrix}\begin{matrix}1\\2\\3\end{matrix}\quad \text{列: }1\ 2\ 3$$

单元③的刚度矩阵：

$$\boldsymbol{k}^{③}=\begin{bmatrix}4i_3 & 2i_3\\2i_3 & 4i_3\end{bmatrix}\begin{matrix}(1)\\(2)\end{matrix}\quad \text{列: }(1)\ (2)$$

按照 $\boldsymbol{\lambda}^{③}$，即局部码(1)换成总码 3，局部码(2)换成总码 0。这里，局部码(2)对应总码为 0，表明 $\boldsymbol{k}^{③}$ 中第 2 行第 2 列元素在 $\boldsymbol{K}$ 中应定位在第 0 行第 0 列，即它们在 $\boldsymbol{K}$ 中没有位置，在集成过程中应当舍弃，不予考虑。按照对应关系，可将 $\boldsymbol{k}^{③}$ 中的元素直接累加到 $\boldsymbol{K}$ 中的相应位置上，即得连续梁的整体刚度矩阵 $\boldsymbol{K}$：

$$\boldsymbol{K}=\begin{matrix} 1 & 2 & 3 & \\ \left[\begin{matrix} 4i_1 \\ 2i_1 \\ 0 \end{matrix}\right. & \begin{matrix} 2i_1 \\ 4i_1+4i_2 \\ 2i_2 \end{matrix} & \left.\begin{matrix} 0 \\ 2i_2 \\ 4i_2+4i_3 \end{matrix}\right] & \begin{matrix} 1 \\ 2 \\ 3 \end{matrix} \end{matrix}$$

5. 整体刚度矩阵的性质

(1) 整体刚度矩阵 $\boldsymbol{K}$ 中的元素 K_{ij} 称为整体刚度系数，它表示当第 j 个结点位移分量 $\Delta_j=1$(其他结点位移分量为零)时所产生的第 i 个结点力 F_i。

(2) $\boldsymbol{K}$ 是对称矩阵。

(3) 按本节方法计算连续梁时，$\boldsymbol{K}$ 是可逆矩阵。

(4) $\boldsymbol{K}$ 是稀疏矩阵和带状矩阵，即矩阵中存在大量的零元素，而非零元素都分布在以主对角线为中线的倾斜带状区域内。例如图 13.13 所示 n 跨连续梁，不难导出其整体刚度方程如下：

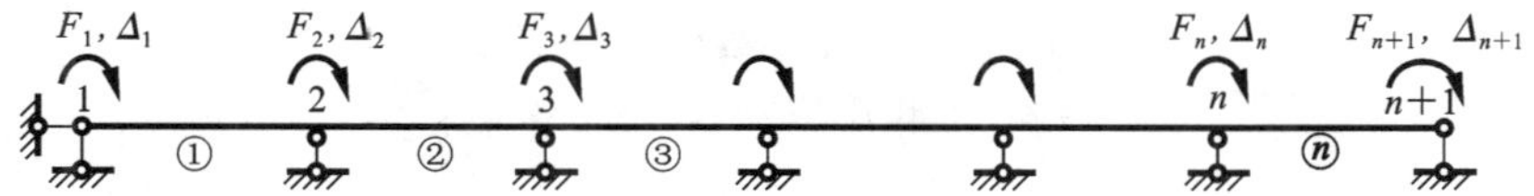

图 13.13 n 跨连续梁结构

$$\begin{Bmatrix} F_1 \\ F_2 \\ F_3 \\ \vdots \\ F_n \\ F_{n+1} \end{Bmatrix}=\begin{bmatrix} 4i_1 & 2i_1 & 0 & \cdots & 0 & \\ 2i_1 & 4(i_1+i_2) & 2i_2 & \cdots & 0 & \\ 0 & 2i_2 & 4(i_2+i_3) & \cdots & 0 & 0 \\ & \vdots & \vdots & & \vdots & \\ & 0 & 0 & \cdots & 4(i_{n-1}+i_n) & 2i_n \\ & & 0 & \cdots & 2i_n & 4i_n \end{bmatrix}\begin{Bmatrix} \Delta_1 \\ \Delta_2 \\ \Delta_3 \\ \vdots \\ \Delta_n \\ \Delta_{n+1} \end{Bmatrix} \tag{13.30}$$

可以看出，整体刚度矩阵 $\boldsymbol{K}$ 为稀疏矩阵和带状矩阵。

13.5 刚架的整体刚度矩阵

本节讨论用单元集成法求平面刚架的整体刚度矩阵 $\boldsymbol{K}$。与上节连续梁相比，基本思路仍然相同，但情况更复杂一些，主要表现在以下方面：

(1) 刚架中每个结点位移分量增加到三个：角位移和两个方向的线位移；

(2) 刚架中各杆方向不尽相同，在整体分析中需采用整体坐标，故需进行坐标转换。

(3) 刚架中除刚结点外，还要考虑铰结点等其他情况。

1. 单元定位向量与单元集成

(1) 结点位移分量的统一编码——总码

连续梁每个结点只有一个角位移，因此，每个结点对应于一个结点编号。而平面刚架则不同，一个结点可能有一个或多个结点位移，因此，在进行结点位移分量编码时，应考虑结点的所有位移情况，进行统一编码。

例如，考虑例 13.1 所示平面刚架[图 13.14(a)]，结点 A 有三个位移分量：沿 x 和 y 轴方向的线位移 u_A 和 v_A，角位移 θ_A，它们的总码编为[1 2 3]。结点 B 为固定端，三个位移分量 u_B、v_B、θ_B 已知为零，它们的总编码为[0 0 0]。结点 C 为铰支承，其线位移 u_C 和 v_C 已知为零，角位移 θ_C 为未知量，它们的总编码为[0 0 4]。这里仍采用如下规定：对于已知为零的结点位移分量，其总编码均编为 0。

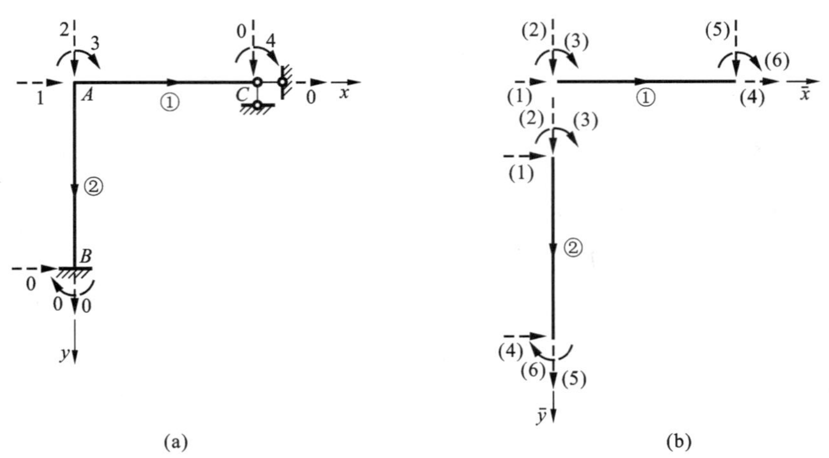

图 13.14　平面刚架结点位移分量编码

(a) 结点位移分量总码；(b) 杆件局部码

此刚架共有四个未知结点位移分量，它们组成结构的结点位移向量 $\boldsymbol{\Delta}$：

$$\boldsymbol{\Delta} = \{\Delta_1 \quad \Delta_2 \quad \Delta_3 \quad \Delta_4\}^{\mathrm{T}} = \{u_A \quad v_A \quad \theta_A \quad \theta_C\}^{\mathrm{T}}$$

相应地，结点力向量为：

$$\boldsymbol{F} = \{F_1 \quad F_2 \quad F_3 \quad F_4\}^{\mathrm{T}}$$

(2) 单元定位向量

图 13.14(a)所示刚架有两个杆单元①、②。图中各杆轴上的箭头表示各杆局部坐标系中$\bar{x}$轴的正方向。单元在始末两端的六个位移分量的局部码为(1)、(2)、…、(6)，如图 13.14(b)所示。

同前所述，单元定位向量就是由单元结点位移总码组成的向量。在表 13.2 中对每个单元给出了单元结点位移分量局部码和总码之间的对应关系，以及各单元的定位向量。

表 13.2　单元局部码与总码对应关系

单　元　①		单　元　②	
局部码→总码	单元定位向量	局部码→总码	单元定位向量
(1)→1 (2)→2 (3)→3 (4)→0 (5)→0 (6)→4	$\boldsymbol{\lambda}^{①} = \begin{Bmatrix} 1 \\ 2 \\ 3 \\ 0 \\ 0 \\ 4 \end{Bmatrix}$	(1)→1 (2)→2 (3)→3 (4)→0 (5)→0 (6)→0	$\boldsymbol{\lambda}^{②} = \begin{Bmatrix} 1 \\ 2 \\ 3 \\ 0 \\ 0 \\ 0 \end{Bmatrix}$

(3) 单元集成过程

单元①在整体坐标系中的单元刚度矩阵 $\boldsymbol{k}^{①}$ 在例 13.1 中已给出：

$$
k^{①}=\begin{matrix} & (1) & (2) & (3) & (4) & (5) & (6) \\ (1) & 300 & 0 & 0 & -300 & 0 & 0 \\ (2) & 0 & 12 & 30 & 0 & -12 & 30 \\ (3) & 0 & 30 & 100 & 0 & -30 & 50 \\ (4) & -300 & 0 & 0 & 300 & 0 & 0 \\ (5) & 0 & -12 & -30 & 0 & 12 & -30 \\ (6) & 0 & 30 & 50 & 0 & -30 & 100 \end{matrix} \times 10^4 \tag{a}
$$

根据表 13.2 中的单元定位向量 $\boldsymbol{\lambda}^{①}$ 及其换码关系，将 $\boldsymbol{k}^{①}$ 中的第(i)行第(j)列元素在 $\boldsymbol{K}$ 中定位于第 λ_i 行第 λ_j 列，即得整体刚度矩阵 $\boldsymbol{K}$ 的阶段结果如下：

$$
\boldsymbol{K}=\begin{matrix} & (1)\ 1 & (2)\ 2 & (3)\ 3 & (6)\ 4 \\ (1)1 & 300 & 0 & 0 & 0 \\ (2)2 & 0 & 12 & 30 & 30 \\ (3)3 & 0 & 30 & 100 & 50 \\ (6)4 & 0 & 30 & 50 & 100 \end{matrix} \times 10^4
$$

注意，由于单元①的局部码(4)和(5)对应的总码均为零，因此，$\boldsymbol{k}^{①}$ 中的第(4)、(5)行和第(4)、(5)列各元素在 $\boldsymbol{K}$ 中都没有位置。

单元②在整体坐标系中的单元刚度矩阵 $\boldsymbol{k}^{②}$ 由例 13.1 得出如下：

$$
k^{②}=\begin{matrix} & (1) & (2) & (3) & (4) & (5) & (6) \\ (1) & 12 & 0 & -30 & -12 & 0 & -30 \\ (2) & 0 & 300 & 0 & 0 & -300 & 0 \\ (3) & -30 & 0 & 100 & 30 & 0 & 50 \\ (4) & -12 & 0 & 30 & 12 & 0 & 30 \\ (5) & 0 & -300 & 0 & 0 & 300 & 0 \\ (6) & -30 & 0 & 50 & 30 & 0 & 100 \end{matrix} \times 10^4 \tag{b}
$$

按照单元定位向量 $\boldsymbol{\lambda}^{②}$，将 $\boldsymbol{k}^{②}$ 中的元素在 $\boldsymbol{K}$ 中定位并与前阶段结果累加，即得 $\boldsymbol{K}$ 的最后结果如下（$\boldsymbol{k}^{②}$ 中的(4)、(5)、(6)各行各列元素在 $\boldsymbol{K}$ 中无位置）：

$$
\boldsymbol{K}=\begin{matrix} & (1)\ 1 & (2)\ 2 & (3)\ 3 & 4 \\ (1)1 & 300+(12) & 0+(0) & 0+(-30) & 0 \\ (2)2 & 0+(0) & 12+(300) & 30+(0) & 30 \\ (3)3 & 0+(-30) & 30+(0) & 100+(100) & 50 \\ 4 & 0 & 30 & 50 & 100 \end{matrix} \times 10^4
$$

即：

$$
\boldsymbol{K}=\begin{matrix} & 1 & 2 & 3 & 4 \\ 1 & 312 & 0 & -30 & 0 \\ 2 & 0 & 312 & 30 & 30 \\ 3 & -30 & 30 & 200 & 50 \\ 4 & 0 & 30 & 50 & 100 \end{matrix} \times 10^4
$$

2. 铰结点的处理

如果刚架中有铰结点，如图 13.15 所示的刚架，需要做一些特殊的处理。

首先，进行结点位移分量统一编码时，铰结点 C 处的两杆杆端结点应视为半独立的两个结点 C_1 和 C_2：

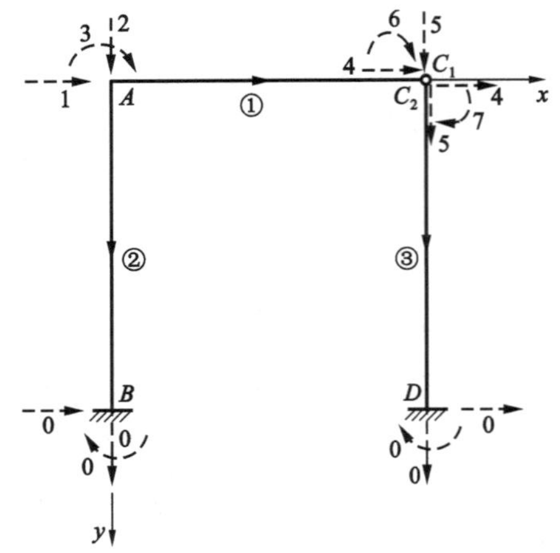

图 13.15　具有铰结点的刚架的位移编码

它们的线位移相同(不独立),而角位移不同(独立)。因此,它们的线位移应采用相同的总码,而角位移则采用不同的总码。如结点 C_1 的总码可编为[4 5 6],而结点 C_2 则为[4 5 7]。

因此,图 13.15 所示刚架各单元的定位向量为:

$$\boldsymbol{\lambda}^{①}=\{1\quad 2\quad 3\quad 4\quad 5\quad 6\}^{\mathrm{T}}$$
$$\boldsymbol{\lambda}^{②}=\{1\quad 2\quad 3\quad 0\quad 0\quad 0\}^{\mathrm{T}}$$
$$\boldsymbol{\lambda}^{③}=\{4\quad 5\quad 7\quad 0\quad 0\quad 0\}^{\mathrm{T}}$$

然后,按单元①、②、③的顺序进行单元集成。设图 13.15 所示刚架中各杆的尺寸相同,即例 13.1 中各杆的尺寸。

单元①的集成

$\boldsymbol{k}^{①}$ 已在式(a)已给出。根据 $\boldsymbol{\lambda}^{①}$ 进行定位,即得整体刚度矩阵 $\boldsymbol{K}$ 的第一阶段结果如下:

$$\boldsymbol{K}=\begin{array}{r}\\ \\ (1)1\\(2)2\\(3)3\\(4)4\\(5)5\\(6)6\\7\end{array}\begin{array}{ccccccc}(1)&(2)&(3)&(4)&(5)&(6)&\\1&2&3&4&5&6&7\\ \hline 300&0&0&-300&0&0&0\\0&12&30&0&-12&30&0\\0&30&100&0&-30&50&0\\-300&0&0&300&0&0&0\\0&-12&-30&0&12&-30&0\\0&30&50&0&-30&100&0\\0&0&0&0&0&0&0\end{array}\times 10^4$$

单元②的集成

$\boldsymbol{k}^{②}$ 已在式(b)已给出。将其中的元素按 $\boldsymbol{\lambda}^{②}$ 在 $\boldsymbol{K}$ 中定位并与前阶段结果叠加,即得 $\boldsymbol{K}$ 的第二阶段结果如下:

$$\boldsymbol{K}=\begin{array}{r}\\ \\ (1)1\\(2)2\\(3)3\\4\\5\\6\\7\end{array}\begin{array}{ccccccc}(1)&(2)&(3)&&&&\\1&2&3&4&5&6&7\\ \hline 300+12&0+0&0-30&-300&0&0&0\\0+0&12+300&30+0&0&-12&30&0\\0-30&30+0&100+100&0&-30&50&0\\-300&0&0&300&0&0&0\\0&-12&-30&0&12&-30&0\\0&30&50&0&-30&100&0\\0&0&0&0&0&0&0\end{array}\times 10^4$$

单元③的集成

$\boldsymbol{k}^{③}$ 与 $\boldsymbol{k}^{②}$ 相同。由 $\boldsymbol{\lambda}^{③}$ 即得 $\boldsymbol{K}$ 的最后结果如下:

$$\boldsymbol{K}=\begin{array}{r}\\ \\ 1\\2\\3\\(1)4\\(2)5\\6\\(3)7\end{array}\begin{array}{ccccccc}&&&(1)&(2)&&(3)\\1&2&3&4&5&6&7\\ \hline 312&0&-30&-300&0&0&0\\0&312&30&0&-12&30&0\\-30&30&200&0&-30&50&0\\-300&0&0&300+12&0+0&0&0-30\\0&-12&-30&0+0&12+300&-30&0+0\\0&30&50&0&-30&100&0\\0&0&0&0-30&0+0&0&0+100\end{array}\times 10^4$$

即：

$$
\boldsymbol{K}=\begin{array}{c} \\ 1\\2\\3\\4\\5\\6\\7 \end{array}
\begin{array}{c} \begin{array}{ccccccc} 1 & 2 & 3 & 4 & 5 & 6 & 7 \end{array} \\
\begin{bmatrix}
312 & 0 & -30 & -300 & 0 & 0 & 0 \\
0 & 312 & 30 & 0 & -12 & 30 & 0 \\
-30 & 30 & 200 & 0 & -30 & 50 & 0 \\
-300 & 0 & 0 & 312 & 0 & 0 & -30 \\
0 & -12 & -30 & 0 & 312 & -30 & 0 \\
0 & 30 & 50 & 0 & -30 & 100 & 0 \\
0 & 0 & 0 & -30 & 0 & 0 & 100
\end{bmatrix}\end{array}\times 10^4
$$

13.6 等效结点荷载

【扫码演示17】

通过前面两节的讨论，得出了结构整体刚度矩阵 $\boldsymbol{K}$，建立了整体刚度方程

$$\boldsymbol{F}=\boldsymbol{K\Delta} \tag{13.31}$$

整体刚度方程是根据原结构的位移法基本体系建立的，它表示了结点位移 $\boldsymbol{\Delta}$ 与结点力(即在基本体系的附加约束中引起的约束力)$\boldsymbol{F}$ 之间的关系。它只反映结构的刚度性质，而不涉及原结构上作用的实际荷载。它并不是用以分析原结构的位移法基本方程。

在第 11 章中，讨论了建立位移法基本方程的推导方法，分别考虑位移法基本体系的两种状态：

① 设荷载单独作用(结点位移 $\boldsymbol{\Delta}$ 设为零)——此时在基本体系中引起的结点约束力，记为 $\boldsymbol{F}_{\mathrm{P}}$。

② 设结点位移 $\boldsymbol{\Delta}$ 单独作用(荷载设为零)——此时在基本体系中引起的结点约束力为 $\boldsymbol{F}=\boldsymbol{K\Delta}$。

位移法基本方程应为：

$$\boldsymbol{F}+\boldsymbol{F}_{\mathrm{P}}=\{0\}$$

即：

$$\boldsymbol{K\Delta}+\boldsymbol{F}_{\mathrm{P}}=\{0\} \tag{13.32}$$

1. 等效结点荷载概念

原来的荷载可以是非结点荷载，或是结点荷载，或是结点荷载与非结点荷载的组合。现将原来的荷载换成与之等效的结点荷载(记为 $\boldsymbol{P}$)。等效的原则是要求原来的荷载和等效结点荷载在基本体系中产生相同的结点约束力。也就是说，如果原荷载在基本体系中引起的结点约束力记为 $\boldsymbol{F}_{\mathrm{P}}$，则等效结点荷载在基本体系中引起的结点约束力也应为 $\boldsymbol{F}_{\mathrm{P}}$，由此可得出如下结论：

$$\boldsymbol{P}=-\boldsymbol{F}_{\mathrm{P}} \tag{13.33}$$

将式(13.33)代入式(13.32)，则位移法基本方程可写为：

$$\boldsymbol{K\Delta}=\boldsymbol{P} \tag{13.34}$$

由式(13.31)和式(13.34)可知，如果把刚度方程(13.31)中的结点约束力 $\boldsymbol{F}$ 换成等效结点荷载 $\boldsymbol{P}$，即得到位移法基本方程。

2. 单元的等效结点荷载向量 $\boldsymbol{P}^{ⓔ}$

先考虑局部坐标系。在单元两端加上六个附加约束，使两端固定。在给定荷载作用下，可求出六个固端约束力，它们组成固端约束力向量 $\overline{\boldsymbol{F}}_{\mathrm{P}}^{ⓔ}$：

$$\overline{\boldsymbol{F}}_{\mathrm{P}}^{ⓔ}=\{\overline{X}_{\mathrm{P1}}\quad \overline{Y}_{\mathrm{P1}}\quad \overline{M}_{\mathrm{P1}}\quad \overline{X}_{\mathrm{P2}}\quad \overline{Y}_{\mathrm{P2}}\quad \overline{M}_{\mathrm{P2}}\}^{\mathrm{T}} \tag{13.35}$$

表 13.3 中给出了几种典型荷载所引起的固端约束力。将固端约束力 $\overline{\boldsymbol{F}}_{\mathrm{P}}^{ⓔ}$ 反号，即得到局部坐标系中的

单元等效结点荷载向量 $\overline{\boldsymbol{P}}^{\textcircled{e}}$：

$$\overline{\boldsymbol{P}}^{\textcircled{e}}=-\overline{\boldsymbol{F}}_{\mathrm{P}}{}^{\textcircled{e}} \tag{13.36}$$

然后将其转化至整体坐标系。由坐标转换公式(13.19)得：

$$\boldsymbol{P}^{\textcircled{e}}=\boldsymbol{T}^{\mathrm{T}}\overline{\boldsymbol{P}}^{\textcircled{e}} \tag{13.37}$$

式(13.37)即为整体坐标系中的单元等效结点荷载向量。

表 13.3　局部坐标系中的单元非结点荷载类型和固端约束力 $\overline{\boldsymbol{F}}^{\textcircled{e}}$

类型码	荷载简图		始　端(1)	末　端(2)
1	左端起长 a 的均布荷载 q（a，b，l）	$\overline{X}_{\mathrm{P}}$	0	0
		$\overline{Y}_{\mathrm{P}}$	$-qa\left(1-\frac{a^2}{l^2}+\frac{a^3}{2l^3}\right)$	$-q\frac{a^3}{l^2}\left(1-\frac{a}{2l}\right)$
		$\overline{M}_{\mathrm{P}}$	$-\frac{qa^2}{12}\left(6-8\frac{a}{l}+3\frac{a^2}{l^2}\right)$	$\frac{qa^3}{12l}\left(4-3\frac{a}{l}\right)$
2	集中力 P（a，b，l）	$\overline{X}_{\mathrm{P}}$	0	0
		$\overline{Y}_{\mathrm{P}}$	$-P\frac{b^2}{l^2}\left(1+2\frac{a}{l}\right)$	$-P\frac{a^2}{l^2}\left(1+2\frac{b}{l}\right)$
		$\overline{M}_{\mathrm{P}}$	$-P\frac{ab^2}{l^2}$	$P\frac{a^2b}{l^2}$
3	集中力偶 M（a，b，l）	$\overline{X}_{\mathrm{P}}$	0	0
		$\overline{Y}_{\mathrm{P}}$	$\frac{6Mab}{l^3}$	$-\frac{6Mab}{l^3}$
		$\overline{M}_{\mathrm{P}}$	$M\frac{b}{l}\left(2-3\frac{b}{l}\right)$	$M\frac{a}{l}\left(2-3\frac{a}{l}\right)$
4	三角形分布荷载 q（a，b，l）	$\overline{X}_{\mathrm{P}}$	0	0
		$\overline{Y}_{\mathrm{P}}$	$-q\frac{a}{4}\left(2-3\frac{a^2}{l^2}+1.6\frac{a^3}{l^3}\right)$	$-\frac{q}{4}\frac{a^3}{l^2}\left(3-1.6\frac{a}{l}\right)$
		$\overline{M}_{\mathrm{P}}$	$-q\frac{a^2}{6}\left(2-3\frac{a}{l}+1.2\frac{a^2}{l^2}\right)$	$\frac{qa^3}{4l}\left(1-0.8\frac{a}{l}\right)$
5	轴向均布荷载 q（a，b，l）	$\overline{X}_{\mathrm{P}}$	$-qa\left(1-0.5\frac{a}{l}\right)$	$-0.5q\frac{a^2}{l}$
		$\overline{Y}_{\mathrm{P}}$	0	0
		$\overline{M}_{\mathrm{P}}$	0	0
6	轴向集中力 P（a，b，l）	$\overline{X}_{\mathrm{P}}$	$-P\frac{b}{l}$	$-P\frac{a}{l}$
		$\overline{Y}_{\mathrm{P}}$	0	0
		$\overline{M}_{\mathrm{P}}$	0	0

3. 结构的等效结点荷载向量 $\boldsymbol{P}$

依次将每个单元的等效结点荷载 $\boldsymbol{P}^{\textcircled{e}}$ 中的元素按单元定位向量 $\boldsymbol{\lambda}^{\textcircled{e}}$ 在 $\boldsymbol{P}$ 中进行定位并累加，最后即得到 $\boldsymbol{P}$。

最后应说明，当结构上同时受有直接作用于结点的结点荷载 $\boldsymbol{F}_0$ 和非结点荷载时，结点力 $\boldsymbol{F}$ 应为直接作用的结点荷载 $\boldsymbol{F}_0$ 和非结点荷载的等效结点荷载 $\boldsymbol{P}$ 之和，即：

$$\boldsymbol{F}=\boldsymbol{F}_0+\boldsymbol{P}$$

此时，位移法方程式(13.34)的右端应为 $\boldsymbol{F}_0+\boldsymbol{P}$。

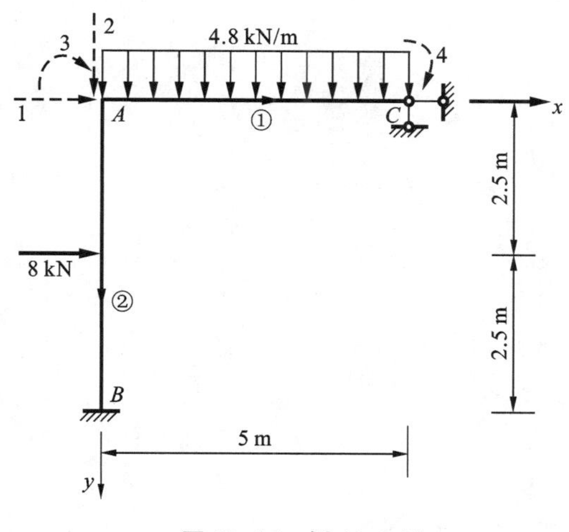

图 13.16　例 13.3 图

【例 13.3】　求图 13.16 所示刚架在给定荷载下的等效结点荷载向量 $\boldsymbol{P}$。

【解】

(1) 求局部坐标系中的固端约束力 $\bar{\boldsymbol{F}}_{\mathrm{P}}^{ⓔ}$

单元①：由表 13.3 第 1 行，$q=4.8$ kN/m，$a=l=5$ m，得：

$$\begin{cases}\bar{X}_{P1}=0\\ \bar{Y}_{P1}=-12\text{ kN}\\ \bar{M}_{P1}=-10\text{ kN}\cdot\text{m}\end{cases}\qquad \begin{cases}\bar{X}_{P2}=0\\ \bar{Y}_{P2}=-12\text{ kN}\\ \bar{M}_{P2}=10\text{ kN}\cdot\text{m}\end{cases}$$

单元②：由表 13.3 第 2 行，$q=-8$ kN，$a=b=2.5$ m，得：

$$\begin{cases}\bar{X}_{P1}=0\\ \bar{Y}_{P1}=4\text{ kN}\\ \bar{M}_{P1}=5\text{ kN}\cdot\text{m}\end{cases}\qquad \begin{cases}\bar{X}_{P2}=0\\ \bar{Y}_{P2}=4\text{ kN}\\ \bar{M}_{P2}=-5\text{ kN}\cdot\text{m}\end{cases}$$

因此

$$\bar{\boldsymbol{F}}_{\mathrm{P}}^{①}=\begin{Bmatrix}0\\-12\\-10\\ \hdashline 0\\-12\\10\end{Bmatrix}\qquad \bar{\boldsymbol{F}}_{\mathrm{P}}^{②}=\begin{Bmatrix}0\\4\\5\\ \hdashline 0\\4\\-5\end{Bmatrix}$$

(2) 求各单元在整体坐标系中的等效结点荷载 $\boldsymbol{P}^{ⓔ}$

单元①：$\alpha_1=0°$，故 $\boldsymbol{T}^{①}=\boldsymbol{I}$，由式(13.36)和式(13.37)得：

$$\boldsymbol{P}^{①}=-\boldsymbol{T}^{①^{\mathrm{T}}}\bar{\boldsymbol{F}}_{\mathrm{P}}^{①}=-\boldsymbol{I}\bar{\boldsymbol{F}}_{\mathrm{P}}^{①}=-\bar{\boldsymbol{F}}_{\mathrm{P}}^{①}=\begin{Bmatrix}0\\12\\10\\ \hdashline 0\\12\\-10\end{Bmatrix}$$

单元②：$\alpha_2=90°$，由式(13.36)和式(13.37)得：

$$\boldsymbol{P}^{②}=-\boldsymbol{T}^{②^{\mathrm{T}}}\bar{\boldsymbol{F}}_{\mathrm{P}}^{②}=-\left[\begin{array}{ccc:ccc}0&-1&0&0&0&0\\1&0&0&0&0&0\\0&0&1&0&0&0\\ \hdashline 0&0&0&0&-1&0\\0&0&0&1&0&0\\0&0&0&0&0&1\end{array}\right]\begin{Bmatrix}0\\4\\5\\ \hdashline 0\\4\\-5\end{Bmatrix}=\begin{Bmatrix}4\\0\\-5\\ \hdashline 4\\0\\5\end{Bmatrix}$$

(3) 求刚架的等效结点荷载 $\boldsymbol{P}$

单元①、②的定位向量分别为(见图 13.16 中虚线示意的总码)：

$$\boldsymbol{\lambda}^{①}=\begin{Bmatrix}1\\2\\3\\ \hdashline 0\\0\\4\end{Bmatrix}\qquad \boldsymbol{\lambda}^{②}=\begin{Bmatrix}1\\2\\3\\ \hdashline 0\\0\\0\end{Bmatrix}$$

将 $\boldsymbol{P}^{ⓔ}$ 中的元素按 $\boldsymbol{\lambda}^{ⓔ}$ 在 $\boldsymbol{P}$ 中进行定位并累加即可得出 $\boldsymbol{P}$。

先将 $\boldsymbol{P}^{①}$ 中元素按 $\boldsymbol{\lambda}^{①}$ 定位在 $\boldsymbol{P}$ 中，此时 $\boldsymbol{P}$ 为：

$$\boldsymbol{P}=\begin{matrix}(1)1\\(2)2\\(3)3\\(6)4\end{matrix}\begin{Bmatrix}0\\12\\10\\-10\end{Bmatrix}$$

然后将 $\boldsymbol{P}^{②}$ 中元素按 $\boldsymbol{\lambda}^{②}$ 定位并累加在 $\boldsymbol{P}$ 中，最后得 $\boldsymbol{P}$ 为：

$$\boldsymbol{P}=\begin{matrix}(1)1\\(2)2\\(3)3\\4\end{matrix}\begin{Bmatrix}0+4\\12+0\\10-5\\-10\end{Bmatrix}=\begin{Bmatrix}4\\12\\5\\-10\end{Bmatrix}$$

13.7 矩阵位移法计算步骤和算例

用矩阵位移法计算平面刚架的步骤如下：

(1) 整理原始数据，对单元和刚架进行局部码和总码编码；

(2) 利用式(13.6)形成局部坐标系中的单元刚度矩阵 $\bar{\boldsymbol{k}}^{ⓔ}$；

(3) 利用式(13.23)形成整体坐标系中的单元刚度矩阵 $\boldsymbol{k}^{ⓔ}$；

(4) 用单元集成法形成整体刚度矩阵 $\boldsymbol{K}$；

(5) 用式(13.36)求局部坐标系的单元等效结点荷载 $\bar{\boldsymbol{P}}^{ⓔ}$。用式(13.37)求整体坐标系的单元等效结点荷载 $\boldsymbol{P}^{ⓔ}$；

(6) 用单元集成法形成结构的等效结点荷载 $\boldsymbol{P}$；

(7) 解方程 $\boldsymbol{K\Delta}=\boldsymbol{P}$(当还有直接作用结点荷载 $\boldsymbol{F}_0$ 时，方程应为 $\boldsymbol{K\Delta}=\boldsymbol{P}+\boldsymbol{F}_0$)，求出结点位移 $\boldsymbol{\Delta}$；

(8) 用式(13.38)(见下文)求各杆的杆端内力 $\bar{\boldsymbol{F}}^{ⓔ}$。

各杆的杆端内力由两部分组成：结点位移被约束条件下的杆端内力，即各杆的固端约束力 $\bar{\boldsymbol{F}}_{\mathrm{P}}{}^{ⓔ}$；刚架在等效结点荷载 $\boldsymbol{P}$ 作用下的杆端内力，解出结点的位移 Δ 后，由式(13.20)求出 $\bar{\Delta}$，再由式(13.2)求出。将两部分内力叠加，即得：

$$\bar{\boldsymbol{F}}^{ⓔ}=\bar{\boldsymbol{k}}^{ⓔ}\bar{\boldsymbol{\Delta}}^{ⓔ}+\bar{\boldsymbol{F}}_{\mathrm{P}}{}^{ⓔ} \tag{13.38}$$

对于连续梁结构，可看作平面刚架的特殊情况。不同之处在于，连续梁单元的局部坐标系就是整体坐标系，不用坐标转换。因此，单元刚度矩阵 $\boldsymbol{k}^{ⓔ}=\bar{\boldsymbol{k}}^{ⓔ}$，按式(13.12)计算，单元的等效结点荷载向量 $\boldsymbol{P}^{ⓔ}=\bar{\boldsymbol{P}}^{ⓔ}=-\bar{\boldsymbol{F}}_{\mathrm{P}}^{ⓔ}$，按式(13.36)计算。

【例 13.4】 计算图 13.17(a)所示连续梁结构的内力。EI=常数。

【解】

(1) 单元编码与结点位移分量总码编码示于图 13.17(b)。因左端是固定端，故结点位移分量总码编为“0”。

(2) 单元刚度矩阵 $\boldsymbol{k}^{ⓔ}$

各单元 $i=\dfrac{EI}{l}$ 相同，故由式(13.12)可得：

$$\boldsymbol{k}^{①}=\boldsymbol{k}^{②}=\boldsymbol{k}^{③}=\begin{bmatrix}4i & 2i\\2i & 4i\end{bmatrix}$$

(3) 用单元集成法形成整体刚度矩阵 $\boldsymbol{K}$

各单元的定位向量为：

$$\boldsymbol{\lambda}^{①}=\begin{Bmatrix}0\\1\end{Bmatrix}\qquad\boldsymbol{\lambda}^{②}=\begin{Bmatrix}1\\2\end{Bmatrix}\qquad\boldsymbol{\lambda}^{③}=\begin{Bmatrix}2\\3\end{Bmatrix}$$

可根据定位向量，将各单元刚度矩阵 $\boldsymbol{k}^{ⓔ}$ 中的元素集成到整体刚度矩阵 $\boldsymbol{K}$ 的相应位置中，得到 $\boldsymbol{K}$：

$$\boldsymbol{K}=\begin{bmatrix}8i & 2i & 0\\ 2i & 8i & 2i\\ 0 & 2i & 4i\end{bmatrix}$$

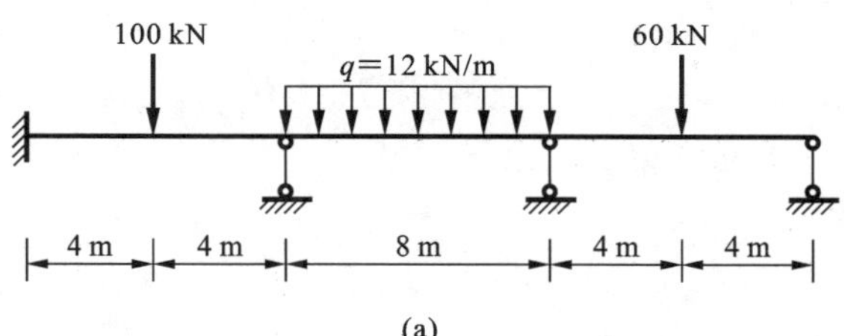

(a)

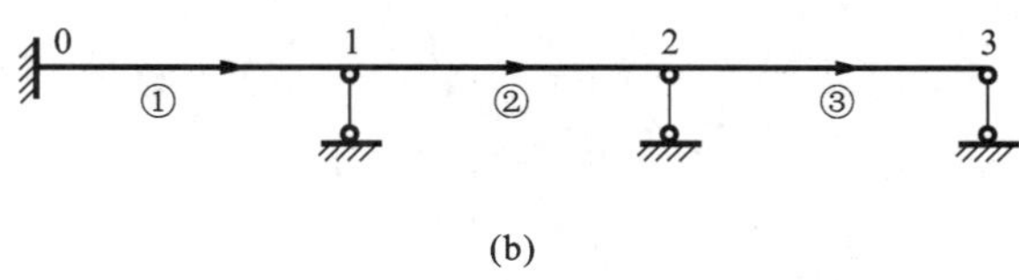

(b)

图 13.17　例 13.4 图

(a) 原结构；(b) 单元编码与结点位移编码

(4) 求单元等效结点荷载 $\boldsymbol{P}^{ⓔ}$

由表 11.2 可得各单元的固端力向量 $\overline{\boldsymbol{F}}_{\mathrm{P}}{}^{ⓔ}$：

$$\overline{\boldsymbol{F}}_{\mathrm{P}}{}^{①}=\begin{Bmatrix}-\dfrac{Pl}{8}\\[2mm] +\dfrac{Pl}{8}\end{Bmatrix}=\begin{Bmatrix}-100\\ +100\end{Bmatrix}$$

$$\overline{\boldsymbol{F}}_{\mathrm{P}}{}^{②}=\begin{Bmatrix}-\dfrac{ql^2}{12}\\[2mm] +\dfrac{ql^2}{12}\end{Bmatrix}=\begin{Bmatrix}-64\\ +64\end{Bmatrix}$$

$$\overline{\boldsymbol{F}}_{\mathrm{P}}{}^{③}=\begin{Bmatrix}-\dfrac{Pl}{8}\\[2mm] +\dfrac{Pl}{8}\end{Bmatrix}=\begin{Bmatrix}-60\\ +60\end{Bmatrix}$$

由式(13.36)可知 $\boldsymbol{P}^{ⓔ}=\overline{\boldsymbol{P}}_{\mathrm{P}}{}^{ⓔ}=-\overline{\boldsymbol{F}}_{\mathrm{P}}^{ⓔ}$，得各单元等效结点荷载 $\boldsymbol{P}^{ⓔ}$：

$$\boldsymbol{P}^{①}=\begin{Bmatrix}100\\ -100\end{Bmatrix}\qquad \boldsymbol{P}^{②}=\begin{Bmatrix}64\\ -64\end{Bmatrix}\qquad \boldsymbol{P}^{③}=\begin{Bmatrix}60\\ -60\end{Bmatrix}$$

(5) 集成结构等效结点荷载向量 $\boldsymbol{P}$

根据各单元定位向量 $\boldsymbol{\lambda}^{ⓔ}$，可将各单元等效结点荷载向量 $\boldsymbol{P}^{ⓔ}$ 中的元素集成到结构等效结点荷载向量 $\boldsymbol{P}$ 的相应位置，得到：

$$\boldsymbol{P}=\begin{Bmatrix}-36\\ -4\\ -60\end{Bmatrix}$$

(6) 解方程 $\boldsymbol{K\Delta}=\boldsymbol{P}$

$$\begin{bmatrix}8i & 2i & 0\\ 2i & 8i & 2i\\ 0 & 2i & 4i\end{bmatrix}\begin{Bmatrix}\Delta_1\\ \Delta_2\\ \Delta_3\end{Bmatrix}=\begin{Bmatrix}-36\\ -4\\ -60\end{Bmatrix}$$

求得：

$$\begin{Bmatrix}\Delta_1\\ \Delta_2\\ \Delta_3\end{Bmatrix}=\begin{Bmatrix}-5.848\\ 5.385\\ -17.693\end{Bmatrix}\frac{1}{i}$$

(7) 求各杆杆端内力 $\boldsymbol{F}^{ⓔ}$

根据各单元定位向量 $\boldsymbol{\lambda}^{ⓔ}$，可以从结构结点位移向量 $\boldsymbol{\Delta}$ 中取出相应位移，得到各单元的杆端位移向量 $\boldsymbol{\Delta}^{ⓔ}$：

$$\boldsymbol{\Delta}^{①}=\begin{Bmatrix}0\\ -5.848\end{Bmatrix}\frac{1}{i}\qquad \boldsymbol{\Delta}^{②}=\begin{Bmatrix}-5.848\\ 5.385\end{Bmatrix}\frac{1}{i}\qquad \boldsymbol{\Delta}^{③}=\begin{Bmatrix}5.385\\ -17.693\end{Bmatrix}\frac{1}{i}$$

由式(13.38)可知连续梁杆端内力表达式为：

$$\boldsymbol{F}^{ⓔ}=\boldsymbol{k}^{ⓔ}\boldsymbol{\Delta}^{ⓔ}+\boldsymbol{F}_{\mathrm{P}}{}^{ⓔ}$$

求得各杆端力如下：

单元①

$$\boldsymbol{F}^{①}=\begin{bmatrix}4i & 2i\\2i & 4i\end{bmatrix}\begin{Bmatrix}0\\-5.848\end{Bmatrix}\frac{1}{i}+\begin{Bmatrix}-100\\+100\end{Bmatrix}=\begin{Bmatrix}-111.71\\76.62\end{Bmatrix}$$

单元②

$$\boldsymbol{F}^{②}=\begin{bmatrix}4i & 2i\\2i & 4i\end{bmatrix}\begin{Bmatrix}-5.848\\5.385\end{Bmatrix}\frac{1}{i}+\begin{Bmatrix}-64\\+64\end{Bmatrix}=\begin{Bmatrix}-76.62\\73.84\end{Bmatrix}$$

单元③

$$\boldsymbol{F}^{③}=\begin{bmatrix}4i & 2i\\2i & 4i\end{bmatrix}\begin{Bmatrix}5.385\\-17.693\end{Bmatrix}\frac{1}{i}+\begin{Bmatrix}-60\\+60\end{Bmatrix}=\begin{Bmatrix}-73.84\\0\end{Bmatrix}$$

弯矩图与剪力图分别如图 13.18(a)、图 13.18(b)所示。

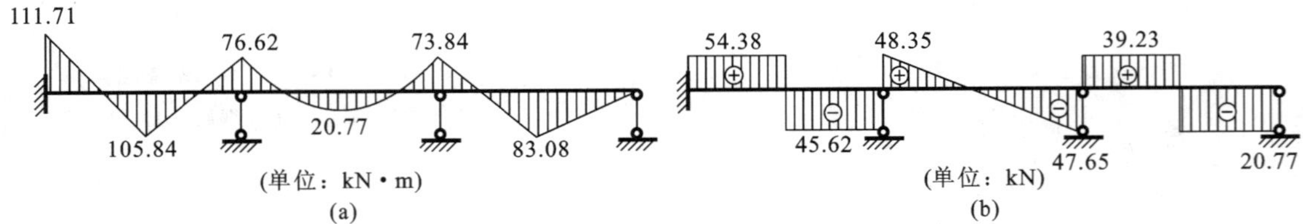

图 13.18 例 13.4 的内力图

(a) 弯矩图；(b) 剪力图

【例 13.5】 求图 13.19(a)所示刚架的内力。设各杆为矩形截面，立柱 $b_1\times h_1=0.5\ \text{m}\times1.0\ \text{m}$，横梁 $b_2\times h_2=0.5\ \text{m}\times1.26\ \text{m}$。

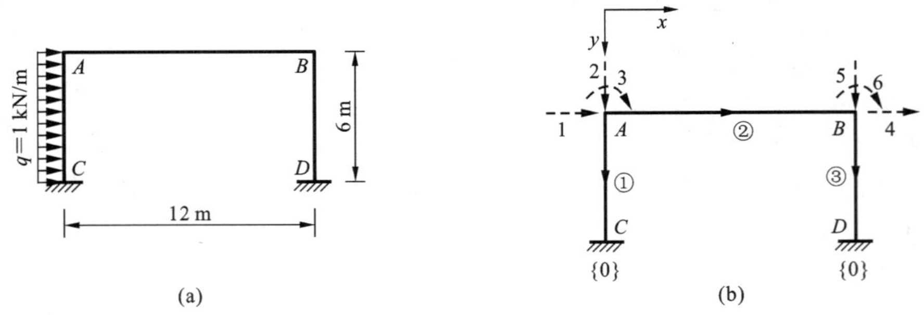

图 13.19 例 13.5 图

(a) 原结构；(b) 单元编号与结点位移分量总码

【解】

(1) 原始数据及编码

为计算方便，设 $E=1$，原始数据如下：

柱： $A_1=0.5\ \text{m}^2$ $\quad I_1=\dfrac{1}{24}\ \text{m}^4$ $\quad l_1=6\ \text{m}$

$$\frac{EA_1}{l_1}=83.3\times10^{-3}\qquad \frac{EI_1}{l_1}=6.94\times10^{-3}\qquad \frac{2EI_1}{l_1}=13.9\times10^{-3}$$

$$\frac{4EI_1}{l_1}=27.8\times10^{-3}\qquad \frac{6EI_1}{l_1^2}=6.94\times10^{-3}\qquad \frac{12EI_1}{l_1^3}=2.31\times10^{-3}$$

梁： $A_2=0.63\ \text{m}^2$ $\quad I_2=\dfrac{1}{12}\ \text{m}^4$ $\quad l_2=12\ \text{m}$

$$\frac{EA_2}{l_2}=52.5\times10^{-3}\qquad \frac{EI_2}{l_2}=6.94\times10^{-3}\qquad \frac{2EI_2}{l_2}=13.9\times10^{-3}$$

$$\frac{4EI_2}{l_2}=27.8\times10^{-3}\qquad \frac{6EI_2}{l_2^2}=3.47\times10^{-3}\qquad \frac{12EI_2}{l_2^3}=0.58\times10^{-3}$$

单元编码如图 13.19(b)所示，局部坐标用箭头的方向表示。整体坐标和结点位移分量的统一编码也示于图 13.19(b)。结点 C 和 D 为固定端，三个位移分量都为零，用{0}编码，结点 A 的编码为[1 2 3]，结点 B 的编码为[4 5 6]。

(2) 形成局部坐标系中的单元刚度矩阵 $\bar{\boldsymbol{k}}^{ⓔ}$

单元①和单元③

$$\bar{\boldsymbol{k}}^{①}=\bar{\boldsymbol{k}}^{③}=\left[\begin{array}{ccc:ccc}83.3 & 0 & 0 & -83.3 & 0 & 0\\ 0 & 2.31 & 6.94 & 0 & -2.31 & 6.94\\ 0 & 6.94 & 27.8 & 0 & -6.94 & 13.9\\ \hdashline -83.3 & 0 & 0 & 83.3 & 0 & 0\\ 0 & -2.31 & -6.94 & 0 & 2.31 & -6.94\\ 0 & 6.94 & 13.9 & 0 & -6.94 & 27.8\end{array}\right]\times 10^{-3}$$

单元②

$$\bar{\boldsymbol{k}}^{②}=\left[\begin{array}{ccc:ccc}52.5 & 0 & 0 & -52.5 & 0 & 0\\ 0 & 0.58 & 3.47 & 0 & -0.58 & 3.47\\ 0 & 3.47 & 27.8 & 0 & -3.47 & 13.9\\ \hdashline -52.5 & 0 & 0 & 52.5 & 0 & 0\\ 0 & -0.58 & -3.47 & 0 & 0.58 & -3.47\\ 0 & 3.47 & 13.9 & 0 & -3.47 & 27.8\end{array}\right]\times 10^{-3}$$

(3) 计算整体坐标系中的单元刚度矩阵 $\boldsymbol{k}^{ⓔ}$

单元①和③的倾角 $\alpha=90°$，其坐标转换矩阵 $\boldsymbol{T}$ 为：

$$\boldsymbol{T}=\left[\begin{array}{ccc:ccc}0 & 1 & 0 & 0 & 0 & 0\\ -1 & 0 & 0 & 0 & 0 & 0\\ 0 & 0 & 1 & 0 & 0 & 0\\ \hdashline 0 & 0 & 0 & 0 & 1 & 0\\ 0 & 0 & 0 & -1 & 0 & 0\\ 0 & 0 & 0 & 0 & 0 & 1\end{array}\right]$$

单元刚度矩阵 $\boldsymbol{k}^{①}$、$\boldsymbol{k}^{③}$ 为：

$$\boldsymbol{k}^{①}=\boldsymbol{k}^{③}=\boldsymbol{T}^{\mathrm{T}}\bar{\boldsymbol{k}}^{①}\boldsymbol{T}=\left[\begin{array}{ccc:ccc}2.31 & 0 & -6.94 & -2.31 & 0 & -6.94\\ 0 & 83.3 & 0 & 0 & -83.3 & 0\\ -6.94 & 0 & 27.8 & 6.94 & 0 & 13.9\\ \hdashline -2.31 & 0 & 6.94 & 2.31 & 0 & 6.94\\ 0 & -83.3 & 0 & 0 & 83.3 & 0\\ -6.94 & 0 & 13.9 & 6.94 & 0 & 27.8\end{array}\right]\times 10^{-3}$$

单元②的倾角 $\alpha=0°$，$\boldsymbol{T}=\boldsymbol{I}$，所以：

$$\boldsymbol{k}^{②}=\bar{\boldsymbol{k}}^{②}$$

(4) 用单元集成法形成整体刚度矩阵 $\boldsymbol{K}$

由图 13.19(b)中单元局部码与结点总码的对应关系，可写出各杆的单元定位向量，如下：

$$\boldsymbol{\lambda}^{①}=\begin{Bmatrix}1\\2\\3\\0\\0\\0\end{Bmatrix}\qquad \boldsymbol{\lambda}^{②}=\begin{Bmatrix}1\\2\\3\\4\\5\\6\end{Bmatrix}\qquad \boldsymbol{\lambda}^{③}=\begin{Bmatrix}4\\5\\6\\0\\0\\0\end{Bmatrix}$$

按照单元定位向量 $\boldsymbol{\lambda}^{ⓔ}$，依次将各单元刚度矩阵 $\boldsymbol{k}^{ⓔ}$ 中的元素在 $\boldsymbol{K}$ 中定位并累加，最后得到 $\boldsymbol{K}$，如下：

$$\boldsymbol{K}=\left[\begin{array}{ccc:ccc}54.81 & 0 & -6.94 & -52.5 & 0 & 0\\ 0 & 83.88 & 3.47 & 0 & -0.58 & 3.47\\ -6.94 & 3.47 & 55.6 & 0 & -3.47 & 13.9\\ \hdashline -52.5 & 0 & 0 & 54.81 & 0 & -6.94\\ 0 & -0.58 & -3.47 & 0 & 83.88 & -3.47\\ 0 & 3.47 & 13.9 & -6.94 & -3.47 & 55.6\end{array}\right]\times 10^{-3}$$

(5) 求单元等效结点荷载向量 $\boldsymbol{P}^{ⓔ}$

只有单元①有荷载作用，由式(13.36)可知局部坐标系中的单元等效结点荷载 $\bar{\boldsymbol{P}}^{ⓔ}$ 为：

$$\bar{\boldsymbol{P}}^{①} = -\bar{\boldsymbol{F}}_{\mathrm{P}}^{①} = \{0 \quad -3 \quad -3 \quad 0 \quad -3 \quad 3\}^{\mathrm{T}}$$

单元①在整体坐标系中的等效结点荷载 $\boldsymbol{P}^{①}$，单元①的倾角 $\alpha=90°$，由式(13.37)可得：

$$\boldsymbol{P}^{①} = \boldsymbol{T}^{\mathrm{T}}\bar{\boldsymbol{P}}^{①} = \begin{bmatrix} 0 & -1 & 0 & 0 & 0 & 0 \\ 1 & 0 & 0 & 0 & 0 & 0 \\ 0 & 0 & 1 & 0 & 0 & 0 \\ 0 & 0 & 0 & 0 & -1 & 0 \\ 0 & 0 & 0 & 1 & 0 & 0 \\ 0 & 0 & 0 & 0 & 0 & 1 \end{bmatrix} \begin{Bmatrix} 0 \\ -3 \\ -3 \\ 0 \\ -3 \\ 3 \end{Bmatrix} = \begin{Bmatrix} 3 \\ 0 \\ -3 \\ 3 \\ 0 \\ 3 \end{Bmatrix}$$

(6) 用单元集成法形成结构的等效结点荷载向量 $\boldsymbol{P}$

按单元定位向量 $\boldsymbol{\lambda}^{①}=\{1 \quad 2 \quad 3 \quad 0 \quad 0 \quad 0\}^{\mathrm{T}}$，将 $\boldsymbol{P}^{①}$ 中的元素在 $\boldsymbol{P}$ 中定位，得：

$$\boldsymbol{P} = \{3 \quad 0 \quad -3 \quad 0 \quad 0 \quad 0\}^{\mathrm{T}}$$

(7) 解基本方程

$$10^{-3} \times \begin{bmatrix} 54.81 & 0 & -6.94 & -52.5 & 0 & 0 \\ 0 & 83.88 & 3.47 & 0 & -0.58 & 3.47 \\ -6.94 & 3.47 & 55.6 & 0 & -3.47 & 13.9 \\ -52.5 & 0 & 0 & 54.81 & 0 & -6.94 \\ 0 & -0.58 & -3.47 & 0 & 83.88 & -3.47 \\ 0 & 3.47 & 13.9 & -6.94 & -3.47 & 55.6 \end{bmatrix} \begin{Bmatrix} u_{\mathrm{A}} \\ v_{\mathrm{A}} \\ \theta_{\mathrm{A}} \\ u_{\mathrm{B}} \\ v_{\mathrm{B}} \\ \theta_{\mathrm{B}} \end{Bmatrix} = \begin{Bmatrix} 3 \\ 0 \\ -3 \\ 0 \\ 0 \\ 0 \end{Bmatrix}$$

求得：

$$\begin{Bmatrix} u_{\mathrm{A}} \\ v_{\mathrm{A}} \\ \theta_{\mathrm{A}} \\ u_{\mathrm{B}} \\ v_{\mathrm{B}} \\ \theta_{\mathrm{B}} \end{Bmatrix} = \begin{Bmatrix} 847 \\ -5.13 \\ 28.4 \\ 824 \\ 5.13 \\ 96.5 \end{Bmatrix}$$

(8) 求各杆杆端力 $\bar{\boldsymbol{F}}^{ⓔ}$

单元①

整体坐标系中的单元杆端力：

$$\boldsymbol{F}^{①} = \boldsymbol{k}^{①}\boldsymbol{\Delta}^{①} + \boldsymbol{F}_{\mathrm{P}}^{①}$$

$$= 10^{-3} \times \begin{bmatrix} 2.31 & 0 & -6.94 & -2.31 & 0 & -6.94 \\ 0 & 83.3 & 0 & 0 & -83.3 & 0 \\ -6.94 & 0 & 27.8 & 6.94 & 0 & 13.9 \\ -2.31 & 0 & 6.94 & 2.31 & 0 & 6.94 \\ 0 & -83.3 & 0 & 0 & 83.3 & 0 \\ -6.94 & 0 & 13.9 & 6.94 & 0 & 27.8 \end{bmatrix} \begin{Bmatrix} 847 \\ -5.13 \\ 28.4 \\ 0 \\ 0 \\ 0 \end{Bmatrix} + \begin{Bmatrix} -3 \\ 0 \\ 3 \\ -3 \\ 0 \\ -3 \end{Bmatrix} = \begin{Bmatrix} -1.24 \\ -0.43 \\ -2.09 \\ -4.76 \\ 0.43 \\ -8.49 \end{Bmatrix}$$

局部坐标系中的单元杆端力：

$$\bar{\boldsymbol{F}}^{①} = \boldsymbol{T}\boldsymbol{F}^{①} = \{-0.43 \quad 1.24 \quad -2.09 \quad 0.43 \quad 4.76 \quad -8.49\}^{\mathrm{T}}$$

单元②

因单元②倾角 $\alpha=0°$，故

$$\bar{\boldsymbol{F}}^{②} = \boldsymbol{F}^{②} = \boldsymbol{k}^{②}\boldsymbol{\Delta}^{②}$$

$$= 10^{-3} \times \begin{bmatrix} 52.5 & 0 & 0 & -52.5 & 0 & 0 \\ 0 & 0.58 & 3.47 & 0 & -0.58 & 3.47 \\ 0 & 3.47 & 27.8 & 0 & -3.47 & 13.9 \\ -52.5 & 0 & 0 & 52.5 & 0 & 0 \\ 0 & -0.58 & -3.47 & 0 & 0.58 & -3.47 \\ 0 & 3.47 & 13.9 & 0 & -3.47 & 27.8 \end{bmatrix} \begin{Bmatrix} 847 \\ -5.13 \\ 28.4 \\ 824 \\ 5.13 \\ 96.5 \end{Bmatrix} = \begin{Bmatrix} 1.24 \\ 0.43 \\ 2.09 \\ -1.24 \\ -0.43 \\ 3.04 \end{Bmatrix}$$

单元③：

整体坐标系中的单元杆端力：

$$\boldsymbol{F}^{③}=\boldsymbol{k}^{③}\boldsymbol{\Delta}^{③}$$

$$=10^{-3}\times\left[\begin{array}{ccc|ccc}2.31 & 0 & -6.94 & -2.31 & 0 & -6.94\\ 0 & 83.3 & 0 & 0 & -83.3 & 0\\ -6.94 & 0 & 27.8 & 6.94 & 0 & 13.9\\ \hline -2.31 & 0 & 6.94 & 2.31 & 0 & 6.94\\ 0 & -83.3 & 0 & 0 & 83.3 & 0\\ -6.94 & 0 & 13.9 & 6.94 & 0 & 27.8\end{array}\right]\left\{\begin{array}{c}824\\5.13\\96.5\\ \hline 0\\0\\0\end{array}\right\}=\left\{\begin{array}{c}1.24\\0.43\\-3.04\\ \hline -1.24\\-0.43\\-4.38\end{array}\right\}$$

局部坐标系中的单元杆端力：

$$\overline{\boldsymbol{F}}^{③}=\boldsymbol{T}\boldsymbol{F}^{③}=\{0.43\quad -1.24\quad -3.04\quad -0.43\quad 1.24\quad -4.38\}^{\mathrm{T}}$$

(9) 根据杆端力绘制内力图，如图 13.20 所示。

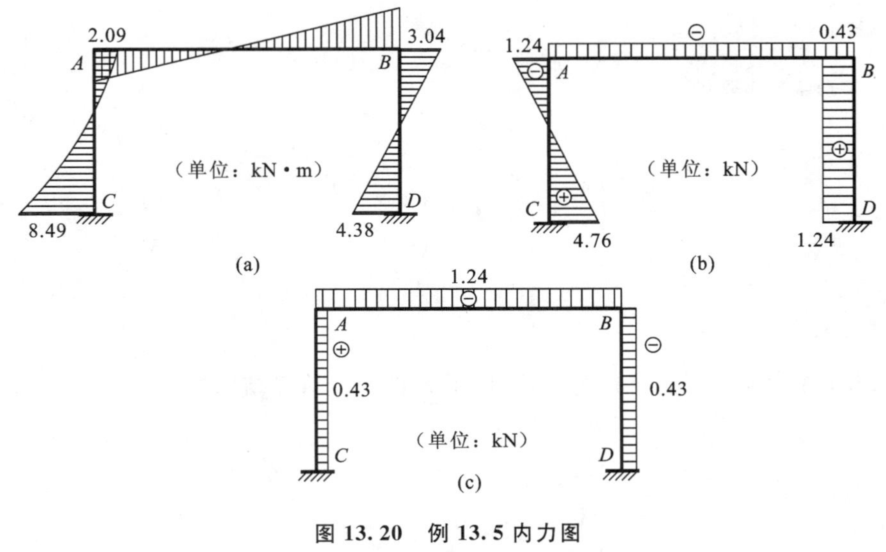

图 13.20 例 13.5 内力图

(a) 弯矩图；(b) 剪力图；(c) 轴力图

13.8 忽略轴向变形的矩形刚架的整体分析

在实际工程中，由横梁、竖柱组成的矩形刚架很常见，通常轴向变形的影响很小，可以忽略不计。本节讨论利用矩阵位移法对这种刚架整体分析的一些处理方法，现以图 13.21 所示矩形刚架为例加以说明，设刚架各杆尺寸相同，均采用例 13.1 中各杆的尺寸。

1. 结点位移分量的统一编码

在固定端 B 和 D 处，三个位移分量均为零，总码编为[0 0 0]。因为忽略轴向变形的影响，在刚结点 A 处，及铰结点 C_1 和 C_2 处，竖向位移分量都为零，故其对应编码也应为零码。此外，因为忽略轴向变形的影响，结点 A、C_1 和 C_2 的水平位移分量相同，因此它们的线位移应采用相同的编码。所以，结点 A 的总码编为[1 0 2]，结点 C_1 的总码编为[1 0 3]，结点 C_2 的总码编为[1 0 4]。结点位移分量编码如图 13.21 所示。

2. 单元定位向量

在图 13.21 中，单元①、②、③ 的$\bar{x}$轴正方向用箭头标明。可写出各杆的单元定位向量，如下：

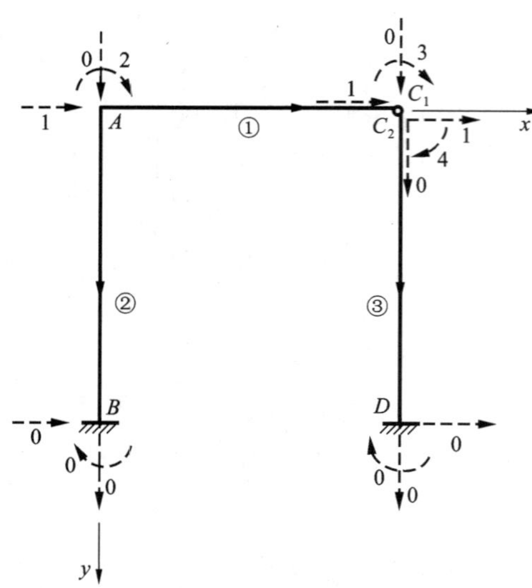

图 13.21　矩形刚架编码图

$$\boldsymbol{\lambda}^{①}=\begin{Bmatrix}1\\0\\2\\1\\0\\3\end{Bmatrix}\qquad \boldsymbol{\lambda}^{②}=\begin{Bmatrix}1\\0\\2\\0\\0\\0\end{Bmatrix}\qquad \boldsymbol{\lambda}^{③}=\begin{Bmatrix}1\\0\\4\\0\\0\\0\end{Bmatrix}$$

3．单元集成，形成整体刚度矩阵 $\boldsymbol{K}$

单元①

$\boldsymbol{k}^{①}$已在例 13.1 中给出，根据 $\boldsymbol{\lambda}^{①}$ 进行定位，即得 $\boldsymbol{K}$ 的第一阶段结果如下：

$$\boldsymbol{K}=\begin{array}{c}\\ \\(1)(4)\,1\\(3)\,2\\(6)\,3\\4\end{array}\begin{array}{c}(1)(4)\quad\;(3)\quad\;(6)\quad\;\;\\ 1\qquad\quad 2\qquad 3\qquad 4\\ \left[\begin{array}{cccc}\begin{matrix}300-300\\-300+300\end{matrix} & 0+0 & 0+0 & 0\\ 0 & 100 & 50 & 0\\ 0 & 50 & 100 & 0\\ 0 & 0 & 0 & 0\end{array}\right]\end{array}\times 10^4$$

单元②

$\boldsymbol{k}^{②}$亦已在例 13.1 中给出，根据 $\boldsymbol{\lambda}^{②}$ 进行定位，即得 $\boldsymbol{K}$ 的第二阶段结果如下：

$$\boldsymbol{K}=\begin{array}{c}\\ \\(1)\,1\\(3)\,2\\3\\4\end{array}\begin{array}{c}(1)\qquad\quad(3)\qquad\qquad\;\\ 1\qquad\quad 2\qquad\quad 3\qquad 4\\ \left[\begin{array}{cccc}0+12 & 0-30 & 0 & 0\\ 0-30 & 100+100 & 50 & 0\\ 0 & 50 & 100 & 0\\ 0 & 0 & 0 & 0\end{array}\right]\end{array}\times 10^4$$

单元③

$\boldsymbol{k}^{③}$与 $\boldsymbol{k}^{②}$相同。由 $\boldsymbol{\lambda}^{③}$ 可得整体刚度矩阵 $\boldsymbol{K}$ 的最后结果如下：

$$\boldsymbol{K}=\begin{array}{c}\\ \\(1)\,1\\2\\3\\(3)\,4\end{array}\begin{array}{c}(1)\qquad\qquad\qquad(3)\\ 1\qquad\quad 2\qquad 3\qquad\quad 4\\ \left[\begin{array}{cccc}12+12 & -30 & 0 & 0-30\\ -30 & 200 & 50 & 0\\ 0 & 50 & 100 & 0\\ 0-30 & 0 & 0 & 0+100\end{array}\right]\end{array}\times 10^4$$

即：

$$\boldsymbol{K}=\begin{array}{c}\\1\\2\\3\\4\end{array}\begin{array}{c}1\qquad 2\qquad 3\qquad 4\\ \left[\begin{array}{cccc}24 & -30 & 0 & -30\\ -30 & 200 & 50 & 0\\ 0 & 50 & 100 & 0\\ -30 & 0 & 0 & 100\end{array}\right]\end{array}\times 10^4$$

【例 13.6】 求图 13.19(a)所示刚架内力。忽略各杆轴向变形影响,各杆截面尺寸同例 13.5。

【解】

(1) 原始数据及编码

原始数据同例 13.5。单元编码及结点位移分量的统一编码示于图 13.22 中。

除结点 C 和 D 为固定端,用{0}编码外,结点 A 和 B 的竖向位移均为零,用 0 编码。结点 A 和 B 的水平位移相同,编码均为 1。

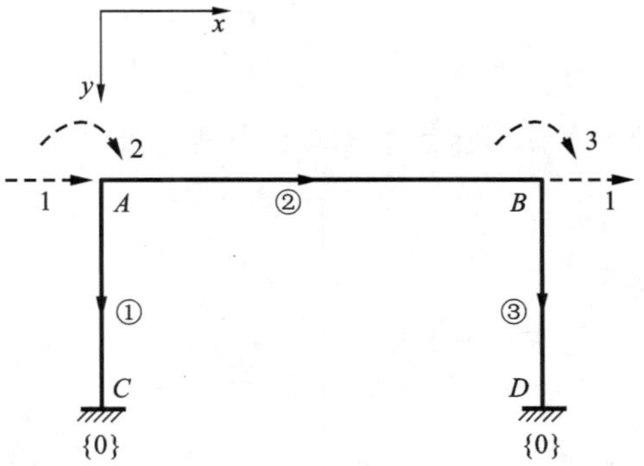

图 13.22 例 13.6 结点总码图

(2) 形成局部坐标系中的单元刚度矩阵 $\overline{\boldsymbol{k}}^{ⓔ}$,同例 13.5。

(3) 形成整体坐标系中的单元刚度矩阵 $\boldsymbol{k}^{ⓔ}$,同例 13.5。

(4) 用单元集成法形成整体刚度矩阵 $\boldsymbol{K}$

参见图 13.22,各杆的单元定位向量 $\boldsymbol{\lambda}^{ⓔ}$ 如下:

$$\boldsymbol{\lambda}^{①}=\{1\quad 0\quad 2\quad 0\quad 0\quad 0\}^{\mathrm{T}}$$

$$\boldsymbol{\lambda}^{②}=\{1\quad 0\quad 2\quad 1\quad 0\quad 3\}^{\mathrm{T}}$$

$$\boldsymbol{\lambda}^{③}=\{1\quad 0\quad 3\quad 0\quad 0\quad 0\}^{\mathrm{T}}$$

按单元定位向量,依次将各单元 $\boldsymbol{k}^{ⓔ}$ 中的元素在 $\boldsymbol{K}$ 中定位并累加,最后得到 $\boldsymbol{K}$ 如下:

$$\boldsymbol{K}=\begin{bmatrix}4.62 & -6.94 & -6.94\\ -6.94 & 55.6 & 13.9\\ -6.94 & 13.9 & 55.6\end{bmatrix}\times 10^{-3}$$

(5) 单元在局部坐标系的等效结点荷载向量 $\overline{\boldsymbol{P}}^{ⓔ}$ 和整体坐标系的等效结点荷载向量 $\boldsymbol{P}^{ⓔ}$,均同例 13.5。

(6) 求整体结构的等效结点荷载 $\boldsymbol{P}$。

按单元定位向量 $\boldsymbol{\lambda}^{①}=\{1\quad 0\quad 2\quad 0\quad 0\quad 0\}^{\mathrm{T}}$,将 $\boldsymbol{P}^{①}$ 中的元素在 $\boldsymbol{P}$ 中定位,得:

$$\boldsymbol{P}=\{3\quad -3\quad 0\}^{\mathrm{T}}$$

(7) 解基本方程

$$10^{-3}\times\begin{bmatrix}4.62 & -6.94 & -6.94\\ -6.94 & 55.6 & 13.9\\ -6.94 & 13.9 & 55.6\end{bmatrix}\begin{Bmatrix}u_{A}\\ \theta_{A}\\ \theta_{B}\end{Bmatrix}=\begin{Bmatrix}3\\ -3\\ 0\end{Bmatrix}$$

求得:

$$\begin{Bmatrix}u_{A}\\ \theta_{A}\\ \theta_{B}\end{Bmatrix}=\begin{Bmatrix}0.838\\ 0.0261\\ 0.0979\end{Bmatrix}\times 10^{3}$$

(8) 求各杆杆端力 $\overline{\boldsymbol{F}}^{ⓔ}$

单元①

整体坐标系中的单元杆端力 $\boldsymbol{F}^{①}$:

$$\boldsymbol{F}^{①}=\begin{bmatrix}2.31 & 0 & -6.94 & -2.31 & 0 & -6.94\\ 0 & 83.3 & 0 & 0 & -83.3 & 0\\ -6.94 & 0 & 27.8 & 6.94 & 0 & 13.9\\ -2.31 & 0 & 6.94 & 2.31 & 0 & 6.94\\ 0 & -83.3 & 0 & 0 & 83.3 & 0\\ -6.94 & 0 & 13.9 & 6.94 & 0 & 27.8\end{bmatrix}\begin{Bmatrix}0.838\\ 0\\ 0.0261\\ 0\\ 0\\ 0\end{Bmatrix}+\begin{Bmatrix}-3\\ 0\\ 3\\ -3\\ 0\\ -3\end{Bmatrix}=\begin{Bmatrix}-1.25\\ 0\\ -2.09\\ -4.75\\ 0\\ -8.41\end{Bmatrix}$$

局部坐标系中的单元杆端力 $\overline{\boldsymbol{F}}^{①}$：

$$\overline{\boldsymbol{F}}^{①}=\boldsymbol{TF}^{①}=\{0\quad 1.25\quad -2.09\quad 0\quad 4.75\quad -8.41\}^{\mathrm{T}}$$

单元②

两种坐标系中的单元杆端力相同，即

$$\overline{\boldsymbol{F}}^{②}=\boldsymbol{F}^{②}=\left[\begin{array}{ccc:ccc}52.5 & 0 & 0 & -52.5 & 0 & 0\\ 0 & 0.58 & 3.47 & 0 & -0.58 & 3.47\\ 0 & 3.47 & 27.8 & 0 & -3.47 & 13.9\\ \hdashline -52.5 & 0 & 0 & 52.5 & 0 & 0\\ 0 & -0.58 & -3.47 & 0 & 0.58 & -3.47\\ 0 & 3.47 & 13.9 & 0 & -3.47 & 27.8\end{array}\right]\left\{\begin{array}{c}0.838\\ 0\\ 0.0261\\ \hdashline 0.838\\ 0\\ 0.0979\end{array}\right\}=\left\{\begin{array}{c}0\\ 0.43\\ 2.09\\ \hdashline 0\\ -0.43\\ 3.09\end{array}\right\}$$

单元③

整体坐标系中的单元杆端力 $\boldsymbol{F}^{③}$：

$$\boldsymbol{F}^{③}=\left[\begin{array}{ccc:ccc}2.31 & 0 & -6.94 & -2.31 & 0 & -6.94\\ 0 & 83.3 & 0 & 0 & -83.3 & 0\\ -69.4 & 0 & 27.8 & 6.94 & 0 & 13.9\\ \hdashline -2.31 & 0 & 6.94 & 2.31 & 0 & 6.94\\ 0 & -83.3 & 0 & 0 & 83.3 & 0\\ -6.94 & 0 & 13.9 & 6.94 & 0 & 27.8\end{array}\right]\left\{\begin{array}{c}0.838\\ 0\\ 0.0979\\ \hdashline 0\\ 0\\ 0\end{array}\right\}=\left\{\begin{array}{c}1.25\\ 0\\ -3.09\\ \hdashline -1.25\\ 0\\ -4.47\end{array}\right\}$$

局部坐标系中的单元杆端力 $\overline{\boldsymbol{F}}^{③}$：

$$\overline{\boldsymbol{F}}^{③}=\boldsymbol{TF}^{③}=\{0\quad -1.25\quad -3.09\quad 0\quad 1.25\quad -4.47\}^{\mathrm{T}}$$

(9) 作弯矩图和剪力图

根据杆端弯矩和剪力及荷载，可作出弯矩图和剪力图，如图 13.23 所示。与图 13.20 相比，可见轴向变形的影响不大。由于假设杆件的轴向变形为零，因此根据刚度方程求出的杆端轴力为零。所以，轴力只能根据平衡条件由剪力图得出，如图 13.23(c)所示。

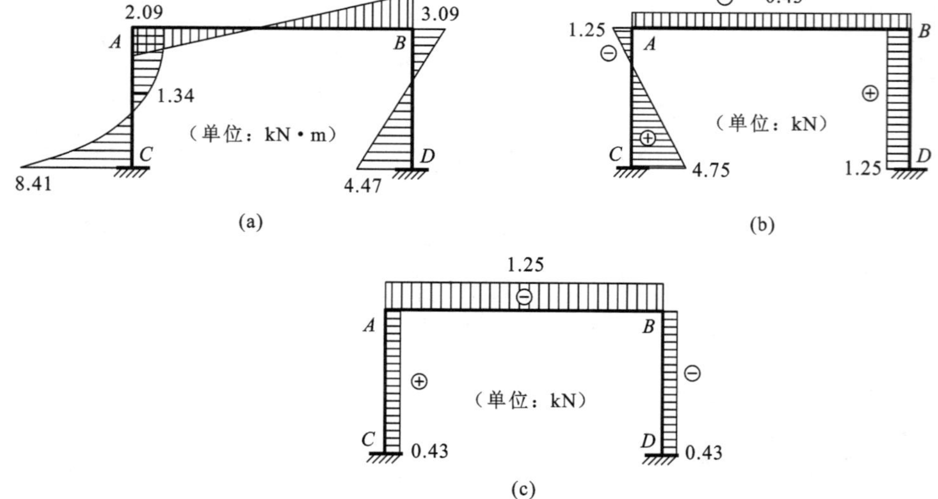

图 13.23 例 13.6 的内力图

(a) 弯矩图；(b) 剪力图；(c) 轴力图

本章小结

矩阵位移法是在传统的位移法原理基础上应用计算机进行计算的一种结构计算方法。因此,应将矩阵位移法和传统位移法对照起来学习,以便清楚地理解和掌握矩阵位移法的计算过程及矩阵符号表示的各种物理量的意义。矩阵位移法的重点环节有三个:

(1) **离散化**:离散化是将结构在结点处划分为单元,并对单元和结点进行编码,建立矩阵位移法的计算模型。

(2) **单元分析**:单元分析是为了建立单元杆端力和杆端位移之间的关系,即单元刚度方程。而单元刚度矩阵是单元刚度方程的关键,也是矩阵位移法的核心,重点要理解单元刚度矩阵的物理意义。单元刚度方程是基于位移法的转角位移方程建立的,本章主要介绍了一般杆单元的刚度矩阵,而其他单元刚度矩阵,如不考虑轴向变形的梁单元、连续梁单元等,均可看成是一般杆单元刚度矩阵的特殊情况。

(3) **整体分析**:整体分析是为了建立结构的结点位移和结点力之间关系,即整体刚度方程,也是位移法基本方程的矩阵形式:

$$\boldsymbol{K\Delta}=\boldsymbol{P}$$

建立整体刚度方程有两个关键步骤:一是形成整体刚度矩阵 $\boldsymbol{K}$;二是形成结构的等效结点荷载向量 $\boldsymbol{P}$。

在形成整体刚度矩阵 $\boldsymbol{K}$ 时,采用的是单元集成法,即根据各单元定位向量 $\boldsymbol{\lambda}^{ⓔ}$,依次将各单元刚度矩阵 $\boldsymbol{k}^{ⓔ}$ 中的元素定位到 $\boldsymbol{K}$ 中的相应位置上,并与同一位置的其他单元刚度矩阵的元素相累加。所以,集成包含了定位与累加两个环节。

在形成结构的等效结点荷载向量 $\boldsymbol{P}$ 时,应先将非结点荷载转换成单元等效结点荷载向量 $\boldsymbol{P}^{ⓔ}$,再根据 $\boldsymbol{\lambda}^{ⓔ}$ 将 $\boldsymbol{P}^{ⓔ}$ 中元素定位并累加到 $\boldsymbol{P}$ 中。如有直接结点荷载作用,也需累加到 $\boldsymbol{P}$ 中。

本章只讨论了矩阵位移法的力学原理和方法,还须经过程序等相关的教学环节,用计算机进行计算,见参考文献[1]。

习　　题

13.1～13.2　计算图示连续梁的结点转角和杆端弯矩。

13.3　试用矩阵位移法计算图示连续梁,并画出 M 图。

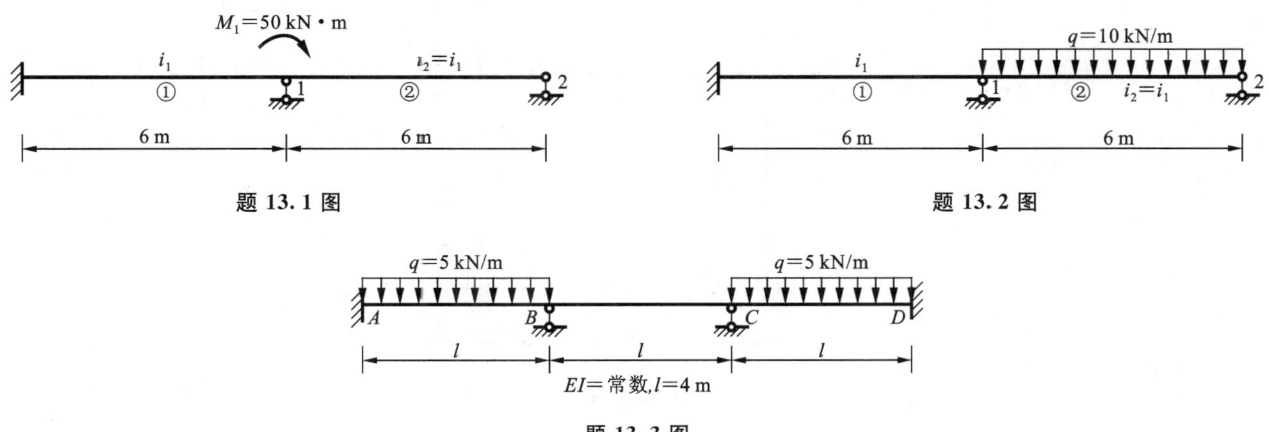

题 13.1 图

题 13.2 图

题 13.3 图

13.4　对图中所示结构用单元集成法求其整体刚度矩阵 $\boldsymbol{K}$,并列出基本方程(忽略轴向变形影响)。

13.5　试求图示连续梁的整体刚度矩阵 $\boldsymbol{K}$。

13.6　试求图示刚架的整体刚度矩阵 $\boldsymbol{K}$(考虑轴向变形),设各杆几何尺寸相同,$l=5$ m,$A=0.5$ m^2,$I=\frac{1}{24}$ m^4,$E=3\times10^4$ MPa。

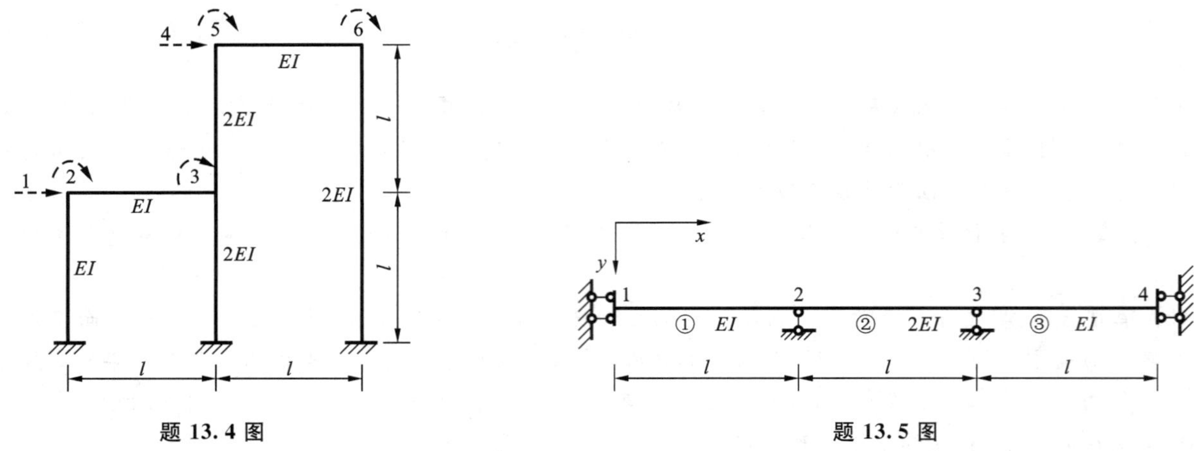

题 13.4 图　　　　题 13.5 图

13.7　在上题的刚架中，设在单元①上作用有向下的均布荷载 $q=4.8$ kN/m，试求刚架内力，并画出内力图。

13.8　试写出图示刚架在荷载作用下的位移法基本方程(考虑轴向变形影响)。设各杆的 E、A、I 为常数。

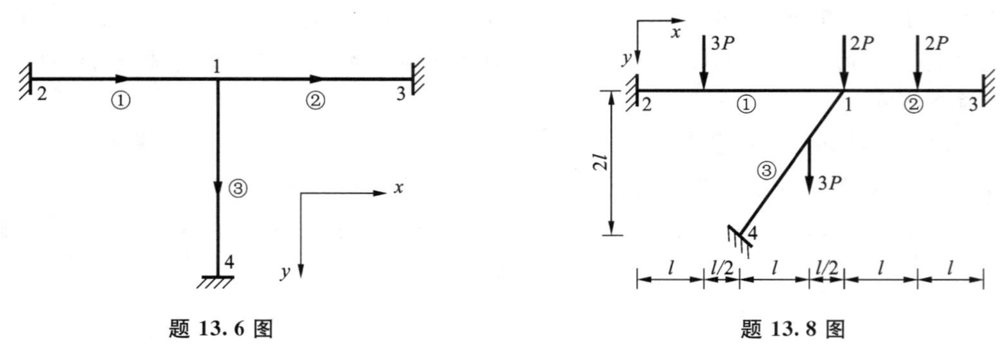

题 13.6 图　　　　题 13.8 图

13.9　试求图示刚架的内力，并画出内力图(忽略轴向变形影响)。

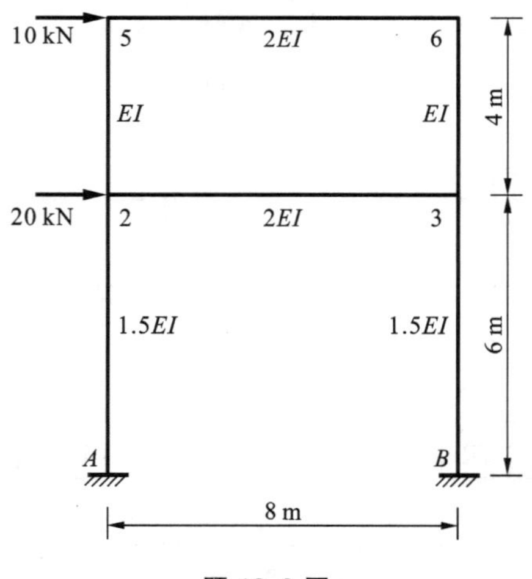

题 13.9 图

14 超静定结构总论和结构定性分析

14.1 超静定结构基本解法的分类和比较

在前面几章里，我们对超静定结构的几个基本计算方法分别做了介绍，对它们进行分类，可按类排列于表14.1。

表14.1 超静定结构计算方法分类

类　　型	力　法　类　型	位移法类型
基本形式	力　法	位移法
矩阵形式	(矩阵力法)	矩阵位移法
渐近形式	(渐近力法)	力矩分配法、无剪力分配法
能量形式	(余能法)	(势能法)

现对表14.1中内容加以说明：

(1) 从所选取的基本未知量的性质来看，计算方法可分为两大类型。

以力法为代表的力法类型——以多余力为基本未知量，力法和余能法都属于此类。

以位移法为代表的位移法类型——以结点位移为基本未知量，位移法、势能法、矩阵位移法、力矩分配法、无剪力分配法都属于此类。

表14.1中圆括号内的方法，我们未做讨论，可参考其他有关书籍。

(2) 从基本方程的表述形式来看，计算方法可分为两类。

在通常的力法和位移法中，所列的方程都表示成平衡方程、几何方程、物理方程等形式，这类解法称为平衡、几何、物理方法，在静力分析中也称为静力法。

在另一类方法中，所列的方程都表示成能量方程的形式，这类解法称为能量法。

这两类方法本质上都是一样的，只是表现形式不同。在求精确解时，静力法和能量法所得的解答完全相同，因此，力法和余能法是等价的，位移法与势能法是等价的。但在求近似解时，能量法则优于静力法，这是因为在能量法中把问题归结为极小值问题或驻值问题，最便于求近似解。在结构的稳定和动力计算中，更能看到能量法的这一优点。

(3) 从所采用的计算手段来看，计算方法可分为手算和电算两类。

在手算方法中，希望计算工作量尽量少一点，而基本未知量的多少则是影响计算工作量的主要因素。为了减少基本未知量，忽略了一些次要因素的影响，如在刚架中，不考虑轴向变形的影响，这样可以减少基本未知量的数目从而减少计算工作量。凡是多余约束多而结点位移少的结构，位移法优于力法，势能法优于余能法；反之，则力法优于位移法，余能法优于势能法。

在电算方法中，侧重点是计算过程的程序化和自动化，并采用矩阵的形式。矩阵位移法有使计算过程易于实现程序化的优点，因而得到广泛的应用；反之，矩阵力法则应用较少。

(4) 从解线性方程组所用的方法来看，可分为直接法和迭代渐近法。

力矩分配法和无剪力分配法是以位移法为基础的渐近法(它们实质上都是以结点位移为基本未知量，不过改用杆端力矩进行运算)。以力法为基础的渐近法，由于收敛速度一般较慢，没有得到广泛的应用。

(5) 对于各种结构形式来说，一般可按表 14.2 选用最适宜的解法。

表 14.2　各种结构形式所选用的适宜解法

结　构　形　式	适　宜　的　解　法
超静定桁架 超静定拱	力　　法
连续梁 无结点线位移的刚架	力矩分配法
有结点线位移的刚架	位移法 无剪力分配法 联合法

表 14.2 所列的适宜解法是从手算的角度选取的。如果采用电算则一般均采用矩阵位移法。用一个通用的结构分析程序即可对各种形式的静定和超静定结构进行计算。

14.2　超静定结构的特性

本节讨论超静定结构的一些主要特性。讨论中，我们以力法的基本原理为指导，并与静定结构加以比较。

1. 多余约束的存在及其影响

超静定结构有多余约束和多余未知力。因此，超静定结构的内力状态仅由平衡条件不能唯一确定，必须同时考虑变形条件。

一般来说，对于一个 n 次超静定结构，为确定其内力，需要 n 个变形条件。力法方程表示的就是变形条件，多余未知力就是通过这些条件计算得到的。如果只考虑平衡条件而不考虑变形条件，则在内力叠加公式 $M=\overline{M}_1X_1+\overline{M}_2X_2+\cdots+\overline{M}_nX_n+M_P$ 中，$\overline{M}_1$、$\overline{M}_2$、…、$\overline{M}_n$、M_P 等虽可由平衡条件确定，但 X_1、X_2、…、X_n 则是没有确定的任意值。因此，单就满足平衡条件来说，超静定结构可能有无限多个解答。

(1) 超静定结构具有较强的防护能力。静定结构有一个约束破坏时，就成为几何可变体系，因而丧失承载能力。但超静定结构不同，当多余约束被破坏时，结构仍为几何不变体系，因而还具有一定的承载能力，因此，超静定结构具有较强的防护能力。在设计防护结构、选择结构形式时，应考虑这一点。

(2) 超静定结构内力较均匀且峰值较小。从荷载作用的影响范围和大小来看，图 14.1(a) 所示为一三跨连续梁在荷载 P 作用下的弯矩图和变形曲线，两个边跨也产生内力。图 14.1(b) 所示为一静定多跨梁在荷载 P 作用下的弯矩图和变形曲线，由于铰的作用，两边跨不产生内力。这说明局部荷载在超静定结构中的影响范围一般比在静定结构中大，因为超静定结构内力分布的范围较广，其内力分布也比静定结构要均匀些，内力的峰值也要小些。

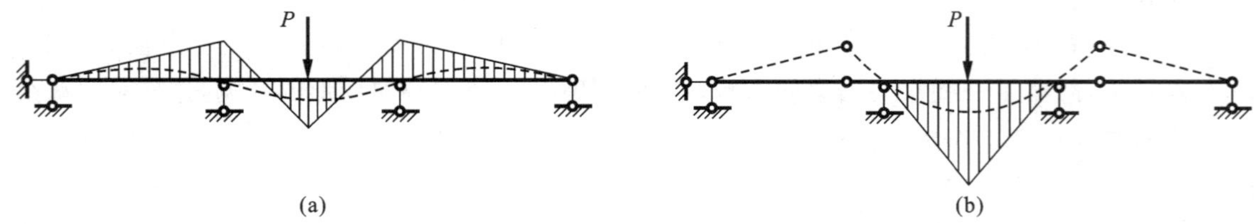

图 14.1　内力分布及峰值比较

(a) 超静定结构的内力与变形；(b) 静定结构的内力与变形

(3) 超静定结构具有较强的刚度和稳定性。从结构刚度的角度来看，在均布竖向荷载作用下，简支梁的最大挠度为一端固定、另一端铰支梁的 2.4 倍；为两端固定梁的 5 倍(图 14.2)。

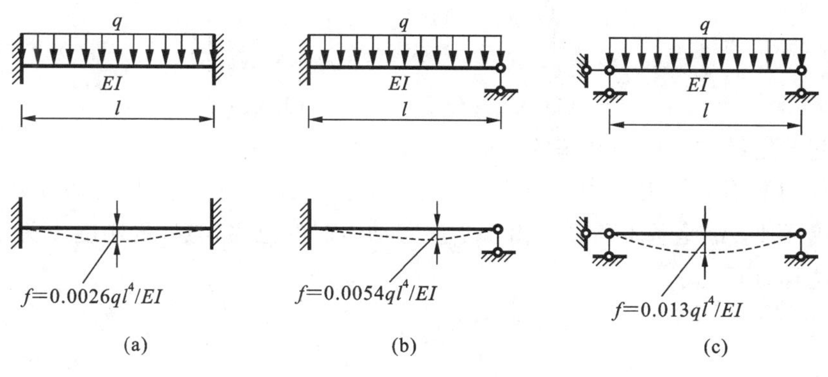

图 14.2 最大挠度的比较

(a) 三次超静定梁；(b) 一次超静定梁；(c) 静定梁

从结构稳定的角度来看，两端铰支柱[图 14.3(a)]的临界力为一端固定另一端滑动柱[图 14.3(b)]的临界力的$\frac{1}{4}$。

这两组例子说明：由于多余约束的存在，结构的刚度和稳定性都有所提高。

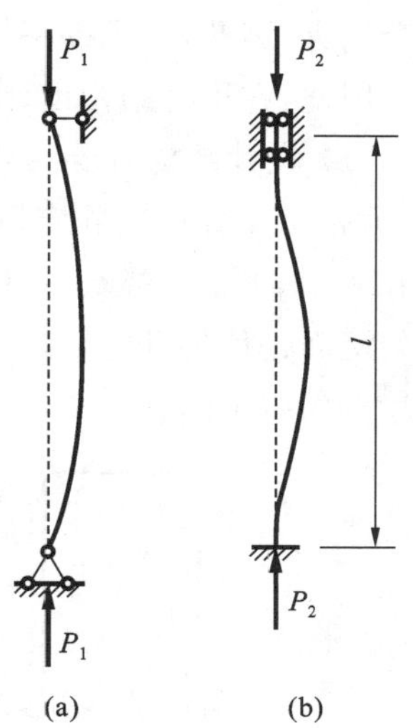

图 14.3 稳定性比较

(a) 静定结构；(b) 超静定结构

2. 各杆刚度改变对内力分布的影响

在静定结构中，改变各杆的刚度比值，结构的内力分布没有任何改变。在超静定结构中，各杆刚度比值有任何改变都会使结构的内力重新分布。这是因为，在力法方程中的系数和自由项都与各杆刚度有关，如果各杆刚度比值改变，各系数和自由项之间的比值也随之改变，因而内力分布也改变。如果杆件刚度的比值不变，而只是按同一比例增减，则各系数与自由项的比值仍保持不变，因而内力也不变。由此可知，在荷载作用下超静定结构的内力分布与各杆刚度的比值有关，而与其绝对值无关。因此，在计算内力时，允许采用相对刚度。

由于超静定结构的内力状态与各杆刚度比值有关，因此在设计超静定结构时，须事先假设截面尺寸，才能求出内力；然后再根据内力来重新选择截面。也就是需要经过一个试算过程。静定结构则无此问题。

另一方面，我们也可以利用超静定结构这个特点，通过改变杆件刚度的办法来达到调整内力状态的目的。

由于刚度概念在结构力学中非常重要，本章后面将之作为定性结构分析的一个内容，专门进行讨论。

3. 温度和沉降等变形因素的影响

“没有荷载，就没有内力。”这个结论只适用于静定结构，而不适用于超静定结构。在超静定结构中，支座移动、温度改变、材料收缩、制造误差等因素都可以引起内力。这是因为这些因素都引起变形，这些变形由于受到多余约束的限制而在超静定结构中引起内力。这种没有荷载作用而在结构引起的内力状态称作自内力状态。由此可看出，超静定结构容许存在自内力状态，而静定结构则不能有自内力状态。

温度变化、支座移动等因素作用时，力法方程形式为：

$$\left.\begin{aligned}\delta_{11}X_1+\delta_{12}X_2+\cdots+\delta_{1n}X_n+\Delta_{1t}+\Delta_{1c}&=0\\\delta_{21}X_1+\delta_{22}X_2+\cdots+\delta_{2n}X_n+\Delta_{2t}+\Delta_{2c}&=0\\&\vdots\\\delta_{n1}X_1+\delta_{n2}X_2+\cdots+\delta_{nn}X_n+\Delta_{nt}+\Delta_{nc}&=0\end{aligned}\right\}$$

相应的内力叠加公式为：

$$\left.\begin{aligned}M &= \overline{M}_1 X_1 + \overline{M}_2 X_2 + \cdots + \overline{M}_n X_n \\ N &= \overline{N}_1 X_1 + \overline{N}_2 X_2 + \cdots + \overline{N}_n X_n \\ Q &= \overline{Q}_1 X_1 + \overline{Q}_2 X_2 + \cdots + \overline{Q}_n X_n\end{aligned}\right\}$$

上式即为 n 次超静定结构自内力状态的一般表示式。

在温度或支座移动等因素作用下，力法方程的系数 δ_{ij} 仍与各杆的刚度（EI、EA、GA）成反比，但自由项 Δ_{it}、Δ_{ic} 并不与刚度成反比。Δ_{ic} 是基本体系中由于支座移动引起的位移，与杆的刚度无关。Δ_{it} 是基本体系中由于温度变化引起的位移。由下式

$$\Delta_{it} = \sum \frac{\alpha \Delta t}{h} \int \overline{M}_i \mathrm{d}s + \sum \alpha t_0 \int \overline{N}_i \mathrm{d}s$$

可知，Δ_{it} 或者与杆的刚度无关（当 $\Delta t = 0$ 时），或者与杆厚成反比（当 $\Delta t \neq 0$ 时）。由此可知，由于温度或支座移动等因素在超静定结构中引起的内力，一般是与各杆刚度的绝对值成正比的。各杆刚度如增大，则内力也随着增大。因此，为了提高结构对温度和支座移动等因素的抵抗能力，增大结构截面尺寸并不是有效的措施。

因此，在进行结构设计时应注意两个方面的问题：

(1) 设计结构时要注意防止、消除或减轻自内力的不利影响。

图 14.4 所示超静定刚架，如 A、B、C、D 四柱的柱基都有同样的竖向沉降 Δ，刚架并不产生自内力[图 14.4(a)]；如 A、B、C、D 四柱的沉降不同（即有相对沉降），刚架便产生内力[图 14.4(b)]。因此，地基的不均匀沉降是使超静定结构产生自内力，从而导致工程质量事故的一个原因。所以，地基不均匀沉降是工程中应注意的一个问题。

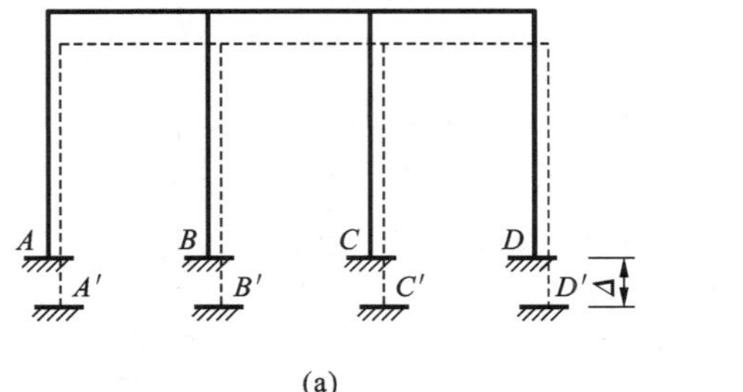

(a)

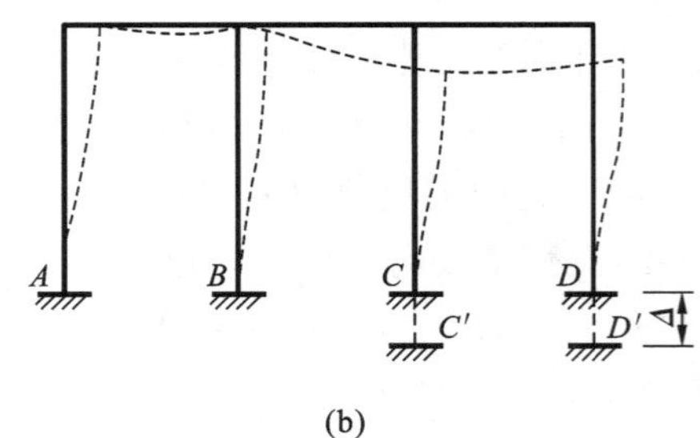

(b)

图 14.4　基础沉降示意图

(a) 均匀沉降；(b) 不均匀沉降

又如建筑物基础埋在土里，温度变化小；上部结构暴露在大气中，温度变化大。由于温度变化引起的变形差异，会在结构中产生自内力（通称温度应力）。建筑物越长，上部结构变形越大，温度应力越大。所以，当建筑物的长度超过一定尺寸时，应将建筑物基础以上的部分用缝分开，这样由温度变化而产生的自内力就会大大降低，这种缝称为温度缝。

(2) 主动利用自内力来调节超静定结构的内力。这方面典型的例子就是预应力结构。

14.3　关于计算简图的补充讨论

在第 1 章中，我们讨论了选择计算简图的原则和杆件结构计算简图的简化要点。现在对其中一些问题再做进一步讨论。

1. 结构体系的简化

虽然一般结构实际上都是空间结构，各部分相互连接成为一个空间整体，以承受各个方向可能出现的荷载。但根据结构的组成和受力特点，常可忽略一些次要的空间约束，将实际结构简化为平面结构进行计算。主要有两种简化途径。

(1) 取平面单元进行计算

对棱柱形结构(沿长度方向结构的横截面保持不变)和由一系列平面单元组成的结构,计算时可取一个平面单元,按平面结构计算。

图 14.5 所示为一圆形隧洞的横截面。通常沿隧洞长度各横截面的几何尺寸相同,所受的荷载也相等,因此可作两个相邻的横截面,取出一个平面单元按圆环进行计算。

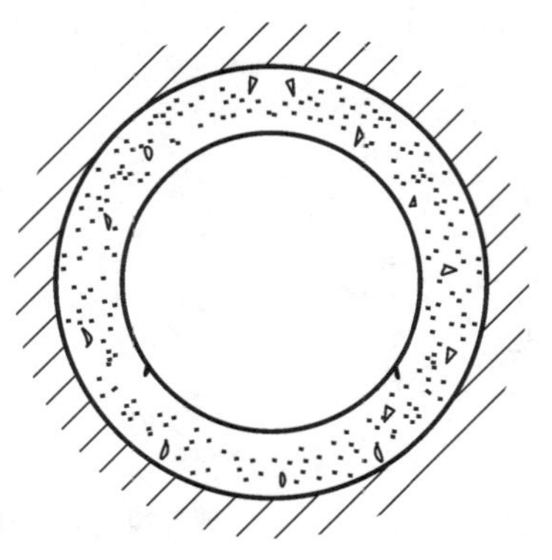

图 14.5 圆形隧洞横截面

(2) 沿横向和纵向分别按平面结构计算

图 14.6 所示为多跨多层房屋框架结构的一个例子。梁与柱实际组成一个空间刚架,设计中则按平面刚架计算。对于水平荷载(如风荷载和地震作用等)来说,结构的横向刚度比较小,纵向刚度比较大,为了保证结构的承载力,通常截取横向刚架[图 14.6(c)]进行计算。计算横向刚架时要考虑竖向荷载和横向水平荷载;而纵向刚架[图 14.6(b)]则只承受纵向风荷载和纵向地震力。平常对纵向刚架只验算地震力,风荷载所产生的内力可以忽略。以横向刚架为主的分析方法还有一个优点,就是刚架形式简单,便于计算。

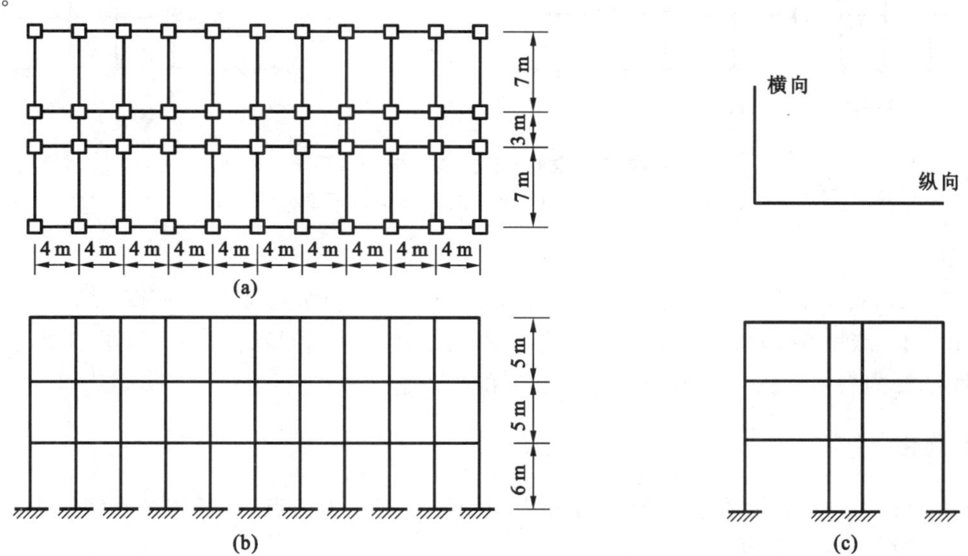

图 14.6 空间结构分解为平面结构计算

(a) 柱平面布置;(b) 纵向刚架;(c) 横向刚架

(3) 综合为平面结构计算

有的空间结构是由几种不同类型的平面结构组成的,在一定的条件下,可按下列两步计算:

第一步,把各类平面结构合成一个总的平面结构,并算出每类平面结构所分配的荷载。

第二步,按所分配的荷载分别计算每类平面结构。

图 14.7(a) 所示为一高层建筑柱网布置图。设沿横向有风力或地震力作用,全部荷载由九榀平面结构承担,其中七榀是平面刚架(每榀为三跨刚架),两榀是剪力墙(每榀有两片墙)。这是由两类平面结构组成的复杂的空间结构。

计算时,采用两个假设:

(1) 假设楼板在自身平面内的刚度为无穷大,因此,所在刚架和剪力墙在楼板处连成一个整体,在楼板平面内只能产生刚体位移。

(2) 假设刚架和剪力墙都是对称布置,因此在对称分布的水平荷载作用下,整个结构不会绕竖轴产生扭转变形。

由此可知,各刚架和剪力墙在同一楼层处的侧移彼此相同。因此,整个空间结构可以合成一个平面结构来计算,计算简图如图 14.7(b) 所示。这里,原来的七榀刚架合成一榀,两榀剪力墙合成一榀,而刚架与墙之

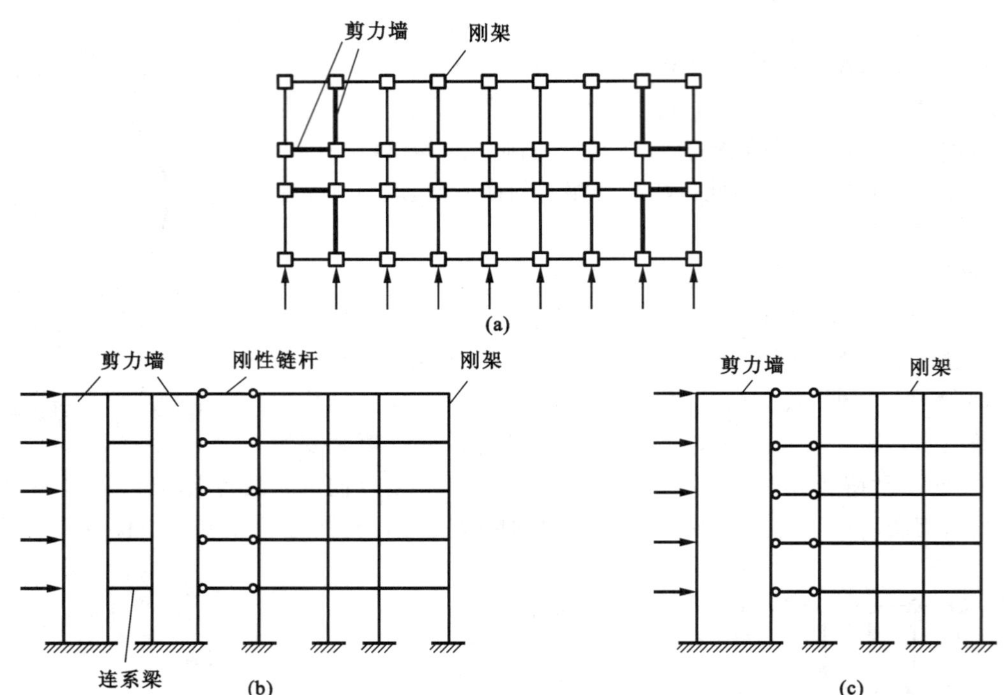

图 14.7　框架-剪力墙结构计算简图

(a) 柱与剪力墙平面布置;(b) 合成平面结构;(c) 平面结构计算简图

间用刚性链杆连接。

如果再把图 14.7(b) 中两片墙合起来,忽略墙间连系梁的抗弯刚度,则计算简图如图 14.7(c) 所示。

得出图 14.7(b) 或图 14.7(c) 后,问题即归结为平面结构的计算问题。第一步算出刚架与墙之间的相互作用力(即刚性链杆内力),第二步分别算出刚架和墙的内力。

2. 杆件的简化

在第 1 章中曾指出,杆件可简化为轴线,杆件之间的连接简化为结点,杆长用结点间距表示,荷载作用在轴线上。以上是一般原则,下面再补充几点:

(1) 以直杆代替微弯或微折的杆件

图 14.8(a) 所示厂房排架的上下两段具有不同的截面尺寸,截面形心的连线不是一条直线。在计算简图[图 14.8(b)] 中,上柱与下柱用一条直线表示。柱高为由基础顶面到屋架下弦的距离。排架跨度可取下柱轴线间的距离。因为对于柱顶为铰结的排架,当柱上作用荷载时,排架跨度对排架内力并无影响。如果柱顶为刚结,则可取上柱轴线作为柱的轴线。

图 14.9(a) 所示为一门式刚架。因为杆件是变截面的,梁截面形心的连线不是直线,柱截面形心的连线不是竖直线。为简化,在计算简图[图 14.9(b)] 中,横梁的轴线采用从横梁跨中截面形心引出的平行于上皮的直线,柱的轴线采用从柱底截面形心引出的竖直线。

应指出,按以上计算简图算出的内力是计算简图轴线上的内力。

(2) 以实体杆件代替格构式杆件

在比较复杂的结构中,格构式杆件常以实体的杆件代替,这样可使计算简化。

图 14.8(a) 所示的厂房排架,当考虑柱承受荷载作用时,在排架分析中,可以用实体横梁代替屋架[图 14.8(b)]。至于屋架各杆本身的内力,可以按简支桁架计算,除考虑屋面结点荷载外,还要考虑排架分析中横梁两端所受的力。

(3) 杆件刚度的简化

例如,在计算刚架的位移时,忽略轴向变形的影响,也就是说,假设其抗拉刚度为无穷大。当刚架的横梁

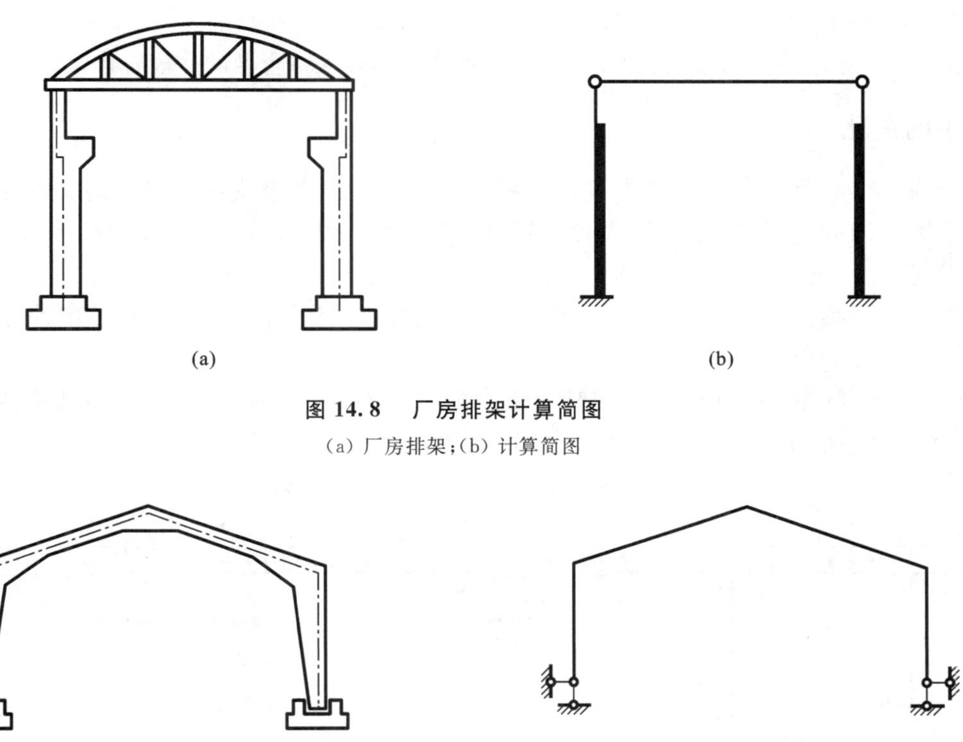

(a)　　(b)

图 14.8　厂房排架计算简图

(a) 厂房排架；(b) 计算简图

(a)　　(b)

图 14.9　门式刚架

(a) 门式刚架示意图；(b) 计算简图

刚度远大于竖柱的刚度时，在水平荷载作用下，假设横梁的刚度为无穷大。

3. 结点的简化

现对结点的简化作一些补充说明。

首先，在确定结点简图时，除要考虑结点的构造情况外，还应当考虑结构的几何组成情况。可能出现如下情况：从构造上看，杆件间是刚性连接的，但实际上结点处的弯矩很小，我们仍将它看作铰结点。如图 14.10(a) 所示结构，结点可取为铰结点，按桁架计算；图 14.10(b) 所示结构，结点却必须取为刚结点，按刚架计算。

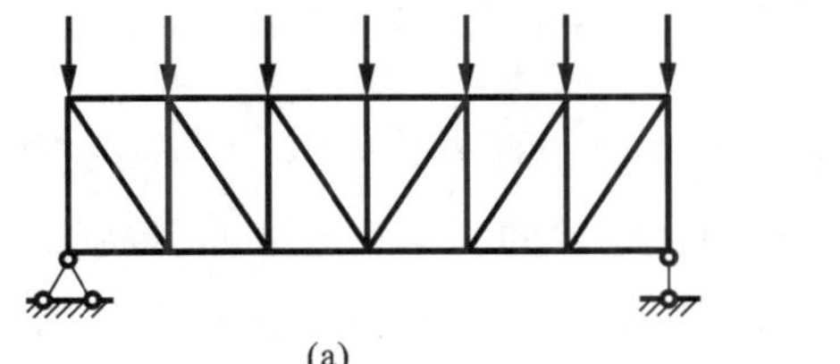

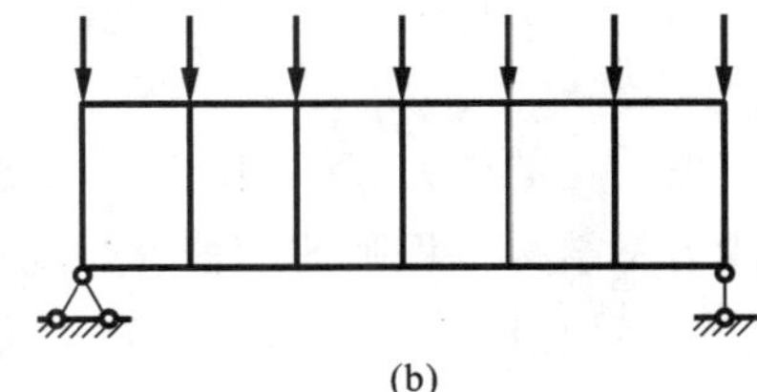

(a)　　(b)

图 14.10　结点的简化

(a) 按桁架计算；(b) 按刚架计算

桁架和刚架的基本区别是：桁架的所有结点虽然都是铰结点，但由于杆件布置方面的原因，仍能维持几何不变；刚架则不同，如果所有结点都改成铰结点，固定支座都改成铰支座，则不能维持几何不变。换句话说，桁架的几何不变性依赖于杆件的布置，而不依靠结点的刚性；而刚架的几何不变性则依靠结点的刚性。工程中的钢桁架和钢筋混凝土桁架，虽然从结点构造上看接近于刚结点，但其受力状态与一般刚架不同，轴力是主要的，而弯曲内力是次要的，因此计算时可把它简化为铰结点。

此外，在杆与杆的刚性连接处，实际上总是形成一个结合区。当结合区的尺寸较小时，结合区可简化为一个结合点，这就是“结点”的概念。如果结合区的尺寸较大(例如大于杆长的 1/5)，则应考虑结合区尺寸的影响。一种粗略的考虑方法是把结合区看作刚性区，把各杆端部进入结合区的一段看作刚性段。

4. 支座的简化

支座简化除第 1 章所列举的情况外，还可以简化为弹性支座。弹性支座可以提供反力，同时也有相应的位移产生。反力和位移的比值保持不变，此比值称为弹性支座的刚度。当支座刚度与结构刚度相近时，则简化为弹性支座较适宜。

支座的概念还可推广，例如结构中某一部件承受荷载时，可将其相邻部分看作该部件的弹性支座。支座的刚度取决于这些相邻部分的刚度。

如图 14.11(a) 所示的刚架中，可将梁 AB 取出，成为图 14.11(b) 所示的具有弹性支座的单杆。弹性支座所提供的反力矩 M_A 和 M_B 与杆端转角 θ_A、θ_B 成正比，即：

$$M_A = S_A^* \theta_A \qquad M_B = S_B^* \theta_B$$

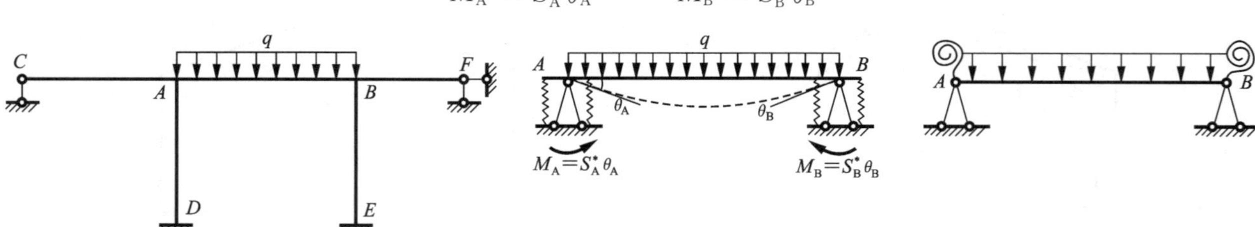

图 14.11 弹性支座

(a) 原结构图；(b) 梁 AB 计算简图；(c) 弹性支座的另一种表示图形

这里，S_A^* 和 S_B^* 是弹性支座的转动刚度。在图 14.11 中，它们分别等于杆件 AB 在其杆端各相邻杆件的转动刚度的总和，即：

$$S_A^* = S_{AD} + S_{AC} \qquad S_B^* = S_{BE} + S_{BF}$$

一般来说，当支座转动刚度 S^* 大于杆件转动刚度 S 很多时，弹性支座就可简化为固定支座。当 $S^*/S \geqslant 20$ 时，其误差在 5% 以内。反之，当支座的转动刚度 S^* 小于杆件转动刚度很多时，弹性支座可简化为铰支座。当 $S^*/S \leqslant 1/20$ 时，其误差在 5% 以内。

在本章的后面几节中，弹性支座用带圆圈的符号表示，如图 14.11(c) 所示。

14.4 静定结构内力和位移的定性分析

以下五节讨论结构的内力、反力和变形(挠度) 的定性分析和近似计算，是结构力学概念分析的入门。

概念分析能力是结构工程师的一种重要能力，也是结构力学学习的一个重要方面。特别在电子计算机和各种通用、专用的计算程序广泛使用的今天，能够判断计算结果的正误，能定性地估计结构的受力和变形性能是学习结构力学的更高一层次的要求。高要求的能力培养需从简单的训练开始。编者在清华大学从 20 世纪 80 年代开始就在习题课中贯彻这一要求，也归纳、总结出一些心、手算的方法与规律，对学生的能力培养起到一些作用。编者认为定性分析应该在课程中列为要求内容。过去因为结构力学课程教学基本要求中没有这方面的要求，故国内的教材中均无此项内容。此次借本书出版之机，抛砖引玉，希望引起对此问题的重视。在当今电子计算机高速发展的时代，有了强有力的计算手段，期待着有更好的定性(或概念) 结构力学教材问世。

1. 静定结构内力和位移定性分析的要求和判断依据

本节的要求是不必经过详细计算就能画出(或判断) 静定结构反力的大小、方向；内力图(主要是弯矩图) 的形状、内力最大值所在截面；位移图的形状、最大位移所在的截面和方向等。

判断的依据，从反力和内力来说，主要是平衡条件；但像结构的几何组成、传力路线和弯矩图的一些特点等常是判断弯矩图形状的有效手段(详后说明)。

对梁、刚架和拱等以弯曲变形为主的结构，判断变形图的依据是：① 曲率改变应与弯矩作用一致。任一杆段的弯矩使某一侧受拉，则该段变形后必向该侧凸出。弯矩零点就是变形曲线的拐点；② 结点处应满足变形连续条件；③ 支座处应满足边界约束条件。为了正确地绘制出变形图形，有时还需要用单位荷载法等其他的方法判定某些特殊截面的转角或线位移方向，以便定出变形图的总走势。

图 14.12 给出了简支梁和悬臂梁受单个集中荷载和均布荷载时的支座反力、弯矩图和变形图；同时给出了控制截面弯矩和变形的计算结果。记住：在集中力作用下，挠度、转角分别与$\frac{Pl^3}{EI}$、$\frac{Pl^2}{EI}$成正比；在均布力作用下，挠度、转角分别与$\frac{ql^4}{EI}$、$\frac{ql^3}{EI}$成正比。它们可以作为估算更复杂的问题的出发点。

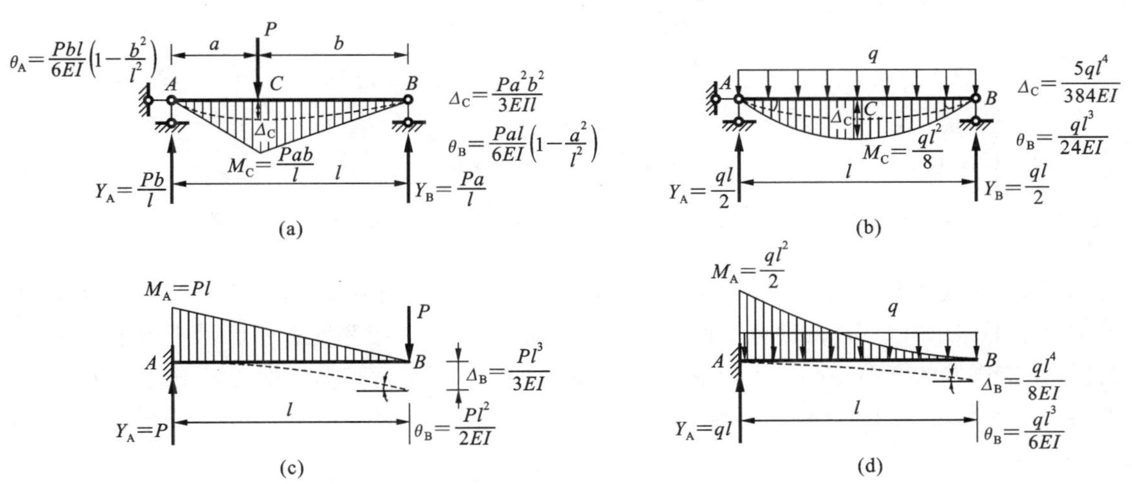

图 14.12 简支梁和悬臂梁受集中荷载和均布荷载作用时的内力和变形

(a) 简支梁、集中力；(b) 简支梁、均布荷载；(c) 悬臂梁、集中力；(d) 悬臂梁、均布荷载

这里指出其受力和变形的一个特点：简支梁两端支承，荷载由中间向两端传递，传递路线分散、均匀、最大内力值和最大位移值均较悬臂梁的相关值小；悬臂梁一端支承，荷载向一端传递，路线较长，最大内力值和最大位移值均较简支梁的相关值大。

2. 弯矩图和变形简图绘制的一些常用方法

下面给出一些静定结构弯矩图和变形简图绘制的常用手法。

(1) 叠加法

图 14.13(a) 所示为一悬臂简支梁在简支段内受均布荷载作用时的弯矩图和变形图。其特点是：在 AB 段，弯矩图和变形图与简支梁一样；在 BC 段，无外力、弯矩，变形是由截面 B 的转角 θ_B 引起的刚体转动产生的，为直线段。图 14.13(b) 所示为悬臂简支梁在悬臂段受力时的弯矩图和变形图。图 14.13(c) 所示为悬臂简支梁在简支段和悬臂段都受力时的弯矩图和变形图。这里需要说明的是：在变形图中，截面 B 的转角方向是影响变形图走势的一个重要因素，而其转向及大小是简支跨的均布荷载 q 和悬臂跨的集中力 P 的共同作用决定的。图中因为没有给出荷载及结构尺寸的具体数值，无法叠加出最后数值，只能做这样定性的讨论。为了清楚显示，图 14.13(d) 中给出了当 $P=ql/2$、$a=l/2$ 时的数值计算结果。其实，在有了荷载弯矩图[图 14.13(d) 上图]的情况下，θ_B 的方向也可以利用图乘法判定或计算出来。为此，补充了图 14.13(e) 的单位弯矩图。读者可自己完成以上判定或计算。

(2) 有时不必从求反力开始，而直接画出弯矩图和变形简图

图 14.14 所示为一静定多跨梁。如图 14.14(a) 所示，荷载 P 作用在基本部分上，仅基本部分 AD 受力，同

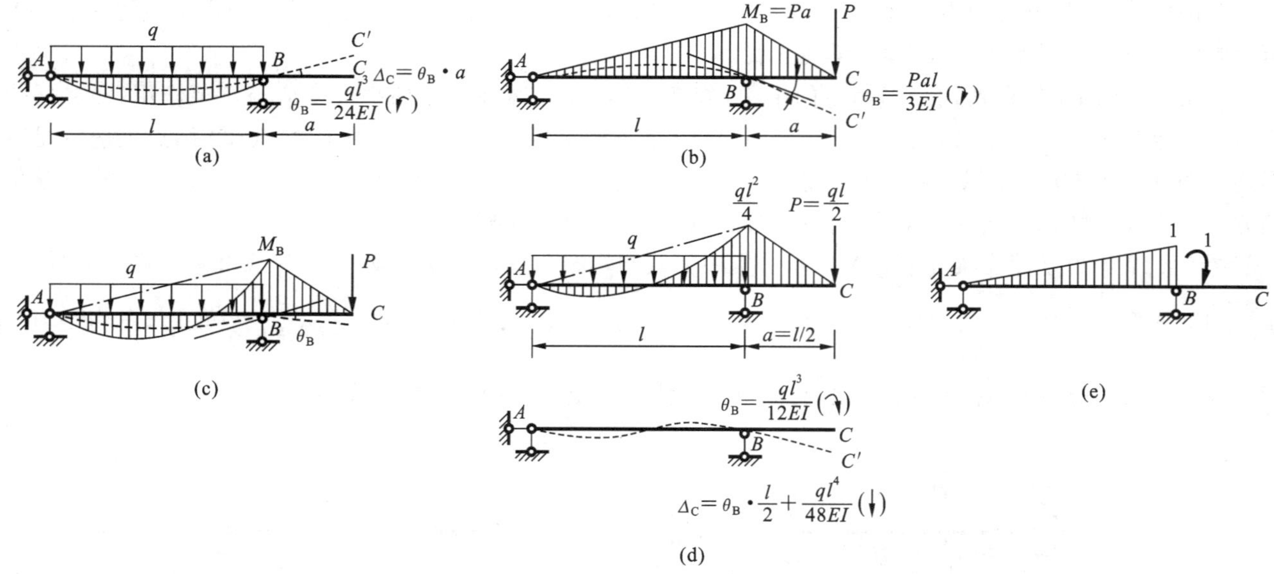

图 14.13 悬臂简支梁

(a) 简支段受力；(b) 悬臂段受力；(c) 简支段、悬臂段都受力；(d) 当 $P=\frac{1}{2}ql, a=\frac{1}{2}l$ 时的弯矩图、变形图；(e) 求 θ_B 的单位弯矩图

时产生弯曲变形，使截面 D 下垂至 D'；带动附属部分 DBE、EC 产生刚体位移。如图 14.14(b) 所示，在基本部分和附属部分上都作用有荷载，两部分均产生弯矩和弯曲变形，弯矩图和变形图已示于图中。对于弯矩图来说，只要能算出支座 B 的弯矩为 qa^2（上面受拉），则 AB 段和 BC 段的弯矩图依据弯矩图的特点，可立即画出。对于变形简图需要判定 θ_B 的转向，才能确定变形图的走势。为此，补充了图 14.14(c) 的单位弯矩图，由此可判断出 $\theta_B=0$。

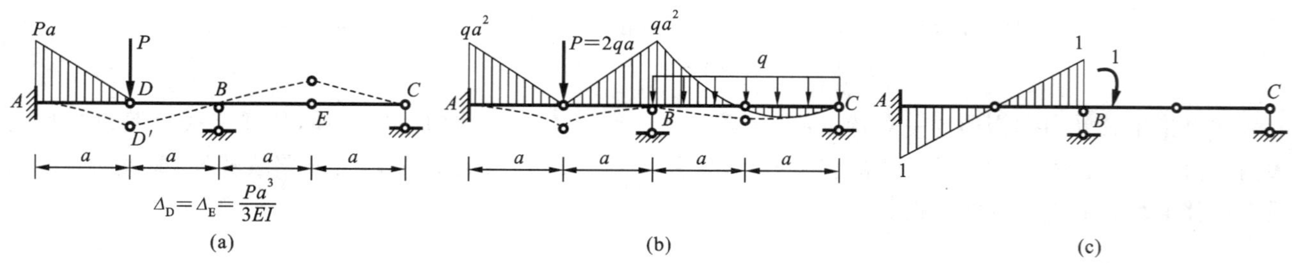

图 14.14 静定多跨梁的弯矩图和变形图

(a) 基本部分受力；(b) 基本部分、附属部分同时受力；(c) 判定 θ_B 方向的单位弯矩图

(3) 先求反力，画弯矩图，再画变形简图

【例 14.1】 求图 14.15 所示两个三铰门式刚架的弯矩图和变形图。

【解】

第 4 章中曾详细地讨论过其支座反力和弯矩图的计算，现定性地画出其弯矩图和变形图。本问题中，只要求出了水平反力 $X_A=2$ kN，从而确定 D、E 截面的弯矩值，就可以画出弯矩图。再画变形图，如下：两图中 C 点都只有向下的竖向位移；结点 D、E 都没有竖向位移；在坡顶的图 14.15(a) 中，结点 D、E 有互相离开的水平位移；但在平顶的图 14.15(b) 中，结点 D、E 均没有水平位移；两图中结点 D 均有顺时针转动。根据以上结点位移的情况，依据弯矩图所示的弯曲方向，就可以画出变形图如图 14.15 中所示。

【例 14.2】 求图 14.16(a) 所示受集中力作用的三铰刚架的弯矩图和变形图。

【解】

先求出支座反力后，弯矩图可以立即画出，示于图14.16(b) 中。要画其变形简图，主要的是横梁 $EDCF$ 的变形形状判定。结点 E、F 没有竖向位移，截面 C、D 都有向下的位移（如读者不能认定这一点，可以自己详

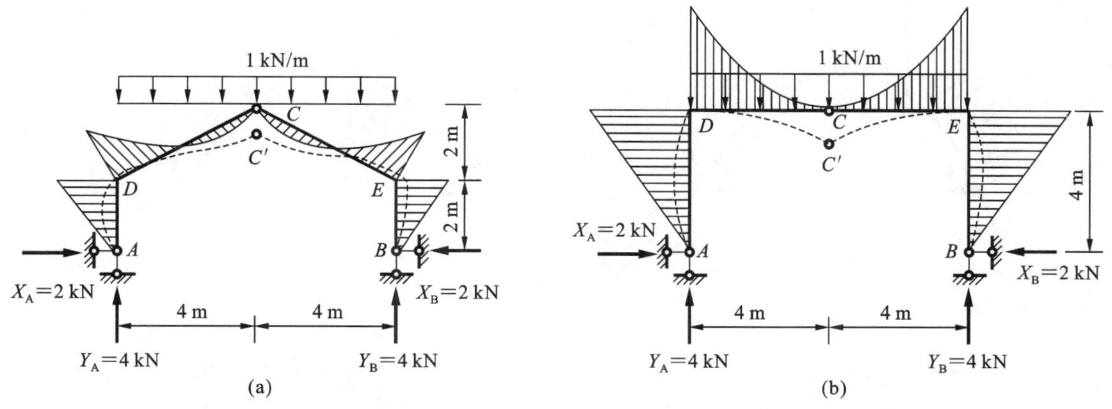

图 14.15　例 14.1 三铰刚架的弯矩图和变形图

(a) 坡顶;(b) 平顶

细论证一下)。问题是横梁整体上有没有水平的移动;若有,是向左移动还是向右移动?本问题利用后面的刚度概念,一眼就可以看出。横梁上荷载 P 由左边 DEA 和右边 $DCFB$ 两部分支承。右边路线长,还有铰 C,其对荷载 P 的支承刚度显然小于左边,故 D 向右移动。严格一些,作求横梁水平位移的单位弯矩图,如图14.16(c)所示。图乘图14.16(b)与图14.16(c),结果为正值,说明横梁整体向右移动。横梁左端截面 E 有顺时针转动,右端截面 F 有逆时针转动。由弯矩图方向可以判定杆变形时各段变形的趋势,横梁上有两个反弯点:一个为铰 C 处,另一个为 ED 间弯矩值为 0 处。变形图示于图 14.16(b) 中。

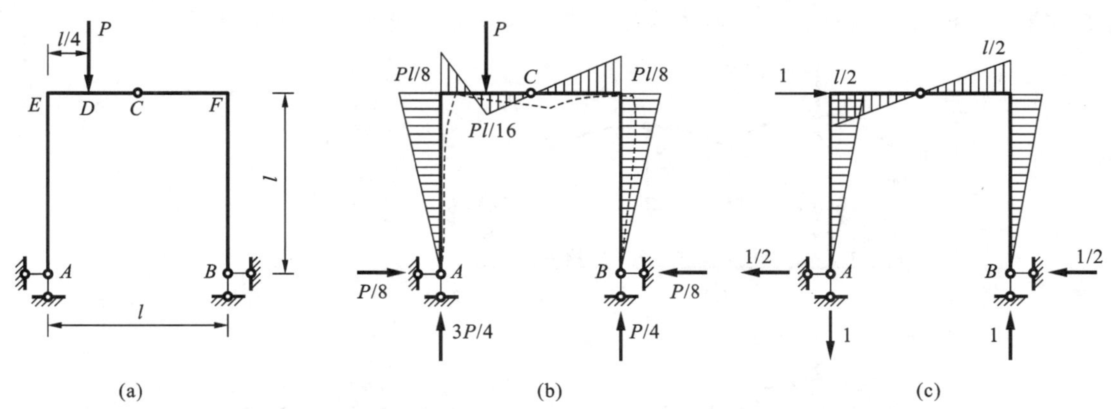

图 14.16　例 14.2 三铰刚架受集中竖向力的弯矩图和变形图

(a) 结构图;(b) 弯矩图和变形图;(c) 求横梁水平位移的单位弯矩图

(4) 利用图解法作压力线特别适合于拱结构

【例 14.3】　求图 14.17(a) 所示受集中力 P 作用的三铰拱的弯矩图和变形图。

【解】

根据三力平衡交于一点的原则,画出此三铰拱的压力线;根据压力线就可知道截面弯矩的大小和方向,画出弯矩图,如图 14.17(b) 所示。图中同时画出了变形曲线。截面 C 变形后会下移是无疑的;但是向下向右,或是向下向左,还要有进一步的论证才能确定。为此,作截面 C 水平位移的单位弯矩图,图14.17(c)是以压力线形式表示的,单位弯矩图的方向与图14.17(d)是一样的。图乘图 14.17(b) 与图 14.17(d)(这里是曲杆,并不是真的进行图乘计算,只是借用此名称的含义概念),结果为正值,说明截面 C 的位移是向下向右的。另一种更直观的估计是:受载截面 D,其左为 DA 段,其右为 $DCEB$ 段,支座 A 和 B 是相同的,右半段比左半段长,且还有铰 C,对截面 D 水平位移的约束作用弱一些,故截面 D 水平位移向右。

以上简单列出了几种常用的方法。在符合前述基本要求和判断依据的前提下,可以用来作弯矩图和变形简图的手法是多种多样的,如:对称性的利用;弯矩图和变形图的互助性(用弯矩图助画变形图,或反之),荷

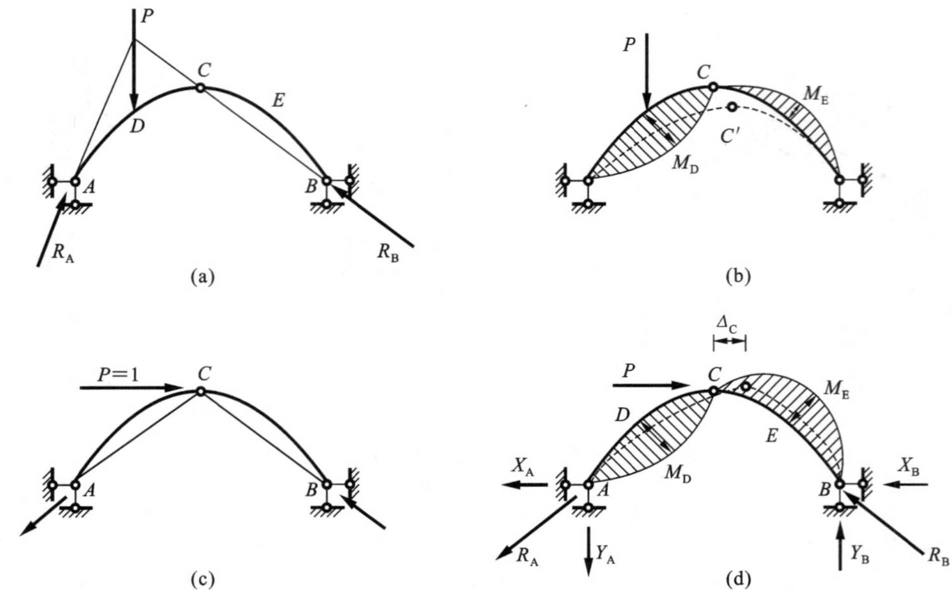

图 14.17 例 14.3 三铰拱受集中竖向力和水平力时的弯矩图和变形图

(a) 竖向力作用时的压力线;(b) 竖向力作用时的弯矩图和变形图;

(c) 求截面 C 水平位移的单位弯矩图;(d) 水平力作用时的弯矩图和变形图

载和构件的等效变换;利用弯矩图和变形图的特点,直接绘出它们的图形等,均可使用。

【例 14.4】 分析图 14.18(a) 所示结构的受力状态,画出其弯矩和变形的示意图。

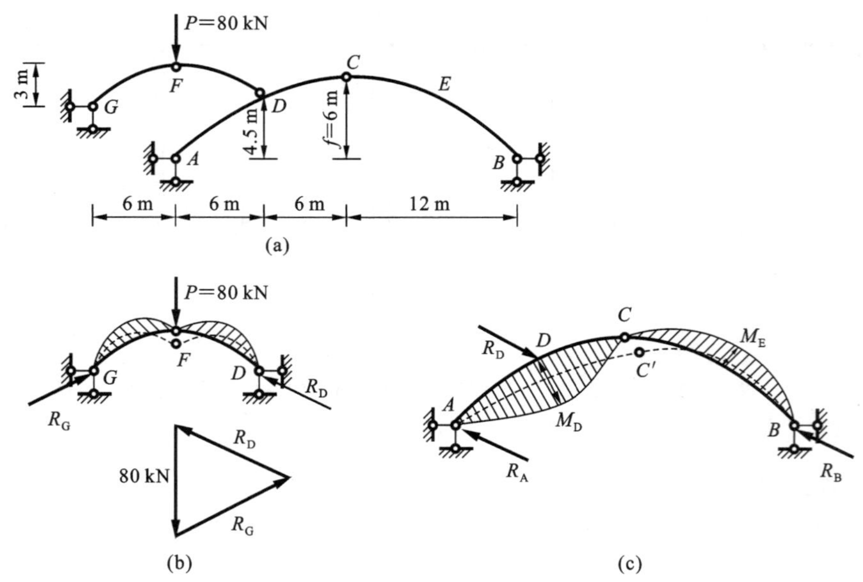

图 14.18 例 14.4 的受力分析、弯矩图及变形图

(a) 结构图;(b) 上层分析;(c) 下层分析

【解】

这是一个大拱上架设小拱的双层结构。

(1) 分析上层结构[图 14.18(b)]

上层结构支座 G 的反力 R_G 沿 GF 连线方向,支座 D 的反力 R_D 沿 DF 连线方向,它们也就是小拱的压力线。下面图是 $P=80$ kN、R_G 和 R_D 三力平衡的力多边形,由它可求出 R_G 和 R_D 的大小(粗看略大于80 kN)。上面的图中画出了小拱弯矩图和变形图的形状。小拱受负弯矩,最大值在 GF 和 DF 杆段的中间截面。杆段 GF 和 DF 的上边受拉、下边受压,变形曲线向上凸出,变形后变形曲线的曲率加大,F 点向下移动。

(2) 分析下层结构[图 14.18(c)]

下层结构受小拱传来的力 R_D，其方向是与沿 BC 连线方向的支座反力 R_B 平行的。R_A、R_D 和 R_B 三力要平衡，只能是 R_A 也平行于 BC 的连线方向。到此，已经分析清楚了大拱的受力状态。利用 R_A 可以求出杆 AD 段的弯矩，利用 R_B 可以求出杆 BC 和 CD 段的弯矩，弯矩图示于图中，正弯矩的最大值在截面 D，负弯矩的最大值在截面 E。相应的变形图也示于图中，左半拱 AC 上边受压、下边受拉，变形曲线向下凸出，变形后变形曲线的曲率变小(杆更直)。右半拱 BC 则上边受拉、下边受压，变形曲线向上凸出，变形后变形曲线的曲率变大(杆更弯)，C 点位移向下向右。

【例 14.5】　分析图 14.19(a) 所示结构的受力状态，画出其弯矩和变形的示意图。

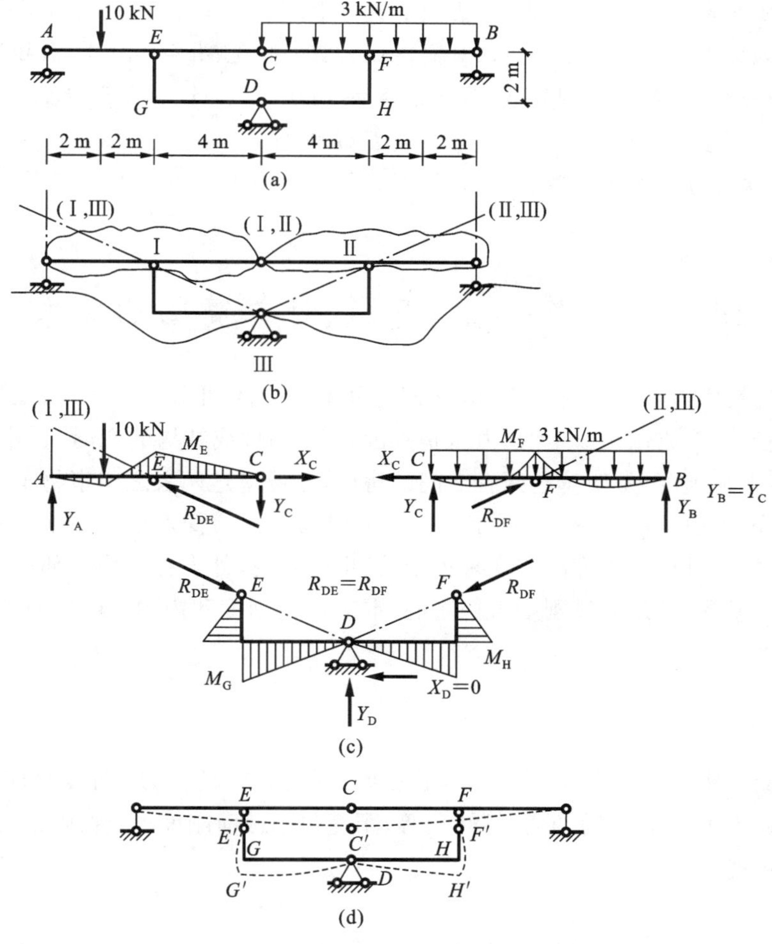

图 14.19　例 14.5 的受力分析、弯矩图和变形图

(a) 结构图；(b) 几何组成分析；(c) 受力分析和弯矩图；(d) 变形图

【解】

(1) 进行几何组成分析[图 14.19(b)]

图 14.19(a) 所示结构，从整体平衡条件知 $X_D=0$，再继续下去就遇到困难，为此，先进行几何组成分析，寻求解题之路。

将杆 AEC 和 BFC 分别视为刚片 Ⅰ 和 Ⅱ，基础连同点 D 作为刚片 Ⅲ。刚片 DGE 和 DHF 分别由两端铰对外连接，均可视为链杆。这样，三刚片 Ⅰ、Ⅱ、Ⅲ 之间用不在一直线上的三个铰(Ⅰ、Ⅱ)(Ⅱ、Ⅲ)(Ⅰ、Ⅲ) 两两相连，组成几何不变且无多余约束的体系。

(2) 拆开结构进行分析

将结构拆开，分成图 14.19(c) 所示的三个隔离体，图中同时给出了各隔离体之间的相互作用力。由隔离体 AEC，对虚铰(Ⅰ、Ⅲ) 取矩，有：

$$\sum M_{(\mathrm{I},\mathrm{III})}=0,\quad -X_C\times 2+Y_C\times 8+10\times 2=0$$

对隔离体 CFB，对虚铰(Ⅱ、Ⅲ)取矩，有：

$$\sum M_{(\mathrm{II},\mathrm{III})}=0,\quad X_C\times 2+Y_C\times 8-3\times 8\times 4=0$$

解以上两方程得：

$$X_C=29\ \mathrm{kN},\quad Y_C=4.75\ \mathrm{kN}$$

由此可求得各支座反力，并进而求得结构的弯矩图如图 14.19(c) 中所示。

(3) 定性画图

如果只要定性地画出弯矩图的形状、大小，无须经过数值计算就能做到。首先，对图 14.19(c) 中的隔离体 CFB，由 $\sum M_F=0$ 的条件，知 $Y_B=Y_C(\uparrow)$。对隔离体 AEC，由 $\sum M_E=0$ 的条件，知 Y_A 向上且小于 Y_C。由此即可画出杆 AEC 和杆 CFB 的弯矩图形状。至于隔离体 EDF，是一个在 D 点受向上集中力的倒放三铰刚架，其弯矩图容易画出。本结构弯矩的最大值发生在截面 G 和 H。

图 14.19(d) 是结构受力后的变形图。$EGDHF$ 部分是一个倒置三铰刚架的变形图。注意，D 点不动，E、C、F 点均有向下位移。

14.5 刚度和力、变形、计算简图的关系

刚度、力、变形都是结构力学中重要的概念，它们之间有着密不可分的关系。广义胡克定律有一个表达式：$F=k\Delta$，其中 F 是外荷载或作用产生的"力"，是外因；Δ 是构件或结构的变形，是外因通过内因而引起的反应；连接它们之间的 k 是刚度，是架越这两者之间的桥梁，是反应这两者之间事物本质的所在。在结构力学的学习中可知，刚度有两方面的作用：一方面可以控制结构或构件的变形能力；另一方面，对超静定结构而言，结构的内力分布又是通过相对刚度的改变来控制的，也就是说，外力在结构内部产生的效应、力的传递与分配以及引起结构的变形等，都是通过刚度来控制的。本节讨论刚度和内力、变形、计算简图的关系，作为定性结构分析的一项内容。

1. 刚度的概念

刚度是产生单位变形所需要的力，其中"力"和"变形"都是广义的，"力"可以是应力、轴力、剪力和扭矩等，"变形"可以是应变、位移、曲率、剪切角、扭转角等。刚度包括截面刚度、杆件刚度、结构刚度，还有连接杆件和支承结构的约束刚度。

(1) 截面刚度

截面刚度是指截面产生单位变形所需的相应内力，由材料的弹性模量(E)或剪切弹性模量(G)与截面面积(A)或截面惯性矩(I)的乘积组成，E、G 是材料的自身属性。按受力状态可分为轴向刚度(EA)、弯曲刚度(EI)、剪切刚度(GA)、扭转刚度(GI)等。

(2) 杆件刚度 —— 线刚度

杆件都具有一定的长度，杆件刚度除考虑截面刚度中的截面尺寸(A 或 I)和材料特征(E、G)外，还需考虑第三方向的尺度(l)，也称为线刚度，杆件线刚度主要有轴向刚度、弯曲刚度、剪切刚度、扭转刚度等。

轴心受压(拉)下的变形：$\Delta_N=\dfrac{N}{\dfrac{EA}{l}}$，可知轴向受压(拉)杆件线刚度为$\dfrac{EA}{l}$。

弯矩作用下杆件产生弯曲变形，曲率$\dfrac{1}{\kappa}=\dfrac{M}{EI}$，在小变形条件下，$l=\theta\kappa$，则弯曲转角：$\theta=\dfrac{M}{\dfrac{EI}{l}}$，可知杆件弯曲线刚度为$\dfrac{EI}{l}$。

剪力作用下产生相对剪切变形：$d\eta = r_0 ds$，在小变形条件下剪切位移：$\eta = \int r_0 ds = \int \frac{kQ ds}{GA} = \frac{kQ}{\frac{GA}{l}}$，可知杆件剪切线刚度为$\frac{GA}{l}$。（式中，$k$ 是在计算平均切应变γ_0 时由于考虑剪应力在截面上分布不均匀而加的修正系数，是一个与截面形状有关的无量纲参数，对矩形截面 $k = 1.2$）

扭矩作用下产生扭转变形，扭矩 $M_t = GI_t\phi$，ϕ 为单位扭转角，在小变形条件下扭转角 $\theta = \phi l = \frac{M_t}{\frac{GI_t}{l}}$，可知杆件扭转线刚度为$\frac{GI_t}{l}$。

由上看出，各种状态下，杆件越长，杆件线刚度越小，其变形越大。在内力一定的状况下，杆件线刚度越大，则变形越小；而对于变形一定的情况，线刚度越大，内力越大。这也是支座位移（沉降）、温度变化、材料收缩、制造误差等引起的结构变形，通过加大截面尺寸来改善结构受力状态并不是一个有效的途径的原因所在。

（3）结构刚度

结构是由若干杆件组成的，结构刚度是由组成此结构的各杆件的刚度组成的。在荷载作用下，结构的位移计算公式表达如下：

$$\Delta = \sum\int \frac{\overline{N}N_P}{EA}ds + \sum\int \frac{k\overline{Q}Q_P}{GA}ds + \sum\int \frac{\overline{M}M_P}{EI}ds + \sum\int \frac{\overline{M}_t M_{tp}}{GI_t}ds$$

本公式及其中各符号表达的意思，在本书第 9 章中均有详细的说明。这里为了论述的全面，在公式中增加了反映构件扭转变形的项。此公式表明，Δ 越小则结构刚度越大。

从上式可以看出，可以获得更大结构刚度的途径有：缩短结构的传力路径使求和号及积分号后的项数（它们代表着许多杆件）减少；改变约束条件使结构内力值（如 $\overline{M}M_P$）变小、内力分布更均匀；增大截面的刚度等。

杆件的线刚度是形成结构刚度的基本元素，其相对比值控制着结构的内力分布及其内力值的大小。一般情况下，桁架结构以轴向力控制的变形为主，梁、柱以及由它们组成的刚架由弯曲变形控制为主。高层建筑结构和横向大跨刚架结构的刚度主要有表征结构整体弯曲变形的抗弯刚度和表征结构层间局部梁柱弯曲变形的抗侧移刚度（见第 14.6 节）。

（4）约束刚度

结构是由杆件通过结点的连接（约束）和支承的支座（约束）组成的构筑物。这里起连接（约束）作用的结点和起支承（约束）作用的支座也有它们的刚度，以后统称为约束刚度。在平面结构中，只有抵抗相对移动和相对转动的两种约束刚度，由之可以组合成各种结点和支座作用。

【例 14.6】 试比较图 14.20 中用料相同的 4 种截面的截面刚度。

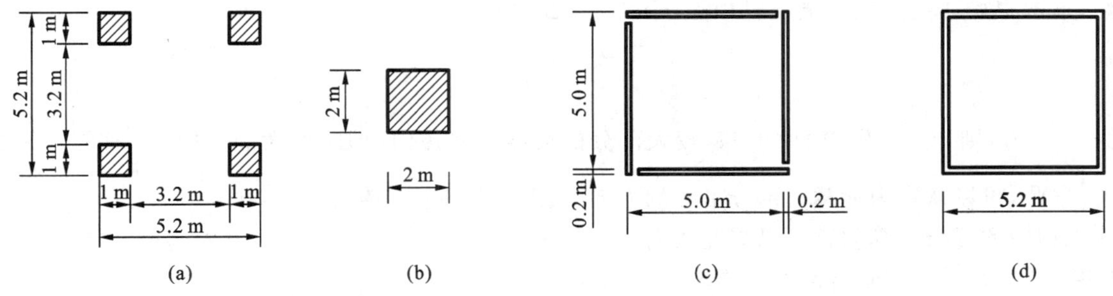

图 14.20 例 14.6 不同截面布置的整体截面抗弯刚度

(a)4 根小柱；(b) 一根大柱；(c)4 片独立墙；(d) 一个整体筒

【解】

（1）独立的 4 根 1 m^2 小柱[图 14.20(a)]，是底部固定于基础的悬臂柱，可视为柱顶端铰结的排架结构，其总截面抗弯刚度为：

$$EI_1 = 4 \times \left(\frac{1 \times 1^3}{12}\right)E = \frac{4}{12}E$$

(2) 将 4 根小柱合并为一根大柱[图 14.20(b)],其截面抗弯刚度为:

$$EI_2 = \frac{2 \times 2^3}{12}E = \frac{16}{12}E = 4EI_1$$

(3) 将 4 根 1 m^2 柱“拍扁”,做成 4 片独立的薄片墙[图 14.20(c)],每片面积为 0.2 m×5 m。薄片墙平面外的刚度很小,可以忽略不计,只有沿墙平面内两片墙起作用,其截面抗弯刚度为:

$$EI_3 = 2 \times \left(\frac{1}{12} \times 0.2 \times 5^3\right)E = 12.5 \times \frac{4}{12}E = 12.5EI_1$$

(4) 将上述 4 片墙在墙角处连接成刚性整体,形成封闭的筒体结构[图 14.20(d)],则其截面抗弯刚度为:

$$EI_4 = \frac{1}{12} \times (5.2^4 - 4.8^4)E = \frac{200}{12}E = 50EI_1$$

上述几种结构截面布置方案,尽管所用材料的截面面积相同,但构件的平面分布不同或结构状况不同,其整体截面抗弯刚度是大不相同的。其特征是:把材料放在远离中和轴位置上的平面分布是效用高的形状;连接约束强的结构刚度大于松散的结构。这就是将实心矩形截面变化设计成“L”形、槽形、“H”形、圆环形截面以及将一字形平面弯折形成圆形、弧形、“Y”形、“H”形连体等平面形状的原因所在。

2. 刚度与力的传递

在超静定结构中力是沿刚度(或沿着刚度分布的方向)传递的。

图 14.21 是一个沿两个方向跨度不同,但截面刚度相同的交叉梁。集中荷载 P 由两根梁分担,$P = P_1 + P_2$。两根梁的跨中挠度各为:

$$\Delta_1 = \frac{P_1 l_1^3}{48EI}, \quad \Delta_2 = \frac{P_2 l_2^3}{48EI}$$

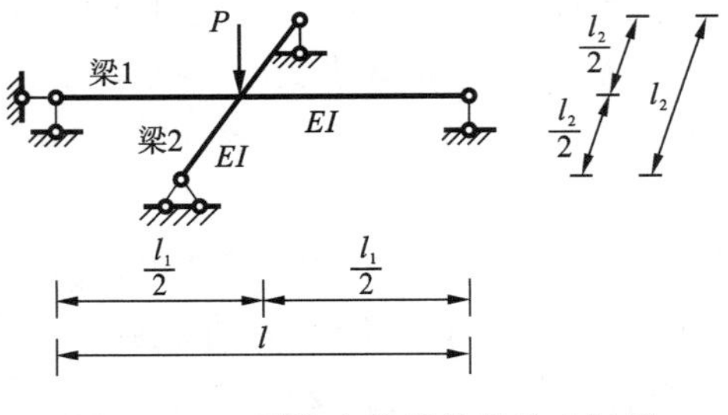

图 14.21 受集中荷载作用的交叉梁

显然,这两根梁在交点处的挠度应相等。令 $\Delta_1 = \Delta_2$,得:

$$\frac{P_1}{P_2} = \frac{l_2^3}{l_1^3}$$

因为 $l_1 > l_2$,则 $P_2 > P_1$。由此可知,较大部分的荷载沿着短向(即刚度大的方向)传递。当 $\frac{l_1}{l_2} \geqslant 2$ 时,$P_2 \geqslant 8P_1$。据此,可以认定为荷载大部分沿短的方向(刚度大的方向)传递。

一些工程中的复杂计算问题可以据此而简化。

【例 14.7】 试讨论四边支承的矩形板的简化计算模型。

【解】

图 14.22(a) 所示矩形板,四边简支,边长为 l_1 和 l_2,承受均布荷载 q(单位为 N/cm^2)作用。图14.22(a) 中的虚线表示交叉梁系,可作为板的计算简图。板上荷载由这个交叉梁系沿两个方向传到支座。图 14.22(b) 中,只从板的中间部分取出两根单位宽为 1 的梁 1 和梁 2 来计算。得到结果是:当 $\frac{l_1}{l_2} \geqslant 2$ 时,$q_2 \geqslant 16q_1$。所以,在工程设计中把四边支承的矩形板分为两类:

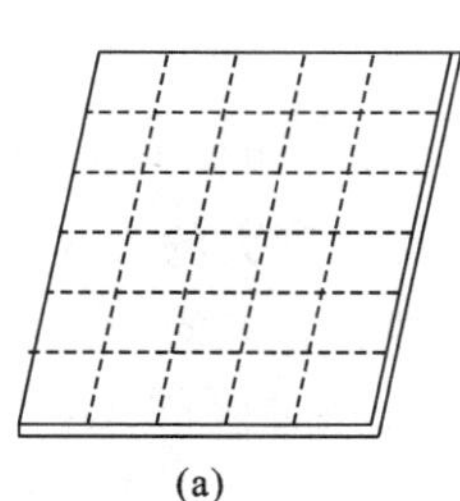

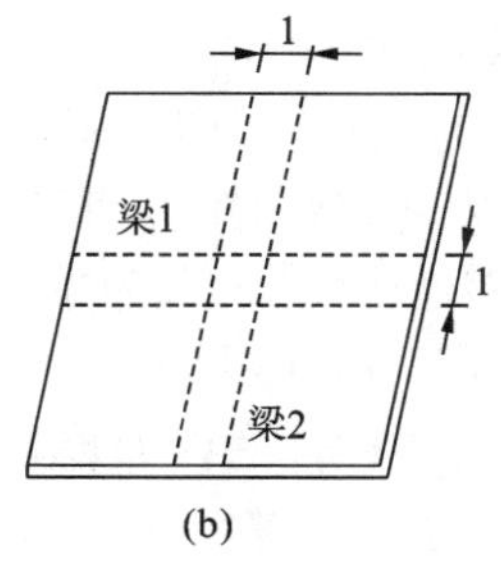

图 14.22　例 14.7 矩形楼板的简化计算图

(a) 多跨交叉梁；(b) 两单跨交叉梁

第一类为双向板：长边与短边之比小于 2，板上的荷载沿两个方向传至支座。

第二类为单向板：长边与短边之比大于或等于 2，板上的荷载沿一个方向传至支座。

【例 14.8】　讨论拱坝的简化计算图。

【解】

拱坝实际上是一个变厚度、变曲率的壳体结构，精确计算是很复杂的。如图 14.23(a) 中虚线所示，可以把拱坝的计算简图取为一组水平拱圈与一组竖向悬臂梁形成的交叉体系。图 14.23(b) 为竖向悬臂梁，图 14.23(c) 为水平拱圈。

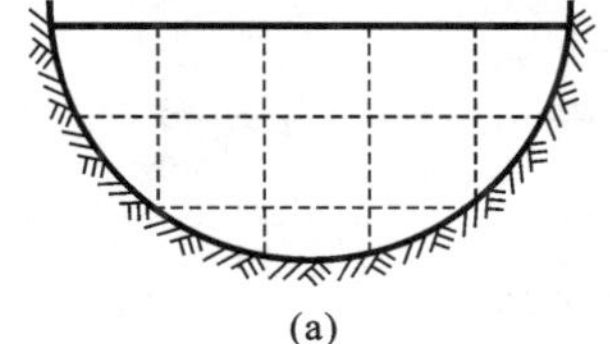

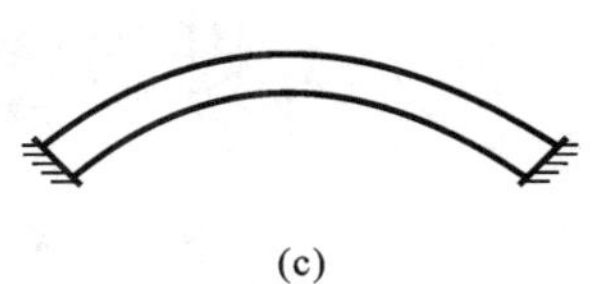

图 14.23　拱坝的简化计算图

(a) 交叉体系；(b) 竖向悬臂梁；(c) 水平拱圈

对于一般的河谷，坝的高度与宽度相差不多，水平拱圈与竖向悬臂梁的刚度比较接近。因此，拱坝上的水压力一部分由水平拱传至河谷两岸，另一部分由竖向悬臂梁传至河谷底部基岩，两部分荷载的数值也比较相近。这就是说，需要考虑荷载的双向传递。至于两个方向分别担负的荷载数值，则需要考虑梁与拱在交叉点上位移相等的变形条件才能确定。

对于狭而深的河谷[图 14.24(a)]，拱坝上的水压力主要由刚度较大的水平拱圈传给两岸；竖向悬臂梁的刚度较小，传至河底的荷载可以忽略不计。计算时用水平面将拱坝分成许多拱条，按纯拱计算[图 14.24(b)]，忽略拱条之间竖向联系的作用。

对于宽而浅的河谷[图 14.25(a)]，拱坝上的水压力主要由刚度较大的竖向悬臂梁传至河底，水平拱圈的刚度较小，传至两岸的荷载可以忽略不计。计算时用竖直面将拱坝分成许多竖条，按悬臂梁计算[图 14.25(b)]，忽略各悬臂梁之间横向联系的作用。此处表明：宽而浅的河谷不适合采用拱形坝，宜用重力坝。

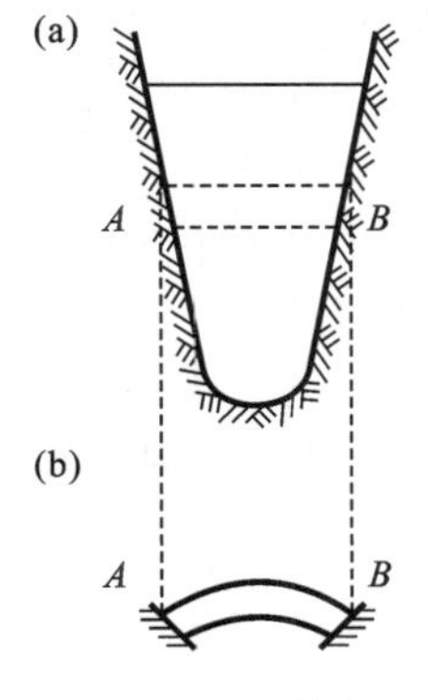

例 14.24　深谷拱坝

(a) 拱坝；(b) 纯拱

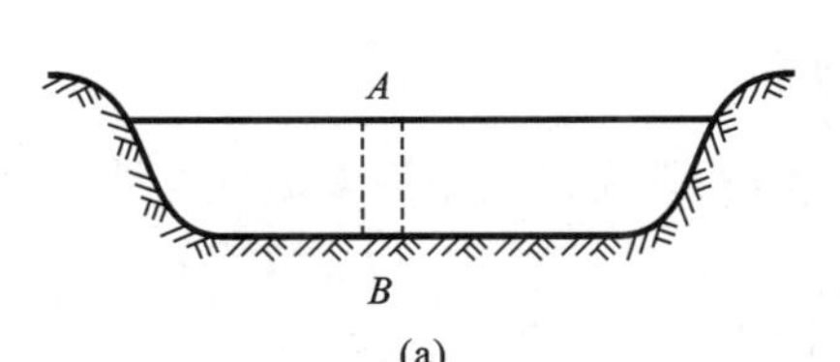

例 14.25　宽浅河谷拱坝

(a) 全坝；(b) 悬臂梁

由以上两个例子可以得到下列结论：

(1) 板壳结构可以取交叉杆系作为计算简图。

(2) 交叉杆系的荷载传递方式，视两个方向的相对刚度而定。如果两个方向的刚度相近，则荷载为双向传递；如果两个方向的刚度相差悬殊，则荷载为单向传递，即沿刚度大的方向传递。

以上概念还可以进一步推广：荷载在结构中的传递是与刚度有关的，刚度大的方向(或地方)传递的多，刚度小的方向(或地方)传递的少；杆件的内力也是按刚度的比例分配的，刚度大的地方其内力也大。

【例 14.9】 讨论图 14.26 所示 5 等跨等截面连续梁受均布荷载作用时的弯矩图。

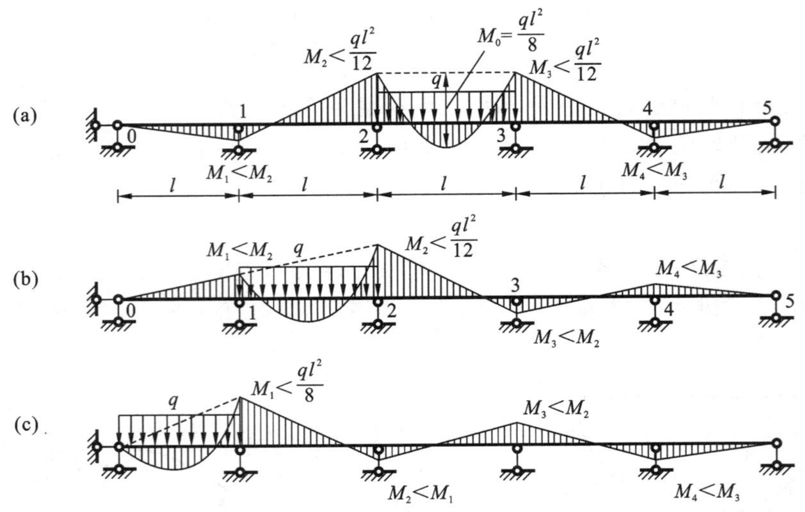

图 14.26　5 跨连续梁不同跨受载时弯矩图的变化

(a) 中跨受载；(b) 左第 2 跨受载；(c) 左第 1 跨受载

【解】

图 14.26(a) 的中跨受均布荷载 q，中跨左、右两端支承刚度情况相同，两端弯矩相同，小于两端为固端时的固端弯矩，即 $M_2 = M_3 < 0.666\,M_0$，再向边跨传递，支座弯矩依次减小。

图 14.26(b) 为左边第 2 跨受均布荷载。从第 2 跨受均布荷载的梁看，其左端的支承刚度(仅 1 跨)显然比右端的支承刚度(有 3 跨)小，故左端支座的弯矩 M_1 显然比右端的支座弯 M_2 小，即 $M_1 < M_2$；同时可以看出，图 14.26(b) 中的 M_2 应比图 14.26(a) 中的 M_2 要大[因为图 14.26(b) 中支点 2 右侧有 3 跨支承，图 14.26(a) 中荷载外只有 2 跨支承]。

图 14.26(c) 为左边第 1 跨受均布荷载。从第 1 跨受均布荷载的梁看，其左端为铰，右端有四跨梁可看作其支承，比较接近固端；所以，$M_1 < \frac{ql^2}{8}(M_0)$，但比图 14.26(b) 中的 M_2 要大；向右各跨支座弯矩依次减小。

从图 14.26 的三个弯矩图还可以看出，受载跨两端支座弯矩还是比较大的，差不多接近单跨梁受均布荷载作用时的固端弯矩值(可以作为估值的参考)。但离开受载梁愈远，支座弯矩愈小，而且衰减很快。无载相邻支座弯矩间自近向远的传递系数约为 $\frac{1}{4}$，经两次传递后，弯矩值只有原值的 7%；通常两跨以后就很小了，估值为零已为工程设计所允许，故工程中多跨连续梁常以五跨连续梁为标准进行设计。

3. 刚度与计算简图

第 14.3 节计算简图的补充讨论中许多地方均涉及刚度问题。下面再通过几个例子说明刚度与计算简图的关系。

【例 14.10】 试讨论图 14.27(a) 结构的计算简图。

【解】

图 14.27(a) 所示的直墙式隧洞衬砌分为上、下两部分。上部拱圈在荷载下变形时，会受到下部侧墙的支

承作用。因此，可把拱圈从结构中分割出来，看成具有弹性支座的拱[图 14.27(b)]。这里，拱脚 A、B 处不仅有转角，还有水平位移，而弹性支座的刚度则取决于直墙在 A 点和 B 点的转动刚度和水平侧移刚度。当下部侧墙的刚度比上部拱圈的刚度大很多时，上部可视为两端固定。

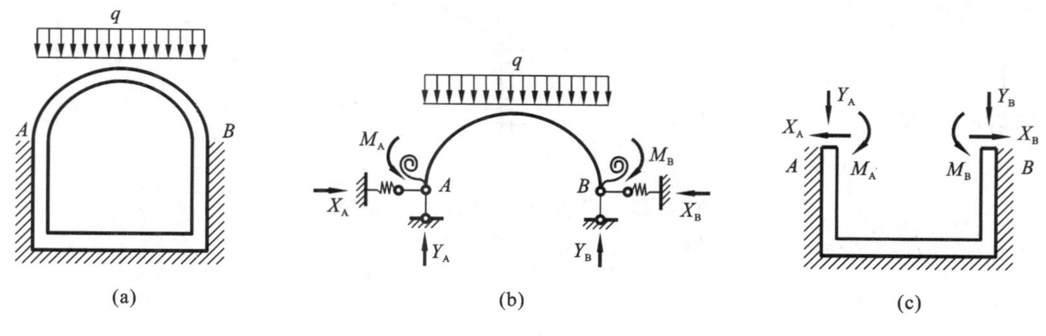

图 14.27　隧洞衬砌

(a) 隧洞衬砌；(b) 上部拱圈；(c) 下部侧墙

【例 14.11】　图 14.28 所示的两跨连续梁，假设短跨线刚度比长跨线刚度大很多($i_1 \gg i_2$)，讨论其计算简图。

【解】

图 14.28(a) 所示两跨连续梁，短跨 BA 的线刚度大得多。当 BA 跨受荷载时，BA 跨以 BC 梁为其弹性支座。此弹性支座较弱，因此，BA 跨的 M 图与简支梁的 M 图相近。反之，如果此连续梁在 BC 跨受荷载[图 14.28(b)]，则 BC 跨又以 BA 梁作为其弹性支座。此弹性支座较强，因此，BC 跨的 M 图与左端固定、右端简支的梁的 M 图相近。

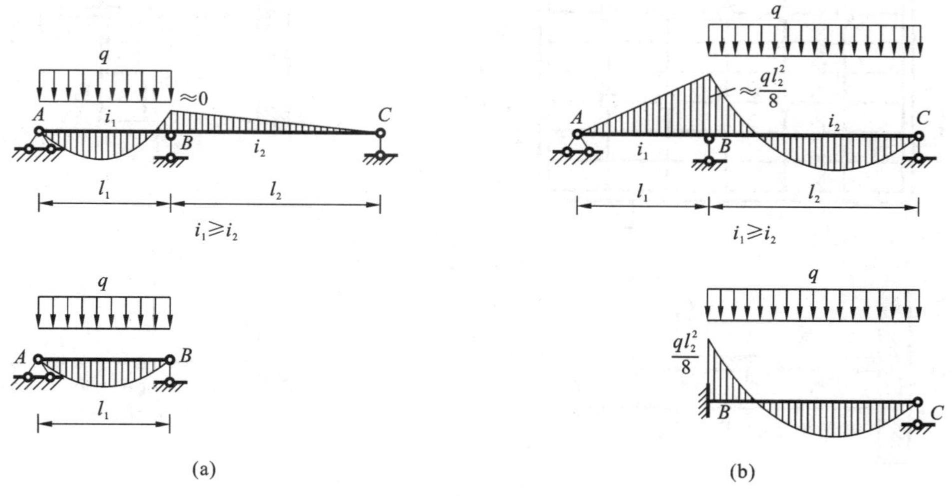

图 14.28　两跨连续梁互为支承

(a) 短跨受载；(b) 长跨受载

本例表明，结构中的相邻部分互为弹性支承，而且互相提供的弹性支承的强弱程度正好相反。当相邻部分刚度相差较大时，可按极限情况(即设刚度为无限大或为零)处理，以简化计算。

【例 14.12】　试讨论图 14.29(a) 所示刚度差别很大的两跨结构的计算简图。

【解】

图 14.29(a) 所示为一厂房排架。右边为主跨，左边为附跨。如果主跨排架柱的截面尺寸比附跨柱的截面尺寸大得多，可将主跨和附跨分开计算。

首先计算附跨。把主跨看作附跨的刚性支承，忽略 C 点的线位移，把支点 C 看作是附跨的铰支座，计算简图如图 14.29(b) 所示。在附跨本身的荷载 q 作用下求出附跨的内力和支座 C 的反力 X_C、Y_C。

然后计算主跨。计算简图如图 14.29(c) 所示。主跨除承受本身的荷载 P 外，还在 C 点承受附跨传来的

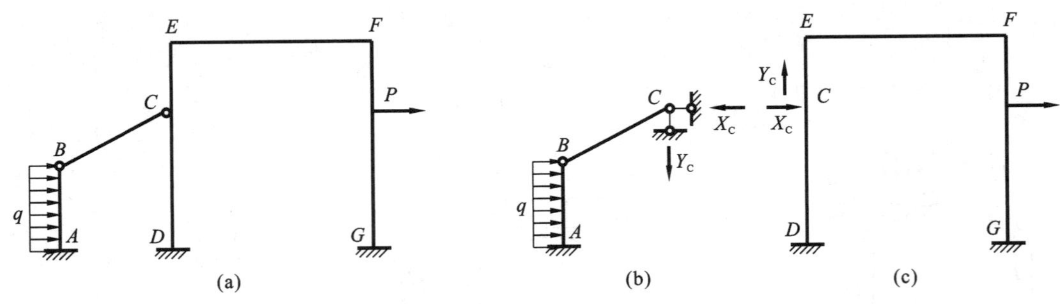

图 14.29　两跨刚度差别很大的结构

(a) 原结构；(b) 附跨(附属部分)；(c) 主跨(基本部分)

X_C、Y_C。由此可求出主跨的内力。

【例 14.13】　试讨论钢筋混凝土楼盖体系的计算简图。

【解】

图 14.30(a) 为一钢筋混凝土楼盖体系的平面布置图，包括楼板(厚 80 mm)、次梁(200 mm×450 mm)、主梁(250 mm×700 mm) 和柱(300 mm×300 mm)，楼盖的纵、横剖面图如图 14.30(b)、图 14.30(c) 所示。楼板、次梁、主梁与柱浇筑在一起，形成一个复杂体系。

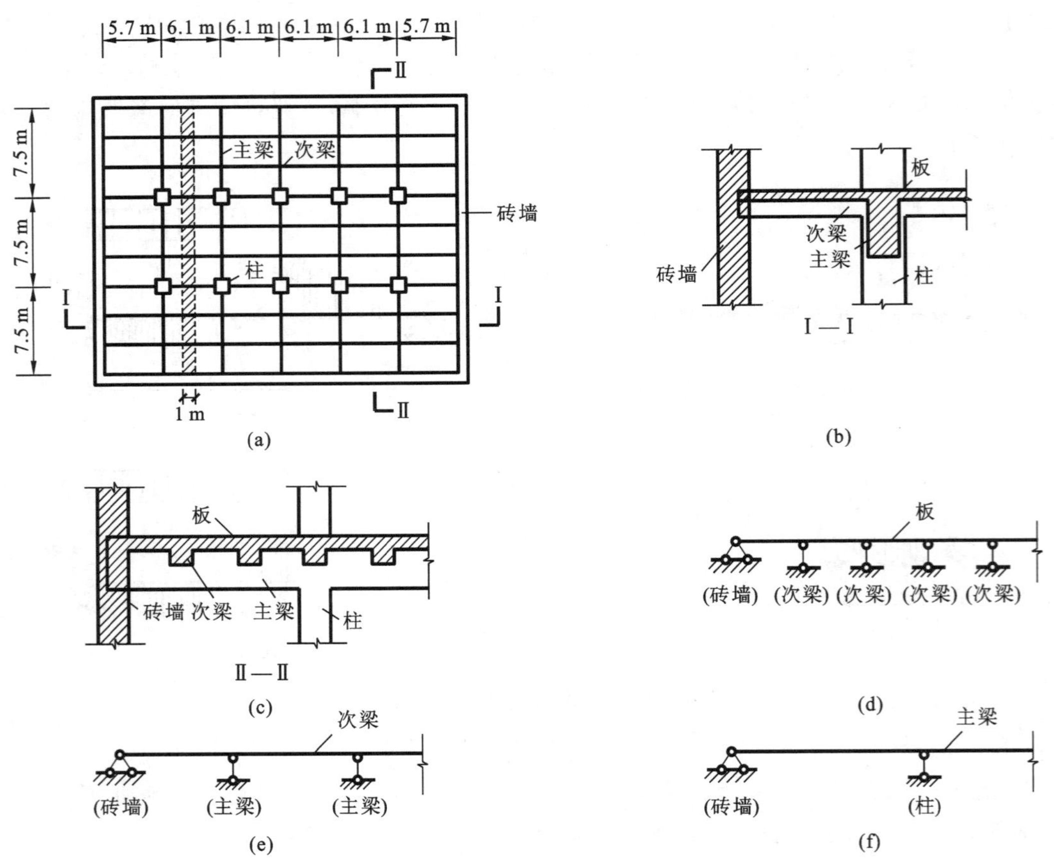

图 14.30　楼盖体系计算图

(a) 平面布置图；(b) Ⅰ—Ⅰ 剖面；(c) Ⅱ—Ⅱ 剖面；

(d) 板的计算图；(e) 次梁计算图；(f) 主梁计算图

楼板的刚度小，区间平面尺寸 2.5 m×6.1 m，长边长度为短边的 2 倍多，为单向板，板上荷载主要沿短跨方向传给次梁。板的计算图如图 14.30(d) 所示，计算时取单位宽度(例如 1 m)。

次梁的刚度比楼板大得多，比主梁小得多。楼板传来的荷载，经由次梁传给主梁，次梁的计算图如图

14.30(e) 所示。

主梁承受由次梁传来的荷载，经由主梁传给柱，计算图如图 14.30(f) 所示。当主梁和柱为整体浇筑的钢筋混凝土时，主梁与柱组成一整体，其内力可按刚架计算。

以上两例的计算途径是借用了静定结构的分析方法。某些静定结构可以分解为基本部分和附属部分，分别进行计算。当荷载只作用在基本部分时，可单独取出基本部分计算内力，而附属部分的内力为零。当荷载只作用在附属部分时，可将基本部分看作附属部分的支承，先取附属部分计算支座反力和内力，然后把有关的支座反力反方向作用于基本部分，来计算基本部分的内力。

上述概念可以推广应用于超静定结构。一个超静定结构的两部分之间是互为弹性支承的。如果一部分的刚度很大，另一部分的刚度很小，可以近似地把刚度大的部分看作"基本部分"，把刚度小的部分看作"附属部分"。当荷载只作用在刚度大的部分时，刚度小的部分的内力很小，可以近似地认为它的内力等于零。当荷载只作用在刚度小的部分时，刚度大的部分的变形很小，可以近似地看作刚度小的部分的刚性支承。这样，就可以把附属部分和基本部分分开计算。

上述算法在静定结构中是精确的，在超静定结构中则是近似的；基本部分与附属部分的刚度相差愈大，则计算结果的精度愈高。

4. 利用杆件刚度的变化做定性分析，并调整内力状态

在超静定结构中，各杆刚度比值的改变，都会引起结构内力的重新分布，也会引起结构变形的变化。

现以图 14.31 所示对称刚架受均布荷载作用的情况为例，讨论各杆刚度比值变化时，梁、柱弯矩图和变形图的变化。图 14.31(a) 是横梁比立柱线刚度大很多的情况($i_b \gg i_c$)，此时立柱在顶端 C 和 D 处相当于铰结，横梁作用如简支梁，最大弯矩 $M_0 = \dfrac{1}{8}ql^2$，梁中点最大挠度 $\Delta = 0.013ql^4/(EI_b)$。图 14.31(b) 是横梁比立柱线刚度小很多的情况($i_b \ll i_c$)，此时立柱在顶端 C 和 D 处相当于固定端，横梁受力和变形如两端固定梁，最大弯矩在 C 和 D 处，$M_C = M_D = 0.666M_0$，梁中点最大挠度 $\Delta = 0.0026ql^4/(EI_b)$。图 14.31(a) 和图 14.31(b) 是两个极端的情况。当横梁和立柱刚度比发生变化时，根据两者线刚度 i_b/i_c 的比值，弯矩图和变形图总是在图 14.31(a) 和图 14.31(b) 之间变化。如，横梁和立柱线刚度相等时($i_b = i_c$)，弯矩图和变形图示于图 14.31(c)。这种利用两端的极限值作为估值的范围，是定性分析中的一种常用方法。

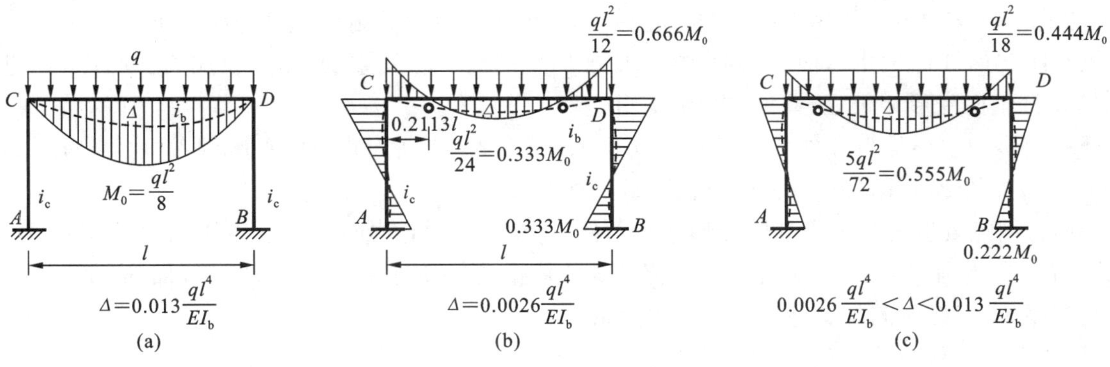

图 14.31 刚架梁、柱不同刚度比时的弯矩图和变形简图

(a) $i_b \gg l_c(i_b/i_c \approx \infty)$；(b) $i_b \ll i_c(i_b/i_c \approx 0)$；(c) $i_b = i_c$

通过改变杆件刚度还可以调整内力状态，使结构受力状态更加合理或适合使用要求。图 14.31(a) 是增大横梁截面尺寸，柱子截面尺寸减小，横梁的弯矩图接近于简支梁的弯矩图，跨中弯矩很大，这种内力状态是很不利的。但如果立柱太高或地基条件不好，不能承受过大的弯矩，将柱上端变为铰又是一个可供选用的设计方案。图 14.31(b) 是立柱截面尺寸增大，横梁截面尺寸减小，横梁的弯矩图接近于固端梁的弯矩图，立柱的弯矩值也大，这种内力状态也是不利的。适当调整梁柱的截面尺寸，可以使横梁中的跨中弯矩与支座弯矩大体相等，同时也就减小了立柱的弯矩值。

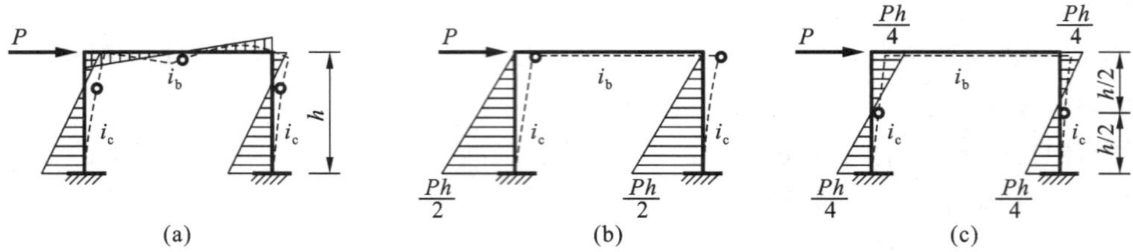

图 14.32　刚架受水平集中力作用时，梁、柱刚度比对弯矩图和变形图的影响

(a) 一般情况；(b) $i_b \ll i_c$ 时；(c) $i_b \gg i_c$ 时

图 14.32 所示为刚架受水平集中力作用的情况。随着梁柱刚度比的变化，梁、柱的弯矩图和变形图也在变化。当横梁比立柱线刚度小很多时（$i_b \ll i_c$），立柱的弯矩零点（即反弯点）在柱顶，弯矩图和变形图示于图 14.32(b)。当横梁比立柱线刚度大很多时（$i_b \gg i_c$），立柱的弯矩零点（反弯点）在柱高的中部，弯矩图和变形图示于图 14.32(c)。这也是两个极限值情况。通常情况（如 $i_b = i_c$），立柱弯矩是底部大于顶部，反弯点在柱的上半部。利用反弯点位置对结构进行定性分析或近似计算，也是工程中常用的方法，见 14.8 节。

14.6　结构的变形简图

绘制结构的变形简图是结构定性分析的一个重要方面。我们不仅可以通过它估计出结构的整体变形形状，何处位移最大，何处位移最小，这有助于定性估计结构受力后的挠度、侧移。同时还可以估计出反弯点的位置，构件哪一面受拉、哪一面受压，以便估计钢筋混凝土结构中钢筋应放在构件的哪一侧等。

1. 变形简图的基本画法和基本杆

【扫码演示18】

结构受荷载作用后，同时产生内力、反力和变形（挠度），两者是伴生的。杆件的变形有：弯曲变形、剪切变形和轴向变形。对梁和刚架结构，弯曲变形是主要的，剪切变形和轴向变形的影响通常较小，可以忽略不计。对桁架结构则只有轴向变形。

变形图（挠度曲线）的特点与画法规律可归纳为以下几点：

① 着力点的位移方向一般是与荷载的作用方向一致。注意，这里提“一般”，是因为着力点的位移方向有时并不一定是沿着该着力点作用力的方向，还受结构其他部位变形的制约，这种情况有时会见到。

② 梁和刚架的杆件发生弯曲变形时，杆件挠度曲线的曲率将发生变化，杆拉应力侧凸出，压应力侧凹进。桁架的拉杆轴向变形伸长，压杆轴向变形缩短。

③ 杆件变形的大小是与杆件的刚度成反比例的。刚度大，则变形小；刚度小，则变形大。对梁和刚架而言，影响因素是杆的 EI/l；对桁架而言，影响因素是杆的 EA/l。

④ 变形在结点处应满足结点处的变形连续条件。注意，在刚结点处，三个位移（两个平移和一个转角）分量全是连续的，这是画变形图时，邻杆变形走势的重要依据。在中间铰结点处，杆端转角的连续性不再保持。

⑤ 在支座处，变形应满足支座处的位移约束条件。

(1) 具体作法步骤

① 先画受载杆的变形

对受竖向荷载作用的梁和刚架，当没有结点线位移（或结点线位移影响可忽略）时；先画受载梁的变形图。它们是一根根的单梁，由其两端的构造组成，可分别判断出其左、右端弹性转动约束刚度的强弱，从而画出其变形曲线。对受水平荷载作用的刚架，或受竖向荷载作用，但侧移影响显著的刚架（如空腹刚架），则先画的受载杆应是杆端侧移明显的立柱或空腹刚架的横梁。根据层剪切力的大小及杆端约束的情况，可画出此受载杆的变形图。

② 再画邻近杆的变形

利用结点处的变形连续条件，可知邻近杆端的位移，参考此杆远端的约束情况，可画出此邻近杆的变形图。循此由近向远逐步扩大，可画出全结构的变形图。

(2) 两个注意事项

先画的受载杆不是一个，可选择荷载大、影响大的先开始，或数杆同时开始。遇支座时变形应满足支座处的位移约束条件。

这里要指出，本节的重点是画变形简图。前已提及，结构受荷载后，内力和变形是同时产生的；在画变形简图的过程中，有时稍加引伸，弯矩简图就可画出。所以，在后面的图中有时把弯矩简图和变形简图同时画出了。这里要强调指出弯矩简图的近似性，因为这时补充画出的弯矩简图，并不是精确的。

图 14.33 给出了一端固定、一端铰支和两端固定梁跨中受集中荷载和均布荷载时的弯矩图和变形图；同时给出了控制截面弯矩、变形和反弯点的位置等的数值计算结果。这些可以称为基本杆，它们可以作为估算更复杂问题的出发点。

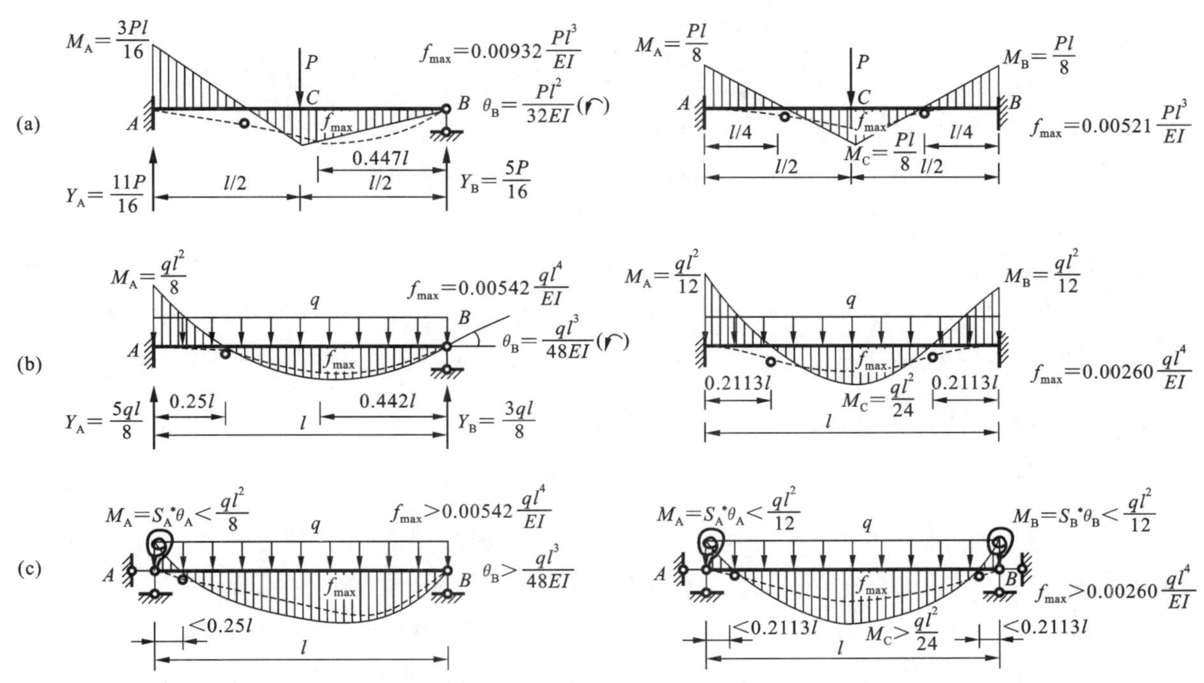

图 14.33 基本杆(单跨超静定梁)的弯矩图和变形图

(a) 跨中集中力；(b) 均布荷载；(c) 弹性支座

图 14.33(c) 是抗转动的弹性支座的情况，这里用带圆圈的弹簧(⑨) 表示抗转动的约束。结构中的杆 AB，当从相邻的杆件中隔离出来时，相邻部分就可看作该杆的弹性支座。弹性支座对该杆提供的反力矩 M_A 和 M_B 与杆端转角 θ_A、θ_B 成正比(详见上节中支座的简化的讨论)。抗转动的弹性支座是铰支座与固定支座之间的过渡状态。当相邻部分对杆端的抗转动约束(S_A^*、S_B^*) 比该杆的转动刚度小很多时，趋向于铰支；当相邻部分对杆端的抗转动约束比该杆的转动刚度大很多时，趋向固定支座。由此可知，当杆端为弹性支座时，其杆端弯矩值比固端时的要小；相应地，杆端的转角值和梁跨中的挠度值均比固端时的要大，如图 14.33(c) 中所示。

2. 以结点角位移为主的结构的分析

先讨论以结点角位移为变形主控因素的结构。连续梁和无侧移的刚架属于此类型，它们是杆件的弯曲变形引发整个结构的变形的。

【例 14.14】 求图 14.34(a) 所示超静定两跨梁(伸臂梁) 在左跨受均布荷载作用时的变形图。

【解】

图中 $\theta_B=\dfrac{ql^3}{48EI}=0.0208\dfrac{ql^3}{EI}$(↶)。$BC$ 段为刚体位移，C 点位移向上 $\Delta_C=\theta_B\times0.4l=0.00833\dfrac{ql^4}{EI}$。图

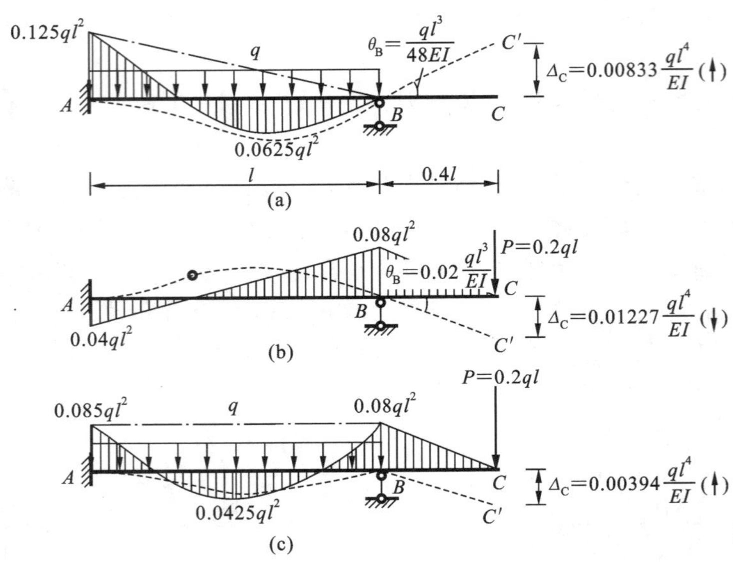

图 14.34　两跨梁(伸臂梁)的弯矩图和变形图

(a) 左跨受均布力;(b) 右跨受集中力;(c) 两跨同时受力

14.34(b) 为右跨悬臂端受集中力 $P=0.2ql$ 作用时的变形图。当远端为固定时,近端单位转角时的转动刚度为 $4i$,其倒数即为单位杆端弯矩作用时产生的杆端转角,因此,当杆端 $M=0.2ql\times0.4l=0.08ql^2$ 时,杆端的转角 $\theta_B=\dfrac{Ml}{4EI}=\dfrac{0.02ql^3}{EI}$(↷)。$C$ 点的竖向位移由两部分组成:一部分是 θ_B 引起的 C 点刚体位移,另一部分是悬臂端集中荷载引起的 C 点的弹性位移[图 14.13(c)]。

$$\Delta_C=\theta_B\times0.4l+\frac{0.2ql\times(0.4l)^3}{3EI}=0.01227\frac{ql^4}{EI}$$

叠加以上两结果,得图 14.34(c) 所示两跨同时受力时的变形图。

【例 14.15】 求图 14.35(a) 所示一三跨连续梁同时受两种荷载作用时的弯矩和变形简图。

【解】 先画受载杆的变形。AB 杆左端固定,右端弹性固定;CD 杆左端弹性固定,右端铰支。按图 14.35 所示基本杆,可以画出其变形图,如图 14.35(b) 所示。再画邻近杆 BC 的变形,利用在结点 B 和 C 的转角变形连续条件,可画出最后的变形图,如图 14.35(c) 所示。

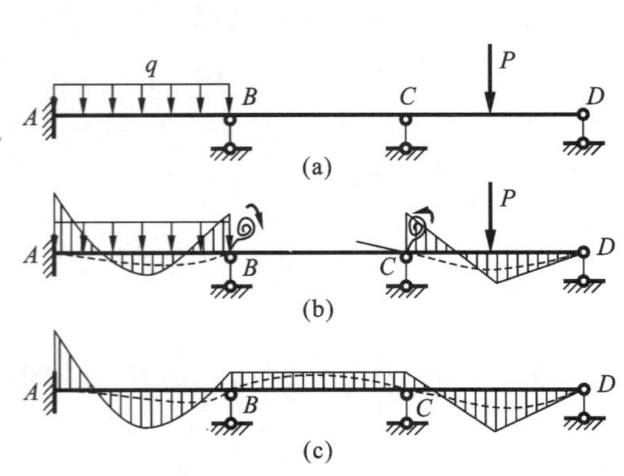

图 14.35　三跨连续梁隔跨受力

(a) 原结构;(b) 一、三跨受载杆的弯矩简图和变形简图;

(c) 最后的弯矩简图和变形简图

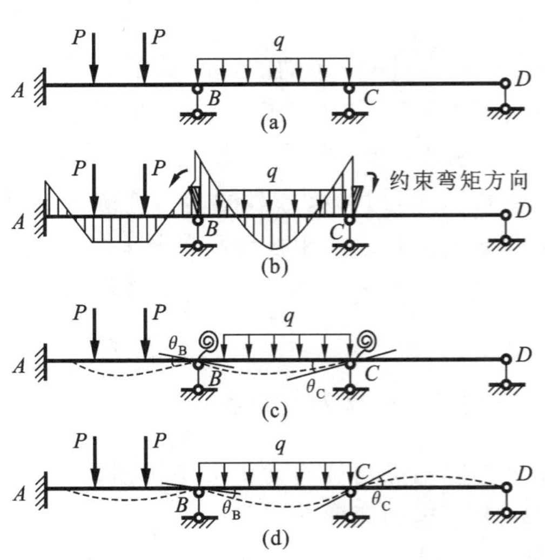

图 14.36　三跨连续梁相邻跨受力

(a) 原结构;(b) 固定 B、C 时约束弯矩方向;

(c) 一、二跨受载杆的变形图;(d) 最后变形图

【例 14.16】 求图 14.36(a) 所示一三跨连续梁相邻跨受荷载作用时的变形图。

【解】

先画受载杆的变形。杆 AB 和杆 BC 都是受载杆，可以同时画它们的变形。这时 θ_B 的转动趋向需要确定，为此先将 B、C 截面固定，由两杆端固端弯矩的差值可以知道约束弯矩的方向[图 14.36(b)]。约束弯矩的反方向就是放松约束使截面 B、C 产生转动的方向，见图 14.36(c)，受载的变形同时在图中画出。最后，利用在结点 C 的转角变形连续条件，可画出最后的变形图，如图14.36(d) 所示。

【例 14.17】 求图 14.37(a) 所示三等跨连续梁受满跨均布荷载作用时的弯矩图和变形图。

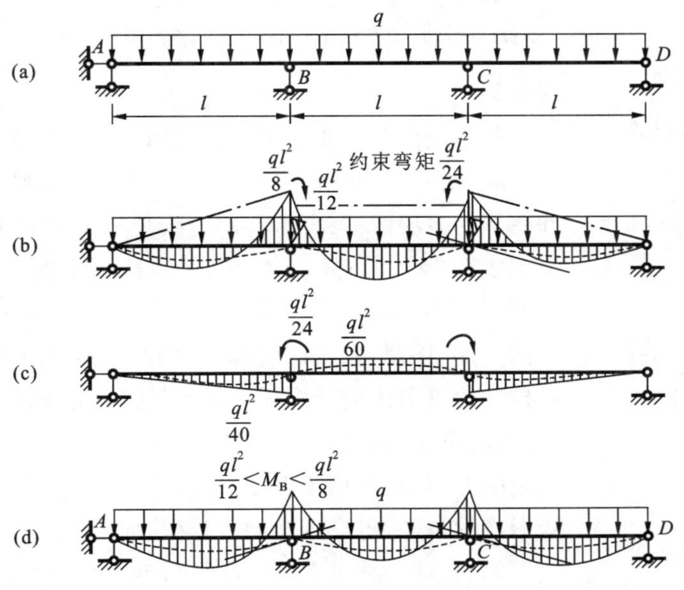

图 14.37 受满跨均布荷载的三跨连续梁

(a) 原结构；(b) B、C 约束时的弯矩图和变形图；(c) 放松 B、C 约束；(d) 最后的弯矩图和变形图

【解】

(1) 先将结点 B 和 C 完全约束住，画出三个基本杆的弯矩图和变形图，如图 14.37(b) 所示。图中同时给出了结点 B 的约束弯矩值 $M=\frac{ql^2}{24}$(↷)，结点 C 与结点 B 是对称的，也在图中示出。

(2) 放松结点 B 和 C，即前面步骤中讲的根据结点 B 和 C 的变形连续条件和平衡条件，向相邻跨扩大其影响。这一步对弯矩图和变形图的影响示于图 14.37(c)。

(3) 叠加图 14.37(b) 和图 14.37(c)，得最后的弯矩图和变形图[图 14.37(d)]。

(4) 讨论。

本例为了说明清楚，已经算出了问题的精确解。如只为定性分析，知道以下三点：本问题是对称的；由两个固端弯矩$\frac{ql^2}{8}$和$\frac{ql^2}{12}$，即可知 M_B 在两者之间；由结点 B 左固端弯矩$\left(\frac{ql^2}{8}\right)$大于右固端弯矩$\left(\frac{ql^2}{12}\right)$，即可知 θ_B 的转向，即可立即画出弯矩简图和变形简图[图 14.37(d)]，无须计算。

图 14.38 所示两跨两层刚架受竖向荷载作用时的情况，此时刚架的侧向位移较小，可以忽略不计，只计结点转动引起的竖向变形。

先画受载杆的变形。将 DE、HI 两受载杆的两端弹性固定住，画出变形图如图 14.38(b) 所示。再画非受载杆的变形。此时，结点 D、E、H、I 的转角方向已定，根据刚结点处的变形连续条件，可画出全刚架最后的变形图，如图 14.38(c) 所示。

3. 以结点线位移为主的结构的分析

结构整体上有水平和竖向侧移的刚架属于此类型，它们的特点是杆件两端有垂直于杆轴线的横向相对

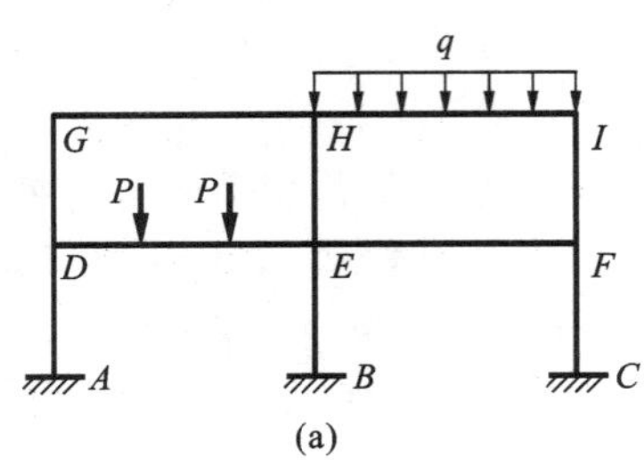

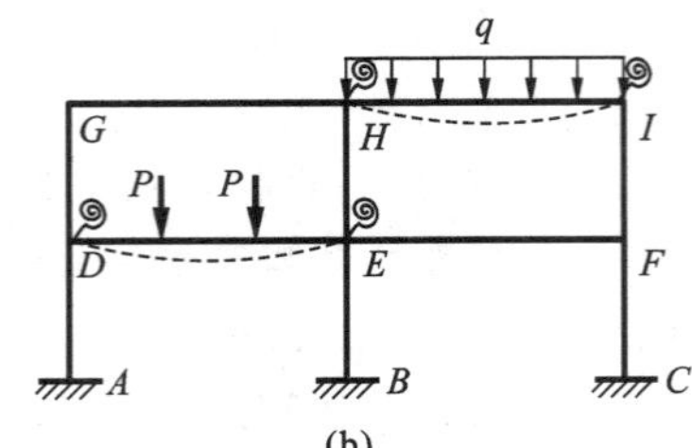

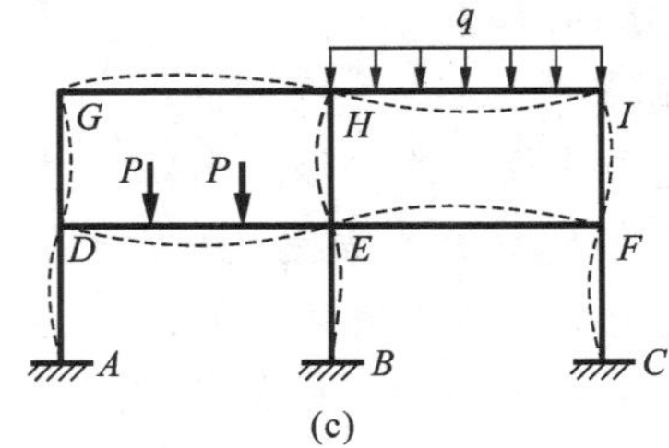

图 14.38　两跨两层刚架受竖向荷载

(a) 原结构；(b) 受载杆变形图；(c) 最后变形图

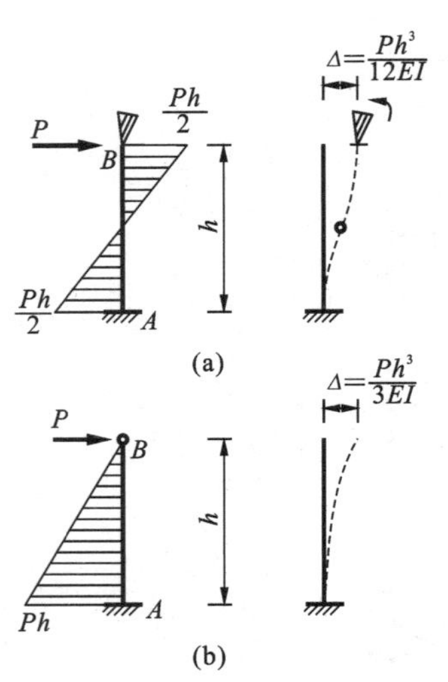

图 14.39　两端有相对线位移杆的弯矩图和变形图

(a) 两端无转动杆；(b) 一端无转动杆

线位移。

先讨论刚架受水平荷载作用时的变形简图绘制。

刚架在水平荷载作用下，结点的线位移(或称侧移)是影响刚架内力和变形的主要因素。杆端有相对线位移的两种常用基本杆的受力和变形图示于图 14.39，它们是画有侧移刚架变形图的出发点。

图 14.40 所示为一单跨单层刚架受水平荷载作用的情况。先画受载杆的变形。注意，此时的受载杆是 AC 和 BD 两个立柱，每柱承担的水平荷载按柱的抗剪刚度分配(见 12.5 节剪力分配法)。将结点 C 和 D 的转角约束住，画出受截杆的变形图，如图 14.40(b) 所示，图中同时表示出了约束力矩的方向。再画横梁的变形。放松抗转角的约束，根据结点 C 和 D 处的变形连续条件，得全刚架的变形图，如图 14.40(c) 所示。

图 14.41(a) 所示为两跨两层刚架受水平荷载作用；图 14.41(b) 为立柱的变形图，图中同时示出约束力矩的方向，图 14.41(c) 为全刚架的变形图。

【例 14.18】　求图 14.42 所示空腹刚架的变形简图和弯矩简图。上、下横梁各杆 i_b 相等，各立柱 i_c 相等，且 $i_c > i_b$。

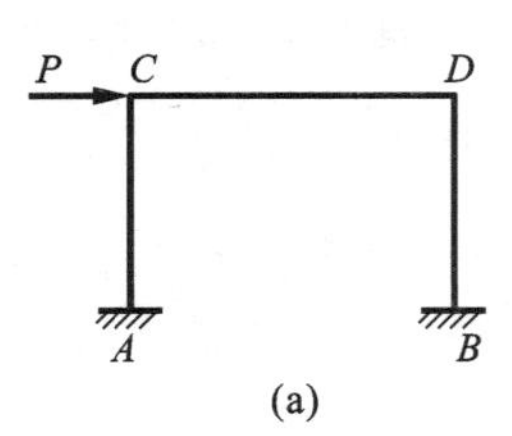

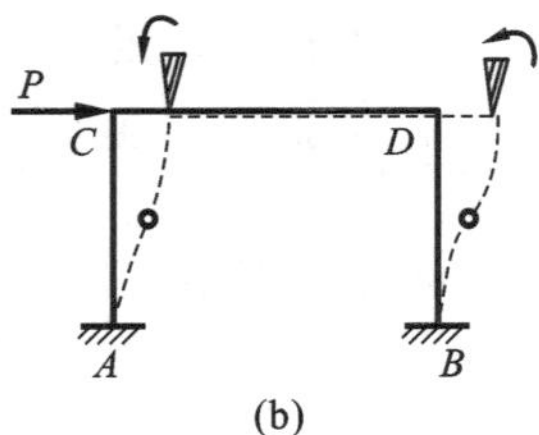

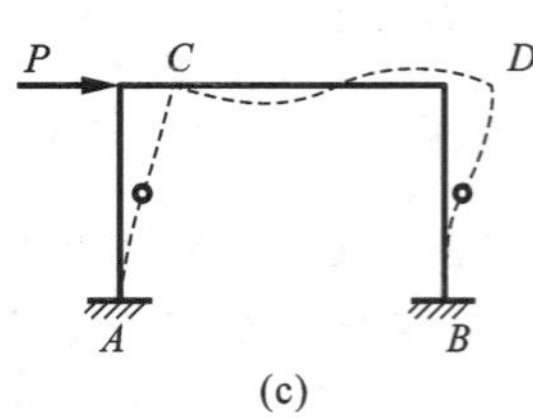

图 14.40　单跨单层刚架受水平荷载

(a) 原结构；(b) 受载杆(立柱) 变形图；(c) 最后变形图

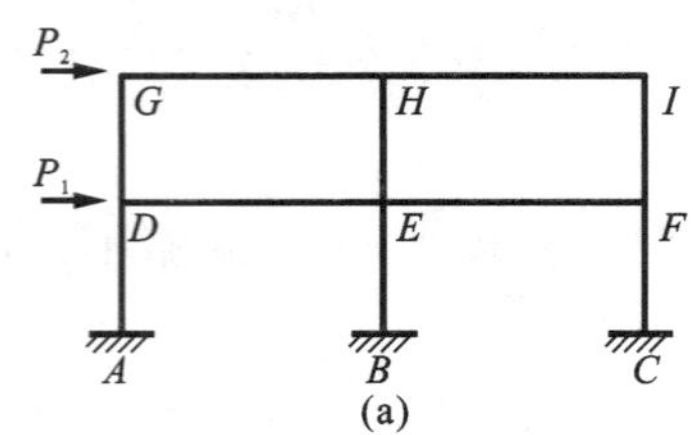

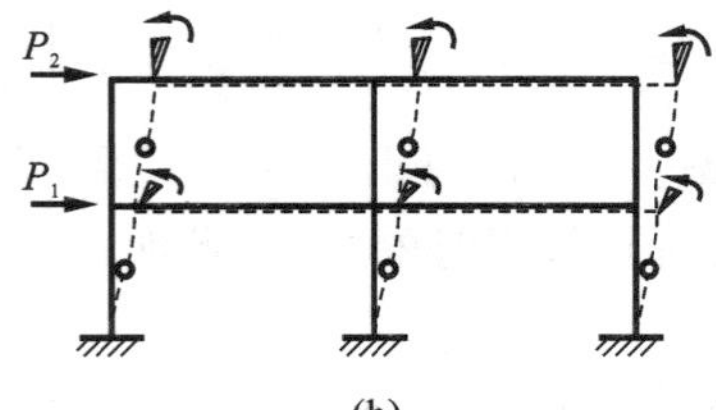

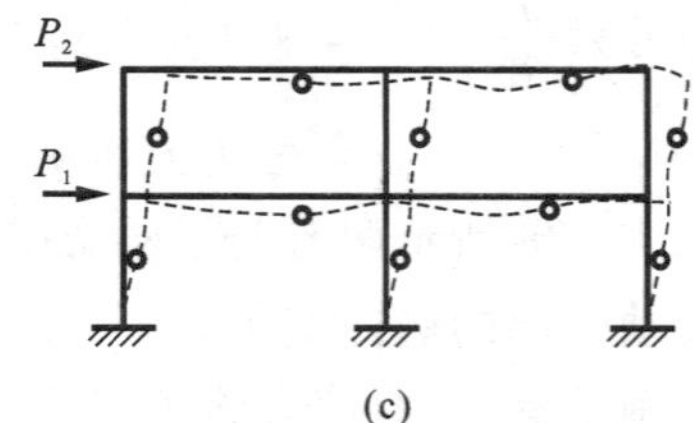

图 14.41　两跨两层刚架受水平荷载

(a) 原结构；(b) 受载杆(立柱) 变形图；(c) 最后变形图

【解】

本题为对 Oy 轴对称的结构，取左半结构进行分析。此时结点 D、d 无转角，杆 Dd 向下移动，杆 Dd 无弯矩。本空腹刚架受竖向结点集中力作用，结构既有结点线位移，又有结点角位移，但结点线位移的影响范围更大、更广。先从影响大的横梁开始分析。

(1) 约束住结点的转动，使横梁端部产生竖向位移时的分析[图 14.42(b)]。

此时结间 AC 的剪力为 $1.5P$，由上、下两弦杆承担。每弦杆均为两端无转动，但有相对横向位移的杆。因 A 端无竖向位移，点 C 的竖向位移为：

$$\Delta_C = \frac{0.75Pd^3}{12EI_6}$$

杆端弯矩为：

$$M_{AC} = M_{CA} = M_{ac} = M_{ca} = \frac{0.75}{2}Pd = 0.375Pd$$

类似地，结间 CD 的剪力为 $0.5P$，弦杆 CD 的相对横向位移为：

$$\delta_{CD} = \frac{0.25Pd^3}{12EI_6}$$

点 D 的竖向位移为：

$$\Delta_D = \Delta_C + \delta_{CD} = \frac{Pd^3}{12EI_6}$$

杆端弯矩为：

$$M_{CD} = M_{DC} = M_{cd} = M_{dc} = \frac{0.25}{2}Pd = 0.125Pd$$

以上为本方法的第一步。从上分析可以看出，这一步本身是精确的，既可定性，也可定量。

(2) 放松结点的转动约束，根据平衡条件和变形连续条件，把分析延伸下去。

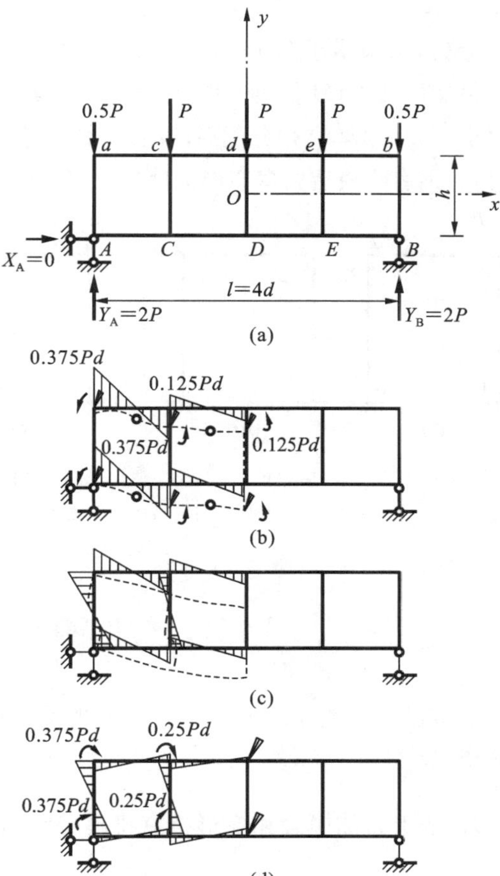

图 14.42 空腹刚架

(a) 原结构；(b) 约束住结点转动时横梁的弯矩和变形；(c) 放松结点转动约束后结构的弯矩简图和变形简图；(d) 放松结点转动约束的补充弯矩图

放松结点转动约束，相当于要分析图 14.42(d) 的结果。注意：这时不仅有结点转角，还有新产生的结点线位移。如做精确计算，可约束住结点 C、D 的竖向位移，用力矩分配法算得各杆弯矩；从而再求出新的竖向约束力，再进行一轮计算。

现在做定性分析，忽略新结点线位移的影响；约束力矩也只在作用结点进行分配，不再向远端传递；画出补充弯矩图示于 14.42(d)。从中可以看出，立柱有了新的补充弯矩；横梁弯矩则比原基本杆的弯矩值小。本例前面做定性分析时，图 14.42(d) 这一步常不画出，直接对图 14.42(b) 进行延伸、补充，得到图 14.42(c) 的最后结果。

4. 以结点角位移为主，但有结点线位移影响的结构的分析

前面对刚架的受力和变形进行定性分析时，基本上把结构分成两类：一类是没有(或者忽略) 结点线位移，只考虑结点角位移的连续梁和多跨多层刚架在竖向荷载作用下的分析；另一类是以结点线位移为变形主控因素的空腹刚架和多跨多层刚架在水平荷载作用下的分析。在第二类结构的分析中，是以两端有相对线位移的基本杆作为出发点，然后辅以考虑结点角位移的影响。与此类似地，在第一类结构的分析中，虽然以结点角位移为主，但有时也有结点线位移，需要判定线位移影响的大小，此时可借助于加支杆约束结点线位移，从而估计结点线位移的影响。以图 14.43(a) 所示单跨单层刚架受集中竖向荷载作用的情况进行分析。本刚架除结点角位移外，还有结点线位移，分析分两步进行：① 锁住结点线位移进行分析[图 14.43(b)]，

图 14.43(c) 和图 14.43(d) 所示为分析过程，R_E 是附加支杆中的反力；② 放松结点线位移约束，即反向加 R_E 进行分析，结果示于图 14.43(e)。最后弯矩图和变形图示于图 14.43(f)。

最后做几点说明：图中均只定性画出，未定量。图 14.43(c) 中基本杆是两端弹性支承杆，约束力矩比固端弯矩值小。图 14.43(d) 是分配后的结果，小于弹性支承时的弯矩。图 14.43(e) 的作用，一则表明此刚架有向右的侧移，另一则表明最后的弯矩最大值较无侧移时又有所减小。所以，本问题中线位移的影响很小，可不考虑。

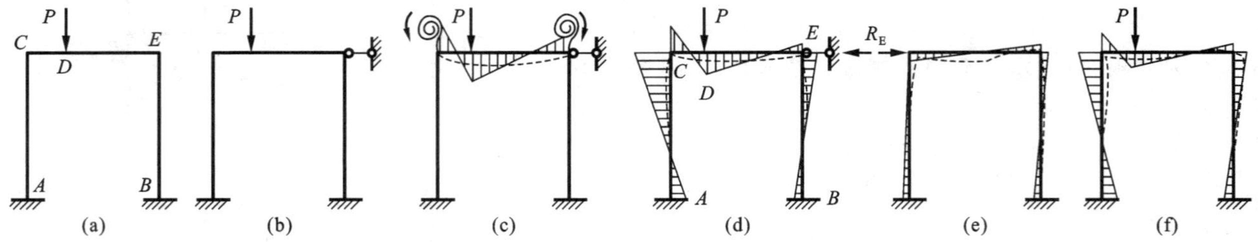

图 14.43　单跨单层刚架受竖向集中力

(a) 原结构；(b) 锁住结点线位移；(c) 基本杆受力和变形；(d) 无结点线位移时的受力和变形；(e) 结点受水平力作用时的受力和变形；(f) 最后弯矩图和变形图

14.7　超静定结构内力和位移的定性分析

上节已经讨论了一些超静定结构的变形简图和弯矩简图的画法，可以说是基于位移法概念为基础的定性分析。

1. 基于力法概念和变形特点将超静定结构转化为静定结构的定性分析

超静定结构的分析有两个特点：一是有多余约束，单纯依靠平衡方程不能求出其内力，其计算较静定结构复杂；另一是结构、杆件的几何尺寸与内力有关系，前面将其归纳为刚度的影响。超静定结构的定性分析和近似计算常从这两方面下手。刚度的影响前面已有讨论，现补充一些基于力法概念和变形特点将超静定结构转化为静定结构进行估值计算的定性分析。

【例 14.19】　试对图 14.44(a) 所示的超静定梁做估值分析。

【解】

基本结构在荷载作用下的变形图示于图 14.44(b)。基本未知力 X 的方向一定是向上的，这才能实现原结构 B 点竖向位移为 0 的条件；基本结构在基本未知力作用下的变形图示于图14.44(c)。由以上两步中的 Δ_B 相等，求得基本未知力 X 的值，从而可画出弯矩图和变形图。如只为定性的判断，自然不必进行这么细致的分析。此结构的另一基本结构是简支梁。通过此结构与其两种不同基本结构的比较，可以估计其三个支座反力的范围：

$$\frac{ql}{2} < Y_A < ql$$

$$0 < Y_B < \frac{ql}{2}$$

$$0 < M_A < \frac{ql^2}{2}$$

如果进一步将 $Y_A > Y_B$，估值为 $Y_A \approx 2Y_B$，则三个支座反力的具体范围就知道了，即：

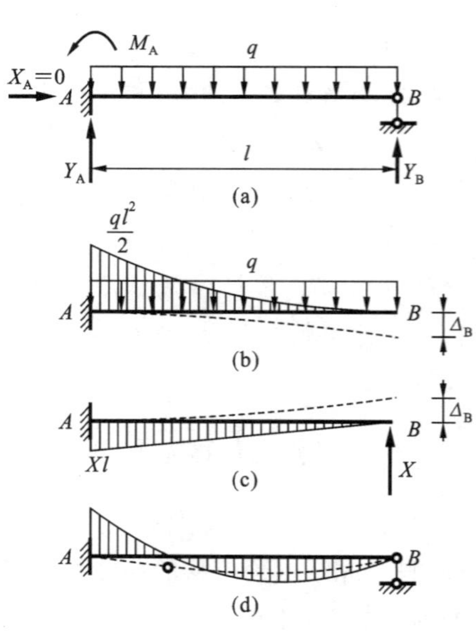

图 14.44　超静定梁

(a) 原结构；(b) 基本结构受荷载作用；(c) 基本结构受基本未知力作用；(d) 最后弯矩和变形简图

$$Y_A \approx \frac{2}{3}ql, \quad Y_B \approx \frac{1}{3}ql, \quad M_A \approx \frac{1}{6}ql^2$$

这样的估值未必完全正确，但这种判断的做法还是有可用的价值的。

【例 14.20】 试分析图 14.45(a) 所示受均布荷载作用的两铰刚架的受力状态和变形状态。

【解】

为了分析时的对比，同时画出了一个受同样荷载、几何尺寸相同的三铰刚架[图 14.45(b)]。在图 14.45(a) 与图 14.45(b) 中，竖向支座反力是相同的；水平支座反力是不同的。三铰刚架是静定结构，很容易求出其水平反力为 $X_B = \frac{ql^2}{8h}$，令 $M_0 = \frac{ql^2}{8}$，则 $X_B = \frac{M_0}{h}$。三铰刚架的弯矩图和变形简图示于图 14.45(b)。两铰刚架是超静定结构，由其力法的基本体系[图 14.45(c)] 中可以看出，基本未知力 X_1 的正方向如图 14.45(c) 所示（基本结构在荷载 q 作用下，截面 C 左右有相对转角 Δ_{1P}；基本结构在 X_1 作用下，截面 C 左右的相对转角 Δ_{11} 应协调），即图 14.45(a) 中两铰刚架在截面 C 为正弯矩。其实，从直观上也可判定截面 C 的弯矩为正。在图 14.45(a) 中，知道截面 C 弯矩为正后，从平衡条件就可判断出 $X_B < \frac{M_0}{h}$。两铰刚架的弯矩图和变形简图示于图 14.45(a)。从图 14.45 可以看出：同样荷载、尺寸的两铰刚架的受力比三铰刚架要均匀些，挠度要小些。

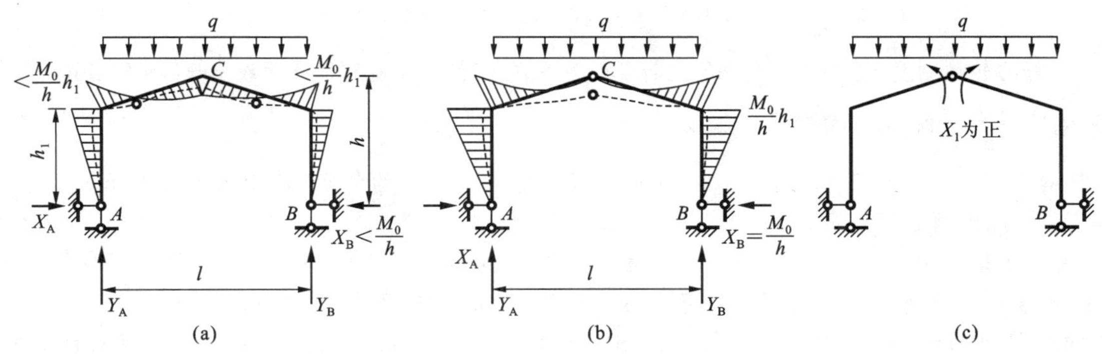

图 14.45 两铰刚架

(a) 两铰刚架；(b) 三铰刚架；(c) 两铰刚架的力法基本体系

上面也是一个用了力法概念将超静定结构简化为静定结构做定性分析的例子。总之，超静定结构的内力和变形是与各杆件的刚度有关的。本节中的定性分析（近似计算）中都没有考虑结构梁、柱的刚度比，只是通常情况下（比如，各杆刚度相等或差别不很大，例题中均未给出刚度）的一种分析。

2. 刚架的弯矩图和变形图特点

多层多跨刚架的近似法在下节专门讨论，是工程设计中常用的方法。本段仍是利用变形图的特点，找出反弯点位置，使刚架变为静定，然后利用平衡定性的方法求解。

【例 14.21】 图 14.46(a) 所示多跨多层刚架横梁 AB 受竖向均布荷载作用，讨论横梁 AB 的弯矩图和变形图。

【解】

图 14.46(a) 画出了刚架的变形，除与 A、B 邻近的杆外，离得较远的杆，变形很小可以忽略，所以在定性分析或近似计算时，可视为只有图中画有虚线变形的杆受力和变形。

将横梁 AB 从刚架中取出，隔离体如图 14.46(b)、图 14.46(c)、图 14.46(d) 所示，即两端为弹性支座的梁，与横梁 AB 两端相连接的其他杆件对横梁的 A、B 端起支座作用。当 A 端起支承作用的三杆的转动刚度 S^* 大于杆件 AB 的转动刚度 S 很多时，A 端就可简化为固端支座[图 14.46(b)]，定量的估值范围是，当 $\frac{S^*}{S} \geq 20$ 时，其误差在 5% 以

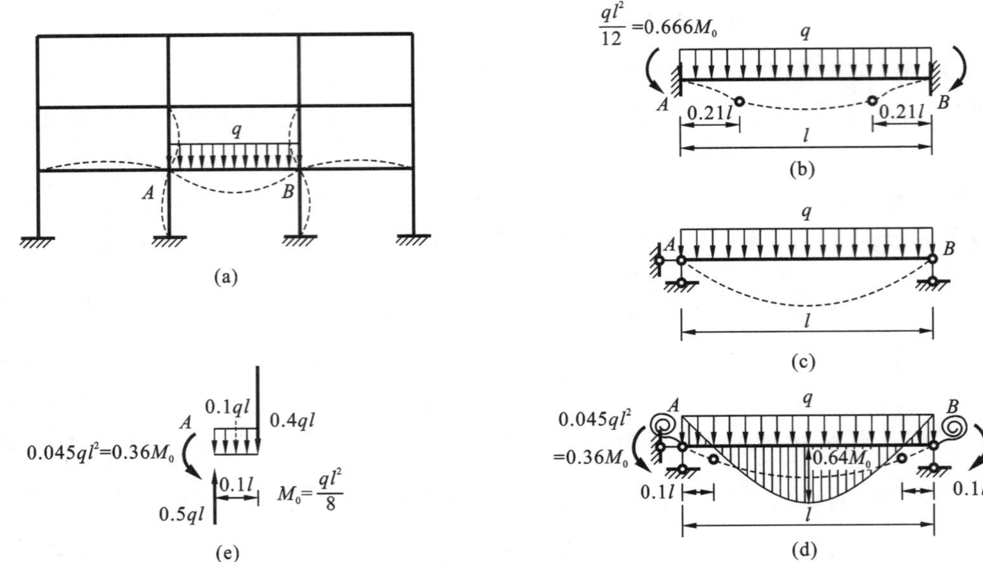

图 14.46　多跨多层刚架受竖向均布荷载时横梁弯矩的近似计算

(a) 原结构图;(b) 梁端固定;(c) 梁端铰支;(d) 梁端弹性支承;(e) 结点受力图

内。当支承三杆的转动刚度 S^* 小于杆件 AB 的转动刚度 S 很多时,A 端就可简化为铰支座[图 14.46(c)],定量的估值范围是,当 $\frac{S^*}{S}\leqslant\frac{1}{20}$ 时,其误差在 5% 以内。

AB 杆的弯矩图和变形图示于图 14.46(d)。变形图有一个明显的特点,跨中有两个反弯点,只要反弯点的位置确定了,此问题就变成静定的了。

作为近似计算的估值,如取以上两个极限值的平均,即取 $(0.21l+0)/2\approx0.1l$,作为弯矩零点到支点的距离,求得的结点 A 的弯矩值和杆 AB 的弯矩图示于图 14.46(d)、图 14.46(e)。

【例 14.22】　讨论图 14.47(a)、图 14.47(b)、图 14.47(c) 三组刚架受水平荷载作用时的弯矩图和变形图。

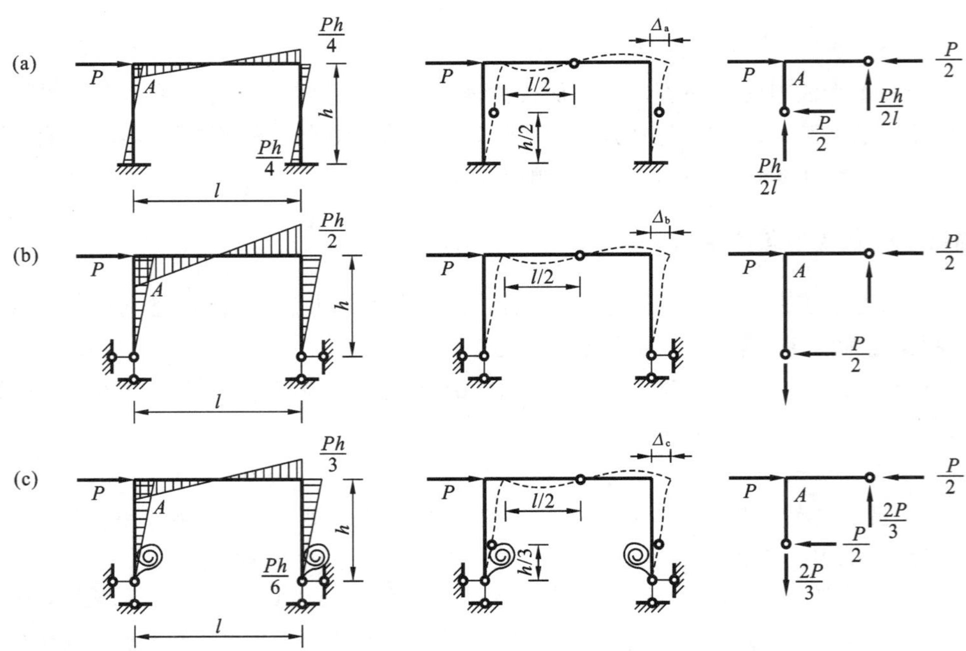

图 14.47　三组刚架受水平荷载作用

(a) 底部固定;(b) 底部铰支;(c) 底部弹性铰支

【解】

这三个刚架都是超静定刚架，图 14.47(a) 和图 14.47(c) 是三次超静定，图 14.47(b) 是一次超静定。三个刚架在水平荷载 P 作用下整体变形有共同点，即向右侧移；但由于底部支承情况的不同，三者的侧向刚度是不同的，底部约束大小顺序为：固定，弹性，铰。图 14.47(a) 的侧向刚度最大，其次为图 14.47(c)，最小为图 14.47(b)。故三个侧向位移关系为：$\Delta_b > \Delta_c > \Delta_a$。

再仔细分析图中中部的三个变形图。三个都是对称刚架受反对称的荷载 P，横梁中部均有反弯点。图 14.47(b) 两铰刚架在梁跨中加铰后，已变成静定刚架。图 14.47(a) 和图 14.47(c) 立柱上会出现反弯点。图 14.47(a) 中立柱底部固定，上部为刚结点，反弯点应在柱中部偏上的位置；作为近似计算的估值，可取为立柱中部。图 14.47(c) 中立柱底部为弹性支承，上部为刚结点，反弯点的位置与立柱上、下的约束刚度有关；作为近似计算的估值，图中取立柱高度的 $\frac{1}{3}$ 处为反弯点位置。图 14.47(a) 和 14.47 图(c) 的刚架，在设定立柱中的反弯点位置，即加铰后，也都变成静定刚架。

对根据变形图在反弯点处加铰后的静定刚架，可用平衡方程求解。图 14.47 中右边几个图中给出的是从刚架结点 A 附近取隔离体，用平衡方程求出的结果。图 14.47 中左边几个图中给出了弯矩图。读者不难求出其全部解。

3. 拱的受力和变形特点

【例 14.23】 对图 14.48 所示两铰拱进行定性分析。

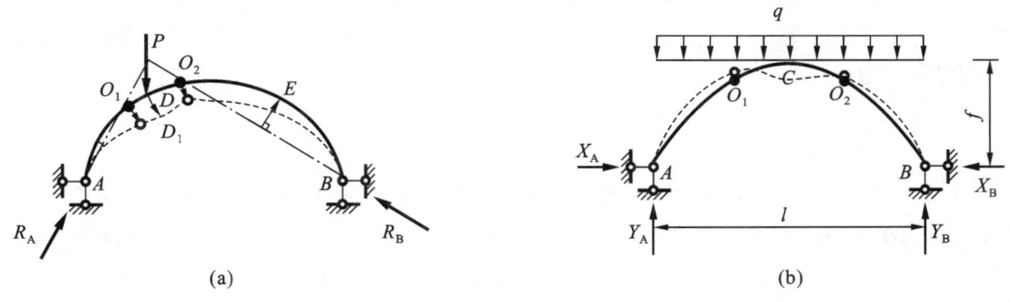

图 14.48 两铰拱定性分析

(a) 受集中荷载；(b) 受均布荷载

【解】

图 14.48(a) 所示为一受集中荷载作用的对称两铰拱。当 D 点受集中荷载作用时，D 点有向下、向右的位移，移到 D_1 点，在 D 点附近有一拱段 O_1O_2，变形时下部受拉、上部受压，此段受正弯矩作用。拱的 AO_1 和 BEO_2 段，变形时上部受拉、下部受压，弯矩为负。图中 O_1 和 O_2 是变形曲线上的两个反弯点。根据反弯点处弯矩为 0 的条件，支座 A 处 X_A 和 Y_A 的合力 R_A 必通过 O_1；支座 B 处 X_B 和 Y_B 的合力 R_B 必通过 O_2。P、R_A 和 R_B 三力交于一点，是一个三力平衡力系。R_A、R_B 和它们的延长线就是此两铰拱受集中力 P 作用后的压力线。根据图 14.48(a) 中的压力线，可知此两铰拱的最大正弯矩产生在截面 D，最大负弯矩产生在截面 E。这里也利用了反弯点的位置和压力线的概念进行分析。

图 14.48(b) 所示为受均布荷载作用的对称两铰拱。如果拱轴线是抛物线，因是合理轴线，拱圈任意截面的弯矩均为 0；此时，水平推力与静定三铰拱相同。当拱轴线不是抛物线时，AO_1 和 BO_2 段受负弯矩，O_1O_2 段受正弯矩；因 M_C 为正值，水平推力较三铰拱的小。变形图对称，拱顶 C 有向下的位移，转角 $\theta_C = 0$；截面 A 有逆时针方向转角θ_A(↶)。在 AC 段、BC 段的中间靠截面 C 方，各有一个反弯点 O_1 和 O_2。变形图如图 14.48(b) 所示。读者可自行论证一下上述描述是否正确。

【例 14.24】 对图 14.49 所示无铰拱进行定性分析。

【解】

图 14.49(a) 是受集中荷载的无铰拱，弯矩简图和变形简图示于图中。集中荷载 P 距 A 端较近、离 B 端较远，

所以固端弯矩 M_A 比固端弯矩 M_B 大得多，负弯矩的最大值发生在截面 A；正弯矩的最大值发生在集中力的作用处 D。弯矩图在 AO_1 段和 BO_2 段为负，在 O_1O_2 段为正。O_1 距固定支座 A 较近，O_2 距固定支座 B 较近。图 19.49(b) 画出了压力线有助于了解其受力状态。

以上两例均是通过变形图的形状判定弯矩的方向和反弯点的大体位置，使结构变为静定结构，从而可知其弯矩大小和方向。

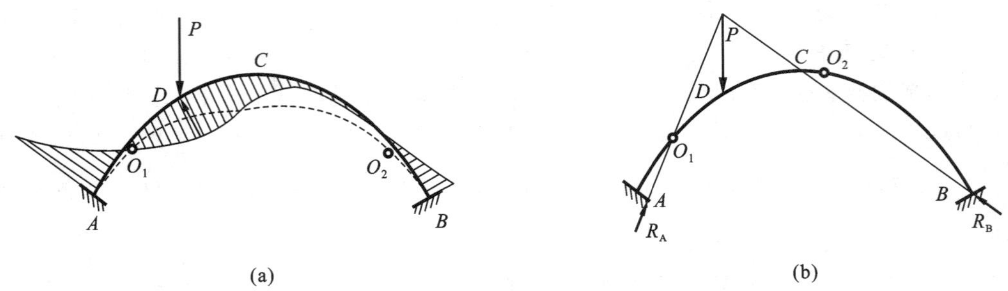

图 14.49　受集中荷载的无铰拱

(a) 弯矩图和变形图；(b) 压力线

4. 桁架的定性分析

桁架常在横向大跨度和竖向高耸的结构中采用。平行弦桁架结间（或为水平方向，或为竖向）为矩形，常用交叉布置斜杆的方式组成超静定桁架，在结构的支撑体系中更是常用。本段讨论这种桁架的定性分析。

桁架的特点是：结点线位移多；只受轴向力，变形由杆的轴向变形产生。根据这一特点，桁架的定性分析常从结间变形和结间受力开始。

【例 14.25】　对图 14.50(a) 所示桁架进行定性分析。

【解】

图 14.50(a) 是一个一次超静定桁架，各杆 EA 相同，在结点 C 受水平集中力作用。变形简图和各杆受力正、负示于图 14.50(b)。在水平力 P 的作用下，原为正方形的 $ABCD$ 变成向右侧倾斜的菱形；AD 杆受拉伸长，BC 杆受压缩短；相应地，AC 杆受拉伸长，BD 杆受压缩短，AB 杆受拉伸长，CD 杆受压缩短。为了定量地估计各杆受力的大小，可以采用近似法。对图 14.50(a) 所示受水平集中力 P 作用的桁架，两根交叉的斜杆 AD 和 BC 一拉、一压地承担着 P 的作用。因为各杆 EA 相同，假定斜杆 AD 和 BC 受力值相等，但为一拉、一压，据此可知，此二斜杆的水平分力为 $\frac{P}{2}$，示于图 14.50(c) 中。由此出发，根据结点的平衡条件可算出各杆的受力值[图 14.50(c)]。

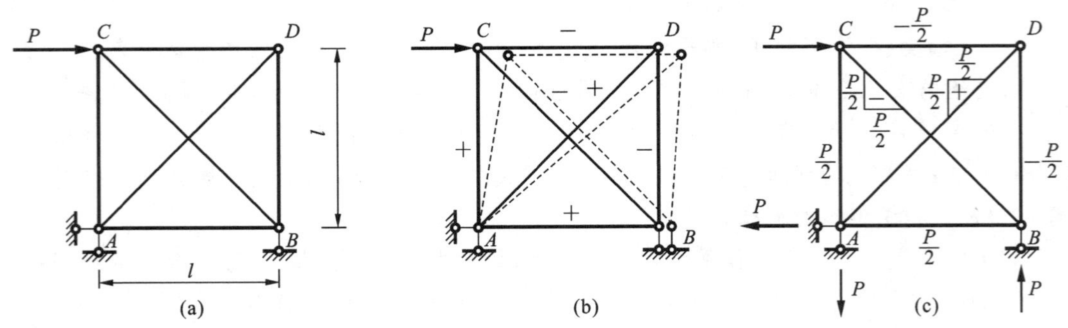

图 14.50　一次超静定桁架受水平集中力

(a) 原结构；(b) 变形简图和受力正、负；(c) 近似受力分析

以上提出的是对矩形、交叉斜杆桁架内力分析的一种近似方法。但对图 14.50(a) 所示桁架，上面算出的结果正好是精确值。读者可自行核算一下上述结果，并分析一下其原因。

【例 14.26】　试分析图 14.51 所示超静定桁架的受力和变形情况。

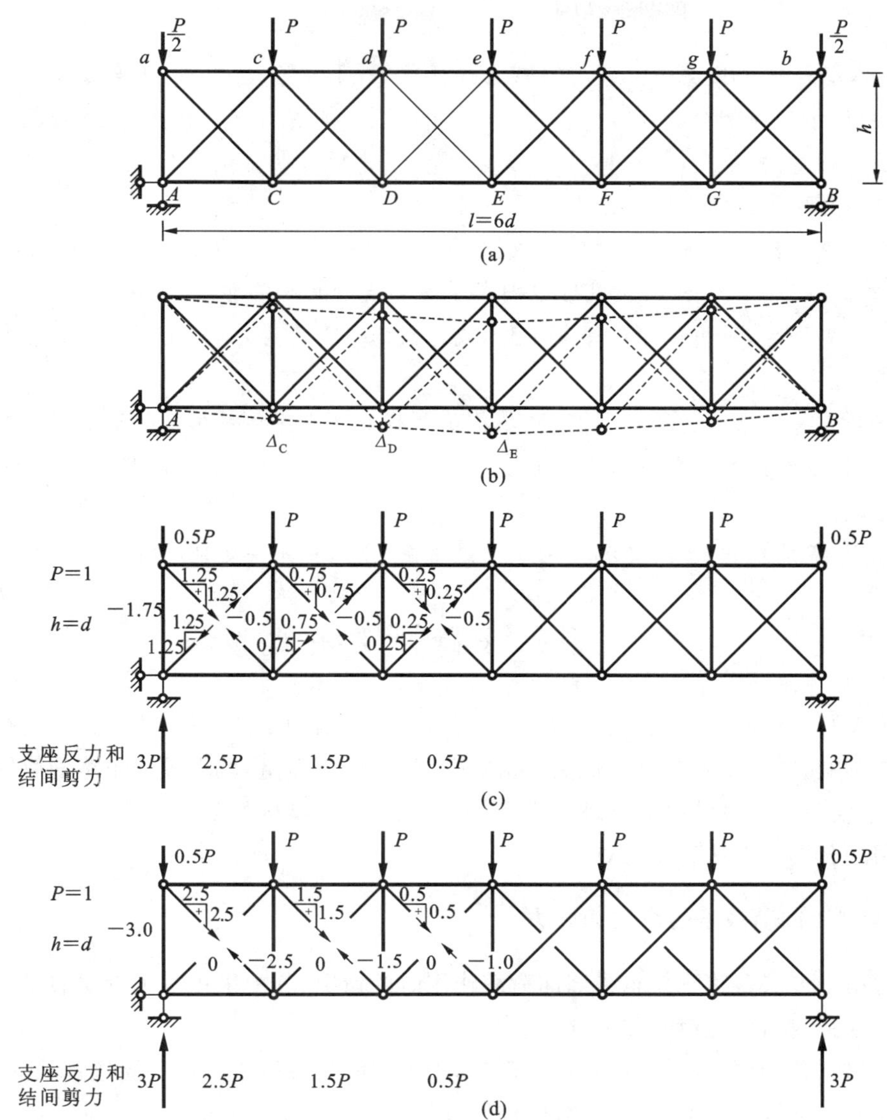

图 14.51　六次超静定桁架

(a) 原结构；(b) 变形简图；(c) 受力分析 1；(d) 受力分析 2

【解】

图 14.51(a) 所示为一六结间的六次超静定桁架。因为对称，用力法计算时有三个基本未知力。现概念性地分析其变形和受力状况。

为了分析方便，假设各杆 EA 相同，$P=1$，$h=d$。

(1) 变形分析[图 14.51(b)]

这是一个梁式桁架，支座 A、B 处竖向位移为 0，由于对称，以左半部分桁架分析为例。受荷载后，原为正方形的各结间，由于结间剪力的影响变成菱形，即结间产生左高、右低的错动。因为假设各杆 EA 相同，各结间抵抗相互错动的能力是相同的；但结间剪力是左边最大，向右逐次减小，故结间 AC、CD 和 DE 自左向右的相对错动 Δ_C、$(\Delta_D-\Delta_C)$、$(\Delta_E-\Delta_D)$ 是与结间剪力的大小 2.5、1.5、0.5 成比例的。最后的变形简图示于图 14.51(b)。

这里，顺便说明一下桁架变形形成的机理。桁架变形是由拉、压杆的拉伸、压缩形成的，但桁架的组成有时很复杂，很难直接从分析杆的伸长、缩短画出变形图来。所以，有时从总体的作用效应的大的方面，反而能更清楚、容易地画出其变形图来。故而本题采用了从结间错动为出发点来画变形简图。最后指出，由于竖杆有压缩变形，上下弦的结点竖向位移会有微量的差别；非对称位置的结点还会有很微小的水平位移。这些都是可以忽略的微量影响。

(2) 受力分析

① 定性分析。本题是平行弦梁式桁架。弦杆:上弦杆受压,下弦杆受拉;中间结间内力的绝对值最大,向两边逐渐减小。以左半桁架为例分析,斜杆:向右向下之杆受拉,向右向上之杆受压;端结间最大,向中间逐渐减小。竖杆:全为压杆;边竖杆最大,向中间减小。读者可自己分析以上描述是否正确。

② 近似计算。提供两种近似的计算方法。

当两交叉斜杆不是长细比很大的杆件时,可假设结间交叉斜杆一根为压杆、另一根为拉杆,受力大小相同,共同承担结间剪力。图 14.51(c) 中给出了斜杆的受力情况。由上弦(或下弦) 结点的平衡,可算出竖杆的受力值,也示于图中。再下去,可用取矩的平衡条件,或结点的平衡条件,算出上下弦杆的轴力大小。图中没有继续下去,读者可自行完成。

当两交叉斜杆是长细比很大的柔性斜杆(在结构的斜杆交叉支撑体系中会遇到这种情况) 时,因为受压后细长杆易失稳,可假设结间交叉斜杆只有拉杆受力,压杆为零杆。据此,算出各杆的轴力。图 14.45(d) 中给出了腹杆的受力情况。

最后指出,近似计算的结构,不一定处处都能满足平衡条件,也不一定能处处都满足变形协调。

14.8 多层多跨刚架的近似法

用精确法计算多跨多层刚架,常有大量的计算工作,如果不借助于计算机,往往无法进行计算。如果在计算中忽略一些次要影响,则可得到各种近似法。近似法以较小的工作量,取得较为粗略的解答,较前面的定性分析更进了一步,不仅可对计算结果的合理性进行判断,也可用于结构的初步设计。

下面介绍常用的分层计算法和反弯点法。

1. 多层多跨刚架竖向荷载下的分层计算法

分层计算法适用于多层多跨刚架承受竖向荷载作用时的情况,其中采用两个近似假设:

第一,忽略侧移的影响,用力矩分配法计算。

第二,忽略每层梁的竖向荷载对其他各层的影响,把多层刚架分解成一层一层地单独计算。

例如,图 14.52(a) 所示为一个四层刚架,可按层分为图 14.52(b) 所示的四个刚架来分别计算。除底层外,每个柱同属于相邻两层刚架,因此柱的弯矩应由两部分叠加得出。

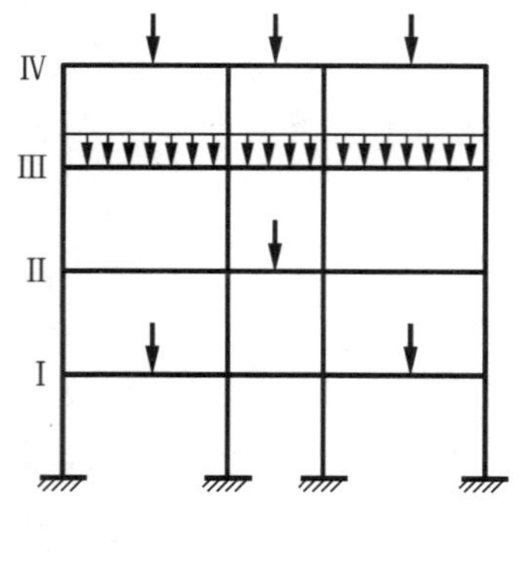

(a)

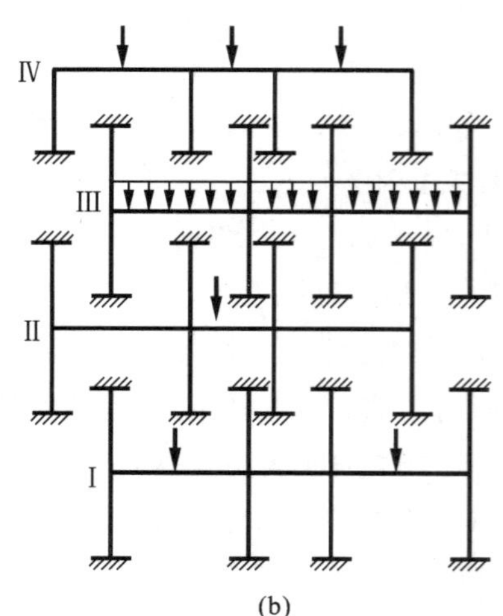

(b)

图 14.52 分层计算法示意图

(a) 原结构;(b) 分层刚架

为说明第二个假设，我们需分析某层的竖向荷载对其他各层的影响问题。首先，荷载在本层结点产生不平衡力矩，经过分配和传递，才影响到本层柱的远端。然后，在柱的远端再经过分配，才影响到相邻的楼层。这里经历了“分配 — 传递 — 分配”三道运算，余下的影响已经很小，因而可以忽略。

在各个分层刚架中，柱的远端都假设为固定端。实际上，除底层柱底部外，其余各柱的远端并不是固定端，而是弹性约束端。为了反映这个特点，在各个分层刚架中，可将上层各柱的线刚度乘以折减系数 0.9，传递系数由 $\frac{1}{2}$ 改为 $\frac{1}{3}$。

分层计算的结果，在刚结点上弯矩是不平衡的，但一般误差不会很大。如果有需要，可对结点的不平衡弯矩再进行一次分配。

2. 多层多跨刚架水平荷载下的反弯点法

(1) 内力计算

分层计算法只能应用于多层多跨承受竖向荷载作用的情况，而不能应用于承受水平荷载作用的情况。因为这时不但不能忽略侧移的影响，而且荷载的影响也不局限在本层。

反弯点法是多层多跨刚架在水平结点荷载作用下最常用的近似方法，对于强梁弱柱的情况最为适用。

反弯点的基本假设是把刚架中的横梁简化为刚性梁，从而可以用剪力分配法计算。

图 14.53(a) 所示简单刚架，横梁与立柱线刚度之比为 $\frac{i_b}{i_c}=3$，属强梁弱柱的情况。其弯矩图如图 14.53(b) 所示。如果采用反弯点法，则假设 $i_b=\infty$，则按图 14.54(a) 的理想刚架计算。这时，刚架变形的特点是结点有侧移而无转角。弯矩图的特点是立柱中点的弯矩为零[图 14.54(b)]，利用这个特点，可以用剪力分配法画出弯矩图：

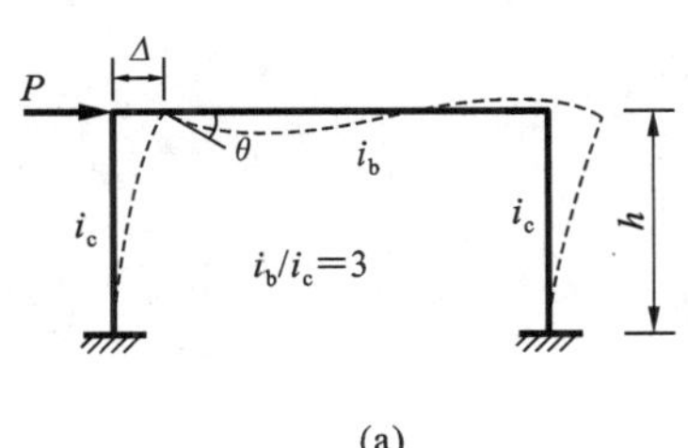

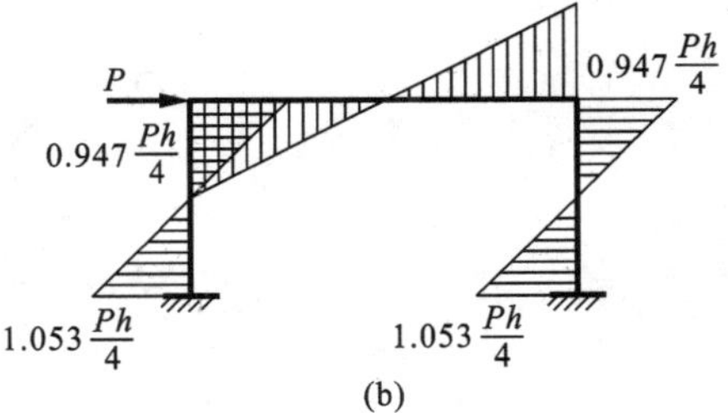

图 14.53 精确法计算刚架

(a) 原结构；(b) 弯矩图

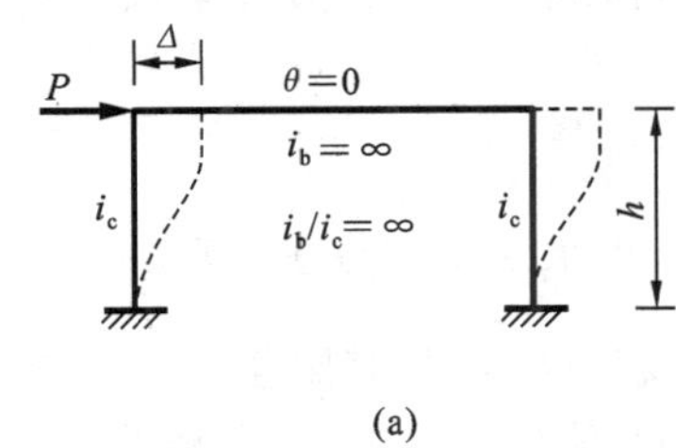

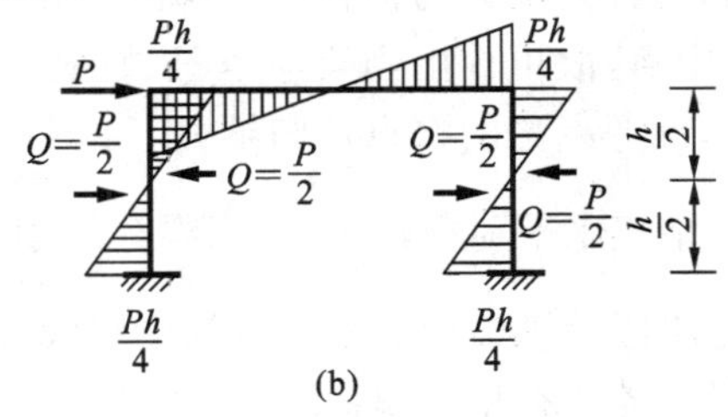

图 14.54 反弯点法计算刚架

(a) 原结构；(b) 弯矩图

① 由于对称性，得知各柱剪力为 $Q=\frac{P}{2}$；

② 由于弯矩零点(即反弯点)在立柱中点，可知各柱两端弯矩为 $M=Q\cdot\frac{h}{2}=\frac{Ph}{4}$，由此可画出立柱的弯矩图；

③ 根据结点平衡条件，可求出梁端弯矩，并画出横梁的弯矩图。

从图 14.53(b) 和图 14.54(b) 可以看出，弯矩的相对误差只有 5%。由此看出，如果梁柱线刚度比值$\frac{i_b}{i_c} \geqslant 3$，则可采用反弯点法计算，并能得到较好的精度。

反弯点法也可应用于各柱刚度不相等的刚架。在图 14.55(a) 中，横梁为刚性梁，左柱线刚度为 i_1，高度为 h_1；右柱线刚度为 i_2，高度为 h_2。由于两柱侧移 Δ 相等，因此，两柱的剪力应为[图 14.55(c)]：

$$\left.\begin{aligned} Q_1 &= \frac{12i_1}{h_1^2}\Delta = d_1\Delta \\ Q_2 &= \frac{12i_2}{h_2^2}\Delta = d_2\Delta \end{aligned}\right\} \tag{a}$$

这里，$d = \frac{12i}{h^2}$ 是柱的侧移刚度系数，即柱顶有单位侧移时所引起的剪力。

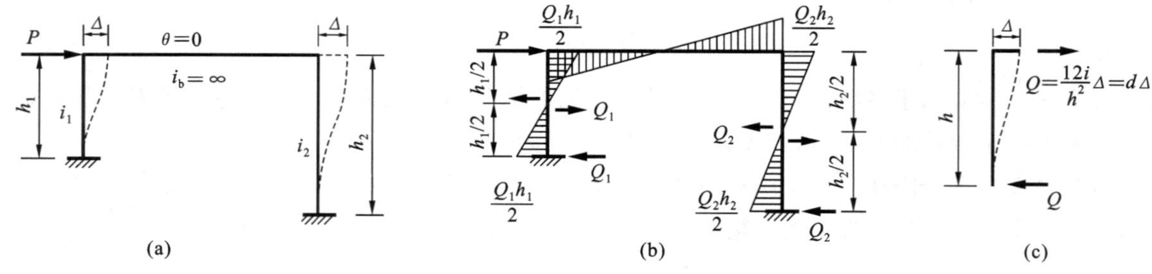

图 14.55　反弯点法计算不等高刚架

(a) 原结构；(b) 弯矩图；(c) 柱的剪力

由平衡条件，两柱剪力的和应等于 P，即：

$$Q_1 + Q_2 = P \tag{b}$$

由式(a) 和式(b) 可求出：

$$\left.\begin{aligned} Q_1 &= \frac{d_1}{\sum_{i=1}^{2} d_i}P = \mu_1 P \\ Q_2 &= \frac{d_2}{\sum_{i=1}^{2} d_i}P = \mu_2 P \end{aligned}\right\} \tag{c}$$

式中　$\mu_j = \frac{d_j}{\sum d_i}$。

由此看出，各柱的剪力与该柱的侧移刚度系数 d 成正比。因此，荷载 P 按剪力分配系数分配给各柱。由于弯矩零点在柱中点，故可作出刚架弯矩图，如图 14.55(b) 所示。

综上所述，反弯点法的要点可归纳如下：

① 刚架在结点水平荷载作用下，当梁柱线刚度比值$\frac{i_b}{i_c} \geqslant 3$ 时，可采用反弯点法计算。

② 反弯点法假设横梁相对线刚度为无限大，因而刚架结点不发生转角，只有侧移。

③ 刚架同层各柱有相同侧移时，同层各柱剪力与柱的侧移刚度系数成正比。每层柱共同承受该层以上的水平荷载作用。各层的总剪力按各柱侧移刚度所占的比例分配到各柱。

④ 柱的弯矩是由侧移引起的，所以，柱的反弯点在柱中点处。在多层刚架中，底层柱的反弯点常设在柱的$\frac{2}{3}$ 高度处。

⑤ 柱端弯矩根据柱的剪力和反弯点位置确定。梁端弯矩由结点力矩平衡条件确定，中间结点的两侧梁端弯矩，按梁的转动刚度分配不平衡力矩求得。

最后说明一下，剪力分配法用于横梁刚度为无限大的刚架，是精确解法；反弯点法用于梁柱线刚度比较大时，按横梁无限刚性计算，是近似解法。

【例 14.27】 用反弯点法计算图 14.56(a) 所示刚架，并画出弯矩图。括号内数字为杆件线刚度的相对值。

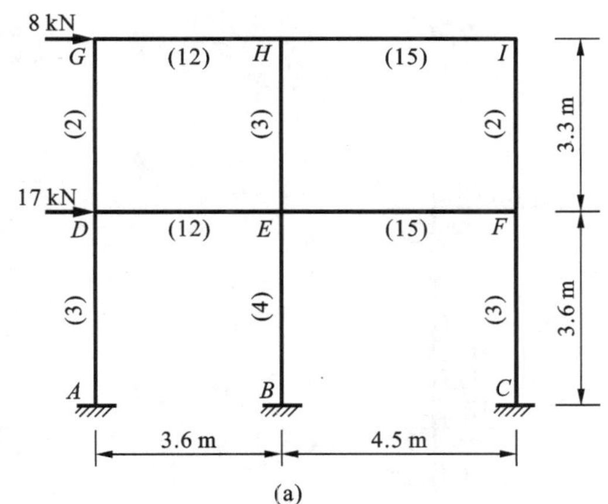

(a)

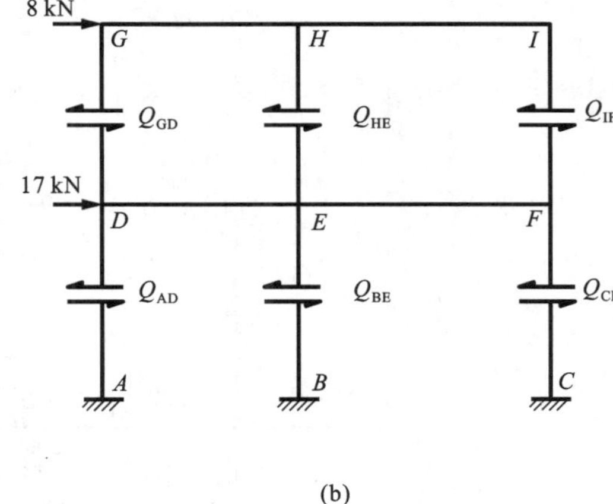

(b)

图 14.56 例 14.27 图

(a) 原结构；(b) 隔离体图

【解】 设柱的反弯点在高度中点。本例中，因为底层梁与柱的线刚度比$\frac{i_b}{i_c}$较大，所以底层柱的反弯点没有设在柱的 2/3 高度处，仍设在柱高中点，在反弯点处将柱切开，隔离体如图 14.56(b) 所示。

① 求各柱剪力分配系数 $\mu_j = \dfrac{d_j}{\sum\limits_i d_i}$

顶层

$$\mu_{GD} = \mu_{IF} = \frac{2}{2\times 2+3} = 0.286$$

$$\mu_{HE} = \frac{3}{2\times 2+3} = 0.428$$

底层

$$\mu_{AD} = \mu_{CF} = \frac{3}{3\times 2+4} = 0.3$$

$$\mu_{EB} = \frac{4}{3\times 2+4} = 0.4$$

② 计算各柱剪力

$$Q_{GD} = Q_{IF} = 0.286\times 8 = 2.29\ \text{kN}$$
$$Q_{HE} = 0.428\times 8 = 3.42\ \text{kN}$$
$$Q_{AD} = Q_{CF} = 0.3\times(8+17) = 7.5\ \text{kN}$$
$$Q_{EB} = 0.4\times(8+17) = 10\ \text{kN}$$

③ 计算杆端弯矩

以结点 E 为例说明杆端弯矩的计算。

柱端弯矩：

$$M_{EH} = -Q_{HE}\times\frac{h_2}{2} = -3.42\times\frac{3.3}{2} = -5.64\ \text{kN}\cdot\text{m}$$

$$M_{EB} = -Q_{EB}\times\frac{h_1}{2} = -10\times\frac{3.6}{2} = -18\ \text{kN}\cdot\text{m}$$

梁端弯矩：

先求出结点的柱端弯矩之和

$$M = M_{EH} + M_{EB} = -5.64 - 18 = -23.64\ \text{kN}\cdot\text{m}$$

按梁刚度分配

$$M_{ED} = \frac{12}{27} \times 23.64 = 10.51 \text{ kN} \cdot \text{m}$$

$$M_{EF} = \frac{15}{27} \times 23.64 = 13.13 \text{ kN} \cdot \text{m}$$

图 14.57 是刚架的弯矩图。括号内数值是精确法计算的杆端弯矩。

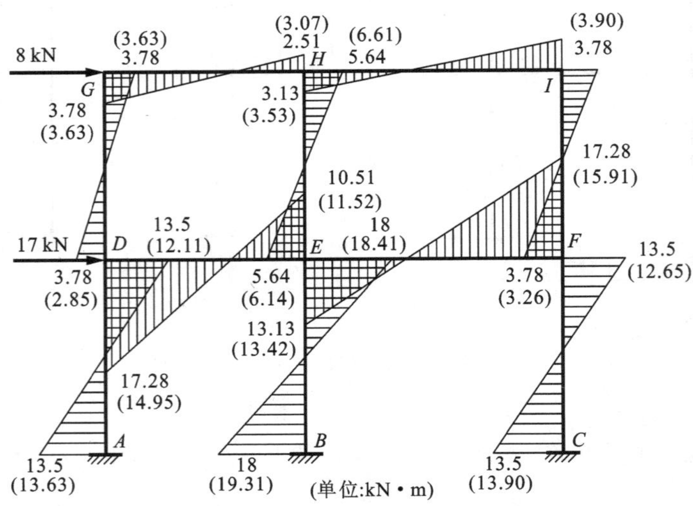

图 14.57　例 14.26 的弯矩图

(2) 侧移计算

用反弯点法也可以近似地计算多层多跨刚架在水平荷载作用下的侧移。反弯点法在高层建筑结构中是一种常用的实用方法。

在图 14.55 所示单层单跨刚架中，各柱的侧移刚度分别为 d_1 和 d_2，则层侧移刚度 $D=d_1+d_2=\sum d$，刚架顶部侧移为：

$$\Delta = \frac{P}{D}$$

对多层多跨刚架，可算出每层的层间侧移。如第 j 层，总水平力为第 j 层以上所受水平力之和，用 P_j 表示；第 j 层各柱侧移刚度之和用 D_j 表示，$D_j=\sum d$。第 j 层层间相对侧移为[图 14.58(b)]：

$$\delta_j = \frac{P_j}{D_j}$$

从地面开始，依次叠加各层间侧移，得第 n 层的总侧移为[图 14.58(a)]：

$$\Delta = \sum_{j=1}^{n} \delta_j$$

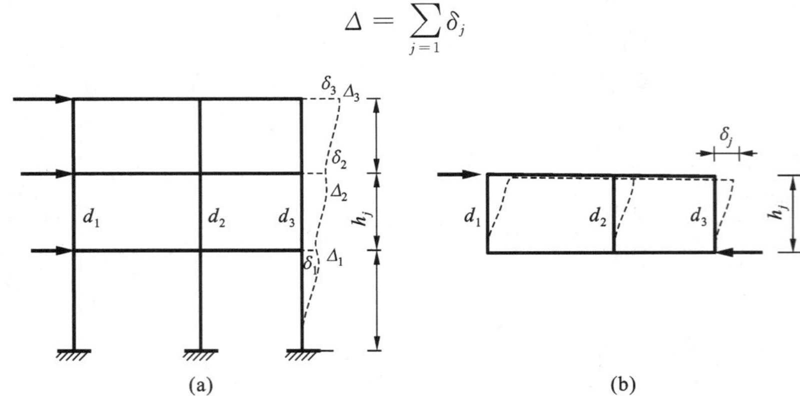

图 14.58　侧移计算

(a) 结构和侧移图；(b) 第 j 层层间侧移

图 14.58(a) 中为了清楚只在右侧柱旁画出了侧移图。

【例 14.28】　求图 14.56(a) 所示刚架的侧移值，刚架各杆的真实抗剪刚度为各杆旁括号内数字乘

(200 kN/m)。

【解】 第一层侧移

$$\Delta = \frac{P_1}{D_1} = \frac{8+17}{(3+4+3)\times 200} = 0.0125 \text{ m}$$

第二层层间侧移

$$\delta_2 = \frac{P_2}{D_2} = \frac{8}{(2+3+2)\times 200} = 0.005714 \text{ m}$$

第二层层顶侧移

$$\Delta_2 = \Delta_1 + \delta_2 = 0.0125 + 0.00571 = 0.01821 \text{ m}$$

本章小结

本章对超静定结构的基本解法、超静定结构的特性及关于计算简图的选择等作了一个综合性讨论。同时，讨论了结构的受力图、变形图的定性画法和近似计算。

(1) 在超静定结构的基本解法中，主要是要针对具体解决的问题，选择合适的计算方法(特别是手算的一些方法)，以减少计算工作量。而对于未知量较多的结构计算，宜采用矩阵位移法，通过计算机程序求解。

(2) 超静定结构由于有多余约束存在，使其具有静定结构所没有的一些特性，只有正确认识到这些特性产生的原因及带来的相应影响，才能充分利用由这些特性所带来的有利方面而防止或消除不利后果。

(3) 选择计算简图的原则可归纳为两条：一是“从实际出发”，二是“分清主次”。所谓“从实际出发”，就是要全面考虑结构的布置与构造，了解结构受力状态的实际情况。所谓“分清主次”，就是要对结构受力状态的影响因素进行分析，区分主要因素和次要因素，选择合理的计算简图。

(4) 第 14.4 ～ 14.7 节这 4 节是本书新增加的内容。涉及静定和超静定结构的内力和变形的定性(概念)分析和近似计算，是学习定性(概念) 结构力学的入门。其重要性已逐渐为教授结构力学的教师和工程界所认知。但它是一个新的内容，究竟应该包含哪些内容，以及如何向学生讲授，还没有一定之规，仍在探索之中，这里只是抛砖引玉。

(5) 第 14.5 节讨论刚度和力、变形、计算图的关系。刚度对结构或构件的变形起控制作用，对超静定结构而言，相对刚度还有着多方面的控制作用，如结构的内力分布，力的传递与分配，结构的变形状态，甚至结构的计算简图等，都是通过相对刚度来控制的。

(6) 第 14.6 节收入的是以位移法概念为基础的定性分析。该方法将结构分成两大类：① 对以结点角位移为主的结构，取弹性支座杆为基本杆，即正文中提到的受载杆，作为出发点，再逐渐向邻近杆扩大，直到全结构。② 对以结点线位移为主导的结构，则取杆端有横向位移的杆作为受载杆，再根据结点平衡条件和变形连续条件，向非受载杆扩大。其本质都是把渐近法的第一轮近似(一般未作准确计算) 作为判定值。当有定量要求或有进一步精度要求时，可以算得准确些，并可以继续循环做下去。

(7) 第 14.7 节讨论了将超静定结构根据力法的概念和结构变形的特点转化为静定结构进行计算的方法，这也是定性分析常用的方法。

(8) 多层多跨刚架在竖向荷载下的分层计算法和水平荷载下的反弯点法，均是工程中常用的近似算法。

习　　题

14.1　选择图示各结构的计算方法。并作 M 图。

14.2　如果忽略轴力引起的变形，试比较图示三种计算简图在结点荷载作用下的内力。

14.3　如图所示，当线刚度比值 $k = \frac{i_2}{i_1} \to 0$ 或 ∞ 时，试讨论 AB 杆的受力特点，如果把 AB 杆看作两端支承的梁，试画出其计算简图。

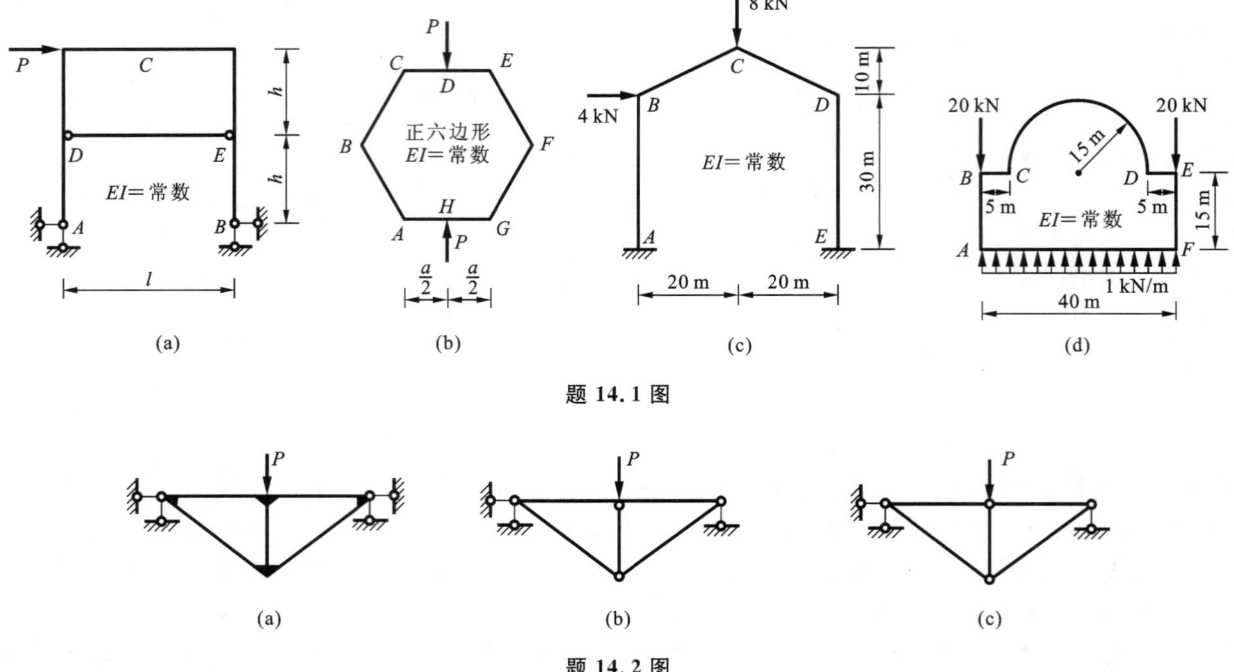

题 14.1 图

题 14.2 图

14.4　如图所示结构中间$\frac{l}{4}$范围内为实体部分，其余部分为桁架形式，试选取合理的计算简图和计算方法。

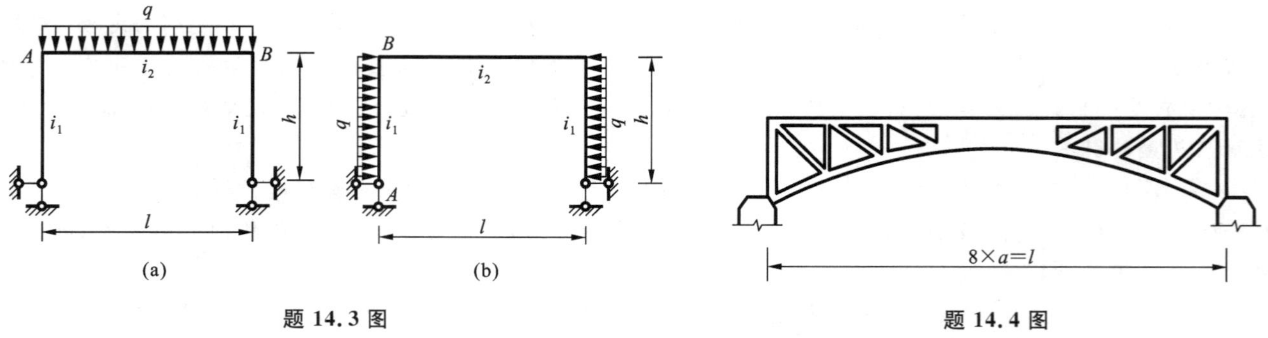

题 14.3 图

题 14.4 图

14.5　如图所示结构在结点处承受集中荷载 P，试讨论荷载的分配情况。设结构中各杆都是方形截面 $(h\times h)$，截面尺寸相同。求：

(a) 悬臂梁 AB 和简支梁 CD 各承担多少荷载？

(b) 横梁 AB 和立柱 CD 各承担多少荷载？

(c) 横梁 AB 和桁架 $CDEF$ 各承担多少荷载？

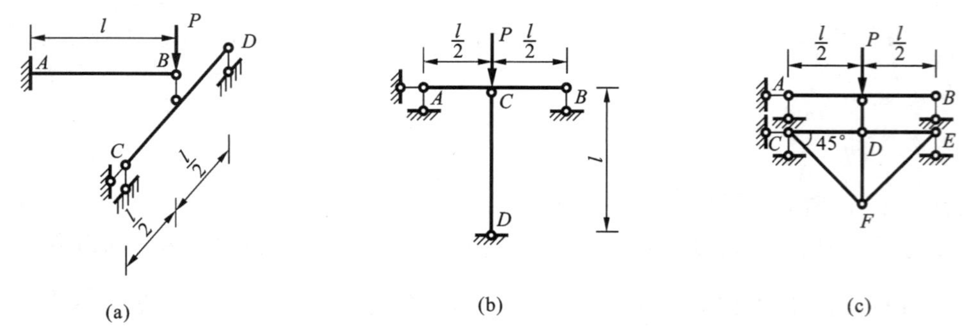

题 14.5 图

14.6 图示一矩形板，一对对边 AB 和 CD 为简支边，第三边 AD 为固定边，第四边为自由边。板上承受均布竖向荷载作用，试讨论荷载传递方式及计算简图。

(a) 当 $l_1 \gg l_2$ 时；(b) 当 $l_2 \gg l_1$ 时。

14.7 试讨论下面两种方形水池在水压力作用下的受力特点，其计算简图应如何选取？

(a) 浅池($h/a < 1/2$)；(b) 深池($h/a > 2$)。

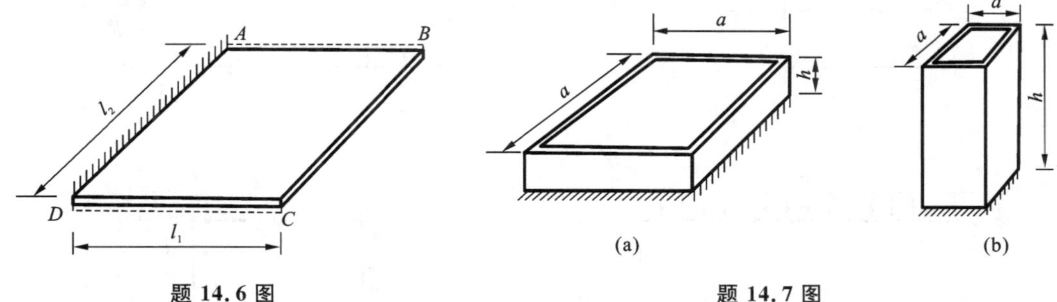

题 14.6 图　　题 14.7 图

14.8 下面三个等截面对称刚架，在图示竖向集中荷载作用下，横梁的水平位移分别向哪边偏移？为什么？

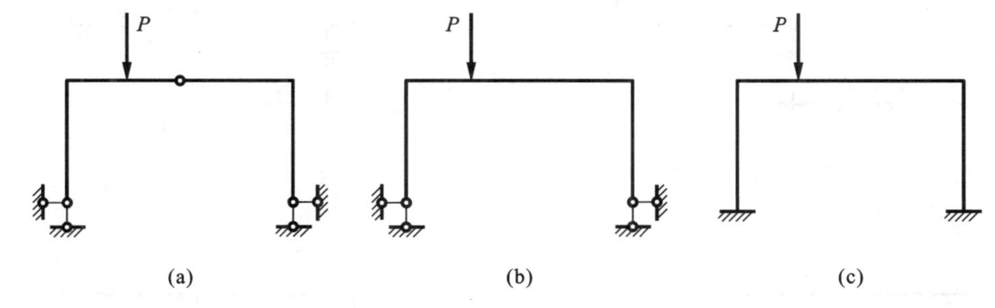

题 14.8 图

(a) 三铰刚架；(b) 两铰刚架；(c) 无铰刚架

14.9 图示三个受竖向集中荷载作用的等截面对称拱，画出荷载作用点 D 的位移走向。哪个位移大？哪个位移小？

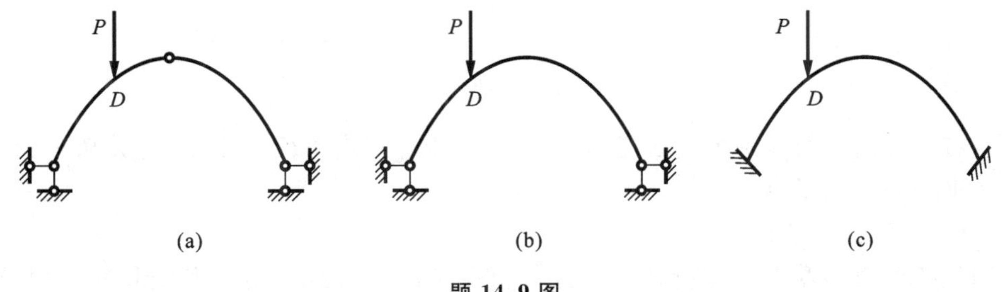

题 14.9 图

(a) 三铰拱；(b) 两铰拱；(c) 无铰拱

14.10 画出图示各结构的弯矩图和变形简图，并回答以下问题：

(1) 题 14.10(a) 中点 D 有无水平位移？若有，指向哪个方向？

(2) 题 14.10(b) 中杆 AD 有无弯矩图？为什么？

(3) 题 14.10(e) 中点 D 有无水平位移？若有，指向哪个方向？

(4) 题 14.10(f) 中点 C 有无水平位移？若有，指向哪个方向？

14.11 对图示的等截面梁，确定对称两铰间的距离 a，使梁中正负弯矩最大绝对值相等。

14.12 对图示刚架，判定梁中点 B 水平位移的方向。说明产生此现象的原因。

14.13 定性地画出图示各结构的弯矩图和变形图，注意各子题中的提示或要求。

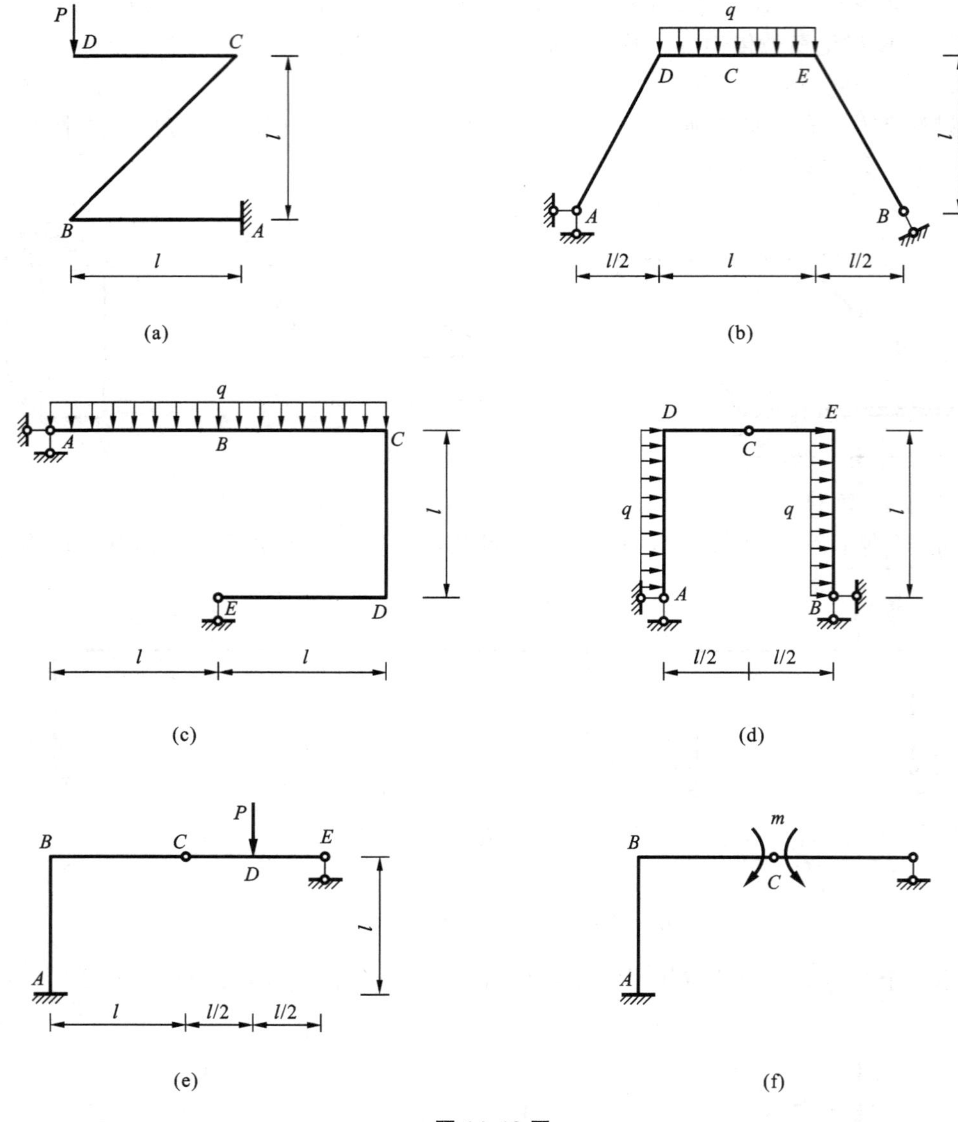

题 14.10 图

14.14　左、右两端固定的等跨等截面连续梁，受全梁相等的均布荷载作用，跨数从 1 到 5。试画出其弯矩图和变形图。它们之间有什么规律？

14.15　用反弯点法作 M 图。

14.16　用剪力分配法或第 14.6 节介绍的方法计算图示刚架，并画出弯矩图和变形简图。设横梁为刚性梁。

14.17　求题 14.15 图所示刚架第一层和第二层横梁的侧向位移。各柱的侧移刚度等于图中圆圈内数值乘以2000 kN/m。

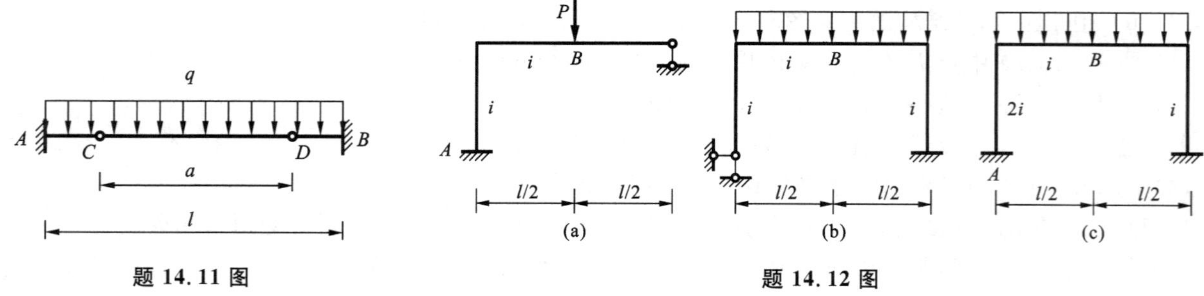

题 14.11 图　　**题 14.12 图**

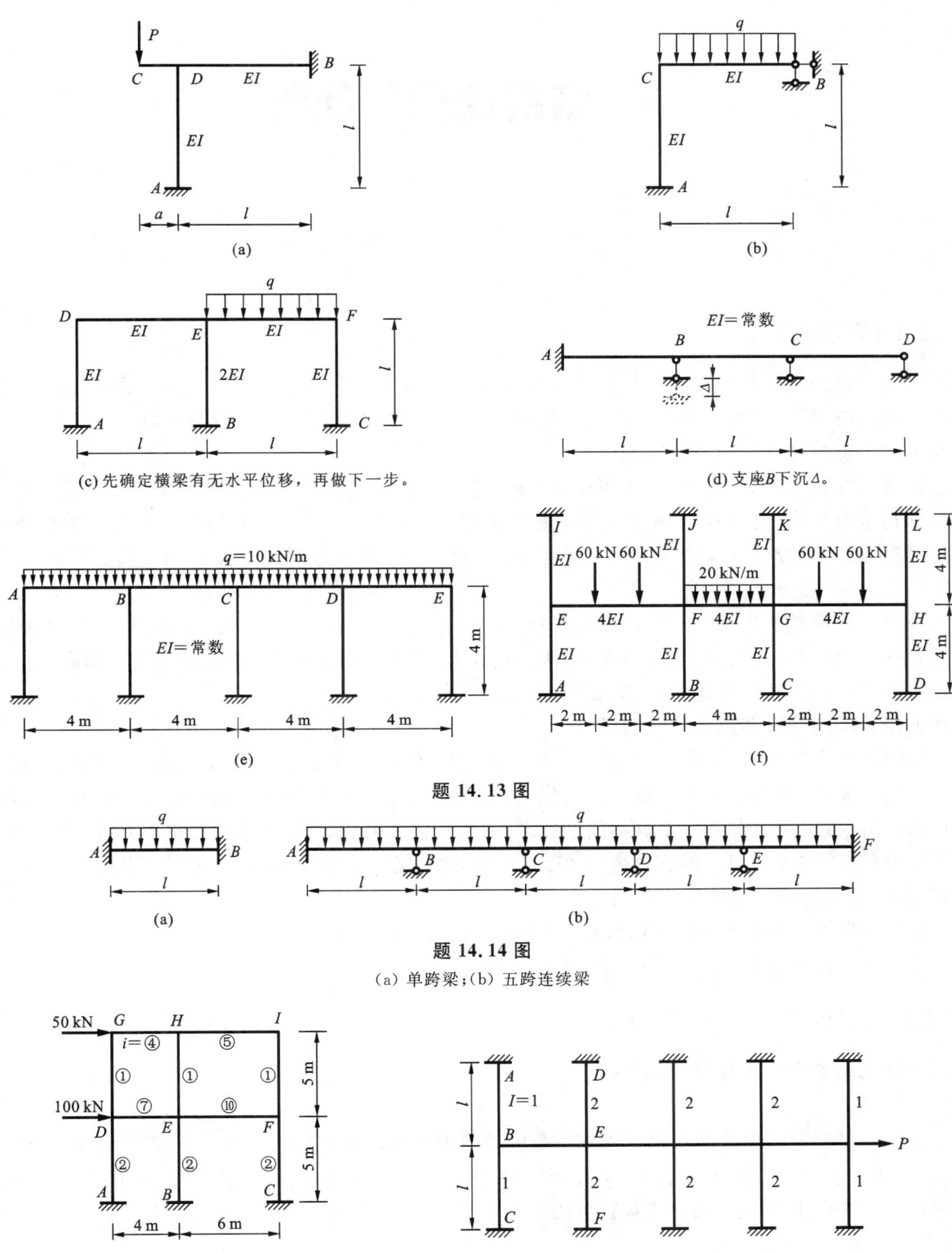

题 14.13 图

题 14.14 图

(a) 单跨梁；(b) 五跨连续梁

题 14.15 图

题 14.16 图

15 结构的动力计算

15.1 动力计算概述

1. 动力计算的特点

前面各章讨论的是结构的静力计算问题，即结构在静力荷载作用下的内力和位移计算问题；本章讨论结构的动力计算问题，即结构在动力荷载作用下的内力和位移（常称为动力反应）计算问题。

先说明静力荷载和动力荷载的区别。

静力荷载是指荷载的大小、方向、作用位置不随时间变化的荷载。严格地说，多数实际荷载并不是静力荷载。但从荷载对结构产生的影响来看，当荷载的变化非常缓慢，它所引起的结构上各质点的加速度比较小，可以忽略惯性力对结构的影响时，则可以把这类荷载看成是静力荷载。如活动人群、雪荷载、吊车荷载等。

动力荷载是指荷载的大小、方向、作用位置随时间迅速变化的荷载。从荷载对结构所产生的影响来看，因荷载变化快，荷载引起的结构上各质点的加速度比较大，不能忽略惯性力对结构的影响，则应把这类荷载看成是动力荷载。如机器的振动荷载、地震作用、爆炸荷载等。

再说明结构动力计算和静力计算的区别。

在结构静力计算中，考虑的是结构的静力平衡问题，即在建立平衡方程时，荷载、约束力、内力、位移等都是不随时间变化的常量。在结构动力计算中，不仅荷载、约束力、内力、位移等都是随时间变化的函数，而且必须考虑结构上各质点的惯性力作用。根据达朗伯原理，在引进惯性力后，可以建立动力平衡方程，将动力计算问题转化为静力平衡问题来处理。但这只是一种形式上的平衡，仅仅是利用平衡这一手段列出运动方程。

概括起来，动力计算的基本特点有两个：

(1) 动力反应与时间有关，即荷载、位移、内力等随时间急剧变化；

(2) 建立平衡方程时要包括质量的惯性力。

2. 动力荷载的分类

工程中常见的动力荷载有以下几类：

(1) 周期荷载

这类荷载随时间做周期性的变化。周期荷载中最简单也是最重要的一种称为简谐荷载，即荷载随时间 t 的变化规律可用正弦或余弦函数表示，如图 15.1(b)所示。具有偏心质量的机器[图 15.1(a)]运转时，传到结构上的偏心力 $P(t)$随时间 t 的变化规律可用 $P\sin\theta t$ 或 $P\cos\theta t$ 表示。

(2) 冲击荷载

这类荷载在很短时间内，荷载值急剧增大[图 15.2(a)]或急剧减小[图 15.2(b)]。各种爆炸荷载属于这一类。当升载时间趋于零时，就是突加荷载[图 15.2(c)]。

(3) 随机荷载

这类荷载的特点是荷载随时间变化的规律很不规则，荷载在任一时刻(t)的数值无法事先确定，要通过记录和统计得到其规律和计算数值。如地震作用的地面运动加速度(图 15.3)。

3. 动力计算的自由度

结构动力计算与静力计算一样，在计算时也需选取一个合理的计算简图，选取计算简图的原则与静力计

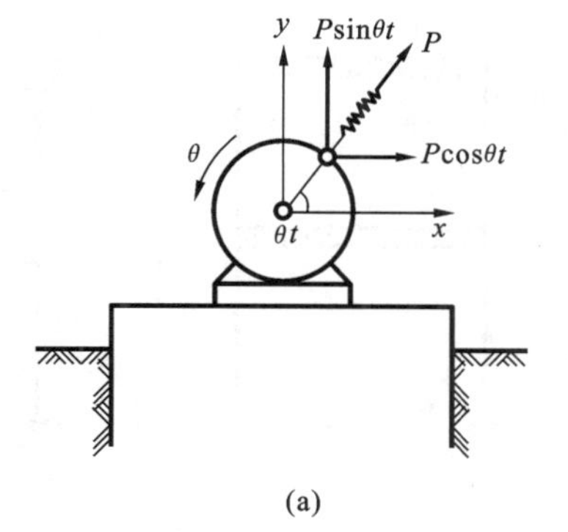

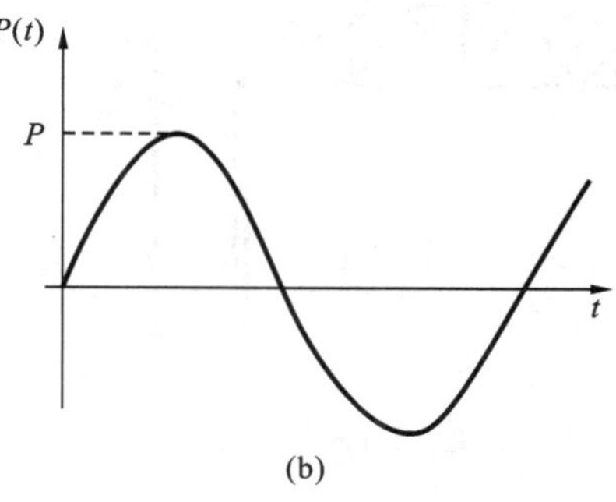

图 15.1 周期荷载

(a) 机器运转;(b) 简谐荷载

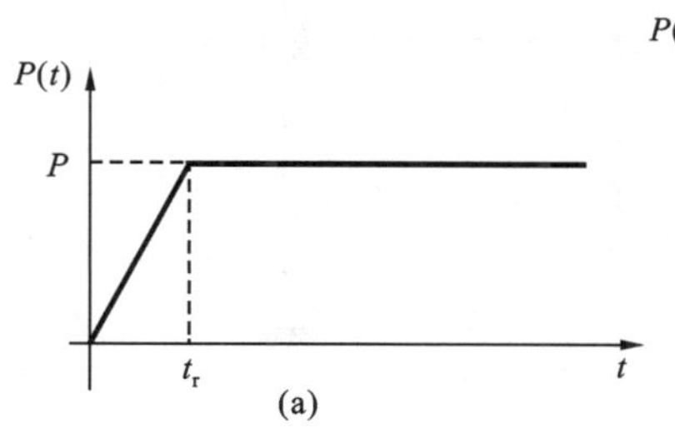

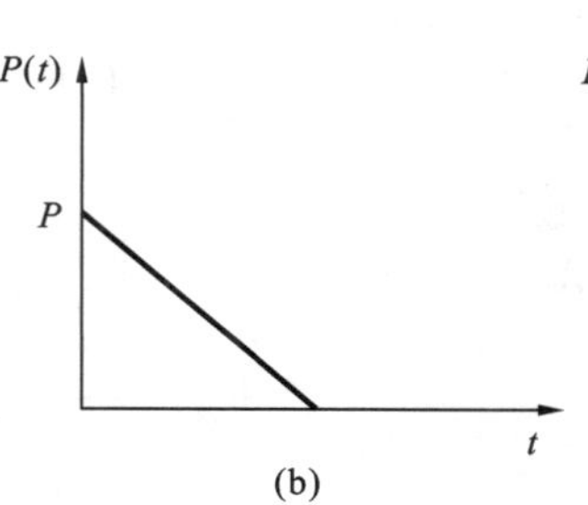

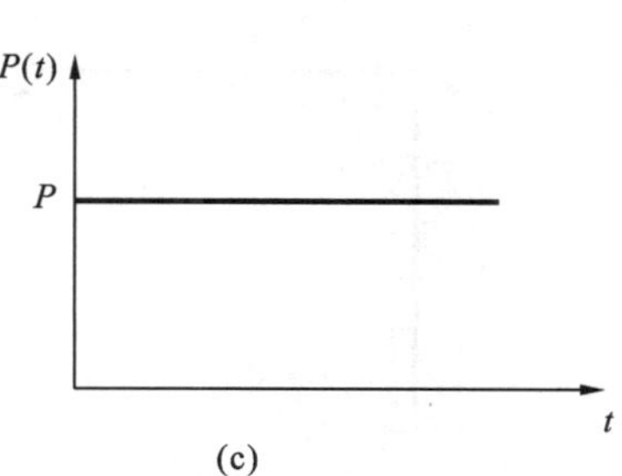

图 15.2 冲击荷载和突加荷载

算基本相同,但由于要考虑惯性力的作用,需要确定质量在运动过程中的状态。

在结构的动力计算中,一个体系的自由度是指为了确定运动过程中任一时刻全部质量的位置所需要的独立几何参数的数目。

实际结构的质量都是连续分布的,在计算中常把连续分布的无限自由度问题简化为有限自由度问题。

图 15.4(a)所示为一简支梁,跨中放有重物 W。当梁本身质量远小于重物的质量时,可取图 15.4(b)所示计算简图。这时体系为一个自由度,如图 15.4(b)所示。

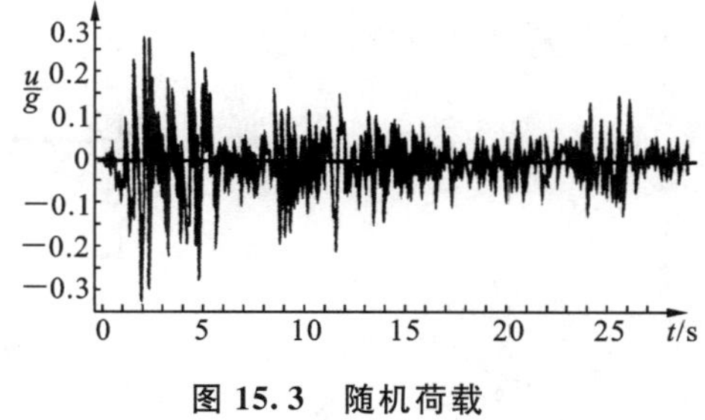

图 15.3 随机荷载

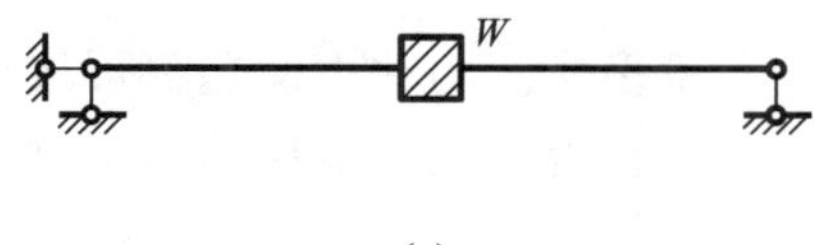

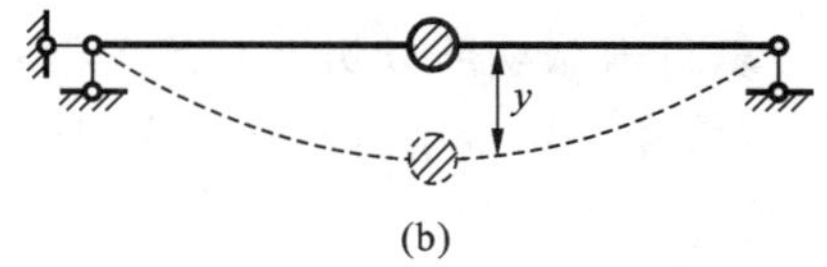

图 15.4 单自由度梁

图 15.5(a)所示为一铰结排架,当计算水平力作用下的水平振动时,因厂房的屋盖、屋架的质量较大,当柱的质量相对较小时,可将柱的质量集中于柱两端。这时排架的质量都集中于柱的顶部,且在水平振动时,忽略屋架的轴向变形,可认为排架两柱的柱顶水平位移相同,因此,体系简化为一个自由度,计算简图示于排架旁。

类似地,图 15.5(b)所示两层刚架,计算侧向振动时,则可简化为质量集中于楼层的两个自由度体系,计算简图示于刚架旁。

由以上几个例子可知,体系的振动自由度与确定质量位置所需独立几何参数的数目有关,与质量的数目并无直接关系,与体系的静定或超静定也无关系。如图 15.6(a)所示的静定刚架上只有一个质量,但为两个自由度体系。而图 15.6(b)所示的超静定刚架柱顶上有两个质量,但却是一个自由度体系。

最后指出,凡是具有连续分布质量的体系,只需考虑杆件本身的质量时,可将其视为具有无限多个质点,而各质点的位移又是互相独立的,故这种体系是无限自由度体系。图 15.7 所示需要考虑杆本身质量的梁就

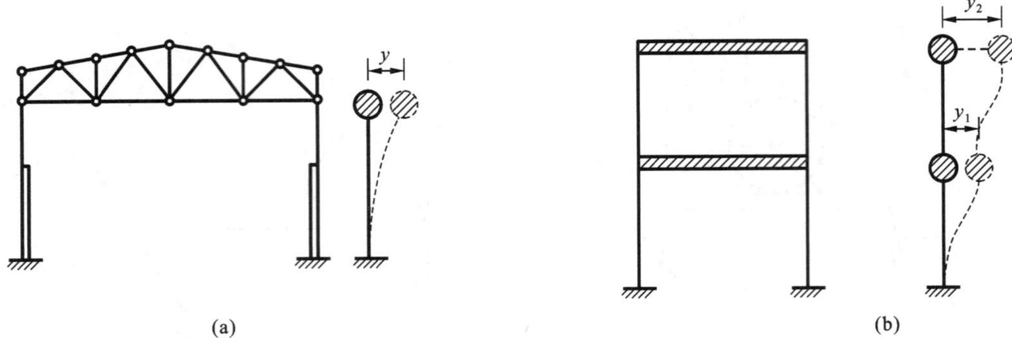

图 15.5 排架和刚架

(a) 单自由度排架；(b) 两个自由度刚架

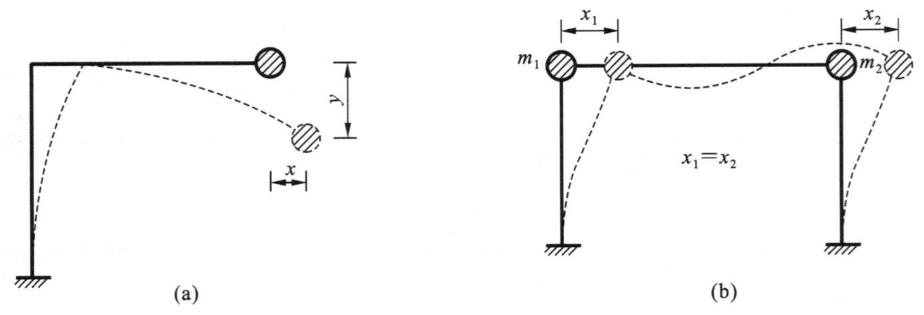

图 15.6 质点数不等于自由度数

(a) 一个质点、两个自由度；(b) 两个质点、一个自由度

是一个无限自由度体系。

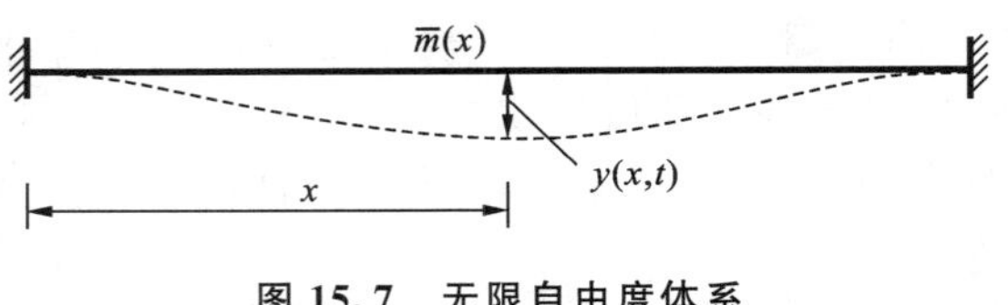

图 15.7 无限自由度体系

15.2 单自由度体系的自由振动

单自由度体系自由振动的分析是很重要的，这是因为：第一，很多实际的动力问题都可按单自由度体系进行计算，或初步估算；第二，单自由度体系自由振动的分析是单自由度体系受迫振动和多自由度体系自由振动分析的基础。

1. 单自由度体系自由振动微分方程的建立

【扫码演示19】

以图 15.8(a)所示单自由度体系为例，讨论如何建立自由振动的微分方程。图 15.8(a)所示悬臂柱在顶部有一物体，质量为 m。设柱本身质量比 m 小得多，可以忽略不计。因此，体系只有一个自由度。

假设由于外界的干扰，质量 m 离开了静止平衡位置，干扰消失后，由于立柱弹性力的影响，质量 m 沿水平方向产生振动。这种由初始干扰，即初始位移或初始速度，或初始位移和初始速度共同作用下所引起的振动称为自由振动。

在建立自由振动微分方程之前，先把图 15.8(a)所示的单自由度体系用图 15.8(b)所示的弹簧模型来表示。这时原立柱对质量 m 所提供的弹性力改用一弹簧来表示。因此，弹簧的刚度系数 k 必须等于结构的刚度系数。即图 15.8(b)的弹簧刚度系数 k(使弹簧伸长单位距离所需施加的拉力)应等于图 15.8(a)中立柱在柱顶有单位水平位移时在柱顶所需施加的水平力。

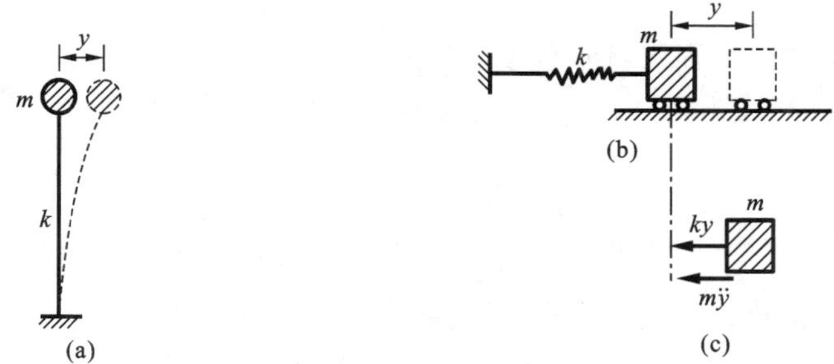

图 15.8 单自由度体系自由振动刚度法模型

(a) 模型一;(b) 模型二;(c) 质量隔离体

建立自由振动的微分方程有两种方法:刚度法和柔度法。

(1) 从质量 m 隔离体的动力平衡方程建立振动微分方程——刚度法

设以静力平衡位置为原点,在任意时刻 t、质量 m 的水平位移为 $y(t)$的状态,取出质量 m 为隔离体,如图 15.8(c)所示。如果忽略振动过程中所受到的阻力,则作用在 m 隔离体上的力有:

① 弹性力 $-ky$,它的方向恒与位移 $y(t)$的方向相反;

② 惯性力 $-m\ddot{y}$,它的方向恒与加速度 $\ddot{y}(t)$的方向相反。这里及以后,用 $\dot{y}$ 表示 y 对时间 t 的一阶导数,$\ddot{y}$ 表示 y 对时间 t 的二阶导数。

根据达朗伯原理,可列出隔离体在任一瞬时的动力平衡方程如下:

$$m\ddot{y} + ky = 0 \tag{15.1}$$

这种直接建立质量 m 在任意时刻 t 的动力平衡方程的方法,称为刚度法。

(2) 根据结构的位移方程建立振动微分方程——柔度法

根据达朗伯原理,以静力平衡位置为计算位移的起点,当质量 m 在任意时刻水平位移为 $y(t)$时,作用在立柱质量 m 上只有惯性力 F_I,$F_I = -m\ddot{y}(t)$[图 15.9(a)],则质量 m 的位移为:

$$y(t) = F_I\delta$$

即:

$$y(t) = -m\ddot{y}(t)\delta \tag{15.2}$$

式中 δ——立柱的柔度系数,即单位水平力 $P=1$ 作用在柱顶时柱顶的水平位移[图 15.9(b)]。

上式表明:质量 m 在运动过程中任一时刻的位移 $y(t)$等于该时刻在惯性力作用下的静力位移。这是从位移角度建立方程,称为柔度法。

因立柱的柔度系数 δ 与刚度系数 k 互为倒数[图 15.9(b)和图 15.9(c)],即:

$$\delta = \frac{1}{k} \tag{a}$$

将式(a)代入式(15.2),整理后,知式(15.2)与式(15.1)是相同的。

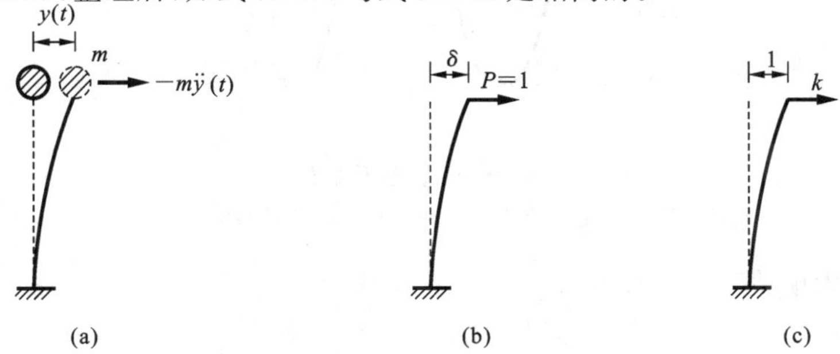

图 15.9 单自由度体系自由振动柔度法模型

(a) 柔度法模型;(b) 柔度系数;(c) 刚度系数

2. 自由振动微分方程的解答

单自由度体系自由振动微分方程式(15.1)还可写为：

$$\ddot{y}+\omega^2 y=0 \tag{15.3}$$

式中

$$\omega^2=\frac{k}{m} \qquad \omega=\sqrt{\frac{k}{m}} \tag{15.4}$$

式(15.3)是一个二阶常系数齐次微分方程，其通解为：

$$y(t)=C_1\sin\omega t+C_2\cos\omega t \tag{b}$$

其中的系数 C_1 和 C_2 可由初始条件确定。设在初始时刻 $t=0$ 时，质点有初始位移 y_0 和初始速度 v_0，即：

$$y(0)=y_0 \qquad \dot{y}(0)=v_0$$

由此解出：

$$C_1=\frac{v_0}{\omega} \qquad C_2=y_0$$

代入式(b)，即得：

$$y(t)=y_0\cos\omega t+\frac{v_0}{\omega}\sin\omega t \tag{15.5}$$

由上式看出，振动是由两部分所组成：一部分是由初始位移 y_0（没有初始速度）引起的，质点按 $y_0\cos\omega t$ 的规律振动，如图15.10(a)所示；另一部分是由初始速度 v_0（没有初始位移）引起的，质点按 $\frac{v_0}{\omega}\sin\omega t$ 的规律振动，如图15.10(b)所示。

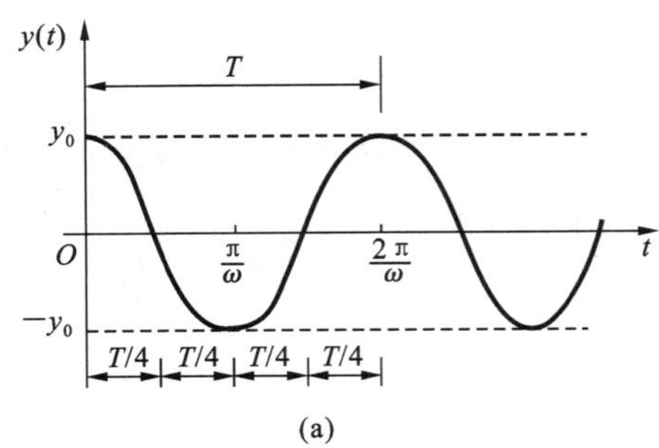

(a)

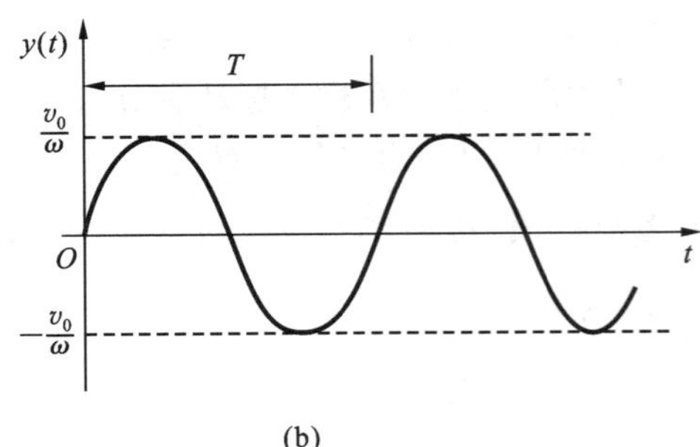

(b)

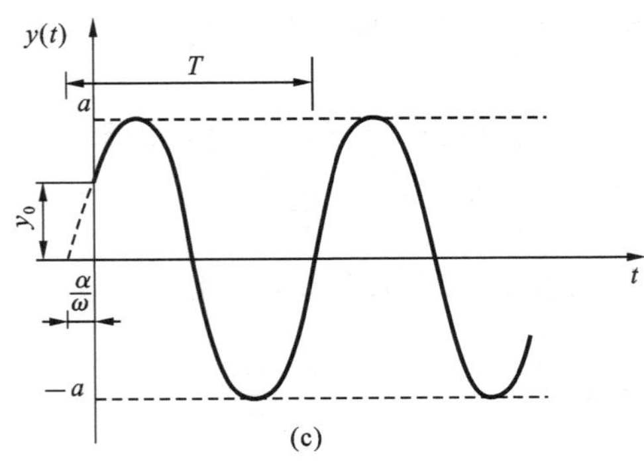

(c)

图15.10 自由振动的位移

(a) 初始位移 y_0 引起的位移；(b) 初始速度 v_0 引起的位移；(c) 总位移

式(15.5)还可改写为单项三角函数表示：

$$y(t)=a\sin(\omega t+\alpha) \tag{15.6}$$

其图形如图15.10(c)所示。其中参数 a 称为振幅，α 称为初始相位角。最大位移——振幅 a 及初始相位角 α 都取决于质量的初始位移 y_0 及初始速度 v_0。a、α 与 y_0、v_0 之间的关系可导出如下：

将式(15.6)右边展开，得：

$$y(t)=a\sin\alpha\cos\omega t+a\cos\alpha\sin\omega t$$

再与式(15.5)比较，即得：

$$y_0=a\sin\alpha\qquad\frac{v_0}{\omega}=a\cos\alpha$$

这里

$$\left.\begin{aligned}a&=\sqrt{y_0^2+\frac{v_0^2}{\omega^2}}\\\alpha&=\tan^{-1}\frac{y_0\omega}{v_0}\end{aligned}\right\}\tag{15.7}$$

3. 结构的自振周期和自振频率

由式(15.5)或式(15.6)可以看出，自由振动中位移、速度和加速度等物理量都是按正弦或余弦规律变化的，而正弦和余弦函数都是周期函数，每隔一段时间这些物理量就回到原来的状态。

式(15.6)右边周期函数的周期为：

$$T=\frac{2\pi}{\omega}\tag{15.8}$$

可以验证，式(15.6)中的位移 y 确实满足周期运动的下列条件：

$$y(t+T)=y(t)$$

这就表明，在自由振动中，质点每隔一个周期 T 又回到原来的位置。

自振周期表示结构出现前后同一运动状态(包括位移、速度等)所需的时间间隔 T，也就是振动一次所需的时间，单位为秒(s)。

自振周期的倒数称为频率 f，为：

$$f=\frac{1}{T}=\frac{\omega}{2\pi}\tag{15.9}$$

频率 f 表示单位时间内的振动次数，常用单位为 1/秒(1/s)，或称为赫兹(Hz)。

由式(15.9)得：

$$\omega=\frac{2\pi}{T}=2\pi f\tag{15.10}$$

这里，ω 称为圆频率或角频率(习惯上有时也称为频率)，表示在 2π 秒内的振动次数。

下面给出自振周期 T 计算公式的几种形式：

(1) 将式(15.4)代入式(15.8)，得：

$$T=2\pi\sqrt{\frac{m}{k}}\tag{15.11a}$$

(2) 将 $\frac{1}{k}=\delta$ 代入上式，得：

$$T=2\pi\sqrt{m\delta}\tag{15.11b}$$

(3) 将 $m=\frac{W}{g}$ 代入上式，得：

$$T=2\pi\sqrt{\frac{W\delta}{g}}\tag{15.11c}$$

(4) 令 $\Delta_{st}=W\delta$，并代入上式，得：

$$T=2\pi\sqrt{\frac{\Delta_{st}}{g}}\tag{15.11d}$$

这里，δ 是沿质点振动方向的柔度系数，表示在质点上沿振动方向施加单位荷载时质点沿振动方向所产生的静位移。

$\Delta_{st}=W\delta$ 表示在质点上沿振动方向施加数值为 W 的荷载时质点沿振动方向所产生的静位移。

同样，利用式(15.10)和式(15.11)可得圆频率 ω 的计算公式的几种形式：

(1) $$\omega=\sqrt{\frac{k}{m}} \tag{15.12a}$$

(2) $$\omega=\sqrt{\frac{1}{m\delta}} \tag{15.12b}$$

(3) $$\omega=\sqrt{\frac{g}{W\delta}} \tag{15.12c}$$

(4) $$\omega=\sqrt{\frac{g}{\Delta_{st}}} \tag{15.12d}$$

由以上分析可以看出结构自振周期 T 和自振频率 ω 的一些重要特性：

(1) 自振周期 T 与自振频率 ω 只与结构的刚度(由 k 表示)和质量 m 有关，与外界的干扰因素无关。因此，自振周期和自振频率是反映结构的固有性质，也称固有周期和固有频率。

(2) 自振周期与质量的平方根成正比，质量越大，则周期越大，频率越小；自振周期与刚度的平方根成反比，刚度越大，则周期越小，频率越大。因此，若要改变结构的动力性能，也就是改变自振周期或自振频率，应从改变结构的质量或刚度着手。

自振周期 T 和自振频率 ω 是反映结构动力性能的一个很重要的物理量。在动载作用下结构的动力反应都和结构的固有属性——自振周期和自振频率有关。

【例 15.1】 图 15.11(a)所示为一等截面简支梁，截面 EI=常数，跨度为 l。在梁的跨度中点有一个集中质量 m。忽略梁本身的质量，试求梁的自振周期 T 和圆频率 ω。

【解】

(1) 质量 m 沿梁竖向振动，为计算柔度系数 δ，在简支梁跨中质量 m 处，加一竖向单位力 $P=1$，作 $\overline{M}$[图 15.11(b)]，由图乘法可得：

$$\delta=\frac{l^3}{48EI}$$

(2) 由式(15.11b)和式(15.12b)，得：

$$T=2\pi\sqrt{m\delta}=2\pi\sqrt{\frac{ml^3}{48EI}}$$

$$\omega=\frac{1}{\sqrt{m\delta}}=\sqrt{\frac{48EI}{ml^3}}$$

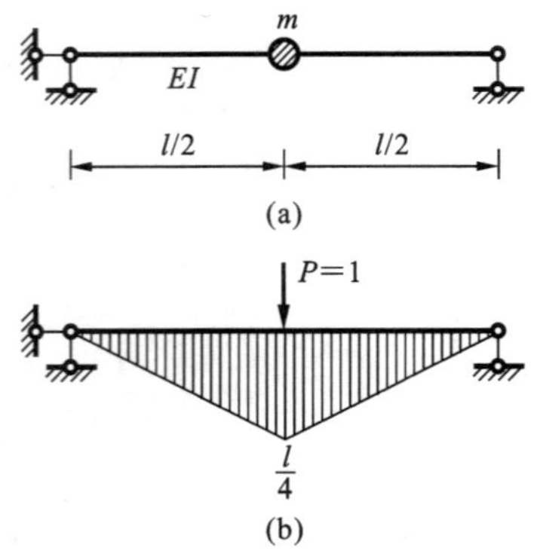

图 15.11 简支梁竖向振动

(a) 跨中有集中质量的简支梁；(b) 单位弯矩图 $\overline{M}_1$

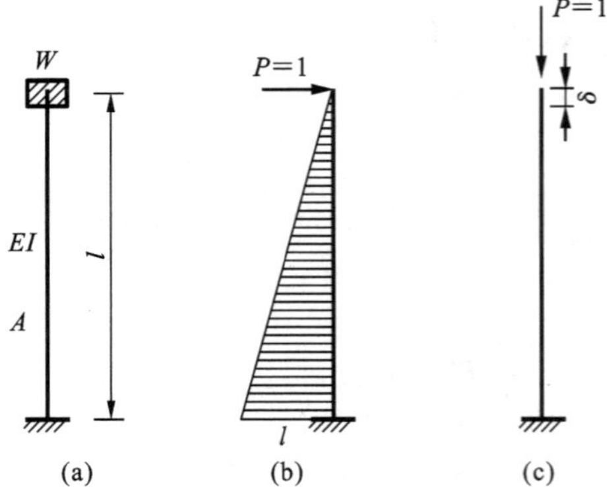

图 15.12 悬臂柱水平和竖向振动

(a) 柱顶有集中质量的悬臂柱；(b) 水平振动时的单位弯矩图 $\overline{M}$；(c) 竖向单位力及位移

【例 15.2】 图 15.12(a)所示为一等截面悬臂柱，截面面积为 A，抗弯刚度为 EI。柱顶有重物，重量为 W。设柱本身质量忽略不计，试分别求水平振动和竖向振动的自振周期。

【解】

(1) 水平振动

在柱顶 W 处加一水平单位力[图 15.12(b)],求得:

$$\delta=\frac{l^3}{3EI}$$

当柱顶作用水平力 W 时,柱顶的水平位移为:

$$\Delta_{st}=\frac{Wl^3}{3EI}$$

所以,由式(15.11d)得:

$$T=2\pi\sqrt{\frac{\Delta_{st}}{g}}=2\pi\sqrt{\frac{Wl^3}{3EIg}}$$

(2) 竖向振动

在柱顶 W 处加一竖向单位力[图 15.12(c)],求得:

$$\delta=\frac{l}{EA}$$

当柱顶作用竖向力 W 时,柱顶的竖向位移为:

$$\Delta_{st}=\frac{Wl}{EA}$$

所以,由式(15.11d)得:

$$T=2\pi\sqrt{\frac{\Delta_{st}}{g}}=2\pi\sqrt{\frac{Wl}{EAg}}$$

【例 15.3】 图 15.13(a)所示为一单层刚架,横梁抗弯刚度 $EI_b=\infty$,柱的截面抗弯刚度为 EI。横梁上总质量为 m,柱的质量可以忽略不计。求刚架的水平自振频率。

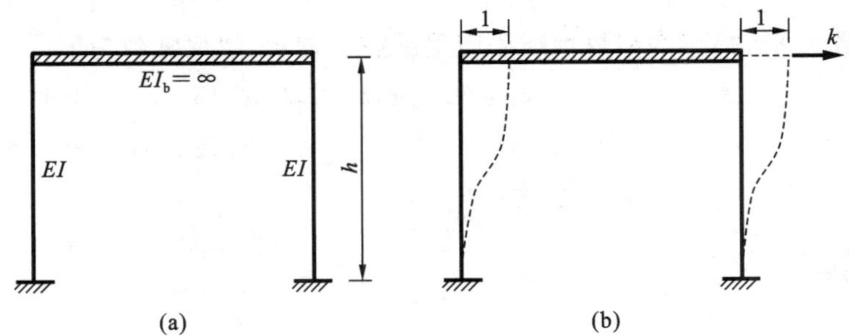

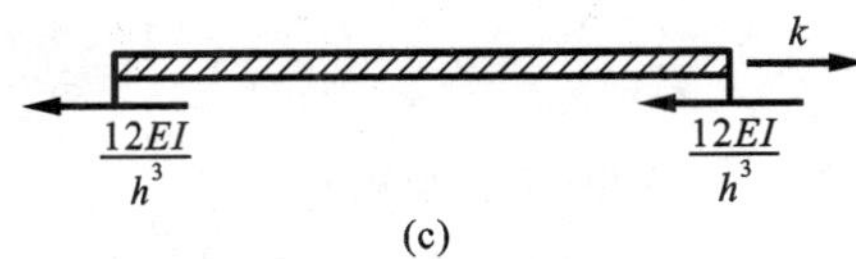

图 15.13 单层刚架水平振动

(a) 单层刚架;(b) 水平侧移刚度系数 k;(c) 横梁隔离体

【解】

(1) 求刚架水平侧移刚度系数 k(柱顶产生单位水平位移所需的力),见图 15.13(b)。

由等截面杆的形常数可求得柱顶剪力为 $12\frac{EI}{h^3}$,以横梁为隔离体[图 15.13(c)],由平衡条件可得:

$$k=2\times\frac{12EI}{h^3}=24\frac{EI}{h^3}$$

(2) 由式(15.12a)可得刚架的自振频率为：

$$\omega=\sqrt{\frac{k}{m}}=\sqrt{\frac{24EI}{mh^3}}$$

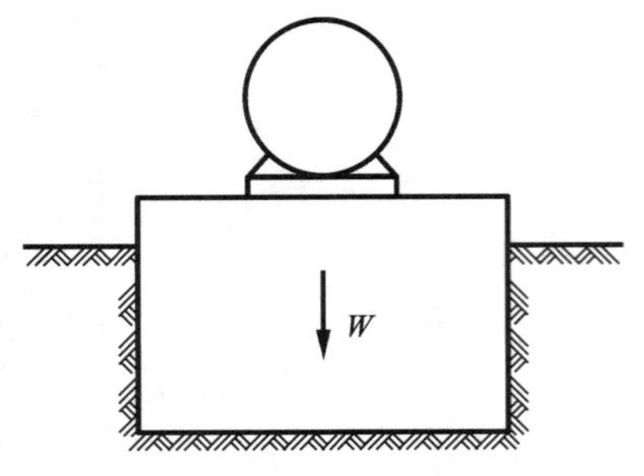

图 15.14　机器基础竖向振动

【例 15.4】 图 15.14 所示为一机器基础，机器与基础的总重量 $W=60$ kN，基础下土壤的抗压刚度系数(即单位面积产生单位沉陷时所需施加的压力)为 $c_z=0.6\ \text{N/cm}^3=0.6\times10^3\ \text{kN/m}^3$，基础的底面积 $A=20\ \text{m}^2$。试求机器连同基础做竖向振动的自振频率。

【解】

(1) 在基础底面积上总的抗压刚度系数 k 为：

$$k=c_zA=0.6\times10^3\times20=12\times10^3\ \text{kN/m}$$

(2) 由式(15.12a)，自振频率为：

$$\omega=\sqrt{\frac{k}{m}}=\sqrt{\frac{kg}{W}}=\sqrt{\frac{12\times10^3\times9.8}{60}}=44.27\ \text{s}^{-1}$$

4. 阻尼对自由振动的影响

以上所讨论的是在忽略阻尼影响的条件下单自由度体系的自由振动。按照无阻尼的理论，自由振动将是按照周期函数的规律进行不停的振动。实际结构的振动总是有阻尼的。现在讨论阻尼对自由振动的影响。

振动中的阻尼可来自不同的方面。如振动周围介质(空气、液体)的阻力、支承部分的摩擦、材料内部的摩擦等。通常采用的阻尼理论是黏滞阻尼，即假定阻力与速度成正比，且方向与质点的速度方向相反，即：

$$R(t)=-c\dot{y} \tag{15.13}$$

这里，c 称为阻尼常数。

具有阻尼的单自由度体系的自由振动模型如图 15.15(a)所示。体系的质量为 m，体系的弹性性质用弹簧表示，弹簧的刚度系数为 k。体系的阻尼性质用阻尼减震器表示，阻尼常数为 c。

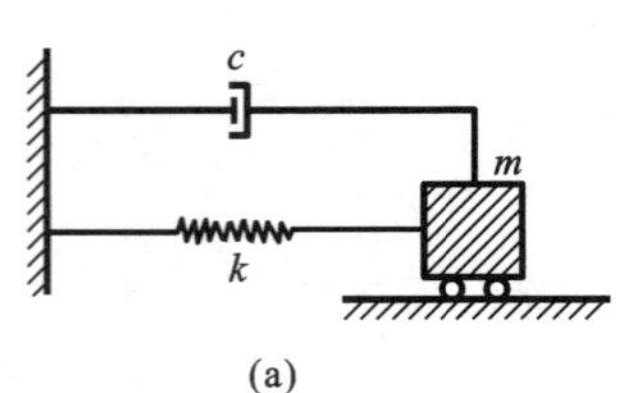

(a)

(b)

图 15.15　有阻尼自由振动模型

(a) 有阻尼模型；(b) 质量隔离体

取质量 m 为隔离体，如图 15.15(b)所示。隔离体上作用的力，除弹性力 $-ky$、惯性力 $-m\ddot{y}$ 外，还有阻尼力 $-c\dot{y}$，因此，所建立的动平衡方程为：

$$m\ddot{y}+c\dot{y}+ky=0 \tag{15.14}$$

引入

$$\omega=\sqrt{\frac{k}{m}}$$

并令

$$\xi=\frac{c}{2m\omega} \tag{15.15}$$

这里，ξ 称为阻尼比。

则有阻尼自由振动的方程可改写为：

$$\ddot{y}+2\xi\omega\dot{y}+\omega^2y=0 \tag{15.16}$$

设微分方程式(15.16)的解为如下形式：

$$y(t)=Ce^{\lambda t}$$

则 λ 由下列特征方程确定：

$$\lambda^2+2\xi\omega\lambda+\omega^2=0$$

其解为：

$$\lambda=\omega(-\xi\pm\sqrt{\xi^2-1})$$

根据 $\xi<1$，$\xi=1$，$\xi>1$ 三种情况，可得出三种运动形态，分述如下：

(1) $\xi<1$ 的情况(即低阻尼情况)

令

$$\omega_r=\omega\sqrt{1-\xi^2} \tag{15.17}$$

则

$$\lambda=-\xi\omega\pm i\omega_r \tag{a}$$

此时,微分方程式(15.16)的解为:

$$y=e^{-\xi\omega t}(C_1\cos\omega_r t+C_2\sin\omega_r t)$$

再引入初始条件确定积分常数后,可得:

$$y=e^{-\xi\omega t}\left(y_0\cos\omega_r t+\frac{v_0+\xi\omega y_0}{\omega_r}\sin\omega_r t\right) \tag{15.18}$$

这里,ω_r是低阻尼体系的自振圆频率。

式(15.18)也可写成:

$$y=e^{-\xi\omega t}a\sin(\omega_r t+\alpha) \tag{15.19}$$

式中

$$a=\sqrt{y_0{}^2+\frac{(v_0+\xi\omega y_0)^2}{\omega_r^2}}$$

$$\tan\alpha=\frac{y_0\omega_r}{v_0+\xi\omega y_0}$$

根据以上解答,对低阻尼的自由振动,可讨论如下:

① 低阻尼的振动是一衰减振动。由式(15.18)或式(15.19)可画出低阻尼体系自由振动的 y-t 曲线,如图15.16所示。这是一条衰减曲线。

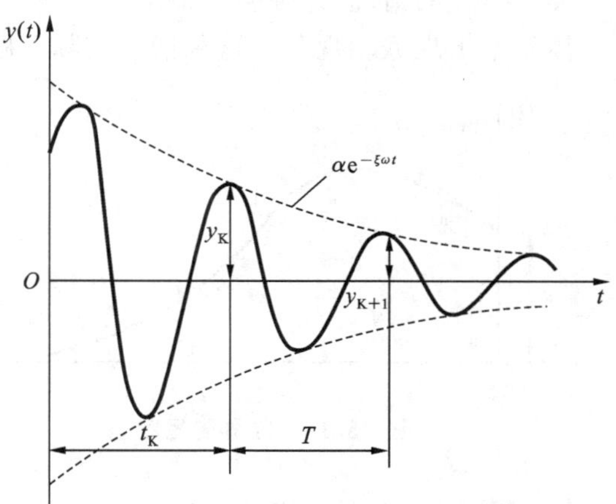

图 15.16 低阻尼自由振动

② 低阻尼对自振频率的影响

由式(15.17),因 $\xi<1$,因此,$\omega_r<\omega$。一般建筑物 ξ 在0.01~0.1之间。当 $\xi<0.2$ 时,$\frac{\omega_r}{\omega}$在0.9798~1.0之间,ω_r与 ω 值很接近,因此,在 $\xi<0.2$ 时,阻尼对自振频率的影响不大,可以忽略。

③ 低阻尼对振幅的影响

在式(15.19)中,振幅为 $ae^{-\xi\omega t}$。从图15.16可以看出,由于阻尼的影响,振幅随时间按对数规律衰减,还可看出,经

过一个周期 $T\left(T=\frac{2\pi}{\omega_r}\right)$后,相邻两个振幅之比为:

$$\frac{y_{K+1}}{y_K}=\frac{a\,e^{-\xi\omega(t_K+T)}}{a\,e^{-\xi\omega t_K}}=e^{-\xi\omega T}$$

由此可见,ξ 值愈大,衰减愈快。

④ 阻尼比的测定

由上式取对数:

$$\ln\frac{y_K}{y_{K+1}}=\xi\omega T=\xi\omega\frac{2\pi}{\omega_r}$$

当 $\xi<0.2$,则$\frac{\omega_r}{\omega}\approx1$,有:

$$\xi\approx\frac{1}{2\pi}\ln\frac{y_K}{y_{K+1}}$$

这里,$\ln\frac{y_K}{y_{K+1}}$称为振幅的对数递减率。同样,用 y_K 和 y_{K+n} 表示两个相隔 n 个周期的振幅,可得:

$$\xi \approx \frac{1}{2\pi n}\ln\frac{y_K}{y_{K+n}} \tag{15.20}$$

因此，在测到了两个振幅 y_K 和 y_{K+n} 后，则由式(15.20)可推算出 ξ 值。

(2) $\xi=1$ 的情况(临界阻尼情况)

此时由式(a)得：

$$\lambda = -\omega$$

λ 为重根。因此，微分方程式(15.16)的解为：

$$y = (C_1 + C_2 t)e^{-\omega t}$$

再引入初始条件，得：

$$y(t) = [y_0(1+\omega t) + v_0 t]e^{-\omega t} \tag{15.21}$$

y-t 曲线如图 15.17 所示，它表示体系从初始位移 y_0 出发，逐渐回到静平衡位置而无振动发生。

因此，当 $\xi<1$ 时，体系中会引起振动，但是是衰减的；$\xi=1$ 时，体系中不再引起振动，这时阻尼常数为临界阻尼常数。

在式(15.15)中，令 $\xi=1$，则临界阻尼常数为：

$$c_r = 2m\omega \tag{15.22}$$

临界阻尼比为：

$$\xi = \frac{c}{c_r} \tag{15.23}$$

(3) $\xi>1$ 的情况(即强阻尼情况)

体系不出现振动现象。这种情形实际问题中很少遇到，不予讨论。

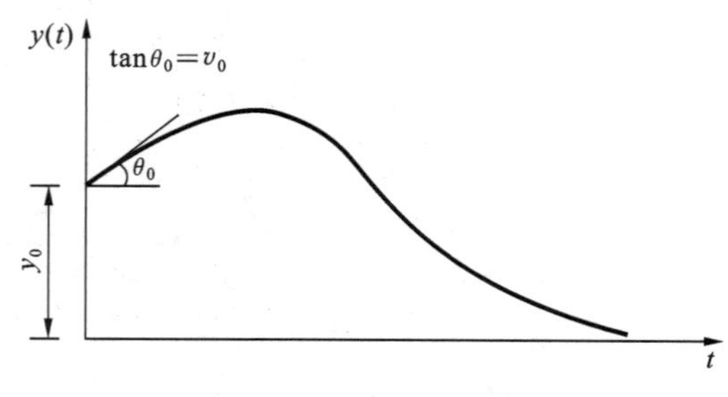

图 15.17 临界阻尼状态

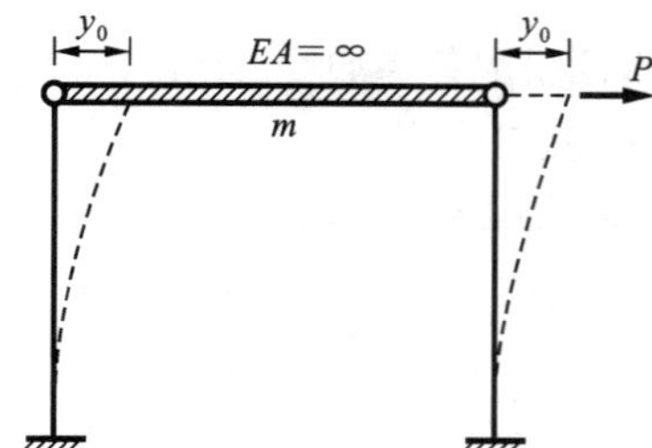

图 15.18 例 15.5 图——求排架阻尼比及振动衰减情况

【例 15.5】 图 15.18 所示排架，横梁 $EA=\infty$，横梁及柱的部分质量集中在横梁处，结构为单自由度体系。为进行振动实验，在横梁处加一水平力 P，柱顶产生侧移 $y_0=0.6$ cm，这时突然卸除荷载 P，排架做自由振动。振动一周后，柱顶侧移为 0.54 cm。试求排架的阻尼比 ξ 及振动 10 周后，柱顶的振幅 y_{10}。

【解】

(1) 求 ξ

假设阻尼比 $\xi<0.2$，$\omega_r\approx\omega$，因此，可用式(15.20)计算 ξ

$$\xi \approx \frac{1}{2\pi}\ln\frac{y_0}{y_1} = \frac{1}{2\pi}\ln\frac{0.6}{0.54} = 0.0168$$

(2) 求振动 10 周后的振幅 y_{10}

在式(15.20)中，$n=10$

$$\xi \approx \frac{1}{2\pi n}\ln\frac{y_0}{y_{10}}$$

$$\ln\frac{y_0}{y_{10}} = 2\pi n\xi$$

$$\ln y_{10} = \ln y_0 - 20\pi\xi = \ln 0.6 - 20\pi \times 0.0168$$

$$y_{10} = 0.21 \text{ cm}$$

所以，振动 10 周后的振幅为 0.21 cm。

15.3 单自由度体系的受迫振动

1. 单自由度体系受迫振动微分方程的建立

结构在动力荷载作用下的振动，称为强迫振动或受迫振动。图 15.19(a)表示一单自由度体系在荷载 $P(t)$作用下的受迫振动，可以用图 15.19(b)的模型来表示，质量为 m，弹簧刚度系数为 k，并作用有外荷载$P(t)$。

取质量 m 为隔离体，受力图如图 15.19(c)所示。

质量 m 上作用力有：弹性力 $-ky$、惯性力 $-m\ddot{y}$，以及动力荷载 $P(t)$，可建立动力平衡方程为：

$$m\ddot{y} + ky = P(t)$$

将 $\omega=\sqrt{\dfrac{k}{m}}$ 代入，上式可写成：

$$\ddot{y} + \omega^2 y = \frac{P(t)}{m} \tag{15.24}$$

式(15.24)就是单自由度体系受迫振动的微分方程。

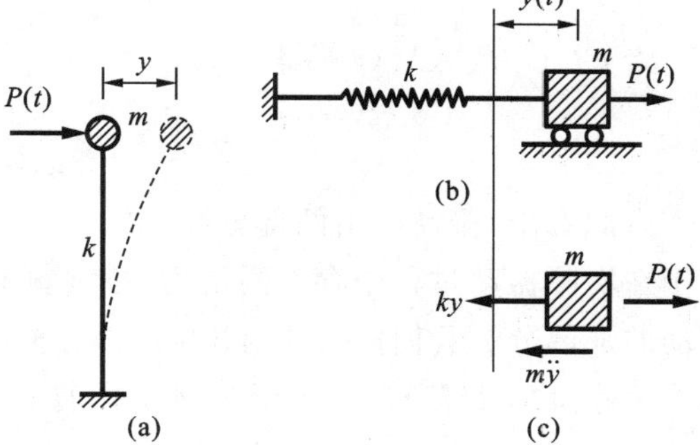

图 15.19 单自由度体系受迫振动模型

(a) 模型一；(b) 模型二；(c) 质量隔离体

2. 简谐荷载作用下结构的动力反应

(1) 简谐荷载作用下方程的解答

设体系承受简谐荷载，表达式为：

$$P(t) = F\sin\theta t \tag{a}$$

式中 θ——简谐荷载的圆频率；

F——荷载的最大值，也称为荷载的幅值。

将式(a)代入式(15.24)，得运动方程如下：

$$\ddot{y} + \omega^2 y = \frac{F}{m}\sin\theta t \tag{b}$$

这是二阶常系数非齐次微分方程，其通解由两部分组成：一部分为齐次解($\bar{y}$)，一部分为特解(y^*)。

$$y = \bar{y} + y^*$$

齐次解 $\bar{y}$，已在 15.2 节中求出：

$$\bar{y} = C_1\sin\omega t + C_2\cos\omega t$$

设特解 y^* 为：

$$y^* = A\sin\theta t$$

将上式代入式(b)，得：

$$(-\theta^2 + \omega^2)A\sin\theta t = \frac{F}{m}\sin\theta t$$

由此得：

$$A = \frac{F}{m(\omega^2 - \theta^2)}$$

因此，特解为：

$$y^* = \frac{F}{m(\omega^2 - \theta^2)}\sin\theta t$$

于是，方程的通解为：

$$y(t) = C_1\sin\omega t + C_2\cos\omega t + \frac{F}{m(\omega^2 - \theta^2)}\sin\theta t \tag{c}$$

积分常数由初始条件确定。

设 $t=0$ 时，初始位移 $y(0)$ 与初始速度 $\dot{y}(0)$ 均为零。将 $t=0$ 代入式(c)，

$t=0, y(0)=0$，即得：

$$C_2=0$$

$t=0, \dot{y}(0)=0$，即得：

$$C_1=-\frac{F\theta}{m(\omega^2-\theta^2)\omega}$$

将 C_1、C_2 代入式(c)，得：

$$y(t)=-\frac{F\theta}{m\omega(\omega^2-\theta^2)}\sin\omega t+\frac{F}{m(\omega^2-\theta^2)}\sin\theta t \tag{15.25}$$

由此看出，振动是由两部分组成的，第一部分是按自振频率 ω 的振动，第二部分是按荷载频率 θ 的振动。由于在实际振动过程中存在阻尼力，按自振频率 ω 振动的那一部分将会逐渐消失，最后只剩下按荷载频率振动的那部分。我们把振动刚开始两部分振动同时存在的阶段称为“过渡阶段”，而把后来只按荷载频率振动的阶段称为“平稳阶段”。由于过渡阶段存在的时间较短，因此，我们主要讨论平稳阶段的振动或稳态受迫振动。

(2) 简谐荷载的动力系数

平稳阶段任一时刻的位移，由式(15.25)的第二部分：

$$y(t)=\frac{F}{m(\omega^2-\theta^2)}\sin\theta t=\frac{F}{m\omega^2\left(1-\frac{\theta^2}{\omega^2}\right)}\sin\theta t \tag{d}$$

由于

$$\omega^2=\frac{k}{m}=\frac{1}{m\delta}$$

所以

$$\frac{F}{m\omega^2}=F\delta$$

引入符号 y_{st}，令：

$$y_{st}=F\delta \tag{e}$$

式中　y_{st}——荷载幅值 F 作为静力荷载作用时，结构所产生的位移。

将式(e)代入式(d)，得：

$$y(t)=y_{st}\frac{1}{\left(1-\frac{\theta^2}{\omega^2}\right)}\sin\theta t \tag{15.26}$$

最大位移(即振幅)为：

$$[y(t)]_{max}=y_{st}\frac{1}{1-\frac{\theta^2}{\omega^2}}$$

最大动位移与荷载幅值所产生的静位移的比值为动力系数，以 β 表示，则：

$$\beta=\frac{[y(t)]_{max}}{y_{st}}=\frac{1}{1-\frac{\theta^2}{\omega^2}} \tag{15.27}$$

由式(15.27)可以看出，动力系数 β 与频率比值 $\frac{\theta}{\omega}$ 有关，β 随 $\frac{\theta}{\omega}$ 变化的规律如图 15.20 所示，其中横坐标为 $\frac{\theta}{\omega}$，纵坐标为 β 的绝对值(注意：当 $\frac{\theta}{\omega}>1$ 时，β 为负值)。

图 15.20 可说明结构在简谐荷载作用下无阻尼稳态振动的一些性质。

① $\frac{\theta}{\omega} \ll 1\left(\frac{\theta}{\omega} \to 0\right)$时，动力系数 $\beta \to 1$。

这时简谐荷载的数值变化很缓慢，动力作用不明显，接近于静力作用，因而可当作静荷载处理。

② $0 < \frac{\theta}{\omega} < 1$ 时，β 随$\frac{\theta}{\omega}$的增大而增大，动力系数 $\beta > 1$。

③ $\frac{\theta}{\omega} \to 1$ 时，动力系数 $\beta \to \infty$。即当荷载频率 θ 接近于结构自振频率 ω 时，β 很大，振幅会无限增大，这种现象称为共振。但实际上由于阻尼力的影响，共振时也不会出现振幅为无限大的情况，但共振时的振幅比静位移大很多倍的情况是可能出现的。

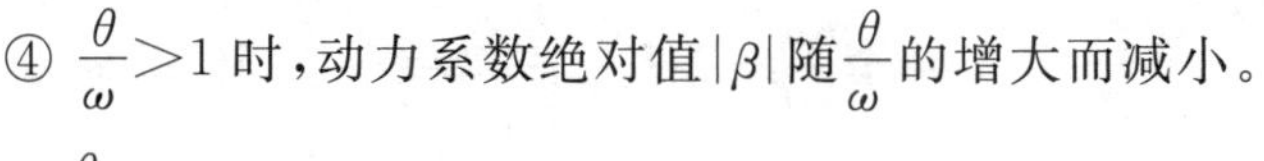

④ $\frac{\theta}{\omega} > 1$ 时，动力系数绝对值$|\beta|$随$\frac{\theta}{\omega}$的增大而减小。

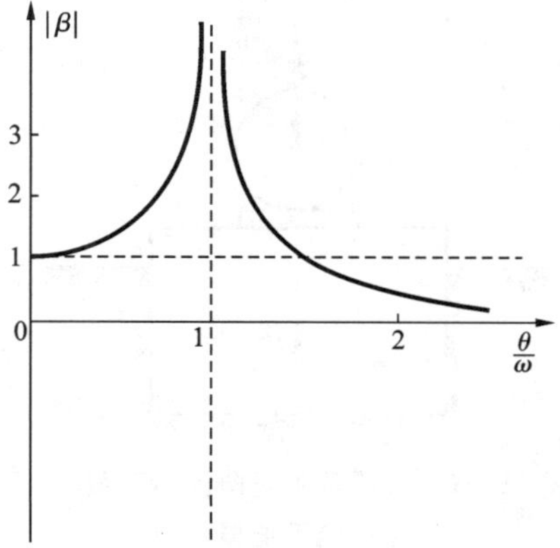

图 15.20　动力系数

当$\frac{\theta}{\omega} \gg 1$，$|\beta| \to 0$。

以上分析了在简谐荷载作用下结构的位移幅度随$\frac{\theta}{\omega}$的变化情况。对于结构的内力、应力也可作类似分析。

【例 15.6】　设有一简支钢梁，如图 15.21 所示，跨度 $l=5$ m，型号为 I32b 工字钢，惯性矩 $I=11626\ \text{cm}^4$，截面抵抗矩 $W=726.7\ \text{cm}^3$，弹性模量 $E=2.1\times10^8$ kPa。在跨度中点有电动机，重量 $Q=40$ kN，转速 $n=400$ r/min。由于具有偏心，转动时产生离心力 $P=20$ kN，离心力的竖向分力为 $P\sin\theta t$，忽略梁本身的质量，试求钢梁在上述竖向简谐荷载作用下受迫振动的动力系数和最大正应力。

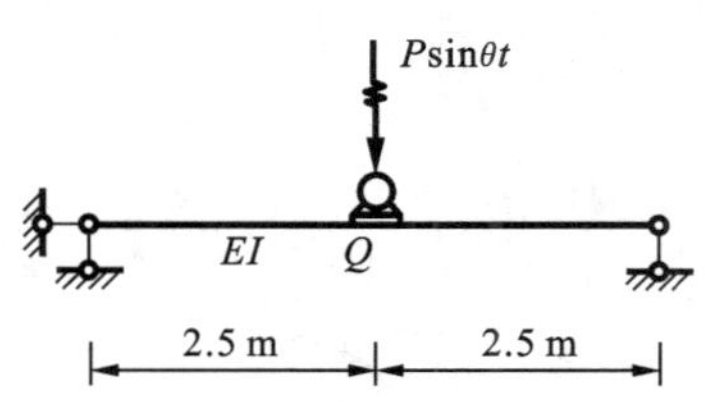

图 15.21　简支梁在竖向简谐荷载下的受迫振动

【解】

(1) 计算简支钢梁的自振频率 ω

$$\omega = \sqrt{\frac{g}{\Delta_{st}}} = \sqrt{\frac{g}{W\delta}} = \sqrt{\frac{g48EI}{Ql^3}}$$

$$= \sqrt{\frac{9.80\times48\times2.1\times10^8\times11626\times10^{-8}}{40\times5.0^3}} = 47.93\ \text{s}^{-1}$$

(2) 计算简谐荷载的频率 θ

$$\theta = \frac{2\pi n}{60} = \frac{2\times3.1416\times400}{60} = 41.89\ \text{s}^{-1}$$

(3) 计算动力系数 β

由式(15.27)有

$$\beta = \frac{1}{1-\frac{\theta^2}{\omega^2}} = \frac{1}{1-\left(\frac{41.89}{47.93}\right)^2} = 4.23$$

(4) 计算跨中截面的最大正应力

跨中截面最大正应力应包含两项：一项为电机重量所产生的最大正应力，另一项为简谐荷载 $P\sin\theta t$ 所产生的最大动应力。第二项最大动应力应为简谐荷载幅值 P 的静力作用的最大正应力的 β 倍，即 4.23 倍。

$$\sigma = \frac{Ql}{4W} + \frac{\beta Pl}{4W} = (Q+\beta P)\frac{l}{4W} = (40+4.23\times20)\times\frac{5.0}{4\times726.7\times10^{-6}} = 21.43\times10^4\ \text{kPa}$$

【例 15.7】　图 15.22 所示的机器基础重量 $W=60$ kN，底面积 $A=20\ \text{m}^2$。机器运转产生简谐荷载 $P_0\sin\theta t$，$P_0=20$ kN，机器每分钟转数 400 转。求机器连同基础做竖向振动时的振幅及地基最大压应力。(在例 15.4 中已求出 $\omega=44.27\text{s}^{-1}$，$k=12\times10^3$ kN/m。)

【解】

(1) 求简谐荷载的频率 θ

$$\theta = \frac{2\pi n}{60} = \frac{2\pi\times400}{60} = 41.89\ \text{s}^{-1}$$

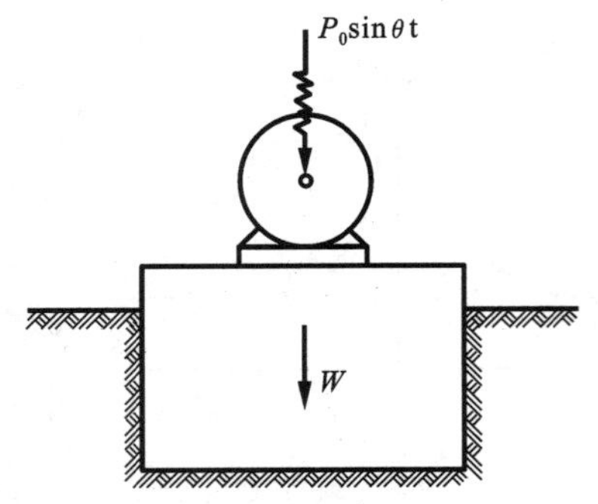

图 15.22 机器基础竖向简谐荷载作用的受迫振动

(2) 计算动力系数 β

由式(15.27)有

$$\beta=\frac{1}{1-\dfrac{\theta^2}{\omega^2}}=\frac{1}{1-\left(\dfrac{41.89}{44.27}\right)^2}=9.56$$

(3) 计算基础做竖向振动时振幅 $[y(t)]_{\max}$

$$[y(t)]_{\max}=y_{st}\beta=\frac{P_0}{k}\beta$$

$$=9.56\times\frac{20}{12\times10^3}=0.0159\text{ m}=1.59\text{ cm}$$

(4) 计算地基最大压应力

$$p_{\min}=-\frac{W}{A}-\frac{\beta P_0}{A}=-\frac{60}{20}-\frac{9.56\times20}{20}=-12.56\text{ kPa}$$

3. 一般荷载作用下结构的动力反应

现在讨论在一般动荷载 $P(t)$ 作用下所引起的动力反应。讨论分两步:先讨论瞬时冲量的动力反应,然后在此基础上讨论一般动荷载的动力反应。

设体系在 $t=0$ 时为静止状态,然后作用瞬时冲量 S。在 Δt 时间内作用荷载 P,冲量 S 为 $P\Delta t$[图 15.23(a)]。冲量使体系产生初始速度 $v_0=\dfrac{S}{m}$,但初始位移仍为零。由式(15.5),有:

$$y(t)=\frac{S}{m\omega}\sin\omega t \tag{15.28}$$

上式为在 $t=0$ 时作用瞬时冲量 S 所引起的动力反应。

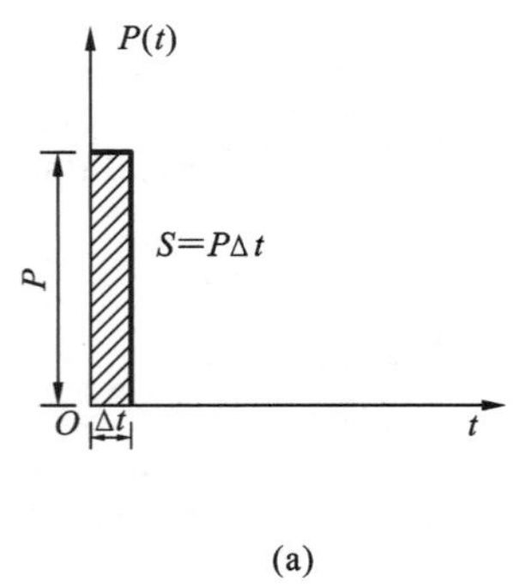

(a)

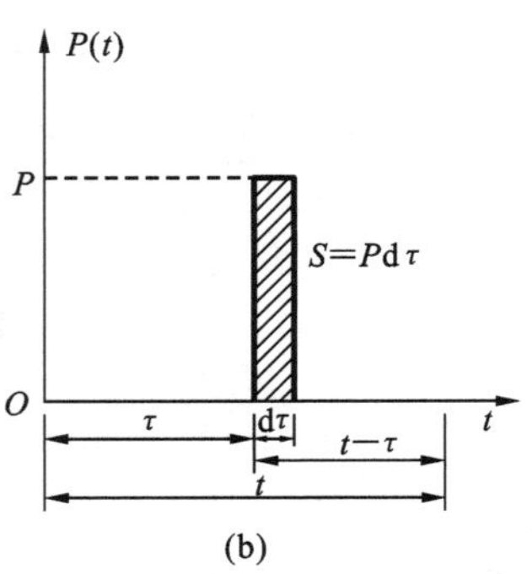

(b)

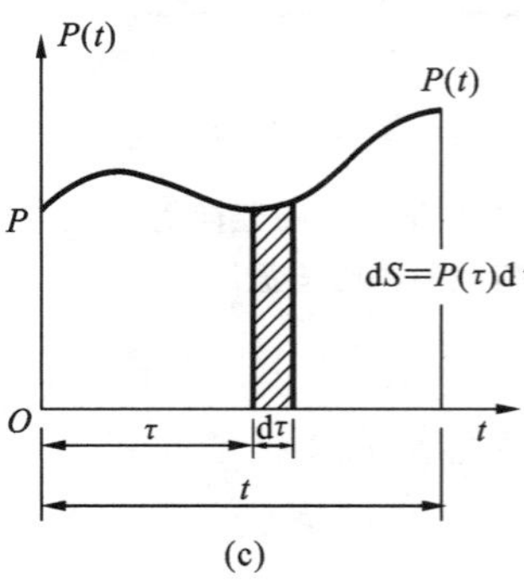

(c)

图 15.23 一般动荷载的集成过程

(a) $t=0$ 时冲量;(b) $t=\tau$ 时冲量;(c) 冲量集成

如果在 $t=\tau$ 时作用瞬时冲量 S[图 15.23(b)],则在其后任一时刻 $t(t>\tau)$ 的位移为:

$$y(t)=\frac{S}{m\omega}\sin\omega(t-\tau) \tag{a}$$

现在讨论一般动荷载 $P(t)$ 作用[图 15.23(c)]时的动力反应。一般动荷载可看作由一系列瞬时冲量组成,在时刻 $t=\tau$ 作用荷载为 $P(\tau)$,其在时间微分段 $d\tau$ 内的冲量为 $dS=P(\tau)d\tau$。由式(a),此微分冲量作用引起的动力反应为:

$$dy(t)=\frac{P(\tau)d\tau}{m\omega}\sin\omega(t-\tau)\qquad(t>\tau) \tag{b}$$

对加载过程中产生的所有微分反应进行叠加,即对式(b)进行积分,可得总反应如下:

$$y(t)=\frac{1}{m\omega}\int_0^t P(\tau)\sin\omega(t-\tau)d\tau \tag{15.29}$$

式(15.29)称为杜哈梅(Duhamel)积分，这就是初始处于静止状态时单自由度体系在任意动荷载 $P(t)$ 作用下的位移公式。如有初始位移 y_0 和初始速度 v_0，则总位移还应叠加式(15.5)的结果。

下面应用式(15.29)讨论两种动荷载作用时的动力反应。

(1) 突加荷载

体系原处于静止状态，在 $t=0$ 时，突然加上荷载 P_0，并一直作用在结构上。吊装重物时的吊装荷载即为此种荷载，其表示式为：

$$\left.\begin{aligned} P(t) &= 0, \quad 当\ t < 0 \\ P(t) &= P_0, \quad 当\ t \geqslant 0 \end{aligned}\right\} \tag{c}$$

其 P-t 曲线如图 15.24 所示。

将式(c)中的荷载表达式代入式(15.29)，得到动位移：

$$y(t) = \frac{1}{m\omega}\int_0^t P_0 \sin\omega(t-\tau)\mathrm{d}\tau = \frac{P_0}{m\omega^2}(1-\cos\omega t) = y_{st}(1-\cos\omega t) \tag{15.30}$$

式中，$y_{st}=\dfrac{P_0}{m\omega^2}=P_0\delta$，为静荷载 P_0 作用下产生的静位移。

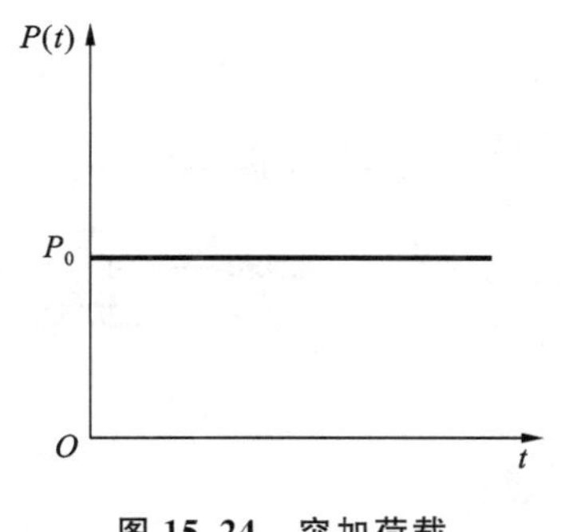

图 15.24 突加荷载

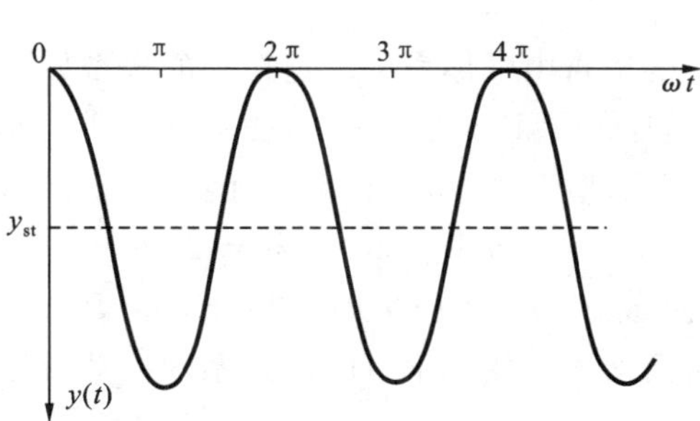

图 15.25 突加荷载位移反应

根据式(15.30)作出的动力位移图(图 15.25)，可以看出，质点围绕其静力平衡位置 $y=y_{st}$ 做简谐运动，动力系数为：

$$\beta = \frac{[y(t)]_{max}}{y_{st}} = 2 \tag{15.31}$$

由此看出，突加荷载作用引起的最大位移比相应的静位移增大一倍，应该引起注意。

(2) 线性渐增荷载

在一定时间内 $(0\leqslant t\leqslant t_r)$，荷载由 0 增至 P_0，然后荷载值保持不变(图 15.26)。荷载表达式为：

$$\left.\begin{aligned} P(t) &= \frac{P_0}{t_r}t, \quad 当\ 0\leqslant t < t_r\ 时 \\ P(t) &= P_0, \quad 当\ t \geqslant t_r\ 时 \end{aligned}\right\}$$

这里，t_r 为升载时间。

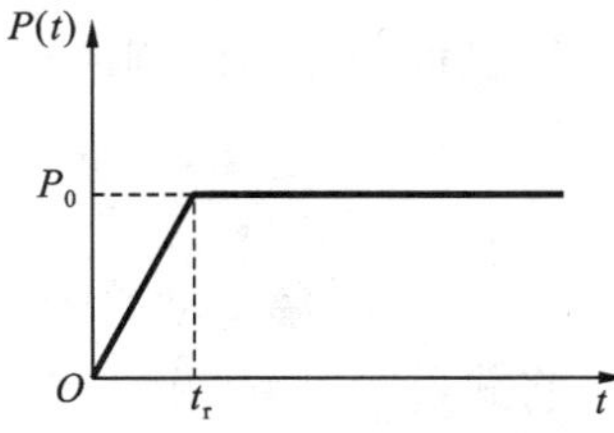

图 15.26 线性渐增荷载

这种荷载作用引起的动力反应同样可以利用杜哈梅积分求出，结果如下：

$$\left.\begin{aligned} y(t) &= \frac{P_0}{m\omega t_r}\int_0^t \tau\sin\omega(t-\tau)\mathrm{d}\tau = y_{st}\frac{1}{t_r}\left(t-\frac{\sin\omega t}{\omega}\right),当\ t\leqslant t_r\ 时 \\ y(t) &= \frac{P_0}{m\omega t_r}\int_0^{t_r} \tau\sin\omega(t-\tau)\mathrm{d}\tau + \frac{P_0}{m\omega}\int_{t_r}^t \sin\omega(t-\tau)\mathrm{d}\tau \\ &= y_{st}\left\{1-\frac{1}{\omega t_r}[\sin\omega t - \sin\omega(t-t_r)]\right\},当\ t\geqslant t_r\ 时 \end{aligned}\right\} \tag{15.32}$$

对于这种线性渐增荷载，其动力反应与升载时间 t_r 的长短有很大关系。图 15.27 所示曲线表示动力系数 β 随升载时间比值 $\dfrac{t_r}{T}$ 而变化的情形，这种关系曲线叫动力系数的反应谱曲线。

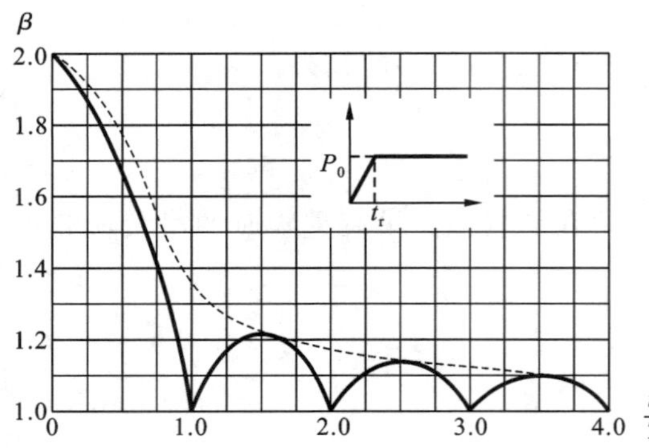

图 15.27　线性渐增荷载的动力系数反应谱

由图 15.27 看出，动力系数 β 介于 1 与 2 之间。如果升载时间很短，例如 $t_r<\frac{T}{4}$，则动力系数 β 接近于 2.0，即相当于突加荷载的情况。如果升载时间很长，例如 $t_r>4T$，则动力系数 β 接近于 1.0，即相当于静荷载的情况。注意，这里说的升载时间的长短，不仅是时间 t_r 的长短，而且是与周期 T 紧密相关的。例如升载时间 $t_r=0.5$ s 的荷载，对一个周期 $T=0.1$ s 的结构$\left(\frac{t_r}{T}=5\right)$，其作用相当于静荷载；同样，$t_r=0.5$ s 的荷载，对一个周期 $T=3$ s 的结构$\left(\frac{t_r}{T}=0.167\right)$，则其作用相当于突加荷载。图 15.27 中所示的外包虚线，可作为设计中选用动力系数的依据。

4. 阻尼对受简谐荷载受迫振动的影响

具有阻尼的单自由度体系的受迫振动的模型如图 15.28(a)所示。

在任一时刻，取质量 m 为隔离体，受力如图 15.28(b)所示。弹性力 $-ky$、阻尼力 $-c\dot{y}$、惯性力 $-m\ddot{y}$ 和动力荷载 $P(t)$之间的平衡方程为：

$$m\ddot{y}+c\dot{y}+ky=P(t) \tag{15.33}$$

在简谐荷载 $P(t)=F\sin\theta t$ 作用下，将 $P(t)=F\sin\theta t$ 代入式(15.33)，即得简谐荷载作用下有阻尼体系的振动微分方程：

$$\ddot{y}+2\xi\omega\dot{y}+\omega^2 y=\frac{F}{m}\sin\theta t \tag{15.34}$$

这里，$\xi=\frac{c}{2m\omega}$，$\omega=\sqrt{\frac{k}{m}}$。

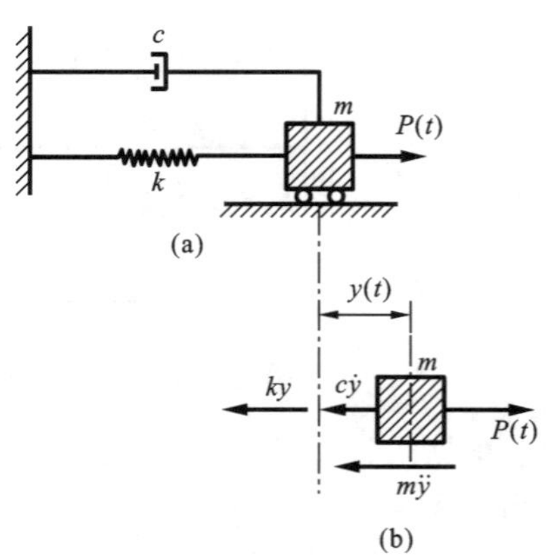

图 15.28　有阻尼的受迫振动模型

方程的解仍然由齐次解和特解组成，也就是体系的振动是由具有 ω_r的频率和具有 θ 的频率的两部分振动所组成。由于阻尼的作用，频率为 ω_r的振动将逐渐衰减而最后消失，只有荷载的影响，频率为 θ 的振动不衰减，这部分振动称为平稳振动。

平稳振动任一时刻的动力位移可用下式表示：

$$y=a\sin(\theta t-\alpha) \tag{15.35}$$

式中　a——振幅；

α——振幅与动载 P 之间的相位差。

将式(15.35)代入式(15.34)，经过一些运算后可求得：

$$a=y_{st}\frac{1}{\sqrt{\left(1-\frac{\theta^2}{\omega^2}\right)^2+4\xi^2\frac{\theta^2}{\omega^2}}} \tag{15.36}$$

$$\alpha=\tan^{-1}\frac{2\xi\frac{\theta}{\omega}}{\left(1-\frac{\theta^2}{\omega^2}\right)} \tag{15.37}$$

式中　y_{st}——动载幅值 F 作用下的静力位移。

由式(15.36)可得动力系数如下：

$$\beta=\frac{a}{y_{st}}=\frac{1}{\sqrt{\left(1-\frac{\theta^2}{\omega^2}\right)^2+4\xi^2\frac{\theta^2}{\omega^2}}} \tag{15.38}$$

由此看出，动力系数β不仅与频率比值$\frac{\theta}{\omega}$有关，而且与阻尼比ξ有关。对于不同的ξ值，可画出相应的β与$\frac{\theta}{\omega}$之间的关系曲线，如图15.29所示。

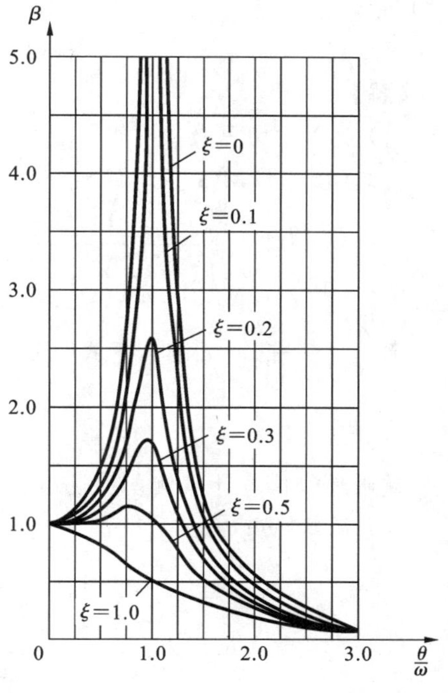

图 15.29　有阻尼时简谐荷载的动力系数

由式(15.36)～式(15.38)及图15.29可以看出：

(1) 阻尼比ξ对动力系数β的影响与频率比值$\frac{\theta}{\omega}$有关。

① 在$\frac{\theta}{\omega}$很小$\left(即\frac{\theta}{\omega}\ll 1\right)$和$\frac{\theta}{\omega}$很大$\left(即\frac{\theta}{\omega}\gg 1\right)$时，$\xi$对$\beta$的影响不大，可以不考虑$\xi$的影响。

在$\frac{\theta}{\omega}\ll 1$时，可认为$\beta\to 1$，$P(t)$可作为静力荷载处理。

在$\frac{\theta}{\omega}\gg 1$时，可认为$\beta\to 0$，可认为质点接近于没有振动位移。

② 在$\frac{\theta}{\omega}\to 1$，即在$\frac{\theta}{\omega}=1$的附近，这时$\xi$对$\beta$的数值有很大的影响，由于阻尼的存在，使$\beta$峰值下降。

在$\frac{\theta}{\omega}=1$时，即共振的情形，动力系数β可由式(15.38)得到：

$$\beta\Big|_{\frac{\theta}{\omega}=1}=\frac{1}{2\xi} \tag{15.39}$$

如果忽略阻尼的影响，即在式(15.39)中，令$\xi\to 0$，则得出无阻尼体系共振时动力系数趋于无穷大的结论。如果考虑阻尼的影响，则式(15.39)中的ξ不为零，因而得出共振时动力系数是一个有限值的结论。可见，在$\frac{\theta}{\omega}=1$附近，阻尼比ξ的影响是不容忽视的。

一般在$0.75<\frac{\theta}{\omega}<1.3$(习惯上称此区域为共振区)的范围内，阻尼力大大减小受迫振动的位移，应考虑阻尼的影响。而在此范围以外，则认为阻尼对β的影响很小，可按无阻尼的情形来计算。

(2) 阻尼比ξ对任一时刻的位移与动载P的相位差α的影响与频率比值$\frac{\theta}{\omega}$有关。

由式(15.35)可以看出，阻尼体系的位移比荷载P滞后一个相位角α，α值可由式(15.37)求出。

当$0<\frac{\theta}{\omega}\leqslant 1$时，$0<\alpha<\frac{\pi}{2}$；当$\frac{\theta}{\omega}>1$时，$\frac{\pi}{2}<\alpha<\pi$。因此

① 当$\frac{\theta}{\omega}\to 0\left(即\frac{\theta}{\omega}\ll 1\right)$时，$\alpha\to 0$，$y$与$P$同步。

此时体系振动很慢，惯性力、阻尼力都很小，动载和弹性力平衡，弹性力和y方向相反，所以，动载和y同步。

② 当$\frac{\theta}{\omega}\to 1$(即$\theta\approx\omega$)时，$\alpha\to 90^\circ$，$y$与$P$相位差接近$90^\circ$。

当荷载值最大时($\theta t=90^\circ$)，由式(15.35)，位移和加速度都接近于零，因而弹性力和惯性力都接近于零，动载主要由阻尼力来平衡。由此又一次看出，在共振情况下，阻尼力起重要作用，它的影响是不容忽视的。

③ 当$\frac{\theta}{\omega}\to\infty\left(\frac{\theta}{\omega}\gg 1\right)$时，$\alpha\to 180^\circ$，$y$与$P$方向相反。

此时体系振动很快，因此惯性力很大，弹性力和阻尼力相对比较小，动载主要与惯性力平衡。而惯性力与位移是同相位的，因此，荷载与位移的相位角相差180°，即方向彼此相反。

【例 15.8】　同例15.7，已知$W=60\ \text{kN}$，$P_0=20\ \text{kN}$，已求得$\theta=41.89\ \text{s}^{-1}$，$\omega=44.27\ \text{s}^{-1}$，$k=12\times$

10^3 kN/m，现在考虑阻尼的影响，设阻尼比 $\xi=0.15$，计算在阻尼影响下机器及基础做竖向振动的振幅及地基最大压应力。

【解】

(1) 计算动力系数 β

由式(15.38)，有：

$$\beta=\frac{1}{\sqrt{\left(1-\frac{\theta^2}{\omega^2}\right)^2+4\xi^2\frac{\theta^2}{\omega^2}}}=\frac{1}{\sqrt{\left(1-\frac{41.89^2}{44.27^2}\right)^2+4\times0.15^2\times\left(\frac{41.89^2}{44.27^2}\right)}}=3.31$$

因 $\frac{\theta}{\omega}=\frac{41.89}{44.27}=0.946$，用式(15.39)近似计算：

$$\beta=\frac{1}{2\xi}=\frac{1}{2\times0.15}=3.33$$

说明近似值与计算值差别很小。

(2) 计算 $[y(t)]_{\max}$

$$[y(t)]_{\max}=\beta y_{st}=\beta\frac{P_0}{k}=3.31\times\frac{20}{12\times10^3}=0.0055\ \text{m}=5.5\ \text{mm}$$

(3) 计算最大压应力

$$p_{\max}=-\frac{W}{A}-\frac{\beta P}{A}=-\frac{60}{20}-\frac{3.31\times20}{20}=-6.31\ \text{kPa}$$

由以上结果可见，因为本题 $\frac{\theta}{\omega}=0.946$，在共振区附近，阻尼对动力系数 β、振幅 $[y(t)]_{\max}$ 及基底压应力 $p_{\max}$ 均有相当大的影响。

5. 有阻尼时的杜哈梅积分

有阻尼体系(当 $\xi<1$ 时)承受一般动荷载 $P(t)$ 作用时，其反应也可以表示为杜哈梅积分，与无阻尼体系的式(15.29)相似，推导方法也相似。

首先，由式(15.17)可知，单独由初始速度 v_0(初始位移 y_0 为零)所引起的振动为：

$$y=e^{-\xi\omega t}\frac{v_0}{\omega_r}\sin\omega_r t$$

由于冲量 $S=mv_0$，故在初始时刻由冲量 S 引起的振动为：

$$y=e^{-\xi\omega t}\frac{S}{m\omega_r}\sin\omega_r t$$

其次，任意荷载 $P(t)$ 的加载过程可看作由一系列瞬时冲量所组成。在由 $t=\tau$ 到 $t=\tau+d\tau$ 的时段内，荷载的微分冲量为 $dS=P(\tau)d\tau$，此微分冲量引起如下的动力反应：

$$dy=\frac{P(\tau)d\tau}{m\omega_r}e^{-\xi\omega(t-\tau)}\sin\omega_r(t-\tau)\quad(t>\tau)$$

然后对上式进行积分，即得总反应如下：

$$y=\int_0^t\frac{P(\tau)}{m\omega_r}e^{-\xi\omega(t-\tau)}\sin\omega_r(t-\tau)d\tau$$

这就是开始处于静止状态的单自由度体系在任意动荷载 $P(t)$ 作用下所引起的有阻尼强迫振动。如还有初始位移 y_0 和初始速度 v_0，则总位移还应叠加上式(15.18)的结果。

有阻尼的杜哈梅积分适用于计算地震作用的动力反应。

15.4 两个自由度体系的自由振动

在实际工程中，很多问题可以简化为单自由度体系计算。但也有很多结构的振动问题不宜简化为单自由度体系计算，如多层房屋的侧向振动、不等高排架的振动、柔性较大的高耸结构在地震作用下的振动等，都应按多自由度体系来计算。两个自由度体系是多自由度体系的最简单情况，能清楚地反映多自由度体系的特征。作为课程的基本要求，本书只讨论两个自由度的体系对 n 个自由度体系的一般情况，可在参考文献 1 的下册中查到。

1. 两个自由度体系自由振动微分方程的建立

与单自由度体系一样，两个自由度体系建立振动方程也有两种方法：一种是柔度法，一种是刚度法。现分别讨论如下：

(1) 柔度法

图 15.30(a)所示为具有两个集中质量 m_1 和 m_2 的两个自由度体系。在自由振动任一时刻 t，质量 m_1、m_2 的位移分别是 $y_1(t)$和 $y_2(t)$。

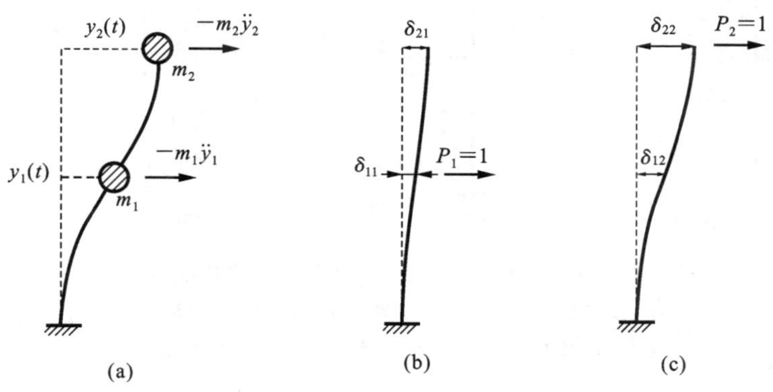

图 15.30　两个自由度体系柔度法模型

(a) 惯性力产生的位移；(b) 柔度系数 δ_{11}、δ_{21}；(c) 柔度系数 δ_{12}、δ_{22}

按柔度法建立两个自由度自由振动微分方程的思路是：在自由振动的任一时刻 t，质量 m_1、m_2 的位移 $y_1(t)$、$y_2(t)$应等于在该时刻惯性力$-m_1\ddot{y}_1(t)$、$-m_2\ddot{y}_2(t)$共同作用下所产生的静力位移。根据叠加原理，可列出方程如下：

$$\left.\begin{aligned} y_1(t) &= -m_1\ddot{y}_1(t)\delta_{11} - m_2\ddot{y}_2(t)\delta_{12} \\ y_2(t) &= -m_1\ddot{y}_1(t)\delta_{21} - m_2\ddot{y}_2(t)\delta_{22} \end{aligned}\right\} \tag{15.40}$$

式中，δ_{11}、δ_{12}、δ_{21}、δ_{22}的物理意义分别如图 15.30(b)、图 15.30(c)所示，是结构的柔度系数。

这就是用柔度法建立的两个自由度无阻尼体系自由振动的微分方程，它是通过位移方程的形式建立的。

(2) 刚度法

如图 15.31(a)所示的两个自由度体系，在自由振动任一时刻 t，m_1 和 m_2 的位移仍分别是 $y_1(t)$和 $y_2(t)$。

按刚度法建立无阻尼自由振动微分方程的思路是：取质量 m_1 和 m_2 为隔离体，建立动力平衡方程。质量 m_1 和 m_2 的隔离体如图 15.31(b)所示，隔离体 m_1 和 m_2 所受的力有下列两种：

① 惯性力$-m_1\ddot{y}_1$ 和$-m_2\ddot{y}_2$，分别与加速度$\ddot{y}_1$ 和$\ddot{y}_2$ 的方向相反；

② 弹性力 K_1 和 K_2，分别与位移 y_1 和 y_2 的方向相反。

根据达朗伯原理，可列出动平衡方程如下：

$$\left.\begin{aligned} m_1\ddot{y}_1 + K_1 &= 0 \\ m_2\ddot{y}_2 + K_2 &= 0 \end{aligned}\right\} \tag{a}$$

弹性力 K_1、K_2 是质量 m_1、m_2 与结构之间的相互作用力。图 15.31(b)中的 K_1、K_2 是质点受到的弹性力，图 15.31(c)中的 K_1、K_2 是结构所受的力，两者方向彼此相反。按位移法原理，图 15.31(c)所示结构的基本结构如图 15.31(d)所示。由基本结构在荷载(K_1、K_2)和基本未知量(y_1、y_2)共同作用下应等于原结构[图 15.31(c)]的条件，可写出结构所受到的力 K_1、K_2 与结构的位移 y_1、y_2 之间的刚度方程如下：

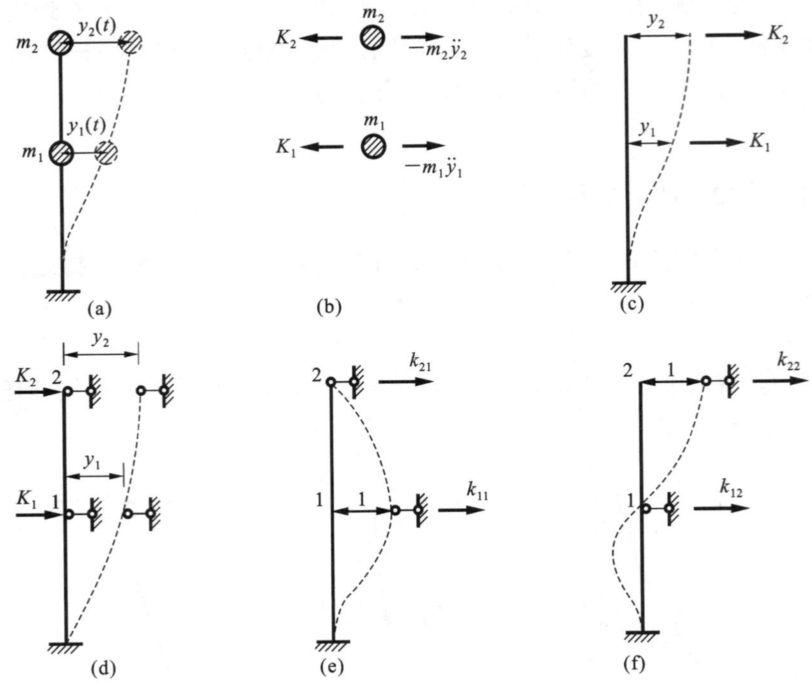

图 15.31　两个自由度体系刚度法模型

(a) 质量和位移;(b) 质量隔离体;(c) 结构弹性力和位移;

(d) 位移法的基本体系;(e) 刚度系数 k_{11}、k_{21};(f) 刚度系数 k_{12}、k_{22}

$$\left.\begin{aligned}K_1 &= k_{11}y_1 + k_{12}y_2\\K_2 &= k_{21}y_1 + k_{22}y_2\end{aligned}\right\}\tag{b}$$

式(b)中,k_{11}、k_{12}、k_{21}、k_{22}的物理意义分别如图 15.31(e)、图 15.31(f)所示,是结构的刚度系数。

将式(b)代入式(a),可得:

$$\left.\begin{aligned}m_1\ddot{y}_1(t) + k_{11}y_1(t) + k_{12}y_2(t) &= 0\\m_2\ddot{y}_2(t) + k_{21}y_1(t) + k_{22}y_2(t) &= 0\end{aligned}\right\}\tag{15.41}$$

这就是按刚度法建立的两个自由度无阻尼体系的自由振动微分方程,它是通过动力平衡方程的形式建立的。

2. 频率方程和自振频率

在上节用两种不同的方法(即柔度法和刚度法)建立了两种在形式上不同的振动微分方程。相应于两种不同形式的振动微分方程,可得到用两种不同系数(柔度系数和刚度系数)分别表示的频率方程和自振频率。

(1) 用柔度系数表示频率方程和自振频率

柔度法的振动微分方程为:

$$\left.\begin{aligned}y_1(t) &= -m_1\ddot{y}_1(t)\delta_{11} - m_2\ddot{y}_2(t)\delta_{12}\\y_2(t) &= -m_1\ddot{y}_1(t)\delta_{21} - m_2\ddot{y}_2(t)\delta_{22}\end{aligned}\right\}\tag{15.42}$$

在结构动力计算中,需要研究各质点按相同频率和相位角做简谐振动的自由振动解答,有时称为体系的“固有振动”,其振动频率称为自振频率或固有频率。因此,假设方程式(15.42)的解为简谐振动的解,即:

$$\left.\begin{aligned}y_1(t) &= Y_1\sin(\omega t + \alpha)\\y_2(t) &= Y_2\sin(\omega t + \alpha)\end{aligned}\right\}\tag{a}$$

式中　Y_1,Y_2——质量 m_1、m_2 的位移振幅;

ω——体系的自振圆频率;

α——相位角。

由式(a)可得两个质点的惯性力为：

$$\left.\begin{aligned} -m_1\ddot{y}_1(t) &= m_1Y_1\omega^2\sin(\omega t+\alpha) \\ -m_2\ddot{y}_2(t) &= m_2Y_2\omega^2\sin(\omega t+\alpha) \end{aligned}\right\} \tag{b}$$

由式(b)可知两个质量的惯性力幅值为 $m_1\omega^2Y_1$ 和 $m_2\omega^2Y_2$。

将式(a)、式(b)代入方程式(15.42)，并消去公因子 $\sin(\omega t+\alpha)$后，得到位移振幅的方程组：

$$\left.\begin{aligned} Y_1 &= (m_1\omega^2Y_1)\delta_{11}+(m_2\omega^2Y_2)\delta_{12} \\ Y_2 &= (m_1\omega^2Y_1)\delta_{21}+(m_2\omega^2Y_2)\delta_{22} \end{aligned}\right\} \tag{15.43a}$$

式(15.43a)说明位移幅值是惯性力幅值作用下所产生的静力位移，如图15.32所示。

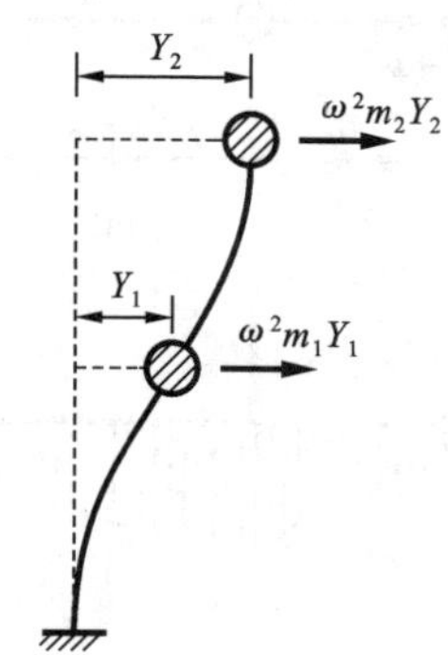

图 15.32 惯性力幅值和位移幅值的关系

式(15.43a)还可写成：

$$\left.\begin{aligned} \left(\delta_{11}m_1-\frac{1}{\omega^2}\right)Y_1+\delta_{12}m_2Y_2 &= 0 \\ \delta_{21}m_1Y_1+\left(\delta_{22}m_2-\frac{1}{\omega^2}\right)Y_2 &= 0 \end{aligned}\right\} \tag{15.43b}$$

式(15.43b)是 Y_1 和 Y_2 的齐次代数方程组，$Y_1=0$、$Y_2=0$ 虽然是方程组的解答，但它代表的是没有发生振动的静止状态。为了要得到 Y_1、Y_2 不全为零的解答，要求系数行列式等于零，即：

$$D=\begin{vmatrix} \delta_{11}m_1-\dfrac{1}{\omega^2} & \delta_{12}m_2 \\ \delta_{21}m_1 & \delta_{22}m_2-\dfrac{1}{\omega^2} \end{vmatrix}=0 \tag{15.44a}$$

式(15.44a)称为频率方程，用它可求出频率 ω。

令 $\lambda=\dfrac{1}{\omega^2}$，并将式(15.44a)展开

$$(\delta_{11}m_1-\lambda)(\delta_{22}m_2-\lambda)-\delta_{12}m_2\delta_{21}m_1=0 \tag{15.44b}$$

整理后，得到一个关于 λ 的二次方程

$$\lambda^2-(\delta_{11}m_1+\delta_{22}m_2)\lambda+(\delta_{11}\delta_{22}m_1m_2-\delta_{12}\delta_{21}m_1m_2)=0$$

由此可解出 λ 的两个根：

$$\lambda_{1,2}=\frac{1}{2}\left[(\delta_{11}m_1+\delta_{22}m_2)\pm\sqrt{(\delta_{11}m_1+\delta_{22}m_2)^2-4(\delta_{11}\delta_{22}-\delta_{12}\delta_{21})m_1m_2}\right] \tag{15.45}$$

这两个根都是正的实根，于是，可求得圆频率的两个值为：

$$\omega_1=\frac{1}{\sqrt{\lambda_1}},\quad \omega_2=\frac{1}{\sqrt{\lambda_2}}$$

因此，两个自由度体系有两个自振频率。较小的圆频率用 ω_1表示，称为第一圆频率或基本圆频率。另一个圆频率 ω_2则称为第二圆频率。频率的数目总是与自由度的数目相等。

(2) 用刚度系数表示频率方程和自振频率

在刚度法方程中，仍设其解答为以下形式：

$$\left.\begin{aligned} y_1(t) &= Y_1\sin(\omega t+\alpha) \\ y_2(t) &= Y_2\sin(\omega t+\alpha) \end{aligned}\right\} \tag{a}$$

将式(a)代入刚度法方程式(15.41)，消去公因子 $\sin(\omega t+\alpha)$后，得：

$$\left.\begin{aligned} (k_{11}-\omega^2m_1)Y_1+k_{12}Y_2 &= 0 \\ k_{21}Y_1+(k_{22}-\omega^2m_2)Y_2 &= 0 \end{aligned}\right\} \tag{b}$$

为了求体系发生振动的解，令齐次方程组(b)的系数行列式等于零，即得到以刚度系数表示的频率方程：

$$D=\begin{vmatrix} k_{11}-\omega^2 m_1 & k_{12} \\ k_{21} & k_{22}-\omega^2 m_2 \end{vmatrix}=0 \tag{15.46}$$

展开此频率方程，可求出用刚度系数表示的频率的解答为：

$$\omega^2=\frac{1}{2}\left[\left(\frac{k_{11}}{m_1}+\frac{k_{22}}{m_2}\right)\pm\sqrt{\left(\frac{k_{11}}{m_1}+\frac{k_{22}}{m_2}\right)^2-\frac{4(k_{11}k_{22}-k_{12}k_{21})}{m_1 m_2}}\right] \tag{15.47}$$

由此可得到圆频率的两个根：ω_1 和 ω_2。较小的 ω_1 为第一圆频率或基本圆频率，ω_2 为第二圆频率。

【例 15.9】 图 15.33(a)所示简支梁，质量集中在 m_1 和 m_2 上，$m_1=m_2=m$，$EI=$常数，求自振频率。

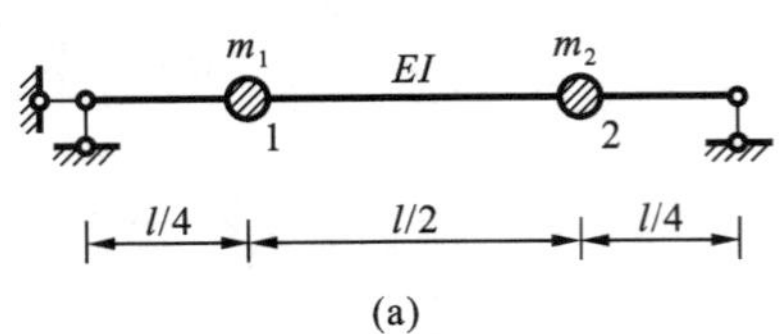

(a)

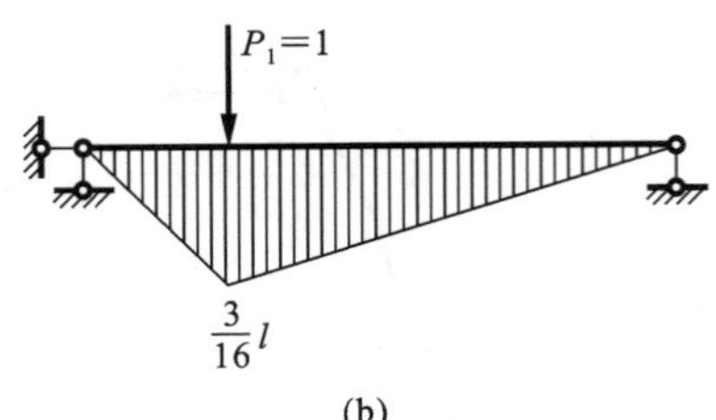

(b)

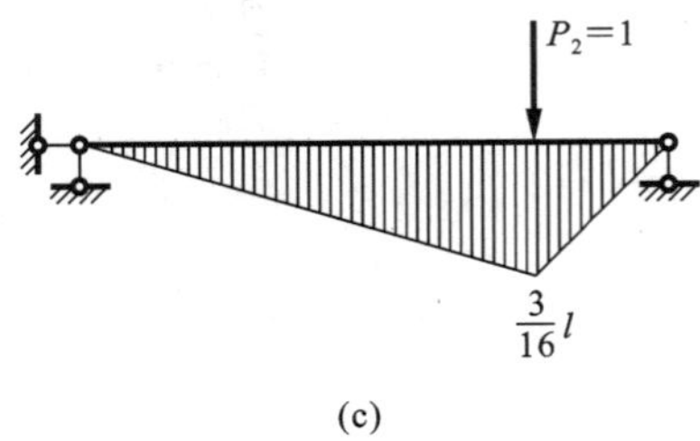

(c)

图 15.33 两个自由度简支梁的自由振动

(a) 两个集中质量的简支梁；(b) 单位弯矩图 $\overline{M}_1$；(c) 单位弯矩图 $\overline{M}_2$

【解】

因简支梁的柔度系数的计算比较简单，所以，用柔度法求解。

(1) 计算结构的柔度系数

先作 $\overline{M}_1$、$\overline{M}_2$ 图，如图 15.33(b)、图 15.33(c)所示。

由图乘法可得：

$$\delta_{11}=\delta_{22}=\frac{3l^3}{256EI}$$

$$\delta_{12}=\delta_{21}=\frac{7l^3}{768EI}$$

(2) 将柔度系数代入式(15.45)

因为

$$\delta_{11}=\delta_{22},\delta_{12}=\delta_{21},m_1=m_2=m$$

所以

$$\lambda_1=(\delta_{11}+\delta_{12})m=\frac{16ml^3}{768EI}=\frac{ml^3}{48EI}$$

$$\lambda_2=(\delta_{11}-\delta_{12})m=\frac{2ml^3}{768EI}=\frac{ml^3}{384EI}$$

可求得两个自振圆频率如下：

$$\omega_1=\frac{1}{\sqrt{\lambda_1}}=\frac{1}{\sqrt{\dfrac{ml^3}{48EI}}}=6.93\sqrt{\frac{EI}{ml^3}}$$

$$\omega_2=\frac{1}{\sqrt{\lambda_2}}=\frac{1}{\sqrt{\dfrac{ml^3}{384EI}}}=19.60\sqrt{\frac{EI}{ml^3}}$$

【例 15.10】 图 15.34 所示为一两层刚架，柱高 h，各柱 $EI=$常数，设横梁 $EI_b=\infty$，质量集中在横梁上，且 $m_1=m_2=m$，求刚架水平振动时的自振频率。

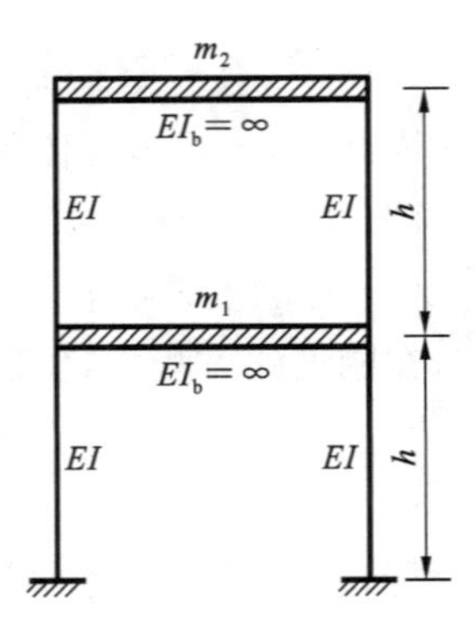

图 15.34 例 15.10 图——两层刚架的自由振动

【解】

在水平振动下，计算两层刚架的刚度系数比柔度系数简单，所以用刚度法求解。

(1) 计算结构的刚度系数

当 m_1 沿振动方向有单位水平位移 $\delta_1=1$[图 15.35(a)]时，在质量 m_1 和 m_2 的约束处需施加的力，即结构的刚度系数 k_{11} 和 k_{21}，可由位移法方程的系数求得。分别取质量 m_1、m_2 为隔离体[图 15.35(b)]，利用平衡条件求得：

$$k_{11}=\frac{48EI}{h^3},\quad k_{21}=-\frac{24EI}{h^3}$$

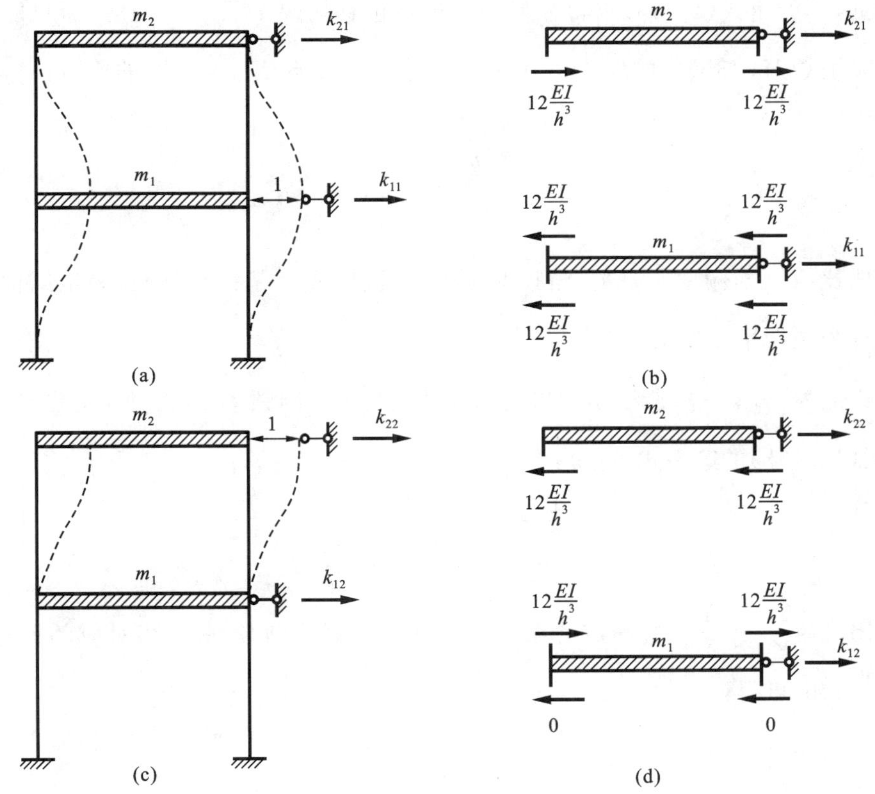

图 15.35 两层刚架刚度系数的计算

(a) 质量 1 有单位水平位移时所需之力;(b) 求 k_{11}、k_{21} 的质量隔离体

(c) 质量 2 有单位水平位移时所需之力;(d) 求 k_{12}、k_{22} 的质量隔离体

同理,当质量 m_2 沿振动方向有单位水平位移 $\delta_2=1$ 时[图 15.35(c)],分别取质量 m_1、m_2 为隔离体[图 15.35(d)],利用平衡条件求得刚度系数如下:

$$k_{12}=-\frac{24EI}{h^3},\quad k_{22}=\frac{24EI}{h^3}$$

(2) 将刚度系数代入式(15.47)

令 $k=\frac{24EI}{h^3}$,则 $k_{11}=2k,k_{12}=k_{21}=-k,k_{22}=k$

$$\omega^2=\frac{1}{2m}\left[3k\pm\sqrt{(3k)^2-4(2k^2-k^2)}\right]$$

$$\omega_1^2=\frac{(3-\sqrt{5})}{2m}k=0.382\frac{k}{m}$$

$$\omega_2^2=\frac{(3+\sqrt{5})}{2m}k=2.618\frac{k}{m}$$

所以,两个频率为:

$$\omega_1=0.618\sqrt{\frac{k}{m}}=0.618\sqrt{\frac{24EI}{mh^3}}=3.028\sqrt{\frac{EI}{mh^3}}$$

$$\omega_2=1.618\sqrt{\frac{k}{m}}=1.618\sqrt{\frac{24EI}{mh^3}}=7.927\sqrt{\frac{EI}{mh^3}}$$

3. 主振型及主振型正交性

(1) 主振型

当式(15.43)表示的位移振幅方程组满足系数行列式等于零即式(15.44)的条件后,式(15.43)不再是两

个独立的方程，因此，不能由式(15.43)求得任何一个质点位移振幅 Y_1 或 Y_2 的解，而只能求得两个质点位移振幅的比值$\frac{Y_2}{Y_1}$。由式(15.43b)中的任一式，可得到质点 1 与质点 2 位移振幅的比值：

$$\frac{Y_1}{Y_2}=-\frac{\delta_{12}m_2}{\delta_{11}m_1-\frac{1}{\omega^2}}=\frac{\delta_{22}m_2-\frac{1}{\omega^2}}{\delta_{21}m_1} \tag{15.48}$$

式(15.48)表明比值$\frac{Y_1}{Y_2}$与频率 ω 有关，当频率 ω 确定后，比值$\frac{Y_1}{Y_2}$是一个常数，表示结构上位移形状保持不变的振动型式，称为主振型或振型。

当 $\omega=\omega_1$ 时，比值为$\frac{Y_1^{(1)}}{Y_2^{(1)}}$。$\frac{Y_1^{(1)}}{Y_2^{(1)}}$所确定的振动型式就是与第一圆频率 ω_1 相对应的振型，称为第一主振型或基本振型。由式(15.43b)的第一式，可得：

$$\frac{Y_1^{(1)}}{Y_2^{(1)}}=-\frac{\delta_{12}m_2}{\delta_{11}m_1-\frac{1}{\omega_1^2}} \tag{15.49a}$$

当 $\omega=\omega_2$ 时，比值为$\frac{Y_1^{(2)}}{Y_2^{(2)}}$。$\frac{Y_1^{(2)}}{Y_2^{(2)}}$所确定的振动型式就是与第二圆频率 ω_2 相对应的振型，称为第二主振型。同样，由式(15.43b)可得：

$$\frac{Y_1^{(2)}}{Y_2^{(2)}}=-\frac{\delta_{12}m_2}{\delta_{11}m_1-\frac{1}{\omega_2^2}} \tag{15.49b}$$

这里，Y 有两个角标：上角标(i)表示频率的序号，即振型的序号；下角标 j 表示质点的序号。如 $Y_2^{(1)}$ 表示按第一频率($\omega=\omega_1$)振动时，质点 2(m_2)的位移；$Y_1^{(2)}$ 表示按第二频率($\omega=\omega_2$)振动时，质点 1(m_1)的位移。

图 15.36(a)虚线表示简支梁两个质点自由振动的第一主振型，图 15.36(b)虚线表示第二主振型。

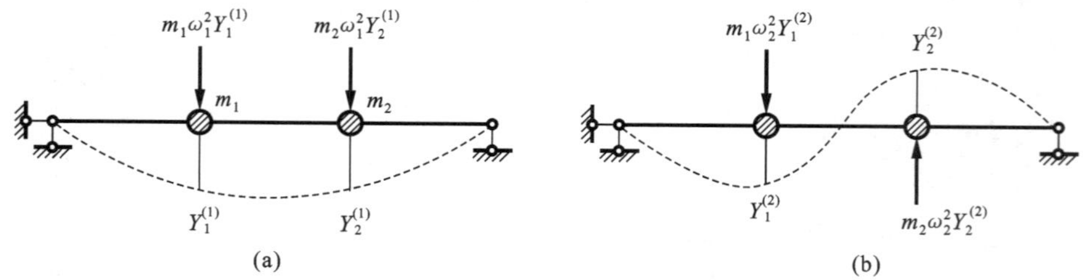

图 15.36 主振型

(a) 第一主振型；(b) 第二主振型

同理，可得到在刚度法中用刚度系数表示的主振型：

$$\frac{Y_1^{(1)}}{Y_2^{(1)}}=-\frac{k_{12}}{k_{11}-\omega_1^2m_1} \tag{15.50a}$$

$$\frac{Y_1^{(2)}}{Y_2^{(2)}}=-\frac{k_{12}}{k_{11}-\omega_2^2m_1} \tag{15.50b}$$

(2) 主振型的正交性

对于同一多自由度体系来说，各个主振型之间存在着正交性，这是多自由度体系的重要动力特性。现以图 15.36 所示两个自由度体系的主振型为例，说明主振型正交性。

因两个自由度固有振动的特解是简谐振动，位移和惯性力将同时到达幅值，由式(15.43a)主振型正好等于惯性力幅值所产生的静力位移。

对于图 15.36(a)所示的第一主振型，质点 1、2 的振幅分别为 $Y_1^{(1)}$、$Y_2^{(1)}$，其值正好等于相应惯性力幅值

$(m_1\omega_1^2Y_1^{(1)}$、$m_2\omega_1^2Y_2^{(1)})$所产生的静力位移。

而图 15.36(b)所示的第二主振型，质点 1、2 的振幅分别为 $Y_1^{(2)}$、$Y_2^{(2)}$，其值正好等于惯性力幅值 $(m_1\omega_2^2Y_1^{(2)}$、$m_2\omega_2^2Y_2^{(2)})$所产生的静力位移。

对于上述线性变形体系的动力平衡状态，可应用功的互等定理来说明。功的互等定理表明：

第一振型中的惯性力在第二振型的相应位移上所做的虚功，应当等于第二振型中的惯性力在第一振型的相应位移上所做的虚功。即：

$$(m_1\omega_1^2Y_1^{(1)})Y_1^{(2)}+(m_2\omega_1^2Y_2^{(1)})Y_2^{(2)}=(m_1\omega_2^2Y_1^{(2)})Y_1^{(1)}+(m_2\omega_2^2Y_2^{(2)})Y_2^{(1)}$$

整理得：

$$(\omega_1^2-\omega_2^2)(m_1Y_1^{(1)}Y_1^{(2)}+m_2Y_2^{(1)}Y_2^{(2)})=0$$

因 $\omega_1\neq\omega_2$，则必有：

$$m_1Y_1^{(1)}Y_1^{(2)}+m_2Y_2^{(1)}Y_2^{(2)}=0 \tag{15.51}$$

上式表明两个自由度体系自由振动的两个主振型相互正交的特性。因与质量有关，又称第一正交关系。

将式(15.51)分别乘以 ω_1^2 与 ω_2^2，可得下列两式：

$$(m_1\omega_1^2Y_1^{(1)})Y_1^{(2)}+(m_2\omega_1^2Y_2^{(1)})Y_2^{(2)}=0 \tag{a}$$

$$(m_1\omega_2^2Y_1^{(2)})Y_1^{(1)}+(m_2\omega_2^2Y_2^{(2)})Y_2^{(1)}=0 \tag{b}$$

式(a)说明第一主振型惯性力在第二主振型上所做的虚功为零；式(b)说明第二主振型惯性力在第一主振型上所做的虚功为零。

这表明体系在振动过程中，某一主振型的惯性力不会在其他主振型上做功，即它的能量不会转移到其他主振型上，也就不会引起其他振型的振动。因此，各个主振型能单独存在而不互相干扰。

【例 15.11】 试确定图 15.37(a)[即图 15.33(a)]所示体系的主振型，并验证主振型的正交性。

【解】

(1) 图 15.37(a)所示简支梁有两个自由度，有两个主振型，在例 15.9 中已算出：

$$\delta_{11}=\frac{3l^3}{256EI},\quad \delta_{12}=\frac{7l^3}{768EI}$$

$$\frac{1}{\omega_1^2}=\frac{ml^3}{48EI},\quad \frac{1}{\omega_2^2}=\frac{ml^3}{384EI}$$

(2) 将以上数值代入式(15.49)可得：

$$\frac{Y_1^{(1)}}{Y_2^{(1)}}=-\frac{\delta_{12}m}{\delta_{11}m-\frac{1}{\omega_1^2}}=-\frac{\frac{7ml^3}{768EI}}{\frac{3ml^3}{256EI}-\frac{ml^3}{48EI}}=1$$

$$\frac{Y_1^{(2)}}{Y_2^{(2)}}=-\frac{\delta_{12}m}{\delta_{11}m-\frac{1}{\omega_2^2}}=-\frac{\frac{7ml^3}{768EI}}{\frac{3ml^3}{256EI}-\frac{ml^3}{384EI}}=-1$$

两个主振型形状如图 15.37(b)、图 15.37(c)所示。

(a)

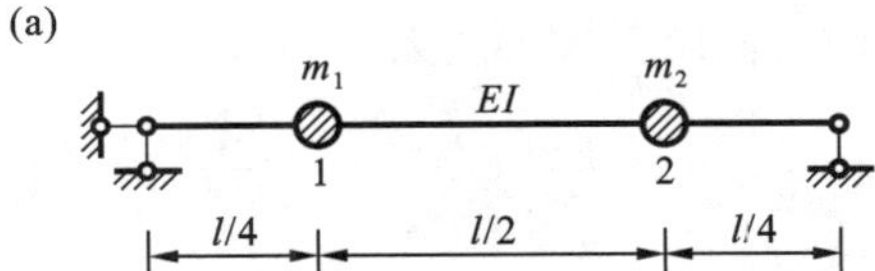

(b)

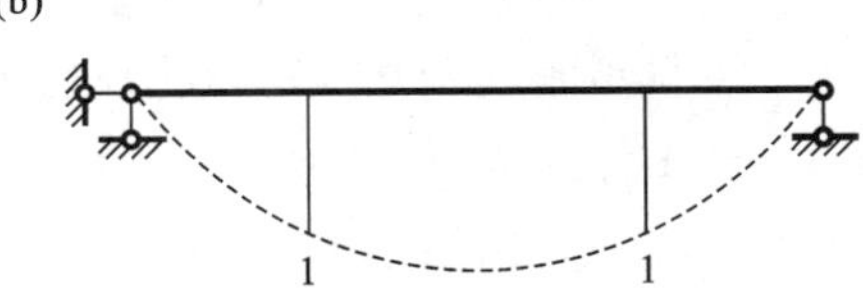

(c)

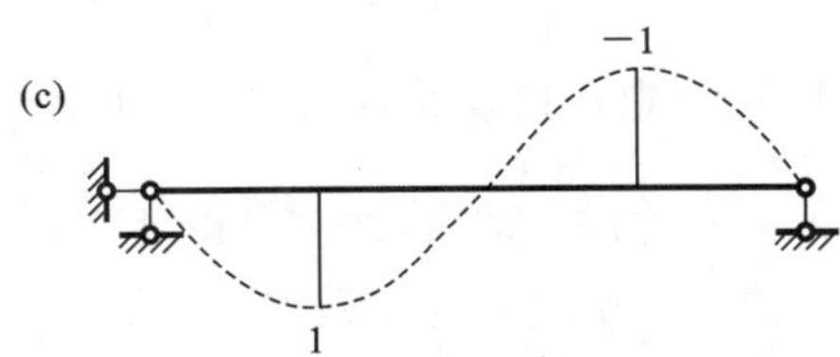

图 15.37 两个自由度简支梁自由振动

(a) 两个自由度简支梁；(b) 第一主振型；(c) 第二主振型

(3) 验证主振型正交性

由式(15.51)有：

$$m_1Y_1^{(1)}Y_1^{(2)}+m_2Y_2^{(1)}Y_2^{(2)}=m\times1\times1+m\times1\times(-1)=0$$

【例 15.12】 试确定图 15.38(a)(即图 15.34)所示体系的主振型，并验证主振型的正交性。

【解】

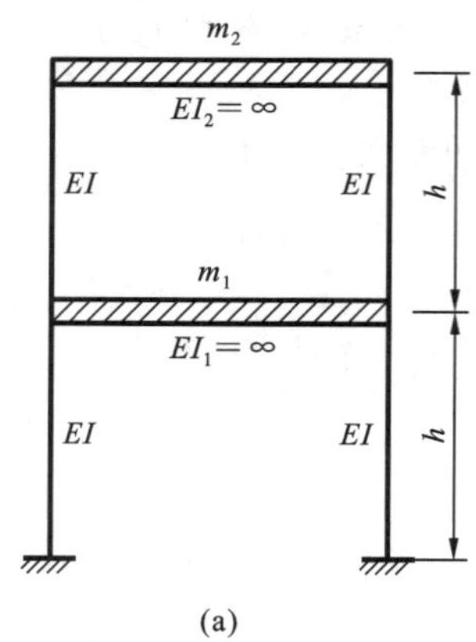

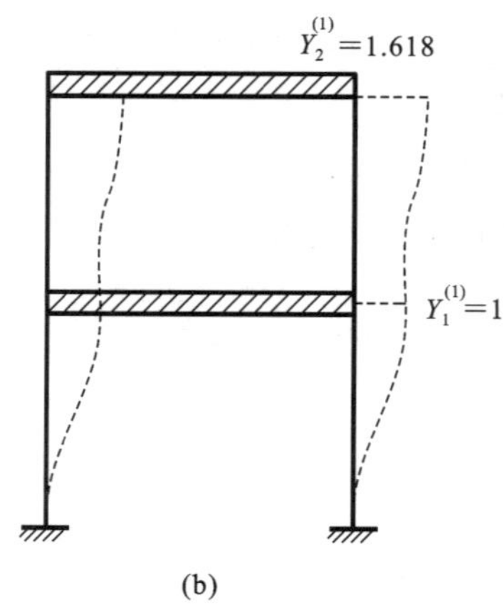

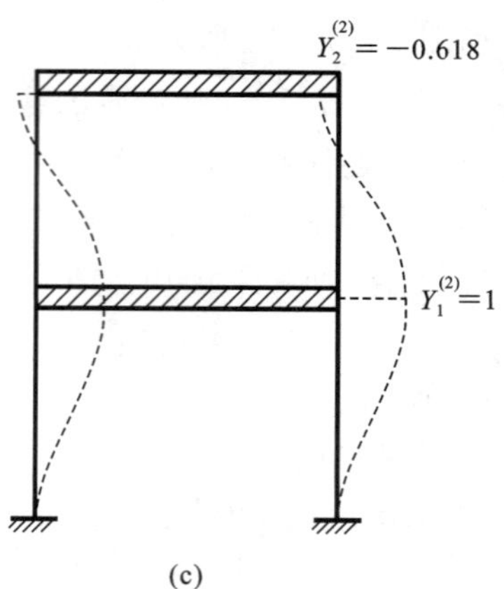

图 15.38　两层刚架自由振动

(a) 两层刚架；(b) 第一主振型；(c) 第二主振型

(1) 图 15.38(a)所示两层刚架，在例 15.10 中已算出：

$$k_{11}=\frac{48EI}{h^3}=2k,\quad k_{12}=-\frac{24EI}{h^3}=-k$$

$$\omega_1^2=0.382\,\frac{k}{m},\quad \omega_2^2=2.618\,\frac{k}{m}$$

(2) 将以上数值代入式(15.50)，可得：

$$\frac{Y_1^{(1)}}{Y_2^{(1)}}=-\frac{k_{12}}{k_{11}-\omega_1^2m_1}=-\frac{-k}{2k-0.382k}=\frac{1}{1.618}$$

$$\frac{Y_1^{(2)}}{Y_2^{(2)}}=-\frac{k_{12}}{k_{11}-\omega_2^2m_1}=-\frac{-k}{2k-2.618k}=-\frac{1}{0.618}$$

两个主振型形状如图 15.38(b)、图 15.38(c)所示。

(3) 验证主振型的正交性

由式(15.51)可得：

$$m_1Y_1^{(1)}Y_1^{(2)}+m_2Y_2^{(1)}Y_2^{(2)}=m\times1\times1+m\times1.618\times(-0.618)=0$$

4. 两个自由度体系自由振动方程的一般解

由上面的讨论知道，两个自由度体系如果按某个主振型自由振动，由于它的振动形式保持不变，因此实际上是像一个单自由度体系那样在振动。两个自由度体系能够按某个主振型振动的条件是：初始位移和初始速度应当与此主振型相对应。主振型实际上是两个自由度体系能够按单自由度振动时所具有的特定形式。

在一般情况下，两个自由度体系的自由振动可看作是两种频率及其主振型的组合振动，即：

$$\left.\begin{aligned}y_1(t)&=A_1Y_1^{(1)}\sin(\omega_1t+\alpha_1)+A_2Y_1^{(2)}\sin(\omega_2t+\alpha_2)\\y_2(t)&=A_1Y_2^{(1)}\sin(\omega_1t+\alpha_1)+A_2Y_2^{(2)}\sin(\omega_2t+\alpha_2)\end{aligned}\right\}$$

这就是微分方程式(15.40)或式(15.41)的全解。其中两对待定常数 A_1、α_1 和 A_2、α_2 可由初始条件来确定。

15.5　两个自由度体系在简谐荷载下的受迫振动

由 15.3 节单自由度体系在简谐荷载下受迫振动的分析，如果简谐荷载的频率处于共振区以外，则阻尼的影响较小；而在共振区范围内，不考虑阻尼，也能反映共振现象。因此，本节的讨论，不考虑阻尼的影响。

1. 柔度法

(1) 振动微分方程的建立

图 15.39(a)所示为一两个自由度体系，承受简谐荷载$P(t)=P\sin\theta t$，在任一时刻 t，质点 1、2 的位移分别为 y_1、y_2[图 15.39(b)]。根据柔度法建立受迫振动微分方程的思路是：$y_1(t)$和 $y_2(t)$应当等于体系在惯性力$-m_1\ddot{y}_1(t)$、$-m_2\ddot{y}_2(t)$和荷载 $P\sin\theta t$ 共同作用下产生的位移[图 15.39(b)]。

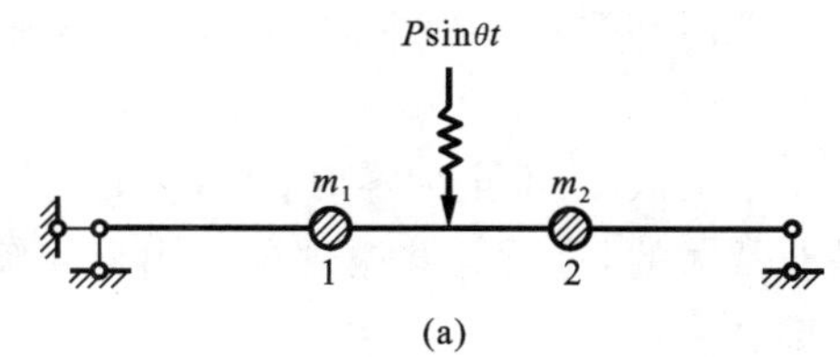

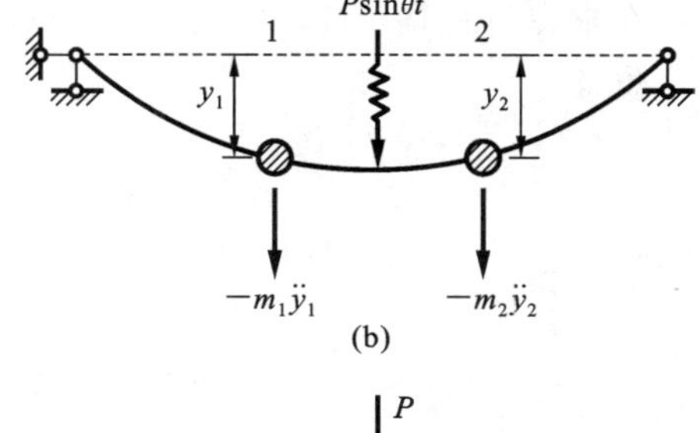

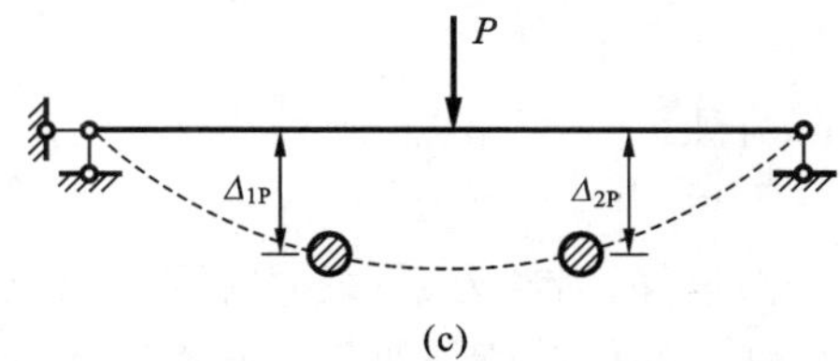

图 15.39 受迫振动——柔度法

(a) 受简谐荷载的两个自由度体系；
(b) 动荷载、惯性力和位移；
(c) 荷载幅值产生的静力位移

设以 Δ_{1P}、Δ_{2P}分别表示由荷载幅值 P 所产生的在质点 1、质点 2 的静力位移[图 15.39(c)]，则质点 1、质点 2 的位移为：

$$\left.\begin{aligned} y_1 &= (-m_1\ddot{y}_1)\delta_{11}+(-m_2\ddot{y}_2)\delta_{12}+\Delta_{1P}\sin\theta t \\ y_2 &= (-m_1\ddot{y}_1)\delta_{21}+(-m_2\ddot{y}_2)\delta_{22}+\Delta_{2P}\sin\theta t \end{aligned}\right\} \tag{15.52a}$$

上式也可以写为：

$$\left.\begin{aligned} m_1\ddot{y}_1\delta_{11}+m_2\ddot{y}_2\delta_{12}+y_1 &= \Delta_{1P}\sin\theta t \\ m_1\ddot{y}_1\delta_{21}+m_2\ddot{y}_2\delta_{22}+y_2 &= \Delta_{2P}\sin\theta t \end{aligned}\right\} \tag{15.52b}$$

这就是两个自由度体系在简谐荷载作用下用柔度法建立的振动微分方程。

(2) 动位移的解答及讨论

式(15.52b)为非齐次线性常微分方程组，通解包含两部分：与齐次解对应的一部分为按自振频率 ω 振动的自由振动部分，由于阻尼的作用而很快衰减消失；与特解对应的一部分为由于荷载作用按荷载频率 θ 振动的简谐振动部分，这一部分为平稳阶段的纯强迫振动。我们只讨论稳态受迫振动部分。

设稳态受迫振动部分位移的解答为：

$$\left.\begin{aligned} y_1(t) &= Y_1\sin\theta t \\ y_2(t) &= Y_2\sin\theta t \end{aligned}\right\} \tag{a}$$

这里，Y_1、Y_2 分别为质点 1、2 的振幅值。

将式(a)代入式(15.52b)，消去公因子 $\sin\theta t$，并整理后得：

$$\left.\begin{aligned} (m_1\theta^2\delta_{11}-1)Y_1+m_2\theta^2\delta_{12}Y_2+\Delta_{1P} &= 0 \\ m_1\theta^2\delta_{21}Y_1+(m_2\theta^2\delta_{22}-1)Y_2+\Delta_{2P} &= 0 \end{aligned}\right\} \tag{b}$$

这是以质点振幅 Y_1、Y_2 作为未知量的代数方程。

可解得振幅值为：

$$Y_1=\frac{D_1}{D_0},\quad Y_2=\frac{D_2}{D_0} \tag{15.53}$$

式中

$$\left.\begin{aligned} D_0 &= \begin{vmatrix} (m_1\theta^2\delta_{11}-1) & m_2\theta^2\delta_{12} \\ m_1\theta^2\delta_{21} & (m_2\theta^2\delta_{22}-1) \end{vmatrix} \\ D_1 &= \begin{vmatrix} -\Delta_{1P} & m_2\theta^2\delta_{12} \\ -\Delta_{2P} & (m_2\theta^2\delta_{22}-1) \end{vmatrix} \qquad D_2 = \begin{vmatrix} (m_1\theta^2\delta_{11}-1) & -\Delta_{1P} \\ m_1\theta^2\delta_{21} & -\Delta_{2P} \end{vmatrix} \end{aligned}\right\} \tag{15.54}$$

现在，对振幅解答的几种情况分别加以讨论：

① 当 $\theta\to 0$ 时

由式(15.53)与式(15.54)可得，$D_0\to 1$，$D_1\to\Delta_{1P}$，$D_2\to\Delta_{2P}$，则 $Y_1\to\Delta_{1P}$，$Y_2\to\Delta_{2P}$。这说明：当简谐荷载频率很小时，其动力作用很小。此时，质点位移幅值，相当于荷载幅值作为静力荷载所产生的位移。

② 当$\theta \to \infty$时

由式(15.53)与式(15.54)可得：分母D_0不为零，而分子$D_1 \to 0, D_2 \to 0$；因此$Y_1 \to 0, Y_2 \to 0$。这说明，当荷载频率非常大时，动位移非常小。

③ 当$\theta = \omega_1$或$\theta = \omega_2$时

此时，式(15.54)中的D_0与式(15.44a)中的D相同，于是有：

$$D_0 = 0$$

当D_1、D_2不全为零时，则Y_1、Y_2将趋于无限大。实际上，由于阻尼的存在，振幅不可能无限大，但仍然是非常大的，这就是共振现象。由此可知，两个自由度体系存在着两个可能的共振点，各对应于一个自振频率。

(3) 动内力幅值的计算

在求得位移幅值Y_1、Y_2后，可得到各质点的位移和惯性力的解答。

位移

$$\left.\begin{aligned} y_1 &= Y_1 \sin\theta t \\ y_2 &= Y_2 \sin\theta t \end{aligned}\right\} \tag{a}$$

惯性力

$$\left.\begin{aligned} -m_1 \ddot{y}_1 &= m_1 \theta^2 Y_1 \sin\theta t \\ -m_2 \ddot{y}_2 &= m_2 \theta^2 Y_2 \sin\theta t \end{aligned}\right\} \tag{b}$$

荷载

$$P\sin\theta t$$

因位移、惯性力、荷载同时到达幅值，动内力也在同一时间到达幅值。动内力幅值的计算可以在各质点的惯性力幅值及荷载幅值共同作用下按静力分析方法计算。

设惯性力幅值以I_1、I_2表示，则有：

$$\left.\begin{aligned} I_1 &= m_1 \theta^2 Y_1 \\ I_2 &= m_2 \theta^2 Y_2 \end{aligned}\right\} \tag{15.55}$$

以图15.39(a)所示体系为例，在求出惯性力幅值I_1、I_2后，可在I_1、I_2、P作用下(图15.40)由静力平衡条件计算任一截面的动内力幅值，或绘制动内力幅值图；也可利用叠加法公式绘制动力弯矩幅值图或计算任一截面动内力幅值。以任一截面的动弯矩幅值为例，叠加公式为：

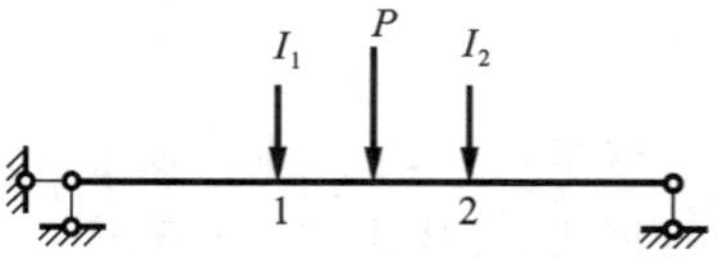

$$M(t)_{\max} = \overline{M}_1 I_1 + \overline{M}_2 I_2 + M_P \tag{15.56}$$

图15.40　荷载和惯性力幅值

式中　I_1, I_2——质点1、2的惯性力幅值；

$\overline{M}_1, \overline{M}_2$——单位惯性力$I_1=1$、$I_2=1$作用下，任一截面的弯矩值或弯矩图；

$\overline{M}_P$——动载幅值P静力作用下的同一截面的弯矩值或弯矩图。

对于其他内力，如剪力、轴力等，也可按同样的方法计算。

应当注意，动内力有正负号的变化，在与静荷载(如自重)下的内力叠加时需加以考虑。

【例15.13】 求图15.41(a)所示体系质点1和2的动位移幅值和动力弯矩幅值图。已知：$m_1 = m_2 = m$，EI=常数，$\theta = 0.75\omega_1$。

【解】

(1) 在例15.9中，已算得以下参数

$$\omega_1 = 6.93\sqrt{\frac{EI}{ml^3}}, \quad \theta = 0.75\omega_1 = 0.75 \times 6.93\sqrt{\frac{EI}{ml^3}} = 5.1975\sqrt{\frac{EI}{ml^3}}$$

$$\delta_{11} = \delta_{22} = \frac{3l^3}{256EI}, \quad \delta_{12} = \delta_{21} = \frac{7l^3}{768EI}$$

(2) 分别作$\overline{M}_1$、$\overline{M}_2$及M_P图[图15.41(b)、图15.41(c)、图15.41(d)]，计算Δ_{1P}、Δ_{2P}

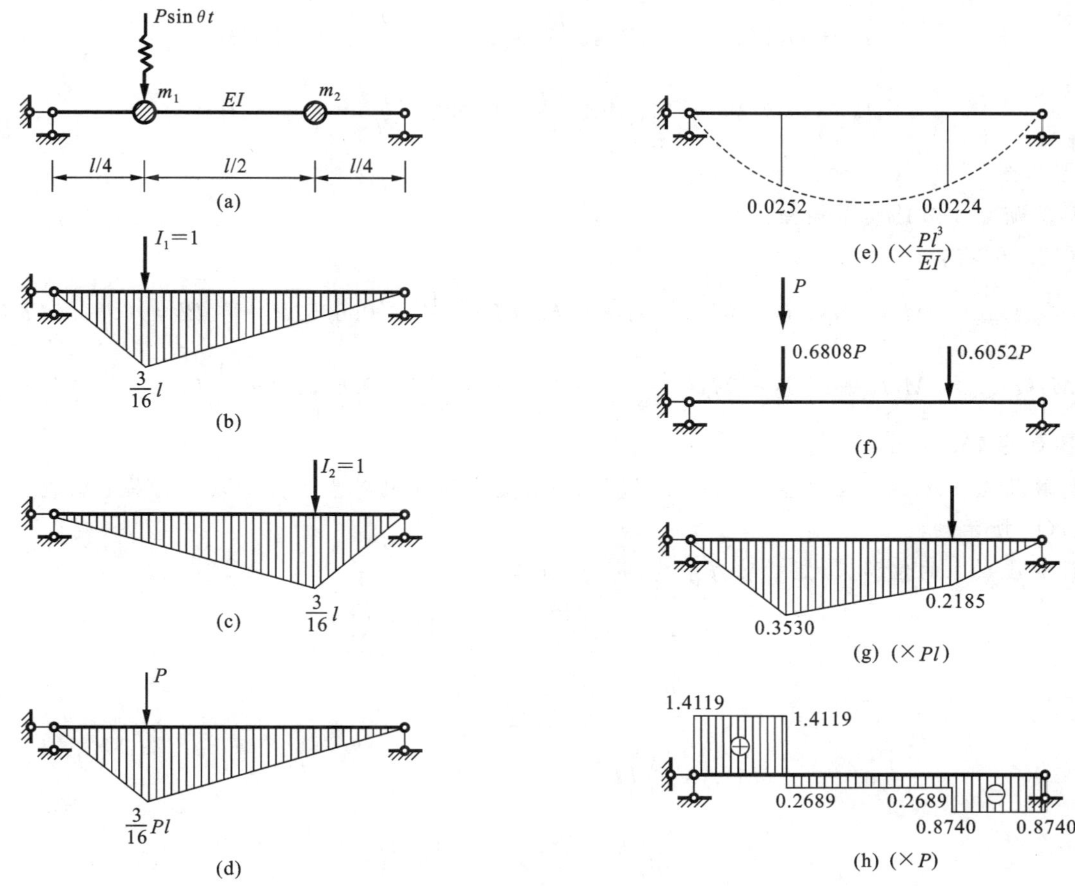

图 15.41 例 15.13 图——梁的受迫振动

(a) 受简谐荷载作用的简支梁;(b) $\overline{M}_1$ 图;(c) $\overline{M}_2$ 图;(d) M_P 图;(e) y 图;(f) 荷载和惯性力幅值;(g) M 图;(h) Q 图

$$\Delta_{1P}=\frac{3Pl^3}{256EI},\quad \Delta_{2P}=\frac{7Pl^3}{768EI}$$

(3) 计算 D_0、D_1、D_2

将 θ、δ_{11}、δ_{12}、δ_{21}、δ_{22}、Δ_{1P}、Δ_{2P} 及 $m_1\theta^2=m_2\theta^2=27.0140\,\frac{EI}{l^3}$ 等代入式(15.54)得:

$$D_0=\begin{vmatrix}(m_1\theta^2\delta_{11}-1) & m_2\theta^2\delta_{12}\\ m_1\theta^2\delta_{21} & (m_2\theta^2\delta_{22}-1)\end{vmatrix}=0.4065$$

$$D_1=\begin{vmatrix}-\Delta_{1P} & m_2\theta^2\delta_{12}\\ -\Delta_{2P} & (m_2\theta^2\delta_{22}-1)\end{vmatrix}=0.01025\,\frac{Pl^3}{EI}$$

$$D_2=\begin{vmatrix}(m_1\theta^2\delta_{11}-1) & -\Delta_{1P}\\ m_1\theta^2\delta_{21} & -\Delta_{2P}\end{vmatrix}=0.00911\,\frac{Pl^3}{EI}$$

(4) 计算位移幅值 Y_1 和 Y_2

由式(15.53)有:

$$Y_1=\frac{D_1}{D_0}=\frac{0.01025Pl^3}{0.4065EI}=0.0252\,\frac{Pl^3}{EI}$$

$$Y_2=\frac{D_2}{D_0}=\frac{0.00911Pl^3}{0.4065EI}=0.0224\,\frac{Pl^3}{EI}$$

位移幅值图如图 15.41(e)所示。

(5) 计算惯性力幅值 I_1 和 I_2

由式(15.55)有:

$$I_1 = m_1\theta^2 Y_1 = 27.0140\frac{EI}{l^3}\times 0.0252\frac{Pl^3}{EI} = 0.6808P$$

$$I_2 = m_2\theta^2 Y_2 = 27.0140\frac{EI}{l^3}\times 0.0224\frac{Pl^3}{EI} = 0.6052P$$

体系受力图如图 15.41(f)所示。

(6) 计算质点 1、2 的动弯矩幅值

由式(15.56)有：

$$M_1(t)_{\max} = \overline{M}_1 I_1 + \overline{M}_2 I_2 + M_P = \frac{3}{16}l\times 0.6808P + \frac{1}{16}l\times 0.6052P + \frac{3}{16}Pl = 0.3530Pl$$

$$M_2(t)_{\max} = \overline{M}_1 I_1 + \overline{M}_2 I_2 + M_P = \frac{1}{16}l\times 0.6808P + \frac{3}{16}l\times 0.6052P + \frac{1}{16}Pl = 0.2185Pl$$

弯矩幅值图如图 15.41(g)所示。

(7) 计算质点 1、2 的动剪力幅值。由图 15.41(f)的受力图得到各控制点的动剪力幅值。剪力幅值图，如图 15.41(h)所示。

(8) 计算质点 1 的位移、弯矩的动力系数，并进行比较

$$y_{1st} = \Delta_{1P} = \frac{3Pl^3}{256EI} = 0.01172\frac{Pl^3}{EI}$$

$$\beta_{y_1} = \frac{Y_1}{y_{1st}} = \frac{0.0252}{0.01172} = 2.150$$

$$M_{1st} = \frac{3}{16}Pl = 0.1875Pl$$

$$\beta_{M_1} = \frac{M_{1\max}^{(t)}}{M_{1st}} = \frac{0.3530}{0.1875} = 1.883$$

由此可见，在两个自由度体系中，同一点的位移和弯矩的动力系数是不同的。因此，没有统一的动力系数，这与单自由度体系是不同的。

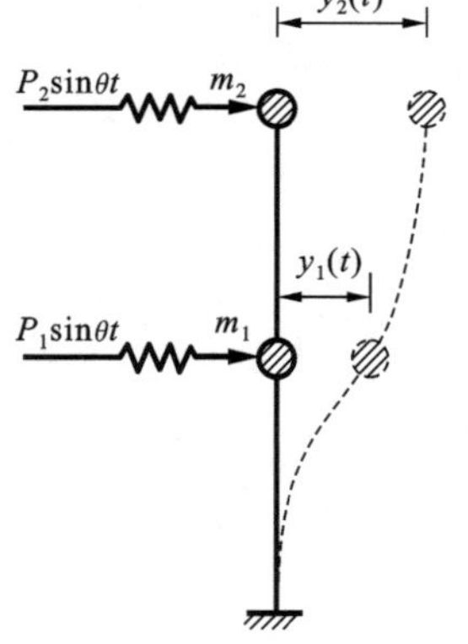

图 15.42 受迫振动——刚度法

2. 刚度法

图 15.42 所示为两个自由度体系，作用在质点 1、2 上的简谐荷载分别为 $P_1\sin\theta t$、$P_2\sin\theta t$。将质点作为隔离体[参看 15.4 节及图 15.31]，可写出两个自由度体系在简谐荷载作用下的动力平衡方程如下：

$$\left.\begin{aligned} m_1\ddot{y}_1 + k_{11}y_1 + k_{12}y_2 &= P_1\sin\theta t \\ m_2\ddot{y}_2 + k_{21}y_1 + k_{22}y_2 &= P_2\sin\theta t \end{aligned}\right\} \tag{15.57}$$

这就是两个自由度体系在简谐荷载作用下用刚度法建立的振动微分方程。

仍然设平稳阶段受迫振动部分位移的解答为：

$$\left.\begin{aligned} y_1(t) &= Y_1\sin\theta t \\ y_2(t) &= Y_2\sin\theta t \end{aligned}\right\} \tag{a}$$

将式(a)代入式(15.57)，消去公因子 $\sin\theta t$，可得：

$$\left.\begin{aligned} (k_{11} - m_1\theta^2)Y_1 + k_{12}Y_2 &= P_1 \\ k_{21}Y_1 + (k_{22} - m_2\theta^2)Y_2 &= P_2 \end{aligned}\right\} \tag{b}$$

由式(b)可解得位移幅值为：

$$Y_1 = \frac{D_1}{D_0},\quad Y_2 = \frac{D_2}{D_0} \tag{15.58}$$

式中

$$\left.\begin{aligned} D_0 &= \begin{vmatrix} (k_{11}-m_1\theta^2) & k_{12} \\ k_{21} & (k_{22}-m_2\theta^2) \end{vmatrix} \\ D_1 &= \begin{vmatrix} P_1 & k_{12} \\ P_2 & (k_{22}-m_2\theta^2) \end{vmatrix} \quad D_2 = \begin{vmatrix} (k_{11}-m_1\theta^2) & P_1 \\ k_{21} & P_2 \end{vmatrix} \end{aligned}\right\} \tag{15.59}$$

求得位移幅值 Y_1、Y_2 后，仍可按式(15.55)计算惯性力幅值 I_1、I_2。将 I_1、I_2 连同荷载幅值 P 加在体系上，按静力计算方法可求得动内力幅值；也可用式(15.56)计算动弯矩幅值。

【例 15.14】 图 15.43(a)所示刚架在二层楼面有荷载 $P\sin\theta t$，$\theta=4\sqrt{\dfrac{EI}{mh^3}}$，$m_1=m_2=m$，计算第一、二层楼面处侧移幅值、惯性力幅值及柱底端截面弯矩幅值。

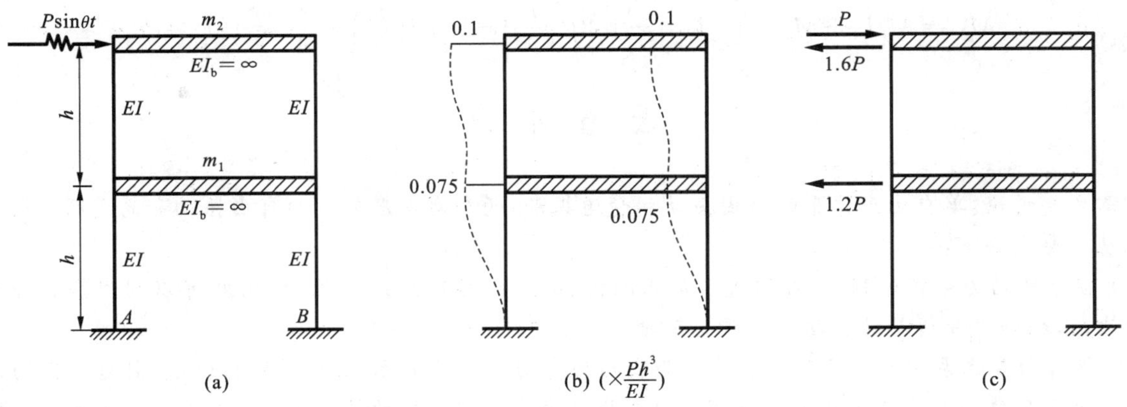

图 15.43 例 15.14 图——刚架的受迫振动

(a) 受简谐荷载作用的两层刚架；(b) 位移幅值；(c) 荷载和惯性力幅值

【解】

(1) 在例 15.10 中已算出

$$k_{11}=48\frac{EI}{h^3}$$

$$k_{12}=k_{21}=-\frac{24EI}{h^3}$$

$$k_{22}=24\frac{EI}{h^3}$$

(2) 计算 D_0、D_1、D_2

$$m_1\theta^2=m_2\theta^2=m\left(4\sqrt{\frac{EI}{mh^3}}\right)^2=16\frac{EI}{h^3}$$

由式(15.59)

$$D_0=\begin{vmatrix} (k_{11}-m_1\theta^2) & k_{12} \\ k_{21} & (k_{22}-m_2\theta^2) \end{vmatrix}=\begin{vmatrix} (48-16) & -24 \\ -24 & (24-16) \end{vmatrix}\left(\frac{EI}{h^3}\right)^2=-320\left(\frac{EI}{h^3}\right)^2$$

$$D_1=\begin{vmatrix} P_1 & k_{12} \\ P_2 & (k_{22}-m_2\theta^2) \end{vmatrix}=\begin{vmatrix} 0 & -24 \\ P & 8 \end{vmatrix}\frac{EI}{h^3}=24P\frac{EI}{h^3}$$

$$D_2=\begin{vmatrix} (k_{11}-m_1\theta^2) & P_1 \\ k_{21} & P_2 \end{vmatrix}=\begin{vmatrix} 32 & 0 \\ -24 & P \end{vmatrix}\frac{EI}{h^3}=32P\frac{EI}{h^3}$$

(3) 计算 Y_1、Y_2

由式(15.58)得：

$$Y_1=\frac{D_1}{D_0}=-\frac{24}{320}P\frac{h^3}{EI}=-0.075P\frac{h^3}{EI}$$

$$Y_2 = \frac{D_2}{D_0} = -\frac{32}{320}P\frac{h^3}{EI} = -0.1P\frac{h^3}{EI}$$

(4) 计算 I_1、I_2

由式(15.55)有：

$$I_1 = m_1\theta^2 Y_1 = 16\frac{EI}{h^3}\times(-0.075)\frac{Ph^3}{EI} = -1.2P$$

$$I_2 = m_2\theta^2 Y_2 = 16\frac{EI}{h^3}\times(-0.1)\frac{Ph^3}{EI} = -1.6P$$

(5) 计算内力

刚架受力如图 15.43(c)所示，可用剪力分配法求解，也可用叠加公式求解。如柱底 A 截面弯矩幅值

$$M_A = \overline{M}_1 I_1 + \overline{M}_2 I_2 + M_P = -1.2P\left(\frac{h}{4}\right) - 1.6P\left(\frac{h}{4}\right) + \frac{Ph}{4} = -0.45Ph$$

本 章 小 结

本章主要讨论：单自由度体系的自由振动和受迫振动；两个自由度体系的自由振动和简谐荷载作用下的受迫振动。要点如下：

(1) 在结构动力分析过程中，在引进了质点的惯性力后，按照达朗伯原理，仍然可以利用静力分析的方法。因此，结构静力分析是结构动力分析的基础。

(2) 单自由度体系的自由振动是在无动荷载而只有初始外界干扰(初位移和初速度)引起的振动。

在单自由度体系自由振动中主要应理解自振周期和自振圆频率的物理意义，它们是结构的固有属性，是反映动载作用下结构动力性能的重要物理量。应在各种给定的条件下能熟练地计算自振圆频率或自振周期：

$$\omega = \sqrt{\frac{k}{m}} = \sqrt{\frac{1}{m\delta}} \qquad T = \frac{2\pi}{\omega}$$

阻尼对自由振动的影响应了解。

(3) 单自由度体系的受迫振动，讨论了在简谐荷载、突加荷载和线性渐增荷载作用下结构的动力反应。结构的动力反应主要通过结构的动力系数描述。

在简谐荷载作用下，结构的稳态受迫振动也是按荷载频率振动的简谐振动，在荷载频率与自振频率接近时，发生较大的动力反应，应予避免。

无阻尼情形简谐荷载作用下的动力系数的计算公式是：

$$\beta = \frac{1}{1-\frac{\theta^2}{\omega^2}}$$

振幅和动内力(以动弯矩为例)幅值的计算公式分别为：

$$y(t)_{max} = \beta y_{st} \qquad M(t)_{max} = \beta M_{st}$$

在有阻尼的情形下，动力系数 β 也与 $\frac{\theta}{\omega}$ 比值有关。

应知道突加荷载作用时的动力系数 $\beta=2$；线性渐增荷载作用时的动力系数与升载时间的长短有很大的关系。

(4) 两个自由度体系的自由振动。两个自由度体系有两个自振频率，数值较小的称为基本频率；相应地有两个主振型。要求会计算简单两个自由度结构的自振频率，确定其主振型。这里，关键是如何计算结构的柔度系数或刚度系数，并会验证主振型的正交性。

(5) 两个自由度体系的受迫振动。作为基本内容只讨论了简谐荷载作用下结构的动力反应。要求知道简单两个自由度结构在简谐荷载作用下的振幅及动内力幅值的计算方法。

对两个自由度体系，各质点的振幅、动内力幅值没有一个统一的动力系数，这和单自由度体系受迫振动是不同的。

(6) 学习本章时，可以进行一些对比以加深了解。例如，动力计算与静力计算的比较，结构静力特性与

动力特性的比较，单自由度体系和两个自由度体系在计算和性能方面的异同等。

习　　题

15.1　求图示梁的自振周期和圆频率。已知：$W=1.23$ kN，梁重不计，$E=21\times10^4$ MPa，$l=1$ m，$I=78$ cm^4。

15.2　求图示梁的自振频率。

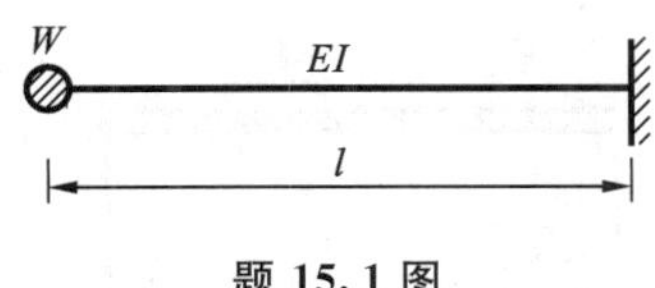

题 15.1 图

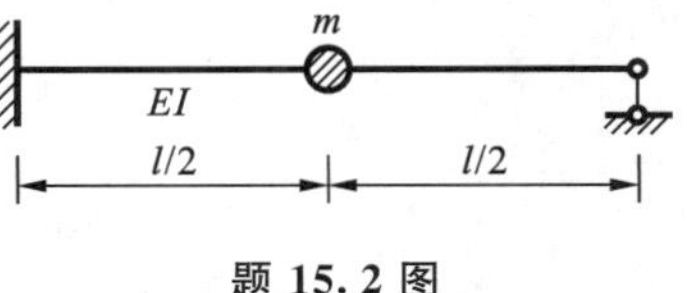

题 15.2 图

15.3　求图示体系的自振频率。

15.4　试求图示排架的水平自振周期。已知：$W=20$ kN，$I=20\times10^4$ cm^4，$E=3\times10^4$ MPa。

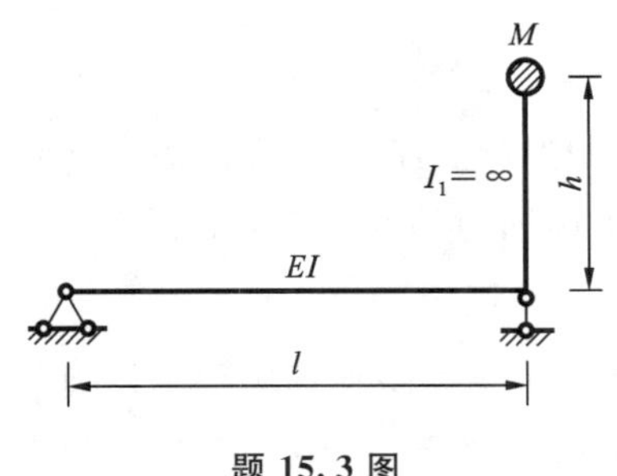

题 15.3 图

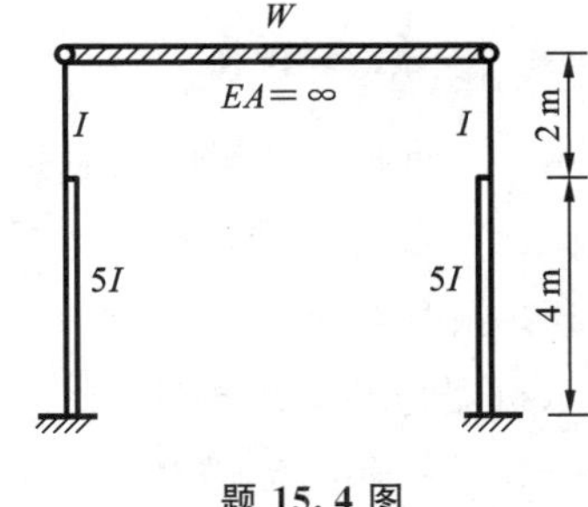

题 15.4 图

15.5　试求图示刚架水平振动的圆频率。

15.6　试求图示桁架竖向振动的圆频率。已知：$m=4$ t，$E=2.06\times10^2$ GPa，$A=20$ cm^2。

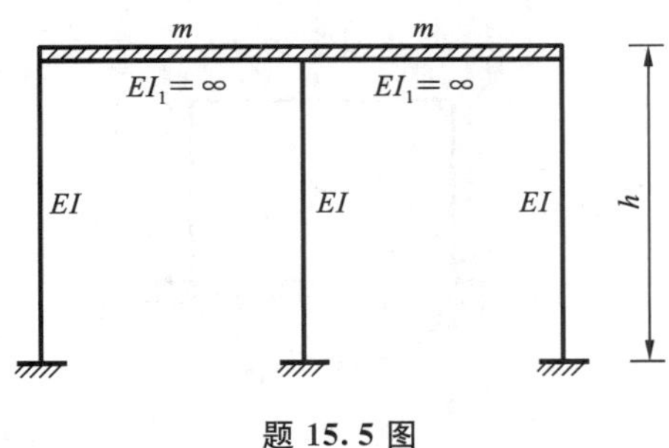

题 15.5 图

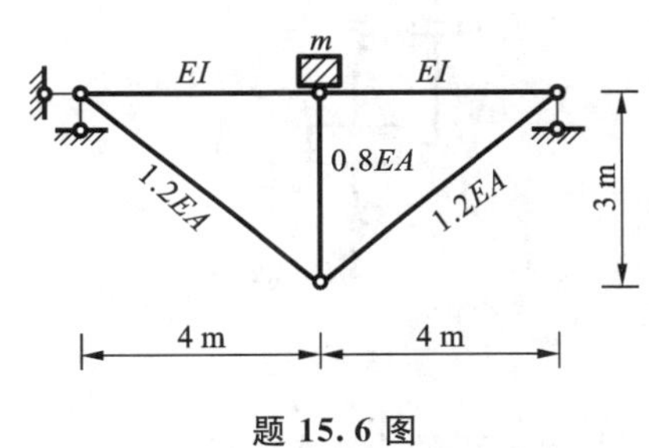

题 15.6 图

15.7　已知：$v_0=10$ mm/s，$E=2.45\times10^4$ MPa，$I=6.4\times10^{-3}$ m^4，$m=5$ t。求图示简支梁最大动位移。

15.8　已知：初位移 $y_0=0.1$ cm，$W=20$ kN，$E=2\times10^4$ MPa，$I=16\times10^4$ cm^4。求柱顶端的位移振幅、最大速度和最大加速度。

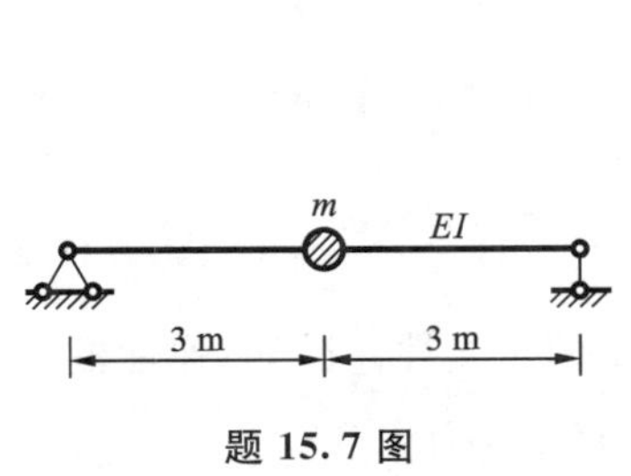

题 15.7 图

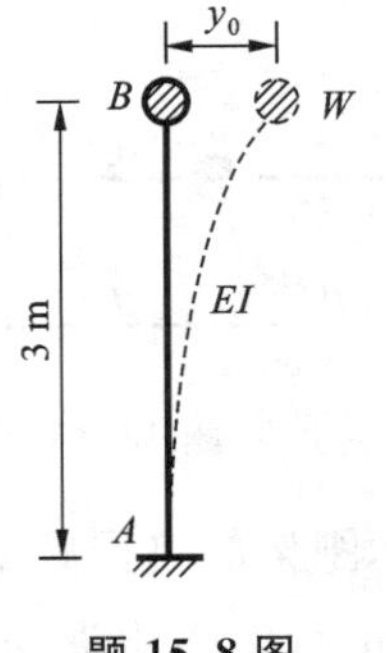

题 15.8 图

15.9　有一单自由度体系做有阻尼自由振动，通过测试，测得 5 个周期后的振幅降为原来的 12%，试求阻尼比 ξ。

15.10 已知：悬臂梁，质量集中于端部，$W=10$ kN，$P=2.5$ kN，$E=2\times10^5$ MPa，$I=1130$ cm^4，$\theta=57.6$ s^{-1}，$l=1.50$ m，求在简谐荷载作用下的最大竖向位移及梁 A 端的弯矩幅值。

15.11 图示刚架在横梁上置有马达，马达与结构的重量置于横梁上，$W=20$ kN，马达水平离心力的幅值 $P=2.5$ kN，马达转速 $n=550$ r/min，柱的线刚度 $i=\dfrac{EI}{h}=5.88\times10^8$ N · cm。求马达转动时的最大水平位移和柱端弯矩的幅值。

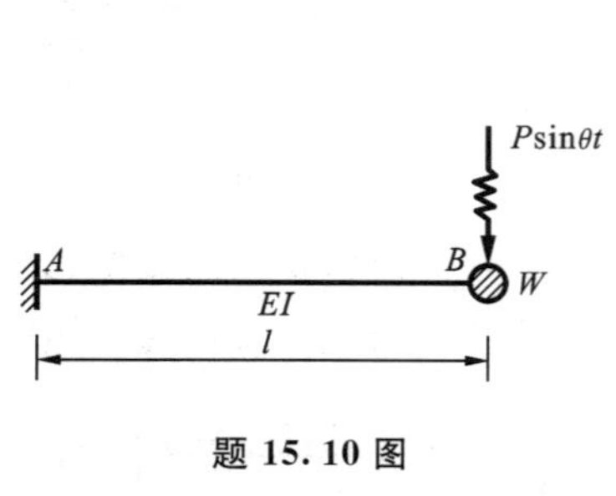

题 15.10 图

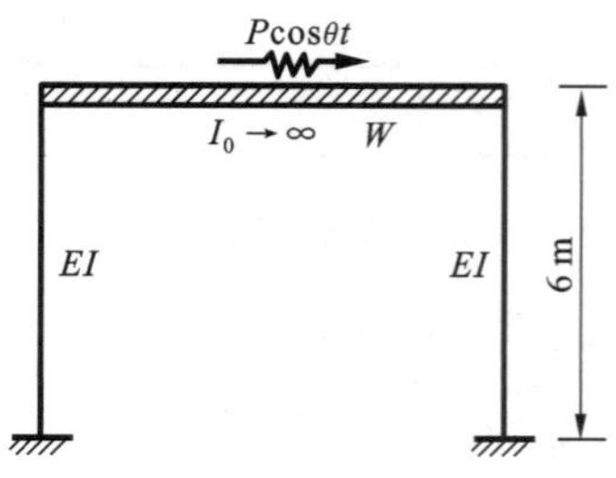

题 15.11 图

15.12 图示一个重物 $W=500$ N，悬挂在刚度 $k=4$ N/mm 的弹簧上，假定它在简谐力 $P\sin\theta t$（$P=50$ N）作用下做竖向振动，已知阻尼常数 $c=0.05$ N · s/mm。试求：(1) 简谐力的 θ 等于多大时会发生共振？(2) 共振时的振幅；(3) 共振时的相角。

15.13 图示机器与基座总质量 $M=24$ t，基础底面积 $A=18$ m^2，土壤弹性压缩系数为 3000 kN/m^3，机器运转时转速 $\theta=800$ r/min，简谐荷载幅值 $P_0=12$ kN，土壤的阻尼比 $\xi=0.07$。求机器与基座做竖向受迫振动时的振幅。

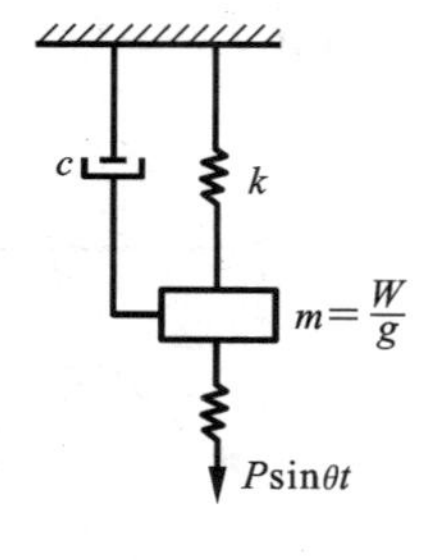

题 15.12 图

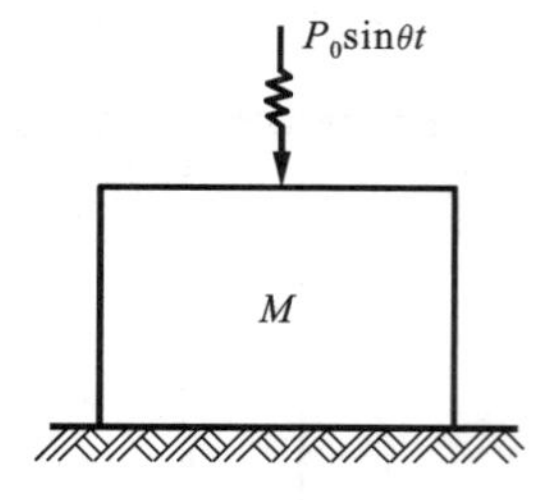

题 15.13 图

15.14 求图示梁的自振频率和主振型。

15.15 求图示刚架的自振频率和主振型。

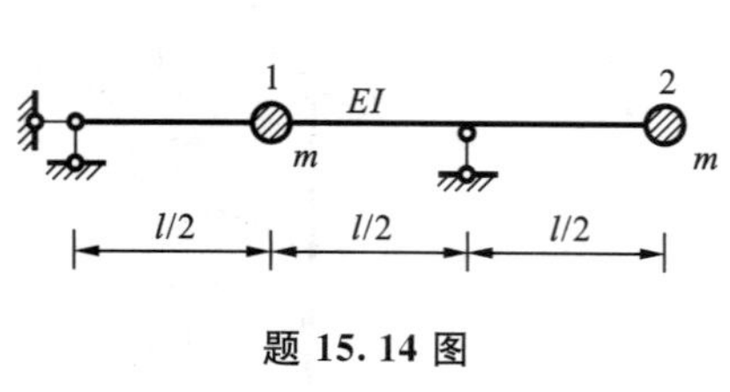

题 15.14 图

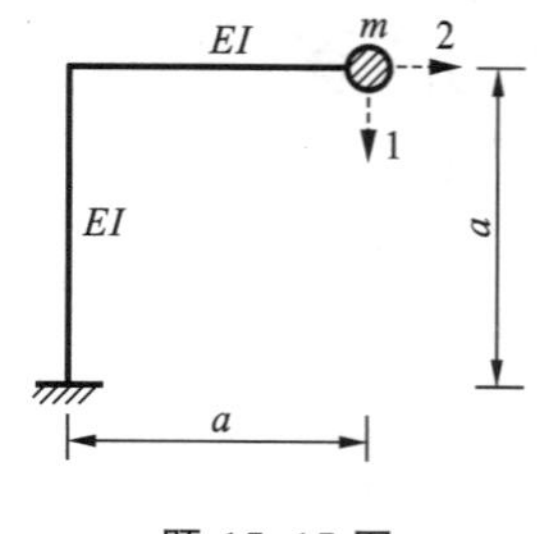

题 15.15 图

15.16 求图示刚架的自振频率和主振型，并验证主振型的正交性。已知：弹性模量 $E=2\times10^5$ MPa，惯性矩 $I=1.8\times10^4$ cm^4，集中质量 $m_1=m_2=m=1.5$ t，梁、柱自重不计。

15.17 求图示刚架的自振频率和主振型，并验证主振型的正交性。已知：楼面质量分别为 $m_1=120$ t，$m_2=100$ t，柱的质量已集中于楼面；横梁刚度为无限大，柱的线刚度分别为 $i_1=20$ MN · m，$i_2=14$ MN · m。

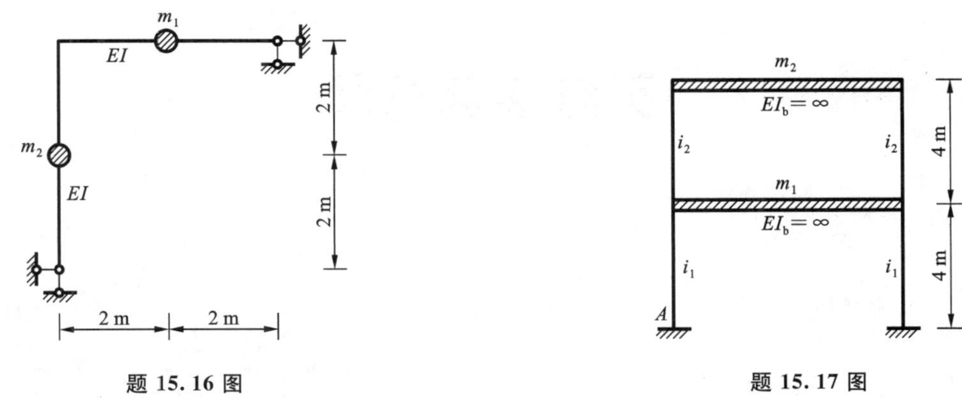

题 15.16 图　　题 15.17 图

15.18　试求图示双跨梁的自振频率。已知：$l=100$ cm，$W=mg=1000$ N，$I=68.82$ cm^4，$E=2\times10^5$ MPa。

15.19　试求图示三跨梁的自振频率和主振型。已知：$l=100$ cm，$W=1000$ N，$I=68.82$ cm^4，$E=2\times10^5$ MPa。

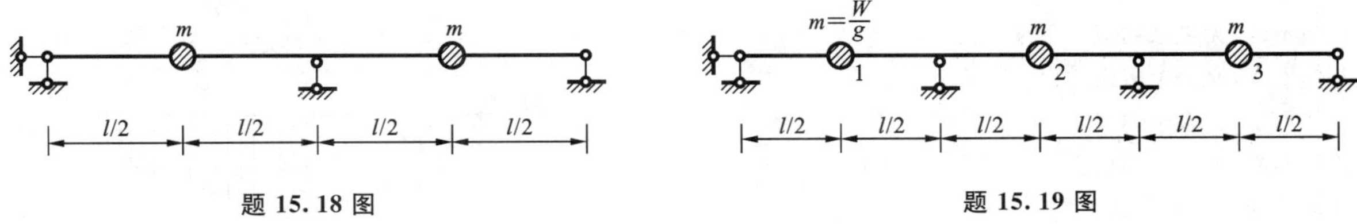

题 15.18 图　　题 15.19 图

15.20　在题 15.14 的质点 2 处有简谐荷载作用，$P_0=2$ kN，$\theta=1.5\omega_1$。计算质点 1、2 的位移振幅，并求出质点 1 截面处的弯矩幅值。

15.21　图示悬臂梁刚度 $EI=7.459\times10^4$ kN·m^2，集中质体重 $W_1=W_2=70$ kN，马达产生的简谐荷载幅值 $P=10$ kN，试求当马达转速为 200 r/min、400 r/min 时梁的支座截面的弯矩幅值。

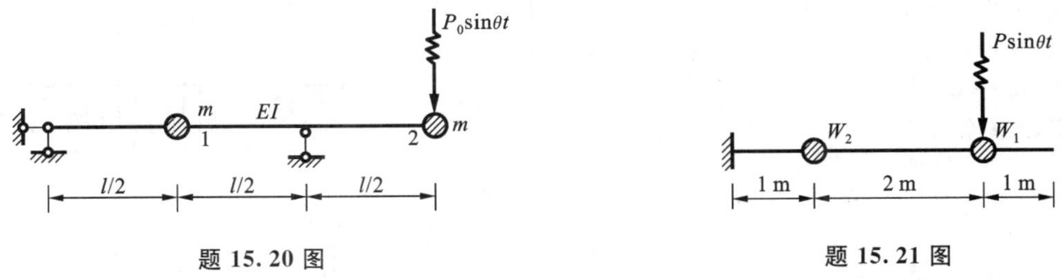

题 15.20 图　　题 15.21 图

15.22　在题 15.17 的两层刚架的第二层楼面处沿水平方向作用一简谐干扰力 $P\sin\theta t$，其幅值 $P=5$ kN，机器转速 $n=150$ r/min。试求第一、二层楼面处的振幅值和柱端截面 A 的弯矩幅值。

习题参考答案

第 2 章

2.1 (a) 几何不变,无多余约束。
(b) 几何不变,有一个多余约束。
(c) 几何可变。

2.2 (a) 几何不变,无多余约束。
(b) 几何可变。
(c) 几何不变,无多余约束。

2.3 (a) 几何不变,无多余约束。
(b) 几何不变,有一个多余约束。
(c) 几何不变,无多余约束。

2.4 几何不变,无多余约束。

2.5 几何不变,有一个多余约束。

2.6 几何不变,无多余约束。

2.7 几何不变,无多余约束。

2.8 几何可变。

2.9 几何不变,无多余约束。

2.10 几何不变,有三个多余约束。

2.11 几何不变,无多余约束。

2.12 几何不变,无多余约束。

2.13 几何不变,无多余约束。

2.14 几何不变,无多余约束。

2.15 几何不变,有一个多余约束。

2.16 几何不变,无多余约束。

2.17 几何不变,无多余约束。

2.18 瞬变。

2.19 瞬变。

第 3 章

3.1 $M_A=-ql^2$,$Q_A=ql$。

3.2 $M_A=-38\ \text{kN}\cdot\text{m}$,$Q_A=10\ \text{kN}$。

3.3 $M_C=11.33\ \text{kN}\cdot\text{m}$,$Q_{C左}=4.67\ \text{kN}$。

3.4 $M_{C左}=9\ \text{kN}\cdot\text{m}$,$Q_C=-\frac{3}{4}\ \text{kN}$。

3.5 $M_A=3\ Pa$(左边受拉),$Q_A=P$。

3.6 $M_A=10.5\ \text{kN}\cdot\text{m}$(左边受拉),$Q_A=5\ \text{kN}$。

3.7 错误。正确的内力图形状见题 3.7 答案图。

3.8 错误。正确的内力图形状见题 3.8 答案图。

3.9 错误。正确的内力图形状见题 3.9 答案图。

3.10 错误。正确的内力图形状见题 3.10 答案图。

3.11 错误。正确的内力图形状见题 3.11 答案图。

3.12 错误。正确的内力图形状见题 3.12 答案图。

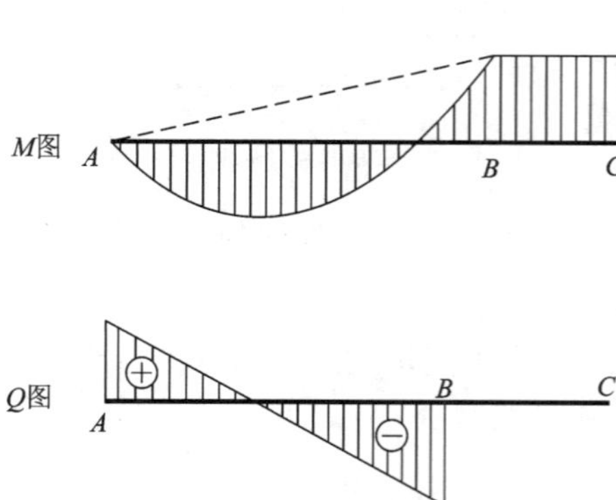

题 3.7 答案图

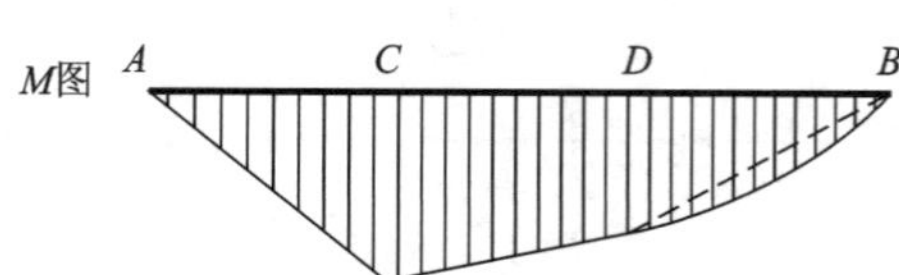

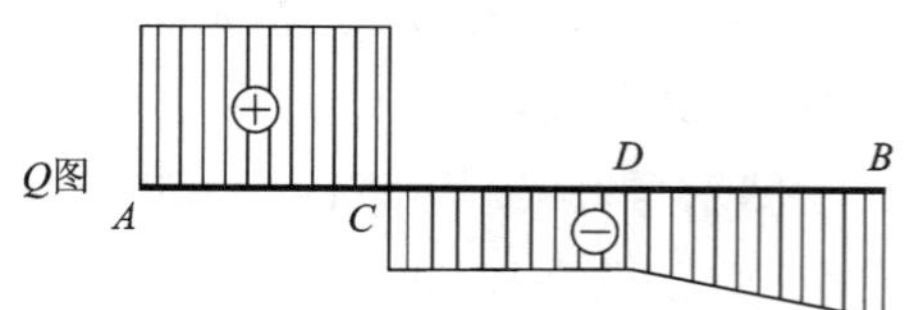

题 3.8 答案图

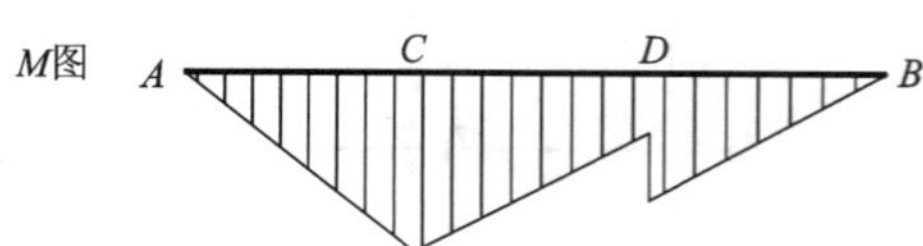

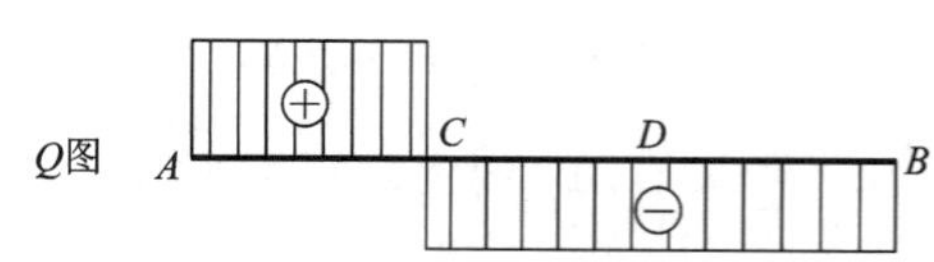

题 3.9 答案图

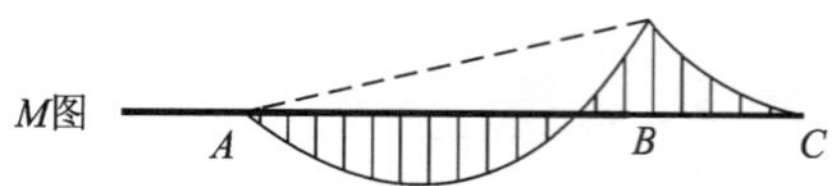

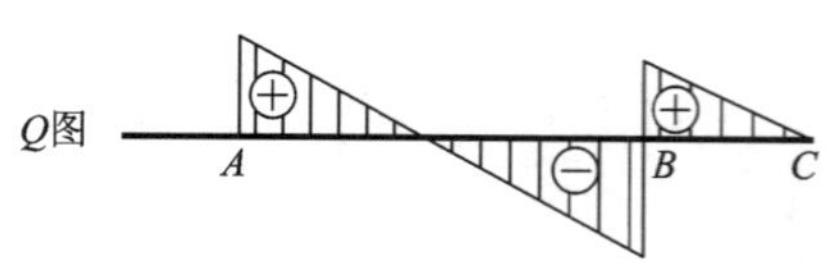

题 3.10 答案图

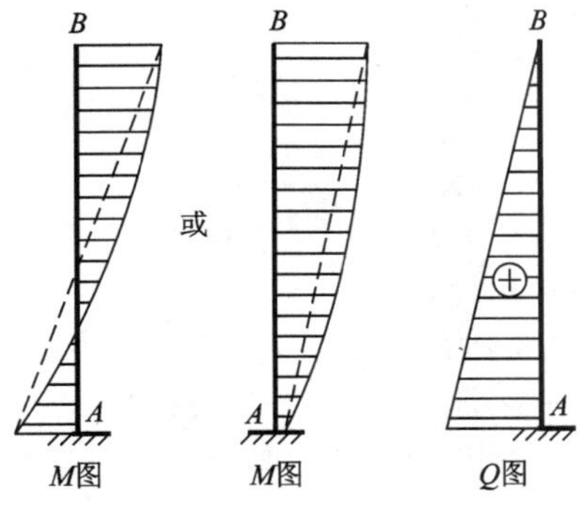

题 3.11 答案图

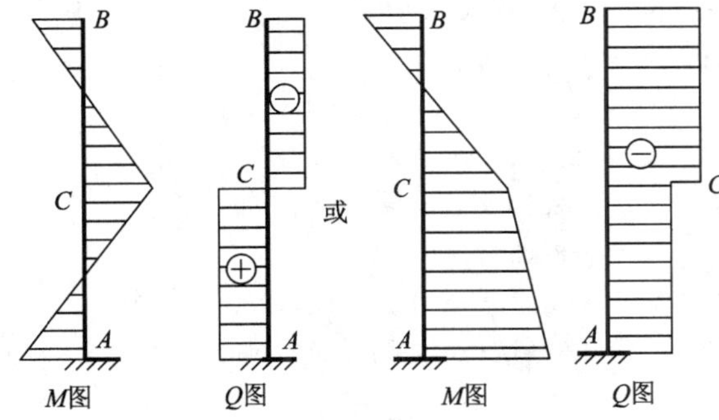

题 3.12 答案图

3.13 $M_C=\frac{1}{8}ql^2$。

3.14 $M_C=0$。

3.15 $M_C=\frac{1}{4}ql^2$。

3.16 $M_C=\frac{1}{2}Pl$。

3.17 $M_C=0$。

3.18 $M_C=\frac{1}{4}Pl$

3.19 $M_C=18$ kN·m。

3.20 $M_C=5$ kN·m。

3.21 $M_C=2$ kN·m。

3.22 $M_C=-12$ kN·m。

3.23 $M_D=1.5q, Q_D=0.8q, N_D=-0.6q$。

3.24 $M_D=1.5q, Q_D=0.8q, N_D=-1.8q$。

3.25 $M_B=-4.34$ kN·m, $Q_{B左}=-10.72$ kN。

3.26 $M_B=10$ kN·m, $Q_{B左}=5$ kN。

第 4 章

4.1 $M_A=16$ kN·m(右边受拉), $X_A=8$ kN(→)。

4.2 $M_B=3.7$ kN·m(上边受拉), $X_B=1.5$ kN(→)。

4.3 $Y_A=\frac{1}{2}qa$(↓), $X_A=qa$(←)。

4.4 $Y_B=7$ kN(↑)。

4.5 $Y_D=\frac{3}{2}P$(↑)。

4.6 $Y_B=7.5$ kN(↑)。

4.7 $Y_B=0, X_B=\frac{M}{a}$(→)。

4.8 $M_A=12$ kN·m(右边受拉)。

4.9 $M_{CD}=16$ kN·m(上边受拉)。

4.10 $M_{CD}=\frac{1}{2}qa^2$(下边受拉)。

4.11 $M_{CB}=28$ kN·m(下边受拉)。

4.12 $M_{BC}=0.5$ Pa(左边受拉),
$M_{CD}=1.5$ Pa(下边受拉)。

4.13 $M_{DC}=68$ kN·m(上边受拉)。

4.14 $M_{EB}=27$ kN·m(右边受拉)。

4.15 $M_A=16$ kN·m(右边受拉), $Q_{BA}=-8$ kN。

4.16 P 在 E, $M_A=\frac{1}{2}Ph$(右边受拉)。

4.17 $M_{BA}=3.7$ kN·m(上边受拉), $Q_{BA}=-5$ kN。

4.18 $M_{CB}=28$ kN·m(下边受拉), $Q_{CD}=8$ kN。

4.19 $M_{CD}=Pa$(下边受拉)。

4.20 $M_{CD}=6$ kN·m(下边受拉)。

4.21 $M_{BC}=6.5$ kN·m(外边受拉)。

4.22 $M_{BC}=40$ kN·m(上边受拉)。

4.23 $M_{EC}=12.5$ kN·m(上边受拉), $Q_{EC}=-7.5$ kN。

4.24 $M_{EC}=M$(下边受拉), $Q_{EC}=0$。

4.25 $M_{DC}=50$ kN·m(上边受拉)。

4.26 $M_{ED}=\frac{1}{4}$ Pa(左边受拉)。

4.27 $M_{DA}=24$ kN·m(左边受拉)。

4.28 $M_{FA}=12$ kN·m(左边受拉)。

4.29 错误。正确的 M 图形状见题 4.29 答案图。

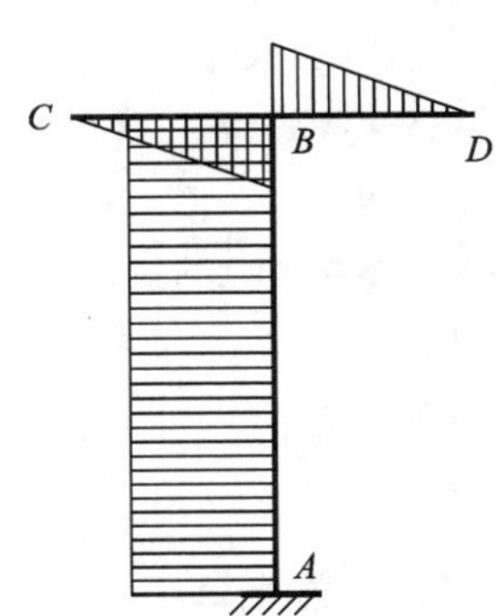

题 4.29 答案图

4.30 错误。正确的 M 图形状见题 4.30 答案图。

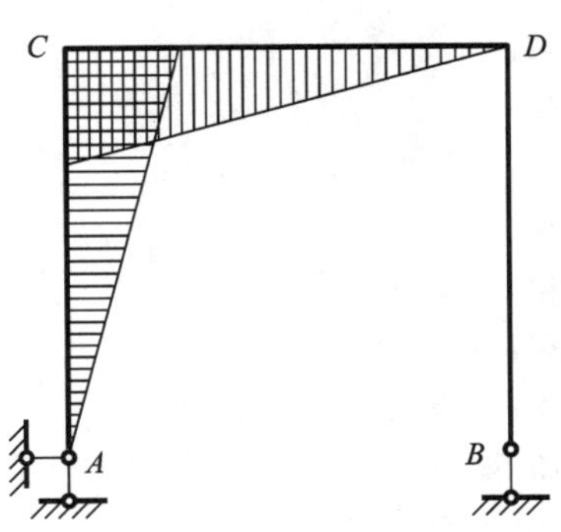

题 4.30 答案图

4.31 错误。正确的 M 图形状见题 4.31 答案图。

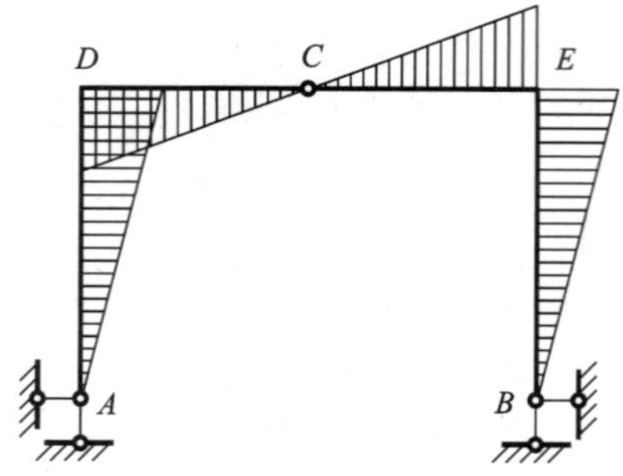

题 4.31 答案图

4.32 错误。正确的 M 图形状见题 4.32 答案图。

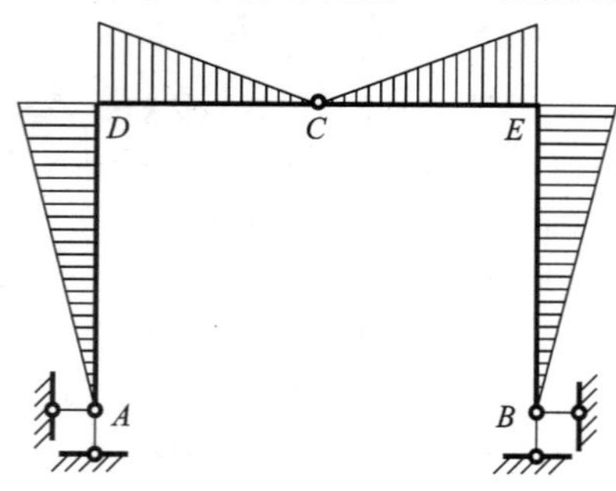

题 4.32 答案图

第 5 章

5.1 (1)$V_A=9.5$ kN，$H=9$ kN。

(2)$M_D=11$ kN·m，$Q_{D左}=4.47$ kN，

$N_{D左}=-12.30$ kN。

5.2 (1)$V_A=100$ kN，$H=50$ kN。

(2)$M_D=-29$ kN·m，$Q_D=18.3$ kN，

$N_D=-68.3$ kN。

5.3 (1)$V_A=90$ kN，$N_{DE}=135$ kN。

(2)$M_K=-7.47$ kN·m，

$Q_K=2.15$ kN，

$N_K=-158.20$ kN。

第 6 章

6.1 简单桁架。

6.2 联合桁架。

6.3 简单桁架。

6.4 简单桁架。

6.5 简单桁架。

6.6 简单桁架。

6.7 联合桁架。

6.8 复杂桁架。

6.9 题 6.3 图：13 根。

题 6.4 图：7 根。

题 6.5 图：15 根。

题 6.6 图：14 根。

6.10 $N_{CE}=20$ kN。

6.11 $N_{CB}=\sqrt{2}P$。

6.12 $N_{CD}=P_1$。

6.13 $N_{AB}=-4$ kN。

6.14 $N_{CA}=-1.96P$。

6.15 $N_{BE}=-0.786P$。

6.16 $N_1=7.5$ kN，$N_2=25$ kN，$N_3=-22.5$ kN。

6.17 $N_1=-33.54$ kN，$N_2=-11.18$ kN。

6.18 $N_1=37.5$ kN，$N_2=12.02$ kN。

6.19 $N_2=\frac{1}{4}P$，$N_4=-\frac{5}{4}P$。

6.20 $N_1=-2.5P$，$N_3=3P$。

6.21 $N_1=20$ kN，$N_3=0$。

6.22 $N_1=18.03$ kN，$N_2=52.5$ kN。

6.23 $N_1=22.5$ kN，$N_3=37.5$ kN。

6.24 $N_1=-2.84$ kN，$N_3=5$ kN。

6.25 $N_1=-8$ kN，$N_4=-1$ kN。

6.28 $M_F=4.5$ kN·m(下边受拉)，$N_{DE}=6$ kN。

6.29 $M_D=120$ kN·m(左边受拉)，$N_{CE}=-28.28$ kN。

第 7 章

7.2 $N_a=-\frac{P}{2}$，$N_b=\frac{\sqrt{2}}{4}P$。

第 8 章①

8.1 $\overline{R}_A=1$，$\overline{M}_A=-x$。

$$\overline{M}_C=\begin{cases}0,(x\leqslant a)\\-(x-a),(x\geqslant a)\end{cases}$$

$$\overline{Q}_C=\begin{cases}0,\ (0\leqslant x<a)\\1,\ (a<x\leqslant l)\end{cases}$$

8.2 $\overline{R}_A=1$(A 点的值)，

$\overline{R}_B=1$(B 点的值)。

$\overline{M}_C=1.2$ m(C 点的值)，

$\overline{Q}_C=-\frac{3}{5}$($C$ 左的值)。

$\overline{M}_A=-2$ m(D 点的值)，

$\overline{Q}_{A左}=-1$(A 左的值)，

$\overline{Q}_{A右}=+1$(A 右的值)。

8.3 $\overline{R}_A=\overline{R}_A^0$，$\overline{R}_B=\overline{R}_B^0$，$\overline{M}_C=\overline{M}_C^0$，

$\overline{Q}_C=\overline{Q}_C^0\cos\alpha$，$\overline{N}_C=-\overline{Q}_C^0\sin\alpha$。

上标加“0”者为平梁有关量的值。

8.4 $\overline{R}_{Ax}=1$，$\overline{R}_{Ay}=-\frac{x}{l}\tan\alpha$，

$\overline{R}_{By}=\frac{x}{l}\tan\alpha$。

① 本章答案中用字上面加横线表示该量的影响线，如 R_A、M_A 的影响线分别用 $\overline{R}_A$、$\overline{M}_A$ 表示。

$\overline{M}_C=\frac{ab}{l}\tan\alpha$（$C$ 点的值），

$\overline{Q}_C=-\frac{a}{l}\sin\alpha$（$C$ 左的值），

$\overline{N}_C=\frac{a}{l}\frac{\sin^2\alpha}{\cos\alpha}$（$C$ 左的值）。

8.5 $\overline{M}_C=\frac{2}{3}$m（$D$ 点的值），

$\overline{Q}_C=\frac{2}{3}$（$D$ 点的值）。

8.6 $\overline{R}_A=\frac{10}{9}$（$F$ 点的值），

$\overline{M}_C=\frac{4}{3}$ m（G 点的值），

$\overline{Q}_C=-\frac{2}{9}$（$G$ 点的值），

$\overline{Q}_{D左}=-\frac{2}{9}$（$G$ 点的值），

$\overline{Q}_{D右}=-\frac{5}{9}$（$D$ 点的值）。

8.7 $P=1$ 上承：$\overline{N}_1=-\frac{3}{4}$（$D$ 点），

$\overline{N}_2=-\frac{1}{2}$（$D$ 点），$\overline{N}_3=\frac{3}{4}$（$C$ 点）。

$P=1$ 下承：$\overline{N}_1=-0.938$（E 点），

$\overline{N}_2=-\frac{3}{8}$（$C$ 点），$\overline{N}_3=\frac{3}{4}$（$C$ 点）。

8.8 $\overline{N}_1=1,\overline{N}_2=\frac{3}{2},\overline{N}_3=\sqrt{2}$，

$\overline{N}_4=\frac{\sqrt{2}}{2}$（均为 C 点的值）。

8.9 $\overline{N}_1=1.5,\overline{N}_2=-\frac{1}{3}$，

$\overline{N}_3=0.6$（均为 C 点的值）。

8.10 $\overline{N}_1=\sqrt{2},\overline{N}_2=-1,\overline{N}_3=0$，

$\overline{N}_4=\frac{1}{2}$（均为 D 点的值）。

8.12 $\overline{M}_E=\frac{2}{3}$ m（E 点），

$\overline{Q}_{B左}=-1$（B 左），

$\overline{Q}_{B右}=+1$（B 右）。

8.13 $\overline{R}_C=\frac{4}{3},\overline{M}_H=-\frac{2}{3}$ m，

$\overline{Q}_H=\frac{1}{3},\overline{Q}_G=0$（均为 B 点的值）。

8.14 $\overline{R}_A=\frac{1.5}{4}$，

$\overline{R}_B=\frac{5.5}{4}$（以上为 C 点的值），

$\overline{M}_E=-1$ m，$\overline{Q}_{E左}=-1$，

$\overline{Q}_{E右}=\frac{1}{3}$（以上为 D 点的值）。

8.15 $Q_{D左}=23.75$ kN，$M_E=55$ kN·m。

8.16 $Q_D=3.5$ kN，$M_E=14$ kN·m。

8.17 $M_C=6.8$ kN·m，$Q_C=7.15$ kN。

8.18 $R_B=140$ kN，$M_E=40$ kN·m，$Q_{B左}=-60$ kN。

8.19 $M_{Cmax}=60$ kN·m，$M_{Cmin}=-16$ kN·m；

$Q_{Cmax}=16$ kN，$Q_{Cmin}=-18$ kN。

8.20 $M_{Hmax}=20$ kN·m，$M_{Hmin}=-30$ kN·m；

$Q_{Hmax}=23.33$ kN，$Q_{Hmin}=-13.33$ kN。

8.21 $M_{Cmax}=314.31$ kN·m，$Q_{Cmax}=104.8$ kN，

$Q_{Cmin}=-27.31$ kN。

8.22 $R_{Bmax}=237$ kN。

8.23 $M_{Cmax}=614$ kN·m，$Q_{Cmax}=109.8$ kN，

$Q_{Cmin}=-44.33$ kN。

第 9 章

9.1 $Y_C=16.25$ kN（↑），

$M_B=17.5$ kN·m，

$Q_{C左}=-11.25$ kN，

$Q_{C右}=5$ kN。

9.2 $M_A=18$ kN·m，

$M_D=6.75$ kN·m，

$Q_A=9$ kN，

$Y_C=3$ kN。

9.3 $\Delta_{Ay}=\frac{1}{8}\frac{ql^4}{EI}$（↓），

$\Delta_{A\varphi}=\frac{1}{6}\frac{ql^3}{EI}$（↘）。

9.4 $\Delta_{Ay}=\frac{5}{48}\frac{Pl^3}{EI}$（↓），

$\Delta_{A\varphi}=\frac{1}{8}\frac{Pl^2}{EI}$（↘）。

9.5 $\Delta_{Cy}=\frac{5}{384}\frac{ql^4}{EI}$（↓）。

9.6 $\Delta_{Cy}=\frac{5}{48}\frac{Pl^3}{EI}$（↓）。

9.7 $\Delta_{A\varphi}=3\frac{Ml}{EI}$（↻）。

9.8 $\Delta_C=1.15$ mm（↓）。

9.9 $\Delta_C=0.0133$ cm（↓）。

9.10 $\Delta_{CH}=4.828\frac{Pa}{EA}$（→）。

9.11 $\Delta_{CH}=23.66\frac{Pa}{EA}$（←）。

9.12 $\Delta_{AV}=\frac{1}{4}\frac{PR^3\pi}{EI}$（↓），$\Delta_{AH}=\frac{1}{2}\frac{PR^3}{EI}$（→）。

9.13 $\Delta_{BH}=\frac{q}{15}\frac{fl^3}{EI}$（→）。

9.14 同 9.3。

9.15 同 9.4。

9.16 同 9.5。

9.17 同 9.6。

9.18 同 9.7。

9.19 $\Delta_C=1.53$ cm(↓)，$\Delta_E=2.0$ cm(↓)。

9.20 $\Delta_{Bv}=\dfrac{1}{EI_1}\dfrac{P}{3}(l^3-a^3)+\dfrac{1}{EI_2}\dfrac{P}{3}a^3$，

$\Delta_{B\varphi}=\dfrac{1}{2}\dfrac{P(l^2-a^2)}{EI_1}+\dfrac{1}{2}\dfrac{Pa^2}{EI_2}$。

9.21 $\Delta_D=\dfrac{23}{1296}\dfrac{Pl^3}{EI}$(↓)。

9.22 $\Delta_C=0.32$ cm(↓)。

9.23 $\Delta_{Av}=7\dfrac{qa^4}{EI}$(↓)，$\Delta_{Dv}=\dfrac{161}{48}\dfrac{qa^4}{EI}$(↓)。

9.24 $\Delta_{CH}=\dfrac{1}{3}\dfrac{qa^4}{EI_1}$(→)。

9.25 $\Delta_{EH}=\dfrac{3}{16}\dfrac{qa^4}{EI}$(→)，$\Delta_{B\varphi}=\dfrac{11}{48}\dfrac{qa^3}{EI}$(↻)。

9.26 (1)$\Delta_1=0$，$\Delta_2=\dfrac{1}{8}\dfrac{ql^2h^2}{EI}$(→←)，

$\Delta_3=\dfrac{1}{4}\dfrac{ql^2}{EI}\left(\dfrac{l}{6}+h\right)$(↶↷)。

9.27 $\Delta_{CV}=1.32$ cm(↑)。

9.28 $\Delta_{DH}=1.65$ cm(→)。

9.29 (1)$\Delta_{DH}=1$ cm(←)，

(2)$\Delta_{DH}=0.25$ cm(←)，

(3)$\Delta_{DH}=0.25$ cm(→)。

9.30 $v=\Delta_y-3a\Delta_\varphi$(↓)，

$u=\Delta_x+a\Delta_\varphi$(←)，

$\theta=\Delta_\varphi$(↻)。

9.31 $\Delta_1=0.33$cm(↓)，

$\Delta_2=1$ cm(←)，

$\Delta_3=0.0033$ 弧度(↻)。

9.32 $\Delta_1=0.67$cm(↓)，

$\Delta_2=0.5$ cm(→)，

$\Delta_3=0.0033$ 弧度(↶↷)。

第 10 章

10.1 (a) 2 次；(b) 5 次；(c) 3 次；(d) 3 次；(e) 4 次；(f) 7 次；(g) 2 次；(h) 3 次；(i) 9 次；(j) 6 次。

10.2 (a) $M_A=\dfrac{3}{16}Pl$(上边受拉)，$Q_A=\dfrac{11}{16}P$。

(b) $M_A=\dfrac{1}{8}Pl$(上边受拉)，$Q_A=\dfrac{1}{2}P$。

(c) 当 $k=10$ 时，$M_B=\dfrac{1}{88}ql^2$(上边受拉)，

当 $k=0.1$ 时，$M_B=\dfrac{1}{8.8}ql^2$(上边受拉)。

(d) $M_B=\dfrac{0.156}{1+k}ql^2$(下边受拉)。

10.3 (a) $M_{CD}=18$ kN·m(下边受拉)，$Q_{CD}=-3$ kN。

(b) $M_{CB}=\dfrac{1}{14}ql^2$(上边受拉)，$Q_{CB}=\dfrac{3}{7}ql$。

10.4 (a) $M_{AD}=143.04$ kN·m(左边受拉)。

(b) $M_{DE}=62.12$ kN·m(上边受拉)。

10.5 (a) $M_{AC}=225$ kN·m(左边受拉)。

(b) $M_{CA}=11.76$ kN·m(左边受拉)。

(c) $M_{CG}=95.76$ kN·m(右边受拉)。

10.6 (a) $N_{CE}=-0.83P$(压)。

(b) $N_{CD}=0.896P$(拉)。

10.7 $N_{CD}=10.98$ kN(拉)。

10.8 B 点吊杆拉力为 7.66 kN，$M_B=5$ kN·m(上边受拉)。

10.9 (a) $M_{AC}=9.27$ kN·m(右边受拉)，

$Q_{AC}=-8.74$ kN，$N_{AC}=-30.89$ kN(压)。

(b) $M_{DE}=0.039ql^2$，$M_{ED}=0.074ql^2$(均上边受拉)。

(c) $M_{AE}=\dfrac{1}{4}Ph$(左边受拉)。

(d) $M_{DA}=\dfrac{3}{40}ql^2$(上边受拉)。

(e) $M_{AB}=\dfrac{1}{6}qa^2$(上边受拉)。

(f) $M_{EF}=10.8$ kN·m(下边受拉)。

10.10 $M_A=\dfrac{3}{28}Pl$(内侧受拉)。

10.11 (a)无弯矩。

(b) $M_{AC}=\dfrac{Pl}{2}\cdot\dfrac{h^2}{h^2+2l^2}$(外侧受拉)，

$M_{CA}=\dfrac{Pl}{2}\cdot\dfrac{h^2}{h^2+2l^2}$(内侧受拉)。

10.12 $N_{AB}=\dfrac{ql^2}{8f}\dfrac{1}{1+\dfrac{15}{8}\dfrac{EI}{E_1A_1f^2}}$。

10.13 $H=0.46P$，$M_A=M_B=0.11PR$。

10.14 $M_A=\dfrac{1}{4}qR^2$(内侧受拉)，$M_B=\dfrac{1}{4}qR^2$(内侧受拉)。

10.15 (a) $M_A=\dfrac{3EI\alpha\Delta t}{2h}$(上边受拉)。

(b) $M_A=\dfrac{EI\alpha\Delta t}{h}$(上边受拉)。

10.16 (a) $M_A=\dfrac{4EI}{l}\alpha$(下边受拉)。

(b) $M_A=\dfrac{EI}{l}\alpha$(下边受拉)。

(c) $M_A=\dfrac{3EI}{l^2}\Delta$(上边受拉)。

(d) $M_A=\dfrac{6EI}{l^2}\Delta$(上边受拉)。

10.17 $M_{AC}=102.6$ kN·m(左边受拉)。

10.18 $\Delta_C=\dfrac{324}{EI}$(→)。

10.19 $\Delta_C=\dfrac{1620}{EI}$(→)。

10.20 $\theta_B=\dfrac{1}{4}\dfrac{\alpha\Delta tl}{h}$(↺)。

第 11 章

11.1 4 个。

11.2 7 个。

11.3 $\alpha \neq 0$,2 个;
$\alpha = 0$,1 个。

11.4 $\alpha \neq 0$,10 个;
$\alpha = 0$,10 个。

11.5 $EA \neq \infty$,9 个,
$EA = \infty$,8 个。

11.6 8 个。

11.7 $EA \neq \infty$,5 个,
$EA = \infty$,4 个。

11.8 (a)6 个;(b)4 个。

11.9 $\overline{M}_{CB} = 3i$,
$M_{CB}^{F} = \frac{3}{16}ql^2$。

11.10 $\overline{M}_{BA} = \frac{3}{4}EI$,
$M_{BA}^{F} = 5$ kN·m。

11.11 $\overline{M}_{CD} = \frac{2EI}{l}$。

11.12 $\theta_A = 1, \overline{M}_{FB} = 0$;
$\theta_B = 1, \overline{M}_{FB} = -i; M_{FB}^{F} = \frac{1}{8}ql^2$。

11.13 $M_{DC} = 41.54$ kN·m,
$M_{CD} = -6.92$ kN·m。

11.14 $M_{BA} = 45.63$ kN·m。

11.15 $M_{AB} = -\frac{41}{280}Pl$,
$M_{BC} = -\frac{11}{280}Pl$。

11.16 $M_{BC} = -54.3$ kN·m,
$M_{CB} = 70.3$ kN·m。

11.17 $\theta_F = 1, \overline{M}_{FE} = i$;
$\theta_C = 1, \overline{M}_{FC} = 2i$;
$\Delta_C = 1, \overline{M}_{FC} = \frac{6i}{l}$;
$M_{FE}^{F} = \frac{1}{3}ql^2$。

11.18 $\theta_B = 1, \overline{M}_{BD} = 4i$;
$\theta_D = 1, \overline{M}_{BD} = 2i$;
$\Delta_B = 1, \overline{M}_{BD} = \frac{6i}{l}$;
$M_{ED}^{F} = -\frac{1}{6}ql^2$。

11.19 $M_{AD} = -\frac{11}{56}ql^2$,
$M_{EB} = -\frac{3}{28}ql^2$。

11.20 $M_{AD} = -84.2$ kN·m,
$M_{EB} = -70.0$ kN·m, $M_{ED} = 35.1$ kN·m。

11.21 $M_{AC} = -10.04$ kN·m,
$M_{BD} = -5.65$ kN·m,
$M_{CE} = 7.53$ kN·m。

11.22 $M_{DG} = 33.3$ kN·m,
$M_{AD} = 53.33$ kN·m。

11.23 $M_{AC} = -225$ kN·m,
$M_{BD} = -135$ kN·m。

11.24 $M_{AC} = -34.4$ kN·m,
$M_{CA} = 14.7$ kN·m,
$M_{BD} = -20.1$ kN·m。

11.25 $M_{AD} = \frac{1}{48}ql^2$,
$M_{DE} = -\frac{1}{24}ql^2$。

11.26 $M_{DE} = 0$,
$M_{ED} = 180$ kN·m,
$M_{EC} = -360$ kN·m。

11.27 $M_{CE} = -40$ kN·m,
$M_{EC} = 70$ kN·m。

11.28 $M_{EF} = -57.39$ kN·m,
$M_{AC} = -5.22$ kN·m,
$M_{CE} = 20.87$ kN·m。

11.29 $M_{AC} = -168.29$ kN·m,
$M_{CA} = -131.7$ kN·m。

第 12 章

12.1 $M_{AB} = 0.286M$,
$M_{BC} = 0.429M$。

12.2 $M_{AB} = 13.33$ kN·m,
$M_{BC} = 20$ kN·m,
$M_{BD} = 13.33$ kN·m。

12.3 $M_{AB} = 21.20$ kN·m,
$M_{BC} = 17.61$ kN·m。

12.4 $M_{AB} = -2.67$ kN·m,
$M_{CB} = 32.67$ kN·m。

12.5 $M_{BA} = 36$ kN·m。

12.6 $M_{BA} = 42.26$ kN·m,
$M_{DC} = 74.61$ kN·m。

12.7 $M_{AB} = 45.5$ kN·m,
$M_{CD} = -308.22$ kN·m。

12.8 $M_{BA} = 17.4$ kN·m,
$M_{CB} = 10.6$ kN·m。

12.9 $M_{AB} = -61.3$ kN·m。

12.10 $M_{BA} = 27.3$ kN·m。

12.11 $M_{DE} = 5.65$ kN·m,
$M_{FG} = -84.2$ kN·m。

12.12 $M_{BD} = 64.82$ kN·m,
$M_{BC} = -69.64$ kN·m。

12.13 $M_{BC} = -192$ kN·m。

12.14 $M_{CB} = 12.78$ kN·m,
$M_{BA} = 15.65$ kN·m。

12.15 $M_{AB}=-3.51$ kN·m，
$M_{CE}=-0.37$ kN·m。

12.16 $M_{BA}=-25.7$ kN·m。

12.17 $M_{BC}=-4$ kN·m。

12.18 $M_{CB}=-21.2$ kN·m，
$M_{AB}=58.9$ kN·m。

12.19 $M_{AB}=-280$ kN·m。
$M_{CG}=-120$ kN·m，

12.20 $M_{AC}=-150$ kN·m。

12.21 精确解，M_A 影响线：当 $x=0.5l$ 时，$M_A=-0.125l$；
$x=\dfrac{l}{3}$时，$M_A=|M_{A\max}|=-0.148l$。

12.22 精确解，R_B 影响线：当 $x=3$ m 时，$R_B=0.688$；
$x=6$ m 时，$R_B=1$。
M_D 影响线：当 $x=3$ m 时，$M_D=1.219$ m；
$x=9$ m 时，$M_D=-0.281$ m。
Q_D 影响线：当 $x=3$ m 时，
$Q_{D左}=-0.594$、$Q_{D右}=0.406$；
$x=9$m 时，$Q_D=-0.094$。

第 13 章

13.1 结点转角：$\begin{Bmatrix}\theta_1\\ \theta_2\end{Bmatrix}=\begin{Bmatrix}\dfrac{50}{7i_1}\\ -\dfrac{25}{7i}\end{Bmatrix}$；

杆端弯矩：$\begin{Bmatrix}\overline{M}_1\\ \overline{M}_2\end{Bmatrix}^{①}=\begin{Bmatrix}14.29\\ 28.57\end{Bmatrix}$ kN·m；

$\begin{Bmatrix}\overline{M}_1\\ \overline{M}_2\end{Bmatrix}^{②}=\begin{Bmatrix}21.43\\ 0\end{Bmatrix}$ kN·m。

13.2 结点转角：$\begin{Bmatrix}\theta_1\\ \theta_2\end{Bmatrix}=\begin{Bmatrix}\dfrac{45}{7i_1}\\ -\dfrac{75}{7i_1}\end{Bmatrix}$；

杆端弯矩：$\begin{Bmatrix}\overline{M}_1\\ \overline{M}_2\end{Bmatrix}^{①}=\begin{Bmatrix}12.86\\ 25.71\end{Bmatrix}$ kN·m；

$\begin{Bmatrix}\overline{M}_1\\ \overline{M}_2\end{Bmatrix}^{②}=\begin{Bmatrix}-25.71\\ 0\end{Bmatrix}$ kN·m。

13.3 $M_{AB}=-8.89$ kN·m，
$M_{BA}=2.22$ kN·m。

13.5 $$\boldsymbol{K}=\frac{2EI}{l}\begin{bmatrix}\dfrac{6}{l^2} & \dfrac{3}{l} & 0 & 0\\ \dfrac{3}{l} & 6 & 2 & 0\\ 0 & 2 & 6 & -\dfrac{3}{l}\\ 0 & 0 & -\dfrac{3}{l} & \dfrac{6}{l^2}\end{bmatrix}$$

13.6 $$\boldsymbol{K}=10^4\begin{bmatrix}612 & 0 & -30\\ 0 & 324 & 0\\ -30 & 0 & 300\end{bmatrix}$$

13.7 $$\overline{\boldsymbol{F}}^{①}=\begin{Bmatrix}0.493\\ -13.45\\ -12.79\\ \hdashline -0.493\\ -10.55\\ 5.54\end{Bmatrix},\ \overline{\boldsymbol{F}}^{②}=\begin{Bmatrix}-0.492\\ -0.561\\ -2.240\\ \hdashline 0.492\\ -0.561\\ -0.564\end{Bmatrix}$$

13.8 $$\begin{bmatrix}0.977\dfrac{EA}{l}+0.492\dfrac{EI}{l^3} & -0.192\dfrac{EA}{l}+0.369\dfrac{EI}{l^3} & -0.768\dfrac{EI}{l^2}\\ & 0.256\dfrac{EA}{l}+2.221\dfrac{EI}{l^3} & 0.257\dfrac{EI}{l^2}\\ \text{对称} & & 4.933\dfrac{EI}{l}\end{bmatrix}\begin{Bmatrix}u_1\\ v_1\\ \theta_1\end{Bmatrix}=\begin{Bmatrix}0.107P\\ 5.858P\\ -\dfrac{5}{6}Pl\end{Bmatrix}$$

13.9 $M_{A2}=-52.36$ kN·m，　$Q_{A2}=15$ kN，　$M_{2A}=-37.70$ kN·m，　$Q_{2A}=15$ kN。

第 14 章

14.1 (a) 力法，无多余未知力，
$M_D=M_E=\dfrac{Ph}{2}$(右边受拉)，$M_C=0$

(b) 力法，一个多余未知力，
$M_A=0.07Pa$，$M_B=0.32Pa$。

(c) 分荷载为对称和反对称，对称荷载：位移法；
反对称荷载：力法。
$M_{AB}=21.4$ kN·m(外部受拉)，
$M_{ED}=50.6$ kN·m(内部受拉)。

(d) 力法，$M_A=105.3$kN·m(外部受拉)

14.2 三种情况内力情况相同。

14.3 (a) 当 $k=\dfrac{i_2}{i_1}=0$ 时，$M_{AB}=-\dfrac{ql^2}{12}$；

当 $k=\dfrac{i_2}{i_1}=\infty$时，$M_{AB}=0$。

(b) 当 $k=\dfrac{i_2}{i_1}=0$ 时，$M_{BA}=0$；

当 $k=\dfrac{i_2}{i_1}=\infty$时，$M_{BA}=\dfrac{qh^2}{8}$。

14.5 (a) AB 梁承受$\dfrac{1}{17}P$。

(b) AB 梁承受$\dfrac{4h^2}{4h^2+l^2}P$。

(c) AB 梁承受$\frac{5.828h^2}{5.828h^2+l^2}P$。

14.8 横梁水平位移都向右移，因为荷载 P 右中分比 P 左部分支承刚度小。

14.9 D 点位移走向均为向下、向右。从图(a)到图(c)，位移变小。

14.10 (a) 点 D 有向左水平位移，向下位移；
$M_{AB}=-Pl$。
(b) 杆 AD、BE 无弯矩，杆 DE 弯矩图同简支梁。
(c) 最大弯矩 $M_{CD}=M_{DC}=2ql^2$(外部受拉)。
(d) 最大弯矩 $M_D=\frac{ql^2}{2}$(内部受拉)。
(e) 最大弯矩 $M_B=\frac{Pl}{2}$(外部受拉)；D 点有向右水平位移。
(f) 最大弯矩 m(外部受拉)；C 点无水平位移。

14.11 $a=0.7071l$。

14.12 B 点水平位移方向：
(a) 向右，B 右方支撑水平位移能力小。
(b) 向左，B 左方支撑水平位移能力小。
(c) 向右，B 右方支撑水平位移能力小。

14.13 (a) $M_{DC}=Pa, M_{DA}=M_{DB}=-\frac{Pa}{2}$。
(b) $M_C=0.0714ql^2$(外部受拉)。
(c) 横梁无水平位移；$M_{EF}\cong-0.0625ql^2$，$M_{FE}\cong 0.0416ql^2$。
(d) 最大弯矩，$M_A\cong\frac{6EI}{l^2}$。
(e) $M_{CB}=12.78\ \text{kN}\cdot\text{m}$，$M_{BA}=15.65\ \text{kN}\cdot\text{m}$；此为精确解，供参考。
(f) $M_{EF}=-14.13\ \text{kN}\cdot\text{m}$，$M_{FE}=75.17\ \text{kN}\cdot\text{m}$；此为精确解，供参考。

14.14 从 1 跨到 5 跨的 5 种情况下，其中任一梁的弯矩图和变形图均与图(a)单跨梁相同。

14.15 $M_{AD}=-121.4\ \text{kN}\cdot\text{m}$，
$M_{DE}=134.5\ \text{kN}\cdot\text{m}$

14.16 $M_{AB}=\frac{Pl}{32}, M_{CB}=-\frac{Pl}{32}, M_{DE}=M_{ED}=\frac{Pl}{16}$。

14.17 $\Delta_1=0.0125\ \text{m}, \Delta_2=0.02083\ \text{m}$。

第 15 章

15.1 $\omega=62.57\ \text{s}^{-1}$。

15.2 $\omega=\sqrt{\frac{768EI}{7ml^3}}$。

15.3 $\omega=\sqrt{\frac{3EI}{Mh^2l}}$。

15.4 $T=0.1053\ s$。

15.5 $\omega=\sqrt{\frac{18EI}{mh^3}}\ \text{s}^{-1}$。

15.6 $\omega=88.67\ \text{s}^{-1}$。

15.7 $y_{max}=0.12\ \text{mm}$。

15.8 $y_{max}=1\ \text{mm}$，
$v_{max}=41.75\ \text{mm/s}$，
$a_{max}=1743\ \text{mm/s}^2$。

15.9 $\xi=0.0675$。

15.10 $y_{max}=6.97\ \text{mm}$，
$M_A=20.6\ \text{kN}\cdot\text{m}$。

15.11 $y_{max}==-0.88\ \text{mm}$(与 P 方向相反)，
$M_{max}=5.17\ \text{kN}\cdot\text{m}$。

15.12 (1) $\theta=8.854\ \text{s}^{-1}$，
(2) $y(t)_{max}=112.94\ \text{mm}$，
(3) $\alpha=\frac{\pi}{2}$。

15.13 $y_{max}=0.104\ \text{mm}$。

15.14 $\omega_1=2.7349\sqrt{\frac{EI}{ml^3}}$，
$\omega_2=9.0722\sqrt{\frac{EI}{ml^3}}$。

15.15 $\omega_1=0.8058\sqrt{\frac{EI}{ma^3}}, \omega_2=2.8144\sqrt{\frac{EI}{ml^3}}$。

15.16 $\omega_1=134.16\ \text{s}^{-1}$，
$\omega_2=202.90\ \text{s}^{-1}$。

15.17 $\omega_1=9.88\ \text{s}^{-1}$，
$\omega_2=23.18\ \text{s}^{-1}$。

15.18 $\omega_1=254.45\ \text{s}^{-1}$，
$\omega_2=384.70\ \text{s}^{-1}$。

15.19 $\omega_1=254.45\ \text{s}^{-1}, Y_1^{(1)}:Y_2^{(1)}:Y_3^{(1)}=1:-1:1$
$\omega_2=321.86\ \text{s}^{-1}, Y_1^{(2)}:Y_2^{(2)}:Y_3^{(2)}=1:0:-1$
$\omega_3=446.34\ \text{s}^{-1}, Y_1^{(3)}:Y_2^{(3)}:Y_3^{(3)}=1:2:1$

15.20 $Y_1=0.0315\frac{Pl^3}{EI}$，
$M_{1max}=0.296Pl$。

15.21 $n_1=200$ r/min 时，$I_1=6.13\text{kN}, I_2=0.914\ \text{kN}$；
$n_2=400$ r/min 时，$I_1=-2.76\text{kN}, I_2=-0.042\ \text{kN}$。

15.22 $A_1=-0.202\ \text{mm}$，
$A_2=-0.206\ \text{mm}$，
$M_A=5.01\ \text{kN}\cdot\text{m}$。

参 考 文 献

1. 包世华,辛克贵. 结构力学(上、下册). 4 版. 武汉:武汉理工大学出版社,2012.
2. 龙驭球,包世华. 结构力学教程(上、下册). 北京:高等教育出版社,1988.
3. 龙驭球,包世华. 结构力学(上、下册). 2 版. 北京:高等教育出版社,1994,1996.
4. 包世华. 结构力学(上、下册). 北京:中央广播电视大学出版社,1993.
5. 杨茀康,李家宝. 结构力学(上、下册). 4 版. 北京:高等教育出版社,1998.
6. 李廉锟. 结构力学(上、下册). 3 版. 北京:高等教育出版社,1996.
7. 雷钟和,江爱川,郝静明. 结构力学解疑. 北京:清华大学出版社,1996.
8. 包世华. 结构力学学习指导及题解大全. 武汉:武汉理工大学出版社,2003.
9. 包世华. 结构动力学. 武汉:武汉理工大学出版社,2005.
10. BAO SHIHUA,GONG YAOQING. Structural Mechanics. Wuhan:Wuhan University of Technology Press,2006.
11. 黄达海,郭全全. 概念结构力学. 北京:北京航空航天大学出版社,2010.
12. HIBBELER R C. Structural Analysis. 8th ed. 影印本. 北京:机械工业出版社,2013.

$$\begin{bmatrix} 1 & 0 & \\ 3 & 1 & 2 \\ 2 & 1 & \frac{1}{2} \end{bmatrix} \longrightarrow M = \begin{vmatrix} 1 & 3 & 2 \\ 0 & 1 & 1 \\ 2 & 1 & 2 \end{vmatrix}$$

$$\det(M) = \begin{vmatrix} 1 & 1 \\ 1 & 2 \end{vmatrix} = 1 \qquad M_4 = \begin{vmatrix} 3 & 2 \\ 1 & 2 \end{vmatrix} = 4.$$

$$|A| = 0$$